Deist · Militär, Staat und Gesellschaft

Beiträge zur Militärgeschichte

Herausgegeben vom
Militärgeschichtlichen Forschungsamt

Band 34

R. Oldenbourg Verlag München 1991

Militär, Staat und Gesellschaft

Studien zur preußisch-deutschen
Militärgeschichte

Von
Wilhelm Deist

R. Oldenbourg Verlag München 1991

Die Deutsche Bibliothek – CIP-Einheitsaufnahme

Deist, Wilhelm:
Militär, Staat und Gesellschaft : Studien
zur preußisch-deutschen Militärgeschichte /
von Wilhelm Deist. – München : Oldenbourg, 1991
  (Beiträge zur Militärgeschichte ; Bd. 34)
  ISBN 3-486-55920-6 brosch.
  ISBN 3-486-55919-2 Gewebe
NE: GT

© 1991 R. Oldenbourg Verlag GmbH, München

Das Werk einschließlich aller Abbildungen ist urheberrechtlich geschützt. Jede Verwertung außerhalb der Grenzen des Urheberrechtsgesetzes ist ohne Zustimmung des Verlages unzulässig und strafbar. Das gilt insbesondere für Vervielfältigungen, Übersetzungen, Mikroverfilmungen und die Einspeicherung und Bearbeitung in elektronischen Systemen.

Redaktion: Wilfried Rädisch, Militärgeschichtliches Forschungsamt, Freiburg i. Br.
Satz: Maria-Elisabeth Marschalt, Militärgeschichtliches Forschungsamt, Freiburg i. B.
Druck und Bindung: R. Oldenbourg Graphische Betriebe GmbH, München

ISBN 3-486-55919-2 geb.
ISBN 3-486-55920-6 brosch.

Inhalt

Vorwort VII

Geleitwort IX

Kaiser Wilhelm II. als Oberster Kriegsherr (1991) 1

Die Armee in Staat und Gesellschaft 1890—1914 (1970) 19

Zur Geschichte des preußischen Offizierkorps 1888—1918 (1980) 43

Reichsmarineamt und Flottenverein 1903—1906 (1972) 57

Armee und Arbeiterschaft 1905—1918 (1975/1982) 83

Voraussetzungen innenpolitischen Handelns des Militärs im Ersten Weltkrieg
(1970) 103

    Bemerkungen zum Verhältnis des Offizierkorps und der militärischen Führung zur Innenpolitik vor Ausbruch des Krieges 103

    Der Kriegszustand nach Art. 68 der Reichsverfassung. Ausführungsbestimmungen der militärischen Führung 117

    Aufgaben und Kompetenzen der Militärbefehlshaber 126

    Zur innenpolitischen Tätigkeit der Obersten Heeresleitung 138

Zensur und Propaganda in Deutschland während des Ersten Weltkrieges
(1990/1991) 153

Die Unruhen in der Marine 1917/18 (1971) 165

Die Politik der Seekriegsleitung und die Rebellion der Flotte Ende Oktober 1918
(1966) 185

Der militärische Zusammenbruch des Kaiserreichs. Zur Realität der »Dolchstoßlegende« (1986) 211

Die militärischen Bestimmungen der Pariser Vorortverträge (1966) 235

Internationale und nationale Aspekte der Abrüstungsfrage 1924—1932 (1969) . . 249

Brüning, Herriot und die Abrüstungsgespräche von Bessinge 1932 (1957). 271

Schleicher und die deutsche Abrüstungspolitik im Juni/Juli 1932 (1959) 279

Zum Problem der deutschen Aufrüstung 1933—1936 (1977) 293

Heeresrüstung und Aggression 1936—1939 (1981) 317

Die deutsche Aufrüstung in amerikanischer Sicht: Berichte des US-Militärattachés in Berlin aus den Jahren 1933—1939 (1978) 339

Überlegungen zur »widerwilligen Loyalität« der Deutschen bei Kriegsbeginn (1989) 355

Der deutsche Angriff auf die Sowjetunion (1991) 369

Auf dem Wege zur ideologisierten Kriegführung: Deutschland 1918—1945 (1991) 385

Nachweise der Druckorte 431

Die in diesem Bande abgedruckten Beiträge wurden in ihrer Originalfassung aufgenommen. Lediglich die Form der Anmerkungen wurde vereinheitlicht.

Vorwort

Der Leitende Historiker des Militärgeschichtlichen Forschungsamtes, Wilhelm Deist, feiert am 7. Oktober 1991 seinen 60. Geburtstag. Hierzu spreche ich ihm — auch im Namen aller Mitarbeiter des MGFA — die besten Glückwünsche aus.
Daß der Jubilar gleichzeitig auf eine dreißigjährige Zugehörigkeit zum Amt zurückblicken kann, nehme ich zum Anlaß, ihm für seine in dieser Forschungsstätte geleistete Arbeit zu danken: Wilhelm Deist hat sich um die Militärgeschichtsschreibung als Disziplin der Geschichtswissenschaft in besonderer Weise verdient gemacht.
Nach seiner Dissertation bei Gerhard Ritter über »Die Haltung der Westmächte gegenüber Deutschland während der Abrüstungskonferenz 1932/33« (1956) und neben zahlreichen Aufsätzen zur Zwischenkriegszeit widmete Wilhelm Deist seine besondere Aufmerksamkeit dem Kaiserreich. Dies fand seinen Niederschlag u.a. in der 1976 vom Militärgeschichtlichen Forschungsamt herausgegebenen Monographie »Flottenpolitik und Flottenpropaganda. Das Nachrichtenbureau des Reichsmarineamtes 1897—1914«; zuvor schon, 1972, hatte Wilhelm Deist zusammen mit Herbert Schottelius den Sammelband »Marine- und Marinepolitik im Kaiserlichen Deutschland 1871—1914« herausgegeben, der die überarbeiteten Referate einer ersten großen wissenschaftlichen Tagung des Militärgeschichtlichen Forschungsamtes beinhaltet, für die Wilhelm Deist verantwortlich zeichnete und die wegweisend wurde für nachfolgende Veranstaltungen, auf denen Wissenschaftler des MGFA ihre Forschungsergebnisse mit Kollegen des In- und Auslandes austauschten.
Die Zusammenarbeit mit historischen Forschungseinrichtungen war stets ein besonderes Anliegen von Wilhelm Deist, das u.a. in der von ihm edierten Quellensammlung »Militär und Innenpolitik im Weltkrieg 1914—1918« (Düsseldorf 1970) zum Ausdruck kam. Sie entstand in Verbindung mit der Kommission für Geschichte des Parlamentarismus und der politischen Parteien, erschien in einer ihrer wissenschaftlichen Reihen und legte den Grundstein für eine bis heute währende wissenschaftliche Kommunikation. Das genannte Quellenwerk verdeutlicht das besondere Interesse von Wilhelm Deist für die Herausgabe historischer Dokumente, was sich zuletzt in der zusammen mit Volker Berghahn edierten Quellensammlung »Rüstung im Zeichen der wilhelminischen Weltpolitik« (Düsseldorf 1988) niederschlug. Seine langjährige redaktionelle Tätigkeit für die »Militärgeschichtlichen Mitteilungen«, wo er u.a. für den Editionsteil verantwortlich zeichnete, ist in diesem Zusammenhang besonders hervorzuheben.
Wilhelm Deist hat als Mitautor und Team-, schließlich als Projektleiter großen Anteil an Konzeption und Realisierung des vom Militärgeschichtlichen Forschungsamt erarbeiteten zehnbändigen Werkes »Das Deutsche Reich und der Zweite Weltkrieg«, von dem inzwischen sechs Bände vorliegen.
Neben seinen zahlreichen wissenschaftlichen und seinen Aufgaben als Projekt- und Forschungsbereichsleiter sowie seit 1988 als Leitender Historiker im Forschungsamt ist Wil-

helm Deist ein gefragter Referent auf nationalen und internationalen Tagungen, deren Ergebnisse zumeist in Form von Sammelwerken der wissenschaftlichen Öffentlichkeit vermittelt werden. So entstand eine Vielzahl von Abhandlungen und Zeitschriftenaufsätzen, die sich trotz unterschiedlicher Thematik im zeitlichen Rahmen zwischen Kaiserreich und Ende des Zweiten Weltkrieges zu einem geschlossenen Bild fügen, das Aufschluß gibt vor allem über das Verhältnis von militärischer Führung zu Staat und Gesellschaft und den Blick öffnet für die Bedeutung der Rüstung.

Seine verstreut erschienenen Arbeiten werden ihm anläßlich seines Doppeljubiläums in Form dieser Aufsatzsammlung als Anerkenntnis und Dank für seine wissenschaftliche Leistung im Militärgeschichtlichen Forschungsamt und gleichzeitig für seine Verdienste um die Militärgeschichtsschreibung zugeeignet.

Dr. Günter Roth
Brigadegeneral
Amtschef des Militärgeschichtlichen Forschungsamtes

Geleitwort

Als Wilhelm Deist 1961 das Schulkatheder gegen den Schreibtisch in einer wissenschaftlichen Einrichtung vertauschte, die sich der Erforschung der deutschen Militärgeschichte widmet, war dies ein eklatanter Verstoß gegen den vielbeschworenen Zeitgeist. Zu tief saß der Stachel des Zweiten Weltkrieges und der totalen Niederlage immer noch im Bewußtsein eines Großteils der Bevölkerung, als daß die Beschäftigung mit der militärischen Vergangenheit und dem Militär von allgemeinem wissenschaftlichen oder gar politischen Interesse gewesen wäre. Noch lebte die Erinnerung an die Bombennächte fort, schmerzte der Verlust von Verwandten und Freunden, der Heimat. Die letzten Kriegsteilnehmer hatten die russische Gefangenschaft gerade fünf Jahre hinter sich, mußten sich im zivilen Leben neu orientieren. Zahlreiche Prozesse und erste sporadische Publikationen und Filme brachten die Beteiligung einzelner Wehrmachtangehöriger, aber auch ganzer Truppenteile an Kriegsverbrechen zutage und warfen die von vielen ehemaligen und bereits wieder aktiven Soldaten noch als provokant empfundene Frage nach der Verstrickung der militärischen Macht als Institution mit dem nationalsozialistischen Unrechtsregime auf. In einer solchen Situation gefährdete der Blick zurück bei der Masse der Kriegsteilnehmer das durch Kriegsgeschehen und Nachkriegswirren besonders labil gewordene Selbstverständnis weit mehr, als man der bewußtseinsmäßigen Befindlichkeit glaubte zumuten zu können. Dies traf auch für einen Großteil der Gesamtbevölkerung zu, die sich zumindest partiell dem Nationalsozialismus weit mehr verbunden fühlte, als dies in den fünfziger und sechziger Jahren bekannt war. Aus der *materiellen* Konkursmasse der jüngsten Vergangenheit ließ sich mehr retten, denn aus der *politisch-ideellen*, in die auch viele, dem Nationalsozialismus nicht verbundene Kriegsteilnehmer geraten waren: Reich und Nation waren durch Zerstückelung in ihrem Fortbestand gefährdet bzw. rechtlich bezweifelt. Das territoriale Rumpfgebilde, das sich jetzt noch Deutschland nannte, bestand aus zwei sich feindlich gegenüberstehenden Staaten unterschiedlicher politischer und sozio-ökonomischer Ordnung innerhalb zweier global dimensionierter gegeneinander aufrüstender Lager mit all den daraus resultierenden Entfremdungserscheinungen.
Die sich aus der Entwicklung zu weltpolitischer Bipolarität in Form des Kalten Krieges — also aufgrund der außenpolitischen Rahmenbedingungen — geradezu notwendigerweise ergebende deutsch-deutsche Aufrüstung stieß bei den Deutschen beiderseits des Eisernen Vorhangs auf erhebliche Vorbehalte. So litten die Streitkräfte der DDR, wenngleich von dem unter antimilitaristischem und antifaschistischem Vorzeichen angetretenen SED-Regime als unverzichtbare Abwehrmaßnahme gegenüber dem westlichen Klassenfeind gerechtfertigt und in weiten Genossenkreisen auch für notwendig erachtet, dennoch unter Legitimationszwang. Das der Nationalen Volksarmee aus einer seltsamen Mischung aus Bolschewismus und Preußentum vermittelte Selbstwertgefühl und verordnete äußere Gebaren sollte ihr eine breitere Plattform der Anerkenntnis als den deutschen Soldaten im Westen schaffen, was zeigte, wie wenig auch die Bevölkerung des auf

radikalen Traditionsbruch begründeten sogenannten deutschen Arbeiter- und Bauernstaates die Vergangenheit kritisch aufzuarbeiten vermochte.

Die Bundeswehr, in ihrer Existenzberechtigung gegenüber dem Bürger bündnis-, sicherheits-, europa- und deutschlandpolitisch hinreichend begründet, kann ihrerseits nur bedingt als die institutionalisierte Lehre aus der preußisch-deutschen Militärgeschichte verstanden werden. Das ihr als Verhaltensmuster und bewußtseinsprägend verordnete Prinzip der Inneren Führung bedeutete, als es entwickelt wurde, sicher einen qualitativen Sprung im militärpolitischen Denken, indem es Funktion und Inhalt des soldatischen Lebens neu definierte. Der Bürger in Uniform sollte ein dem pluralistisch-demokratischen Staat adäquates Wesensbild abgeben. Aber daneben intendierte Innere Führung auch, der westdeutschen Nachkriegsgesellschaft den Soldaten überhaupt wieder existentiell akzeptabel erscheinen zu lassen. Innerer Führung lag somit die Einsicht von der Notwendigkeit zumindest punktueller historischer Erkenntnis als unverzichtbarem politischem Gestaltungselement zugrunde. Daß ihr in den Augen einiger Verantwortlicher gleichfalls eine gewisse Alibifunktion zukam, ist unbestritten: wir, die neue bewaffnete Macht, haben unsere geschichtliche Lektion gelernt. Die tiefere Auseinandersetzung mit NS-Zeit und Zweitem Weltkrieg kann für uns entfallen! Die Ehrenerklärungen Eisenhowers und Adenauers taten ihre Wirkung in diesem Sinne.

Als Wilhelm Deist in das Militärgeschichtliche Forschungsamt eintrat, war die Arbeit dieser wissenschaftlichen Einrichtung zumindest noch teilweise in diesem Sinne programmiert. Hatte doch der seinerzeitige Mitarbeiter der Dienststelle Blank und spätere Generalinspekteur der Bundeswehr Ulrich de Maizière den nachmaligen ersten Leiter des Militärgeschichtlichen Forschungsamtes, den ehemaligen Reichswehr- und Wehrmachtoffizier Hans Meier-Welcker, nach dessen Geschichtsstudium zum Eintritt in die neuen Streitkräfte mit dem Argument gewinnen können, es gelte, eine Einrichtung aufzubauen, die zunächst einmal all dies sammle und dann in zeitgeschichtlicher Retrospektive darstelle und würdige, was sich mit der Bundeswehr an geistiger Neubesinnung verband.

Erst die Rückführung der Wehrmachtakten hauptsächlich aus den USA nach Westdeutschland, hier in die Dokumentenzentrale des Militärgeschichtlichen Forschungsamtes, konfrontierte dieses und seine Mitarbeiter durch die schriftlich überlieferten Quellen unmittelbarer als bislang mit der jüngsten Vergangenheit, mit dem Dritten Reich und dem Zweiten Weltkrieg.

Drittes Reich und Zweiter Weltkrieg sind Stichworte, die wieder zu Wilhelm Deist zurückführen. Als Sohn eines im Ersten und Zweiten Weltkrieg aktiven Militärarztes war ihm das militärische Sujet ebensowenig fremd wie die nationalsozialistische Gedankenwelt, innerhalb derer sich ein Teil seiner allerdings frühen schulischen Ausbildung vollzog. Wilhelm Deist hat die letzte Phase des Krieges mit der Intensität erfahren, mit der sich ungewöhnliche Ereignisse wie Verlust nächster Angehöriger an der Front und Luftangriffe kindlich-jugendlichem Gedächtnis einzuprägen vermögen. Die Wirren des Zusammenbruchs und der ersten Nachkriegsjahre, die Reaktion des unter dem inneren Spannungsbogen von Offizier und Arzt stehenden Vaters auf das zweite erlebte militärische Desaster motivierten ihn mit, in dem Bemühen um eigene Standortbestimmung und Selbstfindung dem Verhältnis von Militär, Staat (Partei) und Gesellschaft in Deutschland (im Dritten Reich) in seinen Verwobenheiten auf die Spur zu kommen. Das Studium der Geschichte lag nahe, und es war Gerhard Ritter, der, an den wissenschaftlichen, studentischen und gesellschaftlichen Bedürfnissen geradezu ostentativ vorbei, sein mehrbändiges Werk über »Staatskunst und Kriegshandwerk« verfassend, den Freiburger Studenten speziell an die Militärgeschichte heranführte.

Es sollten 10 Jahre im Forschungsamt verstreichen, ehe sich Wilhelm Deist intensiv dem Studium der Geschichte des Zweiten Weltkrieges und seiner Ursachen zuwandte. Langwierige Diskussionen und Widerstände seitens aktiver Kriegsteilnehmer unter den wissenschaftlichen Mitarbeitern, die aus persönlicher Betroffenheit, aber auch mit dem beachtenswerten Argument des zu geringen zeitlichen Abstandes zum Geschehen, den Zweiten Weltkrieg als Forschungsobjekt für höchst problematisch befanden, hatten zu dieser zeitlichen Verzögerung geführt, mit der die Freiburger Militärhistoriker hinter einem ähnlichen, von der DDR betriebenen Projekt zurücklagen. Wilhelm Deist, von Anbeginn an der Konzeptionsdiskussion einflußreich beteiligt, wurde unter der Projektleitung von Manfred Messerschmidt Teamleiter und Mitautor am ersten Band des Sammelwerkes »Das Deutsche Reich und der Zweite Weltkrieg«, ehe er als Nachfolger Messerschmidts zunächst die Projektführung übernahm. Als heutigem Leitenden Historiker gilt diesem inzwischen weit fortgeschrittenen Forschungsvorhaben daher auch weiterhin seine besondere Aufmerksamkeit.

Indes hat Wilhelm Deist Drittes Reich, Zweiten Weltkrieg und dessen Ende nicht ins Zentrum seiner wissenschaftlichen Analysen gerückt, eher zum Endpunkt seiner Betrachtungen unter der Fragestellung gemacht, wie es denn dahin hatte kommen können. In der deutschen Geschichtswissenschaft wurde die Antwort lange Zeit vornehmlich im Bereich der politischen und der Parteiengeschichte gesucht, während das Verhalten deutscher Eliten, insbesondere auch des deutschen Offizierkorps, in ihrem Beziehungsgeflecht zum Nationalsozialismus kaum in den Blick gerieten, vielmehr aus der Kriegsursachenforschung — sieht man von einigen Faschismustheoremen einmal ab — weitgehend ausgeblendet blieben. Die Totalitarismustheorie exkulpierte in ihrer politischen Anwendung und damit in ihrer politischen Reaktion die deutsche Gesellschaft und ihre Eliten von der Mitverantwortlichkeit für die Machtübernahme der Nationalsozialisten und die unter ihrer Herrschaft im In- und Ausland verübten Untaten. Dies traf in besonderem Maße für die militärische Führungsschicht zu. Die Wehrmacht wurde zum unpolitischen Hort des Rechtes, der Ordnung und der professionellen Tüchtigkeit innerhalb eines Regimes von Willkür und Chaos stilisiert. Schuldzuweisungen konnten sich auf diejenigen beschränken, die vor alliierten und deutschen Gerichten als unrühmliche Einzelfälle, als die Ausnahmen von der Regel für Ungesetzlichkeiten zur Rechenschaft gezogen wurden.

Wilhelm Deist hat sich stets dagegen gesträubt, dem Militär und seinem Führungskorps im National- und Welttheater des Dritten Reiches lediglich eine politische Neben- oder gar Statistenrolle zuzuweisen, ihr Auftreten allein nach militärischen Leistungskriterien zu beurteilen. Die Jahre 1933 bis 1945 als Bruch in der traditionellen Entwicklung, als historischen Betriebsunfall erklären zu wollen, erschien ihm gerade am Beispiel von Denken und Verhalten des Offizierkorps als höchst fragwürdig und völlig unbefriedigend. Statt dessen zeigte er sich bemüht, die Stellung der deutschen militärischen Elite und der Wehrmacht insgesamt während des Nationalsozialismus gleichsam aus weit rückwärts gewandter Perspektive zu betrachten. Stellenwert und Verantwortlichkeit des deutschen Offizierkorps in NS-Zeit und Zweitem Weltkrieg läßt sich für ihn nur entlang der Linie von Tradition und Wandel einer preußisch-deutschen Elite vom Kaiser- bis zum Dritten Reich festmachen.

In der Tat ist in diesem Zusammenhang daran zu erinnern, daß zwar Bismarck der Idee eines einheitlichen Reiches politische Realität verlieh, daß aber das Militär bei der Geburt des Deutschen Reiches Pate stand. Dies fand seinen bezeichnenden Ausdruck in dem bekannten Gemälde über die Kaiserproklamation von Anton von Werner, das ausschließlich Uniformträger darstellt, selbst der Eiserne Kanzler zollte in Galauniform dem Militär optisch für die Partizipation an der Schaffung des deutschen Einheitsstaates Tribut. Das preußisch-deutsche Offizierkorps repräsentierte niemals nur die militärische Macht. Zumindest bis 1933 dominierte in ihm der Adel als überkommener Herrschaftsträger, insbesonders in Gestalt des Großgrundbesitzes. Und es geschah eigentlich nicht dies, was der Entwicklung Deutschlands hin zu einer modernen Wissenschafts-, Industrie- und damit Leistungsgesellschaft angemessen gewesen wäre, nämlich die gesellschaftliche Emanzipation tradierter Eliten an den Bürger. Es vollzog sich eher umgekehrt ein sozialer Assimilationsprozeß des Bürgers an das Offizierkorps. Das Militärische war ein Wert an sich, und nach 1918 hingen vielfach berufliche Förderung und die Zuteilung staatlicher Wohltaten von der positiven Beantwortung der Frage ab: »Haben Sie gedient?« Noch 1952 sah sich der designierte erste Bundesminister der Verteidigung, Theodor Blank, genötigt, mit Nachdruck zu versichern, der Rock des Offiziers sei zukünftig kein Signum mehr für gesellschaftliche Privilegien.

Auf einen zweiten durchgängigen Kontinuitätsstrang hat Wilhelm Deist immer wieder aufmerksam gemacht, nämlich auf die nahezu bedingungslose vasallenähnliche Abhängigkeit des preußisch-deutschen Militärs gegenüber dem Obersten Befehlshaber bzw. Kriegsherrn. Zwar muß hier daran erinnert werden, daß es die militärische Führung war, die den Ersten Weltkrieg beendete, mit der erzwungenen Abdankung Wilhelms II. den politischen Wandel hin zur Demokratie ermöglichte, durch die Übernahme der inneren Schutzfunktion der neuen Republik diese aber zugleich zu einer Einrichtung mit beschränkter Haftung und von begrenzter Dauer werden ließ. Wenn die militärische Führung dem Kaiser die Treue aufkündigte, dann um des höheren Prinzips der Einheit von Staat und Nation wegen, und nur, um dessen Gerechtsame als Oberster Befehlshaber stellvertretend und vorübergehend selbst wahrzunehmen, bis sie in die Hände eines der ihren — Hindenburg — als Staatsoberhaupt zurückgelegt werden konnten. Die politische Verpflichtung auf Gegenseitigkeit zwischen Reichswehr- und politischer Führung erlaubte der Militärführung in der Weimarer Republik eine politische Einflußnahme ähnlich der, wie sie sie seit 1871 in wachsendem Maße bis zum Herbst 1918 praktiziert hatte. Wer in Rechnung stellt, daß es ihr gelang, im Bewußtsein der breiten Massen trotz der de facto bedingungslosen Kapitulation im November 1918 den Mythos des »Im Felde unbesiegt« glaubhaft zu verankern und dergestalt die Notwendigkeit einer Revision des von der demokratischen Regierung akzeptierten vermeintlich unverdienten Schmachfriedens darzutun, den wird es nicht erstaunen, daß die Weimarer Republik auf ein Präsidialsystem mit militärischer Spitze zutrieb. Vorgezeichnet war dieser Gang der Dinge bereits seit 1926 mit der Einrichtung der Stelle eines Chefs des Ministeramtes (zunächst Wehrmachtabteilung), also eines Staatssekretärpostens im Reichswehrministerium, der ausschließlich von Offizieren eingenommen wurde. Die tatsächliche Effizienz der politischen Unternehmungen und der Wille der Reichswehrführung zur Handhabung der ihr überlassenen Funktionen spricht aus den Worten Groeners, der da meinte, »im politischen Geschehen Deutschlands« dürfe »kein Baustein mehr bewegt werden, ohne daß das Wort der Reichswehr ausschlaggebend in die Waagschale geworfen« werde. So geschah es denn auch. Im Stadium des innerstaatlichen Chaos lenkte die Wehrmachtrepräsentanz durch General Schleicher als Reichskanzler 1932/33 und Reichswehrminister in Personalunion und durch Generalfeldmarschall von Hindenburg als Reichspräsident und Oberbefehlshaber der Reichswehr nahezu alle Staatsgeschäfte.

Und wer den Kristallisationspunkt Deistscher Analyse des interdependenten Verhältnisses von Offizierkorps und Nationalsozialismus ausmachen will, der muß daran erinnern, daß Hindenburg den General von Blomberg bereits zum Reichswehrminister einer Regierung ernannte, bevor deren Reichskanzler, nämlich Hitler, seine Bestallung besaß. Dies war ein Akt der politischen Disziplinierung gegenüber denjenigen verantwortlichen Reichswehrführern, die dem Nationalsozialismus möglicherweise skeptisch gegenüberstanden. Es war aber auch ein drohendes Signal an alle demokratischen Oppositionellen, das anzeigte, auf welcher Seite das Militär auch als Ordnungsfaktor nach innen, als zunächst einmal ausschlaggebend stabilisierendes Element einer nationalsozialistisch geführten Regierung stand.

Als die personifizierte Reichsidee Adolf Hitler in der Erbfolge von Kaiser und Hindenburg die Funktion des Staatsoberhauptes und des Obersten Militärs übernahm, erschien dies dem Offizierkorps traditionell begründet und in der Natur der Sache liegend. Wenn die Wehrmachtführung dies in einer Weise respektierte, die sie im Zweifel zwischen ihrer und Hitlers Kompetenz ihre ureigene militärische Verantwortlichkeit verleugnen und sie sehenden Auges und fast widerstandslos mit in die totale militärische Katastrophe steuern ließ, dann hatte unter dem Nationalsozialismus doch ein Prozeß des zunehmenden Verlusts an Selbstwertgefühl stattgefunden, der für die preußisch-deutsche militärische Tradition nicht mehr als symptomatisch angesehen werden kann. Diese Feststellung hat Wilhelm Deist auf der Suche nach Ursachen und Antworten als Wissenschaftler stets umgetrieben und ihn speziell in der Beschäftigung mit der Kaiserlichen Marine und der Marineleitung bewegt. Der Kotau, den die Spitze der maritimen Teilstreitkraft dem »Führer« erwies, dürfte wohl weniger in der besonderen Affinität zum Nationalsozialismus, als vielmehr in dem Willen zu suchen sein, sich nach dem revolutionären Sündenfall der Matrosen wieder zu rehabilitieren. Vor diesem Hintergrund hat Hitler die bedingungslose Gefolgschaft wohl auch begriffen, die er für so unverbrüchlich hielt, daß er den Großadmiral Dönitz zu seinem Konkursverwalter einsetzte. Auch die Urteile der Marinerichter passen ins Bild.

Im hier andeutungsweise entworfenen historischen Kontext bewegen sich die militärhistorischen Arbeiten von Wilhelm Deist, die sich in nachfolgend exemplarisch zusammengestellten Einzelstudien aus verschiedenen Arbeitsperioden zu einem thematischen

Ganzen fügen. Sie beschäftigen sich mit der militärischen Führung als einer politischen, gesellschaftlichen und professionellen Elite, die danach beurteilt wird, wie sie sich dieser dreifachen Verantwortlichkeit gestellt hat und wie sie ihr gerecht geworden ist.

Wilhelm Deist hat neben Manfred Messerschmidt und anderen durch seine Arbeit im Militärgeschichtlichen Forschungsamt wesentlich dazu beigetragen, das Militär und sein Führerkorps wieder zum Gegenstand historisch-wissenschaftlichen Interesses werden zu lassen, mehr noch, Militärgeschichte wieder zur renommierten historiographischen Teildisziplin neben Sozial-, Wirtschafts- oder Technikgeschichte u. a. zu etablieren. Um dies zu erreichen, war es notwendig, die Militärhistoriographie aus dem Schatten der Kriegsgeschichte herauszuführen. Daß dies Wilhelm Deist selbst gelungen ist, legen die Beiträge dieses Bandes, in deren Mittelpunkt nicht etwa operatives oder taktisches Geschehen steht, offen. Sie zeigen vielmehr die aus dem Wechselspiel von Staat und Gesellschaft einer- und dem Militär andererseits in Krieg und Frieden sich ergebenden politischen, wirtschaftlichen und bewußtseinsphänomenologischen Wirkungen auf. Der Themenbogen spannt sich von der Beschäftigung mit Wilhelm II. als Oberstem Kriegsherrn im ersten industrialisierten Krieg in Europa über das Phänomen des Militärstreiks und des Zusammenbruchs 1918 bis hin zur Aufrüstung zwecks ideologiebestimmter Kriegführung im Dritten Reich.

Mit der Vollendung seines 60. Lebensjahres kann Wilhelm Deist gleichzeitig auf eine dreißigjährige Tätigkeit im Militärgeschichtlichen Forschungsamt zurückblicken. Sie war nicht nur mit Forschungsarbeit ausgefüllt. Als langjähriger Redakteur und Mitherausgeber der Militärgeschichtlichen Mitteilungen sowie des War and Society Newsletter hat er über gewonnene Autoren zahlreiche wissenschaftliche Fäden zu historiographischen Einrichtungen des In- und Auslandes knüpfen helfen, die das Ansehen des Forschungsamtes als Institution und seiner Mitarbeiter als Wissenschaftler vermehrten und festigten. Seine Berufung in angesehene wissenschaftliche Gesellschaften bildet den Ausdruck seiner Anerkenntnis als Militärhistoriker und bot und bietet ihm die Möglichkeit, Kooperation zwischen diesen Einrichtungen und der Freiburger Forschungsstätte zu pflegen, aber auch ein Stück Wissenschaftspolitik zu betreiben. Zu nennen ist hier das Komitee der Bundesrepublik in der Internationalen Gesellschaft für die Geschichte des Zweiten Weltkrieges, dessen Vorstandsmitglied er ist. Berufen wurde Wilhelm Deist in den Conseil scientifique du Centre de Recherche de l'Historial de la Grande Guerre in Péronne. Über besonders intensive Verbindungen verfügt er zur anglo-amerikanischen historisch-wissenschaftlichen Welt. Dies findet seinen Ausdruck in der Mitgliedschaft der German Studies Association, im Advisory Board der Zeitschrift Contemporary European History und in seiner Funktion als Advisory Editor des Companion to the Second World War, OUP CIHM. Schließlich soll hier der Hinweis auf das St. Anthony's College, Oxford, nicht fehlen, wo er als Visiting Leverhulme Fellow wirkte. Der Hinweis auf einen Lehrauftrag an der Universität Freiburg vervollständigt dies Bild eines nach außen hin kommunikativen Wissenschaftlers.

Zwei Vorhaben hat Wilhelm Deist mit der ihm eigenen Beharrlichkeit verfolgt, nämlich eine englischsprachige Ausgabe des bereits genannten Weltkriegswerkes und die Begründung einer wissenschaftlichen Reihe zur Publikation bedeutsamer militärhistorischer Quellen. Beide Anregungen hat der derzeitige Amtschef Günter Roth aufgegriffen und in der gemeinsamen Herausgeberschaft mit Wilhelm Deist bereits durch die ersten Bände in beachtenswerte Publikationen umgesetzt.

Angesichts eines solchen Oeuvres und eines derartigen wissenschaftlichen Engagements gilt es, einem Kollegen Respekt zu bekunden, in dessen Werk die aus der Einsicht in die Unverzichtbarkeit des Militärs erwachsene, zu einem Gutteil sicher im ganz persönlichen Bereich wurzelnde innere Verbundenheit zum Militär und seiner Geschichte dort ihre Grenze findet, wo der objektive wissenschaftliche Befund den kritisch-distanzierten Abstand des Historikers gebietet. Subjektives Betroffensein in Verbindung mit dem Bemühen um Wahrheitsfindung, dies zeichnet den zeitgeschichtlich orientierten Militärhistoriker Wilhelm Deist aus.

Hans-Erich Volkmann

Kaiser Wilhelm II. als Oberster Kriegsherr

Nach den jüngsten, eindringlichen Studien[1] zur Persönlichkeit Wilhelms II. liegt die Vermutung nahe, daß sich aus der Analyse seines Handelns als Oberster Kriegsherr kaum ein grundlegend anderes, d. h. positiveres Bild seiner Persönlichkeit und seiner Herrschaftsweise gewinnen lassen wird, insbesondere dann, wenn — wie es das Thema nahezulegen scheint — des Kaisers Rolle im Ersten Weltkrieg im Vordergrund des Interesses stehen sollte. In diesem ersten industrialisierten Krieg auf europäischem Boden kann von einer dominierenden oder gar wegweisenden Einflußnahme des Monarchen auf das Geschehen nicht mehr die Rede sein. Das Wort vom »Schattenkaiser« trifft wohl auf keine Zeitspanne der dreißigjährigen Herrschaft Wilhelms II. so sehr zu wie auf die vier Jahre des Weltkrieges, in denen andere Akteure und Kräfte die politische und militärische Bühne beherrschten.
Wilhelm II. als Oberster Kriegsherr im Ersten Weltkrieg bietet durchaus den Stoff für eine makabre Satire voller grotesker Szenen. So hat der damalige Oberstleutnant v. Seeckt aus den letzten Tagen des Oktober 1914 eine Begebenheit überliefert, die als Auftakt einer solchen Satire nicht ungeeignet wäre[2]. Bei einem seiner spontanen Frontbesuche begrüßte Wilhelm das 12. preußische Grenadierregiment, das seit dem Abmarsch aus Frankfurt/Oder bereits über ein Drittel seines Personalbestandes verloren hatte, mit den denkwürdigen Worten: »Brandenburger, Euer Markgraf spricht zu euch auf Frankreichs Boden«. Ähnliche Äußerungen, »Sprüche« aus allen Phasen des Krieges finden sich fast in jedem der überaus zahlreichen Memoirenwerke, erinnert sei in diesem Zusammenhang insbesondere an die Aufzeichnungen des Chefs des Marine-Kabinetts, Admiral v. Müller[3]. Jedoch ist mit dem Urteil über die Persönlichkeit noch keine befriedigende Antwort auf die Frage gefunden, welche historische Bedeutung der Funktion des Obersten Kriegsherrn zuzumessen ist und wie diese Funktion von Wilhelm II. während seiner dreißigjährigen Herrschaft wahrgenommen worden ist.

---

[1] Vgl. Michael Balfour, Der Kaiser. Wilhelm II. und seine Zeit, Berlin 1973; Isabel V. Hull, The Entourage of Kaiser Wilhelm II, 1888—1918, Cambridge 1982; John C. G. Röhl und Nicolaus Sombart (Hrsg.), Kaiser Wilhelm II. New Interpretations, Cambridge 1982; John C. G. Röhl, Kaiser, Hof und Staat. Wilhelm II. und die deutsche Politik, München 1987.

[2] Zu Seeckts Brief vom 26. 10. 1914 vgl. Militär und Innenpolitik im Weltkrieg 1914—1918, bearb. v. Wilhelm Deist, Düsseldorf 1970 (= Quellen zur Geschichte des Parlamentarismus und der politischen Parteien, 2. Reihe, Bd 1/I), Nr. 87, S. 207, Anm. 5. Vgl. hierzu Walter Görlitz (Hrsg.), Regierte der Kaiser? Kriegstagebücher, Aufzeichnungen und Briefe des Chefs des Marine-Kabinetts Admiral Georg Alexander von Müller 1914—1918, Göttingen 1959, S. 66. Sowie Ernst v. Schönfeldt, Das Grenadier-Regiment Prinz Karl von Preußen (2. brandenburgisches) Nr. 12 im Weltkriege, Oldenburg 1924 (= Erinnerungsblätter deutscher Regimenter, 103), S. 35f. Dort ist die Ansprache in offenbar überarbeiteter Form wiedergegeben.

[3] Neben Müller, Regierte der Kaiser (wie Anm. 2), vgl. in diesem Zusammenhang auch Karl-Heinz Janßen (Hrsg.), Die graue Exzellenz. Zwischen Staatsräson und Vasallentreue. Aus den Papieren des kaiserlichen Gesandten Karl Georg von Treutler, Frankfurt/M. 1971.

Der Terminus »Oberster Kriegsherr« findet sich weder in den Verfassungen von 1867 und 1871, noch in den Verträgen und Konventionen mit den süddeutschen Staaten. Greifbar wird er erst in dem Fahneneid für die Offiziere, Beamten, Unteroffiziere und Mannschaften der Kaiserlichen Marine[4]. Aus dem Vergleich mit den anderen gültigen Eidesformeln wird die dem Begriff von den Zeitgenossen zugeordnete Bedeutung erkennbar: Die Marine verkörperte von Anfang an den Reichsgedanken, sie war Bestandteil der Reichsexekutive, in ihr hatte das föderalistische Kontingentsystem keinen Platz. Der Begriff, der um die Jahrhundertwende allgemein Verwendung fand[5], brachte demnach zum Ausdruck, daß der Kaiser im Frieden wie im Kriege als der tatsächliche Oberbefehlshaber der gesamten bewaffneten Macht des Reiches betrachtet wurde. Diese militärische Variante der generellen Entwicklung einer immer stärkeren Betonung des Kaisertums als Symbol der nationalen Einheit barg aber wie selbstverständlich auch die ältere Vorstellung in sich, daß der Oberste Kriegsherr in letzter Instanz über Struktur und Verwendung der bewaffneten Macht entschied[6]. Vor allem aber verband sich mit dem Begriff die Vorstellung, daß der Monarch als Souverän die für die Existenzsicherung der Nation notwendige Koordination der Planungen und Maßnahmen der Exekutive garantierte.

Gerade in dieser Hinsicht aber, so lautet das nahezu einhellige Urteil der Historiker, ist Wilhelm dem Anspruch nicht gerecht geworden. Nach Gerhard Ritter stand Wilhelm II. »ziemlich hilflos der großen, durch niemanden sonst zu lösenden Aufgabe gegenüber, ein gesundes Gleichgewicht zwischen militärischen und politischen Instanzen zu erhalten« und er führt dies auf »den Mangel eines wirklich souveränen Willens« zurück[7]. Hans Herzfeld konstatiert eine »völlig versagende Resignation« des Kaisers »vor seiner verfassungsmäßigen Aufgabe«, die ihm die Rolle »des Obersten Schiedsrichters in den Konflikten der deutschen Politik« auferlegte[8]. Karl-Dietrich Erdmann ist der Meinung, daß Wilhelm II. — »Symbolfigur jener Epoche deutscher Geschichte« — die ihm im Verfassungssystem zukommende Aufgabe, die »Bildung eines staatlichen Gesamtwillens zu fördern« nicht zu lösen vermocht, ja, daß er im Kriege auf einen »eigenen politischen Willen oder gar [auf einen] Führungsanspruch« verzichtet habe[9]. Hans-Ulrich Wehler schließlich lehnt — über Herzfeld hinausgehend — den Begriff des Wilhelminismus als irreführend ab,

---

[4] Die Eidesformel gegenüber »Seiner Majestät dem Deutschen Kaiser Wilhelm I., meinem Obersten Kriegsherrn« wurde von Wilhelm I. am 4.5.1875 genehmigt, auf seine Anweisung aber nicht im Marineverordnungsblatt veröffentlicht, vgl. Bundesarchiv-Militärarchiv Freiburg, RM 1/v. 112. Vgl. im übrigen Rudolf Absolon, Die Wehrmacht im Dritten Reich, Bd 1, Boppard 1969 (= Schriften des Bundesarchivs, 16/I), S. 163 ff.

[5] Vgl. entsprechende Artikel im »Grenzboten« 1903, zitiert nach Walter Transfeldt, Wort und Brauch im deutschen Heer, 7. Aufl., Hamburg 1976, S. 55.

[6] Vgl. Elisabeth Fehrenbach, Wandlungen des deutschen Kaisergedankens 1871–1918, München 1969 (= Studien zur Geschichte des neunzehnten Jahrhunderts, Bd 1), S. 122 ff., 170 ff.

[7] Vgl. Gerhard Ritter, Staatskunst und Kriegshandwerk, Bd 3: Die Tragödie der Staatskunst. Bethmann Hollweg als Kriegskanzler 1914–1917, München 1964, S. 22.

[8] Vgl. Hans Herzfeld, Der Erste Weltkrieg, München 1968 (= dtv-Weltgeschichte des 20. Jahrhunderts Bd 1), S. 21.

[9] Vgl. Karl Dietrich Erdmann, Der Erste Weltkrieg, 3. Aufl., München 1982 (= Handbuch der deutschen Geschichte, Bd 18) (= dtv, 4218), S. 20, 34, 176.

bezeichnet die Vorstellung eines »nationalen Imperators als Integrationsfaktor« als einen Traum, der an der »schwächlichen Figur« Wilhelms II. zerbrach, und sieht in diesem Kaiser während des Weltkrieges — wie Hans Delbrück — nur den »Schattenkaiser«[10].
So begründet diese Urteile im einzelnen auch sein mögen und so zutreffend die Einschätzung der Rolle Wilhelms II. im allgemeinen auch erscheinen mag, so hat sich doch in jüngster Zeit durch die Forschungen J. Röhls erwiesen, daß sie revisions- und ergänzungsbedürftig sind. Mit der Feststellung des doppelten Versagens als Person und Funktionsträger ist die Frage noch nicht beantwortet, ob dieses Versagen tatsächlich — wie Hans-Ulrich Wehler meint — zu einem Machtvakuum geführt hat, bzw. ob und gegebenenfalls welche Wirkungen von dem »Schattenkaiser« auf das Gesamtsystem des wilhelminischen Kaiserreiches ausgegangen sind, wobei der Versuch, deutlich voneinander sich abhebende Phasen der Wirksamkeit zu unterscheiden, immer mehr Anklang findet.
Die Figur und die Funktion des Obersten Kriegsherrn scheint mir besonders geeignet, die mit diesen Fragen verbundenen Probleme zu verdeutlichen, insbesondere auch deswegen, weil die Diskussion sich an dem im Zentrum der Auseinandersetzung stehenden Begriff des »persönlichen Regiments« festgefahren hat[11]. Übereinstimmung herrscht zumindest in einem Punkte, nämlich daß Wilhelm II. ab 1888/1890 tatsächlich ein »persönliches Regiment« anstrebte. Ebenso unstrittig dürfte sein, daß zu verschiedenen Zeiten unterschiedliche politische Kräfte diese Absicht des Monarchen aus klar zu definierenden Motiven unterstützten. In den Augen Wilhelms und seiner nächsten Umgebung handelte es sich zunächst schlicht um die Wiederherstellung der Monarchie nach der Kanzlerdiktatur Bismarcks. Dieser Versuch war — gegenüber den ursprünglichen Absichten — spätestens mit der Daily-Telegraph-Affäre 1908 gescheitert. Charakteristisch für die gesamte historische Diskussion um Realität und Illusion des »persönlichen Regiments« ist, daß die vorgetragenen Argumente sich fast ausschließlich auf den außen- und innenpolitischen, den personalpolitischen Bereich beschränken. Das Militär, Entwicklungen und Ereignisse in Armee und Marine wurden und werden nur dann in die Betrachtung einbezogen, wenn sie in einer nicht mehr zu übersehenden, unmittelbaren Verbindung zum politischen, meist außenpolitischen Geschehen stehen. Eine derartige Betrachtung wird der Bedeutung der Funktion der bewaffneten Macht im politischen und gesellschaftlichen System des Kaiserreichs nicht gerecht, wie bereits ein Blick auf die verfassungsrechtliche Konstruktion des Kaiserreiches zeigt.
Ernst Rudolf Huber sieht das Wesen des deutschen Konstitutionalismus in erster Linie bestimmt durch einen konservativ-liberalen Kompromiß, der die Synthese zwischen dem in der Wiener Schlußakte formulierten »monarchischen Prinzip« und dem »Repräsentativprinzip« der liberalen Bewegung ermöglichte[12]. Dieser Kompromiß fand seinen

---

[10] Vgl. Hans-Ulrich Wehler, Das Deutsche Kaiserreich 1871–1918, Göttingen 1973 (= Deutsche Geschichte, Bd 9), S. 70, 72.
[11] Vgl. hierzu die Ausführungen und Nachweise bei Röhl, Kaiser (wie Anm. 1), S. 125 ff.
[12] Vgl. Ernst Rudolf Huber, Deutsche Verfassungsgeschichte seit 1789, Bd 3: Bismarck und das Reich, Stuttgart 1963, S. 9. Bd 4: Struktur und Krisen des Kaiserreichs, Stuttgart 1969. Vgl. hierzu die überzeugende Argumentation gegen die Charakterisierung des deutschen Konstitutionalismus als eines »systemgerechten Modells verfassungspolitischer Selbstgestaltung« durch Ernst-Wolfgang Böckenförde,

Ausdruck vor allem in der preußischen Verfassung 1850 und in der Reichsverfassung 1871. Beide Verfassungen zeichnen sich durch den klaren Vorrang, durch das Übergewicht des monarchischen Prinzips aus, wodurch die konstitutionelle Monarchie mit Hilfe der existentiellen, wesensbestimmenden Vorbehaltsrechte der Krone sich als konstitutionelle Königsherrschaft definierte. In dieser Sicht lag das Konstitutionelle dieser Königsherrschaft in der Einschränkung des absoluten Herrschaftsanspruches durch die Mitwirkungsrechte der Volksvertretung und in der Einrichtung einer verantwortlichen Ministerregierung. Damit sind die wichtigsten Begriffe genannt, die das Koordinatensystem bestimmen, in dem die Position von Monarch und bewaffneter Macht im Verfassungssystem des Kaiserreiches beschrieben werden kann. Für diese Position war entscheidend, daß Armee und Marine im Sinne des monarchischen Prinzips und in Verbindung mit der Unabhängigkeit des Monarchen als Oberbefehlshaber der bewaffneten Macht — als eines der existentiellen Vorbehaltsrechte — weitgehend dem Einfluß des Parlaments und — worüber Huber den Leser im unklaren läßt[13] — der verantwortlichen Ministerregierung entzogen waren. Das kam beispielhaft in der Regelung des Belagerungszustandes nach Artikel 68 der Reichsverfassung zum Ausdruck, die allein dem Kaiser »Verhängung und Ausübung, Leitung und Kontrolle des Ausnahmezustandes«[14] übertrug und das Militär zum Exekutor des kaiserlichen Willens machte. Letztes Auskunftsmittel des Monarchen im Verfassungsstaat war der Rückgriff auf die Instrumente des Preußischen Militärstaates[15]. Konsequenterweise wurde in der Verfassung vom 31. Januar 1850 die eidliche Bindung des Soldaten an die Verfassung ausdrücklich abgelehnt. So blieb für das preußische Kontingent des Reichsheeres bis zur Revolution 1918 die Eidesformel der Allerhöchsten Kabinettsordre vom 5. Juni 1831 in Kraft[16], die nicht nur den Berufssoldaten, sondern unter dem Regime der allgemeinen Wehrpflicht auch die Millionen Wehrdienstleistender »in Krieges- und Friedenszeiten« allein an die Person des Monarchen band.

Die Bedeutung dieser Tatsache für die Verankerung der Monarchie in der Bevölkerung, für die Machtposition des Monarchen, auch Wilhelms II., als Oberster Kriegsherr sollte nicht unterschätzt werden. Ganz der Tradition entsprechend hatte Wilhelm II. am Todes-

---

Der Verfassungstyp der deutschen konstitutionellen Monarchie im 19. Jahrhundert, und durch Rainer Wahl, Der preußische Verfassungskonflikt und das konstitutionelle System des Kaiserreichs, in: Ernst-Wolfgang Böckenförde [u. a.], Moderne deutsche Verfassungsgeschichte 1815–1918, Köln 1972, S. 146 ff., 171 ff.

[13] Vgl. die Ausführungen in Huber, Verfassungsgeschichte, Bd 3 (wie Anm. 12), S. 21 und 816f. Von den »gefährlichsten Einbruchstellen des Krypto-Absolutismus« ist in Huber, Verfassungsgeschichte, Bd 4 (wie Anm. 12), S. 525 ff. nur noch unter der Perspektive »Vorrang der politischen Gewalt« die Rede.

[14] Hierzu Hans Boldt, Rechtsstaat und Ausnahmezustand. Eine Studie über den Belagerungszustand als Ausnahmezustand des bürgerlichen Rechtsstaates im 19. Jahrhundert, Berlin 1967 (= Schriften zur Verfassungsgeschichte, Bd 6), S. 190 ff.

[15] Im Falle der sozialdemokratischen »Reichsfeinde« hat Wilhelm II. auf dieses Mittel zurückgegriffen, vgl. Wilhelm Deist, Die Armee in Staat und Gesellschaft 1890–1914, in: Michael Stürmer (Hrsg.), Das kaiserliche Deutschland. Politik und Gesellschaft 1870–1918, Düsseldorf 1970, S. 316 ff. Im Ersten Weltkrieg hat Wilhelm II. dagegen das Instrument des Belagerungszustandes in keiner Weise genutzt, vgl. Militär und Innenpolitik (wie Anm. 2), S. XXXI ff., XL ff.

[16] Vgl. den Wortlaut bei Absolon, Wehrmacht, Bd 1 (wie Anm. 4), S. 163.

tage seines Vaters das Kommando über Armee und Marine übernommen und in sehr persönlich gehaltenen Befehlen die besondere Bindung jedes einzelnen Soldaten an den Kriegsherrn hervorgehoben[17]. An der Vorstellung einer unauflöslichen Gemeinschaft mit der Armee, die der uneingeschränkten Verfügungsgewalt des Kriegsherrn unterlag, hat Wilhelm II. bis in den November 1918 hinein festgehalten. In besonderem Maße galt dies natürlich für das Offizierkorps, dessen Ausrichtung auf den Monarchen und dessen Abhängigkeit von ihm durch ein ganzes System subtiler Vorkehrungen abgesichert war[18]. Es ist nicht ohne Belang in diesem Zusammenhang die Selbstverständlichkeit zu betonen, daß auch die führenden Repräsentanten von Armee und Marine sich in erster Linie als dienende Offiziere des Monarchen empfanden. Die beiden Moltkes und Schlieffen standen auch als Generalstabschefs unter der Befehlsgewalt des Obersten Kriegsherrn. Bei der Interpretation des Konflikts in der deutschen Führung im Winter 1870/71 wird durch die Konzentration auf die Auseinandersetzung zwischen Bismarck und Moltke die Rolle Wilhelms I. meist nur am Rande wahrgenommen. Er zeigte sich als militärischer Experte durchaus in der Lage, die Probleme der immer noch im Stile von Kabinettskriegen geführten Operationen zu beurteilen und er entschied als Oberster Kriegsherr die Kontroverse seiner Berater. Undenkbar, daß Moltke einem ausdrücklichen königlichen Befehl nicht nachgekommen wäre! Von Schlieffen ist bekannt, daß er trotz besserer Einsicht nichts gegen die realitätsfernen Eingriffe Wilhelms II. in die Kaisermanöver unternommen hat, ja er ist in seinem Verhalten gegenüber Wilhelm II. als ein Höfling bezeichnet worden[19]. Und schließlich der jüngere Moltke: Die in der Mobilmachungssituation des 1. August 1914 zwar ungerechtfertigte, dennoch verständliche, scharfe Kritik Wilhelms II. an der Starrheit des Aufmarschplanes und der Eingriff des Kaisers in die Durchführung des Aufmarsches führten zu einem seelischen Zusammenbruch des Generalstabschefs[20], der seine Funktion offenbar nur wahrnehmen konnte, wenn er vom Vertrauen seines Obersten Kriegsherrn getragen war. Das änderte sich bereits erkennbar mit Falkenhayn, dem Nachfolger Moltkes als Chef des Generalstabes, und mit der Berufung von Hindenburg und Ludendorff kam es in dieser Hinsicht zu einer grundsätzlichen Wende.

Diese in ihrer politischen und gesellschaftlichen Wirkung kaum zu überschätzende, persönliche Bindung des Soldaten an den Monarchen muß im Zusammenhang gesehen werden mit weiteren existentiellen Vorbehaltsrechten der Krone und deren Konsequenzen.

---

[17] Armee-Verordnungs-Blatt, 22 (1888), S. 133; Marineverordnungsblatt, 19 (1888), S. 123.

[18] Allgemein hierzu Karl Demeter, Das Deutsche Offizierkorps in Gesellschaft und Staat, 4. Aufl., Frankfurt/M. 1965; Gerhard Papke, Offizierkorps und Anciennität, in: Untersuchungen zur Geschichte des Offizierkorps. Anciennität und Beförderung nach Leistung, Stuttgart 1962 (= Beiträge zur Militär- und Kriegsgeschichte, Bd 4), S. 181 ff.; Manfred Messerschmidt, Werden und Prägung des preußischen Offizierkorps. Ein Überblick, in: Offiziere im Bild von Dokumenten aus drei Jahrhunderten, Stuttgart 1964 (= Beiträge zur Militär- und Kriegsgeschichte, Bd 6), S. 68 ff.; sowie Hanns Hubert Hofmann (Hrsg.), Das deutsche Offizierkorps 1860—1960, Boppard 1980.

[19] Gerhard Ritter, Der Schlieffenplan. Kritik eines Mythos, München 1956, S. 105, korrigierend hierzu ders., Staatskunst und Kriegshandwerk, Bd 2: Die Hauptmächte Europas und das wilhelminische Reich 1890—1914, München 1960, S. 372, Anm. 1.

[20] Ebd., S. 335 f.

Dazu gehörten das Notverordnungsrecht der Krone, das Vetorecht des Monarchen gegen Parlamentsbeschlüsse — von dem Rechtsliberalen Friedrich-Christoph Dahlmann als das »Recht der rettenden Tat« bezeichnet — vor allem aber die Verfügung des Monarchen über die zivile Exekutivgewalt, über die auswärtige Gewalt und die Kommandogewalt[21]. Das Parlament, insbesondere der Reichstag wahrte durchaus auch gegenüber Armee und Marine seine Budgetgewalt sowie seine definierte Gesetzgebungsgewalt. Doch mit der Kommandogewalt waren alle Fragen der Personalpolitik, der Ausbildung und Ausrüstung sowie des Einsatzes der militärischen Machtmittel dem Einfluß des Parlaments entzogen. Auch die Organisation der Führungsinstitutionen von Armee und Marine fiel in den Bereich der Kommandogewalt und auf diesem Felde hat sich insbesondere Wilhelm II. mit einer ganzen Reihe von Initiativen betätigt. Die Zerschlagung der zentralen militärischen Kommandobehörde, des preußischen Kriegsministeriums, war bereits unter Wilhelm I. erfolgt, sein Enkel hat diese Entscheidung nicht revidiert, sondern hat im Gegenteil die Zahl der Immediatstellen in Armee und Marine ganz erheblich gesteigert mit der Absicht, seine Befehlsgewalt unmißverständlich und unmittelbar deutlich zu machen[22]. Für jeden einzelnen Schritt auf diesem Wege der Aufsplitterung der militärischen Führungsverantwortung lassen sich unterschiedliche, zum Teil sehr spezielle Anlässe und Ursachen ausmachen, aber für die allgemeine Richtung des eingeschlagenen Weges war die Überlegung maßgebend, daß nur auf diese Weise der Bereich der Kommandogewalt von parlamentarischen Einflüssen freigehalten werden könne. Weder das 1889 gegründete »Kaiserliche Hauptquartier«, noch die Militär- und Marinekabinette waren unter diesen Umständen in der Lage oder dazu gedacht, dem Oberbefehl des Kaisers eine sachbezogene Basis zu schaffen[23]. Der Hinweis auf Wilhelm I. macht allerdings darauf aufmerksam, daß die kritisierte mangelnde Koordination der Herrschaftsinstrumente nicht allein auf das persönliche Versagen Wilhelms II. zurückzuführen ist, daß sie vielmehr auch als eine Konsequenz der unbestrittenen Kommandogewalt des Monarchen interpretiert werden kann.

Die Wirkungen, die vom Oberbefehl des Kaisers, seiner Kommandogewalt ausgingen, sollten sich erklärtermaßen nicht auf den rein militärischen Bereich beschränken. Die Auseinandersetzungen um die Reform der Militärstrafgerichtsordnung (MStGO) in den 90er Jahren sind hierfür ein aussagekräftiges Beispiel[24]. Die Reform zielte unter anderem auf die Einführung einer, wenn auch beschränkten Öffentlichkeit des Verfahrens sowie auf den Übergang des Bestätigungsrechts für die Urteile vom Kontingentsherrn auf einen Obersten Gerichtshof. Beide Aspekte der Reform betrachtete der Kaiser als eine Gefährdung der ausschließlich auf ihn als Obersten Kriegsherrn hin orientierten soldatischen Gemeinschaft. Er hat den Kampf gegen die entsprechenden Bestimmungen

---

[21] Huber, Verfassungsgeschichte, Bd 3 (wie Anm. 12), S. 9, 16 ff.
[22] Vgl. hierzu Wilhelm Deist, The Kaiser and his military entourage, in: Röhl/Sombart, Kaiser Wilhelm (wie Anm. 1), S. 176 ff.
[23] Ebd., S. 180 ff.
[24] Hierzu vgl. ebd., S. 173 ff.; sowie Deist, Armee (wie Anm. 15), S. 315 ff.; Helge Berndt, Zur Reform der Militärstrafgerichtsordnung 1898. Die Haltung der Parteien im Reichstag, in: Militärgeschichtliche Mitteilungen, 14 (1973), S. 7 ff.; sowie Röhl, Kaiser (wie Anm. 1), S. 134.

des Reformentwurfs mit Hilfe seiner engsten Umgebung über Jahre hinweg mit aller Rigorosität und im Endeffekt erfolgreich geführt. Er hat seinen Willen dabei gegen den durchaus selbstbewußt auftretenden preußischen Kriegsminister Walter Bronsart v. Schellendorff, das preußische Staatsministerium, den Reichskanzler und auch den Reichstag durchgesetzt. Diese Aufzählung demonstriert die Priorität, die bestimmten Strukturelementen der bewaffneten Macht vor allen politischen Überlegungen eingeräumt wurde. In der Behandlung der Zaberner-Affäre 1913/14 durch den Kaiser und seine militärische Umgebung, aber auch durch die zivile Exekutive und den Reichstag ist dieses Grundmuster des deutschen Konstitutionalismus noch einmal mit aller wünschenswerten Deutlichkeit bekräftigt worden[25]. Die Bindung des Offizierkorps an den Kaiser blieb bis in den Sommer 1918 hinein im wesentlichen unangetastet.

Nach dem Vorbild der preußischen Verfassung von 1850 war auch für das Reich das Prinzip der Ministerverantwortlichkeit in Gestalt des verantwortlichen Reichskanzlers übernommen worden. Nach der damals herrschenden staatsrechtlichen Lehre galt diese Verantwortlichkeit nicht für Akte des Kaisers auf Grund seiner Kommandogewalt gegenüber Armee und Marine[26]. Diese gravierende Durchbrechung des Prinzips wurde in ihrer Wirkung noch wesentlich gesteigert durch die schlichte Tatsache, daß die preußischen Generale an der Spitze des Kriegsministeriums und die Admirale als Staatssekretäre des Reichsmarineamts sich nach ihrem Selbstverständnis dem Kaiser gegenüber in erster Linie als Offiziere ihres Obersten Kriegsherrn empfanden. Ganz abgesehen von dem komplizierten Verhältnis zwischen dem Reichskanzler und dem preußischen Kriegsminister war damit die Funktionsfähigkeit einer den Richtlinien des Reichskanzlers folgenden Reichsleitung dauernd in Frage gestellt. Das markanteste Beispiel hierfür ist die Marinerüstungspolitik unter Hollmann und Tirpitz. Es ist kein Zweifel, daß der Flottenbau der 90er Jahre nicht dem ursprünglichen politischen Konzept der jeweiligen Reichskanzler entsprach, daß Tirpitz seine Politik zu wiederholten Malen gegen den Widerstand des allein verantwortlichen Reichskanzlers mit Hilfe des Kaisers durchzusetzen vermochte[27]. So kombiniert der Flottenbau in sich die innen- und außenpolitischen Wirkungen des Handelns des monarchischen Oberbefehlshabers. Auch wenn das ausgefeilte militärpolitische Konzept der Seerüstung auf den Admiral und seine Crew zurückzuführen ist, so war doch der Kaiser für die Öffentlichkeit des In- und Auslandes der Propagandist und Repräsentant der neuen Seemachtpolitik des Reiches. Zwar nahm die Aktivität des Monarchen in Fragen der Seemachtpolitik und der allgemeinen Marinepolitik in den Jahren vor Ausbruch des Krieges deutlich ab, aber die Durchsetzung der Flottenbaupolitik ist ohne die Billigung und nachdrückliche Unterstützung der einzel-

---

[25] Zu Zabern vgl. Militär und Innenpolitik (wie Anm. 2), S. XXVff.; Huber, Verfassungsgeschichte, Bd 4 (wie Anm. 12), S. 582ff.; David Schoenbaum, Zabern 1913. Consensus Politics in Imperial Germany, London 1982.

[26] Huber, Verfassungsgeschichte, Bd 3 (wie Anm. 12), S. 1000ff.

[27] Zum Verhältnis Caprivi–Hollmann vgl. z. B. Hans Hallmann, Der Weg zum deutschen Schlachtflottenbau, Stuttgart 1933, S. 72ff.; zu Hohenlohe und die Flottennovelle 1900 vgl. Volker R. Berghahn, Der Tirpitz-Plan. Genesis und Verfall einer innenpolitischen Krisenstrategie, Düsseldorf 1971, S. 213f.; Kaiser und Reichskanzler zur Flottennovelle 1906 vgl. ebd., S. 492ff.

nen Schritte des Staatssekretärs durch Wilhelm II. ganz und gar undenkbar. Dieses Beispiel verdeutlicht erneut, daß eine enge verfassungsrechtliche Definition der Kommandogewalt der Krone die tatsächlich mit ihr gegebenen politischen und militärischen Wirkungsmöglichkeiten des Monarchen verkennt.

Nach der Auffassung von Ernst-Rudolf Huber bestand die Aufgabe und übergeordnete Zweckbestimmung des Repräsentativprinzips im konstitutionellen Staate darin, die »Integration der bürgerlichen Gesellschaft in den monarchisch geleiteten Staat« herbeizuführen[28]. Es kann aber nicht übersehen werden, daß im Bereich von Armee und Marine, auf dem Exerzierfeld der »Schule der Nation«, diese Integration sich weitgehend als eine Unterwerfung des bürgerlichen Elements unter die von der vorkonstitutionellen Kommandogewalt bestimmten Bedingungen darstellte. Jedenfalls unternahmen der Inhaber der Kommandogewalt und die führenden Repräsentanten des Militärs alle Anstrengungen, um die Organisationsform und die Wesensmerkmale dieser »Schule der Nation« der direkten Einflußnahme der Volksvertretung zu entziehen[29]. Noch weitaus entschiedener wandten sie sich gegen die Gruppierung, die am Rande der bürgerlichen Gesellschaft immer stärkeren Zulauf erhielt. Nach dem Willen der Führung wurde vor allem die Armee dazu bestimmt, im Kampf gegen die sozialdemokratische Arbeiterbewegung sowohl als letztes und entscheidendes Auskunftsmittel zu dienen als auch die ideologische Auseinandersetzung mit ihren Mitteln zu führen[30]. Von Integration konnte in diesem Falle überhaupt nicht die Rede sein. Die gelegentlich noch immer als »rein militärisch« apostrophierte Kommandogewalt der Krone war demnach eine sehr wirksame politische Waffe in der innenpolitischen Auseinandersetzung um die Struktur von Staat und Gesellschaft und wurde auch bewußt als solche eingesetzt.

Es bleibt die Frage, welche Folgen sich für die bewaffnete Macht aus ihrer herausragenden Funktion für dieses besondere konstitutionelle System ergaben. Die Handhabung der extrakonstitutionellen Kommandogewalt im Interesse des monarchischen Prinzips hatte zu einer derartigen Parzellierung der militärischen Führungsinstitutionen geführt, daß es auch im Kriege bis zuletzt zu einer umfassenden und einheitlichen militärischen Führung nicht gekommen ist[31]. Dieser Umstand hat ganz wesentlich dazu beigetragen, daß es vor dem Kriege zu einer dem Begriff auch nur einigermaßen gerechtwerdenden strategischen Planung überhaupt nicht gekommen ist. Einmal ganz abgesehen von den

---

[28] Huber, Verfassungsgeschichte, Bd 3 (wie Anm. 12), S. 19.
[29] Vgl. Eckart Kehr, Zur Genesis des Königlich-Preußischen Reserveoffiziers, in: Hans-Ulrich Wehler (Hrsg.), Der Primat der Innenpolitik, Berlin 1965, S. 53 ff.; Holger Herwig, Das Elitekorps des Kaisers. Die Marineoffiziere im Wilhelminischen Deutschland, Hamburg 1977, S. 37 ff.; Deist, Armee (wie Anm. 15), S. 320 ff.; Hartmut John, Das Reserveoffizierkorps im Deutschen Kaiserreich 1890—1914. Ein sozialgeschichtlicher Beitrag zur Untersuchung der gesellschaftlichen Militarisierung im Wilhelminischen Deutschland, Frankfurt/M. 1981, sowie die Nachweise in Anm. 18.
[30] Hierzu insbesondere Militär und Innenpolitik (wie Anm. 2), S. XIX ff., XXXIV ff.; Deist, Armee (wie Anm. 15), S. 326 ff. sowie Wilhelm Deist, Armee und Arbeiterschaft 1905—1918, in: Manfred Messerschmidt [u. a.] (Hrsg.), Militärgeschichte. Probleme — Thesen — Wege, Stuttgart 1982, S. 171 ff.
[31] Selbst der 3. OHL gelang eine völlige »Gleichschaltung« der übrigen Immediatbehörden nicht. Scheers Seekriegsleitung und die Phalanx der Militärbefehlshaber bewahrten sich die Selbständigkeit ihrer Immediatstellung.

faktisch nicht existenten Vorbereitungen für eine Koalitionskriegführung mit dem einzigen Verbündeten Österreich-Ungarn, ist hierfür die unkoordinierte Rüstungspolitik des Reiches ein aussagekräftiges Beispiel. Die Rüstung der Armee orientierte sich an und gegen Frankreich und Rußland, die der Marine an und gegen Großbritannien. Eine immerhin denkbare Abstimmung erfolgte nicht. So entstand die absurde Situation, daß trotz der Verdoppelung der Rüstungsausgaben im ersten Jahrzehnt des Jahrhunderts das Reich militärisch relativ schwächer und nicht stärker geworden war[32].

Auch die operativen Planungen von Armee und Marine wurden nicht in gegenseitiger Absprache entworfen. Die von der Marine ins Auge gefaßte Seeschlacht in der Nordsee stand in keinem erkennbaren oder gar geplanten Zusammenhang mit der von Schlieffen vorbereiteten Umfassungsschlacht im nördlichen Frankreich. Es ist ganz offensichtlich, daß Wilhelm II. auf dem Gebiet der strategischen wie operativen Planung seiner Funktion als Oberster Kriegsherr nicht gerecht wurde. Dieses Versagen hatte weitreichende politische und militärische Konsequenzen, die in vielerlei Hinsicht das Bild der deutschen Politik bis zum Ausbruch des Weltkrieges bestimmten. Es wäre jedoch unangemessen, allein die Person Wilhelms II. für diese Fehlentwicklung verantwortlich zu machen. Bei der Vorlage von Operationsplänen hat der Kaiser durchaus gelegentlich Direktiven für eine konkrete Zusammenarbeit von Admiralstab und Generalstab erteilt[33]. Aber durch Direktiven in Einzelfällen war das generelle Problem einer strategischen sowie einer zwischen Armee und Marine abgesprochenen operativen Planung nicht zu lösen. Bei der Vielzahl der dabei zu berücksichtigenden militärischen, politischen und wirtschaftlichen Probleme, die den Zeitgenossen durchaus bewußt waren, war der Oberste Kriegsherr als einzige Koordinierungsinstanz schlicht überfordert. Vergleichbare Entwicklungen in Frankreich und Großbritannien, der Entente Cordiale wurden mit Hilfe des Conseil Supérieur de la Guerre und des Committee of Imperial Defence auch nur mühsam und unvollkommen, aber eben doch schließlich überwunden[34]. Eine solche Gremien-Lösung konnte sich in Preußen-Deutschland im Zeichen der auf den Monarchen fixierten Kommandogewalt, die das Prinzip von Befehl und Gehorsam in sich schloß, nicht entwickeln. Die unzureichende militärische und politische Führungsorganisation des Kaiserreiches war insofern eine Konsequenz der erfolgreichen Bemühungen, die extrakonstitutionelle Stellung der bewaffneten Macht, wie sie in der Kommandogewalt des Obersten Kriegs-

---

[32] Zur Rüstungspolitik des Kaiserreiches vgl. jetzt Stig Förster, Der doppelte Militarismus. Die deutsche Heeresrüstungspolitik zwischen Status-quo-Sicherung und Aggression 1890–1913, Wiesbaden 1985; sowie Gerhard Granier, Deutsche Rüstungspolitik vor dem Ersten Weltkrieg. General Franz Wandels Tagebuchaufzeichnungen aus dem preußischen Kriegsministerium, in: Militärgeschichtliche Mitteilungen, 38 (1985), S. 123 ff.; sowie Volker R. Berghahn und Wilhelm Deist, Rüstung im Zeichen der wilhelminischen Weltpolitik. Grundlegende Dokumente 1890–1914, Düsseldorf 1988.

[33] So ordnete er z. B. die Heranziehung des Generalstabes zur Operationsplanung der Marine gegen die USA an, vgl. Holger H. Herwig and David F. Trask, Naval Operations Plans between Germany and the United States of America 1898–1913. A Study of Strategic Planning in the Age of Imperialism, in: Militärgeschichtliche Mitteilungen, 8 (1970), S. 5 ff.

[34] Hierzu Samuel R. Williamson Jr., The Politics of Grand Strategy. Britain and France prepare for War, Cambridge 1969, sowie die Aufsätze von J. McDermott und S. R. Williamson in dem Sammelband Paul M. Kennedy (Hrsg.), The War Plans of the Great Powers 1880–1914, London 1979, S. 99 ff., 133 ff.

herrn zum Ausdruck kam, gegenüber den befürchteten parlamentarischen Einflüssen abzusichern. Die Kommandogewalt, nach Wehler das »Kernstück spätabsolutistischer Herrschaft«[35], beeinträchtigte auf diese Weise in ihren Konsequenzen noch zu Beginn des 20. Jahrhunderts die Verteidigungsfähigkeit des Reiches.

Wie aber verhält es sich mit dem umstrittenen »Kriegsrat«[36] vom 8. Dezember 1912? Ist bei dieser Zusammenkunft führender Militärs mit dem Kaiser nicht doch eine strategische Entscheidung getroffen worden, die unter Beweis stellen würde,

1. daß der Oberste Kriegsherr seiner Koordinationsfunktion durchaus gerecht geworden ist,
2. daß die Entscheidungsgewalt nach wie vor beim Kaiser lag, der sich zunehmend auf die führenden Militärs und nicht mehr auf den Reichskanzler abstützte, und schließlich
3. daß die politische und militärische Führung des Reiches und ihr Repräsentant der Kaiser, trotz aller institutionellen Hemmnisse und persönlichen Schwächen ihre Fähigkeit zu langfristigem Planen und Handeln nicht eingebüßt hatten.

Zunächst muß wohl festgestellt werden, daß dieser »Kriegsrat« in der Führungsorganisation des Reiches nicht institutionell verankert war. Es war vollkommen in das Belieben des Kaisers gestellt, ob und in welcher Zusammensetzung er eine Konferenz der Spitzen aus Politik und Militär berief. Dieser Hinweis mindert in keiner Weise die Bedeutung, die dem »Kriegsrat« bei der Charakterisierung der deutschen Politik in der unmittelbaren Vorgeschichte des Krieges zugemessen wird. Zur Debatte steht ausschließlich die Frage nach dem »kausalen Zusammenhang« zwischen dem »Kriegsrat« vom 8. Dezember 1912 und der Juli-Krise 1914. Nach dem augenblicklichen, an den Quellen orientierten Forschungsstand läßt sich ein solcher unmittelbarer Zusammenhang nicht nachweisen. John Röhl hat die von einzelnen Ressorts im Anschluß an den »Kriegsrat« initiierten Maßnahmen — soweit sie bisher bekannt geworden sind — aufgezählt[37]: Vorsorge für die Volks- und Heeresernährung im Kriege, vorbereitende Maßnahmen zur Sicherstellung des erhöhten Geldbedarfs im Mobilmachungsfalle, erhebliche Verstärkung der Goldreserven der Reichsbank etc. Angesichts der seit Sommer und Herbst 1911 als äußerst gespannt empfundenen politischen Lage könnten diese vorbeugenden Bemühungen um eine Sicherung der wirtschaftlichen Grundlagen der Kriegführung auch als längst überfällig bezeichnet werden. Der »Kriegsrat« hätte somit dazu beigetragen, daß einzelnen Vertretern der Exekutive allmählich bewußt wurde, daß bei einem Krieg zwischen den industrialisierten Staaten Europas die Maßstäbe des Krieges von 1870/71 nicht mehr gültig sein würden.

Im Zusammenhang mit den gestellten Fragen ist jedoch vor allem zu überprüfen, wie die von Wilhelm II. gegebenen konkreten Anweisungen von den führenden Militärs praktisch umgesetzt wurden. Der Kaiser hatte zunächst diplomatische Möglichkeiten zur Verbesserung der politischen Ausgangslage auf dem Balkan als Voraussetzung einer deut-

---

[35] Wehler, Kaiserreich (wie Anm. 10), S. 151.
[36] Vgl. die neueste zusammenfassende Darstellung von John C. G. Röhl, Der militärpolitische Entscheidungsprozeß in Deutschland am Vorabend des Ersten Weltkrieges, in: Röhl, Kaiser (wie Anm. 1), S. 175 ff.
[37] Ebd., S. 198 ff.

schen militärischen Offensive im Westen nach dem Muster des Schlieffen-Planes erörtert. Demgemäß habe sich die Flotte auf den Krieg gegen England vorzubereiten, der mit »Unterseebootskrieg gegen englische Truppentransporte in der Schelde bzw. bei Dünkirchen« und mit Minenkrieg in der Themse zu eröffnen sei[38]. Und von Tirpitz forderte er: »Schleunige Mehrbauten von U-Booten etc.« Der Staatssekretär ist dieser klaren Forderung nicht nachgekommen. Im ersten Halbjahr 1912 waren insgesamt 15 der seit November 1910 mit Dieselmotoren ausgestatteten Boote (Fahrbereich 5000 sm) in Auftrag gegeben worden. Von Mitte 1912 bis Kriegsbeginn wurden nur noch Aufträge für 3 Boote erteilt (10.7.1913/22.6.1914). Dagegen bestellte das Reichsmarineamt allein im August 1914 insgesamt 11 Boote[39]. Welche Gründe für diese bemerkenswerte Nichtbeachtung der Forderung des Kaisers bei Tirpitz vorlagen, ist nicht bekannt. Obwohl ihm zu diesem Zeitpunkt die wachsenden Zweifel an der Wirkungsmöglichkeit der Schlachtflotte in einem Krieg gegen Großbritannien seit langem bewußt waren, ergriff er die ihm gebotene Chance nicht[40], sondern plädierte für eine Verschiebung des Krieges um anderthalb Jahre. Auch in dem Operationsbefehl für den Nordseekriegsschauplatz vom 30. Juli 1914 ist der U-Bootkrieg gegen englische Truppentransporte nicht ausdrücklich erwähnt. Vier U-Boote stießen zwar im August 1914 in Richtung auf den Kanal vor, ihr Ziel waren aber nicht die Truppentransporter, sondern die sie sichernden britischen Kriegsschiffe[41]. Die Admirale Tirpitz, Heeringen und Müller waren im Umgang mit ihrem Obersten Kriegsherrn sehr erfahrene Offiziere. Es galt, der allgemeinen Intention des Kaisers zu entsprechen und direkte Befehle in Einzelfragen nach Möglichkeit zu verhindern. Hatte doch der Kabinettschef wenige Wochen zuvor zu der die Herbstmanöver der Flotte abschließenden Kritik des Kaisers in seinem Tagebuch vermerkt[42]: »Es gehört eine Mordsstirn dazu, um vor so vielen Sachverständigen so viel laienhaften Unsinn zu reden.«
Mit dem Auftrag des Kaisers an Tirpitz, mit Hilfe des Nachrichtenbureaus des Reichsmarineamts »die Volkstümlichkeit eines Krieges gegen Rußland« zu propagieren, hat es eine besondere Bewandtnis. Ganz abgesehen von dem Umstand, daß ein Krieg gegen das Zarenreich der politischen Linie des Staatssekretärs nicht entsprach und daß sein Votum für einen Aufschub des Krieges um anderthalb Jahre ihn nicht gerade zum überzeugten Propagandisten in dieser Frage prädestinierte, befand sich auch die Pressepolitik

---

[38] Dies entsprach den beim Immediatvortrag des Admirals v. Heeringen am 3.12.1912 vom Kaiser genehmigten Operationsplänen der Marine, insbesondere den, in einer besonderen Denkschrift zusammengefaßten Vorschlägen zur Schädigung der englischen Truppentransporte, vgl. John C.G. Röhl, An der Schwelle zum Weltkrieg. Eine Dokumentation über den »Kriegsrat« vom 8. Dezember 1912, in: Militärgeschichtliche Mitteilungen, 21 (1977), S. 83f.

[39] Vgl. Der Handelskrieg mit U-Booten, bearb. von Arno Spindler. Bd 1: Vorgeschichte, Berlin 1932 (= Der Krieg zur See 1914—1918), S. 148.

[40] Auch gegenüber dem Reichskanzler erhob er am 14.12.1912 nur die Forderung einer Baubeschleunigung bei den Panzerkreuzern und Mehrforderungen für das Flugwesen der Marine, vgl. Röhl, An der Schwelle (wie Anm. 38), S. 109.

[41] Der Krieg in der Nordsee, bearb. von Otto Groos. Bd 1: Vom Kriegsbeginn bis Anfang September 1944, Berlin 1920 (= Der Krieg zur See 1914—1918), S. 54, 252f.

[42] Walter Görlitz (Hrsg.), Der Kaiser ... Aufzeichnungen des Chefs des Marinekabinetts Admiral Georg Alexander v. Müller über die Ära Wilhelms II., Göttingen 1965, S. 167 (20.9.1912).

des Reichsmarineamts in einer Krise. Im Zusammenhang mit der Flottennovelle 1912 und der sie begleitenden Pressekampagne war es zu einem ernsthaften Konflikt mit dem Reichskanzler über die Aktivitäten des Nachrichtenbureaus gekommen. Der Staatssekretär sah sich im Sommer 1912 gezwungen, gegenüber dem Reichskanzler die volle Verantwortung für die Aktivitäten seiner Offiziere zur Beeinflussung der öffentlichen Meinung zu übernehmen. Damit war der Spielraum für eine, im Sinne der Flottenpolitik erfolgreiche Presse- und Informationspolitik entscheidend eingeschränkt worden[43]. Die eindeutige Sprache des Reichskanzlers gegenüber dem preußischen Kriegsminister und dem Staatssekretär des Reichsmarineamts am 14. Dezember 1912, er könne »irgendwelche Preßtreibereien« aus den Ressorts zugunsten der Wehrvorlagen »unter keinen Umständen dulden«, hatte daher keineswegs nur deklamatorischen Charakter[44]. In der Tat ist vom Nachrichtenbureau des Reichsmarineamts auch in den Monaten nach dem »Kriegsrat« eine den Intentionen des Kaisers entsprechende Kampagne nicht ausgegangen[45].

An dieser Stelle soll noch einmal betont werden, daß diese Bemerkungen die historische Bedeutung des »Kriegsrates« nicht in Frage stellen, in dem die sich allseits zuspitzende politische Lage des Reiches in dramatischer Weise zum Ausdruck kam und seitdem das Bewußtsein der politisch und militärisch Handelnden beherrschte. Es geht vielmehr nach wie vor um die Frage, in welcher Weise der Kaiser als Oberster Kriegsherr die Richtlinien der Politik zu bestimmen in der Lage war. Unter dieser Fragestellung muß auch noch ein Blick geworfen werden auf die Heeresvorlage 1913, die als das »wichtigste unmittelbare Ergebnis« des »Kriegsrates« bezeichnet wird. In der Tat hat die Planung dieser Rüstungsmaßnahme durch den »Kriegsrat« wohl den entscheidenden Impuls erhalten[46]. Es sollte jedoch nicht übersehen werden, daß der Kaiser, knapp zwei Monate zuvor, unter dem Eindruck der türkischen Niederlagen im ersten Balkankrieg die Initiative zu dieser Heeresvorlage ergriffen hatte. Noch bemerkenswerter ist, daß der Vorschlag des Kaisers zunächst ausgerechnet beim preußischen Kriegsminister und dem Chef des Generalstabes auf Widerspruch stieß. Moltke, der von Oktober 1912 bis Ende Januar 1913 erkennbar unter dem Einfluß des Chefs der 2. (Aufmarsch-)Abteilung, dem Obersten Ludendorff stand, ist sehr schnell zu einer anderen Auffassung der Dinge gelangt. In den Auseinandersetzungen um die Heeresvorlage erwies er sich allerdings keineswegs als der starke Mann, als der er nach seinen auf einen Präventivkrieg drängenden Äußerungen im »Kriegsrat« erscheinen könnte. Der dem Reichstag vorgelegte Entwurf der Heeresvorlage ist das Ergebnis einer harten und bitteren Auseinandersetzung zwischen dem preußischen Kriegsministerium und dem Generalstab, in der sich Kriegsminister v. Heeringen in wesentlichen Punkten durchsetzte, da er sich der Unterstützung des Kaisers und des Kanzlers

---

[43] Vgl. hierzu Wilhelm Deist, Flottenpolitik und Flottenpropaganda. Das Nachrichtenbureau des Reichsmarineamtes 1897—1914, Stuttgart 1976 (= Beiträge zur Militär- und Kriegsgeschichte, Bd 17), S. 312 ff.
[44] Röhl, An der Schwelle (wie Anm. 38), S. 109.
[45] Was nicht ausschließt, daß die vom Auswärtigen Amt und vom Reichskanzler in diesem Zusammenhang erwähnten Artikel von Tirpitz und seinen Gehilfen außerhalb des Nachrichtenbureaus angeregt wurden, doch auch in diesem Falle könnte von einer regelrechten, gesteuerten Pressekampagne nicht die Rede sein.
[46] Röhl, Kaiser (wie Anm. 1), S. 198 sowie Förster, Militarismus (wie Anm. 32), S. 247 ff., insbes. S. 252.

zu versichern wußte. Bethmann Hollweg schließlich hatte sich ebenfalls lange vor dem
»Kriegsrat« für eine Heeresvorlage ausgesprochen[47]. Als er nach dem 8. Dezember 1912
von dem Generalobersten v. Plessen erfuhr, daß der Kaiser eine Heeres- und eine Marinevorlage wünsche, hat er — wie im Vorjahre — seine Konzessionsbereitschaft gegenüber den Heeresforderungen geschickt und vor allem mit Nachdruck benutzt, um eine
Flottenvorlage zu verhindern. Gemessen an den Vorgängen im Winter 1911/12 glückte
es ihm relativ rasch, dieses Ziel bei dem zunächst widerstrebenden Kaiser durchzusetzen[48]. So gelang es dem Reichskanzler, trotz der politischen Begleitumstände und des
enormen Umfangs der Heeresvorlage, doch in einem gewissen Maße die allgemeine Linie
seiner Politik beizubehalten.

Fragt man vor diesem Hintergrund nochmals nach der Fähigkeit der politischen und
militärischen Führung des Reiches unter Wilhelm II. zu einvernehmlichem und verantwortlichem Handeln aufgrund einer längerfristigen politischen Konzeption, so erweist
sich, daß der Oberste Kriegsherr dazu nicht in der Lage war. Seine impulsiven Anregungen trafen zwar oft den Kern der Dinge, doch seine Direktiven blieben ohne Ergebniskontrolle mit den entsprechenden Folgen. Der ehemalige Kriegsminister v. Einem bezeichnete 1915 treffend den tieferen Grund für das Versagen Wilhelms II. vor seiner Koordinationsaufgabe: Das Reich habe »seit 1/4 Jahrhundert ein arbeitendes Staatsoberhaupt
nicht gehabt«[49]. Dennoch, keine der wichtigeren Entscheidungen konnte ohne den Kaiser getroffen werden. Es ist die Meinung vertreten worden, daß mit dem »Kriegsrat« vom
8. Dezember 1912 deutlich geworden sei, daß das Militär in seinen führenden Repräsentanten, den »Getreuen von Heer und Flotte«, nunmehr den ausschlaggebenden Einfluß
auf dieses Staatsoberhaupt, diesen Obersten Kriegsherrn gewonnen hätten[50]. Obwohl gar
kein Zweifel daran bestehen kann, daß Wilhelm II. die militärische Umgebung allem
anderen vorzog und einer entsprechenden Einflußnahme zugänglich war, so muß doch
darauf hingewiesen werden, daß »das Militär« aufgrund der Führungsorganisation keine
Einheit bildete. Die Figuren des Dezember 1912, Moltke und Heeringen, Tirpitz und
Müller verfolgten alle unterschiedliche Ziele. Nur deshalb war es Bethmann Hollweg
möglich, dieser zunächst übermächtig erscheinenden militärischen Lobby die Waage zu
halten und seine politische Linie — mit Abstrichen — durchzuhalten. Diese Konstellation führte dazu, daß von allen Repräsentanten der politischen und militärischen Führung, die sich ohne Ausnahme über die Sprunghaftigkeit und Unzuverlässigkeit dieses
Monarchen im klaren waren, der Kaiser als die entscheidende Instanz für ihre Vorhaben
angesehen wurde. Eine längerfristige politische oder militärische Konzeption, wie sie

---

[47] Zur Entwicklung der Heeresvorlage 1913 insgesamt vgl. Förster, Militarismus (wie Anm. 32), S. 247 ff.
sowie Granier, Rüstungspolitik (wie Anm. 32), S. 127 ff.; 141 ff., und Volker R. Berghahn und Wilhelm Deist, Rüstung im Zeichen wilhelminischer Weltpolitik. Grundlegende Dokumente 1890—1914,
Düsseldorf 1988, S. 371 f.
[48] Röhl, An der Schwelle (wie Anm. 38), S. 91 ff.; Alfred v. Tirpitz, Der Aufbau der deutschen Weltmacht, Stuttgart 1924, S. 368 ff.; Volker R. Berghahn, Germany and the Approach of War in 1914,
London 1973, S. 130 f.
[49] Militär und Innenpolitik (wie Anm. 2), Nr. 425, S. 1136, Anm. 5.
[50] Röhl, Kaiser (wie Anm. 1), S. 180.

Bethmann Hollweg zweifellos besaß, war unter diesen Umständen nur dann mit immer ungewisser Aussicht auf Erfolg durchzusetzen, wenn auch administrative Methoden und das Mittel der politischen Intrige verwandt wurden. Zwischen Tirpitz und Bethmann Hollweg ergeben sich in dieser Hinsicht überraschende Parallelen.

Die Unverzichtbarkeit kaiserlicher Entscheidungen als Oberster Kriegsherr zeigte sich auch im Weltkrieg, als nach der herrschenden und wohlbegründeten Meinung Wilhelm II. als »Schattenkaiser« vor dem erdrückenden Anspruch seines Amtes ganz offensichtlich versagte und in Resignation verfiel. In der Führungskrise[51] der Jahreswende 1914/15 wie bei der Berufung der 3. OHL[52] Ende August 1916 stand mit der vom Kaiser zu treffenden Personalentscheidung jeweils ein alternatives Kriegsprogramm zur Debatte. Es sollte dabei nicht übersehen werden, daß alle Beteiligten gemeinsam der Überzeugung waren, die von ihnen gewünschte Lösung der Krise könne nur durch eine Entscheidung des Kaisers herbeigeführt werden. Das gleiche gilt für eine der wenigen strategischen Weichenstellungen des Ersten Weltkrieges, der Entscheidung über die Aufnahme des unbeschränkten U-Boot-Krieges am 9. Januar 1917[53]. Aus historischer Perspektive wurde mit der Entscheidung dieses Tages eine seit dem Winter 1914 immer häufiger und immer heftiger geführte Auseinandersetzung beendet, in die der Kaiser verschiedentlich — unter anderem gegenüber dem Seeoffizierkorps[54] — eingegriffen und die Politik des Reichskanzlers gegen die zahlreichen, sehr einflußreichen Befürworter dieser Form der Kriegführung gestützt hatte. Wichtig erscheint in diesem Zusammenhang, daß wiederum von allen Beteiligten — so kritisch und ablehnend sie auch dem Verhalten des Kaisers gegenüberstanden — seine Entscheidung für notwendig und unentbehrlich gehalten wurde.

Diese nach wie vor bedeutende politische Position des »Schattenkaisers« wird nur dann verständlich, wenn — über die verfassungsgeschichtliche Analyse hinausgehend — die mit dem Kaisertum verbundenen Vorstellungen, Überzeugungen und politischen Leitbilder in die Überlegung einbezogen werden. Elisabeth Fehrenbach hat in ihrer grundlegenden Studie herausgearbeitet[55], wie sich das Kaisertum unter Wilhelm II. zum Symbol der Nation und der Reichsmonarchie von Gottes Gnaden entwickelte und sich verband mit den imperialen wie cäsaristischen Vorstellungen der Zeit. Sie hat vor allem darauf hingewiesen, daß diese dem Kaisertum zugeschriebenen Symbolwerte eine überraschende und starke politische Wirksamkeit zeigten. Für die Stärke dieser politischen Kraft, die der Kaisergedanke gewann, spricht das erstaunliche Phänomen, daß die hellsichtige und zum Teil sehr massive Kritik, die innerhalb der Führungsschicht und auch in

---

[51] Vgl. zuletzt Ekkehart P. Guth, Der Gegensatz zwischen dem Oberbefehlshaber Ost und dem Chef des Generalstabes des Feldheeres 1914/15. Die Rolle des Majors v. Haeften im Spannungsfeld zwischen Hindenburg, Ludendorff und Falkenhayn, in: Militärgeschichtliche Mitteilungen, 35 (1984), S. 75 ff.

[52] Nach wie vor nicht überholt Karl-Heinz Janßen, Der Kanzler und der General. Die Führungskrise um Bethmann Hollweg und Falkenhayn 1914—1916, Göttingen 1967, insbesondere S. 221 ff.

[53] Gerhard Ritter, Staatskunst und Kriegshandwerk, Bd 3: Die Tragödie der Staatskunst. Bethmann Hollweg als Kriegskanzler 1914—1917, München 1964, S. 349 ff.

[54] Vgl. Holger H. Herwig, Das Elitekorps des Kaisers. Die Marineoffiziere im Wilhelminischen Deutschland, Hamburg 1977, S. 143 f.

[55] Vgl. Fehrenbach, Wandlungen (wie Anm. 6), S. 89 ff., 221 ff.

der Öffentlichkeit, in Reichstag und Presse unüberhörbar geäußert wurde, an der Faszination und an der Bindekraft dieses Symbols nur wenig oder nichts zu verändern vermochte. Die Feierlichkeiten zum 25jährigen Jubiläum der Thronbesteigung im Jahre 1913, ihr Echo in der Öffentlichkeit haben — bei allem damit verbundenen Byzantinismus — die starke und tiefe Verankerung des Kaisertums in den Kreisen der Bevölkerung deutlich gemacht, die die etablierte innere Ordnung nicht in Frage stellten. Dazu dürfte nicht zuletzt die ganz auf den Monarchen ausgerichtete Militärorganisation auf der Grundlage der allgemeinen Wehrpflicht beigetragen haben. Neben den Millionen Wehrpflichtiger, die im Laufe der Jahrzehnte die Armee durchliefen und die sehr gezielt im Sinne des monarchischen Staates unterwiesen worden waren, traten die ebenfalls Millionen umfassenden, militärisch organisierten und kontrollierten Kriegerverbände, deren Bedeutung für die verschiedenen sozialen Schichten der Bevölkerung zwar noch genauer untersucht werden sollte, deren innenpolitische Funktion im Sinne der Systemstabilisierung aber außer Frage steht[56]. Die Breite dieser sich mit dem Symbol der nationalen Einheit identifizierenden Bewegung ging jedoch weit über den Rahmen der nationalen Organisationen hinaus. Für diese Zeitgenossen war das Kaiserbild auch die Projektion der eigenen Wünsche und Vorstellungen. Der »Friedenskaiser« in der möglichst martialischen Aufmachung als Oberster Kriegsherr war für sie kein Widerspruch, denn Kaiser und bewaffnete Macht gewährleisteten Frieden, Ruhe und Ordnung nicht nur an den Grenzen, sondern auch im Innern des Reiches und für weite Teile der Gesellschaft schien nach den Reichstagswahlen 1912 die innere Ordnung zumindest gefährdet[57]. Vor diesem Hintergrund, vor dem Kaiser, Armee und Marine als die Garanten, als die stabilisierenden Elemente der bestehenden Ordnung erschienen, wird die Stärke der Akklamation in einer Phase verständlich, in der auch die Kritik anschwoll und sich zuspitzte. Der Kriegsbeginn, mit der Reaktion auf den Mobilmachungsbefehl vom 1. August einerseits, auf das Wort des Kaisers vor den Reichstagsabgeordneten am 4. August, er kenne keine Parteien mehr, er kenne nur noch Deutsche andererseits, demonstrierte die Verbreitung und die politische Wirkung dieses Kaiserbildes in beeindruckender Weise[58]. Die Identität von Kaiser und bewaffneter Macht, der Kaiser als der Garant der Machtposition des Reiches, aber auch als Garant der Aufrechterhaltung und Weiterentwicklung der bestehenden inneren Ordnung — all dies schien der Kriegsbeginn stichhaltig unter Beweis gestellt zu haben.

---

[56] Klaus Saul, Der »Deutsche Kriegerbund«. Zur innenpolitischen Funktion eines »nationalen« Verbandes im kaiserlichen Deutschland, in: Militärgeschichtliche Mitteilungen, 6 (1969), S. 95 ff.; Klaus Saul, Der Kampf um die Jugend zwischen Volksschule und Kaserne. Ein Beitrag zur »Jugendpflege« im Wilhelminischen Reich, in: Militärgeschichtliche Mitteilungen, 9 (1971), S. 97 ff.; Dieter Düding, Die Kriegervereine im wilhelminischen Reich und ihr Beitrag zur Militarisierung der deutschen Gesellschaft, in: Jost Dülffer [u.a.] (Hrsg.), Bereit zum Krieg. Kriegsmentalität im Wilhelminischen Deutschland 1890–1914, Göttingen 1986, S. 99 ff. Neuerdings die grundlegende Studie von Th. Rohkrämer, Der Militarismus der »kleinen Leute«. Die Kriegervereine im Deutschen Kaiserreich 1871–1914, München 1990 (= Beiträge zur Militärgeschichte, Bd 29).

[57] Vgl. u.a. Werner T. Angress, The Impact of the »Judenwahlen« of 1912 on the Jewish Question. A Synthesis, in: Year Book of the Leo Baeck Institute, 28 (1983), S. 367 ff.

[58] Einschränkend hierzu Volker Ullrich, Kriegsalltag. Hamburg im ersten Weltkrieg, Köln 1982, in Bezug auf die Reaktion der Hamburger Arbeiterschaft.

Wie stark die hinter diesem Bild stehenden Überzeugungen und Bindungen waren, mußte auch die Nationale Rechte, der es an großzügiger Unterstützung durch die einflußreichsten politischen, wirtschaftlichen und gesellschaftlichen Gruppen wahrlich nicht mangelte, während des gesamten Krieges erfahren[59]. Alle ihre Überlegungen und Pläne für eine zielbewußte und zugleich effiziente Kriegspolitik und Kriegführung kamen an der Person des Kaisers nicht vorbei. Die Ausschaltung des Kaisers, von Wenigen aus dem alldeutschen Umfeld — unter ihnen allerdings ein Mann wie Tirpitz — gewissermaßen als Voraussetzung der erstrebten Wende ins Auge gefaßt, erwies sich als unmöglich. Der Kaisermythos erwies sich stärker als die beschämende Realität. Das persönliche Versagen Wilhelms II. erschütterte zunächst die Basis, die sein Kaisertum trug, nur geringfügig.
Als der erwartete Sieg jedoch auf sich warten ließ und die Konsequenzen des industrialisierten Krieges sich überall in erschreckender Weise zeigten, mußte Wilhelm II. mit den Siegern von Tannenberg, Hindenburg und Ludendorff, »Feldherrn« an die Spitze der Armee berufen, von denen Hindenburg durchaus dem Bilde des »Führers der Nation« entsprach. Das Kaiserbild hatte seit der Jahrhundertwende immer auch das Element des »Volkskaisertums« enthalten, das sich immer mehr mit dem radikalen Gedankengut der Alldeutschen verbunden hatte[60]. Der aus der vielgestaltigen Idee des Kaisertums erwachsende Symbolgehalt trennte sich nunmehr immer mehr von der Person des Kaisers und ging auf die Dioskuren Hindenburg und Ludendorff, insbesondere Hindenburg, über. Nichts charakterisiert den Wandel so deutlich, wie der Bericht des ehemaligen preußischen Kriegsministers v. Einem vom 16. Oktober 1917 über die Geburtstagsfeierlichkeiten zu Ehren Hindenburgs[61]: »hervorgetreten ist das ganz ausgezeichnete Verhältnis S.M. zu Hindenburg. Nicht nur die Reden haben das erwiesen, sondern auch das Verhalten des Kaisers, der ehrerbietig [!] gewesen ist. Er hat sich um seinen Generalstabschef gesorgt und damit bekundet, daß er weiß, welchen Wert Hindenburg für den Krieg, für Deutschland und die Monarchie hat. Es ist das Walten des göttlichen Willens, daß wir diesen Mann haben, der einen Pol in der Zerrissenheit unseres Volkes bildet.« Der Weg zum »Ersatzkaiser« war nicht mehr weit.
Diese Wendung der Dinge ist im Offizierkorps und in der politischen Führungsschicht des Reiches ohne nachhaltigen Widerspruch zur Kenntnis genommen worden — ein Reflex der nunmehr auch im höheren Offizierkorps weitverbreiteten, scharfen und bitteren Kritik an dem persönlichen Verhalten, an der Inaktivität des Kaisers. Doch diese Kritik änderte nichts an der Loyalität des Offizierkorps gegenüber Wilhelm II. als dem monarchischen Staatsoberhaupt. Sicherlich gab es eine relativ kleine Gruppe von Offizieren um Ludendorff, die in der Nation, im Vaterland einen höheren Wert als in der durch den Hohenzollern diskreditierten Monarchie sahen und über die politische Haltung der Masse der jungen Frontoffiziere liegen nur unzureichende Zeugnisse vor. Aber für die Masse des Offizierkorps stand die durch den Eid geprägte Loyalität zur monarchischen

---

[59] Vgl. hierzu umfassend Bruno Thoß, Nationale Rechte, militärische Führung und Diktaturfrage in Deutschland 1913—1923, in: Militärgeschichtliche Mitteilungen, 42 (1987), S. 27—76.
[60] Vgl. Fehrenbach, Wandlungen (wie Anm. 6), S. 216ff.
[61] Militär und Innenpolitik (wie Anm. 2), Nr. 425, S. 1137, Anm. 5.

Spitze des Reiches, zum Kaiser, bis in die Anfänge des revolutionären Umbruchs im Oktober 1918 nicht zur Debatte.

Das eigentliche Problem der militärischen Führung im Weltkrieg aber war, daß dieser Krieg mit Menschen in der Front und in den Fabriken geführt werden mußte, die bis zum Kriegsbeginn als »Reichsfeinde« gegolten hatten und von der Armee entsprechend behandelt worden waren. Die Armee als Garant der etablierten Ordnung geriet damit in eine außerordentlich schwierige Lage, die durch das Prinzip von Befehl und Gehorsam sowie propagandistische Bemühungen alleine nicht zu überwinden waren[62]. In Ludendorffs Offensive 1918 mit ihrer Überforderung der Armee auf allen Gebieten ist dieser Gegensatz zwischen Führung und Truppe zum Ausdruck gekommen und hat mit der militärischen Niederlage das konstitutionelle System zum Einsturz gebracht.

Im Endeffekt sind Armee und Marine in ihrer militärischen Funktion für die Nation korrumpiert worden durch die Aufgaben, die sie zur Absicherung der preußisch-deutschen Form des Konstitutionalismus und der ihr entsprechenden gesellschaftlichen Interessen zu übernehmen hatten. Das persönliche Versagen Wilhelms II., des Obersten Kriegsherrn, hat zweifellos zu dem im Ersten Weltkrieg sich vollziehenden Untergang des Kaiserreiches beigetragen, die tieferen Ursachen liegen jedoch in den Bedingungen und Konsequenzen der Herrschaftsorganisation jener besonderen Form des preußisch-deutschen Konstitutionalismus, dessen Repräsentant er war.

Wenn in diesem Beitrag vor allem den strukturellen Bedingungen, unter denen Wilhelm II. seine Funktion als Oberster Kriegsherr auszuüben hatte, nachgegangen und den in der Person des Kaisers liegenden Umständen weniger Aufmerksamkeit geschenkt wurde, so könnte leicht der Eindruck entstehen, als ob einer deterministischen Perspektive das Wort geredet würde. Thomas Nipperdey hat in einem glänzenden Plädoyer gerade für das Kaiserreich eine solche Betrachtungsweise zurückgewiesen und auf das vielgestaltige Erneuerungspotential innerhalb der bürgerlichen Gesellschaft aufmerksam gemacht[63]. Er hat sich allerdings explizit auf diesen Teil der Gesellschaft konzentriert. Der Militärhistoriker konzentriert sich seinerseits auf das Umfeld der bewaffneten Macht und das Militär repräsentiert im Normalfall den auf dem Herkommen beharrenden Teil der Gesellschaft, die im Falle des Kaiserreiches ihre bestimmende Rolle mit der militärischen Niederlage im Weltkrieg verlor. Mit anderen Worten: ein zutreffendes Bild der wilhelminischen Gesellschaft wird erst dann entstehen, wenn es gelingt, die in einzelnen Ausschnitten dargestellte Befindlichkeit der »segmentierten« wilhelminischen Gesellschaft zu einem Ganzen zu fügen.

---

[62] Vgl. hierzu die in Anm. 30 nachgewiesenen Untersuchungen. Ein Seeoffizier, Korvettenkapitän v. Selchow, schrieb angesichts der schlechten Nachrichten von der Westfront in sein Tagebuch (30. 5. 1918): »Übersieht Ludendorff das? Glaubt er wirklich, das bloße sic jubeo genüge heute noch?« Militär und Innenpolitik (wie Anm. 2), Nr. 458, S. 1226, Anm. 1. Zum Folgenden vgl. Wilhelm Deist, Der militärische Zusammenbruch des Kaiserreichs. Zur Realität der »Dolchstoßlegende«, in: Ursula Büttner (Hrsg.), Das Unrechtsregime. Festschrift für Werner Jochmann, Bd 1, Hamburg 1986, S. 101 ff.

[63] Thomas Nipperdey, War die Wilhelminische Gesellschaft eine Untertanen-Gesellschaft?, in: Nachdenken über die deutsche Geschichte, München 1986, S. 172 ff.

Es wäre reizvoll, abschließend noch einen Blick zu werfen auf die Nachwirkungen der Sonderstellung der bewaffneten Macht im Kaiserreich auf die Verhältnisse in Reichswehr und Wehrmacht. Dabei wäre nicht nur die Seeckt'sche Definition der Position der Reichswehr im republikanischen Staate zu erwähnen, sondern auch an die von der Wehrmachtführung unter Blomberg in Selbsttäuschung gerne aufgegriffene Zwei-Säulen-Theorie zu erinnern, wonach der nationalsozialistische Staat politisch von der NS-Bewegung und militärisch von der Wehrmacht, dem einzigen Waffenträger des Reiches, getragen werde. Die bloßen Stichworte machen deutlich, wie stark und politisch folgenreich diese Nachwirkungen gewesen sind. Sie lieferten den Stoff für eine eigene Untersuchung, vor allem, wenn man sie mit der Frage kombinierte, welche Bedeutung dem wissenschaftlich erörterten Phänomen zukomme, daß im Zweiten wie im Dritten Reich ein politisch wirksamer Mythos eine Rolle spielte, der Kaiser- und der Hitlermythos[64].

---

[64] Zu Letzterem vgl. Ian Kershaw, Der Hitler-Mythos. Volksmeinung und Propaganda im Dritten Reich, Stuttgart 1980 (= Schriften der Vierteljahrshefte für Zeitgeschichte, 41).

Die Armee in Staat und Gesellschaft 1890—1914

I.

Für die Militärgeschichte Preußen-Deutschlands stellen die Jahre 1888/90 keine Wendemarke im eigentlichen Sinne dar, eher wäre an 1897/98 zu denken, denn mit dem ersten Flottengesetz wurden nicht nur wesentliche außen- und innenpolitische Akzente gesetzt, sondern die rüstungspolitische Entscheidung leitete auch eine neue Entwicklung im Gefüge der gesamten bewaffneten Macht des Reiches ein. Zudem hat Wilhelm II. selbst in seinen Erlassen an Heer und Flotte immer wieder hervorgehoben, daß er an den von Wilhelm I. begründeten militärischen Traditionen festzuhalten gedenke und sie als verpflichtendes Erbe betrachte[1]. Abgesehen von diesen Willensäußerungen des Thronerben vollzog sich jedoch, ganz offenkundig nach dem Sturz Bismarcks, ein Stilwandel, der auch die Armee, ja diese zuerst, in seinen Bann zog. Seit langem sich anbahnende Veränderungen setzten sich überraschend schnell durch, neue Tendenzen kündigten sich an. Es erscheint daher gerechtfertigt, die Entwicklung der Armee im Spannungsfeld von Staat und Gesellschaft der Wilhelminischen Ära zu verfolgen[2].

Ein wesentliches Element dieses Stilwandels ist mit der Person des Monarchen selbst gegeben. Es gehört heute zu den gesicherten Erkenntnissen, daß Wilhelm II. vornehmlich im ersten Jahrzehnt seiner Herrschaft sich als sein eigener Kanzler betrachtete und daß das Schlagwort des »persönlichen Regiments« einen sehr realen Hintergrund besaß[3].

---

[1] So erklärte er in einer Kabinettsordre vom 5. VII. 1888: »Die Offizierkorps sind das Herz und die Seele der Armee ... von dem Verhalten ihrer Mitglieder hängt das Gedeihen der Armee in wesentlichster Weise ab. Vor allem Mein in Gott ruhender Herr Großvater hat diesem Gedanken wiederholt Ausdruck gegeben und in der sich stets erneuernden Fürsorge für die Armee eine Reihe von Verordnungen in jenem Sinne an dieselbe erlassen. Alle diese Bestimmungen, die hier wohl bekannt sind, sollen für Mich maßgebend und in ihrer ganzen Bedeutung aufrechterhalten bleiben.« Vgl. Offiziere im Bild von Dokumenten aus drei Jahrhunderten, Stuttgart 1964 (= Beiträge zur Militär- und Kriegsgeschichte, Bd 6), S. 195ff.
[2] Da unter dieser Fragestellung nur ausgewählte Aspekte der allgemeinen Geschichte der Armee in jener Zeit behandelt werden können, vgl. den Überblick über die politischen, strategischen, organisatorischen und technischen Probleme sowie über die Entwicklung der einzelnen Waffengattungen, in: Handbuch zur deutschen Militärgeschichte, Teil V, Frankfurt/M. 1968, und dessen kommentierte und thematisch geordnete Bibliographie (ebd., 315ff.). Für manche Einzelheiten konnte auf die Einleitung der vom Verf. bearbeiteten Edition: Militär und Innenpolitik im Weltkrieg 1914—1918, Düsseldorf 1970 (= Quellen zur Geschichte des Parlamentarismus und der politischen Parteien, 2. Reihe, Bd 1) zurückgegriffen werden. Mit besonderem Nachdruck sei an dieser Stelle auch auf den Beitrag von M. Messerschmidt, Die Armee in Staat und Gesellschaft. Die Bismarckzeit, in: Das kaiserliche Deutschland. Politik und Gesellschaft 1870—1918, hrsg. von M. Stürmer, Düsseldorf 1970, S. 89—118 verwiesen, da die dort bloßgelegten ideologischen Triebkräfte für den hier behandelten Zeitraum — und weit darüber hinaus — ungeschmälert fortwirkten.
[3] Vgl. hierzu J.C.G. Röhl, Deutschland ohne Bismarck. Die Regierungskrise im zweiten Kaiserreich 1890—1900, Tübingen 1969.

Gilt das schon für den Bereich der politischen Führung des Reiches, wieviel mehr mußte sich die erklärte Absicht Wilhelms II. in Armee und Marine durchsetzen, für die er als Oberster Kriegsherr im Zeichen der Kommandogewalt von vornherein eine sehr viel stärkere Basis für sein Handeln vorfand. Die Folgen schlugen sich nicht nur in organisatorischen Veränderungen, sondern auch in der politischen Funktion der Armee und ihrer Führung nieder.

Eine der ersten Maßnahmen Wilhelms II. war die Zusammenfassung der zum persönlichen Dienst beim Monarchen kommandierten Offiziere des militärischen Gefolges zu einem »kaiserlichen Hauptquartier«, seit 1889 mit einem Kommandanten an der Spitze[4]. Es ist bekannt, daß Wilhelm II., in einem charakteristischen Gegensatz zu seiner unsteten Lebens- und Arbeitsweise, sich nur sehr ungern von den Personen seiner näheren Umgebung trennte — so war zum Beispiel der spätere Generaloberst v. Plessen von 1892—1918 Kommandant des Hauptquartiers —, wodurch der nur schwer in seiner Gesamtheit zu erfassende Einfluß dieser »maison militaire« noch wesentlich verstärkt worden ist. Die politische Berichterstattung einzelner Militärattachés gehört ebenso in diesen Zusammenhang[5] wie die Lösung bestimmter, im Rahmen der Generalstabsausbildung gestellter Aufgaben durch die Flügeladjutanten, die der Kaiser dann in den Abschlußbesprechungen vortrug und damit sehr unterschiedliche Reaktionen hervorrief[6]. Während es Caprivi gelang, den Einfluß der Attachés auf die außenpolitischen Ansichten des Kaisers zumindest vorübergehend einzudämmen, blieb die Einwirkung der oft kritisierten »Flügeladjutantenpolitik« auf wesentliche Fragen der Organisation und der inneren Struktur der Armee sowie auf bestimmte innenpolitische Probleme bis zur Jahrhundertwende und darüber hinaus bestehen. So übersandte der Kaiser im Juni 1891 Caprivi einen bis in die Einzelheiten ausgearbeiteten Entwurf für die Militärvorlage, der natürlich nur mit Hilfe der »maison militaire« entstanden war und durch das Beharren auf der dreijährigen Dienstzeit den Gegensatz der Ansichten zwischen Wilhelm II. und dem Kanzler vertiefte[7]. Ebenso verfolgte er mit Unterstützung des Kabinettschefs Senden-Bibran in den Jahren 1897—1907 den Staatssekretär v. Tirpitz mit einer Fülle von Schiffbauplänen, die dem Konzept des Staatssekretärs zuwiderliefen und in manchen Fällen zu schweren Spannungen führten[8].

---

[4] R. Schmidt-Bückeburg, Das Militärkabinett der preußischen Könige und deutschen Kaiser. Seine geschichtliche Entwicklung und staatsrechtliche Stellung 1787—1918, Berlin 1933, S. 177 ff.

[5] G. Ritter, Die deutschen Militär-Attachés und das Auswärtige Amt. Aus den verbrannten Akten des Großen Generalstabs, Heidelberg 1959 (= Sitzungsberichte der Heidelberger Akademie der Wissenschaften, phil.-hist. Klasse, Jg. 1959, Abh. 1). — Eine interessante Parallele hierzu entwickelte sich seit Januar 1917 in den sog. »Auslandshilfsstellen« der 3. OHL, vgl. W. Baumgart, Deutsche Ostpolitik 1918. Von Brest-Litowsk bis zum Ende des Ersten Weltkrieges, Wien, München 1966, S. 62.

[6] Denkwürdigkeiten des General-Feldmarschalls Alfred Grafen v. Waldersee, hrsg. v. H.O. Meisner, 3 Bde, Stuttgart, Berlin 1922—23, Bd 2, S. 119 ff.; Graf R. Zedlitz-Trützschler, Zwölf Jahre am deutschen Kaiserhof, Berlin 1923, S. 37 f., 42 ff., 69 ff., 116 ff.

[7] Röhl, Deutschland ohne Bismarck (wie Anm. 3), S. 70 f., 247.

[8] A. v. Tirpitz, Erinnerungen, Leipzig 1919, S. 132 ff.; Der Kaiser ... Aufzeichnungen des Chefs des Marinekabinetts Admiral G. A. v. Müller über die Ära Wilhelms II., hrsg. v. Walter Görlitz, Göttingen 1965, S. 49 f.

Mögen diese Beispiele im Rahmen eines konstitutionellen Regierungssystems noch nichts Ungewöhnliches darstellen und in der Person des Monarchen ihre Ursache finden, so offenbarte der mit wesentlicher Unterstützung des Chefs des Militärkabinetts und der Flügeladjutanten geführte jahrelange Kampf des Kaisers gegen die Reform der Militärstrafgerichtsordnung (MStGO) die aus der Kommandogewalt des Monarchen sich ergebende Macht und die Stärke ihrer Auswirkungen auf die Politik des Reiches; an dem absolutistischen Kern des preußisch-deutschen Konstitutionalismus scheiterten Minister, Kanzler und nicht zuletzt der Reichstag[9].
Die wechselvolle Geschichte der Reform der MStGO seit der Reichsgründung trat in ein entscheidendes Stadium mit der Erklärung des preußischen Kriegsministers Walter Bronsart v. Schellendorff vor dem Reichstag Anfang März 1894, daß die im Zivilprozeß geplanten Änderungen nicht ohne Rückwirkung auf das Militärstrafrecht bleiben würden, womit er sich im Gegensatz zu einem im Kriegsministerium erarbeiteten Entwurf für eine, wenn auch beschränkte Öffentlichkeit des Verfahrens einsetzte. Ein der Erklärung entsprechender Entwurf fand Ende April 1895 die Unterstützung des preußischen Staatsministeriums und insbesondere des Reichskanzlers, des Fürsten Hohenlohe, der 1869 als bayerischer Ministerpräsident die bayerische Militärstrafgerichtsordnung im gleichen Sinne reformiert hatte. Bronsart wäre es nicht möglich gewesen, einen solchen Entwurf vorzulegen, wenn er innerhalb der militärischen Hierarchie, vor allem bei den Kommandierenden Generalen, von Anfang an auf völlige Ablehnung gestoßen wäre[10]. Diese Ausgangsposition rückt den Erfolg des vom Kaiser und seiner engsten militärischen Umgebung gesteuerten Kurses erst ins rechte Licht. Wilhelm II. hat nie einen Zweifel darüber gelassen, daß er der Öffentlichkeit des militärgerichtlichen Verfahrens nicht zustimmen werde und auf das Bestätigungsrecht des Kontingentsherrn — das an einen obersten Gerichtshof übergehen sollte — nicht verzichten könne. Das preußische Staatsministerium und der Reichskanzler haben vor dieser Willensäußerung des Monarchen keineswegs von vornherein resigniert. Im Gegenteil, der preußische Kriegsminister hat bis zu seinem Sturz im August 1896 an den Grundzügen des Entwurfes festgehalten und sich deswegen eine Behandlung durch Wilhelm II. gefallen lassen müssen, die er »einem andern gegenüber« mit dem »Degen« beantwortet haben würde[11]. Er wurde in seiner

---

[9] Eine zusammenfassende militärgeschichtliche Untersuchung über die MStGO liegt nicht vor. Für einen skizzenhaften Überblick vgl. B. Graf v. Hutten-Czapski, Sechzig Jahre Politik und Gesellschaft, Bd 1, Berlin 1936, S. 280 ff.; vgl. im übrigen u. a. Fürst Chlodwig zu Hohenlohe-Schillingsfürst, Denkwürdigkeiten der Reichskanzlerzeit, hrsg. v. K. A. v. Müller, Stuttgart 1931, S. 74, 114 ff., 124 ff., 164, 181, 186 ff., 216 ff., 249 ff., 325 ff., 351 ff., 372 ff., 387 ff., 426 ff.; H. Herzfeld, Johannes v. Miquel. Sein Anteil am Ausbau des Deutschen Reiches bis zur Jahrhundertwende, Bd 2, Detmold 1938, S. 454 ff., 529 ff.; J. Haller, Aus dem Leben des Fürsten Philipp zu Eulenburg-Hertefeld, Berlin 1924, S. 197 ff.; Schmidt-Bückeburg, Militärkabinett (wie Anm. 4), S. 203 ff.; Röhl, Deutschland ohne Bismarck (wie Anm. 3), S. 130 ff., 164 ff., 205 ff., 221 ff. Für den jurist. Aspekt vgl. jetzt O. Ehrl, The Development of the German Military Criminal Procedure during the 19th Century, in: Revue de Droit Pénal Militaire et de Droit de la Guerre, 7 (1968), S. 241—261.
[10] Hohenlohe (wie Anm. 9), S. 115, erwähnt Albedyll (bis 1893 Komm. General des VII. AK) und Loë (Oberbefehlshaber in den Marken und Gouverneur von Berlin).
[11] Ebd., S. 151.

Haltung durch die nahezu einmütige Unterstützung des Staatsministeriums bestärkt, das in der Köller-Krise im November/Dezember 1895 den Kaiser zwang, den Innenminister zu entlassen, da dieser sich in der Frage der Reform der MStGO illoyal gegenüber dem Kriegsminister verhalten hatte. Bezeichnend für diese Krise ist jedoch, daß man den Kaiser zwar vor eine personelle Alternative stellte, aber davor zurückschreckte, auch in materieller Hinsicht einen Druck auszuüben. Die Versuche Marschalls und Holsteins im Frühjahr und Sommer 1896, den Kanzler zu veranlassen, die Reform der MStGO zur Kabinettsfrage zu machen, um damit dem selbstherrlichen persönlichen Regiment des Monarchen ein Ende zu bereiten, mußten daher scheitern. Hohenlohe und Bronsarts Nachfolger Goßler erreichten es zwar in den folgenden Monaten, daß der Kaiser der Errichtung eines obersten Gerichtshofs zustimmte — er also auf sein Bestätigungsrecht verzichtete —, die gesonderten, krisenreichen Verhandlungen über einen besonderen bayerischen Senat dieses Gerichtes zogen sich aber noch jahrelang hin. Als der Entwurf der MStGO schließlich im Dezember 1897 dem Reichstag vorgelegt wurde, enthielt er nach wie vor den § 270, Abs. 2, der eine wesentliche Einschränkung der Öffentlichkeit des Verfahrens ermöglichte[12] und von Wilhelm II. als die äußerste Grenze des Entgegenkommens bezeichnet wurde. Entgegen den Erwartungen Hohenlohes und Goßlers stimmten Bundesrat und Reichstag dieser Formel zu. Mit dem Inkrafttreten der MStGO am 1. Oktober 1900 erschienen Ausführungsbestimmungen zu § 283 des Gesetzes, die im Grunde auch die beschränkte Öffentlichkeit zu einer Farce machten.

Für alle Beteiligten bestand kein Zweifel darüber, daß Wilhelm II. in der Frage der Reform der MStGO seiner persönlichen Überzeugung folgte, ebenso unbestritten war aber auch die Ansicht, daß der Kaiser diesen zermürbenden Kampf nur deshalb erfolgreich beenden konnte, weil die Phalanx der Flügeladjutanten hinter ihm stand und mit unerschütterlicher Konsequenz die Hindernisse, auch im eigenen militärischen Bereich, aus dem Wege räumte. Oberst Adolf v. Bülow, der Bruder des späteren Reichskanzlers, und der Kommandant des Hauptquartiers, Plessen, sind hier zu nennen, vor allem aber Hahnke, der Chef des Militärkabinetts. Philipp Eulenburg führte die starre Haltung des Kaisers nicht zuletzt auf die Furcht vor der »Couleur Hahnke« zurück[13]. Die militärische Um-

---

[12] Es handelt sich um § 283 des Gesetzes, RGBl. 1898, S. 1250f. Danach konnte das Gericht bei einer Gefährdung der öffentlichen Ordnung oder militär-dienstlicher Interessen die Öffentlichkeit ausschließen. Unberührt blieb schließlich die kaiserliche Befugnis nach § 8 des Reichsmilitärgesetzes, allgemeine Vorschriften zu erlassen, unter welchen Voraussetzungen das Gericht die Öffentlichkeit »wegen Gefährdung der Disziplin« auszuschließen hatte. Vgl. hierzu die kaiserliche Verordnung vom 28. XII. 1899 (Armee-Verordnungs-Blatt, 34 (1900), S. 360): »Die Disziplin verlangt, daß auch im gerichtlichen Verfahren das Ansehen der Kommandogewalt, der militärischen Einrichtungen, der Verordnungen und Gebräuche erhalten, der Sinn für die unbedingte Unterordnung des Untergebenen unter den Vorgesetzten jeden Grades gewahrt, und dem berechtigten Ehrgefühl aller Beteiligten, insbesondere derjenigen des Offizierstandes, Rechnung getragen wird. — Sobald dieser Grundsatz gefährdet ist, sei es nach dem Gegenstande der Anklage, nach den Eigenheiten des zur Verhandlung kommenden Falles, nach der Persönlichkeit des Angeklagten oder der Zeugen, nach zeitlichen oder örtlichen besonderen Verhältnissen, ist die Öffentlichkeit auszuschließen. — Die Prüfung, ob der Ausschluß der Öffentlichkeit zu beantragen ist, gehört in erster Linie zu den Pflichten des Gerichtsherrn und des Vertreters der Anklage.«

[13] Hohenlohe (wie Anm. 9), S. 232.

gebung, die durch die Reform die Exklusivität des Offizierkorps bedroht sah, handelte damit jedoch durchaus im Rahmen der Vorstellung, die Wilhelm II. selbst von den Aufgaben, den Rechten und den Formen der Machtausübung des preußischen Königs und deutschen Kaisers hatte und an der er, sich selbst über die Realität hinwegtäuschend, bis 1918 festgehalten hat.

Auch für die Funktionsfähigkeit der militärischen Führung hat das »persönliche Regiment« Wilhelms II. Auswirkungen gehabt, die zu beachten sind. Die Emanzipationsbestrebungen des Militärkabinetts und des Generalstabes gegenüber dem Kriegsministerium verbinden sich mit den Namen Albedyll und Waldersee und hatten schon unter Wilhelm I. mit den Kabinettsordres vom 8. März und 24. Mai 1883 zu der entscheidenden Schwächung der Stellung des Kriegsministeriums geführt[14]. Die endgültige Herauslösung der »Abteilung für die persönlichen Angelegenheiten« aus der Organisation des Kriegsministeriums, die Aufgabe der nachträglichen Gegenzeichnung aller Personalordres durch den Kriegsminister und die Einführung eines unmittelbaren Vortragsrechts des Chef des Generalstabes wurden von Wilhelm I. mit der Absicht begründet, die jeder ministeriellen und parlamentarischen Einflußnahme entzogene Kommandogewalt des Monarchen gegenüber der Armee auch organisatorisch abzusichern; allerdings hat auch der persönliche Ehrgeiz der beteiligten Persönlichkeiten eine nicht zu unterschätzende Rolle gespielt. Wilhelm II. hat diese Entwicklung noch wesentlich gefördert und vorangetrieben. Zunächst verstand es Waldersee, die bevorzugte Beförderung der Generalstabsoffiziere durchzusetzen und dadurch die besondere Stellung des Generalstabes in der Armee zu verstärken[15]. Als offenkundig wurde, daß Wilhelm II. die Verabschiedung des Kriegsministers Paul Bronsart v. Schellendorff beabsichtigte, hat Waldersee in den Verhandlungen mit dem präsumtiven Nachfolger, General v. Verdy du Vernois, alles unternommen, um den Boden für eine wesentliche Kompetenzerweiterung des Generalstabes zu ebnen. Der den Wünschen des Kaisers und Waldersees weit entgegenkommende Verdy mußte jedoch, ebenso wie Waldersee selbst, bald erfahren, daß es dem Kaiser nicht in erster Linie auf eine organisatorische Absicherung seiner Kommandogewalt und deren Erweiterung ankam, sondern auf die höchst persönliche, möglichst umfassende Ausübung dieser Kommandogewalt selbst. Nach der Ablösung Waldersees als Chef des Generalstabes durch Graf Schlieffen hat nur noch der Kriegsminister Walter Bronsart v. Schellendorff dieser allgemeinen Entwicklung, die notwendigerweise zur alleinigen Präponderanz des Militärkabinetts führte, hartnäckigen, aber im Grunde bereits von Resignation gezeichneten Widerstand geleistet. Unter seinem Nachfolger, Generalleutnant v. Goßler, hat sich das Kriegsministerium endgültig mit der Beschränkung seiner Stellung abgefunden, und Einem, Heeringen und Falkenhayn versuchten dem seit 1904 zu scharfen Angriffen gegen das Kabinettssystem übergehenden Reichstags vergeblich klarzumachen, daß sie sich in dieser inferioren Stellung durchaus wohl fühlten[16].

---

[14] Schmidt-Bückeburg, Militärkabinett (wie Anm. 4), S. 143 ff. u. 150; H. O. Meisner, Der Kriegsminister 1814—1914. Ein Beitrag zur militärischen Verfassungsgeschichte, Berlin 1940.
[15] Schmidt-Bückeburg, Militärkabinett (wie Anm. 4), S. 165; Waldersee, Denkwürdigkeiten, Bd 2 (wie Anm. 6), S. 20 f.
[16] Schmidt-Bückeburg, Militärkabinett (wie Anm. 4), S. 223 f., 228 f.

Der Auflösung der zentralen Führungsinstitution der Armee entsprach eine relative Aufwertung der übrigen Immediatstellen, insbesondere die der Kommandierenden Generale. Als der Kriegsminister v. Goßler 1897 die Kommandierenden Generale aufforderte, sich zu der relativ unbedeutenden Frage der Errichtung besonderer Ehrengerichte für die Sanitätsoffiziere zu äußern, erklärte der Kaiser, dieses Verfahren stelle einen Eingriff in seine Kommandogewalt dar, und machte den Kommandierenden Generalen den Vorwurf, in dieser über reine Verwaltungsangelegenheiten hinausgehenden Frage ihr Immediatverhältnis nicht wahrgenommen zu haben[17].

Das Selbstverständnis Wilhelms II. als Oberster Kriegsherr, seine erklärte Absicht, die sich aus der beträchtlich erweiterten Kommandogewalt ergebenden Funktionen persönlich wahrzunehmen, führten so zum Abbau der Befugnisse der zentralen militärischen Behörden, zu einer unverhältnismäßigen Vermehrung der Immediatstellen, die aber diesen Namen kaum mehr verdienten, da auch sie machtlos waren gegenüber dem überragenden Einfluß der Kabinette[18]. Die Fülle im Grunde gleichgeordneter Behörden begünstigte den Ressortpartikularismus mit allen die Effektivität des Ganzen in Mitleidenschaft ziehenden Konsequenzen. In der Nachfolge seines Großvaters hatte Wilhelm II. diesen Weg beschritten mit dem Ziel, den Garanten des preußisch-deutschen Verfassungs- und Gesellschaftssystem, die Armee, im Zeichen der Kommandogewalt seiner persönlichen Führung zu unterstellen. Die Übersteigerung dieses Systems führte zu einer für die Monarchie gefährlichen Abnutzung des Prestiges des Monarchen, der sich sehr bald der sachbezogenen Kritik der mediatisierten militärischen Führung ausgesetzt sah.

Durch Wilhelm II. wurde nicht nur die organisatorische Verankerung der Armee im Staate verändert, sondern auch in ihrer innenpolitischen Aufgabenstellung traten bemerkenswerte Akzentverschiebungen ein. Die Reichstagswahl vom 20. Februar 1890 hatte einerseits durch die Niederlage der National-Liberalen die Möglichkeit eines erneuten »Kartells« der Rechtsparteien zunichte gemacht, andererseits hatte zum ersten Mal in der Geschichte der Reichstagswahlen die Sozialdemokratie, gemessen an der Zahl der abgegebenen gültigen Stimmen, alle anderen Parteien hinter sich gelassen. Diese Tatsache, verwoben in die Manöver der Entlassungskrise, hat in Berlin tiefen Eindruck gemacht, insbesondere der Kaiser sah sich in seinen an die Februar-Erlasse geknüpften Erwartungen enttäuscht, ja mißverstanden[19]. Obwohl an der Idee, die den Februar-Erlassen zugrunde lag, festgehalten wurde, trat nunmehr die Möglichkeit einer gewaltsamen Auseinandersetzung mit der Sozialdemokratie sehr viel stärker als in früheren Jahren in den Vordergrund. Dem entsprach, daß der Kaiser zwar an der Nichterneuerung des Sozialistengesetzes festhielt, gleichzeitig aber die Armee in verstärktem Maße an der Überwachung der die Gesellschaftsordnung bedrohenden politischen Bewegung beteiligte und

---

[17] Ebd., S. 218.
[18] Handbuch zur deutschen Militärgeschichte (wie Anm. 2), S. 62 (allein 40 Immediatstellen innerhalb der Armee).
[19] Vgl. J. C. G. Röhl, Staatsstreichplan oder Staatsstreichbereitschaft? Bismarcks Politik in der Entlassungskrise, Historische Zeitschrift, 203 (1966), S. 610 ff.; Waldersee (Denkwürdigkeiten, Bd 2 (wie Anm. 6), S. 109) äußerte die Ansicht, daß die Februar-Erlasse zum Anwachsen der sozialdemokratischen Stimmen beigetragen hätten.

intensive Vorbereitungen für den Ernstfall befahl. Am 20. März 1890 richtete der preußische Kriegsminister Verdy du Vernois einen Erlaß an die preußischen Generalkommandos, der auch die Billigung Bismarcks gefunden hatte, in dem es den Kommandeuren bis hinunter zum Garnisonältesten zur Pflicht gemacht wurde, sich über »Organisation, Führer, Agitatoren« der unter das Sozialistengesetz fallenden Verbindungen »dauernd auf dem laufenden« zu halten[20]. Im übrigen instruierte der Erlaß über die Möglichkeiten, die das preußische Gesetz über den Belagerungszustand vom 4. Juni 1851 bot[21]. Der § 2, Abs. 2 des Gesetzes ermächtigte die örtlichen Militärbefehlshaber, selbständig — allerdings provisorisch — den Belagerungszustand zu verhängen, in außerpreußischen Gebieten bedurfte es hierzu der Zustimmung des Kaisers. Für den letzteren Fall wurde den »Kommandanten bzw. Garnisonältesten« befohlen, den entsprechenden Antrag sofort »telegraphisch« an den Kaiser zu richten. Der hektische, dramatische Stil des »persönlichen Regiments« Wilhelms II. war auch in diesem Erlaß nicht zu unterdrücken. War der Belagerungszustand einmal erklärt, die vollziehende Gewalt damit von den Zivil- auf die Militärbehörden übergegangen, sollten die Grundrechte aufgehoben, die »Rädelsführer und Aufrührer« vorläufig festgenommen und »Zeitungen und Flugblätter«, die nach dem Urteil des Militärbefehlshabers eine Gefahr für die »öffentliche Sicherheit« darstellten, verboten werden. Sollten der Einsatz der Truppen und der Gebrauch der Schußwaffe notwendig werden, »so erwarten Seine Majestät der Kaiser, daß dieser Gebrauch ein dem Ernst der Lage entsprechender ist«.
Dieser Erlaß hat eine weitreichende Wirkung gehabt, er traf nicht nur Vorkehrungen für eine momentane Gefahrensituation, das Kriegsministerium bekräftigte ihn vielmehr bei verschiedenen Gelegenheiten, zuletzt noch im November 1908[22]. Die Armee hat durch ihn eine sehr deutlich definierte innenpolitische Aufgabe zugewiesen bekommen, die in dieser Form vor 1890 nicht bestanden hatte.
In diesem Zusammenhang ist auch auf die im Jahre 1907 fertiggestellte Studie der 2. Kriegsgeschichtlichen Abteilung des Generalstabes mit dem Thema »Der Kampf in insurgierten Städten« einzugehen, da sie zusammen mit den Verfügungen des Preußischen Kriegsministeriums die Grundlage für die in den folgenden Jahren in größerem Umfang entstehenden, detaillierten Planungen der Generalkommandos für den Fall innerer Unruhen bildete. Die Studie gliederte sich in neun Einzelstudien und in eine Schlußbetrachtung, in der die »kriegsgeschichtlichen Lehren« aus den geschilderten Beispielen gezogen wurden[23].

---

[20] Entwurf vom 12. III. 1890 bei Röhl, Staatsstreichplan (wie Anm. 19), S. 623f.; Ausfertigung vom 20. III. 1890, in: Bayer. HStA Abt. IV-Kriegsarchiv, MKr 2497; erwähnt bei R. Höhn, Sozialismus und Heer, Bd 3, Bad Harzburg 1969, S. 67f.

[21] Abdruck bei E. R. Huber, Dokumente zur deutschen Verfassungsgeschichte, Bd 1, Stuttgart 1961, S. 414 ff.; über die Bedeutung des Ausnahmezustandes im System des pr.-dt. Konstitutionalismus bes. H. Boldt, Rechtsstaat und Ausnahmezustand. Eine Studie über den Belagerungszustand als Ausnahmezustand des bürgerl. Rechtsstaats im 19. Jh., Berlin 1967.

[22] Erlaß vom 9. XI. 1908, in: Bayer. HStA Abt. IV-Kriegsarchiv, MKr 2497.

[23] Ein Exemplar der Studie ebd. Die Einzelstudien sind folgenden Ereignissen gewidmet: Julirevolution 1830 in Paris; Februarrevolution 1848 in Paris; Julischlacht 1848 in Paris; Revolution in Berlin 1848; Straßenkämpfe in Brescia 1849; Straßenkämpfe in Dresden Mai 1849; Kämpfe gegen die Kommune in Paris; Aufstand in Mailand 6.–9. Mai 1898; Aufstand in Moskau 1905.

Als die entscheidende Vorbedingung eines erfolgreichen militärischen Eingreifens wurde dabei die möglichst frühzeitige Verhängung des Belagerungszustandes genannt. Dem für die Stadt zuständigen Kommandeur, im Regelfall also dem Garnisonältesten, erwachse daraus eine große Verantwortung, der er nur durch eine intensive Vorbereitung auf den Ernstfall gerecht werden könne. Die Vertrautheit mit den politischen Verhältnissen seines Befehlsbereichs bilde die Voraussetzung für das allein erfolgversprechende rasche, rücksichtslose Vorgehen, bei dem vor drastischen Maßnahmen nicht zurückgeschreckt werden dürfe. Auch den Aufständischen müsse vor allem klargemacht werden, daß es »nur eine Bedingung« gebe: »Kampf auf Leben und Tod oder *Unterwerfung auf Gnade und Ungnade.*«

Bisher sind zwei Beispiele bekanntgeworden, wie die Kommandierenden Generale diese Überlegungen der zentralen militärischen Behörden in praktische Bestimmungen für ihren Befehlsbereich umgesetzt haben. Es handelt sich um einen Befehl des Generals Frhr. v. Bissing vom 30. April 1907 für den Bereich des VII. AK (Münster) und entsprechende »Bestimmungen« vom 4. Februar 1908 des Generals v. Hindenburg für den Bereich des IV. AK (Magdeburg)[24]. Beiden ist gemeinsam, daß sie die Verhaftung von Reichstagsabgeordneten unter Mißachtung der Immunitätsvorschriften vorsahen, eine Bestimmung, die erst nach Bekanntwerden des Bissingschen Befehls und der darauf erfolgenden Proteste im Reichstag durch eine Verfügung des Preußischen Kriegsministeriums vom 17. November 1910 aufgehoben wurde. Beide Befehle übernahmen die in der Generalstabsstudie erarbeiteten Grundsätze und richteten sich in voller Eindeutigkeit gegen die Sozialdemokratie in ihren zahlreichen Organisationen. Das Preußische Kriegsministerium hat die »Bestimmungen« des Generals v. Hindenburg in einer Verfügung vom 8. Februar 1912 den anderen Armeekorps gewissermaßen als Vorbild nachdrücklich empfohlen und ganz allgemein die Notwendigkeit derartiger präziser Vorarbeiten betont. Darüber hinaus wurde jedoch mit Nachdruck und in Übereinstimmung mit dem Innenminister darauf hingewiesen, daß in erster Linie die Polizei dazu berufen sei, Aufstände und Unruhen zu bekämpfen, und daß die Armee daher verpflichtet sei, die Polizei in einem solchen Falle mit allen Mitteln zu unterstützen. Es liege zudem »im Interesse der Armee« den Einsatz des Militärs im Innern zu vermeiden. Im Vergleich mit dem Erlaß vom 20. März 1890 ist deutlich das Bestreben erkennbar, die örtlichen Befehlshaber vor übereilten Handlungen zu warnen und die Armee soweit wie nur irgend möglich vor einer gewaltsamen Auseinandersetzung im Innern zu bewahren.

Es gehört mit zu dem von W. Sauer[25] konstatierten »ratlosen Schwanken« des nachbismarckischen Systems, daß gleichzeitig mit den Bemühungen, die Armee auf den Bürgerkrieg vorzubereiten, die Erkenntnis wuchs, daß der sozialdemokratischen Gefahr mit

---

[24] Der Befehl Bissings ist abgedruckt bei D. Fricke, Zur Rolle des Militarismus nach innen in Deutschland vor dem ersten Weltkrieg, in: Zeitschrift für Geschichtswissenschaft, 6 (1958), S. 1302 ff. Für die »Bestimmungen« Hindenburgs, vgl. Bayer. HStA Abt. IV-Kriegsarchiv, MKr 2497. Dort findet sich auch der weiter unten erwähnte Erlaß des preuß. Kriegsministeriums vom 8. II. 1912. Der Erlaß vom 17. XI. 1910 in: BA-MA, Freiburg i. Br., K 02—5/2.

[25] W. Sauer, Das Problem des deutschen Nationalstaates, in: Moderne deutsche Sozialgeschichte, hrsg. v. H.-U. Wehler, 2. Aufl., Köln, Berlin 1968, S. 433.

Gewaltmaßregeln allein nicht zu begegnen war, ja daß der Einsatz der bewaffneten Macht gefährliche Folgen haben konnte. Am 11. Mai 1889 wandte sich General v. Albedyll an Waldersee[26], nachdem er vom Kaiser den Befehl erhalten hatte, mit allen disponiblen Truppen des VII. AK zur Unterdrückung des Streiks im Ruhrgebiet auszurücken. Er hielt eine solche Maßnahme, hervorgerufen durch die hysterischen Befürchtungen der Eigentümer und der Verwaltung, für verfehlt, »Militärisch ist auf die Frage des Endes [des Streiks] gar kein Einfluß möglich, namentlich dann nicht, wenn es nicht zum Belagerungszustand kommt. Wir können nur die Ordnung erhalten und Exzesse verhüten.« Er nahm auch nicht an, daß ein »solcher Kampf gegen Windmühlenflügel« dem soldatischen Sinn des Kaisers entspreche. Um die Jahreswende 1896/97 stand Waldersee als Kommandierender General des IX. AK der gleichen Situation gegenüber: der Streikbewegung der Hamburger Hafenarbeiter. Unterm 2. Dezember 1896 schrieb er — gewissermaßen der designierte »Kanzler des Umsturzes« —: »Die Streikenden verhalten sich bisher noch ruhig. Ich wäre sehr froh, wenn die Polizei bei etwaigen Ausschreitungen genügen würde; gegen hungrige Arbeiter mit Waffengewalt vorzugehen, ist wahrlich kein Genuß[27].« Und auch seine Denkschrift vom 22. Januar 1897, auf die noch einzugehen sein wird, enthält nichts, was darauf schließen lassen könnte, daß er die Streikbewegung gerne benutzt hätte, um die »große Abrechnung« zu provozieren. Generaloberst v. Einem machte im März 1912 aus Anlaß des großen Bergarbeiterstreiks im Ruhrgebiet dieselbe Erfahrung mit den Befehlen des Kaisers wie Albedyll, rückte in das Streikgebiet ein und stellte abschließend mit Befriedigung fest, daß während der ganzen Aktion kein einziger Schuß gefallen war[28]. Trotz der scharfen Erlasse und Verfügungen vermied es die Armee offenbar sorgsam, sich in die große Provokation hineinmanövrieren zu lassen. Das wird auch deutlich, wenn man die Denkschrift Waldersees aus dem Jahre 1897 etwas genauer auf ihre Zielsetzung hin untersucht[29]. Waldersee spricht zwar davon, daß es »im Interesse des Staates« liege, »nicht den sozialdemokratischen Führern die Bestimmung des Zeitpunktes für den Beginn der großen Abrechnung zu überlassen, sondern diesen nach Möglichkeit zu beschleunigen! Noch ist der Staat mit Sicherheit in der Lage, jeden Aufstand niederzuschlagen.« In seiner Denkschrift für den *Kaiser* hat er sich nur sehr vorsichtig darüber geäußert, wie ein solcher Aufstand provoziert werden könnte. Er empfahl im Grunde eine Wiederauflage des Sozialistengesetzes, dessen Aufhebung er 1890 begrüßt hatte[30]. Ganz offen sollte die Zielsetzung der Gesetze angegeben werden: »Kampf gegen die Umsturzpartei«. Eine erste Umsturzvorlage war aber bereits 1895 gescheitert. Gegenüber dem *Kriegsminister* hat er sich wenig später sehr viel deutlicher ausgesprochen:

---

[26] Aus dem Briefwechsel des Generalfeldmarschalls v. Waldersee, hrsg. v. H. O. Meisner, Bd 1, Berlin, Leipzig 1928, S. 288f.
[27] Waldersee, Denkwürdigkeiten, Bd 2 (wie Anm. 6), S. 377. Wie sehr die Disziplin sozialdemokratischer Aktionen dem Konzept des Staatsstreichs zuwiderlief, geht aus Waldersees Notiz (ebd., S. 381) vom 30. XII. 1896 hervor: »Die Masse der Menschen ... glaubt auch, daß zu einer Revolution Straßenkämpfe gehören. Ich wünschte, wir hätten solche, ihrer wollten wir schon Herr werden!«
[28] Generaloberst von Einem, Erinnerungen eines Soldaten 1853—1933, Leipzig 1933, S. 166f.
[29] Waldersee, Denkwürdigkeiten, Bd 2 (wie Anm. 6), S. 386ff.
[30] Ebd., S. 111.

Abschaffung des Reichstagswahlrechts, Auflösung des bisherigen Reichsverbandes und dessen Wiederherstellung auf neuer Grundlage. In der Zwischenzeit hatte er allerdings erfahren, daß seine Denkschrift vom Kaiser sehr günstig aufgenommen worden war, und Waldersee selbst beurteilte seine Chancen, zum Kanzler berufen zu werden, recht positiv[31]. Mit diesen Überlegungen soll nicht die auch unter Wilhelm II. latent immer vorhandene Bereitschaft zum Staatsstreich geleugnet werden, es soll nur auf das gerade im Falle Waldersee erkennbare Maß an Opportunismus hingewiesen werden, der in diesem Falle offenbar mitspielte. Gerade Waldersee hatte in den der Denkschrift voraufgegangenen Jahren bei verschiedenen Gelegenheiten betont, daß die militärische Gewaltanwendung kein geeignetes Mittel für eine auf die Dauer wirksame Unterdrückung der sozialdemokratischen Bewegung war. Waldersee war sich darüber im klaren, daß Wilhelm II. nicht der Monarch war, der im Bewußtsein aller Konsequenzen diesen Weg beschreiten würde[32].

Auch hierin zeigte sich, daß in der Wilhelminischen Ära »die Gefahr einer Gewaltlösung allmählich abnahm« und daß der Staatsstreich nicht mehr die Alternative zur Einführung des parlamentarischen Systems bildete[33]. Inwieweit die Entwicklung innerhalb der militärischen Führung und des Offizierkorps der von Sauer postulierten neuen Alternative — der plebiszitären Diktatur — entsprach, wird noch zu zeigen sein.

II.

Bei den Auseinandersetzungen um die Reform der MStGO ist deutlich geworden, mit welcher Hartnäckigkeit Wilhelm II. sich gegen den Passus des Gesetzentwurfes zur Wehr setzte, der die gesellschaftliche Abschließung des Offizierkorps in Frage stellen konnte. In einer bewußt empfundenen Tradition fühlte sich Wilhelm II. verpflichtet, dieses Offizierkorps, das unentbehrliche Instrument der zäh verteidigten Kommandogewalt, vor jedem von außen kommenden Eingriff zu bewahren[34]. Er hat sich der Belange des Offizierkorps mit allem Nachdruck angenommen.

Wenige Tage nach der Entlassung Bismarcks richtete der Kaiser am 29. März 1890 einen Erlaß an das Offizierkorps[35], der in mehrfacher Hinsicht von besonderem Interesse ist, da in ihm unter anderem die Notwendigkeit der Erweiterung der gesellschaftlichen Basis des Korps anerkannt wurde. Für Wilhelm II. war es charakteristisch, daß er den Erlaß

---

[31] Ebd., S. 389 ff.
[32] Vgl. z. B. ebd., S. 338.
[33] Sauer, Nationalstaat (wie Anm. 25), S. 433, sowie M. Stürmer, Staatsstreichgedanken im Bismarckreich, in: Historische Zeitschrift, 209 (1969), S. 571—575, 614 f.
[34] Zur Geschichte des Offizierkorps vgl. K. Demeter, Das Deutsche Offizierkorps in Gesellschaft und Staat 1650—1945, 4. Aufl., Frankfurt/M. 1965; Untersuchungen zur Geschichte des Offizierkorps. Ancienität und Beförderung nach Leistung, Stuttgart 1962 (= Beiträge zur Militär- und Kriegsgeschichte, Bd 4); M. Messerschmidt, Werden und Prägung des preußischen Offizierkorps. Ein Überblick, in: Offiziere im Bild von Dokumenten (wie Anm. 1), S. 68 ff., sowie M. Kitchen, The German Officer Corps 1890—1914, Oxford 1968.
[35] Offiziere im Bild von Dokumenten (wie Anm. 1), S. 197.

sofort veröffentlichen ließ, aus Gründen persönlicher »Eitelkeit«, wie Waldersee meinte. Der Generalstabschef kleidete seine Kritik in die Formel: »Die Armee ist eine Korporation wie eine Familie, deren intime Fragen nicht vor die Öffentlichkeit gehören.«[36] Wilhelm II. hat in diese »Familie« — Waldersee identifiziert charakteristischerweise die Armee meist mit dem Offizierkorps — sehr viel Unruhe und Unbehagen eingebracht. Die Veröffentlichung des erwähnten Erlasses, der auch bestehende Mißstände innerhalb des Korps der Allgemeinheit zur Kenntnis brachte, die mangelnde Distanz des Kaisers gegenüber den niederen Chargen des Korps, die forsche, manchmal taktlose und oberflächliche Art seiner Neujahrsansprachen an die Kommandierenden Generale[37], die auf den Monarchen zurückgehenden dauernden Uniformänderungen, die persönlichen Eingriffe in den normalen Ausbildungsgang, etwa durch die Auszeichnung besonderer Schießleistungen, und schließlich als besonderer Ausdruck der verachteten Soldatenspielerei die oft geschilderten Begleitumstände der Kaisermanöver — diese Symptome kontrastierten scharf mit dem Verhalten Wilhelms I. und führten vor allem innerhalb der Generalität zu einem gebrochenen persönlichen Vertrauensverhältnis, ohne daß die selbstverständliche Loyalität gegenüber dem Obersten Kriegsherrn davon in irgendeiner Weise berührt wurde. Diese persönliche Distanz läßt sich nicht nur bei Waldersee und Walter Bronsart v. Schellendorff, sondern auch bei Einem und Falkenhayn beobachten und ist nicht ohne Auswirkungen geblieben. Sie hat das Bewußtsein der Eigenständigkeit des Offizierkorps zweifellos gefördert und im Kriege teilweise zu einer Entfremdung geführt, die zu dem Verhalten des Korps in den Novembertagen des Jahres 1918 beigetragen hat[38].

Den Anlaß für den Erlaß vom 29. März 1890 bildete der beunruhigende Mangel an geeignetem Offizierersatz, der bereits dazu geführt hatte, daß vor allem bei der Infanterie und der Feldartillerie die vorhandenen Stellen nicht mehr voll besetzt werden konnten. Kriegsministerium und Militärkabinett sahen sich daher gezwungen, in verstärktem Maße den bürgerlichen Kreisen die Offizierlaufbahn zu öffnen. In dem Erlaß Wilhelms II. wurde dem »Adel der Geburt« nunmehr der »Adel der Gesinnung« an die Seite gestellt, der sich auch »in den Söhnen solcher ehrenwerten bürgerlichen Häuser, in denen die *Liebe zu König und Vaterland,* ein warmes Herz für den Soldatenstand und *christliche Gesittung* gepflegt und anerzogen werden«, manifestiere. In einem bemerkenswerten Phasenverzug paßte sich die Armee damit einer Entwicklung an, die sich auf politischer und gesellschaftlicher Ebene spätestens in den sechziger Jahren des Jahrhunderts vollzogen hatte. Im Jahre 1865 waren noch 65 Prozent der preußischen Offiziere adlig, während es 1913 nur noch 30 Prozent waren. Dabei gilt es allerdings zu beachten, daß auch am

---

[36] Waldersee, Denkwürdigkeiten, Bd 2 (wie Anm. 6), S. 123f.; vgl. auch die bei Hohenlohe (wie Anm. 9), S. 116 wiedergegebene Meinung Hahnkes, nach der »die Armee ein abgeschlossener Körper bleiben müsse, in den niemand mit kritischen Augen hineinsehen dürfe«.

[37] Vgl. in diesem Zusammenhang Waldersee, Denkwürdigkeiten, Bd 2 (wie Anm. 6), S. 126f., 136f., 150f., 153, 175, 181f., 301f., 353f.; Bd 3, S. 189f., 224f.

[38] Vgl. hierzu Militär und Innenpolitik im Weltkrieg 1914—1918 (wie Anm. 2), I/II, Nr. 425, Anm. 5. Für Falkenhayn charakteristisch ist die Bemerkung über die Stellung der Obersten Heeresleitung in seinen Erinnerungen (E. v. Falkenhayn, Die Oberste Heeresleitung in ihren wichtigsten Entschließungen, Berlin 1920, S. 3), deren Aussage den realen Sachverhalt zugunsten des Kaisers verschleiert.

Vorabend des Ersten Weltkrieges noch die höheren Führungspositionen überwiegend mit adligen Offizieren besetzt waren[39].

Die »Verbürgerlichung« des Offizierkorps unter Wilhelm II. hat sehr komplexe Auswirkungen gehabt, die sich nicht mit wenigen Worten umschreiben lassen[40]. Eine äußere Folge dieser Entwicklung ist im Reichstag immer wieder kritisiert worden: der Adel konzentrierte sich nun in den Garde-Regimentern Berlins und bestimmten Traditionsregimentern der Bundesstaaten. Wilhelm II. hat durch seine oft bekundete Vorliebe für die preußische Garde jene Tendenz nicht unwesentlich beeinflußt und dadurch dazu beigetragen, daß sich innerhalb des Offizierkorps die schon immer vorhandene Abstufung zwischen Garde und Linie weiter vertiefte und oft als eine Kluft empfunden wurde, die sich nun noch mit der zunehmenden Materialisierung der Lebensweise bei den Offizierkorps einzelner Regimenter verband[41].

Das Charakteristikum der »Verbürgerlichung« ist jedoch vor allem darin zu sehen, daß von dem bürgerlichen Element kein reformierender Einfluß auf die Gesamtheit des Korps ausgegangen ist, eher war das Gegenteil der Fall. Das konservative und national-liberale Bürgertum, dessen soziale und wirtschaftliche Stellung untrennbar mit dem herrschenden System verbunden war, sah in der Aufnahme seiner Söhne in das preußisch-deutsche Offizierkorps die letzte Stufe des eigenen gesellschaftlichen Aufstiegs[42]. So gelang in exemplarischer Weise die Assimilation einer Gruppe, die ursprünglich die soziale und gesellschaftliche Exklusivität und Homogenität des Korps am schärfsten kritisiert hatte. Nun unterwarfen sich die bürgerlichen Offizieranwärter willig dem von Kommandeur und Offizieren des Regiments gehandhabten Auswahlverfahren und identifizierten sich mit einem Ehrenkodex, der in seiner Rigorosität die Abschirmung des Korps nach außen und auch die innere Homogenität nahezu vollkommen gewährleistete[43]. Im Blick auf vergleichbare Entwicklungen auf politischer Ebene — es sei hier nur an die Miquelsche Sammlungspolitik, vor allem aber an die Zielsetzung der zahlreichen in jenen Jahren sich bildenden und außerordentlich erfolgreichen Verbände erinnert — überrascht die Stärke dieses Willens zur Anpassung nicht. So hat das Seeoffizierkorps der Kaiserlichen Marine, das sich in der Öffentlichkeit den Ruf der Aufgeschlossenheit gegenüber den modernen Tendenzen der Zeit, der Weltgewandtheit, ja einer gewissen Liberalität erworben hatte, in relativ kurzer Zeit die wesentlichen für das Offizierkorps der Armee geltenden Regelungen übernommen[44] und kultivierte in seinem Drang, auch hierin das

---

[39] Demeter, Offizierkorps (wie Anm. 34), S. 29f.

[40] Vgl. G. Papke, Offizierkorps und Anciennität, in: Untersuchungen zur Geschichte des Offizierkorps (wie Anm. 34), S. 177ff.

[41] Demeter, Offizierkorps (wie Anm. 34), S. 30ff., 236ff., 339f.

[42] Die Assimilation der bürgerlichen Schichten zeigte sich am eindrucksvollsten am Beispiel des Reserveoffiziers, vgl. hierzu die unübertroffene Studie von E. Kehr, Zur Genesis des Königlich Preußischen Reserveoffiziers, in: Der Primat der Innenpolitik, hrsg. und eingel. v. H.-U. Wehler, Berlin 1965 (= Veröffentlichungen der Historischen Kommission zu Berlin, Bd 19), S. 53ff.

[43] Zur Funktion der Ehrengerichtsbarkeit vgl. Demeter, Offizierkorps (wie Anm. 34), S. 146ff.; Messerschmidt, Werden und Prägung (wie Anm. 34), S. 97ff.

[44] H. Black, Die Grundzüge der Beförderungsordnungen, in: Untersuchungen zur Geschichte des Offizierkorps (wie Anm. 34), S. 138f.

Vorbild der Armee womöglich zu übertreffen, einen auf preußischen Traditionen aufbauenden Korpsgeist, der dort in dieser Form nur selten anzutreffen war. Die Vorliebe Wilhelms II. für die Marine hat dabei zweifellos eine erhebliche Rolle gespielt. Dabei dienten in ihr nur relativ wenige Söhne altpreußischer Offizierfamilien. Aufschlußreich hingegen ist die Tatsache, daß im Jahre 1910 der Nachwuchs des Seeoffizierkorps zu 48 Prozent aus Akademikerfamilien stammte[45].

Sehr viel komplexer ist die Frage, inwieweit die für das Kriegswesen zunehmende Bedeutung der Technik sowie die allgemeine Verbesserung des Bildungsniveaus der Gesamtbevölkerung die Struktur des Offizierkorps verändert hat. Mit dem Anwachsen des bürgerlichen Elements innerhalb des Korps wuchs der Prozentsatz der eintretenden Abiturienten, obwohl im Jahre 1912 noch immer 35 Prozent der Fahnenjunker ohne diese schulische Abschlußprüfung eingestellt wurden[46]. Es ist zwar von offizieller Seite immer wieder betont worden, daß sich der Offizier vor allem durch Charakter und Willenskraft auszeichne, eine allgemeine Bildung dagegen weniger benötige — die Ausbildung entsprach jener Überzeugung —, aber die seit den sechziger Jahren geführte Auseinandersetzung um die bildungsmäßigen Voraussetzungen für den Offizierberuf allein zeigt schon, daß sich das Korps hier einem geistigen Element gegenübersah, dessen Erscheinungsformen sich nur schwer im Sinne des Standes reglementieren ließen. Auf diesem indirekten Wege stellte der Erlaß Wilhelms II. vom 29. März 1890 die Homogenität des Korps in Frage. Die Begründung von Sonderlaufbahnen, die nur sehr unvollkommen dem allgemeinen Offizierkorps inkorporiert wurden oder gar besonderer Offizierkorps — wie im Falle der Marine-Ingenieure — waren Aushilfen, mit denen man in sehr charakteristischer Weise versuchte, die Homogenität zu erhalten und sie doch auf die Dauer zerstörte. Im übrigen ist aber sehr bemerkenswert, daß gerade das »bürgerliche« Seeoffizierkorps der Kaiserlichen Marine, dessen Nachwuchs des Jahres 1914 zu 90 Prozent das Abitur besaß[47], sich am schärfsten gegen die Gruppen der Marineoffiziere minderen Rechts absetzte. Eine ähnliche Entwicklung nahm das bayerische Offizierkorps, in dem seit der Pranckhschen Heeresreform des Jahres 1869 das Abitur zur unabdingbaren Voraussetzung des Offizierberufs wurde. Hier stellte dieses Bildungselement die Basis des elitären Bewußtseins und zugleich die Schranke gegenüber den anderen Bevölkerungsschichten dar[48].

Das Offizierkorps unter Wilhelm II. ist durch die Gesamtheit der verändernden Tendenzen in seinen Grundlagen nicht erschüttert worden. Das Bild des Korps in der Öffentlichkeit und das Selbstbewußtsein des einzelnen Offiziers wurden durch sie kaum getrübt. Das Fundament bildete die der Kontrolle aller politischen Instanzen entzogene, unabhängige Stellung des Korps in seiner alleinigen Bindung an den Monarchen und an die

---

[45] Demeter, Offizierkorps (wie Anm. 34), S. 25 f.
[46] Ebd., S. 95 ff., 269 f.
[47] F. Forstmeier, Probleme der Erziehung und Ausbildung in der Kaiserlichen Marine in Abhängigkeit von geistiger Situation und sozialer Struktur, in: Marine-Rundschau, 63 (1966), S. 193.
[48] H. Rumschöttel, Bildung und Herkunft der bayerischen Offiziere 1866 bis 1914. Zur Geschichte von Mentalität und Ideologie des bayerischen Offizierkorps, in: Militärgeschichtliche Mitteilungen, 8 (1970), S. 81 ff.

von diesem verkörperte, von der Person unabhängige monarchische Staatsidee. Die kunstvolle, nach außen manieriert wirkende Reglementierung der Verhaltensformen unterstützte die Geschlossenheit des Korps gegenüber der Öffentlichkeit, zudem waren diese Ordnungsprinzipien in ihren Einzelbestimmungen derart umfassend, daß die ordnende Hand des Monarchen nahezu entbehrt werden konnte. Die Bindung an die monarchische Idee bildete die Voraussetzung der Homogenität und Exklusivität des Korps und des daraus erwachsenden einzigartigen sozialen und gesellschaftlichen Prestiges. Trotzdem wird dieser Überblick deutlich gemacht haben, daß sich selbst in der internen Verfassung des Korps Symptome eines Wandels zeigten, die ihr volles Gewicht erst erhalten, wenn sie im Zusammenhang mit den das Korps innerhalb der Armee selbst bedrängenden politischen Problemen gesehen werden.

Caprivi hat knapp ein Jahr nach dem Erlaß vom 20. März 1890 vor dem Reichstag die Konsequenzen aus der besonderen innenpolitischen Aufgabenstellung der Armee am Beispiel des Ersatzes, der Ausbildung und der Versorgung der Unteroffiziere anklingen lassen[49]. Er hat mit Nachdruck auf die Gefahr hingewiesen, die sich aus einem unzuverlässigen Unteroffizierkorps nicht nur für die Armee, sondern auch für Staat und Gesellschaft ergeben könnten. Die Armee litt in jenen Jahren unter einem mangelhaften und zahlenmäßig nicht genügenden Unteroffizierersatz. Das Preußische Kriegsministerium erreichte es durch finanzielle Vergünstigungen und andere Maßnahmen, daß zu Beginn des Jahrhunderts die entstandenen Lücken wieder geschlossen werden konnten[50]. Es ging vor allem darum, daß den Unteroffizieren, die in ihrer Position zwischen Offizier und Soldat immer der Kritik von beiden Seiten ausgesetzt waren und deren Sozialprestige nur auf bestimmte kleinbürgerliche Schichten anziehend wirkte, nach ihrer zeitlich begrenzten Dienstzeit eine befriedigende Versorgung geboten werden konnte. Der Ausbau des Zivilversorgungswesens wurde so zum Kern der ganzen Frage[51]. Trotz der bestehenden gesetzlichen Regelung, die den sog. Militäranwärtern, Unteroffizieren nach Ablauf ihrer Dienstzeit, ein Anrecht auf Übernahme in den zivilen Verwaltungsdienst verlieh, sträubten sich insbesondere die außerpreußischen Staatsbehörden dagegen, im notwendigen Umfang Einstellungen vorzunehmen, da die Militäranwärter nur zu einem geringen Prozentsatz den Anforderungen entsprachen und im übrigen nicht genügend Stellen vorhanden waren. Durch die Verabschiedung von detaillierten »Anstellungsgrundsätzen« für das Reich 1882, vor allem aber durch die Öffnung des kommunalen Dienstes in den neunziger Jahren und den Ausbau dieses Systems im ersten Jahrzehnt dieses Jahrhunderts verbesserte sich die Situation der Militäranwärter in fühlbarer Weise. So hatten sich z. B. die bei der Postverwaltung vorhandenen mittleren Beamtenstellen für Militäranwärter von 8715 im Jahre 1900 auf 19324 im Jahre 1914 erhöht, bei einer Gesamt-

---

[49] Auszugsweise Abdruck der Rede vom 27. II. 1891, in: Historisches Lesebuch, Bd 2: 1871–1914, hrsg. u. eingel. v. G. A. Ritter, Frankfurt/M. 1967, S. 102 ff. — Nach der Heeresvermehrung von 1893 standen neben 18 699 Offizieren 528 167 Unteroffiziere und Mannschaften, 20 Jahre später waren auf Grund der Wehrvorlage die Zahlen auf 31 229 bzw. 751 115 angestiegen.

[50] Zu den Einzelmaßnahmen vgl. Die Geschichte des deutschen Unteroffiziers, hrsg. v. Reichstreubund ehemaliger Berufssoldaten, Berlin 1939, S. 423 ff. insbes. 440 ff.

[51] Vgl. hierzu ebd., S. 957 ff.

zahl jener Stellen von 23 063 bzw. 44 075. Diesen Zahlen gegenüber ist jedoch zu beachten, daß im Jahre 1914 rund 16 000 Militäranwärter vorhanden waren, die in den Zivilverwaltungsdienst übernommen werden wollten, und daß die jährlichen Einstellungsquoten der einzelnen Verwaltungsbehörden stark schwankten. Die Auseinandersetzungen um den Ausbau und vor allem die praktische Durchführung des Zivilversorgungswesens führten zu der ersten Interessenvertretung im Rahmen der Armee, die sich die nachdrückliche Förderung der wirtschaftlichen und sozialen Belange ihrer Mitglieder zum Ziele gesetzt hatte[52]. Der im Jahre 1893 gegründete »Militäranwärter- und Invalidenverein Berlin und Umgegend« dehnte sich rasch über das ganze Reichsgebiet aus und konnte sich bereits im Jahre 1905, nunmehr als »Bund deutscher Militäranwärter« (ab 1904), auf rund 35 000 Mitglieder stützen. Die Heeresverwaltung dürfte der Gründung und der raschen Entwicklung des Bundes mit größter Reserve gegenübergestanden haben. Einerseits stellte der Bund eine willkommene Unterstützung in dem Bemühen dar, die zivilen Verwaltungsbehörden zu größerem Entgegenkommen bei der Einstellung von Militäranwärtern zu veranlassen, andererseits mußte natürlich jede Organisation von Angehörigen der Armee, die sich der direkten Kontrolle der militärischen Führung entzog, als eine potentielle Gefahr betrachtet werden. Der mangelhafte Unteroffiziersersatz in den neunziger Jahren, die Schwierigkeiten bei der praktischen Durchführung der Zivilversorgung, die damit verbundene Unsicherheit bei den Militäranwärtern und schließlich deren Klagen über die als unzureichend empfundene Bezahlung in den ihnen vorbehaltenen Beamtenstellen führten dazu, daß der Militäranwärterunterricht, der auf den späteren Beruf vorbereiten sollte, in verstärktem Maße ideologisiert wurde und vorbeugend gegen sozialdemokratische Einflüsse wirken sollte. Es kann kein Zweifel darüber bestehen, daß die Masse der aktiven und ehemaligen Unteroffizierdienstgrade die ihnen in der Sicht der herrschenden Kreise und Schichten zukommende Aufgabe, ein Bollwerk gegen alle »zersetzenden« Tendenzen zu bilden, vollkommen erfüllt hat, aber es ist doch mit Recht darauf hingewiesen worden, daß ohne aktive Unterstützung aus den Reihen der langdienenden, in Vertrauensstellungen tätigen Unteroffiziere die lange Reihe der Veröffentlichungen von politisch relevanten Geheimbefehlen in der sozialdemokratischen Presse nicht möglich gewesen wäre[53].
Hatte es sich schon als notwendig erwiesen, durch die erwähnten Maßnahmen die Funktionsfähigkeit des Unteroffizierkorps abzusichern, so waren gegenüber den wehrpflichtigen Mannschaften vorbeugende Maßnahmen gegen eine sozialdemokratische »Verseuchung« ein unbedingtes Erfordernis, sollte die Armee ihrer innenpolitischen Aufgabe als Garant der bestehenden Gesellschaftsordnung entsprechen. Wenige Tage nachdem am 20. März 1890 der Erlaß des Preußischen Kriegsministeriums den Generalkommandos die Überwachung aller sozialdemokratischen Organisationen übertragen und vorbereitende Maßnahmen für den Fall innerer Unruhen befohlen hatte, richtete der preußische Innenminister am 31. März einen Erlaß an die Oberpräsidenten und ordnete an, daß alle ausge-

---

[52] Ebd., S. 549 ff.; im Jahre 1914 war der Verband auf ca. 74 000 Mitglieder angewachsen.
[53] Höhn, Sozialismus und Heer, Bd 3 (wie Anm. 20), S. 352 f. Zum Militäranwärter-Unterricht vgl. ebd., S. 341 ff.

hobenen Wehrpflichtigen, die in irgendeiner Beziehung zur sozialdemokratischen Bewegung standen, den Ersatzbehörden zu melden seien[54]. Höhn hat aus den Quellen nachgewiesen, daß diese generelle Anweisung den Maßstab für die Beurteilung, wer denn nun sozialdemokratischer Gesinnung verdächtig sei, fast völlig dem Ermessen der Behörden überließ. Das Verfahren führte nicht nur zu falschen Verdächtigungen, sondern erfüllte auch nicht die Forderung der Militärbehörden nach sicherer und umfassender Auskunft. Seit 1894 wurde wieder nach der alten Regelung aus dem Jahre 1885 verfahren, wonach nur die »zielbewußten und führenden Elemente« sowie diejenigen, deren Zugehörigkeit zur Sozialdemokratie »als zweifellos erwiesen angenommen werden« mußte, den Ersatzbehörden zu melden waren. Es stellte sich jedoch nach einiger Zeit heraus, daß auch dieses Verfahren den Militärbehörden ein völlig falsches Bild der Lage vermittelte. Im Jahre 1905 berichtete der Kommandierende General des II. Bayer. Armeekorps auf Grund ausführlicher Meldungen der ihm unterstellten Kommandeure an das Bayerische Kriegsministerium, daß fast ausschließlich Sozialdemokraten aus ländlichen Bezirken gemeldet würden, während die Zahl der Meldungen aus dichtbesiedelten Gebieten äußerst gering wäre[55]. Aus den Äußerungen der Behörden jener Gebiete ging hervor, daß sie die auch von Bayern übernommene Anordnung für undurchführbar hielten, da »wenn alle der Sozialdemokratie angehörenden Rekruten namhaft gemacht werden sollten, die Mehrzahl aller Militärpflichtigen zur Anzeige gebracht werden müßte«. Die Berichte des I. und III. Bayer. Armeekorps bestätigten diese Nachforschungen. Daraufhin bestimmte ein in Übereinstimmung mit dem Bayerischen Kriegsministerium zustande gekommener Erlaß des bayerischen Innenministeriums vom 26. Oktober 1905, daß den militärischen Ersatzbehörden künftig nur noch die Sozialdemokraten zu melden seien »welche in der Öffentlichkeit bzw. in Vereinen ihre sozialdemokratische Gesinnung durch Wort und Schrift bestätigt« hatten. Anderthalb Jahre später, am 3. April 1907, richtete auch der preußische Innenminister einen entsprechenden, allerdings weniger eindeutig abgefaßten Erlaß an die Oberpräsidenten, der jedoch an der bisherigen Praxis der Behörden nur wenig änderte.

Das offizielle Eingeständnis, daß der Staat nicht mehr in der Lage war, das für die Aufrechterhaltung der Gesellschafts- und Herrschaftsstruktur in letzter Linie entscheidende Machtinstrument frei von »staatszersetzenden« Elementen zu halten beziehungsweise eine effektive Kontrolle über diese Elemente auszuüben, mag den beteiligten Ministern nicht leichtgefallen sein, zumal zu einem Zeitpunkt, in dem die Sozialdemokratische Partei nahezu ein Drittel der Reichstagswähler hinter sich wußte. Gewissermaßen zur eigenen Rechtfertigung hielt man nach wie vor an der These fest, daß die Masse der Mitglieder und Anhänger der Sozialdemokratischen Partei »sogenannte Mitläufer« seien, wie es im Erlaß des preußischen Innenministeriums vom 3. April 1907 heißt, die nur unter Zwang und vornehmlich aus wirtschaftlichen Gründen der Bewegung beigetreten seien. Erleichtert wurde das Eingeständnis auch durch die Ansicht der Militärs, daß die eingezogenen Sozialdemokraten sich als durchaus brauchbare Soldaten erwiesen hätten[56]. In

---

[54] Ebd., S. 108 ff.
[55] Ebd., S. 116 ff.
[56] Ebd., S. 138 ff.

gewisser Hinsicht hatte sich damit die von der sozialdemokratischen Führung den eingezogenen Rekruten gegebene Anweisung bewährt, während der Militärdienstzeit keinerlei Propaganda zu treiben und allgemein größte Zurückhaltung zu üben.
Ging man von der erwähnten »Mitläufer«-Theorie aus, so konnte erwartet werden, daß auch die seit 1893 auf zwei Jahre verkürzte Dienstzeit dazu beitragen würde, die Rekruten wieder zu königstreuen und der Monarchie verpflichteten Untertanen zu machen. Die Militärbehörden haben in dieser Hinsicht eine vielfältige Aktivität entwickelt und zweifelten zunächst nicht an dem schließlichen Erfolg ihrer Bemühungen. Zwei Wege boten sich an: die Dienstpflichtigen gegenüber jeder sozialdemokratischen Einflußnahme von außen abzuschirmen und die Indoktrination im Rahmen der Ausbildung zu intensivieren.
In den ersten Jahren nach der Aufhebung des Sozialistengesetzes schien die größte Gefahr von sozialdemokratischem Schrifttum auszugehen, das in die Kasernen eingeschleust werden konnte. Der preußische Kriegsminister, Walter Bronsart v. Schellendorff, ermächtigte daher in einem Erlaß vom 24. Januar 1894 die Generalkommandos, den Unteroffizieren und Mannschaften »das Halten und die Verbreitung revolutionärer und sozialdemokratischer Schriften« und deren »Einführung ... in Kasernen oder sonstige Dienstlokale« zu verbieten[57]. Gleichzeitig wurde es den Soldaten verboten, an politischen Vereinigungen und Versammlungen teilzunehmen, wobei sich das Preußische Kriegsministerium vorbehielt, auch im Einzelfalle zu bestimmen, welche Vereinigungen als »politisch« anzusehen waren. Da die Überwachung dieses Verbots insbesondere in Großstädten große Schwierigkeiten bereitete, griffen die Militärbehörden in verstärktem Maße zu dem bewährten Mittel, »Militärverbote« für Lokale auszusprechen, in denen jene unerwünschten Versammlungen stattfanden[58]. Die damit verbundene wirtschaftliche Schädigung der betreffenden Gastwirte führte zu einer Flut von Protesten und Eingaben der Interessenverbände, die schließlich das Sächsische Kriegsministerium im Jahre 1905 zu einer Kompromißlösung zwang, die erlaubte, daß Militärverbote nur noch tageweise ausgesprochen wurden. Das Preußische und Bayerische Kriegsministerium empfahlen noch im selben Jahr den Generalkommandos entsprechende Lockerungen der Militärverbote, ohne jedoch besonderen Nachdruck darauf zu legen. Da sich die Verbote als ein durchaus wirksames Mittel erwiesen hatten, kamen die Generalkommandos, besonders in Preußen, der Empfehlung, wenn überhaupt, nur zögernd nach. Die Folge war eine sehr unterschiedliche, willkürliche Handhabung, die der Sozialdemokratischen Partei endlich die erwünschte Gelegenheit bot, den Sachverhalt im Reichstag scharf zu kritisieren. Es gelang ihr im Jahre 1913 schließlich, die Mehrheit der Reichstagsabgeordneten für eine Resolution zu gewinnen, in der Maßnahmen gegen die Militärverbote gefordert wurden, die wegen der »politischen Überzeugung« des Gastwirts oder wegen dessen Bereitwilligkeit, seine Räume »Angehörigen einer politischen Partei« zur Verfügung zu stellen, ausge-

---

[57] Ebd., S. 155 ff. Der zitierte Teil des Erlasses (Ziff. 3) wurde mit Schreiben Falkenhayns an den Redakteur des »Vorwärts«, Stampfer, vom 31. VIII. 1914 aufgehoben, vgl. Militär und Innenpolitik im Weltkrieg 1914—1918, Bd 1 (wie Anm. 2), S. 196 f.
[58] Höhn, Sozialismus und Heer, Bd 3 (wie Anm. 20), S. 181 ff.

sprochen worden waren. Mit der Annahme dieser Resolution konnte die Praxis der Generalkommandos natürlich nicht entscheidend verändert werden, die Armee hatte allerdings eine deutliche politische Niederlage hinnehmen müssen.
Für den zweiten Weg, den der Indoktrination, standen der Armee eine Fülle von Möglichkeiten zur Verfügung[59]. Es galt, den Soldaten mit der Tradition, den Leistungen und der Macht der Monarchie bekannt zu machen, um ihn auf diesem indirekten Wege um so fester an die bestehende Herrschaftsordnung zu binden. Die militärische Zeremonie, die Ansprache bei Gedenktagen, die sonntägliche Predigt, der vaterländische Geschichtsunterricht und die Instruktionsstunde, die Regimentsgeschichte ließen sich in diesem Sinne ausgestalten. Wiederum war es Wilhelm II., der von allem Anfang an bei unzähligen Gelegenheiten hierbei den Tenor für das Offizierkorps festlegte. Wurden die kaiserlichen Bemerkungen schon damals gerade in ihrer Wirkung auf die Rekruten aus der Handwerker- und Arbeiterschaft als reichlich problematisch empfunden, so konnte von dem Wirken der Leutnante als den eigentlichen Instruktoren kein größerer Erfolg erwartet werden. Sie waren für diese Aufgabe weder genügend vorgebildet, noch bot der dienstliche Rahmen die Voraussetzung für eine geistige Auseinandersetzung, die wiederum wesentliche Vorbedingung für eine erfolgreiche Einwirkung auf die Überzeugungen der Mannschaften war. Nach der Jahrhundertwende erschien denn auch eine Anzahl von Schriften, deren gemeinsamer Nenner die Kritik an den Formen und Methoden der staatsbürgerlichen Belehrung bildete, die bezüglich ihrer Reformvorschläge jedoch außerordentlich differierten. Während einerseits auf alte Vorstellungen zurückgegriffen wurde, forderte andererseits der Hauptmann a. D. Preuss einen völlig neuen Offiziertyp — den sozialen Offizier[60]. Durch eine erweiterte Ausbildung und spezielle Bildung sollten dem Offizier die Kenntnisse vermittelt werden, die ihn erst zur Einwirkung auf den der industriellen Umwelt entstammenden Rekruten befähigen würden. Der Kommandierende General des XVIII. AK, Eichhorn, unternahm im Jahre 1905 einen in ähnlicher Richtung gehenden Reformversuch. Innerhalb des Dienstunterrichts sollten sozialpolitische Themen behandelt und die Methode der direkten Auseinandersetzung mit sozialdemokratischem Gedankengut gewagt werden. Die Reaktion auf die Initiative des Generals bestand in einer nahezu einhelligen Ablehnung und zeigte mit aller Deutlichkeit, daß das Offizierkorps nicht in der Lage und nicht willens war, die geistigen Voraussetzungen zu akzeptieren, die für eine den Wunschvorstellungen entsprechende Einwirkung auf die Mannschaften unabdingbar waren. Mit der Kabinettsordre vom 3. Januar 1907, in der die Erörterung von »Fragen sozialpolitischer Art« im Dienstunterricht verboten wurde, mußte der Versuch einer Immunisierung der sogenannten »Mitläufer« gegen sozialdemokratische Einflüsse mit den Mitteln der Armee praktisch als gescheitert angesehen werden.
Es verdient festgehalten zu werden, daß sich damit in den Jahren 1905—1907 ein entscheidender Wandel im Verhältnis der Armee zur Sozialdemokratie vollzog. Für das Offi-

---

[59] Vgl. hierzu insbesondere R. Höhn, Die Armee als Erziehungsschule der Nation. Das Ende einer Idee, Bad Harzburg 1963, sowie Höhn, Sozialismus und Heer, Bd 3 (wie Anm. 20), S. 210 ff.
[60] Ebd., S. 281 ff.

zierkorps blieb die Sozialdemokratie der »innere Feind des Vaterlandes«[61], ohne daß die veränderte Stellungnahme der Partei zur Wehrfrage, die — nach der Niederlage Schippels 1899 in Hannover — in der Reichstagsrede Noskes vom 25. April 1907 zum Ausdruck kam, überhaupt bemerkt wurde. Es wuchs vielmehr die Erkenntnis, daß die bisher angewandten Methoden der Abschirmung — Meldesystem und wesentliche Teile der Verbote — gescheitert waren und daß der seit Wilhelm I. geltende Glaubenssatz, daß die aktive Dienstzeit das politische Bewußtsein der Mannschaften verändere, den Realitäten nicht standgehalten hatte. Die Armee befand sich, politisch gesehen, auf dem Rückzug. Es ist deshalb auch kein Zufall, daß sie sich gerade in diesen Jahren wieder stärker auf die Form der Abwehr besann, die noch Erfolg versprach, das heißt die gewaltsame Auseinandersetzung. Die relativ rasche Umsetzung der Generalstabsstudie des Jahres 1907 in konkrete Vorschriften einzelner Generalkommandos ist hierfür ein Symptom. Ebenso die Initiative des preußischen Kriegsministers für einen verschärften strafrechtlichen Schutz der Armee gegen die »antimilitaristische Agitation« der Sozialdemokratie, der aber nicht zum Ziele führte[62].

Einem hatte in seinem Schreiben an das Staatsministerium vom 28. Dezember 1905 auch auf die »verseuchten Elemente ... im Beurlaubtenstand« hingewiesen und damit auf ein Problem aufmerksam gemacht, das in der Vorgeschichte des Ersten Weltkrieges eine nicht unerhebliche Rolle gespielt hat[63]. Die Armee verfügte in den seit 1900 im Kyffhäuser-Bund zusammengeschlossenen Landeskriegerverbänden nach der in den neunziger Jahren erfolgten Reinigung und organisatorischen Straffung über ein ideologisch durchaus zuverlässiges Instrument für die Betreuung der Reservisten[64]. Die militärischen Behörden hatten sich, nachdem ihre Überwachungsmaßnahmen den gewünschten Erfolg gezeitigt hatten, mit einer wohlwollenden Förderung des Gesamtverbandes und der einzelnen Vereine begnügt. Nachdem sich jedoch der eigene Mißerfolg in der Auseinandersetzung mit der Sozialdemokratie abzeichnete, verstärkte sich die Förderung zusehends, eine Entwicklung, die schließlich auch zur Gründung des »Jungdeutschlandbundes« zur Betreuung der schulentlassenen Jugend führte. Für die Erfüllung der ihr sowohl nach außen als auch nach innen übertragenen Aufgaben konnte die Armee nicht mehr auf die Unterstützung ihr nahestehender, jedoch im politischen Raum agitatorisch wirkender Organisationen verzichten.

---

[61] C. Schaible, Standes- und Berufspflichten des deutschen Offiziers, 7. Aufl., Berlin 1915, S. 121.

[62] Fricke, Zur Rolle des Militarismus (wie Anm. 24), S. 1289ff.; Archivalische Forschungen zur Geschichte der deutschen Arbeiterbewegung, hrsg. v. L. Stern, Bd 2,1: Die Auswirkungen der ersten russischen Revolution von 1905—1907 auf Deutschland, Berlin 1955, S. 153ff.

[63] In einer Denkschrift für einen Immediatvortrag stellte das Preußische Kriegsministerium am 19. III. 1913 abschließend fest, daß »bei einer Mobilmachung *größtenteils* Verlaß« auf den Beurlaubtenstand sei. Vgl. die erneuten Bemühungen um eine Verschärfung der strafrechtlichen Bestimmungen bei J. Schellenberg, Die Herausbildung der Militärdiktatur in den ersten Jahren des Krieges, in: Politik im Krieg 1914—1918, Berlin 1964, S. 26ff. Vgl. auch E. Zechlin, Bethmann Hollweg, Kriegsrisiko und SPD 1914, in: Erster Weltkrieg. Ursachen, Entstehungen und Kriegsziele, hrsg. von W. Schieder, Köln, Berlin 1969, S. 165ff., insbes. 170ff.

[64] K. Saul, Der »Deutsche Kriegerbund«. Zur innenpolitischen Funktion eines »nationalen« Verbandes im kaiserlichen Deutschland, in: Militärgeschichtliche Mitteilungen, 6 (1969), S. 95ff.

III.

W. Sauer hat mit Recht die Institution der bewaffneten Macht, speziell die Armee, als den harten Kern des Gesamtstaates bezeichnet[65]. Überblickt man die Jahre 1890–1914, so steht am Anfang der Erlaß vom 20. März 1890 und am Ende die Zaberner Affäre des Jahres 1913, die noch einmal die überragende Stellung der Armee im Staate, die innere Ausrichtung der wilhelminischen Gesellschaft — bis weit hinein in das Kleinbürgertum — auf das den monarchischen Staat repräsentierende Offizierkorps und die Resignation der politischen Repräsentanz des Reiches — Reichsleitung und Reichstag — vor eben diesem harten Kern dokumentierte[66]. Doch so frappierend dieses Bild in der Übereinstimmung seiner wesentlichen Elemente erscheinen mag, es läßt den Wandel unberücksichtigt, dem die Armee in ihrer inneren Struktur, sowohl an ihrer Spitze als auch an ihrer Basis, in jenen Jahren unterworfen war, und dessen Folgen weit über das Ereignis Zabern hinausweisen.

In einer ersten Phase, die mit der anwachsenden Flottenpropaganda und dem ersten Flottengesetz ihren Abschluß fand, bewahrte die Armee ihre traditionelle Vorrangstellung innerhalb der staatlichen Institutionen sowie gegenüber der Öffentlichkeit und stand im übrigen im Zeichen der Aktivität des geschäftigen und selbstbewußten jungen Monarchen mit ihren weitreichenden Folgen für die Desintegration der militärischen Führungsspitze und ihren Auswirkungen auf das in seiner soziologischen Zusammensetzung sich wandelnde Offizierkorps. Die nach Aufhebung des Sozialistengesetzes mit besonderem Nachdruck erteilte innenpolitische Aufgabe verdichtete sich innerhalb der militärischen Führung zu Staatsstreichüberlegungen, die aber nach der Ablösung Waldersees als Generalstabschef in noch viel stärkerem Maße an die zwar aufbrausende, aber auch in diesem Falle ohne Konsequenz handelnde Persönlichkeit Wilhelms II. gebunden waren. Der Kampf um die Wehrvorlage 1892/93 und die jahrelangen internen Auseinandersetzungen um die Reform der MStGO hatten dem Monarchen zudem deutlich gemacht, welche Widerstände in dieser Beziehung zu überwinden waren.

Die Reichstagsdebatten um die Wehrvorlage wurden begleitet von einem in die Zukunft weisenden Element der politischen Propaganda. Caprivi hatte sich den aktiven Major Keim im Oktober 1892 zu dem einzigen Zweck attachiert, durch Wort und Schrift für die Wehrvorlage in Parlament und Öffentlichkeit zu wirken, wobei die Gelder für die Propaganda dem von einem »patriotischen Mann« gestifteten Fonds entnommen wurden. Charakteristisch ist, daß seine Tätigkeit Episode blieb[67] und die von ihr ausgehenden Impulse von der Armee nicht aufgenommen wurden. Im Preußischen Kriegsministerium und im Generalstab war man offenbar der Ansicht, auf den Appell an die Öffentlichkeit zur Förderung der eigenen Belange verzichten zu können.

---

[65] Sauer, Nationalstaat (wie Anm. 25), S. 432.

[66] H.-U. Wehler, Der Fall Zabern. Rückblick auf eine Verfassungskrise des Wilhelminischen Kaiserreiches, in: Welt als Geschichte, 23 (1963), S. 27 ff.

[67] A. Keim, Erlebtes und Erstrebtes. Lebenserinnerungen, Hannover 1925, S. 49 ff.; J. A. Nichols, Germany after Bismarck. The Caprivi Era 1890–1894, Cambridge, Mass. 1958, S. 242, 254 f.; K. Schilling, Beiträge zu einer Geschichte des radikalen Nationalismus in der Wilhelminischen Ära 1890–1909, Diss. Köln 1968, S. 415 f.

Die zweite Phase, die in den Jahren um 1910 ausläuft, läßt sich dadurch charakterisieren, daß sich die Entwicklung der Armee im Schatten der Marine vollzog. Die Probleme der Armee beschäftigten in jenen Jahren Kaiser, Reichstag und Öffentlichkeit in einem sehr viel geringeren Maße als der Aufbau der Flotte, die Tirpitz mit seinem Nachrichtenbüro und mit Hilfe des Flottenvereins zum Symbol des Reichsgedankens und des Aufstiegs der Nation zur Weltmacht erhoben hatte[68]. Die Armee stand gewissermaßen im zweiten Glied und sah sich auf ihre eigenen Probleme zurückgeworfen. Sie bestanden im wesentlichen in der Unvereinbarkeit des Prinzips der Allgemeinen Wehrpflicht mit dem Charakter der Armee als absolutistische Machtdomäne der Krone, wie sie in der Sicht des Monarchen und der militärischen Hierarchie sich darbot. Es besteht kein Zweifel darüber, daß man eher bereit war, das Prinzip der Allgemeinen Wehrpflicht einzuschränken als sich der Gefahr der Unterwanderung der Armee durch »staatszersetzende Elemente« auszusetzen[69]. Aber trotz der mangelhaften Ausschöpfung des Potentials der Wehrtauglichen war sich die militärische Führung bewußt, daß bei dem stetigen Anwachsen der Sozialdemokratie auch Anhänger dieser Bewegung in die Armee aufgenommen werden würden, und sie traf ihre Abwehrmaßnahmen. Das Scheitern dieses Systems der Abschirmung und der ideologischen Immunisierung hat zunächst an dem Selbstverständnis der militärischen Führungsschicht nichts verändert, es hat aber dazu beigetragen, daß neue Wege zur Verankerung der Armee in den im weitesten Sinne »nationalen« Kreisen der Bevölkerung beschritten wurden. Bei den Berufsunteroffizieren stellte sich das gleiche Problem nicht, vor allem weil sie sich überwiegend aus regional und soziologisch »sicheren« Kreisen rekrutierten[70]. In einem viel stärkeren Maß war diese Homogenität natürlicherweise im Offizierkorps vorhanden, doch zeigten sich auch hier Ansätze einer Differenzierung, die dem Zwang zur Technisierung — dem in der Armee allerdings nur zögernd Folge geleistet wurde — entsprangen, die aber auch aus den äußeren Folgen der »Verbürgerlichung« resultierten. Bezieht man noch die große Anzahl der verabschiedeten Offiziere in den Überblick ein, so läßt sich auch eine politische Differenzierung nicht leugnen[71].

In der dritten Phase schließlich, deren Beginn mit der zweiten Hälfte des ersten Jahrzehnts unseres Jahrhunderts nur unzulänglich umschrieben ist, und die mit dem Beginn des Ersten Weltkrieges keineswegs ihr Ende findet, rückt die Armee wieder langsam in den Vordergrund des allgemeinen Interesses. Dieser Prozeß speiste sich aus sehr verschiedenen Quellen.

---

[68] J. Meyer, Die Propaganda der deutschen Flottenbewegung 1897–1900, Diss. Bern 1967; Schilling, Beiträge (wie Anm. 67), S. 179 ff.

[69] Der Weltkrieg 1914 bis 1918, bearb. vom Reichsarchiv. [Erg. Bd:] Kriegsrüstung und Kriegswirtschaft, Bd 1, Anlagenbd, Berlin 1930, 57 ff.; H. Herzfeld, Die deutsche Rüstungspolitik vor dem Weltkriege, Bonn 1923, S. 47 ff.

[70] Die Herkunft der deutschen Unteroffiziere und Soldaten am 1. Dezember 1906. Im amtlichen Auftrag bearb. von G. Evert, aus: Archiv des deutschen Landwirtschafts-Rats, Berlin 1910, S. 617–679. Evert stellt fest, daß die Unteroffiziere vorzugsweise aus Pommern, Ostpreußen, Brandenburg und der Provinz Sachsen stammten.

[71] Demeter, Offizierkorps (wie Anm. 34), S. 167 ff.

Die außenpolitische Situation des Reiches seit dem russisch-japanischen Krieg und der ersten Marokko-Krise, deren Bedrohlichkeit mit dem Schlagwort der »Einkreisung« umschrieben wurde, unterstrich durch das Schlagwort selbst die Tatsache, daß in erster Linie die Armee die Sicherheit des Reiches gewährleistete. Mit der Flottennovelle 1908 verstand es Tirpitz zwar, noch einmal die Priorität des Flottenbaus gegenüber dem Parlament durchzusetzen, aber neuere Forschungsergebnisse lassen deutlich erkennen, daß gerade in dieser Novelle der Verfall des Tirpitz-Planes[72] zum Ausdruck kommt. Die Heeresvermehrungen der Jahre 1912 und 1913 schließlich bezeichnen die endgültige Wende in der Rüstungspolitik des Reiches.

Zu dieser außenpolitischen Komponente tritt das Bemühen der Armee, die Gefahr der Unterwanderung durch die Sozialdemokratie mit Hilfe außenstehender Organisationen zu bannen, nachdem die eigenen Maßnahmen als gescheitert betrachtet werden mußten. Die Intensivierung der Zusammenarbeit mit den Kriegervereinen für die Reservisten und die Gründung des »Jungdeutschlandbundes« für die schulentlassene Jugend war die Folge. Hierzu kam aber noch ein neues Element, dem die militärische Führung zunächst mit Distanz, ja ablehnend gegenüberstand.

In dem seit Beginn der neunziger Jahre immer stärker in den Vordergrund tretenden wirtschaftlichen und politischen Verbandswesen waren aktive und verabschiedete Offiziere von jeher vertreten gewesen. Obwohl öffentliche Kritik an militärfachlichen Fragen in der Armee nach wie vor als Verstoß gegen die Standespflichten ehrengerichtlich geahndet werden konnte[73], hatte der Flottenverein unter Beweis gestellt, daß durch eine breitangelegte Agitation, die eine derartige Kritik nicht ausschloß, unerwartet große Erfolge zu erzielen waren. Dieses Beispiel sollte nicht ohne Rückwirkungen auf die Armee bleiben. Sie gingen aus von der nach der Jahrhundertwende zunehmenden politischen Tätigkeit der verabschiedeten Offiziere. Hatte A. v. Boguslawski noch als einzelner Autor mit seinen Schriften zum Kampf gegen den inneren Feind aufgerufen[74], so konnte sich ein Jahrzehnt später der Generalleutnant z. D. Liebert als Vorsitzender des »Reichsverbandes gegen die Sozialdemokratie« auf eine breitgefächerte Organisation stützen und dementsprechend auch im Sinne der Armee sehr viel wirkungsvoller tätig sein[75]. Keim, der mehr oder weniger auf sich gestellt publizistisch werbend die Annahme der Wehrvorlage 1892/93 förderte, verlieh dem Flottenverein seine nationalistisch-aggressive Schärfe und war schließlich der Initiator für die Gründung des Wehrvereins[76] im Januar 1912. Es ist bekannt, daß gerade der Wehrverein sich nicht des Wohlwollens oder gar der Unterstützung des Preußischen Kriegsministeriums erfreuen konnte — im Unterschied zu der in den ersten Jahren vertrauensvollen Zusammenarbeit zwischen Reichsmarineamt und Flottenverein — und daß die politische Tätigkeit verabschiedeter Offiziere meist auf Kritik stieß.

---

[72] V. R. Berghahn, Zu den Zielen des deutschen Flottenbaus unter Wilhelm II, in: Historische Zeitschrift, 210 (1970), S. 86 ff.
[73] Demeter, Offizierkorps (wie Anm. 34), S. 163 ff.
[74] Vgl. z. B. seine bekannteste Schrift: Vollkampf — nicht Scheinkampf, Berlin 1895.
[75] Vgl. seine Schrift: Herr und Sozialdemokratie, 2. Aufl., Berlin 1910, sowie die Lebenserinnerungen: Aus einem bewegten Leben, München 1925.
[76] Keim, Erlebtes (wie Anm. 67), S. 165 ff.

Die Aktivität dieser Offiziere trug jedoch dazu bei, daß in einem sehr viel stärkeren Maße, als das in den Jahrzehnten vor der Jahrhundertwende der Fall gewesen war, die sog. »nationalen Kreise«, darunter sind auch große Teile des Kleinbürgertums zu verstehen, für die Interessen der Armee — die nicht in jedem Falle mit einer bloßen Heeresvermehrung identisch zu sein brauchten (Zabern!) — mobilisiert werden konnten und wurden. Die Gestalt des Reserveoffiziers erhält auf diesem Hintergrund auch ihr politisches Profil.

Eine dritte Quelle fließt schließlich aus dem leistungsbezogenen Denken des Generalstabes, der einen möglichst rationellen Aus- und Aufbau der Armee mit dem Ziel einer ständigen Anpassung an die technischen und militärpolitischen Gegebenheiten der Zeit forderte und sich damit zum ersten Mal in nennenswertem Umfang bei der Heeresvermehrung 1912 gegen den Widerstand des Preußischen Kriegsministeriums durchsetzte. Dem Generalstab erwuchs dabei in Bethmann Hollweg bemerkenswerterweise insofern ein Verbündeter, als der Kanzler der Vorlage der Armee eindeutig den Vorzug gab und sie gegen die Flottennovelle ausspielte.

Mit den Heeresvorlagen der Jahre 1912 und 1913 ist der Name des damaligen Chefs der Aufmarsch- und Operationsabteilung des Generalstabes, Ludendorff, untrennbar verbunden. Es erhebt sich damit abschließend die Frage, ob — wie Sauer andeutet — das »labile Gleichgewicht der Verfassungselemente«, das seit Bismarcks Sturz bedroht war, nur die Wahl zwischen der »Einführung des parlamentarischen Systems« oder einer »plebiszitären Diktatur« zugelassen und die Waage sich schließlich unter der Führung der 3. OHL und damit Ludendorffs zugunsten eben dieser plebiszitären Diktatur geneigt habe[77]. Wenn dies der Fall gewesen sein sollte, so müßten sich innerhalb der Armee der Friedenszeit die plebiszitären Elemente in stärkerem Maße nachweisen lassen. Es hat sich aber gezeigt, daß die Armee gerade in dieser Hinsicht in einen Phasenverzug gegenüber der allgemeinen politischen Entwicklung und den offenkundigen Tendenzen in der Marine geraten war. Bedingt durch die besonderen Verhältnisse des Krieges hat sie den Rückstand binnen kurzem aufgeholt und auch durch die faktische Ausschaltung des Monarchen den Boden für eine Diktatur bereitet[78]. Aber schon im Herbst 1916 hat sich Ludendorff einer Mehrheit des Reichstages gegenübergesehen, ohne die er seine Forderungen auf innenpolitischem Gebiet nicht durchzusetzen vermochte. Daran hat sich im Grunde bis zum Oktober 1918 nichts geändert. In der Situation des Krieges war die Breite der innenpolitischen Basis für eine plebiszitäre Diktatur an den Erfolg gebunden, und wenn die Armee eine »Lehre« aus der Zeit der Konfrontation mit der Sozialdemokratie und aus dem Ersten Weltkrieg gezogen hat, so war es die, daß die Verankerung der bewaffneten Macht in allen Bevölkerungsschichten, insbesondere der Arbeiterschaft, ein unbedingtes Erfordernis war; ein Erfordernis, dem der Nationalsozialismus Rechnung trug.

---

[77] Sauer, Nationalstaat (wie Anm. 25), S. 436.
[78] Vgl. hierzu die Kapitel VII—X der Edition Militär und Innenpolitik im Weltkrieg 1914—1918 (wie Anm. 2); für das folgende ebd., S. LXII ff.

Zur Geschichte des preußischen Offizierkorps 1888—1918

Auch wenn man die Auffassung von H.-J. Schoeps[1] nicht teilt, daß mit der Reichsgründung nur noch von einer »Nachgeschichte Preußens« gesprochen werden kann, wird die Formulierung des Themas doch in mehrfacher Hinsicht Bedenken hervorrufen. Die Frage von Schoeps, inwieweit die Eigenart Preußens durch die »Verreichlichung« denaturiert wurde, sollte für die Geschichte des preußischen Offizierkorps nicht von vornherein als unzulässig verworfen werden. Immerhin gab Demeter, der dem preußischen Offizierkorps die breiteste Aufmerksamkeit widmet, seinem Standardwerk von 1930 den Titel »Das Deutsche Offizierkorps in seinen historisch-soziologischen Grundlagen«. Doch geht auch er noch für die Zeit Wilhelms II. von der Vorstellung eines preußisch geprägten deutschen Offizierkorps aus.

Weiterhin wird man sich fragen müssen, ob in der Entwicklung des preußischen Offizierkorps während der 25 Jahre vor dem Kriegsausbruch so tiefgreifende Strukturveränderungen Platz gegriffen haben, daß eine gesonderte Behandlung notwendig erscheint. Nach den Erschütterungen der Reform, der Restauration und schließlich der Revolution waren seit 1850 sowie in den Jahren des Heereskonflikts die Grundlagen fixiert und schließlich unter Wilhelm I. das Instrumentarium zur Regelung der Verhaltensweisen des Korps in hoher Vollendung ausgebaut und verfeinert worden. Die entscheidenden Grundlagen waren, wie Messerschmidt überzeugend nachgewiesen hat, gelegt worden und hatten sich — vom Standpunkt des Korps aus gesehen — in den Einigungskriegen bewährt und waren in den folgenden Jahren weiter gefestigt worden. Dieses Fundament ist in den 25 Friedensjahren vor dem Ersten Weltkrieg nicht erschüttert worden.

Eine inhaltliche Begründung für eine gesonderte Behandlung liegt in dem auch von den Zeitgenossen registrierten Stilwandel, der sich unter Wilhelm II. in Staat, Gesellschaft und daher auch im Offizierkorps vollzog. Dieser Wandel kann verkürzt damit charakterisiert werden, daß der vor Jahrzehnten in Gang gekommene wirtschaftliche Prozeß der Industrialisierung nunmehr auf allen Gebieten der Politik, insbesondere der Außen- und Innenpolitik, zum Motor der Entwicklung wurde. Hierin liegt der tiefere Grund für die immer und immer wieder belegte Tatsache, daß die Zeitgenossen ihre Gegenwart in einem mehr oder weniger scharf empfundenen Gegensatz zu den Gründungsjahren des Reiches sahen. Das wilhelminische Zeitalter mit seiner glänzenden Fassade, seinem enormen wirtschaftlichen Aufstieg, den bewundernswerten wissenschaftlichen und kulturellen Leistungen, aber auch den schweren sozialen Problemen und den damit untrennbar verbundenen innen- und außenpolitischen Fehlleistungen mußte auch dem Offizierkorps seinen unverwechselbaren Stempel aufdrücken.

In den vier Jahren des Weltkrieges, die in die Betrachtung einbezogen werden sollen, vollzieht sich im Offizierkorps der Übergang von einer adelig-agrarischen zu einer bür-

---
[1] Vgl. H.-J. Schoeps, Preußen: Geschichte eines Staates, Berlin 1966, S. 273 ff.

gerlich-industriellen Mentalität. Für den Offizier waren diese Jahre gleichbedeutend mit der Erfüllung seiner Berufspflichten, sie brachten die nicht so schnell wiederkehrende Chance höchster Bewährung, sie erwiesen sich aber auch als eine Zeitspanne tiefster Demütigung. Das Bild des Offiziers war bereits vor dem Kriege in der Öffentlichkeit umstritten und von politischen Gruppen der »Linken« stark kritisiert worden. Nunmehr, in der Schlußphase des Krieges, zerrissen die bisher so klar gezogenen Konturen nahezu vollständig, nicht nur die Armee, sondern auch das Korps stand in der Gefahr sich aufzulösen. Trotzdem erfuhren diese Umstände in den Jahren nach 1918 sowohl in zeitgenössischen Betrachtungen als auch in wissenschaftlichen Beiträgen extrem gegensätzliche Interpretationen. Es wird daher außerordentlich schwierig sein, für den Gesamtzeitraum ein auch nur einigermaßen zutreffendes Bild zu zeichnen.

Angesichts der zahlenmäßigen Größe des preußischen Offizierkorps und dem Verlust fast aller archivalischen Quellen ist es nicht mehr möglich, die dem Thema angemessene soziographische Methode anzuwenden. Es wird daher darauf ankommen, durch eine genaue Beobachtung der Verhaltensweise des Korps und seiner Mitglieder die Wandlungen zu erkennen und zu beschreiben, die eine Änderung des Selbstverständnisses des Korps und seiner Einordnung in den Funktionszusammenhang von Staat und Gesellschaft signalisieren.

Der erwähnte Stilwandel fand seinen sichtbarsten Ausdruck in der Person des Monarchen[2] selbst. Wilhelm II. ließ zwar kaum eine Gelegenheit aus, sich gerade in seinem Verhältnis zu Armee und Offizierkorps in eine Linie mit dem verpflichtenden Vorbild seines Großvaters zu stellen, aber der Wandel der Geisteshaltung war unverkennbar und tiefgreifend. »Welch eine Wendung durch Gottes Fügung« hatte Wilhelm I. im Augenblick des höchsten Triumphes formuliert, sein Enkel dagegen präsentierte sich seinen Brandenburgern als der Garant einer großen Zukunft: »Herrlichen Tagen führe ich Euch entgegen«. Die Verehrung für Wilhelm I. verlor das Maß, führte zu Peinlichkeiten, als der Enkel ihm aus eigenem Entschluß den Beinamen »der Große« verlieh.

Doch zunächst verstand es sich nahezu von selbst, daß die Thronbesteigung Wilhelms II. das Offizierkorps mit großen Erwartungen erfüllte. Der junge Monarch versprach neues Leben in die doch zum Teil verkrusteten militärischen Verhältnisse zu bringen. Die Berufung des Grafen Waldersee zum Chef des Generalstabes und die Ablösung des langjährigen Chefs des Militärkabinetts, v. Albedyll, schienen diesen Erwartungen ebenso Rechnung zu tragen wie der im Geiste persönlicher Verbundenheit abgefaßte Tagesbefehl[3] vom 15. Juni 1888 oder die Kabinettsordre[4] vom 5. Juli 1888, in der Wilhelm II. Mißstände im Offizierkorps beim Namen nannte und die Regimentskommandeure und die älteren Offiziere an ihre erzieherischen Funktionen und an ihre Verantwortung erin-

---

[2] Anstelle einer Vielzahl von Hinweisen sei auf die zusammenfassende Darstellung von H.-U. Wehler, Das Deutsche Kaiserreich 1871–1918, 6., bibliogr. erweiterte Aufl., Göttingen 1988 (= Deutsche Geschichte, Bd 9) und die dort (S. 257–286) gebotene Auswahlbibliographie verwiesen. Zu Wehlers Ansatz vgl. die ausführliche Rezension von H.-G. Zmarzlik, Das Kaiserreich in neuer Sicht?, in: Historische Zeitschrift, 222 (1976), S. 105 ff.
[3] Der Tagesbefehl ist abgedruckt in Schulthess' Europäischer Geschichtskalender, N.F., 4 (1888), S. 94 f.
[4] Vgl. Offiziere im Bild von Dokumenten aus drei Jahrhunderten, Stuttgart 1964 (= Beiträge zur Militär- und Kriegsgeschichte, Bd 6), S. 195 ff..

nerte. Doch das Verhältnis Wilhelms II. zu seinem preußischen Offizierkorps ist durch diese positiven Aspekte des Neubeginns nicht auf die Dauer geprägt worden. Der Monarch hielt sich selbst immer weniger an die seinen Offizieren abverlangte »vornehme Zurückhaltung in Schrift und Wort«[5], die dauernden Uniformänderungen standen ebenfalls im Gegensatz zu den anfangs von ihm verkündeten Maximen und schließlich waren der forsche, manchmal taktlose Umgang mit hohen und höchsten Offizieren sowie die häufig oberflächliche Art seiner Neujahrsansprachen an die Kommandierenden Generale nicht dazu angetan, das Band zwischen König und Offizierkorps zu festigen[6]. Es ist ohne weiteres einsichtig, daß bei dem besonderen Treueverhältnis, das jeden einzelnen Offizier an die Person des Herrschers band, die Gestaltung der Beziehungen zwischen dem Monarchen und seinen Offizieren von nicht zu unterschätzender Bedeutung für die Entwicklung des Korps insgesamt sein mußten. So hatten die erwähnten Umstände, denen noch eine große Zahl weiterer Beispiele — die Bevorzugung des Seeoffizierkorps, die Verminderung der militärischen Effizienz durch die Schaffung immer neuer Immediatstellen, Eingriffe in den militärischen Ausbildungsgang, die besondere Form der »Kaiser-Manöver« etc. — an die Seite gestellt werden könnten, eine wachsende Distanz der höheren militärischen Führer zum Monarchen zur Folge, die sich im Weltkrieg bis zur tatsächlichen Ausschaltung des Kaisers vom Entscheidungsprozeß der operativen und — mit Ausnahmen — strategischen Kriegführung steigerte. Die Auflösungserscheinungen im Offizierkorps im Herbst 1918 sind auch vor dem Hintergrund dieser Entwicklung zu sehen, die den Obersten Kriegsherrn für viele, insbesondere junge Offiziere zu einem belanglosen Phänomen hatte werden lassen. Wie weit die innere Abwendung von der Person des Monarchen auch bei den Inhabern höchster Führungspositionen gediehen war, zeigt das Beispiel des ehemaligen Kriegsministers v. Einem[7], dem Oberbefehlshaber der 3. Armee, der 1915 das Versagen des Kaisers darauf zurückführte, daß »wir seit einem 1/4 Jahrhundert ein arbeitendes Staatsoberhaupt nicht gehabt haben«, der »Allerhöchste« sei »erfüllt von Gleichgültigkeit und Schimmerlosigkeit«. 1917 übernahm er das Urteil Ludendorffs: »SM gänzlich ahnungslos und ohne Character« und attestierte ihm »ehrliche Sucht nach Vergnügungen und Abwechslungen«.
Es wäre nun allerdings ein grobes Mißverständnis, würde man derartige Äußerungen, die aus Nachlässen und Memoiren in vielfältiger Weise noch ergänzt werden könnten, als Zeugnisse eines generellen Auflösungsprozesses betrachten. Bei aller Kritik an der Person des Monarchen, die selbstverständliche Loyalität gegenüber dem Obersten Kriegsherrn blieb davon unberührt, sie geriet allenfalls in der Ausnahmesituation des militärischen Zusammenbruchs und der Revolution ins Wanken und beschränkte sich im wesentlichen auf die Generation der jungen Kriegsoffiziere.

---

[5] Ebd., S. 197.
[6] Vgl. in diesem Zusammenhang z. B. die Denkwürdigkeiten des Generalfeldmarschalls Alfred Grafen v. Waldersee, hrsg. von H. O. Meisner, Bd 2, Stuttgart, Berlin 1922, S. 126f., 136f., 150f., 153, 175, 181f., 301f., 353f.; M. Kitchen, The German Officer Corps 1890—1914, Oxford 1968, S. 17ff.
[7] Militär und Innenpolitik im Weltkrieg 1914—1918, bearb. von W. Deist, Bd I/2, Düsseldorf 1970 (= Quellen zur Geschichte des Parlamentarismus und der politischen Parteien, 2. Reihe: Militär und Politik), S. 1136.

Es läßt sich vielmehr beobachten, daß die Reaktion auf den Herrschaftsstil Wilhelm II. in einer zunehmenden Verselbständigung des Korps bestand. Ausgangspunkt dieser Tendenzen war die jeder Kontrolle der politischen Instanzen entzogene, unabhängige Stellung des Korps in seiner alleinigen Bindung an den Monarchen und an die von diesem verkörperte, von der Person jedoch unabhängige monarchische Staatsidee, die der notwendigerweise hierarchischen Struktur des Korps entsprach. Die kunstvolle, nach außen manieriert wirkende Reglementierung der Verhaltensformen und die wesentlich vom Militärkabinett — trotz aller Eingriffe Wilhelm II. — gesteuerte Personalpolitik verbürgten die Geschlossenheit nach außen. Die unter Wilhelm I. geschaffenen Ordnungsprinzipien waren in ihren Einzelbestimmungen derart umfassend, daß hierfür die ordnende Hand des Monarchen nahezu entbehrt werden konnte. Auch in wirtschaftlichen und sozialen Fragen entwickelte das Korps um die Jahrhundertwende aus sich heraus eigenständige Initiativen und verschaffte sich in einer beachtlichen Standes- und Fachpresse Gehör[8]. Gerade in bezug auf das Verhältnis des Korps zu der schillernden Persönlichkeit Wilhelms II. wird man einen Ausspruch Georg Heinrich v. Berenhorsts als zutreffend bezeichnen können, der 1805 in seinen »Aphorismen« geschrieben hatte[9]: »Die Gemeinen sind die Basis, Obristen und Hauptleute die Säulen einer vollendeten militärischen Rotunde; sie tragen die mächtige Kuppel; sie tragen — wenn's seyn muß — einen hohlen Herkules oben auf derselben, lange den Stürmen und den Ungewittern entgegen.« Die Unwetter, von denen das preußische Offizierkorps in den zur Debatte stehenden Jahren tangiert wurde, waren von wechselnder Stärke und zogen aus unterschiedlichen Richtungen herauf.

Die öffentliche Kritik an den Verhaltensformen der Offiziere und an den Strukturelementen des Korps ist auch in Preußen eigentlich nie völlig verstummt. Nach den erregten Debatten und Auseinandersetzungen der frühen 60er Jahre glätteten sich zunächst die Wogen unter dem Eindruck der militärischen Siege und der Reichsgründung, so daß sich die publizistische Kritik bis zum Tode Wilhelm I. in Grenzen hielt. Es ist durchaus nicht überraschend, daß mit dem Thronwechsel des Jahres 1888 und den damit mancherorts verbundenen Erwartungen auf Reformen auch die öffentliche Diskussion zu Fragen des Militärwesens, insbesondere auch des Offizierkorps, wieder verstärkt in Gang kam. Vermehrt erschienen Anfang der neunziger Jahre kritische Broschüren, die teilweise in kurzer Zeit erstaunliche Auflagenhöhen erreichten. Die Diskussion griff auf die Fachpresse, die Tagespresse und schließlich den Reichstag über, dessen jährliche Debatten zum Militäretat, insbesondere nach der Jahrhundertwende, auch zu einem Spiegelbild der in der Gesellschaft vorherrschenden, sehr konträren Ansichten zu Fragen des Offizierkorps wurden.

Zwei Stimmen aus dem Chor der Kritiker seien herausgegriffen, weil sie über die Tagespolemik hinaus einerseits unter beruflichen, andererseits unter politischen Aspekten und Fehlentwicklungen im Offizierkorps aufmerksam machten. Im Jahre 1895 erschien

---

[8] Vgl. F. Priebatsch, Geschichte des preußischen Offizierkorps, Breslau 1919, S. 58 ff.
[9] Zitiert nach G. Papke, Offizierkorps und Ancienität, in: Untersuchungen zur Geschichte des Offizierkorps. Ancienität und Beförderung nach Leistung, Stuttgart 1962 (= Beiträge zur Militär- und Kriegsgeschichte, Bd 4), S. 190.

in Stuttgart »eine offene Kritik der Verhältnisse unseres Offizierkorps« von dem königlich bayerischen Premierleutnant a. D. Krafft, der man Sachkenntnis und eine den Idealen des Berufsstandes verpflichtete Motivation nicht absprechen kann[10]. Die Broschüre erlebte in wenigen Monaten mehrere Auflagen und kann, obwohl sie auf bayerische Verhältnisse exemplifiziert, durchaus zur Charakterisierung der Verhältnisse im preußischen Offizierkorps dienen. Krafft erklärte gleich zu Anfang ganz unmißverständlich, daß er nicht einzelnen Personen, »sondern dem ganzen System« den Kampf ansage. Ihm gehe es darum »den Unterschied zwischen äußerem Schein und innerem Werte, die Gewalt, mit der jeder Notschrei unterdrückt« werde, »die Mißstände und die Entfremdung zwischen Offizieren und Volk« anzuprangern und Wege zu deren Überwindung vorzuschlagen. Die Mißstände sah Krafft vor allem in den unerträglichen finanziellen Verhältnissen der Subalternoffiziere, der nahezu vollkommenen Abhängigkeit von den Vorgesetzten und in der Verkümmerung der geistigen sowie allgemein kulturellen Interessen bei der Masse der Offiziere. Krafft Schrift ist eine Illustration der in der wissenschaftlichen Literatur bereits aufgearbeiteten, in ihren vielfältigen Aspekten dargestellten Kontroverse um die Bildungsvoraussetzungen für den Offizierberuf und der im ganzen erfolglosen Bemühungen, den bürgerlichen Bildungsbegriff der fachlichen Weiterbildung der Offiziere zugrundezulegen[11]. Auch die Schilderung der finanziellen Verhältnisse, des Zulagewesens, der Realitäten des Kasinobetriebes und schließlich der ausgefeilten und umfassenden formalen Reglementierung des Offizierdaseins entspricht weitgehend dem heutigen Erkenntnisstand[12]. Die Kritik Kraffts war polemisch im Ton, jedoch zutreffend in der Sache und vorzüglich geeignet, die gefährlichen Folgen der geschilderten Umstände für die Mentalität und die militärische Funktionsfähigkeit des Offizierkorps zu studieren. Sie war getragen von dem Wunsche, dem Berufsstande zu dienen, an die Stelle einer pervertierten Disziplin »jene[n] freiwillige[n], freudige[n] Gehorsam, der allein eines Mannes würdig ist« zu setzen und den Offizier als den nicht nur im formalen Sinne verantwortungsbewußten, vorbildhaften militärischen Führer anerkannt zu sehen.

Kraffts Broschüre blieb ebenso wirkungslos wie die zwei Jahre zuvor erschienene Schrift von Ludwig Quidde »Der Militarismus im heutigen deutschen Reiche«[13], die — weniger auf Details gerichtet — die politischen und gesellschaftlichen Konsequenzen der Ausbreitung militärischer Auffassungen und Denkformen in ihrer spezifisch preußischen Spielart auf alle Gebiete staatlichen Handelns und in der Öffentlichkeit ins Visier nahm. Quidde wandte sich zunächst gegen die »Grausamkeit« der militärischen Disziplinarord-

---

[10] R. Krafft, Glänzendes Elend. Eine offene Kritik der Verhältnisse unseres Offizierkorps, 5. Aufl. (8. u. 9. Tausend), Stuttgart 1895.

[11] Vgl. K. Demeter, Das Deutsche Offizierkorps in Gesellschaft und Staat 1650—1945, 4. Aufl., Frankfurt 1965, S. 94 ff.; M. Messerschmidt, Werden und Prägung des preußischen Offizierkorps. Ein Überblick, in: Offiziere im Bild von Dokumenten (wie Anm. 4), S. 81 ff.; ders., Militär und Schule in der wilhelminischen Zeit, in: Militärgeschichtliche Mitteilungen, 23 (1978), S. 51 ff.

[12] Vgl. hierzu Demeter, Offizierkorps (wie Anm. 11), S. 339 f.; F.C. Endres, Soziologische Struktur und ihr entsprechende Ideologien des deutschen Offizierkorps vor dem Weltkrieg, in: Archiv für Sozialwissenschaft und Sozialpolitik, 58 (1927), S. 282 ff.; Kitchen, German Officer Corps (wie Anm. 6), S. 49 ff.

[13] Wiederabgedruckt in Ludwig Quidde, Caligula. Schriften über Militarismus und Pazifismus. Mit einer Einleitung hrsg. von H.-U. Wehler, Frankfurt 1977, S. 81—130.

nung und des Strafrechts, er geißelte dann aber vor allem die Institution des Reserveoffiziers[14], das Kriegervereinswesen[15] und schließlich die Durchdringung der öffentlichen Verwaltung mit den sogenannten Militäranwärtern[16]. Er beschwor die »Korruption« der »guten Gesellschaft«, den »fortschreitende[n] Verfall [des] Bürgerstandes« noch als Gefahr, während F. C. Endres knapp 35 Jahre später das Ergebnis der von Quidde befürchteten Entwicklung zur Grundlage seiner berühmten Definition des Militarismus machen konnte, der nichts anderes sei als »die Geistesverfassung des Nichtmilitärs«[17].
Die Schärfe und Solidität der Kritik, für die Quiddes und Krafft Schriften ja nur besonders markante Beispiele sind, kontrastiert mit ihrer tatsächlichen Wirkungslosigkeit. Sie teilte damit im übrigen auch das Schicksal der Kritik von konservativer Seite[18]. Dies ist ein Zeichen dafür, daß die Entwicklung des preußischen Offizierkorps unter Wilhelm II. sich in Übereinstimmung mit den bestimmenden geistigen und politischen Tendenzen der Zeit und der sie tragenden gesellschaftlichen Schichten und wirtschaftlichen Interessen vollzog. Dramatischen Ausdruck fand diese Übereinstimmung in der Zaberner Affäre und ihren Begleiterscheinungen im Herbst und Winter 1913, mit der die öffentliche Debatte um das Offizierkorps ihren Höhepunkt vor Ausbruch des Krieges erreichte[19]. Diese »Verfassungskrise« des Kaiserreiches bestätigte in ihrem Ergebnis noch einmal die überragende Stellung der preußischen Armee im Staate und die innere Ausrichtung der wilhelminischen Gesellschaft — bis weit hinein in das Kleinbürgertum — auf das den monarchischen Staat repräsentierende Offizierkorps, wozu nicht zuletzt der enorme und für diese Gesellschaft bestürzende Erfolg der Sozialdemokratischen Partei bei den Reichstagswahlen von 1912 beigetragen hatte. Die Säulen der militärischen Rotunde — um im Bilde Berenhorsts zu bleiben — hatten sich als standfest erwiesen. Zabern hatte keine gefährlichen Bruchlinien bloßlegen können, die öffentliche Kritik schien im wesentlichen wirkungslos geblieben zu sein.
Angesichts dieser Umstände erscheint es geboten, vor allem den Elementen in der Entwicklung des Korps Beachtung zu schenken, die einerseits trotz genereller Übereinstimmung von den Tendenzen der Zeit abwichen und die andererseits den anfangs konstatierten Stilwandel unter Wilhelm II. in charakteristischer Weise zum Ausdruck brachten.
In Preußen gab es im Jahre 1888 15 038 Offiziere aller Dienstgrade[20], im Jahre 1914 hatte sich diese Zahl auf immerhin 22 112 gesteigert[21]. Diese doch sehr erhebliche Vergrö-

---

[14] E. Kehr, Zur Genesis des königlich preußischen Reserveoffiziers, in: Der Primat der Innenpolitik, hrsg. und eingeleitet von H.-U. Wehler, Berlin 1965, S. 53 ff.
[15] K. Saul, Der »Deutsche Kriegerbund«. Zur innenpolitischen Funktion eines »nationalen« Verbandes im kaiserlichen Deutschland, in: Militärgeschichtliche Mitteilungen, 6 (1969), S. 95 ff.; Kitchen, German Officer Corps (wie Anm. 6), S. 129 ff.
[16] Vgl. hierzu W. Deist, Die Armee in Staat und Gesellschaft 1890—1914, in: Das kaiserliche Deutschland, hrsg. von M. Stürmer, Düsseldorf 1970, S. 324 ff.; Kitchen, German Officer Corps (wie Anm. 6), S. 123 ff.
[17] Endres, Soziologische Struktur (wie Anm. 12), S. 292.
[18] Kitchen, German Officer Corps (wie Anm. 6), S. 26 f. Vgl. auch A. v. Boguslawski, Die Ehre und das Duell, Berlin 1896.
[19] Zu Zabern vgl. Militär und Innenpolitik (wie Anm. 7), S. XXV ff.
[20] Kriegsrüstung und Kriegswirtschaft, Anlagen zum ersten Band, Berlin 1930, S. 460.
[21] Gutachten des Sachverständigen Volkmann: Soziale Heeresmißstände als Mitursache des deutschen

ßerung des Offizierkorps hatte allerdings für das Avancement des einzelnen Offiziers kaum Verbesserungen gebracht. Es ist im Gegenteil errechnet worden, daß die Beförderung zum Hauptmann im Jahre 1913 durchschnittlich nach 15 Leutnantsjahren erfolgte, dagegen erreichte der Offizier 1895 diesen Dienstgrad bereits ein Jahr eher[22]. Das Avancement hatte sich demnach erkennbar verschlechtert. Bei den technischen Waffen allerdings, insbesondere bei der Artillerie, zeigte sich eine gegenläufige Tendenz, die jedoch noch nicht sehr ausgeprägt war. Auf die Gründe hierfür wird noch näher einzugehen sein.

Die Zahl von 22112 aktiven Offizieren des preußischen Kontingents zu Beginn des Weltkrieges entsprach nicht den im Etat ausgeworfenen 24371 Offizierplanstellen[23]. Die Tatsache von über 2000 Leerstellen verweist auf die in der Literatur ausführlich behandelte Kontroverse zwischen dem Preußischen Kriegsministerium und dem Generalstab über die Heeresvermehrung der Jahre 1912 und 1913 sowie über das damit verbundene Problem eines »geeigneten« Offizierersatzes[24]. Damit ist ein Thema angeschnitten, das die Offiziere selbst, die Zeitgenossen und die Historiker immer aufs Neue beschäftigt hat und für das Korps selbst bei seiner bewußt wahrgenommenen einzigartigen Position in Staat und Gesellschaft von eminenter Bedeutung sein mußte. Die Untersuchungen zu diesem Komplex haben ergeben, daß der Anteil der Offiziere adliger Herkunft sich zumindest seit der Mitte des 19. Jahrhunderts nahezu kontinuierlich verringerte, derjenige der Offiziere bürgerlicher Abstammung dagegen vergrößerte. Die für einzelne Jahre und Phasen der Entwicklung mit großer Akribie errechneten Prozentanteile interessieren hier weniger als die Interpretation des Prozesses selbst. Ins Gedächtnis zurückgerufen sei nur die von Demeter mitgeteilte Angabe, daß zwischen 1860 und 1913 der Anteil des Adels im preußischen Offizierkorps von 65 auf 30% zurückging[25]. Doch was besagen diese Zahlen? Ist es gerechtfertigt, aus ihnen eine »Verbürgerlichung« des preußischen Offizierkorps herauszulesen? Wie ist es dann möglich, daß in neueren Untersuchungen die These von der »feudalen Struktur« des Korps vertreten werden kann[26]? Angesichts dieser konträren Positionen wird es von Vorteil sein, sich der beiden Prinzipien zu erinnern, denen das Korps, solange es existierte, um seiner selbst willen verpflichtet blieb. Auch unter

---

Zusammenbruchs von 1918, Berlin 1929 (= Die Ursachen des deutschen Zusammenbruchs im Jahre 1918, Bd 11,2), S. 34.

[22] E. Graf v. Matuschka, Die Beförderung in der Praxis, in: Untersuchungen zur Geschichte des Offizierkorps (wie Anm. 9), S. 163 f.

[23] v. Löbells Jahresberichte über das Heer- und Kriegswesen, 40 (1913), S. 9.

[24] Vgl. Kitchen, German Officer Corps (wie Anm. 6), S. 6 f. und 32 f.; sowie noch immer H. Herzfeld, Die deutsche Rüstungspolitik vor dem Weltkrieg, Bonn 1923, S. 47 ff. Zur Frage jüdischer Offiziere vgl. die eingehenden Untersuchungen von W.T. Angress, Prussia's Army and the Jewish Reserve Officer Controversy before World War I, in: Leo Baeck Institute, Year Book, 17 (1972), S. 19 ff.; sowie ders., Das deutsche Militär und die Juden im Weltkrieg, in: Militärgeschichtliche Mitteilungen, 19 (1976), S. 77 ff.

[25] Demeter, Offizierkorps (wie Anm. 11), S. 15 ff., S. 29; hierzu auch M. Messerschmidt, Militärgeschichte im 19. Jahrhundert 1814–1890. Strukturen und Organisation, in: Handbuch zur deutschen Militärgeschichte 1648–1939, IV/2, München 1976, S. 60 ff.

[26] Vgl. z. B. H.H. Herwig, Das Elitekorps des Kaisers. Die Marineoffiziere im Wilhelminischen Deutschland, Hamburg 1977.

Wilhelm II. wurden alle Regelungen zur Rekrutierung des Offizierersatzes von dem Gedanken bestimmt, die gesellschaftliche Homogenität des Korps und seine Exklusivität als Stand zu erhalten. Eine Überprüfung der gegensätzlichen Thesen aus dieser Perspektive könnte zu einer Präzisierung der bisherigen Forschungsergebnisse führen.
Wilhelm II. hat in seiner Kabinettsordre vom 29. März 1890 die erwünschte soziale Zusammensetzung des Offizierersatzes ziemlich prägnant umschrieben[27]: »Neben den Sprossen der adligen Geschlechter des Landes, neben den Söhnen meiner braven Offiziere und Beamten, die nach alter Tradition die Grundpfeiler des Offizierkorps bilden, erblicke ich die Träger der Zukunft meiner Armee auch in den Söhnen solcher ehrenwerten bürgerlichen Häuser, in denen die Liebe zu König und Vaterland, ein warmes Herz für den Soldatenstand und christliche Gesittung gepflegt und anerzogen werden.« Die Schleusen sollten für das bürgerliche Element also keineswegs weit geöffnet werden, die einschränkenden Formulierungen waren außerordentlich dehnbar und gaben den Regimentskommandeuren die Möglichkeit, »strenge« Maßstäbe anzulegen. Die Kabinettsordre hatte generell zur Folge, daß vermehrt das zu wirtschaftlichem Wohlstand gelangte und insbesondere das akademisch gebildete Bürgertum Zugang zum Offizierkorps erhielt. Das Charakteristikum dieser Form der »Verbürgerlichung« ist vor allem darin zu sehen, daß von den bürgerlichen Elementen kein reformierender Einfluß auf die Gesamtheit des Korps ausgegangen ist, eher war das Gegenteil der Fall. Die frühe und ätzende Kritik Quiddes an der Institution des Reserveoffiziers und deren gesellschaftlicher und politischer Funktion für das aufstrebende Bürgertum ist hierfür ein beweiskräftiges Indiz[28]. Das konservative und national-liberale Bürgertum, dessen soziale und wirtschaftliche Stellung untrennbar mit dem herrschenden System verbunden war, sah in der Aufnahme seiner Söhne in das Korps die letzte Stufe des eigenen gesellschaftlichen Aufstiegs.
Die Assimilationskraft des aristokratischen Korps wurde wirksam unterstützt durch die Nobilitierungspolitik der Krone[29] und die überlegene Personalpolitik des Militärkabinetts, die dafür sorgte, daß die höheren Positionen innerhalb des militärischen Apparates nur zögernd dem bürgerlichen Element geöffnet wurden. So war zwar im Jahr 1913 der Anteil des Adels im preußischen Offizierkorps auf 30% gefallen, doch besetzte der Adel zum gleichen Zeitpunkt noch immer 56% der Stellen vom Obersten an aufwärts[30].
Für das Jahr 1909 hat Oberst Gädke im »Berliner Tageblatt« eine Aufstellung über die Verteilung der beiden Elemente bei den Offizieren der Infanterie veröffentlicht, die diese Tendenz der Personalpolitik treffend veranschaulicht[31]. Danach waren bei der Infanterie vorhanden:

---

[27] Abgedruckt in: Offiziere im Bild von Dokumenten (wie Anm. 4), S. 197.
[28] Vgl. Anm. 14.
[29] N.v. Preradovich: Die Führungsschichten in Österreich und Preußen (1804—1918), Wiesbaden 1955, S. 130 ff.; G. Martin: Gruppenschicksal und Herkunftsschicksal. Zur Sozialgeschichte der preußischen Generalität 1812—1918, Saarbrücken 1970, S. 48 ff., 205 ff. Zu dem gesamten Komplex vgl. insbesondere U. Trumpener: Junkers and others. The Rise of Commoners in the Prussian Army, 1871—1914, in: Canadian Journal of History, 14 (1979), No. 1, S. 39—47.
[30] Demeter, Offizierkorps (wie Anm. 11), S. 2—9.
[31] Berliner Tageblatt, 38 (1909), Nr. 75 vom 11.2.1909.

1252	(29,8 %)	adlige	2949	bürgerliche	Leutnants
631	(30,0 %)	"	1467	"	Oberleutnants
945	(38,3 %)	"	1522	"	Hauptleute
501	(49,6 %)	"	512	"	Majore
109	(50,9 %)	"	105	"	Oberstleutnants
139	(68,1 %)	"	65	"	Obersten
75	(70,7 %)	"	31	"	Generalmajore
44	(86,2 %)	"	7	"	Generalleutnante
30		"	2	"	Generale der Infanterie
1	(94,1 %)	"	0	"	Generalobersten
1		"	0	"	Generalfeldmarschälle

Die offenkundige Benachteiligung des bürgerlichen Elements wurde zwar registriert, aber im Grunde nur von Außenseitern wie Gädke kritisiert, sie brachte die Geschlossenheit des Korps nicht in Gefahr. Die bloße Feststellung des wachsenden Anteils bürgerlicher Offiziere kann demnach nicht als eine »Verbürgerlichung« des Offizierkorps interpretiert werden. Die strikten Auswahlkriterien und die Personalpolitik des Kabinetts sorgten zu ihrem Teil dafür, daß die Exklusivität und die Homogenität des Korps erhalten blieb.

Die beiden Strukturprinzipien gerieten durch Bewegungen innerhalb des Korps, die nur schwer zu beeinflussen waren, nachhaltig aus dem notwendigen Gleichgewicht. Gemeint ist die Konzentration einerseits adliger Offiziere in bestimmten, vornehmlich aus Gründen der Tradition bevorzugten Regimentern, andererseits bürgerlicher Offiziere in mehr von der Technik bestimmten Truppengattungen (Fußartillerie, Verkehrstruppen etc.). Auch dieses Phänomen ist in der Literatur bereits ausführlich dargestellt und mit Zahlen belegt worden[32]. Sie sollen hier nicht wiederholt werden. Die Interpretation konzentriert sich dabei zumeist auf den zuerst genannten Vorgang und sieht in ihm einen Beweis für Feudalisierungstendenzen innerhalb des Offizierkorps. Für die Homogenität des Offizierkorps war diese Entwicklung deshalb so gefährlich, weil sie offenkundig von Wilhelm II. nicht ungern gesehen wurde und weil — noch gravierender — die Personalpolitik des Kabinetts hier an die Grenzen ihrer Einwirkungsmöglichkeiten stieß. Jeder generelle Eingriff in diese Verhältnisse mußte das Kabinett in Konflikt bringen mit dem als unumstößlich angesehenen Grundsatz, daß der Regimentskommandeur und das gesamte Offizierkorps des Regiments durch die Offizierwahl den Offizierersatz bestimmten. Der berühmt-berüchtigte »Konzessionsschulze« war das Produkt des Widerstreits dieser beiden Prinzipien. Das Korps befand sich mit sich selbst in Konflikt. Verschärft wurde diese negative Tendenz weiterhin durch die Tatsache, daß gerade in diesen bevorzugten Regimentern, die letztlich vorbildhaft auf das gesamte Korps wirkten, die Erscheinungen sich breit machten, die mehr als alles andere die Kritik der Zeitgenossen herausforderten: der zunehmende Luxus in der gesamten Lebensführung und die in vielen Fällen damit einhergehende Verschuldung mit ihren Folgen, vor allem aber die bewußte Distan-

---

[32] Demeter, Offizierkorps (wie Anm. 11), S. 30ff.; Kitchen, German Officer Corps (wie Anm. 6), S. 24f.; Endres, Soziologische Struktur (wie Anm. 12), S. 295ff.

zierung von allen anderen Bevölkerungsschichten, die den Offizier zum Angehörigen einer Kaste machte[33].

Diese gegen die Homogenität des Korps gerichtete Entwicklung trug alle Züge einer bewußten Restauration an sich und so sank sie als Anachronismus in der Prüfungssituation des Weltkrieges auch lautlos in sich zusammen. Die zweite, gegen die Homogenität gerichtete Bewegung innerhalb des Korps war von ganz anderer Natur. Sie repräsentierte die auf Modernisierung gerichteten Tendenzen innerhalb des Offizierkorps. Die Notwendigkeit auch für das Militär, den Erkenntnissen der Wissenschaft im allgemeinen und dem Fortschritt der Technik im besonderen für das Kriegswesen Rechnung zu tragen, brachte das Korps mit einem Element in Berührung, das sich nur schwer in den traditionellen Rahmen integrieren ließ. In den Auseinandersetzungen um die bildungsmäßigen Voraussetzungen für den Offiziernachwuchs und in den allgemeinen Anschauungen über die an die Ausbildung des jungen Offiziers zu legenden Maßstäbe kam das von Unsicherheit geprägte Verhältnis zur bürgerlichen Bildung zum Ausdruck[34]. In der Ausbildung standen die Stärkung des Charakters, die Schulung des Willens und die Vermittlung gewisser unentbehrlicher Fachkenntnisse im Vordergrund; der gebildete Offizier blieb eine Ausnahme. Die Armee konnte jedoch auf qualifizierte Fachkräfte nicht verzichten. Es ist überaus charakteristisch, daß die damit verbundenen Schwierigkeiten auf dem Wege über Sonderlaufbahnen zu lösen versucht wurden. Es war nur natürlich, daß sich in ihnen vor allem das bürgerliche Element konzentrierte. So gab es im Jahre 1909 unter den 107 Leutnants der Verkehrstruppen nur 7 Angehörige des Adels, unter den 257 Leutnants der Pioniere waren nur 8 und von den 343 Leutnants der Fußartillerie nur 17 von Adel[35]. Unter dem Aspekt der Homogenität ist die Feststellung der sozialen Zusammensetzung weniger wichtig als die Tatsache, daß die bezeichneten, vor dem Kriege wenig angesehenen Waffengattungen im Kriege zu entscheidenden Komponenten der Kriegführung wurden, während die Kavallerie — die angesehenste Waffengattung der Friedensjahre — ihr Ansehen und ihre militärische Funktion weitgehend verlor. Diese erst im Kriege erfolgende Verschiebung der Wertskala konnte nicht ohne negativen Einfluß auf die für das Korps lebensnotwendige Homogenität bleiben.

Die wichtigste Sonderlaufbahn, die des Generalstabsoffiziers, wird in ihrer Bedeutung für die weitere Entwicklung des Korps in den meisten Untersuchungen eigenartigerweise nur ungenügend berücksichtigt. Auch hier steht zunächst meist der Nachweis des prozentualen Anteils von Offizieren adliger und bürgerlicher Herkunft im Vordergrund, der zur Untermauerung der These von der Verbürgerlichung oder zur Feststellung von Feudalisierungstendenzen benutzt wird[36]. Sicherlich ist es richtig, daß der Anteil bürgerlicher Offiziere im Generalstab im Vergleich zur Entwicklung der Proportionen im gesamten Offizierkorps langsamer zunahm, ebenso richtig ist es aber, daß der Generalstab sich freihielt von den anachronistischen Tendenzen der Offizierkorps der sogenannten »bevorzugten« Regi-

---

[33] Demeter, Offizierkorps (wie Anm. 11), S. 228 ff., 236 ff.; Kitchen, German Officer Corps (wie Anm. 6), S. 222 ff.

[34] Vgl. Anm. 11.

[35] Vgl. Anm. 31.

[36] Demeter, Offizierkorps (wie Anm. 11), S. 30.

menter. Was die kleine Gruppe der Generalstabsoffiziere — im Jahre 1888 umfaßte sie ca. 350, 1914 ca. 650 Offiziere[37] — auszeichnete, war der scharfe Selektionsprozeß, dem sie unterworfen waren, das leistungsorientierte Denken und Handeln und das daraus resultierende bevorzugte Avancement. Es ist darauf hingewiesen worden, daß auch die Ausbildung des Generalstabsoffiziers auf die Vermittlung von Fachwissen beschränkt blieb und auch in diesem Bereich auf eine umfassende Bildung im bürgerlichen Sinne kein besonderer Wert gelegt wurde[38]. Man mag das bedauern, aber als Spezialisten in ihrem Metier erfüllten sie die ihnen zugedachte militärische Aufgabe. Selektionsprozeß, Avancement und Funktion hoben den Generalstabsoffizier in einem Maße aus der großen Gemeinschaft der Offiziere hervor, daß trotz des programmierten Wechsels von Stabs- und Truppendienst mit diesem Korps — diese Bezeichnung wurde charakterisierend benutzt — eine neue Qualität geschaffen worden war, die die Exklusivität und Homogenität des Gesamtkorps sprengte, weil sie nicht standes- sondern berufsspezifisch war. Das ganze Ausmaß der Bedeutung dieses Vorganges für das Korps sollte sich erst im Weltkrieg zeigen.

Der Überblick über Tendenzen der Entwicklung des preußischen Offizierkorps in der Zeit von 1888 bis zum Kriegsausbruch war anfangs unter den Aspekt des Stilwandels gestellt worden, der sich an der Person und der Herrschaftspraxis Wilhelms II. sowie an der gesellschaftlichen Entwicklung orientierte und der die von Wilhelm I. und seinen Vorgängern geschaffenen Grundlagen des Korps dem Wesen nach nicht veränderte. Die beiden zuletzt genannten Phänomene berührten dagegen die Struktur des Korps, weil sie sich aus der allmählichen Veränderung des Kriegsbildes herleiteten. Es würde im Rahmen dieses Beitrages zu weit führen, auf diese Veränderungen und die damit verbundene Problematik näher einzugehen[39]. Die Entwicklung ist gekennzeichnet durch das Auftreten der Massenheere der Allgemeinen Wehrpflicht und den damit gegebenen militärischen Führungsproblemen sowie durch die zunehmende Technisierung der Waffen und des Geräts mit den entsprechenden Konsequenzen für die Gefechtsführung. Generalstabsoffiziere und bürgerliche Offiziere der mehr der Technik verbundenen Waffengattungen standen diesen Veränderungen sehr viel aufgeschlossener gegenüber, als die Masse des Offizierkorps. Obwohl damit Grundfragen des Korps berührt wurden, waren die Auswirkungen bis 1914 doch so geringfügig, nur tendenziell spürbar, daß die These vom bloßen Stilwandel aufrechterhalten werden kann.

Bewußt ist die Auseinandersetzung des Staates und der Gesellschaft mit der Sozialdemokratie nicht in den Mittelpunkt der Überlegungen gestellt worden[40]. Überspitzt könnte

---

[37] W. Schmidt Richberg, Die Generalstäbe in Deutschland 1871—1945, Stuttgart 1962 (= Beiträge zur Militär- und Kriegsgeschichte, Bd 2), S. 18; Kitchen, German Officer Corps (wie Anm. 6), S. 5 f., gibt für 1888 auch die Zahlen der aus Bayern, Sachsen und Württemberg stammenden Offiziere an.

[38] Vgl. Messerschmidt, Militärgeschichte im 19. Jahrhundert (wie Anm. 25), S. 119 ff.

[39] Vgl. hierzu die Aufsätze von J. Hoffmann, Wandlungen im Kriegsbild der preußischen Armee zur Zeit der nationalen Einigungskriege, in: Militärgeschichtliche Mitteilungen, 3 (1968), S. 5 ff.; Die Kriegslehre des Generals von Schlichting, in: ebd., 5 (1969), S. 5 ff.; Der Militärschriftsteller Fritz Hoenig, in: ebd., 7 (1970), S. 5 ff.; sowie B.-F. Schulte, Die deutsche Armee 1900—1914. Zwischen Beharren und Verändern, Düsseldorf 1977.

[40] Vgl. hierzu Deist, Die Armee in Staat und Gesellschaft (wie Anm. 16), S. 316 ff.; W. Deist, Armee und Arbeiterschaft 1905—1918, in: Francia, 2 (1974), S. 458 ff.; Kitchen, German Officer Corps (wie

man formulieren, daß dieser Konflikt das Korps als ganzes unberührt ließ. Die Bindung an den Monarchen, an die von diesem repräsentierte Verfassungs- und Gesellschaftsordnung schloß für das Offizierkorps ohne weiteres auch die Frontstellung gegen alle politischen und gesellschaftlichen Kräfte ein, die das herrschende System bekämpften oder auch nur ablehnten. Es war deshalb selbstverständlich, daß das Offizierkorps, auch die zur Disposition gestellten und die verabschiedeten Offiziere, sich an dem Abwehrkampf gegen die Sozialdemokratie beteiligten. Nach der Aufhebung des Sozialistengesetzes ist die Armee verstärkt mit dieser Frage in Berührung gekommen und hat wesentliche Funktionen in der innenpolitischen Auseinandersetzung übernommen. Das Offizierkorps hat die ihm in diesem Zusammenhang übertragenen Aufgaben mit Eifer und Überzeugungstreue wahrgenommen. Das Selbstverständnis und das Selbstbewußtsein des Korps ist durch die Erfolglosigkeit der breit gefächerten Maßnahmen nicht berührt worden. Die Erkenntnis der Bedrohlichkeit der Situation für die Funktionsfähigkeit der Armee selbst blieb auf Führungskreise im Preußischen Kriegsministerium und einiger weniger Generalkommandos beschränkt[41].

Für die Kriegsjahre scheint es bei der Fülle der möglichen Aspekte von Nutzen zu sein, sich auf einige wenige Punkte zu konzentrieren. Der Krieg, auf den die gesamte Schulung und Tätigkeit, das Denken und Handeln des Offizierkorps ausgerichtet war, mußte Antwort geben auf die Frage nach der Solidität des gesamten Systems.

Das preußische Korps zählte am 1. August 1914 22 112 aktive Offiziere und Fähnriche. Während des Krieges wurden insgesamt 17 058 Beförderungen zum aktiven Offizier ausgesprochen, so daß insgesamt 39 160 aktive Offiziere am Krieg teilnahmen. Ihnen stand die enorme Zahl von 169 625 Reserveoffizieren gegenüber[42]. Die Verluste des aktiven Offizierkorps bezifferten sich auf 24%, die der Reserveoffiziere auf 16%. Die Beförderungen der aktiven Offiziere während des Krieges folgten, abgesehen von einem Beförderungsschub zu Beginn des Krieges, den auch im Frieden geltenden Grundsätzen. Auch für die Offizierergänzung behielten die alten restriktiven Regelungen zur Gewinnung des »erwünschten Ersatzes« ihre Geltung. Um die Aufrechterhaltung des Prinzips der gesellschaftlichen Homogenität zu gewährleisten, wurde angesichts der enormen Offizierverluste in den unteren Diensträngen zu einer Aushilfe gegriffen, die von Anfang an den Stempel der sozialen Deklassierung an sich trug. Im preußischen Kontingent wurden bis Ende Juli 1918 insgesamt 21 607 Unteroffizierdienstgrade zu »Feldwebelleutnants« befördert, die damit aber nicht die Befähigung zum Reserveoffizier erlangten[43]. Mit dieser Maßnahme demon-

---

Anm. 6), S. 143 ff.; D. Dreetz, Der Erlaß des preußischen Kriegsministers vom 8. Februar 1912 über die Verwendung der Armee zur Bekämpfung innerer Unruhen, in: Militärgeschichte, 14 (1975), S. 561 ff.

[41] Zur Frage der Erteilung der Qualifikation für den einjährig-freiwilligen Dienst an Sozialdemokraten ist im preußischen Staatsministerium Anfang 1914 verhandelt worden, vgl. Militär und Innenpolitik (wie Anm. 7), S. XXIII.

[42] Vgl. auch für das Folgende: Vom Sterben des Deutschen Offizierkorps, hrsg. von C. v. Altrock, 2., erw. Aufl., Berlin 1922, S. 54 und 57 (Zahlen ohne Berücksichtigung der z. D. und a. D. Offiziere).

[43] Zur Beförderungspraxis im Krieg vgl. Matuschka, Die Beförderung in der Praxis (wie Anm. 22), S. 168 ff. Zur Frage der Feldwebelleutnants vgl. das Gutachten von E.-O. Volkmann für den Untersuchungsausschuß (wie Anm. 21), S. 36 f.

strierte das Korps auf gefährliche Weise inmitten des Krieges, daß Rücksichtnahme auf den Stand ihm wichtiger war als die Förderung der soldatischen Leistungsbereitschaft. In den beiden Gutachten für den Untersuchungsausschuß des Deutschen Reichstages von Martin Hobohm und Erich-Otto Volkmann über die »Sozialen Heeresmißstände als Mitursache des deutschen Zusammenbruchs von 1918« findet sich eine Fülle von Belegen, die auch für andere Bereiche der Tätigkeit oder des Verhaltens des Offizierkorps diesen Sachverhalt bestätigen. Die Stichworte: Bevorzugung in der Verpflegung, insbesondere bei den Stäben; vergleichsweise hohe Besoldung der jungen Kriegsleutnante"; Mißbrauch der Disziplinarstrafgewalt; mangelhafte Fürsorge für die Mannschaften, mögen genügen.

Es wäre ein unsinniges Unterfangen, offenkundiges Versagen und unzweifelhafte Bewährung gegeneinander aufzurechnen, um das gesamte Korps mit einem notwendigerweise unsoliden Ergebnis wertend zu charakterisieren. Aufschlußreicher dürfte der Versuch einer Antwort auf die Frage sein, ob das Korps als militärisches Führungsinstrument in den neuen Dimensionen der Realität des modernen Krieges sich als Korps erhalten konnte. Nach einer relativ kurzen Eröffnungsphase, die den militärischen Erwartungen und Vorstellungen entsprach, nahm der Krieg Formen an, auf die das Korps nicht vorbereitet worden war. Die räumliche Ausdehnung des Kampfgebietes, die direkten und indirekten Konsequenzen der von nun an beherrschenden militärischen Kampfform des Stellungskrieges und der Materialschlacht, die Ausweitung des militärischen Verantwortungsbereiches auf das »Heimatkriegsgebiet« — ein Ausdruck aus der Zeit des Zweiten Weltkrieges, der aber für die Jahre 1914—1918 durchaus anwendbar erscheint — stellte das Offizierkorps insgesamt, insbesondere aber das aktive Korps, vor Aufgaben, die mit den im Frieden eingeübten Regeln und Führungsgrundsätzen allein kaum mehr bewältigt werden konnten. Stellungskrieg und Materialschlacht ebneten den Unterschied zwischen Mannschaft und Offizier ein; nicht die Führungskunst des Offiziers, sondern die Wirkung der technischen Waffe bestimmte im wesentlichen das Kampfgeschehen. Der Typus des später in der Literatur so positiv bewerteten Frontoffiziers hatte mit dem durchschnittlichen preußischen Offizier des Friedensheeres nicht mehr sehr viel gemeinsam. Im Bereich der Stäbe, vom Regiment über die Division zur Armee, war der Verlust der ursprünglichen Funktionen ebenfalls spürbar. Zwar trat hier die Gemeinschaft der Offiziere, das Korps, wieder in Erscheinung und man konnte deshalb sehr viel leichter an die äußeren Formen der Friedenszeit anknüpfen, aber damit ist das Maß des Vergleichbaren auch schon nahezu erschöpft. Der Regimentskommandeur hatte seine einst zentrale Rolle für das Korps eingebüßt und die militärischen Funktionen eines Divisionskommandeurs zum Beispiel in der Somme-Schlacht waren außerordentlich beschränkt, die eigentliche Führungsfunktion nahm der erste Generalstabsoffizier wahr. Im Kriegsministerium und in den stellvertretenden Generalkommandos schließlich wurde der friedensmäßige Aufgabenkatalog überwuchert von immer neuen, dem Offizier fremden, aber gleichwohl kriegswichtigen Tätig-

---

[44] Neben den von Hobohm und Volkmann genannten Beispielen noch ein Zitat eines gewiß unverdächtigen Zeugen. Am 8.3.1916 schrieb der spätere Oberst Max Bauer über seinen Sohn, der im Frühjahr 1915 als Kriegsfreiwilliger eingetreten und bereits zum Leutnant befördert worden war: »Er ist etwas großspurig von wegen der 310 M Gehalt. Es ist ja auch zuviel für einen 18jährigen Jüngling ... seine Naivität ist ja allerdings verblüffend.« Militär und Innenpolitik, I/1 (wie Anm. 7), S. 301, Anm. 6.

keitsfeldern. Das gewohnte Ersatzgeschäft weitete sich zu dem überaus komplexen Problem der Verteilung der personellen Ressourcen der Nation auf Kriegsheer, Industrie und Landwirtschaft aus. Die unendlich komplexe Produktion der technischen Kriegsmaschinerie sollte nunmehr von Offizieren steuernd überwacht werden. Offiziere der stellvertretenden Generalkommandos mußten sich mit der Preisgestaltung kriegswichtiger Industrien, mit deren Lohnpolitik beschäftigen und um die Erhaltung der Arbeitskraft der Industriearbeiterschaft besorgt sein[45]. Offiziere des Kriegspresseamts schließlich organisierten den Krieg der Worte, bauten den »Vaterländischen Unterricht« an der Front und in der Heimat auf und gaben sich mehr mit Journalisten und Honoratioren ab wie mit Soldaten[46]. Die Aufzählung ist unvollständig, aber doch wohl paradigmatisch. Sie läßt als Grundzug erkennen, daß das Offizierkorps während des Krieges mehr oder weniger stark von einem tiefgreifenden Funktionswandel ergriffen worden ist.

In bezug auf das Korps als militärisches Führungsinstrument ergibt sich zunächst die Feststellung, daß der im Frieden durchaus betonte Unterschied zwischen dem Reserve- und dem aktiven Offizier während des Krieges weitgehend verschwunden war. An der Front, in den Stäben im Operationsgebiet wie in der Etappe, im Kriegsministerium wie in den stellvertretenden Generalkommandos nahmen Offiziere beider Gruppen durchaus gleichwertige und auch als gleichrangig angesehene Aufgaben wahr. Gegenüber dieser Masse der Offiziere hoben sich zwei Gruppen sehr deutlich ab: die der schon erwähnten, in das bisherige System überhaupt nicht zu integrierenden eigentlichen Frontoffiziere und das Korps der Generalstabsoffiziere. Dieses Korps wurde zum eigentlich militärischen Führungsinstrument, es schien wie dazu geschaffen, den neuen Dimensionen der Kriegführung gerecht zu werden. Die Generalstabsoffiziere bei den Armeen, Korps und Divisionen, gesteuert von der Zentrale der Obersten Heeresleitung, waren die eigentlich bewegenden Elemente der Kriegführung. Die Oberbefehlshaber und Kommandeure sahen sich oft in eine, ihrer ursprünglichen Position nicht angemessene Nebenrolle versetzt. Generalstabsoffiziere saßen an allen wesentlichen Schaltstellen des die gesamte Nation überziehenden Machtapparates. Sie durchbrachen, vom Standpunkt des aktiven Offizierkorps aus gesehen, nicht nur das bisher unantastbare hierarchische Prinzip, sondern ersetzten die bisher für die Homogenität und Exklusivität des Gesamtkorps geltenden, im wesentlichen von ständischem Geist geprägten Kriterien durch solche der beruflichen Leistung. Unter diesem Aspekt erscheint es durchaus konsequent, daß Groener und Seeckt sich nach dem militärischen Zusammenbruch des Jahres 1918 eine Regeneration des Offizierkorps nur mit Hilfe der Generalstabsoffiziere vorstellen konnten. Allerdings war 1918 die Frage keineswegs entschieden, ob dieser erste Ansatz eines grundlegenden Wandels — vom Stand zum Beruf — sich auch in Friedenszeiten durchsetzen würde, denn er war nicht herbeigeführt worden durch entsprechende gesellschaftliche Veränderungen, sondern durch die bedrängende Realität des modernen Krieges.

---

[45] Vgl. hierzu die in Militär und Innenpolitik, I/1 (wie Anm. 7), S. 461 ff., zur Planung und Durchführung des Hilfsdienstgesetzes abgedruckten Dokumente.

[46] Militär und Innenpolitik, I/2 (wie Anm. 7), S. 805 ff., insbesondere das Protokoll der Besprechung vom 10. 12. 1917, ebd., S. 894 ff.

Reichsmarineamt und Flottenverein 1903—1906

Gegner und Befürworter der Flottenbaupolitik des Admirals Tirpitz unter den Zeitgenossen haben darin übereingestimmt, daß es bis dahin noch niemandem gelungen war, in gleicher Weise wie das Reichsmarineamt die Öffentlichkeit für die Überlegungen, die konkreten Pläne und die weit in die Zukunft reichenden Perspektiven eines Ressorts zu interessieren und zu mobilisieren. Nach den Ergebnissen zahlreicher Untersuchungen dürfte es unbestritten sein, daß die Flottenpropaganda der Jahre 1897—1900 die Gesamtheit der politischen Kräfte, von den Konservativen über die Linksliberalen bis zu den Sozialdemokraten sowie die mit ihnen verbundenen gesellschaftlichen und wirtschaftlichen Gruppen, von den Agrariern bis zu den sozialdemokratischen Gewerkschaften, erreichte und durch Zustimmung oder Ablehnung zur Teilnahme an der entfachten öffentlichen Diskussion zwang. Die Massenhaftigkeit der »veröffentlichten Meinung« aller Schattierungen[1] in jenen Jahren ist der beste und beweiskräftigste Nachweis dieses Phänomens.
Sucht man nach den Ursachen für diesen erstaunlichen Erfolg, so richtet sich der Blick zunächst auf die marineinternen Voraussetzungen. Tirpitz und Heeringen, der erste Vorstand des im Juni 1897 im Reichsmarineamt eingerichteten Nachrichtenbureaus, bedienten sich bei ihrem Versuch, die öffentliche Meinung für die Belange der Marine zu interessieren und damit indirekt auf die politisch entscheidenden Kräfte und Gremien einzuwirken, einer bereits in Jahrzehnten erprobten Methode. Die öffentliche Meinung war in Verbindung mit dem allgemeinen Wahlrecht und dem ständig wachsenden Einfluß der in voller Entwicklung befindlichen Massenpresse zu einem politischen Faktor geworden, dessen Bedeutung und vor allem dessen Manipulierbarkeit nicht nur für einzelne außenpolitische Aktionen, sondern auch für die komplexen innenpolitischen Konstellationen Bismarck wohl als erster in Deutschland erkannt hatte[2]. Als Chef des Stabes im Oberkommando der Marine hatte Tirpitz selbst frühzeitig versucht, das Interesse der Öffentlichkeit für die Marine zu wecken. Allen Initiativen dieser Art blieb jedoch ein Erfolg vor 1897 versagt[3]. Welche Gründe haben nun dazu geführt, daß die Marinepropaganda von der Mitte des Jahres 1897 an aus ihrem Schattendasein heraustreten und Erfolg über Erfolg erzielen konnte?
Ohne diesen Fragen im einzelnen nachgehen zu können, wird doch resümierend festzustellen sein, daß die vom Nachrichtenbureau des Reichsmarineamts — andere amtliche

---

[1] Als ein Beispiel vgl. die Literaturübersicht bei W. Marienfeld, Wissenschaft und Schlachtflottenbau in Deutschland, 1897—1906, Frankfurt/M. 1957 (= Marine-Rundschau, Beih. 2), S. 115 ff.
[2] Vgl. hierzu E. Naujoks, Bismarcks auswärtige Pressepolitik und die Reichsgründung (1865—1871), Wiesbaden 1967; K. Koszyk, Deutsche Presse im 19. Jahrhundert. Geschichte der deutschen Presse, Teil 2, Berlin 1966 (= Abhandlungen und Materialien zur Publizistik, Bd 6), S. 229 ff.
[3] Für die ersten Ansätze einer Marinepropaganda beim Alldeutschen Verband, dem Kolonialverein u. a. vgl. H. D. Reinhardt, Tirpitz und der deutsche Flottengedanke in den Jahren 1892—1898, Phil. Diss. Marburg 1964.

Propagandainstitutionen, soweit sie sich Marinefragen widmeten, wurden sehr schnell ausgeschaltet oder wirkungsvoll kontrolliert — ausgehende Beeinflussung der öffentlichen Meinung durch den von Tirpitz entwickelten und systematisch ausgebauten Plan einer die innen- wie außenpolitische Szene mit berücksichtigenden Flottenbaupolitik auf eine neue Basis gestellt wurde. Der Propaganda war nunmehr im Flottengesetz ein fester Orientierungspunkt gesetzt worden, damit war eine Voraussetzung jeder erfolgreichen Werbung gegeben: die Möglichkeit der immer erneuten Wiederholung einer Einsicht, einer Forderung, eines Schlagwortes über Monate und Jahre hinweg. Weiterhin verbanden sich mit einer bestimmten, relativ bescheidenen Forderung Perspektiven, die weit über den engeren Bereich der Marine hinaus gingen. Die Kaiserliche Marine als ein Instrument der von Bülow inaugurierten Weltpolitik! Mit dieser Vorstellung verbanden sich sozial- und wirtschaftspolitische, kolonial- und machtpolitische Aspekte und Interessen, die der Flottenpropaganda ab 1897 die für den Erfolg entscheidende Schwungkraft verliehen. Von Eckart Kehr ist der Flottenbau als eine der tragenden Säulen der Sammlungspolitik definiert worden[4]. V.R. Berghahn hat die innenpolitische Funktion der Rüstungspolitik und die in ihr beschlossene Möglichkeit der Sammlung und Bindung der nationalen Mehrheit an ein machtpolitisches, perspektivenreiches Programm über das 1. und 2. Flottengesetz hinausgehend zunächst bis zur Novelle 1908 im einzelnen nachgewiesen[5]. Daraus ergibt sich zwingend, daß der Flottenpropaganda eine sehr erhebliche allgemeinpolitische Bedeutung zukam, deren Stellenwert für die Ära Bülow noch näher untersucht werden müßte.

Die bisher erschienene Literatur zur Flottenpropaganda hat sich fast ausschließlich mit den spektakulären Propagandabewegungen der Jahre 1897/1898 und 1899/1900 beschäftigt und damit nur die kurzfristig angelegten »Kampagnen« untersucht[6]. Ein langfristig konzipierter, nur in Etappen zu verwirklichender Plan, wie er Tirpitz von Anfang an vor Augen stand, benötigte auch eine kontinuierlich wirkende Propaganda. Hierin unterschied sich das Nachrichtenbureau in seiner Aufgabenstellung ganz wesentlich von vergleichbaren Einrichtungen anderer Behörden. Eine Propaganda für normale Gesetzesvorlagen, etwa auf dem Gebiete der Sozialpolitik oder der Reichsfinanzreform, konnte sich auf das Erreichen momentaner Erfolge beschränken. Der von Tirpitz konzipierte Etappenplan für den Flottenbau implizierte darüber hinaus, daß die vom Nachrichtenbureau gesteuerte Propaganda jeweils dem Etappenziel angemessen sein mußte; mit anderen Worten, es mußte das Ziel sein, die Propaganda mit der Planung in Übereinstimmung zu bringen.

---

[4] E. Kehr, Schlachtflottenbau und Parteipolitik, 1894—1901. Versuch eines Querschnitts durch die innenpolitischen, sozialen und ideologischen Voraussetzungen des deutschen Imperialismus, Berlin 1930 (= Historische Studien, Bd 197) sowie den Aufsatz: Englandhaß und Weltpolitik, in: E. Kehr, Der Primat der Innenpolitik, hrsg. und eingel. von H.-U. Wehler, Berlin 1965 (= Veröffentlichungen der Historischen Kommission zu Berlin, Bd 19), S. 149 ff.

[5] V.R. Berghahn, Der Tirpitz-Plan. Genesis und Verfall einer innenpolitischen Krisenstrategie unter Wilhelm II., Düsseldorf 1971; hierzu die Rezension von H. Herzfeld, in: Militärgeschichtliche Mitteilungen, 11 (1972), S. 196 ff.

[6] Vgl. z. B. K. Kamberger, Flottenpropaganda unter Tirpitz. Öffentliche Meinung und Schlachtflottenbau (1897—1900), Phil. Diss. Wien 1966; J. Meyer, Die Propaganda der deutschen Flottenbewegung, 1897—1900, Phil. Diss. Bern 1967.

Im folgenden soll allein dieser Aspekt der Flottenpropaganda in den Jahren 1903 bis 1906 unter bewußter Vernachlässigung aller anderen Gesichtspunkte[7] untersucht werden. Hierfür war der Umstand maßgebend, daß in dieser Phase zum erstenmal die Übereinstimmung bedroht wurde durch die sich wandelnden Planungsziele einerseits und durch das Propagandaprodukt, die Flottenbewegung andererseits. In den intensiven Bemühungen des Reichsmarineamts, die Aufrechterhaltung eines annehmbaren Verhältnisses zwischen Propaganda und Plan immer wieder herbeizuführen, zeigt sich die Relevanz der öffentlichen Meinung für die gesamte Flottenbaupolitik, zeigt sich, daß die Steuerung eben dieser öffentlichen Meinung zu einem für die Realisierung des Gesamtplans ausschlaggebenden Faktor geworden war.

Repräsentiert wurde die Flottenbewegung durch den im April 1898 gegründeten Flottenverein[8], dessen enge Bindung an die Interessen der Schwerindustrie schon bald zu heftigen Kontroversen geführt hatte. Dem skandalumwitterten Rücktritt Schweinburgs als Sekretär des Flottenvereins im Dezember 1899 folgten jahrelange Auseinandersetzungen um die Organisationsprinzipien, die Definition des Vereinszwecks in der Satzung, um die Protektorenfrage und die Form der Zusammenarbeit mit dem Hauptverband deutscher Flottenvereine im Ausland. Unter dem Einfluß des Generalmajors z.D. Menges als geschäftsführendem Vorsitzenden konsolidierten sich die Verhältnisse im Laufe des Jahres 1902, so daß schließlich in der Sitzung des Gesamtvorstandes des Vereins vom 28. März 1903 in München ein vorläufiger Schlußstrich unter die internen Auseinandersetzungen gezogen werden und der Verein sich zu neuer Aktivität rüsten konnte.

Doch worauf sollte sich diese Aktivität im besonderen richten? Berghahn hat aus den Akten der Etatsabteilung des Reichsmarineamts nachgewiesen, daß vom Februar 1901 bis zum Juni 1903 die Planungen des Reichsmarineamts darauf hinaus liefen, das Dreiertempo durch die Vorlage einer Novelle zum Flottengesetz im Winter 1904/05 für eine Reihe von Jahren (1912/13) abzusichern[9]. Ausgangspunkt für die Vorlage sollte die erneute Forderung der vom Reichstag im Jahre 1900 aus dem 2. Flottengesetz gestrichenen sechs Auslandskreuzer bilden. Übereinstimmung herrschte auch darüber, daß als

---

[7] Die Einbeziehung der dramatischen Phase von Sommer 1906 bis zum Sommer 1908, für die sehr reichhaltige Archivalien zur Verfügung stehen, verbot sich aus Raumgründen. Siehe hierzu W. Deist, Flottenpolitik und Flottenpropaganda. Das Nachrichtenbureau des Reichsmarineamtes 1897–1914, Stuttgart 1976 (= Beiträge zur Militär- und Kriegsgeschichte, Bd 17), dort werden die sehr differenzierten Methoden der Nachrichten- und Pressepolitik, die Nutzbarmachung modernster Werbemethoden für die Flottenpropaganda, die Verwertung propagandistischer Erfolge gegenüber Öffentlichkeit, Reichstag und Behörden und, soweit nachweisbar, die Finanzierung der Propaganda durch das Nachrichtenbureau sowie die ideologischen, innen- und außenpolitischen Aspekte der Tätigkeit des Nachrichtenbureaus dargestellt.

[8] Einen fundierten Überblick über die Entwicklung des Flottenvereins gibt A. Wulf, in: Die bürgerlichen Parteien in Deutschland. Handbuch der Geschichte der bürgerlichen Parteien und anderer bürgerlicher Interessenorganisationen vom Vormärz bis zum Jahre 1945, hrsg. von einem Redaktionskollektiv unter der Leitung von D. Fricke, Bd 1, Berlin 1968, S. 432 ff. Vgl. auch K. Schilling, Beiträge zu einer Geschichte des radikalen Nationalismus in der wilhelminischen Ära, 1890–1900, Phil. Diss. Köln 1968, S. 179 ff.

[9] Berghahn (wie Anm. 5), S. 306 ff.

Begründung der Vorlage die Notwendigkeit der Stärkung der Auslandsflotte dienen sollte. Die Planungen waren aber noch nicht so weit gediehen, daß der Anstoß zu einer zielgerichteten Agitation gegeben werden konnte, auch lag der vorgesehene Zeitpunkt für die Vorlage der Novelle noch in weiter Ferne. Auf der Gesamtvorstandssitzung im März 1903 hat Generalmajor a. D. Keim diesen Sachverhalt in aufschlußreicher Formulierung zum Ausdruck gebracht[10]: »Die Pläne der Regierung sind in diesem Punkte noch nicht klar genug, um uns nach einer Richtung, für Kreuzer oder für Schlachtschiffe, festlegen zu können. Uns liegt lediglich ob, darauf hinzuweisen, daß in Deutschland auf dem Gebiete des Seewesens noch ungeheuer viel zu tun ist.« Der Verein erklärte dementsprechend, in den kommenden Monaten keine besonderen Propagandaaktionen unternehmen zu wollen, er wartete auf ein Signal des Reichsmarineamts, war aber — nach den Worten Keims — auf eine sofortige Mobilmachung vorbereitet.

Im Sommer und Herbst 1903 konkretisierten sich die Überlegungen des Reichsmarineamts so weit, daß Tirpitz selbst sich in der Lage sah, erste aber immer noch vorläufige Direktiven zu geben. Damit kam man der Voraussetzung näher, die dem Nachrichtenbureau erst eine erfolgreiche Arbeit ermöglichen konnte. In einer Denkschrift, die der erste Vorstand des Nachrichtenbureaus, Heeringen, als Erfahrungsbericht für seine Nachfolger im September 1900 zusammenstellte[11], war als Grundsatz festgehalten worden: »Durch alle vom Nachrichtenbureau aus beeinflußten Preßsachen muß sich nach wie vor, wie ein rother Faden, *der Gedanke hindurchziehen, der in Zukunft die Richtung beim weiteren Flottenausbau angiebt und der später die Grundlage für eine erneute Agitation bilden soll.* Diese Richtung wird durch Seine Excellenz dem Nachrichtenbureau angegeben werden müssen.« Grundlage für die neue Planungssituation war die Denkschrift Dähnhardts, des engsten Mitarbeiters des Chefs der Etatsabteilung, Capelle, vom 9. Juli 1903[12]. War bisher davon ausgegangen worden, daß in der Vorlage die vom Reichstag abgelehnten Auslandskreuzer erneut gefordert werden sollten, wurden nun sehr viel weiter gesteckte Ziele ins Auge gefaßt. Vor allem war es der Gedanke einer »Seewehr-Schlachtflotte«, der von der Etatsabteilung in den folgenden Monaten mit Nachdruck weiter verfolgt und detailliert ausgearbeitet wurde. Neben die beiden Doppelgeschwader der Gesetze von 1898 und 1900 sollte ein 3. Doppelgeschwader treten, mit dem sich das Stärkeverhältnis gegenüber der britischen Flotte ganz entscheidend verändert haben würde und vor allem die Vorteile des deutschen Wehrpflichtsystems für die Marine — einer der Fixpunkte des Tirpitz-Plans — voll ausgeschöpft werden sollten. Nicht minder wichtig war, daß mit einer derartigen Forderung das kontinuierliche Bautempo von drei großen und drei kleinen Schiffen pro Jahr für die Dauer erreicht werden konnte. Das Äternat, das heißt die weitgehende Ausschaltung des Einflusses des Reichstages auf die künftige Entwicklung der Kaiserlichen Marine, hätte auf diesem Wege verwirklicht werden können. Der Gedanke der »Seewehr-Schlachtflotte« hat in den folgenden Monaten noch manche Veränderungen erfahren. Tirpitz hat sich mit ihm während seines Sommerurlaubs in

---

[10] BA-MA, RMA, 2276, I. 2.5.3, Bd 3. Es ist sehr bemerkenswert, daß Keim derartige Ansichten äußerte.
[11] BA-MA, RMA, 2284, I. 3.1.2, Bd 1.
[12] Berghahn (wie Anm. 5), S. 309 ff.

St. Blasien eingehend beschäftigt, im November und Dezember gelangte man zur Überzeugung, daß der große Plan wiederum nur in Etappen zu verwirklichen sein werde. Im Februar 1904 schließlich mußte er zu den Akten gelegt werden, da sich in den Verhandlungen um den Etat 1904 gezeigt hatte, daß die finanziellen und damit politischen Voraussetzungen für die Realisierung einer derartigen Vorlage auf absehbare Zeit — gedacht war an die Sitzungsperiode 1905/06 — nicht gegeben sein würden.

Mit der Denkschrift vom Juli 1903 war für die Propaganda des Nachrichtenbureaus eine wichtige Entscheidung gefallen. Es ist für die Umsicht, für die politische Denkrichtung der Planer des Reichsmarineamts äußerst aufschlußreich, daß Dähnhardt in seiner Juli-Denkschrift die verschiedenen, sich anbietenden Möglichkeiten des weiteren Ausbaus der Flotte auch auf ihre propagandistische Verwertbarkeit hin prüfte. Eine Verstärkung der Auslandsflotte, mit der immerhin das Dreiertempo bis 1912 sichergestellt gewesen wäre, sei als Forderung zu gering, »um [ein] gutes Agitationsmittel abzugeben«, das gleiche gelte für die von ihm erwogene Möglichkeit, vom Reichstag kurzerhand die gesetzliche Festlegung des Dreiertempos auf Dauer zu fordern. Dagegen liefere bereits der Begriff der »Seewehr-Schlachtflotte« das zugkräftige Schlagwort als Voraussetzung einer erfolgreichen Agitation, durch die auf den Reichstag der notwendige Druck ausgeübt werden könne. Trotz aller Schwankungen in der Planung gilt es festzuhalten, daß vom Juli 1903 an nicht mehr die Stärkung der Auslandsflotte, sondern die Verstärkung der heimischen Schlachtflotte im Vordergrund der Überlegungen stand und daß an diesem Gedanken bis in den Februar 1905 hinein festgehalten wurde. Die Auswirkungen dieser Wendung auf die Tätigkeit des Nachrichtenbureaus und auf die im Herbst und Winter 1903 einsetzende Agitation des Flottenvereins gilt es nun zu untersuchen.

Im Sommer 1903 registrierte das Nachrichtenbureau erste Anzeichen einer gewissen Ungeduld des Flottenvereins. Ein Aufsatz von Ernst Francke in dem Ende Juni 1903 erschienenen Nauticus-Band über »Weltpolitik und Seemacht« hatte allgemein Aufsehen erregt und war als Startschuß für die in den interessierten Kreisen seit einiger Zeit erwartete Agitation für eine Novelle gedeutet worden[13]. In dem Artikel hatte Francke keine konkreten Forderungen erhoben, aber die Bedeutung der überseeischen Interessen Deutschlands stark betont und schließlich die Frage gestellt, ob diese Interessen in Anbetracht der gesteigerten Seerüstungen anderer Staaten genügend geschützt seien. Sein Hinweis, daß das im Flottengesetz von 1900 zugrunde gelegte Stärkeverhältnis zwischen der Kaiserlichen Marine und den Marinen der anderen Seemächte nur noch bis 1906 aufrecht zu erhalten sei, gab eine unmißverständliche Antwort. Obwohl dieser Nauticus-Aufsatz keineswegs als Initialzündung gedacht war, reagierte die Leitung des Flottenvereins verärgert und fühlte sich übergangen. In einer Unterredung mit Kapitänleutnant Varrentrapp am 14. August ließ der Geschäftsführer Dr. Blum dem angestauten Ärger freien Lauf[14]. Zurücksetzungen, Mißverständnisse, Querelen kleineren und größeren Umfangs hatten ein ziemlich distanziertes Verhältnis zwischen Nachrichtenbureau und Präsidialstelle, das heißt insbesondere zu den Generalen Menges und Keim entstehen lassen. Vor

---

[13] Nauticus. Jahrbuch für Deutschlands Seeinteressen, 5 (1903), S. 128 ff.
[14] BA-MA, RMA, 2244, I. 2.1.13, Bd 1.

allem kritisierte Blum, daß das Reichsmarineamt trotz mehrfachen Drängens dem Flottenverein noch immer nicht die Richtung für die projektierte Agitation angegeben habe. Varrentrapp betonte hierzu, daß es nicht die Sache des Vereins sein könne, sich um Deplacements- und Armierungsfragen, also um technische Details zu kümmern, daß es vielmehr darauf ankomme, sich für die Vermehrung der Zahl der Linienschiffe einzusetzen. In dieser Äußerung des Kapitänleutnants spiegelten sich die seit der Juli-Denkschrift Dähnhardts geltenden Planungsziele des Reichsmarineamts[15].

Durch ein prominentes Mitglied des Flottenvereins, Graf Eckbrecht v. Dürkheim, war das Reichsmarineamt davon unterrichtet worden[16], daß auf einer Präsidiumssitzung am 28. Oktober Richtlinien für die künftige Propaganda des Vereins beschlossen werden sollten. Graf Dürkheim selbst wollte sich im Gegensatz zu den »Flottenfanatikern« für eine allgemein gerichtete Propaganda einsetzen, wobei allerdings auf den schnelleren Ersatz veralteter Schiffstypen gedrängt werden sollte. Tirpitz ließ dem Grafen seine Zustimmung übermitteln. Das Ergebnis der Sitzung des Präsidiums liegt in einem Rundschreiben des Generals Menges vom 26. November 1903 an die Vertrauensleute des Vereins vor[17]. Es enthält die Aufforderung, unverzüglich mit der Propaganda für eine Vermehrung der Flotte zu beginnen. Aus den Ausführungen ist zu entnehmen, daß sich die Präsidiumsmitglieder nicht auf ein klar umrissenes Programm einigen konnten. Unter dem Begriff der »Vermehrung unserer Seemacht« wurde eine Vielzahl von Forderungen subsumiert: Erhöhung des Bautempos, schnellerer Ersatz veralteter Schiffe, Erhöhung des Deplacements, Verstärkung der Armierung, insgesamt eine erhebliche Verstärkung der Schlachtflotte. Vor allem aber fiel in diesem Zusammenhang das Schlagwort von der Notwendigkeit eines 3. Doppelgeschwaders. Damit war ein leicht faßliches und konkretes Ziel angegeben, dessen propagandistische Wirksamkeit sich bald erweisen sollte. Ob die Forderung auf Grund eines Hinweises aus dem Reichsmarineamt aufgenommen wurde, ist anhand der Akten nicht zu klären. Zwar hatte man gerade im November im Reichsmarineamt den Gedanken, das 3. Doppelgeschwader auf einmal zu fordern, zugunsten eines stufenweisen Vorgehens aufgeben müssen, aber man war sich im klaren darüber, daß die Forderungen des Flottenvereins notwendigerweise über das anvisierte Ziel hinausgreifen mußten, um das Maß des Erreichbaren zu vergrößern. Deshalb waren das Nachrichtenbureau, die Etatsabteilung und der Staatssekretär einer Meinung, als ihnen das Schreiben vor seiner Absendung von General Menges vorgelegt wurde: es sei »nichts zu veranlassen«.

Mit der Unterrichtung der Vertrauensleute war noch nicht der Schritt zu der Eröffnung einer umfassenden, mit allen Mitteln der Publizistik geführten öffentlichen Agitation getan. Die erbitterte Auseinandersetzung des Reichsmarineamts mit der von Keim geführ-

---

[15] Aus einer späteren Notiz des Vorstandes des Nachrichtenbureaus, des Fregattenkapitäns v. Witzleben, geht hervor, daß auch in einem Gespräch mit dem als »verständig« bezeichneten General z.D. Menges kein volles Einvernehmen erzielt werden konnte. Unter dem Einfluß des »großen Ehrgeizes« von General a.D. Keim bestehe die Absicht »sich vom RMA etwas mehr frei zu machen«. Vgl. auch den Brief Keims an das Nachrichtenbureau v. 18.9.1903, in: BA-MA, RMA, 2276, I. 2.5.3, Bd 3.
[16] BA-MA, RMA, 2277, I. 2.5.3a, Bd 1 (Brief v. 22.10.1903).
[17] Ebd.

ten Gruppe des Flottenvereins, deren politische Zielsetzung den Rahmen des konstitutionellen Verfassungssystems sprengen mußte, stand noch bevor.

Die vom Reichsmarineamt bis in das Frühjahr 1905 hinein dem Flottenverein gegenüber verfolgte Politik ging von der Voraussetzung aus, daß es jederzeit möglich sein werde, die »Flottenfanatiker«[18] durch die gouvernementalen Elemente ausmanövrieren zu können. Eine solche Politik empfahl sich vor allem deshalb, weil die Planung innerhalb des Amts noch nicht zu einem definitiven Ergebnis geführt hatte, eine Entscheidung über den Inhalt der Novelle noch nicht gefallen war und der Gedanke an ein in Etappen zu verwirklichendes 3. Doppelgeschwader noch immer ventiliert wurde.

Wie eng der Kontakt zur Präsidialgeschäftsstelle, insbesondere zu dem »verständigen« General Menges nach wie vor war, zeigt ein Beispiel aus dem Februar 1904[19]. Menges legte dem Nachrichtenbureau einen für die Vereinszeitschrift vorgesehenen Leitartikel vor, der zwar nicht den sofortigen Bau des 3. Doppelgeschwaders, aber die konsequente Beibehaltung des bisherigen Dreier-Bautempos forderte. Das bedeutete bis zum Jahre 1917 eine Vermehrung um ein Linienschiffgeschwader und fünf große Kreuzer. Auf Einspruch von Capelle zog Menges den Artikel zurück. Capelle motivierte seine Stellungnahme folgendermaßen: »Der Artikel ist *zur Zeit* nicht mehr zutreffend«, er gebe zu, »daß er den Ansichten zu Weihnachten entsprach, jetzt aber gefährlich ist, da wir das Tempo eventu[ell] erhöhen könnten und Flottenverein doch nie *hinter* uns zurückbleiben darf mit seinen Forderungen[20].« Die Koordination von Planung und Propaganda wird hier auf eklatante Weise sichtbar. Aber das Beispiel macht auch deutlich, wie schwer es dem Flottenverein werden mußte, seiner ihm gesetzten Aufgabe gerecht zu werden. Der von Capelle erbetene und von Menges zugesagte Verzicht auf eine zielgerichtete Agitation zumindest bis zur Dresdner Hauptversammlung des Vereins im April 1904 wurde allerdings erleichtert durch den Ausbruch des Russisch-japanischen Krieges Anfang Februar, der die Propagandisten des Vereins für die Dauer eines Jahres mit hoch willkommenem Anschauungsmaterial über die Bedeutung einer modernen Flotte, der Seemacht für die Weltpolitik auch eines kontinentalen Staates versorgte.

Doch der Exponent der radikaleren Richtung innerhalb des Flottenvereins, General Keim, konnte auf diese Weise nur für kurze Zeit gebremst werden. In einem Brief an den Vorstand des Nachrichtenbureaus vom 4. März hat er seine politisch-taktischen Überlegungen klar zum Ausdruck gebracht[21]. Die Tirpitz sehr beunruhigenden Verhandlungen der Budgetkommission, in denen mit Hilfe des Zentrums auch Abstriche am Marineetat beschlossen worden waren, sind ihm die Bestätigung seiner Überzeugung, daß die Revision des Flottengesetzes nur gegen das Zentrum durchgesetzt werden könne. Voraussetzung hierfür aber sei, daß die Regierung endlich Farbe bekenne und die Durchführung des Flottengesetzes bis 1912 *und* ein 3. Doppelgeschwader fordere. »Alle Halbheiten und

---

[18] Ein von dem Grafen Eckbrecht v. Dürkheim gebrauchter Ausdruck.
[19] Vgl. BA-MA, RMA, 2277, I. 2.5.3a, Bd 1.
[20] Vgl. hierzu Berghahn (wie Anm. 5), S. 325f., 610 (Tabelle 11 u. 12). Der Artikel »Das Flottengesetz von 1900 im Lichte des Jahres 1904« in einer durch Keim charakteristisch abgewandelten Form in der Vereinszeitschrift Die Flotte, 7 (1904), S. 65f.
[21] BA-MA, RMA, 2277, I. 2.5.3a, Bd 1.

sogenannten ›taktischen‹ Rücksichten führen meines Erachtens nicht zum Ziel ... glauben Sie mir, jedes Lavieren verschlechtert schließlich die Lage.« Natürlich werde das Zentrum und der Freisinn Richterscher Prägung über eine derartige Forderung »toben« und versuchen einen »Kuhhandel« zu inszenieren. Aber wenn die Regierung von der Möglichkeit und Notwendigkeit ihrer Forderung überzeugt sei, dürfe sie den Konflikt nicht scheuen, vor einer Auflösung des Reichstages nicht zurückschrecken. »Ich bin überzeugt, daß wir die Schlacht schließlich gewinnen — wenn, ja wenn *andere* Leute Schneid zeigen!« Keims spätere Attacken gegen den Staatssekretär deuten sich hier bereits an. Abgesehen von den engen Beziehungen, die zwischen dem Reichsmarineamt und dem Zentrum seit 1897/98 bestanden, mußte es für Tirpitz sehr zweifelhaft sein, ob das Ergebnis des von Keim anvisierten Konfliktes — doch wohl eine Parteienkonstellation analog dem späteren Bülow-Block — die finanziellen Voraussetzungen für einen forcierten Flottenbau schaffen würde. An einem Konflikt war das Reichsmarineamt — jedenfalls im Frühjahr 1904 — nicht interessiert. Die Reaktion des Nachrichtenbureaus auf die Keimschen Überlegungen war aus diesem Grunde kühl ablehnend. Wolle der Flottenverein ernstgenommen werden, möge er seine Füße auf dem Boden behalten. Noch einmal wurde den beiden Generalen ein Verzicht auf Agitation bis zur Dresdner Hauptversammlung abgerungen. Der Versuch, durch einen Erfahrungsbericht des Generals v. Liebert über die Stimmung in Süddeutschland Einfluß auf die Entschlußfassung des Staatssekretärs zu nehmen, wurde abgewehrt und mit der Drohung verbunden, Tirpitz werde, sollten ihm weitere Schwierigkeiten bereitet werden, den Flottenverein vor dem Reichstag fallen lassen.

Es dürfte einerseits auf diese schroffe Abweisung und andererseits auf persönliche Einwirkungen auf einzelne Präsidiumsmitglieder zurückzuführen sein, daß auf der Dresdner Hauptversammlung des Flottenvereins vom 15. bis 17. April die »Heißsporne und Industriellen«, wie es in einem Brief Wencksterns[22] hieß, nicht die Oberhand gewannen. Die Versammlung beschloß eine Resolution, mit der das Reichsmarineamt durchaus einverstanden sein konnte. Der Verein erklärte darin[23], »eine großzügige Agitation für eine erhebliche Verstärkung der Flotte und einen nach jeder Richtung beschleunigten Ausbau derselben« durchführen zu wollen. Damit war man dem Wunsch des Reichsmarineamts entgegengekommen und hatte in der offiziellen Erklärung jede Festlegung auf ein bestimmtes Programm vermieden. Aus den Reden der Präsidiumsmitglieder wurde jedoch deutlich, daß die ursprünglichen Forderungen Keims nach wie vor Gültigkeit besaßen. Der Präsident selbst, Fürst zu Salm-Horstmar, gab die Parole aus: »Schleunige Erbauung eines 3. vollwertigen Geschwaders.«

Als Gegengewicht gegen diese in den Konsequenzen gefährliche Politik hat das Reichsmarineamt nun, seit dem Frühjahr 1904, mit Erfolg den bayerischen Landesverband des Flottenvereins und, weniger ins Gewicht fallend, den Provinzialverband Mark Branden-

---

[22] Wencksterns Schreiben v. 31.3.1903, ebd., mit einer zwar kurzen, aber die gemäßigten Ansichten Ws. stützenden Antwort v. Tirpitz.

[23] Bericht über die Sitzung des Gesamtvorstandes und der Hauptversammlung in der Vereinszeitschrift Die Flotte, 7 (1904), S. 71 ff., Text der Resolution ebd., S. 72. Angesichts der geschilderten Vorgänge läßt sich die Feststellung von Schilling (wie Anm. 8), S. 224, daß der Flottenverein keine Vorstellungen über die Absichten des RMA gehabt habe, nicht aufrecht erhalten.

burg unter der Führung des Admirals v. Hollmann benutzt. Der bayerische Landesverband stand seit seiner Gründung im Jahre 1900 in einem spürbaren Gegensatz zur Zentrale, bedingt durch die Pressionen, die in der Gründungsphase von Berlin auch in der Protektorenfrage ausgegangen waren. Ohne an dieser Stelle näher auf den politischen Standort der bayerischen Führung, auf die besonderen bayerischen Verhältnisse, mit denen der Landesverband zu rechnen hatte, eingehen zu können, sei doch eine Äußerung des Freiherrn v. Würtzburg zitiert, die in verkürzter Form das dort vorherrschende, völlig anders geartete Verständnis der Aufgaben des Flottenvereins veranschaulicht. Im September 1908 schrieb er — nach der von ihm bedauerten Wahl des Admirals v. Koester zum Präsidenten des Flottenvereins — an den Vorstand des Nachrichtenbureaus[24]: »Mein Ideal wäre gewesen: In einem der nächsten Jahre eine Versammlung in Bayern zu halten unter Leitung des Prinzen Rupprecht und Teilnahme von möglichst viel Zentrumswählern, Geistlichen und dem Erzbischof von Bamberg und Letzteren zu einer patriotischen Rede zu veranlassen. Das wäre eine Sache von nationaler Bedeutung gewesen.« Tirpitz, der in klarer Erkenntnis der parlamentarischen Verhältnisse seit 1897 immer auf gute Beziehungen zum Zentrum bedacht war, folgte nur dieser Linie seiner Politik, wenn er nun den bayerischen Landesverband zur Ausbalancierung des Keimschen Einflusses heranzog. Kurz vor der Delegiertenversammlung des Verbandes Ende Mai 1904 wurde der Vorstand des Nachrichtenbureaus nach München entsandt, um der Verbandsführung zu versichern, daß der Staatssekretär mit der für Bayern geplanten sehr viel allgemeineren Flottenpropaganda vollkommen einverstanden sei[25]. Nicht für das 3. Doppelgeschwader, nicht für eine »erhebliche« Verstärkung der Flotte wollte man agitieren, sondern allgemein für die Verstärkung der deutschen Seemacht und dabei Verständnis erwecken für deren Bedeutung für eine deutsche Weltpolitik. Es dürfte auch einem Wunsch des Staatssekretärs entsprochen haben, daß sowohl der Protektor des Landesverbandes, Prinz Rupprecht von Bayern, als auch Freiherr v. Würtzburg sich während der Delegiertenversammlung bemühten, keine öffentliche Kritik an den Dresdner Beschlüssen aufkommen zu lassen. Die Kritik lag in der eigenwilligen Interpretation der Resolution des Gesamtverbandes[26]. Mit dem vertrauensvollen Kontakt zur Führung des bayerischen Landesverbandes hatte sich das Reichsmarineamt eines Bundesgenossen versichert, mit dessen Hilfe auch in der Zukunft die Verklammerung von Plan und Propaganda gegenüber den radikalen Kräften im Gesamtverein aufrechterhalten werden konnte.

Das Eingreifen des Nachrichtenbureaus in die internen Auseinandersetzungen des Flottenvereins muß im Zusammenhang mit den Schwierigkeiten gesehen werden, denen sich Tirpitz bei der endgültigen Festlegung des Inhalts und der Form der Novelle gegenübersah, die spätestens im Jahre 1905 im Reichstag eingebracht werden mußte, um die Kontinuität des Dreiertempos sicherzustellen. Wie Berghahn[27] gezeigt hat, ist die Planung in der Phase von Februar 1904 bis zum Februar 1905 gekennzeichnet durch das varianten-

---

[24] BA-MA, RMA, 2278, I. 2.5.3a, Bd 5.
[25] BA-MA, RMA, 2277, I. 2.5.3a, Bd 1 (Aktennotiz Witzlebens v. 23.5.1904).
[26] Vgl. den Bericht über die Versammlung v. 29.5.1904, in: Die Flotte, 7 (1904), S. 113f. sowie die ausführliche Disposition der Rede des Frhrn. v. Würtzburg, in: BA-MA, RMA, 2277, I. 3.5.3a, Bd 1.
[27] Berghahn (wie Anm. 5), S. 325ff., 370ff.

reiche Bemühen, die grundsätzliche Entscheidung über das Vorziehen der Ersatzbauten mit der Forderung nach Aufrechterhaltung des Dreiertempos und des Geschwaderprinzips, auch für die Vermehrungsbauten, zu verbinden. Das an sich schon schwierige Unterfangen wurde weiter kompliziert durch die notwendige Berücksichtigung der außenpolitischen Lage und besonders durch die Finanzlage des Reiches. Im Herbst und Winter 1904 wurde zunehmend deutlich, daß die finanziellen Voraussetzungen für eine »große« Lösung, das heißt die gesetzliche Verankerung des 3. Doppelgeschwaders, nicht gegeben und auch nicht zeitgerecht geschaffen werden konnten. Eine derartige Lösung würde überdies, wie selbst im Reichsmarineamt anerkannt wurde, der deutschen Flotte einen »offensiven« Charakter geben, der in Großbritannien nicht unbemerkt bleiben und die Gefahr eines britischen Präventivschlages in sich bergen konnte. Unter dem Eindruck des Huller Zwischenfalls im Oktober 1904 hatten derartige Befürchtungen außerdem dazu geführt, daß das langfristige Konzept des Staatssekretärs innerhalb der Marine selbst unter zunehmenden Druck zugunsten einer höheren Kriegsbereitschaft und einer besseren Ausrüstung geriet. Schließlich konnte sich die deutsche Flottenbaupolitik auf die Dauer nicht dem internationalen Trend zum größeren Deplacement mit den damit verbundenen, enormen Kostensteigerungen entziehen. Unter dem Eindruck dieser Entwicklungen reifte die Entscheidung Anfang Februar 1905 heran. Wiederum hatte die Etatsabteilung drei Lösungsvorschläge ausgearbeitet, die abgekürzt durch folgende Schlagworte gekennzeichnet werden können: 3. Doppelgeschwader, Vorziehen der Ersatzbauten, Kreuzervorlage. Der Staatssekretär legte in einem Immediatvortrag am 11. Februar dem Kaiser die beiden letzten Vorschläge zur Entscheidung vor, wobei er sich für die Kreuzervorlage aussprach, in der die sechs im Jahre 1900 abgelehnten Auslandskreuzer als Vermehrungsbauten gefordert und damit das Dreiertempo bis 1911 fortgesetzt wurde. Der Kaiser entschied sich sofort für diese Kreuzervorlage, die den geringsten finanziellen Aufwand mit sich brachte und das gespannte Verhältnis zu England nicht weiter zu trüben versprach[28]. Die Vorlage sollte im Winter 1905 dem Reichstag vorgelegt werden.

Während Tirpitz in der Budgetkommission die Novelle in kurzen Worten ankündigte, sah er sich im Plenum veranlaßt, die übertriebenen Forderungen und die Form der Propaganda des Flottenvereins zurückzuweisen[29]. In diesem Verhalten kam das Dilemma zum Ausdruck, vor das sich das Reichsmarineamt in der Folge dem Flottenverein gegenüber gestellt sah. Die eigenen Planziele waren auf den Stand von 1902, ja auf den Entwurf des 2. Flottengesetzes aus dem Jahre 1899 zurückgefallen, während die Forderungen des Flottenvereins nicht ohne Mithilfe des Reichsmarineamts nach wie vor den Zielvorstellungen der Etatsabteilung aus dem Juli 1903 entsprachen. Da aber der Tirpitz-Plan, wenn überhaupt, sich nur in Etappen verwirklichen ließ, war er in gesteigertem Maße von der Zustimmung der Öffentlichkeit abhängig und der Flottenverein in seiner Funktion als Kristallisationspunkt für die öffentliche Meinung unentbehrlich. Das Problem war, wie die Forderungen des Flottenvereins nunmehr, nachdem die Entscheidung gefal-

---

[28] Zum Immediatvortrag v. 11.2.1905 vgl. Berghahn (wie Anm. 5), S. 328ff., 439ff.; A. v. Tirpitz, Der Aufbau der deutschen Weltmacht, Stuttgart 1924, S. 16ff.; Schilling (wie Anm. 8), S. 222ff.
[29] Vgl. Berghahn (wie Anm. 5), S. 443f., 485ff.; Schilling (wie Anm. 8), S. 225ff.

len war, in ein auch unter propagandistischen Aspekten vertretbares Maß der Übereinstimmung mit den Absichten des Reichsmarineamts gebracht werden konnten.

Bereits zwei Tage nach dem entscheidenden Immediatvortrag setzte sich der Vorstand des Nachrichtenbureaus, Witzleben, mit dem geschäftsführenden Vorsitzenden des Vereins in Verbindung[30] und erklärte dem General Menges, der Staatssekretär lasse ihm persönlich zur ganz vertraulichen Unterrichtung des Fürsten Salm mitteilen, »daß ein Entschluß für die weitere Entwicklung der Flotte nunmehr gefaßt sei. Derselbe erreiche nicht die vom Flottenverein angestrebte Höhe (3. Doppelgeschwader), bedeute aber das, was zur Zeit finanziell und mit Rücksicht auf die äußere Politik zu erreichen« sei. Als Menges erklärte, der Flottenverein werde auf seiner Forderung beharren, versuchte Witzleben nicht, ihn von dieser Absicht abzubringen, bezeugte vielmehr Sympathie für diese Haltung. Es war nicht zu erwarten, daß die Agitation des Vereins von einem zum anderen Tage umgestellt werden konnte. Die Strategie des Nachrichtenbureaus lief deshalb darauf hinaus, zunächst einmal Zeit zu gewinnen und die Zentrale des Vereins womöglich zu veranlassen, in den kommenden Monaten die Agitation nicht zu verschärfen, vielmehr eine gewisse Zurückhaltung zu üben und die Entschließungen der im Mai 1905 in Stuttgart zusammentretenden Hauptversammlung auch im Blick auf die einzuschlagende Richtung der Propaganda abzuwarten. Witzleben notierte Mitte Februar nach Rücksprache mit Capelle: »Ich werde Menges sagen, daß es gut sei, wenn sie sagen würden, daß sie ihre Stellungnahme im Mai in Stuttgart festsetzen würden. Bis dahin könnten sie also in unserem Interesse still sein oder doch nicht *zu viel* Reden machen. Es ist zu vermeiden, daß *wir* festgelegt werden und daß sich der Flottenverein zu sehr festlegt.«

Der Kontakt zu Menges war nur eine der Möglichkeiten, auf die Führung des Flottenvereins einzuwirken[31]. Bei der zweiten Lesung des Marineetats Ende Februar erklärte der Staatssekretär auf entsprechende Fragen der Sozialdemokratie und des Zentrums, wenn der Verein in seiner Agitation ein bestimmtes Programm für den Ausbau der Flotte vertrete, so überschreite er das in der eigenen Satzung festgelegte Ziel, die Regierung werde sich durch die Wünsche des Vereins nicht beeinflussen lassen. Als der Zentrumsabgeordnete Gröber von der gemeingefährlichen Agitation des Vereins sprach, griff Tirpitz nicht ein. Das war ein sehr deutliches Signal vor allem für die gemäßigten Kräfte innerhalb des Präsidiums. So konnte der neue Vorstand des Nachrichtenbureaus dem Staatssekretär bereits am 8. März vertrauliche Nachrichten über eine Vorstandssitzung vorlegen, aus denen hervorging, daß dieses Gremium in die vom Reichsmarineamt gewünschte Richtung einzuschwenken schien. Das 3. Doppelgeschwader sollte nicht mehr in den Vordergrund der Propaganda gestellt, die Novelle nicht bekämpft, aber der schnellere Ersatz veralteter Schiffe nach wie vor gefordert werden. Die gemäßigte Richtung habe volles Vertrauen zum Staatssekretär und habe durchgesetzt, »daß dies durch Verhalten der Leitung nach außen nicht erschüttert« werden solle[32].

---

[30] Vgl. BA-MA, RMA, 2277, I. 2.5.3a, Bd 1 (Aktennotizen Witzlebens v. 13. u. 17.2.1905).
[31] So ergaben sich u.a. gewisse Einwirkungsmöglichkeiten auf Grund der Differenzen, die zwischen dem Deutschen Kriegerbund und dem Flottenverein wegen der intensiven Mitgliederwerbung des letzteren entstanden waren. Vgl. die Vorgänge in: BA-MA, RMA, 2276, I. 2.5.3, Bd 3.
[32] Bericht Fregattenkapitäns v. Holleben, der Kapitän z.S. v. Witzleben als Vorstand des Nachrich-

Nach wie vor befürchtete man im Reichsmarineamt, daß Keim und sein Anhang durch aggressive Angriffe auf die Politik und die Person des Staatssekretärs die Glaubwürdigkeit der gesamten Politik auch in den Kreisen des nationalen Bürgertums erschüttern könnten. Daher intensivierte das Nachrichtenbureau die Kontakte zum bayerischen Landesverband. Das Reichsmarineamt war über die An- und Absichten des Freiherrn v. Würtzburg zu diesem Zeitpunkt sehr genau unterrichtet. In den Akten befindet sich ein ausführlicher Privatbrief des preußischen Gesandten in München, Pourtalès, vom 15. März an einen ungenannten Adressaten, bei dem es sich wahrscheinlich um den Geheimrat Otto Hammann handelte[33]. Pourtalès berichtete, daß Freiherr v. Würtzburg Form und Inhalt der Keimschen Propaganda für die Sache des Flottenvereins in Bayern, für die Förderung auch des Reichsgedankens in diesem Bundesstaat als äußerst schädlich bezeichnen müsse. Er sei entschlossen, innerhalb des Vereins ganz offen gegen Keim aufzutreten, wenn er ganz sicher sein könne, daß ein solcher Schritt im Sinne des Reichskanzlers und des Staatssekretärs sei.

Anfang April wurde daraufhin der Vorstand des Nachrichtenbureaus nach München entsandt. Der Besuch ist im Reichsmarineamt intensiv vorbereitet worden. Noch einmal wurde die Stellungnahme des Staatssekretärs zum Flottenverein präzisiert. In der entsprechenden Aufzeichnung[34] heißt es: »ein einseitiges Beharren auf dem ... 3. Doppelgeschwader und ein weiteres Angreifen des Flottengesetzes« werde »die Köpfe des Publikums nur verwirren und damit dem Verein sowohl wie der Novelle schaden«. Die Äußerungen des Staatssekretärs im Reichstag über den Flottenverein seien notwendig gewesen, weil die Agitation für ein bestimmtes Programm der Regierung unerwünscht sei, da »das 3. Doppelgeschwader *politisch* unmöglich«. Keim habe es der Regierung auch unmöglich gemacht, »mit der Novelle in irgendeinem Punkt von dem ursprünglich geplanten Gesetz abzuweichen«. Tirpitz billige voll und ganz die bewährte Politik des bayerischen Landesverbandes und hoffe, daß es dessen Führung gelingen werde, den notwendigen Einfluß auf die Zentrale auszuüben.

In einer Ergänzung zu dieser Aufzeichnung sind die Motive der Propagandapolitik des Reichsmarineamts in dieser Phase in aufschlußreichen Formulierungen skizziert: »Flottenverein muß weiter agitieren, da leicht Lauheit eintreten kann. Staatssekretär muß der Agitation gegenüber neutral bleiben. Das sind gewissermaßen Widersprüche. Dazwischendurch muß sich Flottenverein hindurchwinden. Vertrauen zum Staatssekretär darf nicht erschüttert werden ... Im Reichstag ist keine innere Überzeugung da. Auch Flottenverein wird die nicht schaffen, nur Chauvinisten wollen mehr. Flottenverein muß in Süddeutschland diesen Chauvinismus so weit entfachen, daß er eine Rückwirkung auf das süddeutsche Centrum ausübt.« In diesen kurzen Sätzen wird deutlich, daß die Tätigkeit des Flottenvereins für das Reichsmarineamt nicht nur eine mehr oder minder dankbar akzeptierte Ergänzung der eigenen Bemühungen darstellte, sondern daß er im Rahmen des Gesamtkonzepts eine notwendige Funktion ausübte. Bedeutsam ist auch die Defini-

---

tenbureaus Ende Februar 1905 abgelöst hatte. Für den Vorgang vgl. BA-MA, RMA, 2277, I. 2.5.3a, Bd 1.

[33] Ebd.

[34] Ebd. (Undatierte Aufzeichnung des Kapitänleutnants Vollerthun, AB 36.) Vgl. auch Berghahn (wie Anm. 5), S. 486 f.

tion der Aufgabe des Flottenvereins in Süddeutschland, wobei der Terminus Chauvinismus zu interpretieren ist im Sinne der von Freiherrn v. Würtzburg befürworteten allgemeinen nationalen Propaganda zur Überwindung des Partikularismus.

Das Ergebnis der Reise des Vorstandes des Nachrichtenbureaus nach München war für das Amt überaus zufriedenstellend[35]. Die führenden Persönlichkeiten des bayerischen Landesverbandes unter Einschluß des Prinzen Rupprecht waren vollkommen von der Angemessenheit der von Tirpitz gegebenen Propagandadirektive überzeugt, wichtiger noch, sie erklärten ihre Absicht in Zusammenarbeit mit anderen Landesverbänden dafür zu sorgen, daß auf der Hauptversammlung des Gesamtverbandes in Stuttgart Ende Mai die Forderung des 3. Doppelgeschwaders nicht mehr erhoben werde. Der Versuch der Ausschaltung Keims, über dessen Persönlichkeit und Politik in München drastische Urteile gefallen sein müssen, nahm konkrete Formen an.

Auf Initiative des bayerischen Landesverbandes kam es Ende April zu harten Auseinandersetzungen innerhalb des Präsidiums des Flottenvereins[36]. Die Vorwürfe gegen die Berliner Zentrale wegen der satzungswidrigen Form der Agitation, der Festlegung auf ein bestimmtes Programm und der Angriffe gegen die Reichsregierung, insbesondere gegen den Staatssekretär des Reichsmarineamts, führten dazu, daß Keim und Menges, der sich mit dem ersteren solidarisch erklärte, ihren Rücktritt ankündigten. Eine weitere Sitzung am 29. April sollte die Entscheidung bringen. Keim hatte angekündigt, er wolle nachweisen, daß die Forderungen des Flottenvereins in Übereinstimmung mit dem Reichsmarineamt vertreten worden seien. Diese gefährliche Klippe umschiffte Würtzburg mit Hilfe des Nachrichtenbureaus sehr elegant, indem er gegen die erwartete Beweisführung Keims, die Übereinstimmung mit dem Staatssekretär selbst in Feld zu führen gedachte. Tirpitz gewährte die erbetene Unterstützung, gab aber zu erkennen, daß er eine versöhnliche Lösung des Konfliktes für wünschenswert halte. Obwohl über das Ergebnis dieser Präsidialsitzung keine direkten Nachrichten vorliegen, ist doch aus späteren Mitteilungen der beiden Kontrahenten Keim und Würtzburg zu entnehmen, daß eine den Wünschen des Staatssekretärs entsprechende Lösung gefunden worden war. Keim und Menges traten nicht zurück und für die Stuttgarter Resolution wurde darin Übereinstimmung erzielt, daß die Regierungsvorlage mit allen Kräften unterstützt und der frühere Ersatz der veralteten Küstenpanzer gefordert werden solle.

Innerhalb von 2 1/2 Monaten war es auf diese Weise gelungen, die Leitlinien der weiteren Propaganda wieder in ein für die konkret geplante Vorlage wirksames Verhältnis zu bringen. Die Spannungen zwischen den mehr beharrenden und den vorwärts drängenden Kräften blieben erhalten, ein Bruch mit unabsehbaren Konsequenzen für die Stoß-

---

[35] Aufzeichnung Hollebens v. 10. 4. 1905, BA-MA, RMA, 2277, I. 2.5.3a, Bd 1.
[36] Die Schilderung der Vorgänge bei Schilling (wie Anm. 8), S. 230, beruht auf der Darstellung von A. Keim, Erlebtes und Erstrebtes, Hannover 1925, S. 108 f. Keim ist jedoch offensichtlich ein Datierungsfehler unterlaufen. Die Sitzung des Präsidiums fand nicht am 19. 3., sondern am 19. 4. 1905 statt; vgl. auch Die Flotte, 8 (1905), S. 72. Weitere Hinweise ergaben sich aus den Akten (BA-MA, RMA, 2277, I. 2.5.3a, Bd 1): Aufzeichnung Hollebens über Gespräch mit Graf E. v. Dürkheim am 18. 4., Frhrn. v. Würtzburg am 28. 4. und General Keim am 8. 5. 1905 sowie ein Brief des Frhrn. v. Würtzburg v. 12. 5. 1905.

kraft der für den Plan unentbehrlichen Propaganda war vermieden worden. Der Konflikt zwischen Berlin und München hatte zudem gezeigt, welche Möglichkeiten der Einflußnahme sich aus dieser Tatsache für das Reichsmarineamt ergaben — Möglichkeiten, die in Zukunft je nach der gegebenen Situation nach dieser oder jener Richtung für die weiteren Stufen des Tirpitz-Plans genutzt werden konnten. Die Befriedigung, mit der im Reichsmarineamt die Lösung der Krise verzeichnet wurde, kommt in einer Bemerkung von Capelle[37] zum Ausdruck: »An und für sich ist der Flottenverein ja eine mächtige Stütze für uns und ist es erstaunlich zu welchem Grade der Vollkommenheit er gekommen ist ... und wenn wir ihn nicht hätten, so müßte er jetzt geschaffen werden.« Wie wenig die Verärgerung über die scharfen Angriffe Keims Capelle den Blick für die Nützlichkeit auch dieses radikalen Propandisten verstellte, zeigte sich darin, daß er das Keimsche Schlagwort von den »schwimmenden Särgen« als »sehr gut ... kreiert« empfand und darüber hinaus feststellte, daß die »damalige Forderung des 3. Doppelgeschwaders« dem Reichsmarineamt im Blick auf die Novelle »sehr genützt« habe.

Wenige Tage nachdem sich das Präsidium auf eine für beide Seiten gerade noch annehmbare Formel geeinigt hatte, wurde der Verein durch ein Telegramm des Kaisers erneut in eine schwere Krise gestürzt. Am 5. Mai telegraphierte Wilhelm II. von Basel aus an den geschäftsführenden Vorsitzenden, General Menges, er habe erfahren, daß Prinz Rupprecht und Freiherr v. Würtzburg über die Berliner Führung sehr verstimmt seien. Wörtlich heißt es in dem Telegramm: »Sie [die Berliner Führung] hat begonnen sich das Recht anzumaßen, über die Formation der Flotte, sogar die Schiffstypen in derselben, Gesetze aufzustellen und der Regierung aufdrängen zu wollen. Das ist ein direkter Eingriff in die Commandosphäre des Allerhöchsten Kriegsherrn, die ich auf das bestimmteste als gänzlich ungehörig zurückweisen muß.« Mit diesen starken Worten inszenierte der Kaiser einen Theaterdonner an der falschen Stelle des Stückes mit ungewöhnlichen Mitteln und stürzte alle Beteiligten zunächst in große Verwirrung. General Menges trat sofort zurück, Keim folgte nach wenigen Tagen, Salm kündigte in einem Immediatschreiben ebenfalls seinen Rücktritt an, den Keim sich sofort gewünscht hätte. Freiherr v. Würtzburg befürchtete als Ergebnis dieses Telegramms, das seiner Ansicht nach weit über das Ziel hinausschoß, bösartige und andauernde Verdächtigungen des bayerischen Landesverbandes, dem man natürlich das Telegramm in die Schuhe schieben werde[38].

Welche Überlegungen, welche Personen hatten Wilhelm II. zu diesem Schritt veranlaßt? Der preußische Gesandte in München hatte am 2. Mai dem Kaiser in Venedig — der letzten Station seiner Mittelmeerreise — über das Zerwürfnis zwischen der Berliner Präsidialstelle und dem bayerischen Landesverband berichtet. Auch Admiral v. Hollmann, ein erklärter Gegner Keims, hatte bei dieser Gelegenheit gegen die Politik der Berliner Zentrale Stellung genommen[39]. Diese Informationen entsprachen nicht mehr der Situa-

---

[37] Aufzeichnung Hollebens v. 6.5.1905, BA-MA, RMA, 2277, I. 2.5.3a, Bd 1.
[38] Vgl. ebd. (Telegramm des Kaisers, Unterrichtung des Nachrichtenbureaus durch Keim am 8.5., Schreiben des Frhrn. v. Würtzburg v. 12.5.1905); BA-MA, RMA, 2276, I. 2.5.3, Bd 3 (Rücktrittsschreiben der Generale an die Hauptausschüsse des Flottenvereins); BA-MA, RMA, MK, 3476, XXXXc, Bd 2 (Immediatschreiben des Fürsten Salm v. 6.5.1905).
[39] Schreiben des Marinekabinettschefs v. 13.5. an den Chef des Zivilkabinetts, und v. 24.5.1905 an

tion und brachten den Monarchen selbst in eine mißliche Lage. Das Immediatschreiben des Präsidenten des Flottenvereins vom 6. Mai war vom Kaiser dem Marinekabinettschef mit der Weisung übergeben worden, zusammen mit Tirpitz den Fürsten Salm zu empfangen und ihn von seinen Rücktrittsabsichten abzubringen. Auch der Reichskanzler, den der Fürst um eine Audienz beim Kaiser gebeten hatte, ließ den Marinekabinettschef sehr nachdrücklich bitten, in dieser Unterredung nach Möglichkeit die entstandenen Differenzen aus der Welt zu schaffen. Senden und Tirpitz ist dies am 22. Mai nicht vollständig gelungen. In seinem Immediatbericht mußte Senden feststellen, daß nach dem gewonnenen Eindruck nur ein Wort des Kaisers den Fürsten und das Gesamtpräsidium des Vereins von einem Rücktritt bei der Stuttgarter Tagung abhalten könnte. Senden empfahl dem Kaiser, den Fürsten Salm zu empfangen, um die kommende Novelle durch eine Flottenvereinskrise nicht zu gefährden. Der Kaiser folgte diesem Rat und gewährte dem Fürsten am 24. Mai, zwei Tage vor Beginn der Stuttgarter Hauptversammlung, eine halbstündige Audienz. Vergleicht man das Telegramm Wilhelms II. vom 5. Mai mit der Zusammenfassung des Gesprächs vom 24. Mai in einem Brief des Fürsten Salm, so kann man nur feststellen, daß der Monarch innerhalb von drei Wochen eine fast vollständige Kehrtwendung vollziehen mußte. Die Leitung des Vereins entspreche voll seinen Wünschen, er sei völlig falsch informiert worden, und er wünsche nunmehr, daß die beiden Generale ihre Funktionen wieder übernehmen möchten[40]. Damit war eine offene Krise vermieden worden, die Stuttgarter Hauptversammlung konnte äußerlich den geplanten Verlauf nehmen. Die Anfang Mai vereinbarte Resolution wurde von dem Berichterstatter, diesmal Graf Dürkheim und nicht General Keim, eingebracht und einstimmig verabschiedet. Nur am Schluß der Hauptversammlung wurde der Konflikt in vorsichtigen Formulierungen angesprochen, alle Redner beschworen jedoch die wieder hergestellte Einheit des Vereins und nahmen dies als gutes Zeichen für die Zukunft[41].

Unter der Oberfläche schwelte der durch das Kaisertelegramm erneut angefachte Streit weiter. Der Protektor des Gesamtvereins, Prinz Heinrich von Preußen, hat hierzu nicht wenig beigetragen. Schon in der Korrespondenz mit seinem Bruder und mit dem Chef des Marinekabinetts[42] hatte er die Notwendigkeit der völligen Unabhängigkeit des Vereins gegenüber Regierung und auch dem Kaiser betont — eine Forderung, die von dem Bruder des Kaisers, dem Admiral, dem Protektor des Vereins wohl nicht ganz zu Ende gedacht worden war. Durch den Empfang des Fürsten Salm sah er die Unabhängigkeit bedroht und »damit der Bedeutung des Vereins der Lebensnerv unterbunden«. Prinz Heinrich stand jedenfalls, das geht aus seinen Äußerungen eindeutig hervor, auf seiten der angegriffenen Generale und ließ die Bayern seinen Ärger spüren. In dieser Haltung des Prinzen deutete sich eine erneute Kräfteverschiebung innerhalb der Führungsgremien des

---

den Prinzen Heinrich, BA-MA, MK, 3476, XXXXc, Bd 2.
[40] Für die Vorgänge vgl. die in Anm. 39 bezeichnete Akte des Marinekabinetts, eine Abschrift des Briefes des Fürsten Salm an den Geschäftsführer Sturtz, BA-MA, RMA, 2277, I. 2.5.3a, Bd 1.
[41] Vgl. das Protokoll der Hauptversammlung v. 27.5.1905, in: BA-MA, 2276, I. 2.5.3, Bd 4; den Bericht in Die Flotte, 8 (1905), S. 98ff. sowie Schilling (wie Anm. 8), S. 233ff.
[42] Vgl. vor allem das Schreiben v. 25.5.1905 an den Marinekabinettschef in der in Anm. 39 bezeichneten Akte.

Flottenvereins an. Unter dem unmittelbaren Eindruck des Kaisertelegramms schien sich zunächst der früher so stark betonte Selbständigkeitswillen in sein Gegenteil zu verkehren. In der Präsidialsitzung vom 17. Mai drang die Mehrheit unter Admiral Thomsen darauf, sich das künftige Programm gewissermaßen schriftlich vom Reichsmarineamt geben zu lassen. Die Szene wandelte sich durch die Hartnäckigkeit des Fürsten Salm und die Durchsetzung seiner Wünsche beim Kaiser. Es war dabei wesentlich, daß Tirpitz sich bei dieser Gelegenheit genötigt sah, in vorsichtigen Formulierungen die Übereinstimmung mit Programm und Führung des Flottenvereins festzustellen. Derartige Festlegungen hatte er bisher peinlich vermieden. Aus den Berichten des Vorstandes des Nachrichtenbureaus über die Stuttgarter Hauptversammlung und die in der ersten Hälfte Juni sehr intensiven Kontakte zum Geschäftsführer des Flottenvereins, Sturtz, läßt sich ablesen, daß als Folge der überwundenen Krise der bayerische Einfluß auf die Führung des Gesamtvereins mehr und mehr zurückgedrängt wurde und daß unter der Führung des Fürsten Salm die beiden Generale Menges und Keim wiederum tatkräftig und richtungsweisend die Geschäfte führten. Sowohl in bezug auf das Agitationsprogramm als auch hinsichtlich des Verhältnisses der Berliner Zentrale zum bayerischen Landesverband sollte sich die Prognose Hollebens als zutreffend erweisen: »Äußerlich bleibt alles beim Alten. Nichts soll nach außen dringen. 3 Monate soll nichts gemacht werden, weder agitiert pp. Dann setzt die Sache mit neuer Wuth im alten Fahrwasser wieder ein.« Im Reichsmarineamt wurde diese Kräfteverschiebung genau beobachtet. Wie empfindlich Tirpitz darauf reagierte, scheint mir daraus hervorzugehen, daß er eine vom Nachrichtenbureau vorgeschlagene Einladung an den Fürsten Salm, während der Kieler Woche gemeinsam interessierende Fragen zu besprechen, ablehnte und den Vorgang mit einem großen Fragezeichen versah[43].

Der Flottenverein hielt sich tatsächlich während der Sommermonate sehr zurück. Das Reichsmarineamt konzentrierte sich ganz auf die Fertigstellung der Novelle, die unter dem Eindruck der Meldungen über die Deplacementssteigerungen in Großbritannien im September nochmals in größter Eile umgearbeitet werden mußte. Tirpitz hatte sich entschlosen, der Entwicklung der Schiffstypen im Auslande zu folgen. Die Konsequenzen, die dieser Schritt auf außenpolitischem Gebiet, für die Beziehungen des Reiches zu Großbritannien insbesondere, hatte, stehen hier nicht zur Erörterung. Ebenfalls außer acht gelassen werden müssen die finanziellen Auswirkungen dieser Entscheidung, die den Gesamtplan des Staatssekretärs im Rahmen der gegebenen Finanzstruktur des Reiches und deren parteipolitischen Implikationen auf lange Sicht zum Scheitern verurteilten. Zwar erwarteten Tirpitz und seine Planer, daß Reichsschatzamt und Reichstag bei der Bewilligung der Vorlage große Schwierigkeiten bereiten würden, sie zweifelten aber nicht an dem schließlichen Erfolg[44]. Die Wintermonate 1905/06 standen dagegen für den Staatssekretär im Zeichen einer als sehr viel gefährlicher empfundenen Auseinan-

---

[43] Für die Aufzeichnungen Hollebens über seine Unterredung mit Würtzburg am 19.5., die Stuttgarter Hauptversammlung und seine Unterredungen mit Sturtz in der ersten Junihälfte sowie für den Bericht des preuß. Gesandten in München v. 31.5.1905, vgl. BA-MA, RMA, 2277, I. 2.5.3a, Bd 1. Für den Bericht des preuß. Gesandten in Stuttgart v. 29.5. und die nicht vollzogene Einladung an Fürst Salm, vgl. BA-MA, RMA, 2276, I. 2.5.3, Bd 3; auch Schilling (wie Anm. 8), S. 242 f., insbesondere Anm. 108.
[44] Vgl. hierzu Berghahn (wie Anm. 5), S. 459 ff.

dersetzung um die Vorlage. Kaiser und Kanzler schienen zeitweise aus unterschiedlichen Motiven den Forderungen des radikalen Flügels des Flottenvereins Gehör schenken zu wollen, dadurch stand nicht nur die Autorität des Staatssekretärs, sondern auch das Ziel des Flottenbaus selbst, das aus wohl erwogenen Gründen nur in einzelnen Etappen zu erreichen war, auf dem Spiele.

Die Situation, in der sich das Reichsmarineamt gegenüber der Flottenbewegung befand, war der Lage im Frühjahr 1905 vergleichbar. Den Propagandisten des Flottenvereins fehlte bei der scheinbaren Geringfügigkeit der Forderung die erwünschte, für die Wirksamkeit ihrer Bemühungen notwendige, begeisternde Zielsetzung. Die Vorlage bot keine neuen Aspekte, die dem bereits überfütterten Publikum aufgedrängt werden konnten. Niemand hat die propagandistische Nichtverwertbarkeit der Vorlage besser erkannt als Tirpitz selbst[45]. Die Propagandisten des Flottenvereins sahen aber die großen Möglichkeiten, die sich für eine umfassende Agitation für eine große Vorlage aus der außenpolitischen Entwicklung ergaben.

Das neue und gefährliche Element der Situation bestand darin, daß die durch die Mai-Ereignisse gestärkte Gruppe um Fürst Salm und General Keim versuchte, den Widerstand des Staatssekretärs gegen eine große Vorlage auf dem Umweg über den Monarchen und seine Umgebung sowie über den Kanzler zu brechen. Im Oktober und November häuften sich die Anzeichen, daß der Flügeladjutant v. Müller den Gedanken Keims durchaus nicht fern stand. Tirpitz hat auf verschiedenen Wegen versucht, diesen für die Willensbildung des Monarchen wichtigen Seeoffizier von der Richtigkeit seines Vorgehens zu überzeugen[46]. Diesen Bemühungen war zumindest insoweit ein Erfolg beschieden, als in der kritischen Phase von Anfang Oktober bis zur Einbringung der Novelle im Reichstag am 28. November der Monarch keine das Konzept der Vorlage berührenden Initiativen ergriff.

Schwieriger gestaltete sich in dieser ersten Phase die Auseinandersetzung mit dem Reichskanzler. Schon im Frühjahr 1905 war dem Reichsmarineamt verschiedentlich von den Repräsentanten des bayerischen Landesverbandes die Frage gestellt worden, ob zwischen dem Staatssekretär und dem Reichskanzler völliges Einverständnis über die angekündigte Vorlage herrsche. General Keim verbreite nämlich die Nachricht, »der Reichskanzler habe ihm zu verstehen geben lassen, daß er gar nichts gegen diese Agitation [des Flottenvereins für ein 3. Doppelgeschwader] hätte«[47]. Eine Aufzeichnung von Anfang Mai verdeutlicht, daß man in der unmittelbaren Umgebung des Reichskanzlers bereit war, das innenpolitische Kapital des Flottenvereins in drastischer, aber auch in ausgesprochen kurz-

---

[45] In der Aufzeichnung über die bekannte Unterredung mit dem Fürsten Salm und Admiral z.D. Thomsen v. 7.11. heißt es gleich zu Anfang: »Will man das Drängen der öffentlichen Meinung nach einer größeren Marineforderung benützen, so bedarf man vor Allem eines *allgemein verständlichen* Programms, eines Zieles, das man als Forderung aufstellen kann. Wie man beim jetzigen Flottengesetz das Schlagwort angab, man wolle die Marine verdoppeln, so müßte auch die neue Forderung sich in wenige Schlagworte zusammenfassen lassen, mit denen man Eindruck auf die öffentliche Meinung macht, und die sich für eine große Agitation eignen.« BA-MA, Nl Tirpitz, N 253/6.
[46] Tirpitz (wie Anm. 28), S. 19 ff.
[47] Vgl. das Schreiben Pourtalès v. 15.3. (Anm. 33), aus dem das Zitat entnommen ist, und den Bericht Hollebens v. 10.4.1905 (Anm. 35).

sichtiger Weise für gesamtpolitische Zwecke einzusetzen. Der Vorstand des Nachrichtenbureaus notierte als Ansicht des Geheimrats Hammann[48]: »Reichskanzler soll Parteiführer zusammenrufen und ihnen sagen, hier ist die Vorlage, ich will mich jeder Agitation begeben, aber bewilligt sie mir jetzt. Wenn nicht, dann ziehe ich alle Register der Agitation!« Hammann dürfte zu diesem Zeitpunkt eine über die Kreuzervorlage hinausgehende Forderung im Auge gehabt haben. Die Vermutung liegt nahe, daß der Reichskanzler im Herbst von ähnlichen Vorstellungen ausging, als er in einem nicht immer ganz durchsichtigen Verhalten sowohl dem Staatssekretär als auch den führenden Vertretern des Flottenvereins zu verstehen gab, daß er durchaus für eine größere Vorlage zu haben sei. Die Motive, die Bülows Politik in dieser Frage zugrundelagen, waren vielfältiger Art; Tirpitz vermutete vor allem und nicht zu Unrecht, daß eine große Marinevorlage, deren Ablehnung durch den Reichstag zu erwarten war, als Vorwand für eine Auflösung des Parlaments und als zugkräftige Wahlparole benutzt werden solle. Dieses Risiko wollte er jedoch nicht eingehen. Wie gegenüber dem Flügeladjutanten v. Müller versuchte der Staatssekretär den Reichskanzler durch die Darlegung der Motive für die Novelle, der leitenden Grundsätze und Ziele des Flottengesetzes zu überzeugen. Auch hier gelang es ihm, die gefährliche Phase, in der die Novelle dem Bundesrat vorlag aber noch nicht veröffentlicht war, auf diese Weise zu überwinden[49].

Gegenüber der Agitation des Flottenvereins, der Ursache der geschilderten Schwierigkeiten, verhielten sich Tirpitz und das Nachrichtenbureau dagegen auffallend passiv. Nach der Aussprache am 7. November mit dem Präsidenten und dem Vizepräsidenten des Vereins, die eine sogenannte »große Lösung« das heißt ein Bautempo von fünf großen Schiffen für die Jahre 1906 bis 1909 forderten, läßt sich in den Akten bis zur Jahreswende 1905/06 keine Initiative nachweisen, die auf eine Beeinflussung der Entscheidungen der Flottenvereinsführung zielte. Im Gegenteil, Fregattenkapitän Hollweg, der für wenige Wochen die Vorstandsgeschäfte übernommen hatte, schrieb Würtzburg am 21. Dezember einen Brief[50], der auf eine Rechtfertigung der Agitation des Flottenvereins hinauslief. In der am 2. Dezember in einer Vorstandssitzung gebilligten Resolution[51] hatte der Verein den Reichstag aufgefordert, über die Marinevorlage hinausgehend »jährlich mehr Ersatzbauten für die minderwertigen Schiffe« zu bewilligen. Diese Resolution war gegen den heftigen Widerstand des Admirals v. Hollmann und bayerischer Vertreter verabschiedet worden und bildete den Auftakt zu der Keimschen Agitation für das dem Staatssekretär am 7. November vorgetragene Programm des Flottenvereins. Hollweg bezeichnete die Resolution in dem Brief an Würtzburg als »milde und leidlich verständig«, man könne annehmen, daß die Agitation »nützliche Ergebnisse haben« werde. Die Agitation stelle einen Test dar, wie tief die Flottenbewegung in das Volk eingedrungen sei. Sollte dieser Test positiv ausfallen, würde es »für die Regierung — selbst wenn sie es wollte — vielleicht schwierig sein« diese Bewegung »einzudämmen«. Übertreibungen würden

---

[48] Vgl. die Aufzeichnung Hollebens v. 6.5.1905 (Anm. 37).
[49] Vgl. Tirpitz (wie Anm. 28), S. 20 ff.; Berghahn (wie Anm. 5), S. 493 ff.; Schilling (wie Anm. 8), S. 251 ff.
[50] BA-MA, RMA, 2277, I. 2.5.3a, Bd 1.
[51] Zur Resolution vgl. Die Flotte, 9 (1906), S. 10.

sich selbst »todtlaufen«, die Flottengegner würden im übrigen dafür sorgen, »daß ein bestimmtes Maß nicht überschritten« werde. Für bayerische Ohren waren das ganz neue Töne aus dem Reichsmarineamt. Welche Überlegungen standen hinter dieser Politik? Das Gewährenlassen des Flottenvereins beruhte wohl doch auf der Überlegung, daß es notwendig sei, die Vorlage »durch das Gewicht seiner Agitation weiter zu unterstützen«, wie Hollweg es formulierte. Sollte die Agitation gar dazu führen, daß im Reichstag ein entsprechender Antrag eingebracht wurde, wie Hollweg es für möglich hielt, so konnte dieser parlamentarische Vorgang als günstige Ausgangsbasis für weitere, spätere Forderungen dienen. Das war gewissermaßen die positive Seite des Gewährenlassens, auf der anderen Seite stand die Tatsache, daß die Verbindungen zur Zentrale des Flottenvereins mehr oder weniger abgebrochen waren. Mit dem Rücktritt des Generals Menges als geschäftsführender Vorsitzender, zwei Tage nach der Verabschiedung der Berliner Resolution, verlor das Reichsmarineamt den verläßlichen Kontaktmann, der bei aller Loyalität auch gegenüber General Keim eine offen gegen das Reichsmarineamt und den Staatssekretär gerichtete Propaganda zu unterstützen nicht bereit war[52]. Damit war General Keim der eigentliche Dirigent der Präsidialgeschäftsstelle und ihrer Propaganda.
Tirpitz war zum Jahresende 1905 nicht mehr der Überzeugung, daß Übertreibungen sich »todtlaufen« würden. Im November hatte er es bereits verstanden, den Protektor des Vereins, Prinz Heinrich von Preußen, von der Angemessenheit der Vorlage und der Gefährlichkeit einer Propaganda zu überzeugen[53], die »ein bestimmtes Maß« überschritt, das heißt das Flottengesetz selbst in Gefahr brachte. Am 25. Dezember schrieb er an den Prinzen: »Die Methode des Flottenvereins und der wilden Marineschriftsteller der Neuzeit würden das gesetzmäßige Vorgehen vernichten und den Aufbau der Flotte dem Zufall preisgeben.« Und Prinz Heinrich äußerte unter demselben Datum die Ansicht, daß der Flottenverein seine Aufgabe erfüllt habe und fuhr fort: »General Keim ist ein Pfahl im Fleische des Vereins. Seine Unschädlichmachung halte ich für angezeigt[54].« Damit stand Tirpitz erneut ein Hebel zur Verfügung, mit dem eine den Wünschen des Reichsmarineamts entsprechende Relation zwischen Propaganda und Plan hergestellt werden konnte.
In der Präsidialsitzung des Flottenvereins vom 25. Januar 1906 wurde der Text eines Flugblattes genehmigt, der das Faß zum Überlaufen brachte[55]. Unter der Überschrift »Der Deutsche Flotten-Verein an das deutsche Volk« wurde erklärt, daß die vorhandenen unbrauchbaren, veralteten Schiffe sofort durch ganz moderne Kampfschiffe ersetzt werden müßten, »*wenn wir nicht 9000 deutsche Seeleute im Kriegsfalle nutzlos in den sicheren Tod senden wollen*«. Die dem Reichstag vorliegende Novelle sei völlig unzureichend. »Die Minderwertigkeit unseres gesamten Materials an großen Schiffen, namentlich Linienschiffen, ist weltkundig. Und dieselbe Marineleitung [die 1900 die Linienschiffe als den Kern der Flotte bezeichnet hatte] tritt heute vor den Reichstag und *fordert*: nicht den Kern,

---

[52] Zum Rücktritt von Menges vgl. ebd.; zu den angedeuteten Motiven vgl. eine Meldung des Kapitänleutnants Boy-Eds v. 15.1.1906, BA-MA, RMA, 2277, I. 2.5.3a, Bd 1.
[53] Tirpitz (wie Anm. 28), S. 24.
[54] Für die Briefe vgl. BA-MA, Nl Tirpitz, N 253/6 u. 16.
[55] Zur Präsidialsitzung vgl. Die Flotte, 9 (1906), S. 44. Ein Exemplar des Flugblattes, Aufl. 1 Million, in: BA-MA, Nl Tirpitz, N 253/6.

sondern *die Schale, nichts als die Schale.*« Das war für die Verhältnisse der damaligen Zeit ein ganz unverhüllter, in seiner Schärfe kaum zu überbietender Angriff auf den Staatssekretär, dem auch in seiner Eigenschaft als Offizier der Vorwurf gemacht wurde, daß er wissentlich die Rüstung des Reiches vernachlässige. Tirpitz, der schon um die Jahreswende 1905/06 erste Gegenmaßregeln veranlaßt hatte[56], wurde zu energischem Handeln gedrängt, als er erkennen mußte, daß die Keimsche Methode, möglicherweise sogar das erwähnte Flugblatt, erste Erfolge an einer für die Durchführung des Gesamtplanes entscheidenden Stelle zeitigte. Bei einem Immediatvortrag am 3. Februar 1906 äußerte der Kaiser, daß die Volksstimmung zugunsten der Flotte nicht genügend ausgenützt sei, daß die Ersatzbauten hätten vorgezogen und die Lebensdauer der Schiffe herabgesetzt werden sollen. Die Kritik des Kaisers ging also in genau derselben Richtung wie die des Flottenvereins, ein für Tirpitz an sich schon unerträglicher Zustand. Bedrohlich wurde die Situation aber wenige Tage später dadurch, daß der Reichskanzler die Kritik des Kaisers aufnahm und erklärte, er habe Tirpitz schon im Oktober 1905 gesagt, »er solle seine Forderungen so hoch stellen, wie er wolle«, er — der Reichskanzler — garantiere die Annahme. Kaiser und Kanzler waren sich also Anfang Februar darin einig, daß — möglichst auf dem Wege über einen Initiativantrag aus der Mitte des Reichstages — die Marinerüstung rasch verstärkt werden sollte, und zwar im Sinne des vom Flottenverein schon Anfang November entwickelten Programms[57]. Welche Motive auch immer Kaiser und Kanzler geleitet haben mögen, Tirpitz erkannte sofort, daß durch einen stark beschleunigten, das heißt überstürzten Ausbau nicht nur das Flottengesetz, sondern auch die innenpolitische und außenpolitische Zielsetzung des Flottenbaus in Gefahr geriet.

Am Tage nachdem der Staatssekretär durch den Chef des Marinekabinetts von der Stellungnahme des Kanzlers erfahren hatte, rief er seine engsten Mitarbeiter, darunter auch den amtierenden Vorstand des Nachrichtenbureaus Korvettenkapitän Vollerthun, zusammen, um die notwendigen Gegenmaßnahmen zu beraten.

Ein in den darauffolgenden Tagen unternommener Versuch, die Vorlage sachlich gegenüber Kaiser und Kanzler zu rechtfertigen, führte nur zu einem wenig befriedigenden Ergebnis; beide nahmen zwar davon Abstand, ihre Vorstellungen einer sofortigen oder baldigen Verstärkung der maritimen Rüstung weiterzuverfolgen, aber Tirpitz konnte sie, insbesondere den Kaiser, nicht von der Richtigkeit seines Vorgehens überzeugen. Aber nicht nur gegenüber den höchsten Repräsentanten des Reiches galt es die Novelle abzusichern, sondern auch gegenüber dem Reichstag, in dessen Budgetkommission die Agitation zweifellos zur Sprache kommen würde, und vor allem gegenüber dem Flottenverein selbst. Zu diesem Zweck erhielt Korvettenkapitän Vollerthun den Auftrag, sich mit der Leitung des bayerischen Landesverbandes in Verbindung zu setzen. Wie im Frühjahr 1905 wurde der bayerische Hebel gegen die Zentrale des Vereins angesetzt und dieses Unternehmen sollte wiederum — diesmal in Verbindung mit Prinz Heinrich — dazu

---

[56] Das Nachrichtenbureau brach die Beziehungen zu Reventlow ab (BA-MA, RMA, 2748, I. 2.1.26, Bd 1). Telegramme örtlicher Flottenvereine im Sinne der Resolution v. 2.12.1905 an den Staatssekretär wurden nicht mehr beantwortet (BA-MA, RMA, 2260, I. 2.3.8, Bd 4).

[57] Vgl. hierzu und zum folgenden Tirpitz (wie Anm. 28), S. 24 ff.; Berghahn (wie Anm. 5), S. 500 ff.; Schilling (wie Anm. 8), S. 267 ff.

führen, daß bis zur Hauptversammlung im Mai in Hamburg ein Gleichgewicht zwischen den regierungstreuen und den radikalen Kräften hergestellt wurde. Wie gefährlich die Situation von Tirpitz eingeschätzt wurde, geht daraus hervor, daß er sich entschloß, dem Vorstand des bayerischen Landesverbandes das innenpolitische Fernziel seines Planes enthüllen zu lassen. Der ausführliche Bericht Vollerthuns[58] über seine Gespräche in München am 13. und 14. Februar läßt erkennen, daß es das erste Ziel des Reichsmarineamts war, die bei den führenden Persönlichkeiten eingetretene Verdrossenheit und Verärgerung zu überwinden. Auf der Basis des auf diese Weise wieder hergestellten Vertrauens war dann zu erwarten, daß der bayerische Landesverband gegen die Keimsche Politik aktiviert werden konnte. Freiherr v. Würtzburg wurde daher in einer zweistündigen Unterredung in die Schwierigkeiten eingeweiht, »die Euer Exzellenz gegenwärtig bei S.M. dem Kaiser zu überwinden haben, über die Ursachen, die diese Schwierigkeiten herbeigeführt, und über die unheilvollen Konsequenzen, die eine Nichtüberwindung derselben auf das Flottengesetz und damit den organischen und methodischen Ausbau unserer Flotte haben« mußten. Mit anderen Worten, der 1. Vorsitzende eines Landesverbandes wurde eingehend über die momentane außen- und innenpolitische Konstellation, wie sie sich nach den Interventionen des Kaisers und des Kanzlers aus der Sicht des Staatssekretärs darstellte, informiert. Im Anschluß an diese sehr außergewöhnliche Aussprache trug Vollerthun im erweiterten Kreise die bekannten Gravamina gegen die von Keim inszenierte Agitation vor und konnte dabei der Zustimmung der Herren von vornherein sicher sein. Um den Landesverband noch enger an seine Politik zu binden hielt Tirpitz es für notwendig, daß Vollerthun den Herren auch die innenpolitischen Perspektiven des Flottenbaus enthüllte. Dieser erläuterte zunächst den Sinn des § 2 des Gesetzes, der »eine gleichmäßige jährliche Baubelastung und eine automatische Erneuerung der Flotte unabhängig von den Launen des Reichstages« gewährleiste. Die Vorlage ermögliche bis 1912 ein gleichmäßiges Dreiertempo, »sie ist damit als die vorletzte Etappe in der Vervollkommnung des Gesetzes anzusehen, deren letzte die Herabsetzung der Altersgrenzen der Linienschiffe auf 20 Jahre sein wird«. Diese Frage werde erst 1910 akut und das Reichsmarineamt werde sie zu gegebener Zeit lösen, »damit würde das Dreiertempo als Äternat stabilisiert werden«. Auf Grund der Reaktionen, insbesondere von General v. Sauer und Professor v. Stengel auf diese vertraulichen Eröffnungen konnte Vollerthun seine Mission als vollständig geglückt ansehen. Alle Herren ließen keinen Zweifel daran, daß sie bereit waren, erneut gegen die Zentrale in Berlin Front zu machen. Auch der Protektor des bayerischen Landesverbandes, Prinz Rupprecht, sprach sich in einer abschließenden Audienz scharf gegen die Generale Keim und v. Liebert aus. Die unmittelbaren Auswirkungen dieses Schrittes des Reichsmarineamts waren gering. Durch die umfassende Information wurde Freiherr v. Würtzburg aber in die Lage versetzt, sich wieder aktiv in die Flottenvereinspolitik einzuschalten. Das nahm Zeit in Anspruch und konnte sich erst auf der Hamburger Hauptversammlung voll auswirken.

---

[58] BA-MA, RMA, 2277, I. 2.5.3a, Bd 1 (datiert v. 15.2.1906). An den Unterredungen nahmen teil: Frhr. v. Würtzburg, General v. Sauer, Frhr. v. Stengel, Oberst a.D. Sondinger und der Chefredakteur der Münchener Allgemeinen Zeitung, Dr. Mohr.

Entscheidend unterstützt wurden die Bemühungen des bayerischen Landesverbandes durch die Erklärungen des Staatssekretärs zur Agitation des Flottenvereins vor der Budgetkommission und anläßlich der entscheidenden zweiten Lesung des Etats und der Novelle im Reichstag. Tirpitz vermied es in den Kommissionsberatungen am 8. März, die Agitation des Vereins ausdrücklich zu desavouieren. In auffallender Weise hob er dagegen die sehr anerkennenswerte Arbeit *der* Landes- und Provinzialvereine hervor, die sich »an die Statuten des Flottenvereins« gehalten hätten[59]. Das wurde in der Präsidialgeschäftsstelle sofort verstanden. Am 21. März erfuhr das Nachrichtenbureau von dem Geschäftsführer des Vereins, daß das Präsidium fest entschlossen sei, bei der Hauptversammlung in Hamburg »den bayerischen Landesverband und auch den der Mark Brandenburg und von Bremen glatt fallen zu lassen«, sofern sich diese Verbände künftig der Zentralleitung nicht besser fügten. Außerdem wurde angekündigt, daß bei der zweiten Lesung einige Abgeordnete sich entschieden für den Verein und gegen den Staatssekretär aussprechen würden[60]. Den Entwürfen, die daraufhin für eine entsprechende Stellungnahme des Staatssekretärs im Reichstag von seinen engsten Mitarbeitern (Capelle, Dähnhardt, Trotha) angefertigt wurden, war gemeinsam, daß in ihnen auf eine offene Polemik verzichtet wurde. Insbesondere Capelle legte in seinem Vorschlag mehr Gewicht auf eine sachliche Auseinandersetzung; Dähnhardt dagegen, der mit Zentrumsabgeordneten in Verbindung stand, formulierte die Zurückweisung der Agitationsformen des Vereins schärfer. Tirpitz hielt sich während der Reichstagsverhandlungen vom 26. bis 28. März mehr an die von Capelle vertretene Linie[61].

Auch für die Zukunft war das Reichsmarineamt bei der Realisierung des Gesamtplanes von der wirksamen Unterstützung der durch den Flottenverein mobilisierten öffentlichen Meinung abhängig. Der Flottenverein hatte mit der Verabschiedung der vorletzten Etappe seine Aufgabe noch nicht erfüllt. Der Staatssekretär war daher im Reichstag gar nicht in der Lage, den Verein völlig zu desavouieren. Eine solche Politik verbot sich auch vor allem deswegen, weil der Verein unter der Führung von Salm und Keim zu einer Macht geworden war, die der Reichskanzler in sein innenpolitisches Kalkül einbezogen hatte und deren Forderungen den Wünschen des Monarchen entsprachen. Wenige Tage nach der Verabschiedung der Novelle und des Etats in zweiter Lesung wurden dem Staatssekretär die Konsequenzen dieser Machtstellung sehr deutlich vor Augen geführt. Die bekannte Marginalie des Kaisers zu einem gegen den Flottenverein gerichteten Artikel der »Neuen politischen Correspondenz« veranlaßte Tirpitz zur Einreichung seines Abschiedsgesuches[62]. Die Anwendung dieses scharfen Instruments noch vor dem Abschluß der parlamentarischen Beratungen — die dritte Lesung fand erst am 19. Mai statt — verfehlte natürlich nicht ihre Wirkung, das Abschiedsgesuch wurde abgelehnt. Doch hatte Tirpitz damit keineswegs erreicht, daß Wilhelm II. nunmehr endgültig von den Forderungen des Flottenvereins abrückte. Auf der einen Seite hatte er einen ausführlichen Bericht des preußischen Gesandten in München, der sich — wohl in Abspra-

---

[59] Vgl. Schilling (wie Anm. 8), S. 271f. Mitteilung der Erklärung an den Flottenverein am 16.3.1906, vgl. BA-MA, RMA, 2276, I. 2.5.3, Bd 4.
[60] Aufzeichnung Boy-Eds v. 21.3.1906, BA-MA, RMA, 2277, I. 2.5.3a, Bd 1.
[61] Für die Entwürfe vgl. BA-MA, Nl Tirpitz, N 253/6, zur Debatte Schilling (wie Anm. 8), S. 272ff.
[62] Tirpitz (wie Anm. 28), S. 30ff.; Berghahn (wie Anm. 5), S. 503f.

che mit Freiherrn v. Würtzburg — energisch für den bayerischen Landesverband und gegen die Form der Berliner Agitation aussprach, mit zustimmenden Kommentaren versehen und am Schlusse verfügt, daß dem Fürsten Salm sein Mißfallen über die Angriffe und Spitzen der Propaganda gegen die Regierung ausgesprochen werden solle[63]. Auf der anderen Seite aber reagierte er auf den ihm von Salm übersandten Entwurf der Resolution für die Hamburger Hauptversammlung mit einem Schreiben, das vom Präsidenten des Vereins nur als eine Billigung der bisher verfolgten Politik aufgefaßt werden konnte[64]. Senden schrieb im Auftrage des Kaisers, daß dieser wegen der Unabhängigkeit des Vereins nicht auf die einzelnen Forderungen eingehen möchte und fuhr dann fort: »um so weniger, als über die Hauptsache: die Nothwendigkeit einer weiteren energischen Thätigkeit des Vereins wohl nirgends Zweifel bestehen werden«. Kurz vor der Hamburger Tagung versah Wilhelm II. einen Artikel des Admirals Stiege, der eng mit dem Nachrichtenbureau zusammenarbeitete, mit scharfen, gegen die Politik des Staatssekretärs gerichteten Kommentaren[65], die — wären sie zur Kenntnis von Tirpitz gekommen — zu einem erneuten Abschiedsgesuch geführt hätten. Anders als im Frühjahr 1905 war demnach mit der Unterstützung des Kaisers gegen eine nach Form und Inhalt den Gesamtplan gefährdende Propaganda des Flottenvereins nicht zu rechnen.

Für das Reichsmarineamt mußte es deshalb darauf ankommen, den Verlauf der Hamburger Tagung so zu beeinflussen, daß ein vollständiger Sieg der Keimschen Richtung vermieden wurde. Dafür waren durch die Aktivierung des bayerischen Landesverbandes schon die Voraussetzungen geschaffen worden. Freiherr v. Würtzburg benutzte die Nürnberger Delegiertenversammlung des Landesverbandes am 14. Mai nochmals dazu, die bayerische Position unmißverständlich zu umreißen, seine Rede enthielt die Richtlinien für die bayerischen Vertreter auf der Hamburger Tagung. Würtzburg hat außerdem frühzeitig versucht, über Tirpitz und das Reichsmarineamt den Prinzen Heinrich und den zweiten Vizepräsidenten, Admiral Thomsen, aus der Phalanx der Keim-Freunde herauszubrechen. Tirpitz stand diesem Vorschlag positiv gegenüber und hat — soweit nachweisbar — insbesondere auf den Prinzen Heinrich eingewirkt, der von der Schädlichkeit der Keimschen Propaganda überzeugt zu sein schien. Würtzburg übersandte dem Prinzen den Bericht über die Nürnberger Tagung und fügte einen vierseitigen Brief bei, in dem nochmals die bayerischen Beschwerden gegen die Politik der Berliner Zentrale zusammengefaßt waren[66].

Neben den Bayern war der Hauptausschuß für Berlin und Mark Brandenburg unter Admiral v. Hollmann entschlossen, auf der Hamburger Hauptversammlung gegen die Keimsche Richtung aufzutreten. Das Nachrichtenbureau konnte auch mit der Unterstützung des im Flottenverein sehr angesehenen Direktors H. Rassow rechnen, der in einem Brief vom 29. März geschrieben hatte: »Nur darf man solches Abrücken [des Reichsmarine-

---

[63] Schilling (wie Anm. 8), S. 275 ff.
[64] Resolution und Schreiben Sendens v. 10.4.1906, BA-MA, MK, 3476, XXXXc, Bd 2.
[65] Schilling (wie Anm. 8), S. 269 ff.
[66] Für die Vorgänge vgl. BA-MA, RMA, 2277, I.2.5.3a, Bd 1 (Schreiben Würtzburg an Tirpitz v. 23.4., Schreiben Boy-Ed an Würtzburg v. 12. u. 18.5., Schreiben Würtzburg an Prinz Heinrich v. 16.5.1906) und BA-MA, RMA, 2276, I.2.5.3., Bd 4 (Schreiben Tirpitz an Prinz Heinrich v. 5.5. u. von Boy-Ed an einen Offizier in der Umgebung des Prinzen v. 12.5.1906).

amts vom Flottenverein] nicht *tragisch* nehmen. Dazu ist der Verein *da*, daß man erstens auf ihn schlagen darf und zweitens die anderen Leute durch Berufung auf ihn in die Bewilligung der neuen Forderungen hinein kraulen kann[67].«

Tirpitz tat noch ein übriges. Gegen den Rat des Vorstandes des Nachrichtenbureaus entschied er am 2. Mai, zum erstenmal keinen Vertreter des Amts zu der Hauptversammlung des Flottenvereins zu delegieren. Gegenüber Admiral v. Hollmann ließ er betonen, daß hierfür die nach dem Programm zu erwartende Agitationsrede des Generals Keim ausschlaggebend gewesen sei. Diese demonstrative Distanzierung des Reichsmarineamts wurde allerdings zum Teil in ihrer Wirkung aufgehoben durch das Entgegenkommen des Flottenchefs, Admiral v. Koester, der den Teilnehmern Gelegenheit bot, einen Ausschnitt aus dem Manöver der aktiven Schlachtflotte vor Helgoland an Bord eines Hapag-Dampfers mitzuerleben[68].

Die Hamburger Tagung[69], die mit einer Gesamtvorstandssitzung am 19. Mai, dem Tage der dritten Lesung de Etats und der Novelle, begann und bis zum 21. Mai dauerte, nahm im ganzen gesehen einen ruhigen Verlauf. In der Gesamtvorstandssitzung dürften die Differenzen innerhalb des Vereins und gegenüber dem Reichsmarineamt ausführlich zur Sprache gekommen sein. Dafür spricht vor allem die Rede Keims am 20. Mai, die im wesentlichen der Rechtfertigung seiner Propagandapolitik gewidmet war. Wie nicht anders zu erwarten, war sie gespickt mit zum Teil recht hämischen Bemerkungen gegenüber dem Reichsmarineamt, es waren Angriffe aus der Verteidigung heraus. Ein zweites Indiz für die Wirksamkeit der vom Reichsmarineamt ergriffenen Maßnahmen ist die doch erhebliche Abmilderung der von der Hauptversammlung angenommenen Resolution, vergleicht man sie mit der dem Kaiser Anfang April vorgelegten Fassung. Der ursprüngliche Wortlaut der entscheidenden Passagen lautete[70]: »für den schnelleren Ersatz der veralteten und minderwertigen Schiffe durch vollwertige Linienschiffe einzutreten. Den zweckmäßigsten Weg zur baldigen Erreichung dieses Zieles erblickt die Hauptversammlung in der erheblichen Herabsetzung des Lebensalters der Linienschiffe und Kreuzer und in dem technisch irgend möglichen beschleunigten Bau der in Auftrag gegebenen Kriegsschiffe.« In der verabschiedeten Fassung war die letzte Forderung völlig entfallen. Der Passus lautete jetzt: »für den schnelleren Ersatz der minderwertigen Schiffe durch vollwertige und für die Herabsetzung des Lebensalters der Linienschiffe und Kreuzer einzutreten«. Anfang Mai schon war das Reichsmarineamt der Ansicht, daß eine derartige Resolution das Optimum des Erreichbaren darstellen würde[71]. Hinzu kam, daß vor Keim Prinz Heinrich eine Rede gehalten hatte, die nach seinen eigenen Worten eine »etwas herbe Kritik« des Flottenvereins enthielt. Diese Rede war, auch in der Berichterstattung der Presse, das eigentliche Ereignis dieser Tagung. Der Prinz wandte sich in vorsichtigen Worten gegen die dauernden Querelen, auch persönlicher Art,

---

[67] BA-MA, RMA, 2257, I. 2.3.2, Bd 2.
[68] Für die Vorgänge (30.4.—5.5.1906) vgl. das Material in: BA-MA, RMA, 2276, I. 2.5.3, Bd 4. Wichtig vor allem aber ein längerer Brief Boy-Eds an Würtzburg v. 3. bzw. 5.5.1906, in: BA-MA, RMA, 2277, I. 2.5.3a, Bd 1.
[69] Bericht in Die Flotte, 9 (1906), S. 97 ff., vgl. auch die Berichterstattung Rassows an das Nachrichtenbureau, in: BA-MA, RMA, 2277, I. 2.5.3a, Bd 1.
[70] Vgl. Anm. 64.
[71] Vgl. den in Anm. 68 erwähnten Brief Boy-Eds an Würtzburg.

innerhalb des Vereins und empfahl in demonstrativer Weise den Bericht über die Nürnberger Delegiertenversammlung des bayerischen Landesverbandes dem Gesamtverein als Richtlinie für die künftige Tätigkeit. Gegen Keim richtete sich die Empfehlung, nicht dem »Redeschwall«, dem Enthusiasmus zu erliegen, sondern der Aufklärung zu dienen.
Mit der Hauptversammlung wurde der Schlußstrich unter die Propaganda für die Novelle 1906 gezogen; in der Entwicklung der Beziehungen zwischen Reichsmarineamt und Flottenverein bezeichnete jedoch der Abschluß der Tagung nur den Beginn einer kurzen Atempause. Die große Krise und entscheidende Wende dieses Verhältnisses in den Jahren 1907 und 1908 stand noch bevor. Trotzdem läßt sich schon aus der Betrachtung der Jahre 1903 bis 1906 unter diesem Aspekt ein gewisses Fazit ziehen.
In einem Entwurf zu der Denkschrift Heeringens vom September 1900 steht der Satz[72]: »In Summa läßt sich sagen, daß die ganze Flottenbewegung ... eine ganz bestimmte volkseinende Kraft entwickelt und gezeigt hat«, und aus dem Jahr danach stammt die Marginalie zu diesem Passus: »Diese Eigenschaft muß der Bewegung erhalten werden! Sie ist die *Stärke* der ganzen Agitation.« Aus der Perspektive des Jahres 1906 wird man konstatieren müssen, daß diese, ganz im Sinne der Sammlungspolitik verstandene »volkseinende« Kraft, trotz des Anstieges der Mitgliederzahlen des Flottenvereins, stark abgenommen hatte. Die Ursache für diesen Vorgang lag primär in der unter Keim sich entwickelnden Methode der Agitation. Keim, als Exponent der radikalen Nationalisten im Flottenverein, folgte nur den Regeln jeder ideologisch ausgerichteten Propaganda, als er ohne jede Berücksichtigung hemmender Faktoren das Maximum des für die Zeit Denkbaren forderte. Und aus der Ideologie dieses radikalen Nationalismus ist es auch nur zu verstehen, daß Keim, der Offizier, die Macht der Bewegung gegen die Reichsbehörden und — war es in seiner Sicht der Dinge nicht zu vermeiden — auch gegen den Kaiser ausspielte. Die Agitation ist jedoch nicht allein für die Schwächung der »volkseinenden« Kraft der Flottenbewegung verantwortlich zu machen. Die Abfolge der verschiedenen Planungsphasen im Reichsmarineamt für die Novelle 1906 und der von der Behörde jeweils auf die Propagandisten ausgeübte Anpassungsdruck stand im Widerspruch zu den Erfordernissen jeder zielgerichteten Propaganda. Die durch diese Situation geförderten Auseinandersetzungen in der Flottenbewegung, die von Tirpitz und Capelle als unentbehrlicher Faktor für die Realisierung des Gesamtplans eingeschätzt wurde, zerstörten aber gerade den Faktor — die volkseinende Kraft —, in dem die »Stärke der ganzen Agitation« beschlossen lag.
In Hamburg war es noch einmal gelungen, eine Art Gleichgewichtszustand zwischen den verschiedenen Tendenzen innerhalb des Flottenvereins herzustellen[73]. Tirpitz konnte mit dem Ergebnis zufrieden sein. Das Nahziel war erreicht: ein »Sieg« der radikalen Gruppe unter General Keim war verhindert worden, weitergehende Absichten hatten nicht bestanden. Das Fernziel jedoch, die Bewahrung der ungeschmälerten Stoßkraft der Flottenbewegung bis zur vollständigen Realisierung des innenpolitischen Ziels des Gesamtplans verlor sich aus dem Blickfeld.

---

[72] BA-MA, RMA, 2284, I. 3.1.2, Bd 1.
[73] Vgl. die Berichte Boy-Eds über Unterredungen mit dem Geschäftsführer Sturtz am 1.6. u. 27.7.1906, BA-MA, RMA, 2277, I. 2.5. a, Bd 1.

Armee und Arbeiterschaft 1905—1918

Die Position der Armee innerhalb des staatlichen Gefüges des Kaiserreiches und der Stellenwert, der ihr von der wilhelminischen Gesellschaft zuerkannt wurde, sind in ihren Erscheinungsformen und Rückwirkungen auf Staat und Gesellschaft oft beschrieben worden[1]. Beides war das Ergebnis einer langen, krisenreichen Entwicklung, in deren Verlauf sich auch in der Armee selbst tiefgreifende Wandlungen vollzogen hatten. Abgesehen zum Beispiel von den Änderungen der Organisationsstruktur hatte sich auch ihr Selbstverständnis gewandelt. So sehr das Offizierkorps, als Repräsentant der Armee, noch immer auf die Person des Monarchen ausgerichtet war und diese persönliche Bindung als die alleinige Grundlage seiner einzigartigen Stellung empfand, so wenig wird bezweifelt werden können, daß dieses Offizierkorps zum Garanten nicht nur der konstitutionellen Monarchie, sondern auch der von breiten Schichten der Bevölkerung getragenen sozialen und wirtschaftlichen Herrschaftsstruktur geworden war. Diese — im Zeichen der allgemeinen Wehrpflicht vollzogene — stärkere Verankerung in der Nation involvierte aber auch, daß die Armee, im Vergleich zu früheren Epochen, in steigendem Maße und auf vielfältige Weise in die innerpolitische Auseinandersetzung einbezogen wurde. Die Auseinandersetzung der Armee mit der Sozialdemokratie ist hierfür nur ein, in seinen Folgen aber das schwerwiegendste Beispiel[2].

---

[1] Vgl. hierzu vor allem M. Messerschmidt, Die politische Geschichte der preußisch-deutschen Armee, in: Handbuch zur deutschen Militärgeschichte 1648—1939, Bd 2, Abschn. IV/1, München 1979, S. 160—286; G. Ritter, Staatskunst und Kriegshandwerk. Das Problem des »Militarismus« in Deutschland, 2 Bde, München 1965; M. Messerschmidt, Militär und Politik in der Bismarckzeit und im Wilhelminischen Deutschland, Darmstadt 1975; sowie allgemein H.-U. Wehler, Das Deutsche Kaiserreich 1871—1918, Göttingen 1973. Zur Geschichte des Offizierkorps — wobei neben dem preußischen auch die Entwicklung des bayerischen Offizierkorps und des Marineoffizierkorps zu beachten ist — sei allgemein verwiesen auf H. H. Hofmann (Hrsg.), Das deutsche Offizierkorps 1860—1960, Boppard 1980, und die dort nachgewiesene und verarbeitete, ältere Literatur. Auf einen besonderen Aspekt macht aufmerksam W. T. Angress, Prussia's Army and the Jewish reserve officer controversy before World War I, in: Year Book of the Leo Baeck Institute, London, 17 (1972), S. 19—42.

[2] Auf den Einfluß der Technik und der Erfahrungen des deutsch-französischen Krieges 1870/71 hat J. Hoffmann in einer Reihe von Aufsätzen hingewiesen: Wandlungen im Kriegsbild der preußischen Armee zur Zeit der nationalen Einigungskriege, in: Militärgeschichtliche Mitteilungen (MGM), 3 (1968), S. 5 ff.; Die Kriegslehre des Generals von Schlichting, in: ebd., 5 (1969), S. 5 ff.; Der Militärschriftsteller Fritz Hoenig, in: ebd., 7 (1970), S. 5 ff. Vgl. auch die material- und perspektivenreiche Studie von B. F. Schulte, Die deutsche Armee 1900—1914. Zwischen Beharren und Verändern, Düsseldorf 1977. Die Auseinandersetzung mit der bürgerlichen Bildung innerhalb des preußischen Offizierkorps hat insbesondere G. Papke hervorgehoben, vgl. Untersuchungen zur Geschichte des Offizierkorps, Stuttgart 1962 (= Beiträge zur Militär- und Kriegsgeschichte, Bd 4), S. 177 ff., sowie M. Messerschmidt, Militär und Schule in der wilhelminischen Zeit, in: MGM, 23 (1978), S. 51 ff. Zu den andersartigen Verhältnissen im bayer. Offizierkorps vgl. R. Rumschöttel, in: Das deutsche Offizierkorps (wie Anm. 1), S. 75 ff. Für das Seeoffizierkorps vgl. H. Herwig, in: Das deutsche Offizierkorps (wie Anm. 1), S. 139 ff.

In der Mitteilung[3] des preußischen Kriegsministers v. Falkenhayn an das Bayerische Kriegsministerium vom 31. Juli 1914, seiner Meinung nach könne damit gerechnet werden, daß die Sozialdemokratische Partei sich so verhalten werde, »wie es sich für jeden Deutschen unter den gegenwärtigen Verhältnissen geziemt«, schien sich eine Abkehr von jahrzehntelang aufrecht erhaltenen Maximen anzudeuten. Seit den Anfängen der sozialistischen Arbeiterbewegung war die Armee ihr kompromißloser Gegner gewesen[4]. Sie hatte mit der Aufhebung des Sozialistengesetzes die Aufgabe der Überwachung jener, gegen den etablierten Staat gerichteten Bewegung übernommen, und ihr war von Wilhelm II. befohlen worden, sich intensiv und in allen Einzelheiten auf den Konfliktfall vorzubereiten[5]. Wollte sie aber dieser Aufgabe gerecht werden, so war die erste Voraussetzung, daß sie — die Armee der allgemeinen Wehrpflicht — sich selbst gegen das Eindringen »zersetzender« sozialistischer Überzeugungen absicherte. Das geschah in den Jahren um die Jahrhundertwende in vielfach abgestufter Weise: Unteroffizieren und Mannschaften wurde durch Befehl das Halten und die Verbreitung sozialdemokratischer Schriften, die Teilnahme an politischen Vereinigungen und Versammlungen, der Besuch einschlägig bekannter Versammlungslokale verboten. Die Armeeführung war sich jedoch bewußt, daß den zugkräftigen sozialdemokratischen Parolen und Zielvorstellungen durch Verbote allein nicht zu begegnen war, daher trat neben das System der Abschirmung der Versuch, auf die politischen Überzeugungen der gezogenen Wehrpflichtigen einzuwirken, mit dem Ziel, sie als königstreue und verläßliche Anhänger des nationalen Staates und der ihn tragenden kapitalistisch-bürgerlichen Gesellschaft nach Ablauf der zweijährigen Dienstzeit entlassen zu können. Die Armee des Kaiserreiches hat alle ihr zu Gebote stehenden Möglichkeiten ausgeschöpft, um auf diesem Wege das gesteckte Ziel zu erreichen. Reinhard Höhn hat im einzelnen nachgewiesen, in welcher Weise hierfür die militärische und nationale Zeremonie, die christliche Predigt und die patriotisch gefärbte geschichtliche Überlieferung benutzt wurde, um der sozialistischen eine nationale — mit unterschiedlichen Ingredienzen versehene — Ideologie gegenüberzustellen[6].

Jede Armee der Welt wird sich ähnlicher Strategien der Abschirmung und Immunisierung gegenüber revolutionären Kräften auch heute noch bedienen. Die Besonderheit in der Entwicklung der Armee des Kaiserreiches liegt nun darin, daß diese Kombination von Abschirmung und Indoktrination, wie sich in den Jahren 1905—1907 herausstellte,

---

[3] Vgl. Militär und Innenpolitik im Weltkrieg 1914—1918, bearb. von W. Deist, Düsseldorf 1970 (= Quellen zur Geschichte des Parlamentarismus und der politischen Parteien. Zweite Reihe: Militär und Politik, Bd 1), Nr. 78, S. 193, Anm. 7.

[4] Vgl. M. Messerschmidt, Die politische Geschichte (wie Anm. 1), S. 248 ff. sowie R. Höhn, Sozialismus und Heer, Bd 1—3, Bad Homburg v. d. Höhe 1959—1969. Zu Höhn vgl. W. Wette, Sozialismus und Heer. Eine Auseinandersetzung mit R. Höhn, in: Archiv für Sozialgeschichte, 14 (1974), S. 610 ff.

[5] Vgl. für den Entwurf (12. 3. 1890) des Erlasses v. 20. 3. 1890 J. C. G. Röhl, Staatsstreichplan oder Staatsstreichbereitschaft? Bismarcks Politik in der Entlassungskrise, in: Historische Zeitschrift, 203 (1966), S. 623 f.; zu den Auswirkungen des Erlasses vgl. Militär und Innenpolitik (wie Anm. 3), S. XXXIV f.

[6] Höhn (wie Anm. 4), Bd 3, S. 210 ff. sowie W. Deist, Die Armee in Staat und Gesellschaft 1890—1914, in: Das kaiserliche Deutschland. Politik und Gesellschaft 1870—1918, hrsg. von M. Stürmer, Düsseldorf 1970, S. 324 ff.

weitgehend gescheitert war⁷. Trotz aller vorbeugender Maßnahmen war an der Tatsache nicht mehr zu rütten, daß sich unter den gezogenen Wehrpflichtigen zunehmend Anhänger der Sozialdemokratischen Partei befanden[8], das System der Verbote auf diese Weise also unterlaufen worden war. Zudem hatte die literarische Diskussion um die Möglichkeiten der Einflußnahme auf die politischen Überzeugungen der Mannschaften gezeigt, daß über den einzuschlagenden Weg weitgehende Meinungsverschiedenheiten bestanden und das bisher Erreichte überwiegend negativ beurteilt wurde[9]. Als Wilhelm II. durch seine Ordre vom 3. Januar 1907 dem in diesem Sinne fortschrittlichen Experiment eines sozialpolitischen Unterrichts im Bereich des XVIII. AK unter dem Befehl des Generals v. Eichhorn ein Ende bereitete, war damit zugleich das Urteil über den Erfolg aller Immunisierungsversuche gesprochen[10].

Wie haben nun die verantwortlichen militärischen Institutionen, die Kriegsministerien, insbesondere das preußische, auf diese Entwicklung der Dinge reagiert? Die Beantwortung dieser Frage gewinnt dadurch an Bedeutung, daß in den Augen der militärischen Führung die Weltkriegssituation sich in dieser Hinsicht nur dem Grade nach, nicht prinzipiell von der Vorkriegssituation unterschied. In den zehn Jahren vor dem Weltkrieg mußte sich das Preußische Kriegsministerium mit dem Gedanken abfinden, daß sich unter den Mannschaften, den Unteroffizieren, ja sogar unter dem Führungsnachwuchs der Einjährig-Freiwilligen[11] und in dem großen Heer der Reservisten in steigender Zahl überzeugte Sozialdemokraten befanden. Konnte die Armee unter diesen Umständen ihrer innenpolitischen Aufgabe, Garant der staatlichen und gesellschaftlichen Herrschaftsstruktur zu sein, noch in dem notwendigen Maße nachkommen?

Überblickt man die innenpolitisch relevanten Ereignisse dieses Jahrzehnts — der große Bergarbeiterstreik im März 1912 im Ruhrgebiet und die Zaberner Affäre könnten als Beispiele dienen —, so wird man feststellen müssen, daß die Armee sich insbesondere im letzteren Falle vollkommen durchzusetzen verstand, sich nach wie vor als offenbar unüberwindliches Bollwerk, als harter Kern des konstitutionellen Verfassungssystems erwies und auch in der prekären Streiksituation des Jahres 1912 ihrer Aufgabe als Wahrerin der etablierten Ordnung gerecht wurde[12].

---

[7] Ebd., S. 337f.

[8] Vgl. hierzu die von Höhn (wie Anm. 4), Bd 3, S. 116ff., mitgeteilten Berichte der bayer. Kommandierenden Generale an das Kriegsministerium in München.

[9] Ebd., S. 258ff.

[10] Ebd., S. 292f. (mit falscher Datierung.)

[11] Vgl. hierzu die sehr aufschlußreiche Erörterung über den Fall Stoecker im Preußischen Staatsministerium, in der es um die Frage ging, ob einem aktiven Sozialdemokraten die Vergünstigung des einjährig-freiwilligen Dienstes zugebilligt werden könne, Militär und Innenpolitik (wie Anm. 3), S. XXIII.

[12] Zu Zabern vgl. H.-U. Wehler, Der Fall Zabern. Rückblick auf eine Verfassungskrise des wilhelminischen Kaiserreiches, in: Welt als Geschichte, 23 (1963), S. 27ff., wieder abgedruckt in: ders., Krisenherde des Kaiserreiches 1871–1918. Studien zur deutschen Sozial- und Verfassungsgeschichte, Göttingen 1970, S. 65ff. sowie Militär und Innenpolitik (wie Anm. 3), S. XXVff. — Generaloberst v. Einem, der 1912 Kommandierender General des VII. AK (Münster) war, schreibt in seinen »Erinnerungen eines Soldaten 1853–1933« (Leipzig 1933, S. 167): »Die Truppe war in festester Disziplin; keiner der vielen Bergleute in ihren Reihen hat versagt. Es war eine Probe auf das Exempel, wie

Der damit erbrachte Nachweis einer zwar kritisierten, aber im wesentlichen unangefochtenen Stellung der Armee in Staat und Gesellschaft bestätigte die Überzeugung vieler Offiziere, daß das militärische Reglement auch Sozialdemokraten zu disziplinieren vermöge. Außerdem nahm man an, daß es sich in der Mehrzahl um sogenannte »Mitläufer« der politischen Bewegung handele, und man war notgedrungen bereit, diese in den Reihen der Armee zu tolerieren. Verschiedene Kommandeure mußten überdies feststellen, daß auch Sozialdemokraten durchaus brauchbare Soldaten waren, und diese Erkenntnis erleichterte zweifellos den Entschluß zur Tolerierung der »vaterlandslosen Gesellen« in den eigenen Reihen[13]. Es ist sehr bezeichnend, daß dieser Tendenz ein Anwachsen des revisionistischen Flügels innerhalb der Sozialdemokratischen Partei entsprach. Seit der Niederlage Schippels auf dem Parteitag in Hannover 1899 hatte auch in der Wehrfrage der Revisionismus an Boden gewonnen, erst auf diesem Hintergrund wird die bedeutsame Reichstagsrede Noskes vom April 1907 verständlich.

Für die Armee ergab sich der Zwang zur Tolerierung nicht nur aus dem stetigen zahlenmäßigen Wachstum der Partei und dessen Reflex bei Rekruten und Reservisten, sondern auch aus den zwingenden rüstungspolitischen Forderungen des Generalstabes. In der Auseinandersetzung um die Heeresvermehrung der Jahre 1912 und 1913 mußte das Preußische Kriegsministerium, das vor allem die Gefahren für die Struktur der Armee im Auge hatte, sich den nüchternen Berechnungen des Generalstabes beugen[14]. Die Erhöhung der Friedenspräsenzstärke konnte nur zur Folge haben, daß erneut die Chance verringert wurde, Sozialdemokraten in nennenswertem Maße auszusondern. Deshalb war es nur konsequent, wenn das Preußische Kriegsministerium im Frühjahr 1912 die Kommandierenden Generale vor einem übereilten Handeln bei inneren Konflikten warnte und eine nachdrückliche Unterstützung der Polizei in derartigen Situationen empfahl, um ein Eingreifen der Armee möglichst zu vermeiden[15].

Der Eindruck, die Armee habe sich mit den Gegebenheiten abgefunden, habe vor der sozialdemokratischen Gefahr resigniert, täuscht jedoch. Die Praxis der Tolerierung einer doch noch relativ kleinen Gruppe von Sozialdemokraten war nur eine unter mehreren Reaktionen der militärischen Führung. Wiederum war es der Generalstab, der mit einer 1907 fertiggestellten kriegsgeschichtlichen Studie die militärischen Aspekte revolutionärer Ereignisse in Europa seit 1830 untersuchte und damit auf den erwarteten großen Konflikt innerhalb der Reichsgrenzen vorbereiten wollte und aus der Analyse historischer Ereignisse glaubte, konkrete Anweisungen für die Gegenwart entnehmen zu können.

---

sie vor dem Kriege drastischer nicht gestellt werden konnte.« Vgl. hierzu D. Groh, Negative Integration und revolutionärer Attentismus. Die deutsche Sozialdemokratie am Vorabend des Ersten Weltkrieges, Frankfurt 1973, S. 306 ff.

[13] Deist, Die Armee in Staat und Gesellschaft (wie Anm. 6), S. 327.

[14] Zur Auseinandersetzung zwischen dem Kriegsministerium und dem Generalstab vgl. H. Herzfeld, Die deutsche Rüstungspolitik vor dem Weltkriege, Bonn 1923, S. 47 ff. und M. Kitchen, The German Officer Corps 1890–1914, Oxford 1968, S. 6 f. und S. 32 f. sowie Groh, Negative Integration (wie Anm. 12), S. 383 ff.

[15] Für den Erlaß v. 8.2.1912 vgl. Militär und Innenpolitik (wie Anm. 3), S. XXXVII f.; D. Dreetz, Der Erlaß des preußischen Kriegsministers vom 8. Februar 1912 über die Verwendung der Armee zur Bekämpfung innerer Unruhen, in: Militärgeschichte, 14 (1976), S. 570 ff.

Hier wurde in umfassender Weise eine kompromißlose Niederwerfung jedes möglichen Aufstandsversuches ins Auge gefaßt und ohne jede Berücksichtigung politischer Gesichtspunkte allein auf Grund militärfachlicher und militärtechnischer Kategorien be- und geurteilt. Bedeutung gewann diese Studie erst dadurch, daß sie den Kommandierenden Generalen als Richtlinie für ihre detaillierten Anordnungen diente, die bis in den Juli 1914 hinein die Grundlage aller Vorbereitungen nicht nur für den Fall eines inneren, sondern auch eines äußeren Konfliktes bildeten[16]. Innerer und äußerer Notstand wurden nicht mehr geschieden.

Generalstab und Kommandierende Generale waren auf Grund ihrer institutionellen Position als Immediatstellen und ihrer alleinigen Bindung an die Kommandogewalt des Monarchen in der Lage, ihre Planungen allein nach den Grundsätzen militärischer Effizienz auszurichten. Nicht so der preußische Kriegsminister, der als Kommissar des Bundesrates die Belange der Armee vor dem Reichstag zu vertreten hatte und daher auch als Militär politischen Notwendigkeiten nicht aus dem Wege gehen konnte. Als einer der erwähnten Befehle der Kommandierenden Generale bekannt wurde, war es der preußische Kriegsminister, der auf Druck des Reichstages eine Milderung durchsetzte[17]. So sehr das Ministerium die Aufstellung detaillierter Pläne für den Konfliktfall unterstützte, so deutlich war doch in den Richtlinien vom 8. Februar 1912 das Bestreben spürbar, den tatsächlichen Einsatz der Armee auf den äußersten Notfall zu beschränken[18]. Es mag dabei auch die Überlegung mitgespielt haben, daß der Zwang zur Tolerierung sozialdemokratischer Soldaten in der Armee und die gleichzeitige, zielgerichtete Vorbereitung auf den Konflikt mit der sozialdemokratischen Bewegung auf ein riskantes Experiment hinauslief, dessen Erfolgschancen unter der Perspektive steigender Stimmengewinne der Partei *und* einer steigenden Friedenspräsenzstärke nicht von vornherein als gesichert angesehen werden konnten.

Das Kriegsministerium reagierte auf das Scheitern der Immunisierungsversuche in zweifacher Weise. Auf der einen Seite lassen sich in dem Zeitraum zwischen Dezember 1905 und Juli 1914 zahlreiche Versuche registrieren, mit Hilfe einiger zu verschärfender und neu zu schaffender gesetzlicher Bestimmungen die »antimilitaristische Propaganda« der Sozialdemokratie — ein sehr dehnbarer Begriff — zu unterbinden. Die Versuche scheiterten zumeist schon im Preußischen Staatsministerium oder versandeten in langwierigen Kommissionsberatungen. Selbst als der Kaiser sich Anfang Juli 1914 erneut hinter entsprechende Forderungen Falkenhayns stellte und auch der Reichskanzler bereit schien, den Weg der Repression einzuschlagen, war man von einem Erfolg eines gesetzlichen Einschreitens gegen die sozialdemokratische Bewegung noch weit entfernt[19].

---

[16] Militär und Innenpolitik (wie Anm. 3), S. XXVff.

[17] Es handelte sich um die in dem Befehl des Kommandierenden Generals des VII. AK, Frhr. v. Bissing, im Falle innerer Unruhen vorgesehene Verhaftung von Reichstagsabgeordneten unter Mißachtung der Immunität. Diese Bestimmung wurde durch Erlaß des Preußischen Kriegsministeriums v. 17.11.1910 aufgehoben.

[18] Der Einsatz von Truppen sollte »im Interesse der Armee nach Möglichkeit vermieden werden«, vgl. Anm. 15.

[19] Zusammenfassend zu den seit Ende 1905 verstärkt einsetzenden Bemühungen vgl. K. Saul, Der Kampf um die Jugend zwischen Volksschule und Kaserne. Ein Beitrag zur »Jugendpflege« im Wilhelminischen Reich 1890—1914, in: MGM, 9 (1971), S. 102f., S. 124f.

Neben dieses gewissermaßen konventionelle Verfahren traten andererseits Bemühungen des Kriegsministeriums, die in eine neue Richtung wiesen und die als die eigentliche Antwort der Armee auf die Bedrohung durch die Sozialdemokratie interpretiert werden dürfen. Als Tirpitz und sein Nachrichtenbüro im Herbst 1897 eine bisher nicht dagewesene, im Zeichen der nationalen Sammlungspolitik stehende Propaganda entfalteten und sich die Flottenpolitik als Ergebnis dieser jahrelang fortgesetzten Agitation auf eine breite Basis in Reichstag und Bevölkerung stützen konnte, hatte die Armee abseits gestanden, sie lehnte derartige Methoden ab[20]. Erst langsam erkannte man den Nutzen, der sich aus der Mobilisierung der Öffentlichkeit auch für die Abwehr der sozialdemokratischen Unterwanderung ziehen ließ. Das Kriegsministerium hat in dem Jahrzehnt vor Ausbruch des Weltkrieges die bislang geübte kühle Distanz gegenüber Vereinen und Gruppierungen jeder Art aufgegeben und in zunehmendem Maß Organisationen unterstützt, die geeignet erschienen, die Verankerung der Armee in der sogenannten nationalen Mehrheit der Bevölkerung zu festigen beziehungsweise verlorenes Terrain wiederzugewinnen. Am deutlichsten ist diese Entwicklung an der Geschichte der Kriegervereinsbewegung nachzuweisen[21]. Nachdrückliche Förderung wurde den Kriegervereinen von seiten der Armee erst dann zuteil, als sich das Kriegsministerium Sorgen um die Zuverlässigkeit der Reservisten machte. So wurde auch unter anderem die bisher wegen ihrer liberalen Vergangenheit gemiedene Deutsche Turnerschaft nunmehr aktiv unterstützt. Das Kriegsministerium begnügte sich jedoch nicht damit, die Wehrpflichtigen nach Ablauf ihrer aktiven Dienstzeit in national zuverlässigen Vereinen zu organisieren, auch auf die noch nicht wehrpflichtige Jugend richtete sich ein gleichartiges Interesse. K. Saul hat nachgewiesen[22], welch regen Anteil die preußischen Kriegsminister an allen Projekten der staatlich gelenkten »Jugendpflege« nahmen. Einen vorläufigen Höhepunkt fanden diese Bestrebungen einerseits in einem vom Kriegsministerium ausgearbeiteten Gesetzentwurf zur Einführung einer »allgemeinen militärischen Vorbereitungspflicht« im Juli 1914[23] und andererseits in der Gründung des »Jungdeutschlandbundes« im Jahre 1911. Gerade die Entwicklung dieses Bundes, an dessen Spitze Generalfeldmarschall Colmar v. d. Goltz berufen wurde, läßt die Intentionen der militärischen Führung sehr deutlich erkennen, zeigt aber auch die Grenzen, die einem derartigen Versuch unter den politischen und gesellschaftlichen Verhältnissen der Vor-Weltkriegszeit gesetzt waren. Rein äußerlich nahm der Bund einen glänzenden Aufschwung, 1914 waren ihm annähernd 750000 Jugendli-

---

[20] Vgl. W. Deist, Flottenpolitik und Flottenpropaganda. Das Nachrichtenbureau des Reichsmarineamtes 1897—1914, Stuttgart 1976 (= Beiträge zur Militär- und Kriegsgeschichte, Bd 17), S. 71 ff.

[21] Vgl. hierzu Höhn (wie Anm. 4), Bd 3, S. 379 ff., vor allem aber die eindringliche Analyse und Würdigung des Kriegervereinswesen von K. Saul, Der »Deutsche Kriegerbund«. Zur innenpolitischen Funktion eines »nationalen« Verbandes im kaiserlichen Deutschland, in: MGM, 6 (1969), S. 95 ff.

[22] Saul (wie Anm. 19), S. 97 ff.

[23] Ebd., S. 124 f. Der den preußischen Staatsministern übersandte Gesetzentwurf über die »Hebung der sittlichen und körperlichen Kräfte der deutschen Jugend« datiert v. 28.7.1914. In einem vorbereitenden Schreiben an den Reichskanzler v. 3.10.1913 (S. 135 ff.) hatte Falkenhayn klar ausgesprochen, daß das projektierte Gesetz vor allem dazu dienen sollte, »diejenigen Jugendlichen, die unter antimilitaristischem Einfluß aufwachsend, in staatsfeindlichem, vaterlandslosem und antimilitaristischem Geiste erzogen werden«, zu erfassen.

che angeschlossen. K. Saul hat jedoch darauf verwiesen, daß diese Zahl vor allem auf dem korporativen Beitritt konfessioneller, staatlich organisierter und anderer Verbände beruhte, die auf diese Weise ihre eifersüchtig gewahrte Selbständigkeit zu erhalten suchten[24]. Die Armee sah in dem Jungdeutschlandbund eine Möglichkeit, ihrem Ziel, die noch nicht wehrpflichtige Jugend dem Zugriff der Sozialdemokratie zu entziehen, näherzukommen. Aber, und hier zeigen sich die in der Armee selbst liegenden Grenzen, sie war nicht imstande, das aktive Offizierkorps in einem ausreichenden Maße für diese Aufgabe zu mobilisieren. Mit Ausnahme der Vertrauensmänner, die für größere Bereiche von den Kommandierenden Generalen und den Bundesfürsten ernannt worden waren, haben sich nur in Bayern in größerer Zahl aktive Offiziere für die Jugendarbeit im dortigen Wehrkraftverein eingesetzt[25]. Goltz mußte im Juni 1914 feststellen, daß dem Jungdeutschlandbund ca. 57 000 Führer fehlten, der Versuch war demnach gescheitert[26]. Auch der Wehrverein, der nach dem Vorbild des Flottenvereins der Masse der sozialdemokratischen Arbeiterschaft eine Masse des Bürgertums jeder Schattierung gegenüberstellen wollte, hat dieses Ziel wegen seiner überschäumenden Aggressivität nicht erreicht. Es gelang nicht, die politischen Kräfte außerhalb der Sozialdemokratie im Interesse der Armee zu integrieren — ein Ziel, das Tirpitz vor und nach dem zweiten Flottengesetz doch annähernd erreicht hatte.

Das Verhältnis der Armee zur organisierten Arbeiterschaft am Vorabend des Krieges hatte sich kompliziert, sie stand dem Problem im Grunde ebenso konzeptionslos gegenüber wie die Mehrzahl der bürgerlichen und konservativen Gruppen. Weder der Konflikt schien ratsam, noch konnte die Repression durch gesetzliche Maßnahmen verwirklicht werden. Auch der für die Armee neuartige, im Kriege wieder aufgenommene Versuch, durch den nationalen Appell die Unterstützung der nichtsozialdemokratischen Mehrheit der Bevölkerung für die Abwehr und Eindämmung der sozialdemokratischen Bewegung zu gewinnen, war fehlgeschlagen. In dem Jahrzehnt vor Kriegsausbruch hatte sich aber eine Erfahrung immer wieder bestätigt: Sozialdemokraten erwiesen sich als durchaus akzeptable Soldaten! Es blieb also im Endeffekt doch bei dem schon seit Anfang des Jahrhunderts praktizierten Verfahren, daß nur besonders tätige, aktive Sozialdemokraten ausgesondert, dagegen die sogenannten »Mitläufer« toleriert wurden. Solange die Führungspositionen davon unberührt blieben, glaubten die Kommandobehörden, sich damit abfinden zu können. Das Offizierkorps blieb jedoch der schärfste Gegner der politischen Arbeiterbewegung, und sein Nachwuchs wurde in diesem Sinne erzogen[27]. Die positiven Erfahrungen mit Sozialdemokraten änderten nichts an der durch die Funktion der Armee im Herrschaftsgefüge des Kaiserreiches gegebenen Grundposition gegenüber jeder politischen Bewegung, die dieses Herrschaftssystem in Frage stellte oder es zu stürzen beabsichtigte. Für die Entwicklung des Verhältnisses im Kriege wird es daher

---

[24] Ebd., S. 121 f.
[25] Ebd., S. 116 f. sowie Höhn (wie Anm. 4), Bd 3, S. 513 ff.
[26] Saul (wie Anm. 19), S. 122.
[27] Vgl. Krafft, Dienst und Leben des jungen Infanterie-Offiziers, Berlin 1914 (= Handbibliothek des Offiziers, Bd 22), S. 218, hier wird die Sozialdemokratie als die »Todfeindin des deutschen Offiziers« bezeichnet.

von ganz wesentlicher Bedeutung sein, ob sich eine Modifizierung dieser Grundposition feststellen läßt oder nicht.

In Übereinstimmung mit den Intentionen des Reichskanzlers v. Bethmann Hollweg und auf dessen Initiative hin hat das Preußische Kriegsministerium — noch vor der, nun auch die Öffentlichkeit erfassenden Zuspitzung der Juli-Krise 1914 — die Grundlage für die kommende Politik des Burgfriedens gelegt. Mit der Empfehlung vom 25. Juli 1914 an die Kommandierenden Generale, alle für den Ernstfall, das heißt für die Verhängung des Belagerungszustandes und die Mobilmachung geplanten Maßnahmen gegen die Sozialdemokratie zu unterlassen und bei Eingriffen in die politischen Freiheitsrechte jede Diskriminierung bestimmter Gruppen zu vermeiden, wurde die bisher intern geübte Tolerierungspraxis auf die sehr viel komplizierteren politischen Verhältnisse des Reiches übertragen[28]. In Anbetracht der völlig unübersichtlichen, ja chaotisch zu nennenden Verhältnisse, die sich aus dem geltenden Kriegszustandsrecht ergaben, ist es nicht verwunderlich, daß einzelne der insgesamt 57 in ihren Entscheidungen keiner Zentralbehörde, sondern nur dem fernen Obersten Kriegsherrn verantwortlichen Militärbefehlshaber diesen politischen Richtlinien nicht immer folgten und eindeutig gegen die Arbeiterbewegung gerichtete Maßnahmen der Zensur und zur Regelung des Versammlungswesens ergriffen[29]. Doch hielt sich diese von der Generallinie abweichende Politik einzelner Militärbefehlshaber aufs Ganze gesehen in engen Grenzen, und es bleibt eine beachtenswerte Tatsache, daß die Politik des Burgfriedens nicht an der Armee und den für die innenpolitische Entwicklung mitverantwortlichen Militärbefehlshabern gescheitert ist. Dabei hat die personelle Besetzung der Militärbefehlshaberstellen und der Abteilungen der stellvertretenden Generalkommandos mit verabschiedeten Offizieren und Reserveoffizieren[30] die praktische Durchführung des Burgfriedenskonzepts eher erschwert als erleichtert.

Die Motive, die der Entscheidung des Preußischen Kriegsministeriums und des Generalstabes des Feldheeres zur Unterstützung der Burgfriedenspolitik zugrunde lagen, sind leicht zu erkennen. Es war für die militärischen Kommandobehörden eine offene Frage, ob die alles entscheidende reibungslose Durchführung der Mobilmachung nicht durch eine gleichzeitige rigorose Repressionspolitik im Innern wesentlich behindert werden würde. Der Verlauf und das Ergebnis der Reichstagssitzung vom 4. August erwiesen sich in dieser Hinsicht als eine nachdrückliche Rechtfertigung der vom Preußischen Kriegsministerium seit dem 25. Juli eingeschlagenen politischen Linie. Sie wurde durch den

---

[28] Vgl. den Abdruck des Dokuments in: Militär und Innenpolitik (wie Anm. 3), Nr. 27, S. 188ff. »Es ist nicht erwünscht, daß politische Parteien durch Unterdrückung ihrer Presse und Verhaftung ihrer Führer von vornherein in einen scharfen Gegensatz zur Regierung hineingetrieben werden. Deshalb ist zunächst ein abwartendes Verhalten, bei strenger Überwachung gegenüber der sozialdemokratischen, polnischen, dänischen und elsaß-lothringischen Presse und Partei angezeigt.«

[29] Zum Regime der Militärbefehlshaber vgl. Militär und Innenpolitik (wie Anm. 3), S. XXXIff. Zu den unterschiedlichen Verhältnissen bezüglich des Zensur- und Versammlungsrechtswesens in den einzelnen territorialen Bereichen vgl. ebd., Nr. 45, S. 87f.; Nr. 97, S. 226ff.; Nr. 107, S. 250, u. Nr. 114, S. 263 f.

[30] Für die Militärbefehlshaber vgl. Anl. 1 von Militär und Innenpolitik (wie Anm. 3), S. 1403 ff.; Anl. 3, S. 1411 f., gibt einen Anhalt über die entsprechenden Verhältnisse bei den Zensur- und Aufklärungsoffizieren, vgl. hierzu auch ebd., Nr. 41, S. 81, insbes. Anm. 3.

Chef des Generalstabes mit einem Erlaß vom 13. August bestätigt und bekräftigt³¹. Jeder innere Konflikt mußte die Konzentration der Kräfte auf den Krieg mindern und daher vermieden werden. Als allerdings die Hoffnungen auf einen kurzen Krieg enttäuscht worden waren, die Materialschlachten vielmehr in bisher unbekanntem Maße die wirtschaftlichen, personellen und moralischen Ressourcen der Nation in Anspruch nahmen und auszehrten, stand die militärische Führung einer Situation gegenüber, die durch ein rein opportunistisches Verhältnis zur organisierten Arbeiterschaft, wie zu Beginn des Krieges, nicht mehr zu meistern war.

Seit dem Frühjahr 1915 wuchs im Preußischen Kriegsministerium die Erkenntnis, daß die zweckentsprechende Verteilung der wehrpflichtigen Bevölkerung auf den kriegsindustriellen und den militärischen Sektor zu einer der entscheidenden Fragen des Krieges geworden war. Die Facharbeiterforderungen der Industrie und der militärische Ersatz für das Feldheer mußten auf einen Nenner gebracht werden³². Sehr schnell ergab sich daraus die weitere Konsequenz, daß ohne Einblick und Einwirkung auf die industriellen Produktions- und Arbeitsverhältnisse das Problem nicht zu lösen war, wollte man die von einem sehr spürbaren Profitinteresse geprägten Forderungen der Industriellen auf ein Maß zurückschrauben, das den auf Effektivität bedachten Vorstellungen der Militärs entsprach. Auf diesem Umweg sahen sich nicht nur das Preußische Kriegsministerium, sondern auch die stellvertretenden Kommandierenden Generale, die Militärbefehlshaber, mit wirtschaftlichen und sozialpolitischen Problemen konfrontiert, die ihnen bisher völlig fremd waren. Die Bemühung um einen möglichst zweckentsprechenden, vor allem störungsfreien Einsatz der zahlenmäßig beschränkten menschlichen Arbeitskräfte brachte es ganz zwangsläufig mit sich, daß sich militärische Behörden auch mit der Arbeitszeitregelung³³, mit Lohnfragen³⁴, mit der Freizügigkeit des Arbeiters³⁵, ja selbst mit Urlaubsfragen³⁶ beschäftigen mußten. Damit ist aber gleichzeitig gesagt, daß die Militärbehörden auf eine Zusammenarbeit mit den Gewerkschaften, auch und gerade den sozialdemokratischen unter der Führung Carl Legiens angewiesen waren. Ein stabiler, vertrauensvoller Kontakt zu den Gewerkschaften ist vom Preußischen Kriegsministerium immer wieder empfohlen worden, ob unter Wandel, Groener oder Scheüch³⁷.

---

³¹ Ebd., Nr. 79, S. 193 f.

³² Der Referent für Zurückstellungen aus dem Heeresdienst im Preußischen Kriegsministerium, Richard Sichler, formulierte in einer Besprechung im Juni 1916 (Militär und Innenpolitik, Nr. 196, S. 480): »Das gesamte Volk führt den Krieg auf 2 Schlachtfeldern: an der Front und im Lande. Keiner dieser beiden Kampfplätze ist getrennt von dem anderen auch nur kurze Zeit lang denkbar. Jeder hat die Grundlagen seines Bestandes im anderen.« Vgl. auch die Richtlinien für die Behandlung der Arbeiterfrage in der Kriegsindustrie v. 15. 6. 1915, ebd., Nr. 184, S. 461 ff.

³³ Ebd., Nr. 184, S. 466 f.; Nr. 244, S. 644, Anm. 9 und Nr. 292, S. 742.

³⁴ Als Beispiel sei verwiesen auf eine entsprechende Verfügung des Kriegsamts v. 5. 7. 1917 (ebd., Nr. 229, S. 594 f.). »Eine solche vermittelnde Tätigkeit [bei Lohnstreitigkeiten] gehört unbedingt zu den Aufgaben der Kriegsamtstellen.«

³⁵ Die Kritik der OHL am Hilfsdienstgesetz entzündete sich an diesem Punkt.

³⁶ Das Preußische Kriegsministerium plädierte in einem Schreiben v. 13. 9. 1916 an die Arbeitgeberverbände für einen Erholungsurlaub für Arbeiter, um die Arbeitsfähigkeit bei schlechter Ernährung zu erhalten, vgl. Militär und Innenpolitik (wie Anm. 3), Nr. 189, S. 490, Anm. 21.

³⁷ Beispielhaft sei verwiesen auf ebd., Nr. 97, S. 226 ff.; Nr. 104, S. 242 f.; Nr. 207, S. 542; Nr. 236, S. 620 f.

Diese Politik hat zu bestimmten Zeiten und in bestimmten regionalen Bereichen Rückschläge erlitten, manche Militärbefehlshaber haben sich widerstrebend, manche nur sporadisch zu einer Zusammenarbeit entschließen können[38], aber es gab ihr gegenüber keine Alternative. Deshalb haben die Angriffe aus den Kreisen der Industrie gegen die sozialpolitischen Initiativen, gegen die »staatssozialistischen« Eingriffe in das Verhältnis Arbeitgeber-Arbeitnehmer zu keinem nennenswerten Ergebnis geführt[39]. Auch die Personalisierung des Konflikts auf den zivilen Referenten im Kriegsministerium, Sichler, oder andere Persönlichkeiten bei den stellvertretenden Generalkommandos, konnte nicht verhindern, daß die Armee auf eine wie auch immer im einzelnen geartete Zuammenarbeit mit der organisierten Arbeiterschaft angewiesen war, so wie es Groener am 9. November 1916 vor den Bevollmächtigten zum Bundesrat ausdrückte[40]: »Gegen die Arbeiter könnten wir diesen Krieg überhaupt nicht gewinnen.« Vergleicht man diese Erkenntnis mit dem Selbtbewußtsein der Armee vor dem Kriege, das sich auf die Bewährung im deutsch-französischen Kriege stützte, so wird ohne weiteres deutlich, welche einschneidenden Folgen derartige Einsichten für das Selbstverständnis des Offizierkorps haben mußten. Der Krieg war nicht mehr ausschließlich Sache der Armee.

Die 57 Militärbefehlshaber des Deutschen Reiches waren darüber hinaus in erster Linie verantwortlich für die Aufrechterhaltung der öffentlichen Sicherheit. Schon im ersten Kriegsjahr stellte sich heraus, daß die schwerste Bedrohung dieser Sicherheit ausging von den Folgeerscheinungen der krisenhaften Verknappung der Lebensmittel. Aufläufe von aufgebrachten Hausfrauen, Demonstrationen gegen die allgemeine Teuerung, Schleichhandel, schließlich Arbeitseinstellungen und Streiks großen Umfangs spiegelten eine Not wider, die nicht einfach durch den Polizeiknüppel, schon gar nicht durch den Einsatz von Soldaten aus der Welt geschafft werden konnte. Auch hier waren die Militärbehörden darauf angewiesen, durch Verhandlungen einen Ausgleich herbeizuführen. Und wiederum konnte nur verhandelt werden, wenn man die Vertreter der Arbeiterschaft, Funktionäre der Gewerkschaften und der Sozialdemokratischen Partei, als Verhandlungspartner akzeptierte[41]. So traten neben die paritätisch besetzten Ausschüsse des Hilfsdienstgesetzes, deren Vorläufer unter Assistenz des Preußischen Kriegsministeriums zustande gekommen waren, jetzt in der schweren Krise des Frühjahrs 1917 die von einzelnen Militärbefehlshabern unter maßgeblicher Beteiligung der Arbeiterschaft gebildeten Kommissionen, die die gerechte Verteilung der Lebensmittel überwachen sollten[42].

---

[38] Vgl. in diesem Zusammenhang die politischen Äußerungen und Maßnahmen des stellv. Kommandierenden Generals des II. AK in Stettin, General v. Vietinghoff, ebd., Nr. 97, S. 226, Anm. 2; Nr. 151, S. 373f.; Nr. 164, S. 405, Anm. 11; Nr. 173, S. 427f.; Nr. 207, S. 543, Anm. 14.

[39] Vgl. G. D. Feldman, Army, Industry and Labor in Germany 1914–1918, Princeton, N.J. 1966, S. 73ff. Vgl. auch Militär und Innenpolitik (wie Anm. 3), Nr. 185, S. 472ff.; Nr. 189, S. 486ff. und Nr. 219, S. 570ff. Zur Funktion der Exekutive in diesem Zusammenhang vgl. J. Kocka, Klassengesellschaft im Krieg. Deutsche Sozialgeschichte 1914–1918, Göttingen 1973, S. 96ff.

[40] Militär und Innenpolitik (wie Anm. 3), Nr. 198, S. 513, zur Gegenposition vgl. die Denkschrift des Oberstleutnants Bauer vom Juli 1918, ebd., Nr. 464, S. 1241.

[41] Wie sehr sich manche Militärbehörden dagegen sträubten, läßt sich an einem Kieler Beispiel aus dem Juni/Juli 1916 verdeutlichen, vgl. ebd., Nr. 157, S. 388ff. sowie Nr. 215, S. 557ff.

[42] Vgl. ebd., Nr. 292, S. 742, Anm. 6.

Trotz dieser vorsorglichen Maßnahmen kam es dann doch zu der ersten großen Streikbewegung im April 1917 und damit auch zur entscheidenden Krise im Verhältnis des Militärs zur organisierten Arbeiterschaft im Kriege. Bei der Lösung der bisher erwähnten industriellen und versorgungswirtschaftlichen Probleme konnten sich die Militärbehörden an den Maßstab der Effektivität, des unmittelbaren Nutzens für die Kriegführung halten und die damit verbundenen politischen Konsequenzen bewußt in Kauf nehmen. In der großen innenpolitischen Krise des Frühjahrs 1917 brach sich zum ersten Mal die demokratische Welle, die der Krieg und die Maßnahmen der Militärbehörden selbst in Gang gesetzt hatten. Der Maßstab militärischer Effektivität verlor seine absolute Gültigkeit, andere Kriterien drängten sich in den Vordergrund.
An dieser Stelle muß nun die Institution in die Betrachtung einbezogen werden, die gemeinhin fast ausschließlich als die Repräsentanz der Armee im Weltkrieg gilt — die Oberste Heeresleitung (OHL). Während der Generalstab des Feldheeres unter Moltke und Falkenhayn sich in innenpolitischen Fragen relativ zurückgehalten hatte, änderte sich dieses Bild unter Hindenburg und Ludendorff grundlegend. In bezug auf das Verhältnis zur organisierten Arbeiterschaft zeigte sich, daß die 3. OHL und — so darf vermutet werden — die Masse des aktiven Offizierkorps einer politischen Linie folgten, die in einem offensichtlichen Gegensatz zu dem von den Militärbehörden der Heimat eingeschlagenen Weg stand. Bei aller Einsicht in die gesteigerte Bedeutung der industriellen Produktion und damit auch der Arbeiterschaft für die Kriegführung war dieser Teil des Offizierkorps nicht bereit, daraus die Notwendigkeit irgendwelcher politischer Reformen abzuleiten. Die Entscheidung der sozialdemokratischen Reichstagsfraktion vom 4. August 1914 wurde zwar begrüßt, aber als eine längst überfällige, im übrigen selbstverständliche Kurskorrektur hingestellt. Wild v. Hohenborn, der spätere preußische Kriegsminister, hat im Oktober 1914 die wohl allgemein im Offizierkorps herrschende Meinung sehr drastisch zum Ausdruck gebracht[43]: »Die Führer bleiben Halunken. Die Sozen in der Front sind untadelhaft. In der Armee gibts keine Sozen! Nur brave Soldaten! [...] Die Sozialdemokratie kann einpacken.« Auch hier wird die Entscheidung der sozialdemokratischen Reichstagsfraktion vom 4. August 1914 zu einer glänzenden Rechtfertigung der Tolerierungspraxis der Armee in den Vorkriegsjahren und angesichts der nationalen Begeisterung des Kriegsbeginns die weitere Folgerung daraus gezogen, daß der Krieg der Partei die Massenbasis entzogen habe. Von hier aus läßt sich die Linie ziehen zu Ludendorffs Programm im Herbst 1916. Das Hilfsdienstgesetz, als notwendige Ergänzung des industriellen Hindenburg-Programms, sollte im Wege des nationalen Appells vom Reichstag verabschiedet werden[44]. Nicht die Gewährung irgendwelcher Rechte an die Arbeiterschaft stand dabei ursprünglich im Vordergrund, sondern die Auferlegung neuer Pflichten. Zur Mobilisierung aller materiellen und moralischen Energien sollte auch die Freigabe der Kriegszielerörterung in der Öffentlichkeit beitragen, unterstützt durch eine intensivierte staatliche Propaganda, die dann schließlich im Vater-

---

[43] Brief v. 8.10.1914, vgl. ebd., Nr. 86, S. 205, Anm. 6.
[44] Vgl. hierzu Groeners Äußerungen vor den Bevollmächtigten zum Bundesrat am 9.11.1916, ebd., Nr. 198, S. 514.

ländischen Unterricht ihre endgültige Form fand. Sowohl Wild v. Hohenborn im Oktober 1914 als auch Ludendorff als I. Generalquartiermeister ab 1916 gingen von der Vorstellung aus, daß der Krieg als nationale Bewährungsprobe die Bedeutung der schon immer nur widerwillig zur Kenntnis genommenen Parteien auf ein Minimum herabgedrückt habe. Zudem waren die Dioskuren Hindenburg und Ludendorff auf einer Welle allgemeiner Zustimmung, auch aus dem sozialdemokratischen Lager[45], an die Macht gelangt, und das Bewußtsein ihrer plebiszitären Machtposition verstärkte nur ihre Nichtachtung der Parteien. Die Repräsentanz der Nation sahen sie in der Armee, nicht in den Parteien, und auch die Arbeiterschaft war ein zwar notwendiges, vor allem aber ein zu disziplinierendes Instrument zur Erreichung des militärischen Sieges. Ludendorff mußte allerdings bereits bei den Verhandlungen um das Hilfsdienstgesetz die Erfahrung machen, daß der nationale Appell seine Kraft verloren hatte und daß innenpolitische Ergebnisse im Sinne der Kriegführung ohne Unterstützung der Parteien nicht zu erreichen waren[46]. Oberstleutnant Bauer, der ausschlaggebende innenpolitische Berater Ludendorffs, hat daraufhin als Alternative die Diktatur empfohlen, stieß aber in diesem Punkt auf die Ablehnung des Generals[47]. Als nun im Frühjahr 1917 von eben diesen Parteien die Verwirklichung der wesentlichen Komponenten der »Neuorientierung« gefordert wurde, war die Ablehnung der OHL und auch der Masse des aktiven Offizierkorps eindeutig[48]. Bauer und mit ihm viele Offiziere haben immer wieder versucht, den Ruf nach innenpolitischen Reformen dadurch zu bagatellisieren, daß sie ihn als eine Forderung der Parteien, nicht der Bevölkerung charakterisierten. Wie sehr sie damit einem Wunschdenken verfielen, zeigen gerade auch einige der Monatsberichte der stellvertretenden Generalkommandos[49], der Militärbehörden der Heimat.

Neben dem Hilfsdienstgesetz war die Freigabe der Kriegszielerörterung in der Öffentlichkeit das zweite wesentliche Element des Ludendorffschen Programms[50]. Wie sehr man sich der innenpolitischen Funktion dieser Maßnahme bewußt war, geht schon daraus hervor, daß damit einer seit Jahren erhobenen Forderung annektionistischer Kreise entsprochen wurde, die sich davon eine Ablenkung der Öffentlichkeit von eben jenen Reformbestrebungen für die Gegenwart und vor allem für die Zukunft erhofften. Auch die Praxis des Vaterländischen Unterrichts zielte im wesentlichen auf die Erhaltung des sozialen und ganz allgemein des innenpolitischen status quo. Die Frontstellung der 3. OHL gegen die Mehrheitssozialdemokratie war somit von allem Anfang an gegeben. Den Forderungen der streikenden Arbeiter vom 16. April und der Resolution der Sozial-

---

[45] Feldman (wie Anm. 39), S. 141 f.
[46] Vgl. Militär und Innenpolitik (wie Anm. 3), S. LXIIff.
[47] Vgl. ebd., Nr. 319, S. 795.
[48] Ebd., Nr. 276, 277 u. 281, S. 702ff. Vgl. auch die Denkschrift aus dem Nachlaß Bauer von Ende April 1917, ebd., Nr. 286, S. 716ff.
[49] Vgl. die Denkschrift Bauers v. 23.4.1918: »Bemerkungen über die innere Politik«, ebd., Nr. 452, S. 1211ff., insbes. Anm. 14. Zu den Monatsberichten 1917 vgl. ebd., Nr. 254, S. 666ff.; Nr. 292, S. 740ff.; Nr. 320, S. 799ff.
[50] Vgl. hierzu vor allem die Denkschrift des Chefs des Kriegspresseamtes v. 5.10.1916, ebd., Nr. 175, S. 431ff.

demokratischen Partei vom 19. April für einen Frieden ohne Annexionen und Kontributionen stand das Kreuznacher Programm der OHL vom 23. April 1917 gegenüber[51]. Trotz aller Schwankungen war gerade in dieser Frage der Gegensatz zwischen militärischer Führung und Mehrheitssozialdemokratie unüberbrückbar, eine Tatsache, deren Auswirkungen in der Arbeiterschaft sehr erheblich gewesen sind[52].

Auch in der allgemeinen Einschätzung der sozialen Lage der Arbeiterschaft vertrat Bauer einen ausgesprochen extremen Standpunkt, der sich aber auch bei Ludendorff und in Abstufungen allgemein bei der Masse des aktiven Offizierkorps findet und der den Gegensatz zu den Auffassungen der Militärbehörden der Heimat besonders deutlich macht. Bauer hat insbesondere im Jahre 1918 immer wieder die Ansicht vertreten, daß erst Bethmann Hollwegs Politik der »Neuorientierung« der Sozialdemokratie wieder zu Einfluß und Macht verholfen habe, denn die Führung von Partei und Gewerkschaften sei zu Beginn des Krieges ohne Gefolgschaft gewesen. Partei und Gewerkschaften hätten diese wiedergewonnene Stellung nicht im nationalen Sinne ausgefüllt, sondern unter anderem durch ständige Lohntreiberei nur ihre eigene Mitgliedschaft stärken und erweitern wollen. Diese Politik habe vor allem im Hilfsdienstgesetz ihren Ausdruck gefunden, aber auch in den »sinnlos hohen Löhne[n]«, denen das Reich die »ungeheure finanzielle Belastung« verdanke[53]. Es ist gar keine Frage, daß während des Krieges und verstärkt nach Verabschiedung des Hilfsdienstgesetzes die Löhne ganz allgemein gestiegen sind[54], am stärksten in der Kriegsindustrie und hier wiederum besonders bei den unentbehrlichen, hochqualifizierten Facharbeitern. Ebenso eindeutig läßt sich aber nachweisen, daß die Reallöhne während des Krieges gesunken sind und nur eine relativ kleine Gruppe hochbezahlter Facharbeiter das Vorkriegsniveau in der zweiten Phase des Krieges wieder erreichte, das heißt, daß der tägliche Kampf um Kleidung, Ernährung und Heizung auf der Grundlage des Höchstpreissystems und ergänzend hierzu unter dem Zwang des Schwarzmarktgeschäftes das Mehr an Nominallohn vollständig aufsog. Wichtiger ist die weitere Feststellung — und hierauf beruht die moralische Entrüstung über die Anhebung der Arbeiterlöhne —, daß die Masse der Festbesoldeten, also ein beträchtlicher Teil des Mittelstandes, eine vergleichbare Aufbesserung ihrer Gehälter nicht erreichte und damit gegenüber der Arbeiterschaft relativ absank. Der Konflikt, der sich hier anbahnte, konnte das Offizierkorps nicht unberührt lassen und hat dem politischen Gegensatz eine soziale Komponente hinzugefügt, die in der Phase der Revolution, wie ich meine, für das Verhältnis des Korps zur Arbeiterschaft eine erhebliche Bedeutung gewann.

---

[51] Zu den Forderungen der Streikenden vgl. Dokumente und Materialien zur Geschichte der deutschen Arbeiterbewegung, Reihe II, Bd 1, Berlin 1958, Nr. 213 ff., S. 612 ff. Zur Reaktion der OHL auf die sozialdemokratische Resolution vgl. Militär und Innenpolitik (wie Anm. 3), Nr. 285, S. 715.

[52] Schärfsten Ausdruck fanden diese Spannungen in dem Januarstreik 1918. Hierzu G. D. Feldman, E. Kolb und R. Rürup, Die Massenbewegungen der Arbeiterschaft am Ende des Ersten Weltkrieges (1917–1920), in: Politische Vierteljahresschrift, 13 (1972), S. 84 ff.

[53] Vgl. die in Anm. 48 erwähnte Denkschrift sowie Bauers Entwurf v. 21. 2. 1918 zu einer Stellungnahme der OHL zu einer Denkschrift des preußischen Innenministers, ebd., Nr. 446, S. 1192 ff. (Zitat S. 1194).

[54] Vgl. die Darstellung bei Feldman (wie Anm. 39), S. 472 f. sowie — mit einer Fülle von Daten — Kocka, Klassengesellschaft (wie Anm. 39), S. 12 ff.

In der Krise des Frühjahrs 1917 hat die 3. OHL sehr massiv versucht, in die innenpolitische Entwicklung einzugreifen. Sie hat aus ihrer Ablehnung jeder politischen Reform im Sinne der »Neuorientierung« gar keinen Hehl gemacht, sie hat frühzeitig die politische Bedeutung der russischen Februar-Revolution für Deutschland erkannt und alles unternommen, um durch Zensur und Aufklärung diesem Einfluß entgegenzuwirken[55], sie hat gegen den Streik gewettert und vor allem in sehr scharfer Form gegen die Resolution der Sozialdemokratischen Partei vom 19. April Stellung genommen[56].

Die Militärbehörden der Heimat waren bei der Überwindung der Ernährungskrise und des Streiks auf die Kooperation mit den Gewerkschaften und der Mehrheitssozialdemokratie angewiesen. Groener, als Chef des Kriegsamts, handelte entsprechend und wurde nicht zuletzt aus diesem Grunde gestürzt[57]. Wie aber verhielten sich die Militärbefehlshaber zu der Forderung nach politischen Reformen? War man bereit, der wachsenden und anerkannten Bedeutung der Arbeiterschaft für die Erreichung des Kriegszieles auch in politischer Hinsicht Rechnung zu tragen? Hierauf geben nur wenige Äußerungen führender Militärs eine direkte Antwort. Es ist außerordentlich interessant, daß es fast ausschließlich bayerische Offiziere waren, die diese politischen Konsequenzen zogen und sich für eine Reform des preußischen Wahlrechts einsetzten. Man mag einwenden, daß es für Bayern relativ leicht war, sich für preußische Reformen auszusprechen, beachtenswert ist jedoch der Tenor ihrer Begründungen, in denen diese Reform als logische Konsequenz des gesamten Kriegsgeschehen dargestellt wurde[58]. Man wird auch Groener in die Reihe der Befürworter der Reform einordnen dürfen, obwohl eindeutige Aussagen von ihm zu dieser Frage fehlen[59].

---

[55] Vgl. die Auseinandersetzung zwischen Ludendorff und dem Staatssekretär des Auswärtigen Amts, Zimmermann, um die Veröffentlichung des Aufrufs russischer Sozialisten an die deutsche Arbeiterschaft v. 25.3.1917, Militär und Innenpolitik (wie Anm. 3), Nr. 264–266, 268, 270, S. 686ff. sowie die Ausführungen des Majors Nicolai vor Zensuroffizieren am 4.4.1917, ebd., Nr. 70, S. 158ff.

[56] Vgl. Anm. 51.

[57] Vgl. Feldman (wie Anm. 39), S. 373ff.

[58] Der bayer. Kriegsminister v. Hellingrath schrieb am 2.4.1917 an den bayer. Ministerpräsidenten: »Aber in meiner Eigenschaft als oberster Militärbefehlshaber des bayer. Besatzungsheeres empfinde ich es als Pflicht darauf hinzuweisen, daß der bisherige Verlauf der Verhandlungen zur Reform des preußischen Wahlrechts, der auch im bayerischen Volke, wie wohl im ganzen übrigen Deutschland, mit großer Spannung verfolgt wurde, wenig geeignet erschien, in diesen Zeiten der höchsten Not den Geist des Volkes zu beleben und zu erfrischen.« Militär und Innenpolitik (wie Anm. 3), Nr. 275, S. 702. Und Oberst Mertz v. Quirnheim, Abteilungschef im Generalstab des Feldheeres, schrieb am 9.7.1917: »Was würde es für einen geradezu gewaltigen Eindruck machen, wenn General Ludendorff (durch die Stimme Hindenburg) erklären ließe: ›Ja, auch die O.H.L. ist für das allgemeine preußische Wahlrecht, weil es unseren preußischen Soldaten das giebt, was sie sich voll verdient haben.‹ Ich glaube, Ludendorff würde auf den Händen getragen werden, alle Streikgefahren etc. wären beseitigt, der Eindruck auf das Ausland ungeheuer. Wie herrlich könnte man eine solche Kundgebung frisieren!!« Ebd., Nr. 314, S. 783.

[59] Vgl. auch die Stellungnahme des Staatssekretärs des Reichsmarineamts für die Reform des preußischen Wahlrechts im Kronrat v. 9.7.1917, ebd., Nr. 315, S. 787. Seeckt schrieb am 16.7.1917: »Die Heimat ist uns in den Rücken gefallen und damit ist der Krieg verloren. Das und nichts anderes ist der Sinn der letzten Ereignisse.« Ebd., Nr. 319, S. 796, Anm. 35.

Diese Gegensätzlichkeiten sollen jedoch nicht darüber hinwegtäuschen, daß die Basis der Gemeinsamkeiten zwischen den Militärbehörden der Heimat und der 3. OHL sehr breit war. Das zeigt sich zum Beispiel in der Praxis des Vaterländischen Unterrichts, vor allem aber in der Behandlung der Anfang April 1917 gegründeten USPD. Mit diesem Ereignis hatte der langwierige Spaltungsprozeß innerhalb der Sozialdemokratie, den die Militärbehörden von Anfang an mit größter Aufmerksamkeit verfolgt hatten[60], einen vorläufigen Abschluß gefunden. Die Militärbefehlshaber und das Preußische Kriegsministerium hatten sich bemüht, den Spaltungsvorgang nicht durch voreilige Maßnahmen gegen die radikale Linke aufzuhalten. Diese Zurückhaltung entsprach einer bewußten Unterstützung der Mehrheit, zum Beispiel durch die Heranziehung der Gewerkschaften in den erwähnten kriegswirtschaftlichen Fragen. Ziel dieser Politik war die Integration der Mehrheit in den konstitutionellen Staat, hierin stimmten Bethmann Hollwegs Politik der »Neuorientierung« und die Maßnahmen der Militärbefehlshaber überein. Für sämtliche Militärbefehlshaber stand es außer Frage, daß alle links der Mehrheit stehenden Gruppen mit allem Nachdruck, wenn auch möglichst unauffällig, bekämpft werden mußten. Je offenkundiger die Spaltung wurde, desto deutlicher wurde auch die Sprache der militärischen Anordnungen, unmittelbar nach der Gründung der USPD häuften sich die entsprechenden Empfehlungen des Preußischen Kriegsministeriums und die Anordnungen der Militärbefehlshaber[61]. In der Krise des Frühjahrs 1917 war demnach mit der USPD der innenpolitische Gegner auf der Bühne erschienen, dessen Unterdrückung die Militärbehörden in voller Übereinstimmung mit der gesamten zivilen Exekutive und der ausgesprochenen oder unausgesprochenen Zustimmung der überwältigenden Mehrheit der politischen Kräfte in den Parlamenten ins Werk setzen konnten. Da aber auch nach der Gründung der USPD in vielen Fragen der Kriegspolitik die Grenzen zwischen der Mehrheit und der Minderheit durchaus fließend waren, blieben die SPD und die Gewerkschaften von den umfassenden Maßnahmen der Militärbehörden gegen die USPD nicht unberührt[62]. Dies entsprach durchaus den Intentionen der OHL und einzelner Militärbefehlshaber. An den Reaktionen des Oberbefehlshabers in den Marken, des preußischen Kriegsministers und der OHL auf den Januar-Streik 1918 läßt sich dies sehr deutlich nachweisen[63]. Die Konzentration der Abwehrmaßnahmen aller militärischen Behör-

---

[60] Besonders anschaulich läßt sich dieses Verhalten an den Maßnahmen des stellv. Generalkommandos des XIII. AK (Stuttgart) ablesen, vgl. ebd., Nr. 89, S. 209; Nr. 91, S. 211 ff.; Nr. 99, S. 230 ff. u. Nr. 122, S. 282 ff. Vgl. auch die Leitsätze des Preußischen Kriegsministeriums für das Vorgehen der Militärbefehlshaber bei Ausbruch größerer Streiks in der Rüstungsindustrie v. 28.7.1916, ebd., Nr. 162, S. 399 ff.

[61] Für die Verschärfung der Maßnahmen nach Gründung der USPD vgl. ebd., Nr. 306, S. 761 ff.; Nr. 309 f., S. 773 ff.; Nr. 316, S. 787 ff. sowie die Niederschrift über eine Besprechung am 13.8.1917 im Preußischen Kriegsministerium über eine Verschärfung der Handhabung des Gesetzes über den Belagerungszustand, Nr. 376, S. 1002 ff.

[62] So umfaßte ein vom Reichsmarineamt im Anschluß an die Flottenunruhen den Kommandobehörden nahegelegtes Verbot von USPD-Zeitungen auch einige Blätter der SPD, vgl. ebd., Nr. 379, S. 1020 f. u. Nr. 392, S. 1059 f.

[63] Vgl. den Bericht des Oberbefehlshabers v. 6.2.1918 und des preußischen Kriegsministers v. 5.2.1918 an den Kaiser, ebd., Nr. 437 f., S. 1157 ff. sowie die Stellungnahme Bauers für den Kronprinzen v. 10.2.1918 zum Bericht des preußischen Kriegsministers, ebd., Nr. 442, S. 1171 ff.

den auf die USPD und alles, was ihr zugeordnet wurde, hat weitreichende Folgen für die Entwicklung nach dem 9. November 1918 gehabt, da damit von vornherein die Unterstützung der Regierung der Volksbeauftragten durch die Militärbehörden aller Bereiche und auf allen Ebenen sich nur auf den einen Partner des Bündnisses, die Mehrheitssozialdemokratie und vor allem ihren rechten Flügel, konzentrierte.

Der Versuch, auf Grund dieses Überblicks bestimmte Gruppen des Offizierkorps in ihrem Verhältnis zu der organisierten Arbeiterschaft voneinander abzuheben, muß notwendigerweise fragmentarisch bleiben. Die schriftliche Überlieferung ist insbesondere für das beim Feldheer stehende aktive Offizierkorps zu bruchstückhaft, um zu gesicherten Ergebnissen kommen zu können. Für diesen Teil des Offizierkorps stand die Bewältigung militärischer Aufgaben ganz im Vordergrund, es lag keine Veranlassung zu politischer Stellungnahme vor. Erst mit dem Frühjahr 1917 häufen sich die wenigen Zeugnisse, und sie spiegeln politische Überzeugungen, die im wesentlichen denen der Vorkriegszeit entsprechen. Das Fronterlebnis mag die Erkenntnis gefestigt haben, daß auch Sozialdemokraten gute Soldaten waren, es mag den Gedanken der großen nationalen Volksgemeinschaft jenseits aller Parteigruppierungen vor allem für die jüngeren Offiziere zur politischen Zielvorstellung verfestigt haben, aber die Probleme der Arbeiterschaft, der Arbeiterbewegung blieben der Gesamtheit der Frontoffiziere — von Ausnahmen natürlich abgesehen — fremd. Die Oberste Heeresleitung unter Hindenburg und Ludendorff, deren politische Vorstellungen prägend auf das Offizierkorps — etwa durch den Vaterländischen Unterricht — einwirkten, praktizierte zum Teil mit Erfolg einen autoritären Führungsstil auch bei der Lösung politischer Fragen, scheiterte damit aber weitgehend im innenpolitischen Bereich. Bei aller Einsicht in die Abhängigkeit der Kriegführung von den kriegswirtschaftlichen Gegebenheiten der Heimat war sie doch in erster Linie interessiert an den Produktionsziffern. Deswegen war der Kontakt zu den Repräsentanten der Industrie wichtiger als der zu den Vertretern der Arbeiterschaft. Oberstleutnant Bauer hat diese Verbindung intensiv gepflegt und auch die innen- und sozialpolitischen Zielsetzungen der Großindustrie übernommen und in seinen Denkschriften zum Ausdruck gebracht[64]. Auch in der Führungsspitze des Feldheeres ist daher ein Wandel im Verhältnis zur Arbeiterschaft kaum festzustellen, abgesehen von einigen rein opportunistischen Maßnahmen. Der militärische Sieg, auf den sich alle Energien richteten und der auch die Lösung aller politischen Fragen in sich schließen würde, sollte dazu benutzt werden, die im Kriege gewachsene Macht der Sozialdemokratischen Partei und besonders der Gewerkschaften abzubauen, wenn nicht ganz auszuschalten. In der Vaterlandspartei und im Hauptausschuß nationaler Arbeiter- und Berufsverbände standen, in der Sicht Bauers, entsprechende Ersatzorganisationen zur Verfügung[65].

Für die Militärbehörden des Heimatgebiets ergibt sich auf Grund der reichhaltigeren Überlieferung ein in wesentlichen Punkten abweichendes Bild. Im Gegensatz zum akti-

---

[64] Vgl. in diesem Zusammenhang auch seinen Briefwechsel mit dem nat. lib. Landtagsabgeordneten Dr. Carl Röchling, ebd., Nr. 440, S. 1168f. u. Nr. 452, S. 1213, Anm. 15.
[65] Vgl. Bauers Schreiben an den Sekretär der kath. Arbeitervereine, Dr. Fleischer, v. 25.3.1918, ebd., Nr. 449, S. 1207f.

ven Offizierkorps des Feldheeres sahen sich die Offiziere in den entsprechenden Abteilungen der stellvertretenden Generalkommandos und der Gouvernements, in den Kriegsamtsstellen und den bundesstaatlichen Kriegsministerien tagtäglich mit den innenpolitischen Gegebenheiten konfrontiert, sei es auf dem Gebiet der Zensur, der Sicherstellung der Ernährung für die Bevölkerung und die verschiedenen Arbeiterkategorien, sei es bei der Schlichtung von Lohnkonflikten o.ä. Dieser Zwang zur intensiven Beschäftigung mit den wirtschaftlichen, sozialen und politischen Verhältnissen hat, und darüber liegen eine Fülle von Zeugnissen vor, zu einer erstaunlichen Kooperation mit den Repräsentanten der Sozialdemokratie geführt[66]. Damit soll nicht gesagt sein, daß diese Kooperation in allen territorialen Bereichen und in allen Fragen gleichartig gewesen ist, es lassen sich im Gegenteil sehr erhebliche, zum Teil krasse Unterschiede feststellen[67]. Gemessen an den Vorkriegsverhältnissen hatte sich jedoch ein erstaunlicher Wandel vollzogen. In welchem Maße hierbei generell opportunistische Motive anzunehmen sind, bleibt offen. Sicher haben derartige Überlegungen bei den beteiligten Offizieren eine Rolle gespielt, es ist aber nicht gerechtfertigt, für alle Maßnahmen der Militärbehörden der Heimat diesen Beweggrund anzunehmen.

Die Revolution 1918/19 hat diesem Wandlungsprozeß zunächst ein Ende bereitet. Das Bild der Reichswehr Seecktscher Prägung — charakterisiert in diesem Zusammenhang durch ihre politisch motivierte Personalpolitik, durch ihre sehr betonte Distanz, ja Feindschaft gegenüber der Sozialdemokratischen Partei und den Gewerkschaften und schließlich durch den im Offizierkorps der Reichswehr kultivierten Staatsbegriff[68] — vermittelt den Eindruck, daß dieser Wandlungsprozeß nur von sehr oberflächlicher Wirkung gewesen sein kann, da so gut wie nichts in der Reichswehr nachgewirkt hat. Die Gründe hierfür werden gemeinhin in der mangelnden Unterstützung der sich bildenden Reichswehr durch die Arbeiterschaft[69] und in den Folgewirkungen des Versailler Vertrages gesehen. Der erste Grund würde darauf hindeuten, daß die erwiesene Zusammenarbeit zwischen den Militärbehörden der Heimat und den Repräsentanten der Arbeiterschaft ohne solide Basis war, daß Opportunismus das Handeln beider Seiten bestimmte.

Neuere Arbeiten über die Revolutionsphase vom November 1918 bis zum Januar 1919 ergeben ein differenzierteres Bild dieser Entwicklung[70]. Der militärische Zusammenbruch

---

[66] Aufschlußreich ist in diesem Zusammenhang die scharfe Kritik eines höheren Frontoffiziers an der Tätigkeit der stellv. Generalkommandos, vgl. ebd., Nr. 447, S. 1200f.

[67] So ist es z. B. im Bereich des stellv. Generalkommandos des VI. AK (Breslau) nie zu der vom Preußischen Kriegsministerium angestrebten Zusammenarbeit mit den Gewerkschaften gekommen, vgl. die Eingabe Legiens an das Ministerium v. 19.8.1918, ebd., Nr. 466, S. 1253ff.

[68] Vgl. hierzu die umfassende Darstellung von R. Wohlfeil, in: Handbuch zur deutschen Militärgeschichte, Teil VI, Frankfurt/M. 1970, insbes. S. 134ff. und S. 167ff., die von H. Hürten bearbeiteten Bände 2—4 der Quellen zur Geschichte des Parlamentarismus und der politischen Parteien, Reihe 2: Militär und Politik, Düsseldorf 1977—1980, für die Jahre 1918—1924, und den Literaturbericht von M. Geyer, Die Wehrmacht der Deutschen Republik ist die Reichswehr. Bemerkungen zur neueren Literatur, in: MGM, 14 (1973), S. 152ff.

[69] Als Beispiel vgl. G.A. Caspar, Die deutsche Sozialdemokratie und die Entstehung der Reichswehr (1918/1921), in: Wehrwissenschaftliche Rundschau, 8 (1958), S. 194ff.

[70] Grundlegend für die wieder auflebende Diskussion über die Entstehungsphase der Weimarer Repu-

im November 1918 riß das Offizierkorps in eine tiefempfundene Existenzkrise. Sie hatte sich schon im Frühjahr 1918 nach dem Scheitern der Offensive angekündigt, als die OHL mit dem Problem der sogenannten »Drückeberger« und der immer größeren Umfang annehmenden Disziplinlosigkeit im Rücken der kämpfenden Truppe nicht mehr fertig wurde, steigerte sich mit dem Auseinanderlaufen der Truppe nach Überschreiten des Rheins und erreichte ihren Höhepunkt in der Niederlage des Generalkommandos Lequis am 24. Dezember 1918 vor dem Marstall in Berlin. Das Offizierkorps verdankte seine Stellung in Staat und Gesellschaft der Armee, ohne Armee verlor es seine Funktion, die Basis seiner Existenzberechtigung. Groener hat dies von Anfang an sehr hellsichtig erkannt und die Erhaltung des Offizierkorps als das zunächst anzusteuernde Ziel bezeichnet[71]. Ebert und die Volksbeauftragten haben die Schwäche der OHL bis zuletzt nicht erkannt. Ebert sah in der Armee den unbedingt notwendigen Ordnungsfaktor und vertraute der Loyalität Groeners, der seinerseits frühzeitig erkannte, daß er dieses Vertrauen und die Erwartungen Eberts nur durch Aufstellung vom Freiwilligenformationen rechtfertigen konnte[72].

Es ist heute wohl unbestritten, daß Ebert den ihm verbliebenen politischen Spielraum und die in der Rätebewegung liegenden Möglichkeiten unterschätzte. Seine Beurteilung der Lage beruhte auf den Erfahrungen des Parteiführers während des Krieges in der bitteren Auseinandersetzung mit der USPD, die spätestens seit dem Januar-Streik 1918 die Gefahr in sich barg, daß die Masse zu dem parteipolitischen Gegner überwechselte. Er teilte diese Befürchtungen mit der Führung der Gewerkschaften, die es nicht vermocht hatten, die Masse der ungelernten Arbeiter organisatorisch in den Griff zu bekommen. Während des Krieges hatten Partei und Gewerkschaften in diesen Fragen die Unterstützung der Militärbehörden gefunden.

Verständlich, aber ebenfalls verhängnisvoll war weiterhin, daß Ebert und die Volksbeauftragten die Lage vornehmlich unter dem Aspekt der Berliner Entwicklung beurteilten und völlig auf die OHL als den einzig entscheidenden militärischen Macht-Faktor

---

blik sind zwei Editionen: Die Regierung der Volksbeauftragten 1918/19, eingel. v. E. Matthias, bearb. v. S. Miller unter Mitwirkung v. H. Potthoff, Düsseldorf 1970 (= Quellen zur Geschichte des Parlamentarismus und der politischen Parteien, Erste Reihe, Bd 6), und Der Zentralrat der Deutschen Sozialistischen Republik 19. 12. 1918 bis 8. 4. 1919. Vom ersten zum zweiten Rätekongreß, bearb. v. R. Kolb und R. Rürup, Leiden 1968 (= Quellen zur Geschichte der Rätebewegung in Deutschland 1918/19, Bd 1). Vgl. auch den Bd 2 der von H. Hürten bearbeiteten, in Anm. 68 erwähnten Edition sowie den Literaturbericht von U. Kluge, in: MGM, 9 (1971), S. 236ff. Zur Soldatenratsbewegung: U. Kluge, Soldatenräte und Revolution. Studien zur Militärpolitik in Deutschland 1918/1919, Göttingen 1975, und die materialreiche Studie von H. Oeckel, Die revolutionäre Volkswehr 1918/19. Die deutsche Arbeiterklasse im Kampf um die revolutionäre Volkswehr (November 1918 bis Mai 1919), Berlin 1968. Ferner sei verwiesen auf E. Kolb (Hrsg.), Vom Kaiserreich zur Weimarer Republik, Köln 1972 und auf den in Anm. 52 erwähnten Aufsatz von Feldman/Kolb/Rürup.

[71] W. Groener, Lebenserinnerungen. Jugend, Generalstab, Weltkrieg, hrsg. von Friedrich Frhr. Hiller von Gaertringen, Göttingen 1957, S. 467ff. Vgl. auch G. W. Rakenius, Wilhelm Groener als Erster Generalquartiermeister. Die Politik der Obersten Heeresleitung 1918/19, Boppard 1977.

[72] Groener (wie Anm. 71), S. 473.

fixiert blieben. Eine Reihe von neueren Untersuchungen[73] hat gezeigt, daß außerhalb der Reichshauptstadt in der ersten Phase der Revolution die Arbeiter- und Soldatenräte durchaus in der Lage waren, die notwendige Ordnung aufrecht zu erhalten. Dies wurde ermöglicht durch die nach wie vor bestehende Zusammenarbeit der sozialdemokratischen und gewerkschaftlichen Kräfte mit den Zivil- und Militärbehörden auf den Ebenen unterhalb der regionalen Militärbefehlshaber. Das Regime dieser Militärbefehlshaber, der für die Aufrechterhaltung der inneren Ordnung verantwortlichen Kommandeure, hatte sich mit dem Herannahen der Revolution sang- und klanglos verabschiedet[74]. Die noch existierende militärische Zentralgewalt des Obermilitärbefehlshabers in der Person des preußischen Kriegsministers, General Scheüch, der nominell den Oberbefehl über das Heimatheer führte, stand auch für die Volksbeauftragten von Anfang an im Schatten der OHL unter Groener.

Die Räte setzten sich vornehmlich aus den Mitgliedern der beiden sozialistischen Parteien zusammen, wobei der mehrheitssozialdemokratische Anteil bei weitem überwog. Oft übernahmen mehr oder weniger bekannte lokale Parteigrößen wichtige Funktionen innerhalb des Arbeiter- und Soldatenrates. Für diese auch während des Zusammenbruchs tätige Funktionärsschicht bedeutete die Zusammenarbeit mit Militärbehörden die Fortsetzung einer langgeübten Praxis[75]. Die Tatsache, daß auch Offiziere in den Arbeiter- und Soldatenrat aufgenommen wurden, bestätigt diese Kooperationsbereitschaft in überraschender Weise[76]. Auch die Wehren der Arbeiter- und Soldatenräte zeigten mit wenigen Ausnahmen dieselbe personelle Struktur, oft bildete die Zugehörigkeit zu den sozialistischen Parteien und zu den Gewerkschaften die Voraussetzung für die Aufnahme in ihre Reihen. Zum Teil haben sie sich ihren Aufgaben durchaus gewachsen gezeigt, und ihre Wirksamkeit hätte zweifellos noch wesentlich verstärkt werden können, wenn sie in einem nennenswerten Maße von den Volksbeauftragten unterstützt worden wären. Die These von der mangelnden Unterstützung der Arbeiterschaft für die von militärischen Kräften übernommene Ordnungsaufgabe gilt für diese erste Phase der Revolution also nur in einem sehr eingeschränkten Maße, und für die zweite Phase sind ganz andere Motive maßgebend gewesen.

---

[73] Oeckel bringt, bei aller ideologisch bestimmten Voreingenommenheit, eine Fülle von Belegen über die Tätigkeit von mehrheitssozialdemokratisch bestimmten Arbeiter- und Soldatenräten, deren Wehren — von Oeckel als reformistisch abqualifiziert — in Nord-, West- und Süddeutschland auch rein zahlenmäßig eine beachtliche Stärke erreichten. Vgl. auch E. Lucas, Frankfurt unter der Herrschaft des Arbeiter- und Soldatenrats 1918/19, Frankfurt/M. 1969, u. R. A. Comfort, Revolutionary Hamburg. Labor Politics in the Early Weimar Republik, Stanford, Cal. 1966.

[74] Vgl. hierzu E.-H. Schmidt, Heimatheer und Revolution 1918. Die militärischen Gewalten im Heimatgebiet zwischen Oktoberreform und Novemberrevolution, Stuttgart 1981 (= Beiträge zur Militär- und Kriegsgeschichte, Bd 23).

[75] Der Vorsitzende des Kieler Gewerkschaftskartells, Gustav Garbe, ist hierfür ein Beispiel; er hatte bereits im Juni 1916 mit dem Gouvernement verhandelt (Militär und Innenpolitik, Nr. 157, S. 388 ff.) und beteiligte sich auch an den Verhandlungen des Soldatenrats mit den Militärbehörden der Stadt (ebd., Nr. 503, S. 1364 ff.).

[76] Vgl. H. Hürten, Soldatenräte in der deutschen Novemberrevolution 1918, in: Historisches Jahrbuch, 90 (1970), S. 323 f.

Wenn für die Kriegszeit ein Wandel im Verhältnis des Militärs zur Arbeiterschaft im Heimatgebiet festgestellt werden konnte, so hat er sich fortgesetzt in dieser lokalen Zusammenarbeit zwischen Arbeiter- und Soldatenräten und Militärbehörden. Das Schicksal der Rätebewegung ist bekannt, damit war auch über die Weiterentwicklung dieser besonderen Form der Kooperation entschieden. Die durch Ebert und die OHL forcierte Bildung von Freiwilligenformationen, in denen das aktive Offizierkorps des Feldheeres, dessen politische Anschauungen vornehmlich durch die Vorkriegszeit, das Fronterlebnis und die 3. OHL geprägt worden waren, naturgemäß eine führende Rolle einnahm[77], veränderte auch in dieser Hinsicht die Situation vollständig. Die systematische Ausschaltung der Arbeiter- und Soldatenräte und ihrer Wehren macht die Zurückhaltung, die Resignation und schließlich die Feindseligkeit der Arbeiterschaft gegenüber der neu sich bildenden bewaffneten Macht erst recht verständlich. Das in den langen Kriegsjahren mühsam geknüpfte Band zwischen Arbeiterschaft und Armee, das durch den Zusammenbruch schon brüchig geworden war, wurde damit völlig zerschnitten. Groener hatte sein Ziel, die Erhaltung des Offizierkorps, erreicht, aber damit die Reichswehr mit einer schweren Hypothek belastet, die auch als solche empfunden wurde. Erst der Nationalsozialismus hat, in der Sicht des Militärs, diesen Mangel beseitigt und die breiten Schichten der Bevölkerung, auch der Arbeiterschaft, der Armee wieder zugeführt.

---

[77] Vgl. hierzu den im ganzen unbefriedigenden, aber doch eine Reihe von wichtigen Informationen enthaltenden Aufsatz von G. Paulus, Die soziale Struktur der Freikorps in den ersten Monaten nach der Novemberrevolution, in: Zeitschrift für Geschichtswissenschaft, 3 (1955), S. 685 ff.

Voraussetzungen innenpolitischen Handelns des Militärs im Ersten Weltkrieg

Bemerkungen zum Verhältnis des Offizierkorps und der militärischen Führung zur Innenpolitik vor Ausbruch des Krieges

Aus den neueren Darstellungen zur Geschichte des Offizierkorps[1] geht hervor, daß die konstitutiven Elemente des Korps sich in den Formen, wie sie sich im Laufe des 19. Jahrhunderts und insbesondere unter Wilhelm I. herausgebildet hatten, im wesentlichen unverändert bis zum Beginn des Ersten Weltkrieges und darüber hinaus erhalten haben. Das kann jedoch nicht darüber hinwegtäuschen, daß die in der wilhelminischen Zeit sich rasch verändernde Umwelt innerhalb des Offizierkorps Wirkungen hervorrief, die Beachtung verdienen. Die Grundlage der Vorrangstellung des Korps in Gesellschaft und Staat bildete noch immer die enge Bindung jedes einzelnen Offiziers an die Person des Monarchen, der auch als letzte Instanz der Ehrengerichtsbarkeit sich der persönlichen Loyalität der Offiziere versichert halten konnte[2]. Und doch wandelte sich das innere Verhältnis des Korps zum Monarchen, als der ehrwürdigen Gestalt Wilhelms I. der jugendliche, impulsive und sprunghafte Enkel folgte. Wilhelm II. hat in seinen häufigen Ansprachen den Offizier weniger als das Instrument seines herrscherlichen Willens, denn als seinen Kameraden bezeichnet und verwischte damit eine Distanz, die einstmals das Verhältnis bestimmt hatte[3]. Außerdem hat die verbreitete Kritik an dem politischen und persönlichen Verhalten Wilhelms II. dazu beigetragen, die Bindung des Korps an die Person dieses Monarchen eher zu lockern als zu festigen[4]. Auch auf dem Hintergrund dieser Tendenzen muß die faktische Abdankung Wilhelms II. als Oberster Kriegsherr gleich

---

[1] Untersuchungen zur Geschichte des Offizierkorps. Anciennität und Beförderung nach Leistung, Stuttgart 1962 (= Beiträge zur Militär- und Kriegsgeschichte, Bd 4); Offiziere im Bild von Dokumenten aus drei Jahrhunderten, Stuttgart 1964 (= Beiträge zur Militär- und Kriegsgeschichte, Bd 6), hier insbesondere die Einführung von M. Messerschmidt, Werden und Prägung des preußischen Offizierkorps. Ein Überblick; K. Demeter, Das Deutsche Offizierkorps in Gesellschaft und Staat 1650—1945, 4. Aufl., Frankfurt/M. 1965; M. Kitchen, The German Officer Corps 1890—1914, Oxford 1968.

[2] Zur Bedeutung der Ehrengerichtsbarkeit für die persönliche Bindung des Offiziers an den Monarchen vgl. K. Demeter (wie Anm. 1), S. 146 ff.; M. Messerschmidt, Werden und Prägung des preußischen Offizierkorps (wie Anm. 1), S. 80, sowie M. Kitchen (wie Anm. 1), S. 49 ff.

[3] Vgl. hierzu H. Black, Die Grundzüge der Beförderungsordnungen, in: Untersuchungen zur Geschichte des Offizierkorps (wie Anm. 1), S. 135 ff., 149 ff.; W. Gäßler, Offizier und Offizierkorps der alten Armee in Deutschland als Voraussetzung einer Untersuchung über die Transformation der militärischen Hierarchie, Wertheim/M. 1930, Anm. 46.

[4] Zur wachsenden Distanz vgl. Der Kaiser und das Offizierkorps. Von einem Inaktiven, Leipzig 1913 (= Hammer-Schriften, 5), sowie M. Kitchen (wie Anm. 1), S. 16 ff. Für die auch daraus sich ergebende stärkere Betonung der Eigenständigkeit des Korps, die sich u. a. in der Gründung von Vereinen bekundete, vgl. F. Priebatsch, Geschichte des Preußischen Offizierkorps, Breslau 1919, S. 60 f., sowie M. Kitchen (wie Anm. 1), S. 127 f.

in der Anfangsphase des Krieges, seine bewußte Ausschaltung durch die dritte Oberste Heeresleitung und schließlich die erstaunlich geringe Reaktion des Korps auf die Abdankung des deutschen Kaisers und preußischen Königs gesehen werden. Georg Heinrich v. Berenhorst schrieb schon 1805 in seinen »Aphorismen«: »Die Gemeinen sind die Basis, Obristen und Hauptleute die Säulen einer vollendeten militärischen Rotunde; sie tragen die mächtige Kuppel; sie tragen — wenn's seyn muß — einen hohlen Herkules oben auf derselben, lange den Stürmen und den Ungewittern entgegen[5].«

Nicht zu verkennen ist außerdem, daß seit den Einigungskriegen, insbesondere jedoch unter Wilhelm II., sich in wachsendem Maße die gesellschaftliche Herkunft des Offizierersatzes veränderte. Der Kaiser hat diese Entwicklung durch die Kabinettsordre vom 29.3.1890, wonach »den Söhnen solcher ehrenwerter bürgerlicher Häuser« die Laufbahn des Offiziers freigegeben wurde, »in denen die *Liebe zu König und Vaterland*, ein warmes Herz für den Soldatenstand und christliche Gesittung gepflegt und anerzogen werden«, sanktioniert und gefördert[6]. Auf Grund des Zustroms von Söhnen vor allem des gehobenen Bürgertums waren im Jahre 1913 nur 30 Prozent der Offiziere des preußischen Offizierkorps adlig, während es im Jahre 1860 noch 65 Prozent gewesen waren. Jedoch befanden sich im Jahre 1913 die oberen Führungspositionen überwiegend in der Hand adliger Offiziere. Die Auswirkungen dieser Entwicklung auf das Offizierkorps waren vielfältiger Art und entsprachen in keiner Weise dem einfachen Zahlenverhältnis. Der allgemeine Rückgang des adligen Elements hatte zunächst die zunehmende Exklusivität der Offizierkorps einzelner Regimenter zur Folge. In den Gardetruppenteilen Berlins und in den durch Tradition und enge Verbindung zu einzelnen regierenden Häusern ausgezeichneten Regimentern der Provinz bewahrte sich der Adel eine zwar in der Öffentlichkeit kritisierte, aber bis in den Weltkrieg hinein nur geringfügig geschmälerte Vorzugsstellung[7]. Auf der anderen Seite ist von der Masse der bürgerlichen Offiziere kein erkennbarer, die überlieferten Grundlagen des Offizierkorps reformierender Einfluß ausgegangen. Im Gegenteil, das konservative und nationalliberale Bürgertum, aus dem sich der Offizierersatz vorwiegend rekrutierte und das sich trotz aller Kritik im einzelnen aus sozialen und wirtschaftlichen Gründen mit dem herrschenden System identifizierte, betrachtete im allgemeinen die Aufnahme seiner Söhne in das preußisch-deutsche Offizierkorps als letzte Stufe des eigenen gesellschaftlichen Aufstiegs[8]. Die Assimilierung wurde gefördert durch die dem Offizierkorps des einzelnen Regiments überlassene Auswahl

---

[5] Zitiert nach G. Papke, Offizierkorps und Ancienität, in: Untersuchungen zur Geschichte des Offizierkorps (wie Anm. 1), S. 190.

[6] Vgl. den Abdruck der Kabinettsordre in: Offiziere im Bild von Dokumenten (wie Anm. 1), S. 197, hierzu K. Demeter (wie Anm. 1), S. 22 f., sowie M. Kitchen (wie Anm. 1), S. 22 ff.

[7] Vgl. hierzu K. Demeter (wie Anm. 1), S. 29 ff., sowie G. v. Gleich, Die alte Armee und ihre Verirrungen, Leipzig 1919, S. 54 f.; F. C. Endres, Soziologische Struktur und ihr entsprechende Ideologien des deutschen Offizierkorps vor dem Weltkriege, in: Archiv für Sozialwissenschaft und Sozialpolitik, 58 (1927), S. 300 f.; W. Gäßler (wie Anm. 3), S. 51 ff.

[8] Zur Stellung des Offizierkorps in der wilhelminischen Gesellschaft vgl. W. Schmidt-Richberg, Die Regierungszeit Wilhelms II., in: Handbuch zur deutschen Militärgeschichte, Teil V, Frankfurt/M. 1968, S. 83 ff. Vgl. K. Demeter (wie Anm. 1), S. 24 f.

des Offiziernachwuchses[9] und die Unterwerfung unter einen Ehrenkodex, für dessen Einhaltung die Ehrengerichte in unnachsichtiger Weise sorgten und damit gleichzeitig die Gruppe gegenüber Einflüssen von außen weitgehend abschirmten. Homogenität und Exklusivität des Korps blieben auf diese Weise gewahrt. In welchem Maße die Assimilierung des Nachwuchses aus bürgerlichen Kreisen gelang und wie stark dessen Wille zur Anpassung war, zeigt am deutlichsten die Entwicklung des Seeoffizierkorps, in dem der altpreußische Adel von Anfang an nur eine geringe Rolle spielte. Dieses Korps, dessen Nachwuchs im Jahre 1910 zu 48 Prozent aus Akademikerfamilien stammte, war nicht nur darauf bedacht, sämtliche für das Offizierkorps der Armee geltenden Regelungen zu übernehmen[10], sondern kultivierte einen auf preußischen Traditionen aufbauenden Korpsgeist, der in der Armee in dieser Form nur selten anzutreffen war. Ansehen und Prestige des Korps konnte sich in den Jahren vor dem Weltkrieg durchaus mit dem der vornehmsten Garderegimenter messen, nicht zuletzt auch als Folge der häufig bekundeten Wertschätzung durch den Träger der Krone.

Die Welle der »Verbürgerlichung« ging jedoch nicht spurlos an dem Offizierkorps vorüber. Es ist offensichtlich, daß der materielle Aufwand sich insbesondere unter Wilhelm II. wesentlich steigerte. Nicht nur die vom Kaiser gepflegte, kostspielige Repräsentation, sondern auch die finanziellen Möglichkeiten der in das Offizierkorps drängenden kapitalstarken bürgerlichen Kreise blieben nicht ohne Auswirkungen auf die Gesamtheit des Korps. Die je nach Standort und Waffengattung sehr unterschiedlichen finanziellen Anforderungen, die das gesellschaftliche Leben der einzelnen Offizierkorps mit sich brachte, führten dazu, daß insbesondere die jüngeren Subalternoffiziere im allgemeinen auf eine private Unterstützung angewiesen waren. Bei besonders bevorzugten Regimentern, etwa der Kavallerie, spielte die finanzielle Situation des Elternhauses bei der Auswahl des Offiziernachwuchses eine nicht zu übersehende Rolle[11].

Weiterhin hat die Notwendigkeit, den Erkenntnissen der Wissenschaften im allgemeinen und dem Fortschritt der Technik im besonderen für das Kriegswesen Rechnung zu tragen, die Homogenität des Korps in Frage gestellt. Durch den bürgerlichen Bildungsbegriff, der dieser Entwicklung zu Grunde lag, wurde das Korps mit einem geistigen Element konfrontiert, dessen Erscheinungsformen sich nur schwer im Sinne des Standes reglementieren ließen. Gelang diese Assimilierung des bürgerlichen Offizierkorps in

---

[9] In einem Bericht des bayer. Militärbevollmächtigten in Berlin, des Generals d. K. Ludwig Frhr. v. Gebsattel, vom 14.1.1907 über eine Unterredung mit dem preuß. Kriegsminister über die Frage der Zulassung von Juden als Reserveoffiziere, erklärte General v. Einem (BHStA IV München MKr, 43): »Er würde aber gerade wie das bayer. Kriegsministerium sich stets jeder Einflußnahme auf die Offizierswahl der Reserve-Offizier-Korps enthalten müsse dieser gewiß sehr demokratischen Einrichtung die Freiheit der Bestimmung, aber auch die Verantwortung überlassen. Eine Änderung bezüglich des Wahlmodus denke er Seiner Majestät nicht vorzuschlagen, da sich alle befragten Stellen einstimmig dagegen ausgesprochen hätten.«

[10] Vgl. hierzu K. Demeter (wie Anm. 1), S. 25f.; H. Black (wie Anm. 3), S. 138f.

[11] Vgl. K. Demeter (wie Anm. 1), S. 228ff. und 332ff.; G. v. Gleich (wie Anm. 7), S. 48f.; F.C. Endres (wie Anm. 7), S. 299ff.; C. Schaible, Standes- und Berufspflichten des deutschen Offiziers, 7. durchges. und verb. Aufl., Berlin 1915, S. 44; Krafft, Dienst und Leben des jungen Infanterie-Offiziers, Berlin 1914 (= Handbibliothek des Offiziers, Bd 22), S. 271.

politischer und gesellschaftlicher Hinsicht unter — im ganzen gesehen — nur geringen Einbußen, so öffnete sich auf diesem Gebiet jedoch eine Lücke, die bis zum Ende des Kaiserreiches nicht mehr geschlossen werden konnte. In den Auseinandersetzungen um die bildungsmäßigen Voraussetzungen für den Offiziernachwuchs und in den allgemeinen Anschauungen über die an die Ausbildung des jungen Offiziers zu legenden Maßstäbe kam das von Unsicherheit geprägte Verhältnis zur bürgerlichen Bildung zum Ausdruck. In der Armee — mit Ausnahme des bayerischen Kontingents — wurden noch im Jahre 1912 rund 35 Prozent der Fahnenjunker ohne Abitur eingestellt, in der Kaiserlichen Marine waren es im Jahre 1914 dagegen nur 10 Prozent — eine Folge der konsequenten Personalpolitik des Marinekabinetts unter Admiral v. Müller. In der Ausbildung des Offiziers standen die Stärkung des Charakters, die Schulung des Willens und die Vermittlung gewisser unentbehrlicher Fachkenntnisse im Vordergrund der Bemühungen; der gebildete Offizier blieb eine Ausnahme[12]. Jedoch konnte die Armee auf qualifizierte Fachkräfte nicht verzichten. Es ist charakteristisch, daß diese Gruppen auf dem Wege über Sonderlaufbahnen nur sehr unvollkommen dem allgemeinen Offizierkorps inkorporiert oder durch die Begründung besonderer Offizierkorps (z. B. im Falle der Marine-Ingenieure) in bewußter und spürbarer Distanz gehalten wurden[13].

Eine Differenzierung besonderer Art stellte das Korps der Generalstabsoffiziere dar. Die Zugehörigkeit zu dieser zahlenmäßig sehr kleinen Gruppe war nur dadurch zu erreichen, daß der einzelne Offizier sich einem sehr rigorosen und über Jahre sich hinziehenden Auswahlverfahren unterwarf, in dem im wesentlichen nur die unter Beweis zu stellende militärfachliche Leistung über den Erfolg entschied. In der Arbeit des Generalstabes setzte sich dieses leistungsbezogene Denken um in das Streben nach einem möglichst rationellen Aus- und Aufbau der Armee in ständiger Anpassung an die technischen und militärpolitischen Gegebenheiten der Zeit. Die damit verbundene Kritik an dem Bestehenden nahm nur wenig Rücksicht auf Traditionen, finanzielle Möglichkeiten und ideologisch begründete Überzeugungen, sie forderte allein das militärisch Zweckmäßige. Es ist charakteristisch, daß sich diese Forderungen in der Vorkriegszeit in einigen wichtigen Fragen nicht durchsetzten — z. B. in der Auseinandersetzung um die Heeresvermehrung[14].

Die militärfachliche Kritik blieb nicht nur auf die internen Auseinandersetzungen zwischen Generalstab und preußischem Kriegsministerium beschränkt, sie wurde vor allem durch die publizistische Tätigkeit der verabschiedeten oder zur Disposition gestellten Offiziere in die Öffentlichkeit getragen und fand dort ein weites Echo. Das Militärkabinett reagierte darauf mit verschiedenen Kabinettsordres, die jede Form der Kritik an den Maßnahmen der obersten militärischen Behörden möglichst verhindern sollten. Eine der-

---

[12] Zum Bildungsproblem allgemein vgl. K. Demeter (wie Anm. 1), S. 94 ff.; M. Messerschmidt (wie Anm. 1), S. 81 ff.; F. Forstmeier, Probleme der Erziehung und Ausbildung in der Kaiserlichen Marine in Abhängigkeit von geistiger Situation und sozialer Struktur, in: Marine-Rundschau, 63 (1966), S. 189 ff., insbes. S. 193.
[13] Vgl. hierzu G. Papke (wie Anm. 5), S. 195 f.
[14] Zu der bekannten Kontroverse zwischen Generalstab und preuß. Kriegsministerium vgl. Kriegsrüstung und Kriegswirtschaft, Anlagenband, Berlin 1930, S. 57 ff.; H. Herzfeld, Die deutsche Rüstungspolitik vor dem Weltkriege, Bonn 1923, S. 47 ff., sowie M. Kitchen (wie Anm. 1), S. 6 f. und 32 f.

artige Kritik wurde nicht nur bei den aktiven, sondern auch bei den zur Disposition gestellten Offizieren als Verstoß gegen die Standespflichten angesehen und gegebenenfalls ehrengerichtlich geahndet[15].

Auch auf politischem Gebiet traten die inaktiven Offiziere hervor. Sie nahmen in den als »nicht politisch« qualifizierten, nationalen Verbänden — Alldeutscher Verband, Flottenverein, Wehrverein, Kriegervereine — führende Positionen ein und konnten in ihrer Tätigkeit auf die Unterstützung durch das gesamte aktive Offizierkorps rechnen, in dem allerdings auch Kritik, z. B. an den Methoden des Wehrvereins, geübt wurde. Die postulierte parteipolitische Unabhängigkeit der nationalen Verbände entsprach dem Selbstverständnis des Korps, das sich als die Verkörperung des Staates empfand. Gegenüber den politischen Bestrebungen der Parteien und gegenüber den Parlamenten trug das Korps eine Nichtachtung, z. T. auch eine betonte Verachtung zur Schau, die sich mit einer traditionellen, konservativen Sicht der politischen Entwicklung verband. Diese Einstellung entsprach dem seit 1848 und dem preußischen Heereskonflikt nie überwundenen Gegensatz zwischen »Königsheer« und »Parlamentsheer«, ein Gegensatz, der insbesondere gegenüber dem Reichstag lebhaft empfunden wurde[16]. Es entsprach dieser innenpolitischen Grundposition, wenn jede politische Aktivität inaktiver Offiziere, die Parteien zugute kam, deren »staatserhaltender Charakter« den militärischen Behörden zweifelhaft erschien, als Verstoß gegen die Standespflichten angesehen wurde und ein ehrengerichtliches Verfahren nach sich zog[17]. Die enge Verbundenheit mit den konservativen Kräften des Staates spiegelt nur eine allgemeine Erscheinung wider, die Form der Auseinandersetzung mit den links orientierten, in den Parlamenten vertretenen politischen Kräften ist dagegen eine spezifisch deutsche Entwicklung, in der die Armee neben ihren eigentlichen Aufgaben eine innenpolitisch motivierte Zielsetzung erhielt. Die Maßnahmen gegen die Sozialdemokratie offenbaren, in welch prekäre Situation sich das Führungskorps der Armee manövriert hatte.

Der Kampf gegen die Sozialdemokratie, gegen die immer häufiger und zahlreicher auftretenden Anhänger der Sozialdemokratischen Partei und der verschiedenen sozialdemokratischen Organisationen unter den Mannschaften wurde zu einer Sache des gesamten, auf der monarchischen Idee gegründeten und von der überwiegenden Mehrheit des sogenannten nationalen Bürgertums unterstützten Offizierkorps. Diese Auseinandersetzung wurde auf allen Ebenen der militärischen Hierarchie geführt[18].

In der Ausbildung des jungen Offiziers wurde mit Nachdruck auf die Pflicht zur Bekämpfung der Sozialdemokratie hingewiesen. Oberst Schaible, der Verfasser des bekanntesten Buches über die »Standes- und Berufspflichten« des Offiziers, hat die herrschende Meinung sehr klar zum Ausdruck gebracht: »Die Sozialdemokratie ist nach ihren Lehren ein innerer Feind des Vaterlandes, und die Pflicht des Soldaten ist es, das Vaterland gegen innere und äußere Feinde zu schützen ... Über die Sozialdemokratie als politische Partei

---

[15] Vgl. hierzu K. Demeter (wie Anm. 1), S. 162 ff., und M. Kitchen (wie Anm. 1), S. 135 ff.
[16] Vgl. K. Demeter (wie Anm. 1), S. 160 ff.
[17] Vgl. ebd., S. 162 ff., sowie Der Kaiser und das Offizierkorps (wie Anm. 4), S. 12 f.
[18] Vgl. hierzu vor allem die zusammenfassende, materialreiche Darstellung bei M. Kitchen (wie Anm. 1), S. 143 ff.

ist nicht mehr zu sagen, als der in der Anmerkung erwähnte Befehl vorschreibt, denn die Politik — das ist schon vorher betont — gehört nicht in die Armee. Indirekt *kann* die Sozialdemokratie nicht nur bekämpft werden, sondern sie *muß* es ganz entschieden, und sie wird es schon durch die Erziehung des Soldaten zur Religion, zur Liebe zum Vaterland und zur Treue zu dem Allerhöchsten Landesherrn[19].« In einer anderen entsprechenden Veröffentlichung wird die Sozialdemokratie noch schärfer als die »Todfeindin des deutschen Offiziers« bezeichnet[20].

Selbst gegenüber dem Reserve-Offizier, in dem sich am sinnfälligsten die Assimilation der bürgerlichen Schichten zeigte[21], wurde es dem jungen aktiven Offizier zur Pflicht gemacht, diesen im patriotischen und königstreuen Sinne zu beeinflussen. Im übrigen galt, daß den zu Übungen einberufenen Reserve-Offizieren mit ihren sehr unterschiedlichen gesellschaftlichen und politischen Anschauungen mit Distanz begegnet werden sollte[22].

Die Bekämpfung sozialdemokratischer Überzeugungen unter den Mannschaften mit Hilfe des patriotischen Appells erwies sich als wenig erfolgreich. Höhn hat an Hand umfangreichen Aktenmaterials und der zeitgenössischen Publizistik nachgewiesen, daß die Mehrzahl der Vorschläge und Maßnahmen unter Verkennung der tieferen Ursachen des Aufstiegs der Sozialdemokratie zum Scheitern verurteilt war. Der Versuch eines größeren Erfolg versprechenden sozialpolitischen Unterrichts, der im Bereich des XVIII. AK auf Initiative des Generals v. Eichhorn im Jahre 1905 unternommen wurde, fand nicht die Billigung der Berliner Behörden. Jede Erörterung sozialpolitischer Fragen im Dienstunterricht wurde durch die Kabinettsordre vom 3. 1. 1907 verboten. Die publizistische Reaktion auf den neuartigen Dienstunterricht und die Überlegungen des preußischen Kriegsministeriums, die zu dem kaiserlichen Verbot führten, lassen erkennen, daß man allgemein den Offizier nicht für fähig hielt, der sozialdemokratischen Argumentation überzeugend zu begegnen. Angesichts des geringen Wertes, der im Offizierkorps der Allgemeinbildung zuerkannt wurde, war eine überlegen geführte Auseinandersetzung mit der Sozialdemokratie auch kaum denkbar[23].

---

[19] C. Schaible, Standes- und Berufspflichten des deutschen Offiziers (wie Anm. 11), S. 121, zu dem erwähnten Befehl vgl. Militär und Innenpolitik (wie Anm. 54), Nr. 81, Anm. 4; der Bearbeiter der 7. Auflage, Generalmajor z. D. Spohn, übernahm im Jahre 1915 diese Ausführungen Schaibles unverändert mit der Begründung, daß die Stellung der SPD zur Monarchie und ganz allgemein ihr Verhalten nach dem Kriege noch ungewiß sei. Vgl. auch E. v. Liebert, Heer und Sozialdemokratie, 2. Aufl., Berlin 1910. Der Oberstleutnant z. D. Zeiß forderte in seiner Schrift: Die Ausbildung des deutschen Offiziers zum Erzieher, Regensburg 1912, den offenen Kampf der »Wehrschule« gegen die »der menschenfeindlichen Revolution zuströmende Richtung der Sozialdemokratie« (S. 12 f.).

[20] Krafft (wie Anm. 11), S. 218.

[21] Zur soziologischen Charakterisierung des Reserve-Offiziers vgl. die unübertroffene Studie von E. Kehr, Zur Genesis des Königlich Preußischen Reserveoffiziers, in: Der Primat der Innenpolitik, hrsg. und eingeleitet v. H.-U. Wehler, Berlin 1965 (= Veröffentlichungen der Historischen Kommission zu Berlin, Bd 19), S. 53 ff.; F.C. Endres (wie Anm. 7), S. 293 und 302 f.; F. Priebatsch (wie Anm. 4), S. 55 f.; M. Kitchen (wie Anm. 1), S. 120 ff. Zur Distanz des aktiven Offiziers gegenüber dem Reserveoffizier vgl. die Schrift: Armee und Revolution. Entwicklung und Zusammenhänge. Von einem deutschen Generalstabsoffizier, Berlin 1919 (= Militärisch-politische Zeit- und Streitfragen, 2).

[22] Vgl. hierzu C. Schaible (wie Anm. 11), S. 21, 82 ff., 177 ff.; Krafft (wie Anm. 11), S. 238 f.

[23] Vgl. R. Höhn, Die Armee als Erziehungsschule der Nation. Das Ende einer Idee, Bad Harzburg 1963, insbesondere S. 414 ff., sowie M. Kitchen (wie Anm. 1), S. 168 ff.

Ebenso wie auf bürgerlicher nahm man auch auf militärischer Seite die Kluft, die sich zur Sozialdemokratie hin aufgetan hatte, als unüberbrückbar hin und suchte sich der Situation anzupassen, wobei die Tiefe des Grabens durch die Erfahrung, daß disziplinierte Sozialdemokraten durchaus brauchbare Soldaten waren, verschleiert wurde[24].
Dagegen sah man in den freieren, nicht durch die strenge Reglementierung des militärischen Dienstbetriebs behinderten Atmosphäre der Kriegervereine eine Möglichkeit, die aus dem aktiven Wehrdienst entlassenen Soldaten dem Einfluß der Sozialdemokratie entziehen zu können. Die seit 1900 im Kyffhäuserbund der deutschen Landeskriegerverbände zusammengeschlossenen Vereine erfreuten sich einer fühlbaren staatlichen Förderung, deren Kehrseite jedoch eine nachdrückliche Überwachung des Vereinslebens durch die Behörden bildete. Mitgliedern der Sozialdemokratischen Partei und der freien Gewerkschaften wurde der Beitritt verwehrt. Die Vereine wurden in dieser Hinsicht von den militärischen und zivilen Behörden sehr genau beaufsichtigt und Verstöße gegen die Statuten mit dem Entzug der staatlichen Förderung oder mit der Auflösung des Vereins geahndet. Die hohe Mitgliederzahl von nahezu 2 800 000 (1912) spricht für einen beachtlichen politischen Erfolg. Allerdings ließ sich die rigorose Ausschließungs- und Auflösungspolitik des Kyffhäuserbundes gegenüber den einzelnen Vereinen nicht in jeder Hinsicht durchführen. Der erste Vorsitzende des »Reichsverbandes gegen die Sozialdemokratie«, Generalleutnant z.D. E. v. Liebert, bemängelte schon 1910, daß Mitglieder von Kriegervereinen in Süddeutschland, die sozialdemokratisch gewählt hatten, nicht ausgestoßen und die entsprechenden Ortsgruppen nicht aufgelöst worden waren[25].
Die Abwehr beschränkte sich jedoch keineswegs auf die im ganzen gesehen wenig erfolgreiche indirekte Methode. Die höheren Kommandobehörden und das preußische Kriegsministerium ergriffen Maßnahmen, die das Offizierkorps und die Armee gegen das sich ausbreitende sozialdemokratische Gedankengut abschirmen sollten. Der preußische Kriegsminister v. Einem regte Ende 1905 »angesichts der dauernd steigenden Zahl der sozialdemokratisch verseuchten Elemente unter Rekruten sowohl wie im Beurlaubtenstand« und der »antimilitaristischen Agitation« der Sozialdemokratie eine verschärfte Handhabung der geltenden Strafbestimmungen oder »eine Erweiterung dieser Bestimmungen« an. Die Beratungen im preußischen Staatsministerium führten jedoch zu keinem Ergebnis, obwohl sämtliche Minister den Standpunkt des Kriegsministers teilten und Maßnahmen für erforderlich hielten. Der vom preußischen Kriegsministerium am 10.11.1906 vorgelegte Gesetzentwurf zeichnete sich durch die Unbestimmtheit des in ihm umschriebenen Straftatbestandes aus. Er ist jedoch vom Staatsministerium nicht mehr

---

[24] Vgl. K. Demeter (wie Anm. 1), S. 167. Gegen die Schlußfolgerung Demeters, daß eine politische Betätigung der Offiziere des Beurlaubtenstandes zugunsten der Sozialdemokratie seit 1911 keine ehrengerichtliche Untersuchung mehr nach sich zog, vgl. die Ausführungen Falkenhayns vor dem Reichstag am 10.12.1913 (Schulthess' Europäischer Geschichtskalender, 29 (1913), S. 426, der in diesem Zusammenhang nur von den »staatserhaltenden« Parteien sprach, sowie auch E.O. Volkmann, Der Marxismus und das deutsche Heer im Weltkriege, Berlin 1925, S. 49 f.

[25] Vgl. E. v. Liebert (wie Anm. 19), S. 41; W. Schmidt-Richberg (wie Anm. 8), S. 109 f., und die Dokumentation von K. Saul, Der »Deutsche Kriegerbund«. Zur innenpolitischen Funktion eines »nationalen« Verbandes im kaiserlichen Deutschland in: Militärgeschichtliche Mitteilungen, 6 (1969), S. 95 ff.

abschließend beraten worden. Man war nicht gewillt, den Fehlschlag des Sozialistengesetzes zu wiederholen[26]. Das preußische Kriegsministerium sah sich im Gegenteil gezwungen, Ausnahmeregelungen gegenüber Anhängern der Sozialdemokratischen Partei in einem allerdings geringfügigen Maße zurückzunehmen. Der preußische Minister des Innern instruierte die Oberpräsidenten am 3.4.1907 darüber, daß die Zivilvorsitzenden der Ersatzkommissionen den Militärbehörden im Gegensatz zur bisher geltenden Regelung nur noch diejenigen Sozialdemokraten zu melden hatten, die eine nicht näher umschriebene Führerrolle in der Partei einnahmen, eine agitatorische Tätigkeit zur Verbreitung sozialdemokratischer Lehren entfaltet oder sich auf andere Weise als zielbewußte Vertreter sozialdemokratischer Überzeugungen erwiesen hatten. Auch das Verbot jeglicher parteipolitischer Tätigkeit zur Zeit der Kontrollversammlungen der Dienstpflichtigen des Beurlaubtenstandes wurde durch Erlaß des preußischen Kriegsministeriums vom 20.10.1907 gemildert[27].

Nach den Reichstagswahlen von 1912 und der beachtlichen Erhöhung der Friedenspräsenzstärke durch die Militärvorlagen der Jahre 1911 bis 1913 wurde die Abschirmung der Armee gegen das mit den Wehrpflichtigen eindringende sozialdemokratische Ideengut noch schwieriger. In dem Entwurf einer Denkschrift für einen Immediatvortrag konnte das preußische Kriegsministerium am 19.3.1913 zwar allgemein feststellen, »daß weder bei den Übungen des Beurlaubtenstandes, noch bei den Gestellungen und Kontrollversammlungen Anzeichen hervorgetreten sind, welche eine Erschütterung der Mannszucht und Zuverlässigkeit des Beurlaubtenstandes« erkennen ließen. Aus den Berichten der Generalkommandos entnahm das Ministerium jedoch, daß das Fehlen äußerer Anzeichen vor allem auf das disziplinierte Verhalten der Sozialdemokraten unter den Reservisten zurückzuführen war. Diese nahmen ständig zu, und zwar — wie das Ministerium ausdrücklich vermerkte — auch in den ländlichen Bezirken (III., IV., VI., XVIII. AK). Beim Bezirkskommando Barmen konnten unter den eingezogenen Reservisten 13 Prozent »Anhänger und Mitläufer« der SPD »einwandfrei zahlenmäßig« festgestellt werden, darunter auch Unteroffiziere. Überdies klagten die Kriegervereine über mangelnden Nachwuchs, im Bereich des IV. AK fehlte er überhaupt. Die Kriegervereinsabzeichen wurden bei den Kontrollversammlungen trotz vielfacher Hinweise nur spärlich getragen. Das Kriegsministerium gelangte dennoch zu dem Ergebnis, daß auf den Beurlaubtenstand »bei einer Mobilmachung *größtenteils* Verlaß« sei. Neben der weiteren, intensiven Förderung der Kriegervereine, der staatlichen Jugendpflege und der Rekrutenfürsorge empfahl das Ministerium verschärfte »Strafbestimmungen gegen das antimilitaristische Treiben«. Einer derartigen Verschärfung stimmte der preußische Minister des Innern zwar in einem Schreiben vom 24.6.1913 zu, die Initiative hatte aber ebensowenig Erfolg wie im Jahre 1906[28].

---

[26] Vgl. hierzu K.E. Born, Staat und Sozialpolitik seit Bismarcks Sturz, Wiesbaden 1957, S. 196 ff.; D. Fricke, Zur Rolle des Militarismus nach innen in Deutschland vor dem ersten Weltkrieg, in: Zeitschrift für Geschichtswissenschaft, 6 (1958), S. 1298 ff.; Archivalische Forschungen zur Geschichte der deutschen Arbeiterbewegung, Bd 2, 1, Berlin 1955, Nr. 55 ff., S. 153 ff., und 2, 2, Nr. 60, S. 234 ff.
[27] Für die genannten Erlasse vgl. BHStA IV München MKr, 11 526. Vgl. auch Archivalische Forschungen (wie Anm. 26), Bd 2, 2, Berlin 1956, Nr. 53, S. 256 ff.
[28] Für die Vorgänge vgl. BA-MA Koblenz, H 02–1/22. Vgl. hierzu auch J. Schellenberg, Die Herausbildung der Militärdiktatur in den ersten Jahren des Krieges, in: Politik im Krieg 1914–1918, Berlin 1964, S. 28 f.

Ein symptomatisches Beispiel für diese Entwicklung ist auch die im preußischen Staatsministerium Anfang 1914 verhandelte Frage, in welcher Weise »zielbewußten« Anhängern der Sozialdemokratischen Partei die moralische Qualifikation für die Vergünstigung des einjährig-freiwilligen Dienstes abgesprochen werden könne[29]. Seit 1895 galt der Grundsatz, daß »sozialdemokratische Agitatoren, Kassenverwalter und dergl., überhaupt zielbewußte Anhänger der Partei« von dieser Form der Wehrpflicht auszuschließen waren. Kriegsminister v. Falkenhayn setzte sich für die Aufrechterhaltung dieser Regel ein, wenn er auch einräumte, »daß es an sich gewagt sei, Personen wegen ihrer politischen Stellung moralisch zu disqualifizieren«. Ihn schreckte vor allem die Vorstellung, daß eine große Anzahl zielbewußter Sozialdemokraten ein Regiment gewissermaßen unterwandern und gestützt auf »ihr geistiges ... Übergewicht erfolgreich ihren disziplinwidrigen Einfluß« ausüben könnten. Diese Möglichkeit bestehe, auch wenn die Ernennung zum Reserve-Offizier in solchen Fällen nicht erfolgen würde, da die Einjährig-Freiwilligen ausnahmslos zu Unteroffizieren »und damit zu Führern im Kriege« ausgebildet würden. Das Staatsministerium war sich bald darüber im klaren, daß der Erlaß von 1895 dem Reichstag gegenüber nicht mehr aufrechtzuerhalten war. Bethmann Hollweg formulierte als Ergebnis der Debatte — einer Anregung des Ministers des Innern folgend, der die »Unbequemlichkeit der Situation« betont hatte —: »daß nicht schon die Betätigung für die Sozialdemokratie an sich die Entziehung des Berechtigungsscheins zur Folge haben könne, sondern daß es hierzu in jedem Falle des Nachweises moralischer Ungeeignetheit auf Grund bestimmter Vorgänge bedürfe«. Als ein Beispiel führte der Kanzler die planmäßige »Untergrabung der Staatsautorität« an. Wie ein derartiger Tatbestand definiert werden sollte, blieb den Behörden überlassen. Dieser Vorgang macht deutlich, daß sich bei den verantwortlichen Behörden in den Jahren unmittelbar vor Ausbruch des Krieges selbst Zweifel über die Homogenität des Reserve-Offizierkorps regten.

Das preußisch-deutsche Offizierkorps der Jahre unmittelbar vor Ausbruch des Weltkrieges ist durch die Gesamtheit der erwähnten veränderten Tendenzen tangiert, in seinen Grundlagen jedoch nicht erschüttert worden. Das Bild des Korps in der Öffentlichkeit und das Selbstbewußtsein des einzelnen Offiziers wurden durch sie nicht verdunkelt. Das Fundament bildete die der Kontrolle aller politischen Instanzen entzogene, unabhängige Stellung des Korps in seiner alleinigen Bindung an den Monarchen und an die von diesem verkörperte, jedoch von der Person unabhängige monarchische Staatsidee, der die notwendigerweise hierarchischen Struktur des Korps entsprach. Die kunstvolle, nach außen manieriert wirkende Reglementierung der Verhaltensformen, wie sie nach dem Vorbild Wilhelms I. auch von seinem Enkel betrieben wurde, unterstützte die Geschlossenheit des Korps nach außen. Die für das Korps verbindlichen Ordnungsprinzipien waren in ihren Einzelbestimmungen derart umfassend, daß die ordnende Hand des Monarchen

---

[29] Für den Vorgang (es handelte sich um die Beschwerde eines Walter Stoecker aus Köln, dem der Berechtigungsschein auf Grund seiner Tätigkeit für die Sozialdemokratie entzogen worden war) vgl. PA Bonn, Polit. Abt., Preußen Nr. 11 Geheim, Bd 16, dort auch näherer Hinweis auf die seit 1896 geltende Regelung; durch kriegsministerielle Entscheidung vom 18.2.1914 wurde daraufhin einem Sozialdemokraten die Qualifikation für den einjährig-freiwilligen Dienst versagt, vgl. Volkmann (wie Anm. 24), S. 49.

nahezu entbehrt werden konnte. Die Bindung an die monarchische Idee bildete die Voraussetzung der Homogenität und Exklusivität des Korps und des daraus erwachsenden einzigartigen sozialen und gesellschaftlichen Prestiges. Gleichzeitig erfüllte der »unpolitische« Offizier des kaiserlichen Deutschlands eine wesentlich politische Aufgabe, wenn er die Untergebenen zu Königstreue und Vaterlandsliebe in einem spezifisch konservativen Sinne zu beeinflussen suchte. Nur — in seinem Selbstverständnis sah er darin nichts anderes als eine der vielen Berufs- und Standespflichten[30]. Dabei war das Verständnis für politische Zusammenhänge bei der Masse der Offiziere geradezu minimal — ein Ergebnis der Abkapselung des Offizierkorps vom öffentlichen Leben. In dem »kleinlichen Gezänk der Parteien« und in der nach darwinistischen Kategorien beurteilten Außenpolitik erschöpfte sich für sie der Begriff der Politik. Erich Otto Volkmann beschrieb diesen Sachverhalt treffend: »Sein [des Offizierkorps] Schutz und seine Stärke beruhte in der großartigen Einfachheit und Einheitlichkeit seiner Weltanschauung, die in der Weltgeschichte nicht viele Parallelen findet ... Es ist zuzugeben, daß bei vielen Offizieren vor dem Kriege der geistige Horizont eng war[31].

Es gehört zu den Besonderheiten des Kaiserreiches, daß es zu einer der inneren Ausrichtung des Offizierkorps auf die Person des Monarchen entsprechenden hierarchischen Ordnung der Verantwortlichkeiten bei den höchsten Verwaltungs- und Kommandobehörden nie gekommen ist. Einer solchen Ordnung stand das Prinzip der monarchischen Kommandogewalt entgegen, an der seit den Jahren des preußischen Heereskonflikts von den Monarchen und ihrer Umgebung als der jeder parlamentarischen Einflußnahme entzogenen absolutistischen Machtdomäne mit Entschiedenheit festgehalten worden ist[32]. Schon Wilhelm I. wachte im Zeichen der Kommandogewalt darüber, daß die unmittelbare Einwirkung des Monarchen auf die höheren Truppenführer nicht durch eine Zentralbehörde ausgeschaltet wurde.

In der Entwicklung des preußischen Militärkabinetts von einer dem preußischen Kriegsminister untergeordneten Abteilung zu einer Institution im Range einer militärischen Zentralbehörde hat dieser Prozeß der Dezentralisierung greifbaren Ausdruck gefunden[33]. Unter Wilhelm II. ist die Zahl der Immediatstellen in Heer und Marine noch beträchtlich vermehrt worden. In welcher Form der Kaiser seine Funktion als »Oberster Kriegsherr« auszuüben gedachte, hat er in dem Einleitungssatz der Kabinettsordre über die »Anderweite Organisation der oberen Marinebehörden« vom 14.3.1899 unmißverständlich zum Ausdruck gebracht: »Nachdem Ich Mich entschlossen habe, den Oberbefehl über Meine Marine ebenso wie über Meine Armee Selbst zu führen, erachte Ich es nicht für zweckmäßig, wenn zwischen Mir und den einzelnen Befehlshabern eine zentrale Kom-

---

[30] Vgl. hierzu z. B. die Ausführungen von A. Kersting in seinem Beitrag: Der Einfluß des Kriegswesens auf die Gesamtkultur, in: Die Kultur der Gegenwart, hrsg. v. P. Hinneberg, Teil IV, Bd 12, S. 778f.
[31] E. O. Volkmann, Das Soldatentum des Weltkrieges, in: Das deutsche Volk. Sein Wesen — Seine Stände, Bd 9/I, Berlin 1937, S. 154.
[32] Vgl. hierzu E. R. Huber, Deutsche Verfassungsgeschichte seit 1789, Bd 3, Stuttgart 1963, S. 1002 ff.; W. Schmidt-Richberg (wie Anm. 8), S. 61 ff.
[33] Vgl. R. Schmidt-Bückeburg, Das Militärkabinett der preußischen Könige und deutschen Kaiser, Berlin 1933, und H. O. Meisner, Der Kriegsminister 1814—1914, Berlin 1940.

mandobehörde steht, die lediglich Meine Befehle zu übermitteln haben würde³⁴.« Gerade diese Kabinettsordre, deren Initiator der Staatssekretär des Reichsmarineamts v. Tirpitz war, und der in der Folge nie ruhende Kampf um eine zweckmäßige Spitzengliederung der Kaiserlichen Marine lassen die unbeabsichtigten Folgen dieser Übersteigerung des monarchischen Prinzips erkennen. Sie bestanden in einer Kultivierung des Ressortpartikularismus mit allen seinen Schattenseiten, dessen Auswirkungen sich im Weltkrieg noch steigern sollten. Die Einheitlichkeit der militärischen Führung, die Abgrenzung der Verantwortlichkeiten wurde durch die Vielzahl der immediat gestellten Befehlshaber und Behörden³⁵ in steigendem Maße gefährdet. Verschärft wurde die Situation dadurch, daß Wilhelm II. der Funktion des Obersten Kriegsherrn in der von ihm selbst proklamierten Form nicht gerecht wurde und — angesichts der ständigen Vergrößerung und der durch die Technik bewirkten Komplizierung des militärischen Instruments — auch nicht gerecht werden konnte.

Das Festhalten an der monarchischen Kommandogewalt hat jedoch nicht nur innerhalb der militärischen Hierarchie desintegrierend gewirkt, sondern auch die Verantwortlichkeit des Reichskanzlers für die politische Führung des Reiches in Frage gestellt. In den Monaten vor dem Kriegsausbruch ist dieser Zusammenhang in der Behandlung und den Nebenwirkungen der Zaberner Affäre noch einmal in vollem Umfang zum Ausdruck gekommen. Sie ist deshalb, abgesehen von den hier nicht zu erörternden besonderen elsaß-lothringischen Problemen, für das Verhältnis zwischen den politischen und militärischen Institutionen, unmittelbar vor Ausbruch des Weltkrieges, von besonderer Bedeutung³⁶.

Ein Charakteristikum der Zaberner Affäre ist die völlige Einmütigkeit, mit der das Offizierkorps, soweit die Stellungnahmen seiner Mitglieder für die Öffentlichkeit bestimmt waren, das offenkundige menschliche und dienstliche Versagen sowohl des Leutnants v. Forstner als auch des Obersten v. Reuter deckte, ja dieses Versagen zum Anlaß von Angriffen gegen Verwaltung, Publizistik, Parteien und gewisse Kreise der öffentlichen Meinung überhaupt nahm³⁷. Die vom konservativen und liberalen Bürgertum weitgehend gestützte Überzeugung, daß die Armee das Reich repräsentiere und daß infolgedessen das Offizierkorps ganz besondere Privilegien genieße, wurde an diesem Beispiel noch einmal mit aller Schärfe deutlich. Aber nicht nur die ideologisch bedingte Einheit der geistigen Haltung, sondern auch die demonstrierte Unabhängigkeit gegenüber allen Vorstellungen ziviler Verwaltungsstellen, gegenüber der Kritik von publizistischer und parlamentarischer Seite, mit der die militärischen Instanzen die Angelegenheit gewisserma-

---

[34] Marineverordnungsblatt, 30 (1899), S. 61. Vgl. hierzu W. Hubatsch, Der Admiralstab und die obersten Marinebehörden in Deutschland 1848—1945, Frankfurt/M. 1958, S. 79 ff.

[35] W. Schmidt-Richberg (wie Anm. 8), S. 62, spricht von »annähernd 40 allein in der Armee«.

[36] Zu Zabern vgl. E. Schenk, Der Fall Zabern, Stuttgart 1927 (= Beiträge zur Geschichte der nachbismarckischen Zeit und des Weltkrieges, 2); H.-G. Zmarzlik, Bethmann Hollweg als Reichskanzler 1909—1914, Düsseldorf 1957 (= Beiträge zur Geschichte des Parlamentarismus und der politischen Parteien, Bd 11), S. 114 ff.; H.-U. Wehler, Der Fall Zabern. Rückblick auf eine Verfassungskrise des wilhelminischen Kaiserreiches, in: Welt als Geschichte, 23 (1963), S. 27 ff.

[37] Vgl. die Äußerungen des Kronprinzen und des Generals v. Wrochem, H.-U. Wehler (wie Anm. 36), S. 33 f. und 36.

ßen in eigener Regie und in den ihnen genehmen Formen regelten, rechtfertigten das Wort vom »Staat im Staate«, mit dem der Abgeordnete Müller-Meiningen in der abschließenden Reichstagsdebatte das Verhalten des Militärs charakterisierte[38]. Die Begleiterscheinungen der Kriegsgerichtsverhandlungen sowie die spätere Verwendung bzw. Dekorierung Forstners und Reuters führten diesen Sachverhalt der Öffentlichkeit unmißverständlich vor Augen. Selbst bei den Maßnahmen, die ohne den Druck der Öffentlichkeit wohl kaum zustandegekommen wären — Stubenarrest Forstners, Entsendung des Generalmajors Kühne, Verlegung des Zaberner Regiments auf einen Truppenübungsplatz — wurde durch die Art und Weise ihrer Bekanntmachung und durch die der Öffentlichkeit gegenüber betonten Motive jeder Eindruck der »Schwäche« oder des »Nachgebens« sorgfältig vermieden[39].

Demgegenüber wirken die Maßnahmen der zivilen Verwaltungsinstanzen und die Versuche der politisch verantwortlichen Reichsorgane, die Entwicklung zu beeinflussen, hilflos und von vornherein resignierend. Weder in Zabern selbst noch in Straßburg und Berlin, noch in Donaueschingen, dem damaligen Aufenthaltsort des Kaisers, fand zwischen zivilen und militärischen Repräsentanten eine Zusammenarbeit statt, die diese Bezeichnung verdienen würde. Zwar nicht der alleinige, aber doch der ausschlaggebende Grund für das verhängnisvolle Unvermögen der Reichsleitung lag in der erwähnten, von Wilhelm II. besonders hervorgehobenen und allseits anerkannten Stellung des Kaisers als »Oberster Kriegsherr«. Abgesehen von dem Umstand, daß sich in Donaueschingen nur ein Vertreter der Reichsbehörden befand, das militärische »Hauptquartier Seiner Majestät des Kaisers und Königs« also die Szene beherrschte, trug das Immediatverhältnis der höheren militärischen Befehlshaber wesentlich dazu bei, daß Berichte, Anregungen und Wünsche des Reichskanzlers und des Statthalters zum größten Teil beiseite geschoben wurden. Von Anfang an stand der Kommandierende General des XV. AK, Deimling, in direkter Verbindung mit dem Kaiser, der seine Maßnahmen billigte und Anweisungen für das weitere Verhalten erteilte, während der Statthalter zunächst den Reichskanzler unterrichtete. Während des Höhepunktes der Krise verweigerte der Kaiser seinem ihm verantwortlichen Statthalter gar den direkten persönlichen Vortrag. Die erste Persönlichkeit, die dem Kaiser über die Zaberner Affäre Vortrag hielt, war General v. Huene, der auf Grund seiner damaligen Dienststellung als Kommandierender General des XIV. AK in Karlsruhe mit Zabern direkt gar nichts zu tun hatte[40].

Angesichts der erklärten Absicht des Kaisers, den zu einer grundsätzlichen politischen Auseinandersetzung sich entwickelnden Zwischenfall als eine rein militärische, in den Bereich der Kommandogewalt fallende Angelegenheit zu behandeln, waren die Einwirkungsmöglichkeiten des Reichskanzlers von vornherein äußerst beschränkt. Darüber hinaus legte er sich bei der Abfassung seiner Telegramme, die er zur Unterstützung der Vorstellungen des Statthalters an den Kaiser richtete, in der Beurteilung des Vorgehens des Militärs eine Zurückhaltung auf, die seiner privaten Meinung nicht entsprach. Auch den

---

[38] Vgl. H.-U. Wehler (wie Anm. 36), S. 45, und H.-G. Zmarzlik (wie Anm. 36), S. 123 f.
[39] H.-G. Zmarzlik (wie Anm. 36), S. 121 f.
[40] Vgl. ebd., S. 114 f.

Reichstag, dem er seine Bereitschaft zur Beantwortung entsprechender Interpellationen erklärt hatte, ließ er nicht im Zweifel darüber, daß er es als seine Aufgabe betrachtete, die Prärogative des Kaisers zu verteidigen. In dieser Überzeugung machte ihn auch das mit eindrucksvoller Mehrheit angenommene Mißbilligungsvotum des Parlaments nicht schwankend; ja seine Politik gegenüber dem Reichsland in den Monaten bis zum Kriegsausbruch zeigte, daß er vor den in ihrem Selbstbewußtsein gestärkten militärischen und nationalistischen Kreisen zurückwich und damit seine eigene, auf größere Perspektiven hin angelegte Reichslandpolitik unglaubwürdig machte. Dies geschah, obwohl der Reichskanzler diejenigen Maßnahmen, die er mit Nachdruck vor dem Kaiser vertrat, durchzusetzen vermochte, ganz abgesehen von den Möglichkeiten, die ihm — allerdings unter Einsatz seiner Stellung — das Mißbilligungsvotum des Reichstages für die Herbeiführung einer grundsätzlichen Entscheidung des Kaisers bieten konnte. Bei der Beurteilung dieses Sachverhaltes sollte nicht übersehen werden, daß auch für Bethmann Hollweg galt, was für Bismarck gegolten hatte, daß nämlich das Vertrauen des Kaisers die Grundlage der Macht und Stellung des verantwortlichen Kanzlers war, dessen Politik an dem Willen des Monarchen ihre Grenze fand — eine Grenze allerdings, die von Bismarcks Nachfolgern willfähriger und rascher für endgültig betrachtet wurde als von ihm selbst. Bethmann Hollweg hat die Schwäche seiner Position stark empfunden und die daraus sich ergebenden Schwierigkeiten für eine in ihren Grundsätzen konsequente Politik durchaus erkannt, aber seine konservative, gouvernementale Staatsauffassung, die trotz aller Enttäuschungen treue Ergebenheit gegenüber dem Monarchen sowie die in seiner Person liegenden Hemmungen erlaubten es ihm nicht, diesem System mit Entschiedenheit entgegenzutreten[41].

Wie sehr die Zurückhaltung Bethmann Hollwegs gegenüber Fragen der kaiserlichen Kommandogewalt den damals mehrheitlich vertretenen politischen Anschauungen und dem praktisch-politischen Verhalten dieser Mehrheit entsprach, lassen die Verhandlungen des Reichstages zur Zaberner Affäre mit aller Deutlichkeit erkennen[42].

Alle Parteien, mit Ausnahme der Konservativen, hatten sich unter dem unmittelbaren Eindruck der Nachrichten über die Ereignisse und als Antwort auf die unbefriedigenden Erklärungen des Reichskanzlers sowie auf das provozierende Verhalten des Kriegsministers v. Falkenhayn zu einem Mißbilligungsvotum gegen den Reichskanzler zusammengefunden. Hinsichtlich der Bedeutung dieses neuen Instruments der parlamentarischen Geschäftsordnung machten sich jedoch sehr bald Differenzen zwischen den Parteien bemerkbar, mit dem Ergebnis, daß kaum eine Woche nach der imposanten Demonstration die Mehrheit zerfiel und damit die erste Phase der Zaberner Affäre mit einem Mißerfolg des Parlaments endete. Doch die Wirkung des Vorstoßes war damit nicht aufgehoben. Bevor der Reichstag sich erneut den Verhältnissen in Elsaß-Lothringen zuwandte und nachdem die Straßburger Kriegsgerichtsurteile bekanntgeworden waren, erschien

---

[41] Vgl. die Zusammenfassung bei H.-G. Zmarzlik (wie Anm. 36), S. 130 ff. sowie auch die Würdigung der Person und Politik Bethmann Hollwegs in der Schrift von F. Stern, Bethmann Hollweg und der Krieg. Die Grenzen der Verantwortung, Tübingen 1968 (= Recht und Staat in Geschichte und Gegenwart, 351/352).

[42] H.-U. Wehler (wie Anm. 36), S. 30 ff. und 43 ff.

eine amtliche Erklärung, aus der hervorging, daß der Kaiser eine Nachprüfung der Dienstvorschrift über den Waffengebrauch des Militärs angeordnet habe. Dieser Schritt der Reichsleitung kam in gewisser Hinsicht den Wünschen des Reichstages entgegen, dessen Kritik an der Ungesetzlichkeit des militärischen Handelns in Zabern damit als berechtigt anerkannt wurde. Im übrigen verband sich mit dieser behördlichen Initiative aber der Zweck, den Reichstag aus der weiteren Behandlung der Fragen auszuschließen[43]. Mag die angekündigte Nachprüfung der Dienstvorschrift noch als ein indirekter Erfolg des Reichstages angesehen werden, die beiden Sitzungen der vom Plenum eingesetzten Zabernkommission zeigten die Unfähigkeit der Parteien zu gemeinsamem, positivem Handeln in konkreten Einzelfragen. Die Verhandlungen machten aber auch die Grenzen deutlich, die dem Parlament auf Grund der Verfassung gezogen waren und die es nicht zu überwinden vermochte. Die ausgedehnten Bereiche der kaiserlichen Kommandogewalt und der bundesstaatliche Aufbau des Reiches lähmten die Initiative des Reichstages und waren mitverantwortlich für die weitgehende Exemtion des preußisch-deutschen Militärwesens von jeder parlamentarischen Kontrolle.

Der preußische Kriegsminister v. Falkenhayn war vom Kaiser beauftragt worden, die Überprüfung der Dienstvorschrift aus dem Jahre 1899 durchzuführen[44]. Obwohl es sich zunächst um eine preußische Angelegenheit handelte, wurden die Reichsämter an den kommissarischen Beratungen beteiligt, weil eine einheitliche Lösung für das ganze Reich angestrebt wurde. Sowohl in diesen Verhandlungen als auch in jenen mit den Bundesstaaten, insbesondere mit Bayern, die Ende Februar/Anfang März 1914 stattfanden, stand die Frage des selbständigen Eingreifens des Militärs ohne Aufforderung der Zivilbehörden im Mittelpunkt der Auseinandersetzung. Die Reichsämter erreichten gegen den Widerstand des Kriegsministeriums, daß das Eingreifen des Militärs ohne Aufforderung der Verwaltungsbehörden an Voraussetzungen gebunden wurde, die ein bewußtes Übergehen dieser Organe, wie im Falle Zabern, unmöglich machten. Die bayerischen Bedenken richteten sich vor allem scharf gegen die im Entwurf ausdrücklich vermerkte, jedoch sehr allgemein definierte Unterordnung der Zivilbehörden unter den Militärbefehlshaber im Falle des militärischen Eingreifens. Auch in diesem Falle sah sich der preußische Kriegsminister gezwungen, den Einwänden nachzugeben.

Über den materiellen Gehalt der Dienstvorschrift hinaus sind die Verhandlungen insofern von Interesse, als sie Aufschluß geben über die staatsrechtliche Stellung des preußischen Kriegsministers. Er handelte im Auftrag des Kaisers, zu dem er als preußischer General in einem besonderen Verhältnis stand, und nahm im Laufe der Verhandlungen die Funktion eines Reichskriegsministers wahr. Da die zur Beratung stehende Frage nach allgemeiner Überzeugung in den Bereich der monarchischen Kommandogewalt fiel, war

---

[43] Vgl. die Mitteilung der »Norddeutschen Allgemeinen Zeitung« vom 15.1.1914, Schulthess' Europäischer Geschichtskalender, 30 (1914), S. 26. Zur Zabern-Kommission des Reichstages vgl. H.-U. Wehler (wie Anm. 36), S. 41.

[44] Die kommissarischen Beratungen fanden im Januar/Februar 1914 statt, im März schlossen sich Verhandlungen mit Bayern an. Vgl. hierzu MGFA MA/RMA, Nr. 4086, I. 3.1.2., Bd 1, und BHStA IV München MKr, 2496. Gewisse Ausnahmeregelungen wurden getroffen für Elsaß-Lothringen, die Großherzogtümer Baden und Hessen sowie für Bremen.

er weder an die Beschlüsse des preußischen Staatsministeriums noch an die Richtlinien des Reichskanzlers gebunden. Von bundesstaatlicher Seite aus gesehen, vertrat er jedoch allein preußische Belange. Der Versuch einer einheitlichen Regelung für das Reich mißlang, ja selbst in den Bundesstaaten unter preußischer Militärverwaltung machten die Landesgesetze zum Teil wesentliche Änderungen notwendig. So gerechtfertigt es erscheint, dem preußischen Kriegsminister die Funktion eines Reichskriegsministers zuzubilligen, so wenig darf übersehen werden, daß — abgesehen von den allerdings umfangreichen, rein militärischen Fragen — die Funktion weder auf einer institutionellen Regelung noch auf einer allseits anerkannten Übereinkunft beruhte und dementsprechend die politischen Wirkungen gering waren. Die Funktion war unabdingbar an den preußischen Kriegsminister und damit an einen preußischen General gebunden.

Als Anfang Mai 1914 im Zusammenhang mit der Verabschiedung des Militäretats im Reichstag noch einmal das Wort Zabern fiel, war das Echo außerordentlich schwach, wie es nach dem Fehlschlag der Kommissionsberatungen im Februar nicht anders zu erwarten war. Damit fand eine »Verfassungskrise« der wilhelminischen Zeit ihren Abschluß, die bezeichnenderweise nur von einer Minderheit als solche erkannt wurde[45]. Die überragende Stellung der Armee im Staate, die innere Ausrichtung der wilhelminischen Gesellschaft — bis weit weit hinein in das Kleinbürgertum — auf das den monarchischen Staat repräsentierende Offizierkorps und schließlich, gewissermaßen als Reflex dieser Tendenzen, die krampfhafte Aufrechterhaltung der Bismarckschen Verfassung mit ihren sich gegenseitig neutralisierenden Machtfaktoren waren für den unbefriedigenden Ausgang dieser Krise verantwortlich. Der große Erfolg der Sozialdemokratie bei den Reichstagswahlen von 1912 hatte in seinen politischen Auswirkungen in Legislative und Exekutive die Kräfte der Beharrung gestärkt und die Kluft zwischen bürgerlich-konservativer Mehrheit und Arbeiterschaft, trotz aller sich anbahnenden Verbindungen, im Grundsätzlichen vergrößert. So erscheinen die Vorgänge während und nach der Zaberner Affäre als ein getreues Abbild der verfassungsmäßigen, parteipolitischen und gesellschaftlichen Struktur des Kaiserreiches kurz vor Ausbruch des Weltkrieges, in dem es in dieser Hinsicht nicht um die Bewährung eines stagnierenden Systems gehen konnte, sondern um die Frage, ob die politische Repräsentanz des Reiches — Reichsleitung und Reichstag — gegenüber dem Machtanspruch des Militärs ihre Funktionsfähigkeit wieder zu gewinnen oder neu zu begründen vermochte.

Der Kriegszustand nach Art. 68 der Reichsverfassung. Ausführungsbestimmungen der militärischen Führung

Die Reichsverfassung sah für den Fall, daß »die öffentliche Sicherheit in dem Bundesgebiete bedroht« war, die Erklärung des Kriegszustandes durch den Kaiser vor. Ein Reichsgesetz sollte die Voraussetzungen, die Form der Verkündigung und die Wirkungen einer derartigen Erklärung näher bestimmen. Solange ein solches Gesetz nicht vorlag — das

---

[45] H.-U. Wehler (wie Anm. 36), S. 44 ff.

war bis zum Ende des Kaiserreiches der Fall — galten in diesem Rahmen die Vorschriften des preußischen Gesetzes über den Belagerungszustand vom 4.6.1851[46].

Das preußische Gesetz war auf Grund der revidierten Verfassung vom 31.1.1850 verabschiedet worden und spiegelte in sich den dort gefundenen »konservativ-liberalen Verfassungskompromiß«[47]. Voraussetzungen und Folgen der Erklärung des Ausnahmezustandes wurden im Gegensatz zu älteren kriegsrechtlichen Regelungen an bestimmte Rechtsvorschriften gebunden. Dadurch wurde selbst dieses in gewissem Sinne extrakonstitutionelle Institut rechtsstaatlichen Grundsätzen unterworfen. Das Gesetz unterschied noch zwischen der Erklärung des Belagerungszustandes im Kriegs- (§ 1) und im Aufruhrfalle (§ 2). Jeder Festungskommandant und jeder Kommandierende General eines Armeekorps konnte bei feindlicher Bedrohung für seinen Befehlsbereich den Belagerungszustand erklären. Bei inneren Unruhen dagegen war im Regelfall dem Staatsministerium dieses Recht vorbehalten, nur bei »Gefahr im Verzuge« konnte der militärische Befehlshaber von sich aus tätig werden, seine Entscheidung bedurfte jedoch der sofortigen Bestätigung durch das Ministerium. Die Bekanntmachung der Erklärung erfolgte »bei Trommelschlag oder Trompetenschall« sowie durch Veröffentlichung in Zeitungen, durch Anschläge etc. (§ 3). Die wesentliche Folge der Erklärung des Belagerungszustandes war die Übernahme der vollziehenden Gewalt durch die Militärbefehlshaber (§ 4), Verwaltungs- und Gemeindebehörden hatten ihren Anordnungen Folge zu leisten. Den Militärbefehlshabern — im Zeitpunkt der Verabschiedung des Gesetzes handelte es sich um die Kommandierenden Generale von acht Armeekorps und um die Gouverneure und Kommandanten von 28 Festungen[48] — wurde die persönliche Verantwortung für ihre Anordnungen übertragen. Das Staatsministerium war verpflichtet, dem Parlament über die Erklärung des Belagerungszustandes und über die Suspension von Grundrechten, nicht jedoch über die von den Militärbefehlshabern angeordneten Einzelmaßnahmen Rechenschaft zu geben (§ 17). Die hierin zum Ausdruck kommende Beschränkung der Eingriffe in die individuelle Freiheitssphäre gilt als ein wesentlicher Erfolg der Liberalen. Die Aufhebung der Rechte auf die persönliche Freiheit, auf die Unverletzlichkeit der Wohnung, auf den gesetzlichen Richter, auf die Freiheit der Meinungsäußerung sowie auf die Versammlungs- und Vereinsfreiheit wurde neben der erwähnten Rechenschaftspflicht an bestimmte Formvorschriften gebunden (§ 5). Auf ähnliche Weise suchte man die ältere Standgerichtsbarkeit durch die Einrichtung von besonderen Kriegsgerichten, deren Zusammensetzung und Verfahren im Gesetz ausführlich behandelt war, zu überwinden.

Das Gesetz gewährte trotz seiner Bindung an die Verfassung dem Monarchen, der sich auf die der Verfassung entzogene bewaffnete Macht stützte, sehr weitgehende Rechte.

---

[46] Für den Art. 68 der Reichsverfassung vgl. E.R. Huber, Dokumente zur deutschen Verfassungsgeschichte, 2 Bde, Stuttgart 1961 u. 1964, Bd 2, S. 304, für das preußische Gesetz ebd., Bd 1, S. 414ff.
[47] Vgl. E.R. Huber, Deutsche Verfassungsgeschichte seit 1789, Bd 2, Stuttgart 1960, S. 388ff., sowie H. Boldt, Rechtsstaat und Ausnahmezustand. Eine Studie über den Belagerungszustand als Ausnahmezustand des bürgerlichen Rechtsstaates im 19. Jahrhundert, Berlin 1967 (= Schriften zur Verfassungsgeschichte, Bd 6), S. 74ff., und die dort angegebene Literatur.
[48] Vgl. W. Deist, Zur Institution des Militärbefehlshabers und Obermilitärbefehlshabers im Ersten Weltkrieg, in: Jahrbuch für die Geschichte Mittel- und Ostdeutschlands, Bd 13/14, Berlin 1965, S. 223.

Da die Kammern des Parlaments allein durch ihn berufen, vertagt und aufgelöst werden konnten, bedeutete die im Gesetz formulierte Rechenschaftspflicht des Staatsministeriums gegenüber dem Parlament sowie die übrigen erwähnten Vorbehalte im Eventualfall nur eine leicht zu überwindende Schranke. In der Sorge um die Gefährdung der öffentlichen Sicherheit, um die Erhaltung des materiellen und gesellschaftlichen Besitzstandes gegen die damals lebhaft empfundene Gefahr von »links«, waren die liberalen, besitzbürgerlichen Schichten jedoch bereit, sich dem Schutz des von ihnen bekämpften monarchischen Instruments, der Armee, anzuvertrauen[49].

Das in seiner Entstehungsphase heftig umstrittene Gesetz wurde bis zu seiner Übernahme in die Verfassung des Norddeutschen Bundes nicht angewendet. Im deutsch-französischen Krieg wurden einige Grenzkorpsbezirke in Kriegszustand erklärt und fünf Generalgouverneure als Militärbefehlshaber im Sinne des Gesetzes ernannt[50]. Es ist eine erstaunliche Tatsache, daß sowohl bei der Beratung der Verfassung des Norddeutschen Bundes als auch bei den Verhandlungen über die Reichsverfassung keine grundsätzliche und ausgedehnte Debatte in den parlamentarischen Gremien über die vorgesehene Form des Ausnahmezustandes stattfand. Obwohl in Art. 68 der Reichsverfassung die Regelung des Ausnahmezustandes einem besonderen Reichsgesetz vorbehalten wurde, präjudizierte die Formulierung des Artikels die künftigen Bestimmungen in charakteristischer Weise. Nicht mehr die verantwortliche politische Instanz — bisher das preußische Staatsministerium —, sondern der Kaiser, in seiner Eigenschaft als Oberster Kriegsherr, erhielt die Befugnis zugesprochen, den Ausnahmezustand zu erklären. Die Voraussetzung für diese Erklärung bildete nunmehr nur noch die Bedrohung der öffentlichen Sicherheit, während das preußische Gesetz für den Fall des Aufruhrs (§ 2) eine dringende Gefahr für die öffentliche Sicherheit vorgeschrieben hatte. Im übrigen wurde statt der Bezeichnung »Belagerungszustand« die Formel »Kriegszustand« verwandt und somit die bisher unterschiedenen Fälle des durch Krieg bzw. Aufruhr verursachten Belagerungszustands zu einem Komplex vereinigt[51]. Die gewählte Bezeichnung täuschte insofern, als der neu geschaffene »Kriegszustand« sich keineswegs nur auf die Gefahr von außen bezog.

Dem Reichstag ist das in der Verfassung angekündigte Gesetz über den Kriegszustand nie vorgelegt worden. Die Reichsleitung konnte kaum erwarten, daß der Reichstag der achtziger und neunziger Jahre einen Gesetzentwurf verabschieden würde, der nicht wesentliche Verbesserungen gegenüber dem bisherigen Zustand enthielt; derartige Änderungen mußten aber den Widerstand der militärischen Führung hervorrufen, die selbstverständlich die bisher behauptete Machtfülle unter dem preußischen Belagerungszustandsgesetz zu erhalten bestrebt sein würde. Im übrigen waren auch die aus der föderativen Struktur des Reiches sich ergebenden Schwierigkeiten zu beachten[52].

Angesichts dieser Situation erhalten die zeitgenössische, staatsrechtliche Interpretation des Art. 68 der Reichsverfassung, vor allem in bezug auf die Vorschriften des preußi-

---

[49] Vgl. hierzu H. Boldt (wie Anm. 47), S. 68 ff. und 98 f.
[50] Vgl. W. Deist (wie Anm. 48), S. 224 f.
[51] Vgl. H. Boldt (wie Anm. 47), S. 116 ff.
[52] Zu den Ansätzen für eine Neuregelung vgl. ebd., S. 119, Anm. 39, sowie W. Deist (wie Anm. 48), S. 225 f.

schen Belagerungszustandsgesetzes einerseits, und die Erlasse des preußischen Kriegsministeriums und der höheren Kommandobehörden zu Einzelfragen des Kriegszustandes andererseits erhöhte Bedeutung.

Die staatsrechtliche Literatur hat sich sehr lebhaft mit der Rezeption des preußischen Belagerungszustandsgesetzes durch die Reichsverfassung auseinandergesetzt[53]. Die positivistische Interpretationsweise hat dabei zu Ergebnissen geführt, die durch die fast völlige Inkorporierung des Ausnahmezustandsrechts in das allgemeine Rechtssystem den besonderen Charakter des Ausnahmezustandes verwischte, ja, ihn dem Verwaltungsrecht zuordnete. Dieser Schritt hatte wiederzum zur Folge, daß die Einzelbestimmungen des preußischen Gesetzes zwar auf der einen Seite in gesteigertem Maße an die allgemeinen Rechtsnormen gebunden wurden, auf der anderen Seite aber, insbesondere in der sich durchsetzenden Interpretation Labands, der Ausnahmezustand insgesamt als eine Angelegenheit der Kommandogewalt des Monarchen begriffen wurde. Die damit einhergehende, weitgehende Entpolitisierung des Ausnahmezustandsrechts verstärkte die allgemeine Tendenz zur Erhaltung des Status quo. So wurden zwar für die Maßnahmen der Militärbefehlshaber, die sie im Sinne des § 4 des preußischen Gesetzes an Stelle der Zivilbehörden ergriffen, die Erfüllung derselben formalen Bedingungen gefordert, wie sie z. B. im allgemeinen Polizeirecht galten. Dagegen wurde aber die Übernahme des § 17 des Gesetzes, der das preußische Staatsministerium verpflichtete, über die Gründe für die Erklärung des Belagerungszustandes den Kammern »Rechenschaft« zu geben, in die Reichsverfassung abgelehnt, da dieser Paragraph nach der herrschenden Meinung keine »Wirkung« des Belagerungszustandes darstellte und daher nach dem Wortlaut des Art. 68 der Reichsverfassung nicht rezipiert werden konnte. Auf diese Weise wurde auch die in dem Zwang zur Rechenschaftslegung rudimentär angelegte Möglichkeit einer Kontrolle durch eine parlamentarische Instanz aus dem provisorischen »Reichsbelagerungszustand« ausgeschaltet. Die Kompetenz des Kaisers im Hinblick auf den Belagerungszustand unterlag damit keinerlei Beschränkungen mehr. Er allein verhängte ihn, er ernannte die Militärbefehlshaber, konnte ihnen Befehle erteilen und kontrollierte ihr Wirken. Für seine Tätigkeit traf ihn nur die Verantwortung »vor Gott«.

Die Erlasse und Vorschriften des preußischen Kriegsministeriums und der höheren Kommandobehörden im Hinblick auf die Handhabung des Belagerungszustandsgesetzes lassen erkennen, daß kein grundsätzlicher Unterschied zwischen den im Falle eines Krieges und den bei einem Aufruhr zu treffenden Maßnahmen gemacht wurde. Für das Militär handelte es sich darum, die »öffentliche Sicherheit« gegen potentielle Störungen zu gewährleisten oder sie mit allen Mitteln wieder herzustellen. Im Kriege wie bei einem Aufruhr drohte nach der Meinung des Militärs die große Gefahr von der Sozialdemokratischen Partei, den freien Gewerkschaften und anderen sozialdemokratischen Organisationen, wenn man einmal die Tätigkeit der Organe ausländischer Geheimdienste außer acht läßt. Dabei ist nicht zu verkennen, daß sich die erwähnten Erlasse und Vorschriften in erster Linie auf die Bekämpfung innerer Unruhen bezogen. Die Vorbereitungen für die Erklä-

---

[53] Die folgenden Ausführungen fußen auf der eingehenden Darstellung bei H. Boldt (wie Anm. 47), S. 160 ff.

rung des Kriegszustandes im Falle eines Krieges beschränkten sich, abgesehen von den jährlichen Mobilmachungsvorarbeiten, auf die Entscheidung, den Kriegszustand auf das ganze Reichsgebiet auszudehnen, und auf die Maßnahmen, durch die die Verhaftung verdächtiger Personen sichergestellt wurde[54]. Dabei verdient die Tatsache Beachtung, daß in den Monaten vor Ausbruch des Krieges nicht mehr an die Verhaftung führender Sozialdemokraten gedacht worden ist.

Die militärischen Behörden haben sich intensiv mit den ihnen durch das Belagerungszustandsgesetz gegebenen Möglichkeiten und deren Anwendung bei inneren Unruhen beschäftigt. In seiner Untersuchung über Bismarcks Politik in der Entlassungskrise hat J. C. G. Röhl den Entwurf eines entsprechenden Erlasses des preußischen Kriegsministers Verdy du Vernois an die Generalkommandos vom 12. 3. 1890 mitgeteilt[55]. Die Ausfertigung dieses Entwurfs trägt das Datum des 20. 3. 1890, dem Tage der Bewilligung des Abschiedsgesuches Bismarcks durch den Kaiser. Schon aus diesem Datum geht hervor, daß der Erlaß nicht nur im Zusammenhang der Entlassungskrise gesehen werden darf, auf ihn ist vielmehr in den folgenden Jahren immer wieder zurückgegriffen worden (zuletzt im November 1908). In dem Erlaß wurden die Militärbefehlshaber auf besonderen Befehl des Kaisers darauf hingewiesen, daß sie sich über die »Organisation, Führer, Agitatoren und Flugblätter« der unter das Sozialistengesetz — dessen Verlängerung der Reichstag am 25. 1. 1890 abgelehnt hatte — fallenden Verbindungen »dauernd auf dem Laufenden zu erhalten« hätten. Sie wurden insbesondere auf die Möglichkeit der »provisorischen Erklärung des Belagerungszustandes« (§ 2, Abs. 2) durch den Militärbefehlshaber selbst aufmerksam gemacht. Da ein derartiges Vorgehen nur in Preußen möglich war, bedurfte es für die übrigen Gebiete der Erklärung des Kriegszustandes durch den Kaiser (Art. 68 Reichsverfassung). Die »Kommandanten bzw. Garnisonältesten« wurden aufgefordert, diese Erklärung im gegebenen Falle »unverzüglich telegraphisch direkt bei Seiner Majestät dem Kaiser« zu beantragen. War der Kriegs- bzw. Belagerungszustand einmal verhängt, sollte sogleich die Suspension der Grundrechte verkündet werden und die »vorläufige« Festnahme der »Rädelsführer und Aufrührer« sowie ein Verbot der die öffentliche Sicherheit gefährdenden »Zeitungen und Flugblätter« erfolgen. Sollte der Einsatz von Truppen und der Gebrauch der Schußwaffe notwendig werden, »so erwarten Seine Majestät der Kaiser, daß dieser Gebrauch ein dem Ernst der Lage entsprechender ist«. An die Stelle des Sozialistengesetzes trat die Beaufsichtigung der Partei und ihrer Organisationen durch die Armee; die Verhängung des Belagerungszustandes und der Ein-

---

[54] Vgl. Militär und Innenpolitik im Weltkrieg 1914—1918, bearb. von W. Deist, Düsseldorf 1970 (= Quellen zur Geschichte des Parlamentarismus und der politischen Parteien. Zweite Reihe: Militär und Politik, Bd 1 in 2 Halbbd), Dokument Nr. 1 und 76.

[55] J. C. G. Röhl, Staatsstreichplan oder Staatsstreichbereitschaft? Bismarcks Politik in der Entlassungskrise, in: HZ, 203 (1966), S. 610 ff. Für die Ausfertigung vom 20. 3. 1890 vgl. BHStA IV München MKr, 2497. Zur Problematik der Entlassungskrise vgl. auch W. Pöls, Sozialistenfrage und Revolutionsfurcht in ihrem Zusammenhang mit den angeblichen Staatsstreichplänen Bismarcks, Lübeck 1960 (= Historische Studien, H. 377); J. C. G. Röhl, Deutschland ohne Bismarck. Die Regierungskrise im Zweiten Kaiserreich 1890—1900, Tübingen 1969, S. 37 ff., und M. Stürmer, Staatsstreichgedanken im Bismarck-Reich, in: HZ, 209 (1969), S. 566 ff.

satz des Militärs bildeten das letzte Auskunftsmittel gegen eine als Gefahr für die Gesellschaft betrachtete politische Bewegung. Es lag offenbar in der Intention des Kaisers, die militärischen Behörden in der Anwendung des letzten Mittels nicht allzusehr zu beschränken, anders ist die Ermächtigung jedes Garnisonältesten zu einer direkten Anfrage beim Kaiser nicht zu interpretieren.

Wichtiger als die Dienstvorschrift über den »Waffengebrauch des Militärs und seine Mitwirkung zur Unterdrückung innerer Unruhen« vom 23. 3. 1899, die gegenüber dem Erlaß des preußischen Kriegsministeriums keine wesentliche Änderung brachte, wurden die Bemühungen des Kriegsministers v. Einem um eine gesetzliche Grundlage für den verschärften Kampf gegen die Sozialdemokratie im Jahre 1906 und die gleichzeitig entstandene, 1907 abgeschlossene Studie der 2. kriegsgeschichtlichen Abteilung des Großen Generalstabes: »Der Kampf in insurgierten Städten«[56]. Während Einems Initiative im preußischen Staatsministerium scheiterte, bildeten die »kriegsgeschichtlichen Lehren« der Generalstabsstudie die Grundlage einer intensiven Beschäftigung der Generalkommandos mit den damit verbundenen Fragen.

Die Generalstabsstudie gliedert sich in neun Einzelstudien über geschichtliche Beispiele[57], aus denen in umfangreichen »Schlußbetrachtungen« die Konsequenzen für die Gegenwart gezogen werden, deren Tenor auf einer der ersten Seiten mit dem hervorgehobenen Satz umschrieben wird: »Jedenfalls ist es stets besser, frühzeitig den aufrührerischen Elementen festen Willen zu zeigen, alle Revolutionsgelüste im Keime zu ersticken, als zu spät«. Nach einem Überblick über Mittel und Kampfformen der Aufständischen werden die Möglichkeiten ihrer Bekämpfung erörtert. Dabei wird als die entscheidende Voraussetzung bezeichnet, daß der Belagerungszustand rechtzeitig verhängt werde und damit der Militärbefehlshaber in eigener Verantwortung unbeeinflußt »von höheren und gleichberechtigten Instanzen« unter »rein militärischen Gesichtspunkten« seine Maßnahmen treffen könne. Dem Garnisonältesten komme in diesem Zusammenhang »ganz besondere Bedeutung« zu. Die »schnelle und gründliche Unterdrückung« des Aufruhrs erfordere die sofortige Verhaftung der Führer des Aufstandes, der Redakteure der »Hetzblätter« — deren Verbreitung zu verhindern sei —, die Schließung aller »staatsfeindlichen Klubs und Vereine« und das Verbot aller Versammlungen. Der Einsatz der Truppe habe offensiv zu erfolgen, wobei der Artillerie eine besondere Bedeutung im Kampf gegen die Barrikaden zufalle. Jede Verhandlung mit den Aufständischen müsse unterbleiben. »Beide Parteien müssen sich klar darüber sein, daß es zwischen ihnen nur eine Bedingung gibt: Kampf auf Leben und Tod oder *Unterwerfung auf Gnade und Ungnade*«. Die Studie schließt mit dem Satz: »Es ist nötig, die volle Strenge des Gesetzes unbarmherzig anzuwenden«.

Die Arbeit der kriegsgeschichtlichen Abteilung des Großen Generalstabes erlangte dadurch besondere Bedeutung, daß die in ihr entwickelten Grundsätze von einzelnen Gene-

---

[56] BHStA IV München MKr, 2497.

[57] Die Einzelstudien haben einen Umfang von 10—31 Schreibmaschinenseiten (Schlußbetrachtungen: 26 Seiten) und beschäftigen sich mit folgenden Themen: Die Julirevolution 1830 in Paris; Die Februarrevolution in Paris 1848; Die Julischlacht 1848 in Paris; Die Revolution in Berlin 1848; Die Straßenkämpfe in Brescia 1849; Die Straßenkämpfe in Dresden Mai 1849; Die Kämpfe gegen die Kommune in Paris; Der Aufstand in Mailand 6. bis 9. Mai 1898; Der Aufstand in Moskau 1905.

ralkommandos zu umfangreichen Instruktionen verarbeitet und damit von großen Teilen des Offizierkorps als verbindliche Richtlinien betrachtet wurden. Der im Herbst 1910 bekanntgewordene Befehl des Kommandierenden Generals des VII. AK, Frhr. v. Bissing, vom 30. 4. 1907 über das Verhalten bei inneren Unruhen folgte in einzelnen Partien den Ausführungen der »Schlußbetrachtungen« wörtlich[58]. Trotz scharfer Proteste in Öffentlichkeit und Reichstag wurde der Befehl zwar in einem Punkt gemildert, aber nicht insgesamt zurückgezogen. Das preußische Kriegsministerium bezeichnete vielmehr in einem Erlaß vom 8. 2. 1912[59] die Herausgabe von entsprechenden Instruktionen in den einzelnen Korpsbereichen, »wie sie schon an mehreren Stellen bestehen«, als sehr erwünscht. Es verwies dabei ausdrücklich auf die Generalstabsstudie aus dem Jahre 1907.

Hatte Freiherr v. Bissing in seinem Befehl den unterstellten Kommandeuren und Stabsoffizieren nur die allgemeinen Grundsätze zur Kenntnis gebracht, so sollten die alle Einzelheiten regelnden »Bestimmungen über die Verwendung von Truppen zur Unterdrückung innerer Unruhen« des IV. AK vom 4. 2. 1908 der alljährlichen, eingehenden Belehrung sämtlicher Offiziere des Korps dienen[60]. Auch diese Bestimmungen übernahmen die Grundsätze der Generalstabsstudie und wurden in dem Erlaß des preußischen Kriegsministeriums vom 8. 2. 1912 den übrigen Armeekorps gewissermaßen als Vorbild empfohlen. In den vom General der Infanterie v. Hindenburg unterzeichneten Bestimmungen wurden mit minuziöser Genauigkeit die vorbereitenden Maßnahmen für den Einsatz der Truppen im Korpsbereich abgehandelt (Stärke und Zusammensetzung der für einzelne Städte und Bezirke vorgesehenen Truppenteile, deren Ausrüstung, Verpflegung, Transport und Unterbringung etc.). Bei welcher Gelegenheit man Unruhen erwartete, wurde sehr deutlich bezeichnet: »sozialdemokratische Versammlungen, Wahltage, Streiks, Maifeier«. Kam es auf Antrag der Zivilbehörden oder auf Grund selbständiger Entscheidung der zuständigen Militärbehörde zum Einsatz von Truppen, so sollte sofort der Belagerungs- oder in nichtpreußischen Gebieten der Kriegszustand, unter Aufrechterhaltung des Antragsrechts des Garnisonältesten beim Kaiser[61], in seiner verschärften Form erklärt werden. Daraufhin waren unverzüglich die Personen zu verhaften, »von denen eine Förderung des Aufruhrs zu erwarten« war, »z. B. sozialdemokratische Agitatoren« sowie die Redakteure der entsprechenden Zeitungen. Die Verhaftungen dieses Personenkreises, der unabhängig von zu erwartenden Unruhen in möglichst nur mündlich zu führenden Verhandlungen mit den Zivilbehörden abzugrenzen war, sollten auf einen Schlag, »nötigenfalls auch Nachts« erfolgen. In den Bestimmungen war vorgesehen, auch Reichstagsabgeordnete unter Mißachtung der Immunität zu verhaften. Die öffentliche Kritik an dem bekanntgewordenen, eine gleichlautende Bestimmung enthaltenden Befehl des Generalkommandos des VII. AK, führte dazu, daß durch einen Erlaß des preußischen Kriegsministeriums vom 17. 11. 1910[62] die Bestimmungen des IV. AK in diesem

---

[58] Vgl. hierzu D. Fricke (wie Anm. 26), S. 1298 ff., Abdruck des Befehls S. 1302 ff.
[59] BHStA IV München MKr, 2497.
[60] Ebd.
[61] Dieses Recht wurde durch einen Erlaß des preuß. Kriegsministeriums vom 9. 11. 1908 (ebd.) ausdrücklich bestätigt.
[62] Militär und Innenpolitik (wie Anm. 54), Dokument Nr. 102, Anm. 6.

Punkte im Sinne des Art. 31 der Reichsverfassung abgeändert wurden. Für die zu verbietenden Publikationsorgane war den Bestimmungen eine Aufstellung beigegeben, in der unter Berücksichtigung der bis 1911 vorgenommenen Ergänzungen über 70 Zeitungen und Zeitschriften, darunter allein 50 Gewerkschaftsblätter, aufgeführt waren. Im übrigen blieb es der Entscheidung des jeweiligen Militärbefehlshabers überlassen, ob er auch noch andere Presseorgane verbieten wollte oder nicht. Der Ermessensspielraum des örtlichen Militärbefehlshabers im Hinblick auf das Vereins- und Versammlungswesen wurde ähnlich großzügig abgesteckt. In merkwürdiger Formulierung wurde hierzu bestimmt: »Alle staatsfeindlichen oder politischen Klubs und Vereine sind — nötigenfalls mit Gewalt — zu schließen.« Versammlungen jeder Art sollten generell verboten werden.

Für den Einsatz der Truppen galt allgemein der Grundsatz, daß »mit rücksichtsloser Energie« vorzugehen sei, und dem Truppenführer wurde eingeschärft, daß er »mit aller Entschiedenheit auf eigene Verantwortung zu handeln« habe. Dabei wurde darauf hingewiesen, daß Unteroffiziere und Mannschaften streng und unter allen Umständen von der Bevölkerung zu isolieren seien, daß aber auch die Offiziere sich auf den unbedingt notwendigen Kontakt zu beschränken und sich jeder Parteinahme, z. B. durch die Auswahl der Offizierquartiere bei Streiks, zu enthalten hätten.

Wie erwähnt, wurden diese Bestimmungen in einem Erlaß des preußischen Kriegsministeriums vom 8. 2. 1912 den anderen Armeekorps empfohlen. In diesem sehr umfangreichen Erlaß an die preußischen Generalkommandos wurde auf der einen Seite die Notwendigkeit präziser Vorarbeiten für den Fall eines militärischen Einsatzes betont und nochmals Hinweise für die Verwendung sowie das Verhalten der Truppen und ihrer Führer gegeben, auf der anderen Seite wurde jedoch den Generalkommandos durch eine ausgedehnte Erörterung der Rechtslage die Problematik eines militärischen Eingriffs, vor allem im Hinblick auf eine spätere gerichtliche Überprüfung, vor Augen geführt. Es fällt auf, daß sich das Kriegsministerium ganz dem Standpunkt des Ministers des Innern anschloß, der nur dann den Einsatz von Militär für gerechtfertigt hielt, wenn »die Behörden trotz Aufwendung aller polizeilichen Machtmittel größerer Unruhen und Tumulte nicht Herr zu werden« vermochten. Für diese Aufgaben sollte die Polizei von den Generalkommandos mit allen ihnen zur Verfügung stehenden Mitteln, mit Ausnahme solcher personeller Art, unterstützt werden. Die Tendenz des Erlasses lief darauf hinaus, daß der Einsatz des Militärs »im Interesse der Armee nach Möglichkeit vermieden werden« sollte, im gegebenen Falle jedoch nur der Einsatz der schärfsten Mittel, Verhängung des verschärften Belagerungs- bzw. Kriegszustandes etc., den Erfolg verbürge. Dieser Tendenz entsprach auch die im Jahre 1913 von den Generalkommandos vorgenommene Revision der Verhaftungslisten, wodurch zumindest für den Kriegsfall die sofortige Wendung gegen die Sozialdemokratie mit ihren unabsehbaren Auswirkungen vermieden wurde[63].

Auch aus diesem Erlaß des preußischen Kriegsministeriums wird deutlich, daß sich in der Haltung des Militärs gegenüber dem Hauptproblem der Innenpolitik, d. h. dem Verhältnis zur Sozialdemokratie, unmittelbar vor Ausbruch des Weltkrieges eine gewisse

---

[63] Die Interpretation dieser Maßnahmen als »Verschärfung« bei J. Schellenberg (wie Anm. 28), S. 29, berücksichtigt nicht die vorangegangene Entwicklung.

Wandlung vollzog. Sie beruhte nicht zuletzt auf der Erkenntnis, daß der Armee die Voraussetzungen fehlten, um einer den sozialen und wirtschaftlichen Tendenzen der Zeit entsprechenden politischen Massenbewegung mit den Mitteln der militärischen Ausbildung und Erziehung Herr zu werden. Hinzu kam, daß auch die bisher so erfolgreich geführte Politik der Abschirmung der Armee gegen das Eindringen gesellschaftlich und politisch unerwünschter Schichten im Zeichen der notwendig werdenden Heeresvermehrungen einerseits, und dem aus der unabweisbaren Spezialisierung des Kriegsinstruments folgenden Zwang zur Erhöhung der Bildungsanforderungen andererseits, zumindest fragwürdig geworden war. Die Problematik mußte sich in erster Linie dem preußischen Kriegsministerium aufdrängen, das als einzige oberste Militärbehörde mit den innenpolitischen Gegebenheiten und Entwicklungen unmittelbar konfrontiert wurde. So bezieht und beschränkt sich auch die konstatierte Wandlung auf Maßnahmen und Äußerungen dieser Behörde und ihrer Vertreter. Dabei ist festzuhalten, daß auch das preußische Kriegsministerium von einer grundsätzlichen Änderung seiner Position im Hinblick auf die Innenpolitik weit entfernt war. Die Abänderung der für den Kriegszustand vorgesehenen Maßnahmen, insbesondere durch die Richtlinien vom 25.7.1914[64] vollzog sich vielmehr unter dem Zwang nüchterner Überlegung und in der Auseinandersetzung mit den politischen Instanzen.

Für die Mehrzahl der Kommandierenden Generale der Armeekorps sowie für die Masse des Offizierkorps wird dagegen die Überzeugung von der Notwendigkeit eines entschieden und rückhaltlos zu führenden Kampfes gegen den inneren Feind im Falle der Verhängung des Kriegs- und Belagerungszustandes bis zu den Wochen unmittelbar vor Ausbruch des Krieges maßgebend geblieben sein. Auf dieser Ebene der militärischen Hierarchie fehlte der Zwang zu politischem Verhalten, militärische Überlegungen beherrschten das Denken des einzelnen Offiziers, dessen Ausrichtung sich aus den entsprechenden Instruktionen und der ideologisch bestimmten Kultivierung des Standesbewußtseins eindeutig ergab. Das Instrument des Kriegs- und Belagerungszustandes war für die Armee zu einer Waffe in der innenpolitischen Auseinandersetzung geworden[65].

Für den Kriegsfall galten allerdings dieselben Grundsätze — Aufhebung der Grundrechte, Verhaftungen —, das Interesse der Armee galt für diesen Fall jedoch der minuziösen Vorbereitung der Mobilmachung. Ähnlich eingehende Richtlinien, wie die des preußischen Kriegsministeriums vom 8.2.1912, für die Militärbefehlshaber zur Handhabung des Kriegs- bzw. Belagerungszustandes während eines Krieges fehlen für die Zeit vor dem 25.7.1914. In der Erwartung eines kurzen Krieges erschien eine eingehende Vorbereitung offenbar weniger dringend. Die Folgen dieser Vernachlässigung zeigten sich in der Handhabung des Kriegs- bzw. Belagerungszustandes durch die Militärbefehlshaber während der ganzen Dauer des Weltkrieges.

---

[64] Militär und Innenpolitik (wie Anm. 54), Dokument Nr. 77.

[65] Vgl. in diesem Zusammenhang den Staatsstreichplan des Generals K. Frhr. v. Gebsattel aus dem Jahre 1913; K. Stenkewitz, Gegen Bajonett und Dividende. Die politische Krise in Deutschland am Vorabend des ersten Weltkrieges, Berlin 1960, S 290 ff., und H. Pogge-v. Strandmann, Staatsstreichpläne, Alldeutsche und Bethmann Hollweg, in: H. Pogge- v. Strandmann u. I. Geiss, Die Erforderlichkeit des Unmöglichen. Deutschland am Vorabend des ersten Weltkrieges, Frankfurt/M. 1965 (= Hamburger Studien zur neueren Geschichte, Bd 2), S. 14 ff.

Der Art. 68 der Reichsverfassung hatte keine Gültigkeit für das Königreich Bayern, solange ein Reichsgesetz über den Kriegszustand nicht verabschiedet worden war. Die bayerische Regierung sah sich im Jahre 1912 aus aktuellem Anlaß gezwungen, dem Landtag einen Gesetzentwurf über eine für das Staatsgebiet einheitliche Regelung des Kriegszustandes vorzulegen[66]. Die schnelle Verabschiedung des am 5.11.1912 verkündeten Gesetzes erklärt sich daraus, daß die Verhängung des Kriegszustandes im Gesetzestext nur für den Fall des Krieges oder bei unmittelbar drohender Kriegsgefahr (§ 1) vorgesehen war; Eingriffe in die Freiheitssphäre des Bürgers durch die Aufhebung von Grundrechten wurden ausgeschlossen. Wesentlicher Inhalt des Gesetzes war die Verschärfung der Strafen für bestimmte Straftaten, die Schaffung neuer Straftatbestände für die unter Ausnahmerecht stehenden Gebiete nach dem Vorbild des § 9 des preußischen Gesetzes über den Belagerungszustand sowie die eingehende Regelung des Verfahrens vor Standgerichten, die durch königliche Verordnung eingesetzt werden konnten.

Die Aufrechterhaltung der Grundrechte auch bei erklärtem Kriegszustand hat während des Weltkrieges die Maßnahmen des bayerischen Kriegsministers als oberster Militärbefehlshaber nicht unwesentlich — z. B. in der Handhabung der Pressezensur — beeinflußt.

Aufgaben und Kompetenzen der Militärbefehlshaber

Nachdem Wilhelm II. am 31.7.1914 für das Reichsgebiet, mit Ausnahme des Königreichs Bayern, den Kriegszustand erklärt hatte, übernahmen die Militärbefehlshaber die ihnen nach dem preußischen Gesetz über den Belagerungszustand zugewiesenen Funktionen. Als Militärbefehlshaber galten während des Krieges die stellv. kommandierenden Generale in den Armeekorpsbereichen, die Gouverneure größerer Festungen sowie die Festungskommandanten. Die große Zahl dieser Militärbefehlshaber[67] wäre, einmal abgesehen von den sich aus ihrer erst im Oktober 1918 beseitigten Immediatstellung ergebenden Schwierigkeiten, noch erträglich gewesen, wenn eine gewisse Koordination ihrer Befehlsbereiche mit den zivilen Verwaltungsbezirken bestanden hätte. Seit der durch das Reichsmilitärgesetz vom 2.5.1874 erstmals vorgenommenen Einteilung des Reichsgebiets in 17 Armeekorpsbereiche, bei der die Landes- und Provinzgrenzen nicht immer berücksichtigt worden waren, hatte sich die Situation bis 1914 durch die Aufstellung von insgesamt sieben neuen Armeekorps noch bedeutend kompliziert. Die Folge war, daß nur noch das Gebiet der Provinz Brandenburg (einschließlich des Stadtkreises Berlin) und des Königreichs Württemberg mit dem Bereich des jeweiligen Militärbefehlshabers übereinstimmte. Relativ günstig gestaltete sich die Situation, wenn die Grenzen der Armee-

---

[66] Nach einer Aufzeichnung vom 11.10.1912 (PA Bonn Polit. Abt., Deutschland Nr. 88, Bd 12), die einem Schreiben des bayer. Gesandten in Berlin an den Staatssekretär des Auswärtigen Amts beigegeben war, handelte es sich um eine preuß. Instruktion über die Einschränkung des Verkehrs im Falle drohender Kriegsgefahr und der Mobilmachung, die am 1.4.1913 in Kraft trat, für deren Vollzug in Bayern eine gesetzliche Grundlage fehlte. Für den Text des Gesetzes vgl. Huber, Dokumente (wie Anm. 46), Bd 2, S. 389 ff.

[67] Vgl. Militär und Innenpolitik (wie Anm. 54), Dokument Nr. 3a, Anm. 2.

korpsbereiche mit denen der Regierungsbezirke zusammenfielen und dadurch diese wichtigste Verwaltungseinheit erhalten blieb (V., VI., IX. und X. AK). In den meisten Fällen war jedoch auch das nicht der Fall, vielmehr mußten zur Abgrenzung der Armeekorpsbereiche die Kreisgrenzen herangezogen werden (I., II., IV., VII., VIII., XI., XII., XIV., XV., XVI., XVII., XVIII., XIX., XX., XXI. sowie die drei bayerischen AK). Auf der anderen Seite umfaßten die Bereiche einzelner Militärbefehlshaber Territorien verschiedener Bundesstaaten (z. B. VII., IX., X., XI. AK). Die sich hieraus ergebenden Schwierigkeiten für einen geregelten Verwaltungsablauf, die Folgen auch für den verbleibenden geringen Rest an Selbständigkeit der kleinen Bundesstaaten seien nur angedeutet. Im Bezirk des Oberpräsidenten der Rheinprovinz wirkten die Militärbefehlshaber im Bereich des VII., VIII. und XVI./XXI. AK. Der Oberpräsident der Provinz Westpreußen sah sich einer ähnlichen Situation gegenüber. Dagegen gebot der Militärbefehlshaber im Bereich des XI. AK über die Territorien von acht thüringischen Kleinstaaten. Die völlige Überlagerung der zivilen Verwaltungsorganisation und die Zerreißung des Verwaltungszusammenhangs durch das Regime der Militärbefehlshaber wird besonders deutlich durch die in dieser Hinsicht allerdings umstrittene Stellung der Gouverneure und Festungskommandanten. Das preußische Kriegsministerium hat in verschiedenen Äußerungen während des Krieges den Standpunkt aufrechterhalten, daß die Gouverneure und Festungskommandanten als Militärbefehlshaber gegenüber den stellv. kommandierenden Generalen unabhängig seien. In der Aufstellung des Reichsamts des Innern vom 18.10.1918 erschienen sie dementsprechend als selbständige Militärbefehlshaber[68]. Es gibt auch genügend Hinweise dafür, daß einzelne unter ihnen sehr energisch ihre Unabhängigkeit wahrten. Andere allerdings ordneten sich den stellv. kommandierenden Generalen unter[69]. Berücksichtigt man darüber hinaus noch, daß einzelne stellv. kommandierende Generale den ihnen unterstellten Militärbehörden (Garnisonkommandos) bestimmte Kompetenzen des Militärbefehlshabers übertrugen[70], so ergibt sich ein verwirrendes Bild von der Veränderung der Verwaltungsstruktur des Reiches unter den Bedingungen des Kriegs- bzw. Belagerungszustandes. Während des Krieges hat sich an diesen Verhältnissen prinzipiell nichts geändert, wenn auch durch das erwähnte Schreiben des Reichsamts des Innern vom 18.10.1918 die Koordination der Zusammenarbeit zwischen den einzelnen Militärbefehlshabern und bestimmten verantwortlichen Zivilbehörden einheitlich geregelt wurde.

Mit der Mobilmachung und dem gestaffelten Abtransport der Truppenteile in das Kriegsgebiet traten an die Stelle der mobilen Generalkommandos die immobilen stellv. Generalkommandos in den einzelnen Armeekorpsbereichen[71]. Sie übernahmen sämtliche Funk-

---

[68] Zur Stellung der Gouverneure und Festungskommandanten vgl. Militär und Innenpolitik (wie Anm. 54), Dokument Nr. 12, Anm. 8, und Nr. 30, Anm. 8.
[69] Für die Selbständigkeit von Kommandanten auch kleinerer Festungen vgl. ebd., Dokument Nr. 20f., sowie W. Deist (wie Anm. 48), S. 231, Anm. 27. Bei dem Vorgehen gegen den Rechtsanwalt Claß im Januar/Februar 1915 ordnete sich der Gouverneur der Festung Mainz dem stellv. kommandierenden General in Frankfurt unter, vgl. Militär und Innenpolitik (wie Anm. 54), Dokument Nr. 92, 96 und 98.
[70] Vgl. Militär und Innenpolitik (wie Anm. 54), Dokument Nr. 4 und 13.
[71] Einige Korpsbereiche gehörten in der ersten Phase des Krieges noch zum Kriegsgebiet, so daß insbesondere im Osten einige stellv. Generalkommandos in direkter Weise an der Kriegführung beteiligt

tionen der aktiven Generalkommandos. Der an ihrer Spitze stehende stellv. kommandierende General war verantwortlich für die Ausbildung der im Befehlsbereich verbliebenen oder neu aufgestellten Truppenteile und überwachte die nach den Anweisungen der Kriegsministerien sich regelnde, umfangreiche militärische Verwaltungstätigkeit. Der militärische Aufgabenbereich der stellv. Generalkommandos weitete sich im Laufe des Krieges in starkem Maße aus. Sie hatten nicht nur die umfangreichen Sicherungsaufgaben gegen befürchtete feindliche Anschläge auf das Verkehrsnetz wahrzunehmen, sondern zumindest zeitweise auch den Grenzschutz gegenüber den neutralen Staaten. Neue Aufgaben erwuchsen z. B. aus der Betreuung und Versorgung der Kriegsbeschädigten oder aus der Unterbringung, der Verpflegung und dem Arbeitseinsatz der den stellv. Generalkommandos zugewiesenen Kriegsgefangenen. Die zentrale militärische Aufgabe der stellv. Generalkommandos bestand jedoch in der Sicherstellung des Mannschafts- und des Kriegsmaterialbedarfs für das Feldheer. Dies führte, vor allem durch die damit verbundenen wirtschaftlichen Fragen, zu einer unvorhergesehenen, enormen Aufblähung des Verwaltungsapparates, besonders nachdem die stellv. Generalkommandos hinsichtlich dieser Aufgaben dem preußischen Kriegsministerium im Zeichen des »Vaterländischen Hilfsdienstes« und des »Hindenburg-Programms« unterstellt worden waren[72]. Die sich immer zwingender aufdrängende Interdependenz zwischen den personellen und materiellen Mitteln der Kriegführung zwang zu einer sich langsam entwickelnden Bewirtschaftung des Arbeitsmarktes, der schließlich durch die Entscheidungen der militärischen Behörden über Entzug oder Bewilligung von Arbeitskräften, insbesondere von Facharbeitern, mit dem Mittel der zeitweiligen Zurückstellung vom Wehrdienst weitgehend bestimmt wurde. Die Maßnahmen zur Aufrechterhaltung und Steigerung der für den Kriegsbedarf im weitesten Sinne notwendigen industriellen Produktion durch die Zuweisung von Arbeitskräften und Rohstoffen hatten zur Folge, daß die hierfür zuständigen Militärbehörden in zunehmendem Maße Einfluß auch auf die anderen Voraussetzungen für einen ungestörten Produktionsablauf nahmen. Die allgemeinen Arbeitsbedingungen und die Lohnverhältnisse der Industriearbeiterschaft sowie deren ausreichende Versorgung mit Lebensmitteln, aber auch die Preisgestaltung der Unternehmer wurden auf diese Weise in den Tätigkeitsbereich der Militärbehörden einbezogen. Die stellv. Generalkommandos schufen sich zu diesem Zweck eigene Abteilungen und widmeten sich dieser neuen Aufgabe entweder aus eigenem Antrieb oder auf Veranlassung des preußischen Kriegsministeriums mit unterschiedlicher Intensität, wechselndem Erfolg und mit häufig kaum verhüllten sozialen und politischen Tendenzen, die wiederum von Korpsbereich zu Korpsbereich variierten.

---

waren. Ab 1.9.1914 befand sich im Westen nur noch der größte Teil Elsaß-Lothringens im Kriegsgebiet. Im Osten zählten die Bereiche des I., V., VI., XVII. und XX. AK zum Kriegsgebiet, ab 1.1.1915 nur noch die Provinz Ostpreußen und einige Grenzkreise. Vom 13.4.1916 an gehörte auch der noch im Kriegsgebiet verbliebene Nordostzipfel Ostpreußens wieder dem Heimatgebiet an. Vgl. H. Cron, Geschichte des Deutschen Heeres im Weltkrieg 1914—1918, Berlin 1937, S. 295. Nach H.-J. v. Brockhusen-Justin, Der Weltkrieg und ein schlichtes Menschenleben, Greifswald 1928, S. 74ff., blieben die stellv. Generalkommandos des I., II., V., XVII. und des XX. AK dem Oberbefehlshaber Ost bis zum 30.8.1915 unterstellt.

[72] Vgl. die Kabinettsordre vom 1.11.1916, Militär und Innenpolitik (wie Anm. 54), Dokument Nr. 195.

Aus ursprünglich militärischen Aufgaben — z. B. der erwähnten Zurückstellung Wehrpflichtiger auf Grund von Reklamationsgesuchen Dritter — hatte sich für die stellv. Generalkommandos ein Tätigkeitsgebiet entwickelt, das zu politischen Entscheidungen zwang und in dem mit dem Mittel des militärischen Befehls allein nicht mehr auszukommen war. Der stellv. kommandierende General handelte in diesen Fragen nicht nur auf Weisung des preußischen Kriegsministeriums bzw. des Kriegsamts, sondern auch in seiner Eigenschaft als Militärbefehlshaber im Sinne des preußischen Gesetzes über den Belagerungszustand und der ihm darin zugesprochenen Machtfülle. Mit Hilfe der durch die Rechtsprechung sanktionierten Interpretation des § 9b dieses Gesetzes war es ihm möglich, wo immer er die »öffentliche Sicherheit« für gefährdet hielt, mit Geboten in alle Bereiche des öffentlichen Lebens einzugreifen, so z.B. auf dem Gebiet der Nahrungsmittelversorgung oder des Arbeitseinsatzes in der Landwirtschaft[73].

Als Militärbefehlshaber war er berufen, alle notwendigen Maßnahmen zur Aufrechterhaltung der »öffentlichen Sicherheit«[74] zu treffen, die nicht nur durch die erwähnten wirtschaftlichen Probleme, sondern auch durch politische und soziale Bewegungen in Frage gestellt werden konnte. Die Überwachung des politischen Lebens im Befehlsbereich in allen seinen Erscheinungsformen wurde daher zu einer Hauptaufgabe des Militärbefehlshabers, zu deren Erfüllung besondere Abteilungen bei den stellv. Generalkommandos errichtet wurden. Als Instrument stand dem Militärbefehlshaber hierfür die Zensur zur Verfügung, die in Form der Vor- und Nachzensur der Presse gegenüber angewandt wurde. Auch die Briefzensur und die Telegrammzensur gehören in diesen Zusammenhang. In das Vereins- und Versammlungswesen griff der Militärbefehlshaber mit Verboten, Auflagen verschiedenster Art (z.B. Anmeldefristen) und der Zensur der für die Öffentlichkeit bestimmten Mitteilungen ein. Im Verlauf des Krieges trat zu diesen rein repressiven Maßnahmen noch der Versuch, die öffentliche Meinung durch eine zunächst verschleierte amtliche Propaganda zu beeinflussen. Die hierzu geschaffene Organisation hielt sich zunächst in engen Grenzen und wurde im allgemeinen denselben Abteilungen der stellv. Generalkommandos übertragen, die auch mit der Handhabung der Zensur beauftragt waren. Seit April 1917 erfuhr dieser Aufgabenbereich unter dem Einfluß der Obersten Heeresleitung eine bedeutende Ausweitung und führte teilweise zu der Einrichtung besonderer Abteilungen, insbesondere nachdem diese Propaganda als »Vaterländischer Unterricht« auf die unterstellten Truppenteile ausgedehnt wurde. Auf den klassischen Fall der Gefährdung der »öffentlichen Sicherheit«, d.h. Demonstrationen und Streiks, waren die Militärbefehlshaber durch Erlasse und Instruktionen der Vorkriegszeit eingehend vorbereitet. Doch das Instrumentarium — Verbote und Zensur, Verhaftungen und Schutz der Arbeitswilligen — diente nur unvollkommen dem gegenüber der Friedenszeit veränderten Ziel: der möglichst raschen Wiederaufnahme der kriegswichtigen Arbeit. Als neue Mittel wurden von den Abteilungen der stellv. Generalkommandos

---

[73] Für die Kompetenzen des Militärbefehlshabers nach § 9b des Gesetzes vgl. Militär und Innenpolitik (wie Anm. 54), Dokument Nr. 18, sowie Nr. 245.

[74] Zur Definition des Begriffs vgl. die Ausführungen in dem Schreiben des preuß. Justizministers vom 28.11.1915, ebd., Dokument Nr. 18.

die Militarisierung kriegswichtiger Betriebe und die Einziehung streikender Arbeiter vorbereitet und angewandt. Gerade die zuletzt erwähnte Maßnahme mußte jedoch auf die Dauer für den Militärbefehlshaber unerwünschte Folgen haben, da die Zuverlässigkeit des letzten Mittels zur Bekämpfung innerer Unruhen darunter leiden mußte.

Überblickt man das weite Feld der Aufgaben der stellv. kommandierenden Generale, so ergibt sich, daß sie, zusammen mit den allerdings unterschiedlich beteiligten Gouverneuren und Festungskommandanten, die Funktionen der zivilen Verwaltungsbehörden ganz im Sinne des preußischen Gesetzes über den Belagerungszustand in weitem Umfange, jedoch mit wechselnder Intensität übernommen hatten. Auf diesen Gebieten wurden die Oberpräsidenten, Regierungspräsidenten und Landräte zu Erfüllungsgehilfen des örtlich zuständigen Militärbefehlshabers.

Allerdings verfügte der stellv. kommandierende General über eines der wirksamsten Mittel, nämlich die Einziehung Wehrdienstpflichtiger, nicht in seiner Eigenschaft als Militärbefehlshaber, sondern als Chef der obersten Ersatzbehörde im Korpsbereich[75].

Das Verhältnis der Armeekorpsbereiche zu den zivilen Verwaltungsbezirken sowie die von den stellv. Generalkommandos übernommenen Funktionen zeigen die überragende Bedeutung des Militärbefehlshabers für alle politischen und für einige wesentliche wirtschaftlichen Fragen seines Bereichs. Diese Stellung läßt sich durch die Skizzierung seiner Position innerhalb der Behördenstruktur des Reiches noch schärfer umreißen. Dabei steht wiederum der stellv. kommandierende General als Militärbefehlshaber im Mittelpunkt der Erörterung, da das Gewicht der Gouverneure und Festungskommandanten unterschiedlich bemessen war und diese Unterschiedlichkeit sich in ihrem Verhältnis zum stellv. kommandierenden General und zu den Zivilbehörden bemerkbar machte[76].

Der Kommandierende General eines Armeekorps bekleidete in Friedenszeiten die höchste Kommandostelle innerhalb der Armee und trat zu seinem Kontingentsherrn bzw. dem Kaiser in ein Immediatverhältnis. Innerhalb der gesellschaftlichen Hierarchie seines Korpsbereichs beanspruchte er die höchste Stelle noch vor dem Oberpräsidenten. Eine Besonderheit bildete das Oberkommando in den Marken, das 1848 geschaffen worden war[77] und dessen Oberbefehlshaber im Falle innerer Unruhen den Oberbefehl über die in und um Berlin stehenden Truppen übernehmen sollte. Für diesen Fall waren die Kommandierenden Generale des Gardekorps und des III. Armeekorps an seine Weisungen gebunden. Im Kriege war er der Militärbefehlshaber für Berlin und die Provinz Brandenburg, die stellv. Generalkommandos des Gardekorps und des III. Armeekorps waren ihm in dieser Hinsicht unterstellt.

Das Verhältnis des stellv. kommandierenden Generals als Militärbefehlshaber zu den zivilen Verwaltungsbehörden seines Bereichs muß an dieser bevorzugten Stellung des Kommandierenden Generals gemessen werden. In Preußen war die Unterordnung des Ober-

---

[75] Vgl. ebd., Anlage 1.
[76] Vgl. Anm. 66.
[77] Vgl. den Erlaß des preuß. Kriegsministeriums vom 1.8.1849 (Militair-Wochenblatt, 33 [1849], S. 161) über die »Befugnisse des Oberbefehlshabers der Truppen in den Marken als Gouverneur von Berlin«. Vgl. auch die folgende AKO vom 4.4.1850 (ebd., 35 [1850], S. 105) und einen abschließenden Erlaß des preuß. Kriegsministeriums vom 26.1.1851 (ebd., 36 [1851], S. 25).

präsidenten, der ihm nachgeordneten Behörden und ihrer Repräsentanten unter den Militärbefehlshaber durch die skizzierte Situation im Frieden vorbereitet worden und hat, soweit aus den Akten ersichtlich, auf dieser Ebene zu keinen grundsätzlichen Auseinandersetzungen geführt[78]. Man gewinnt vielmehr den Eindruck, daß in den Fragen des Belagerungszustandes der Militärbefehlshaber nicht auf die Beratung durch die Zivilbehörden verzichtet hat[79], die sich ihrerseits den getroffenen Anordnungen willig gefügt haben. Dabei dürfte bei der Mehrzahl dieser Behörden das Gefühl der Erleichterung über die an den Militärbefehlshaber abgetretene Verantwortung eine nicht geringe Rolle gespielt haben.

Das Verhältnis der Militärbefehlshaber zu den Landeszentralbehörden war dagegen spannungsreicher. Auf dieser Ebene war die Abgrenzung der Kompetenzen nicht so eindeutig geregelt wie bei den Provinzialbehörden. Das badische Staatsministerium wehrte sich insbesondere gegen die Ermächtigung des Militärbefehlshabers zur Erklärung des verschärften Kriegszustandes. Es konnte sich jedoch weder in dieser Frage noch gegen eine auf Veranlassung des Obermilitärbefehlshabers vom stellv. Generalkommando des XIV. AK angeordnete allgemeine Überwachung aller öffentlichen Versammlungen durchsetzen[80]. Wenn auch durch den Art. 68 der Reichsverfassung die Verantwortung für die Handhabung des Belagerungszustandes eindeutig bei den nur dem Kaiser verantwortlichen Militärbefehlshabern lag, so konnten die bundesstaatlichen Regierungen auf ein Mitspracherecht bei grundsätzlichen Entscheidungen nicht verzichten, wenn sie einen Rest bundesstaatlicher Selbständigkeit nicht aufgeben wollten. Im Königreich Württemberg hat sich ein solches Mitspracherecht durch eine intensive, seit Beginn des Krieges von beiden Seiten geübte Konsultation vor wichtigen Maßnahmen zwanglos ergeben. Der sehr eingehende Gedankenaustausch über die gegen die radikale Minderheit innerhalb der Sozialdemokratischen Partei zu unternehmenden Schritte ist hierfür ein aussagekräftiges Beispiel[81]. Entscheidend gefördert wurde diese Entwicklung dadurch, daß in den ersten Jahren des Krieges der württembergische Kriegsminister gleichzeitig als stellv. kommandierender General die Funktionen des Militärbefehlshabers übernommen hatte. Die Handhabung des Kriegszustandes vollzog sich auf diese Weise in Übereinstimmung mit dem politisch verantwortlichen Staatsministerium — eine Koordination der militärischen und zivilen Exekutive, die auch in Bayern, allerdings auf anderer gesetzlicher Grundlage, erreicht war und dort zu einheitlichen, vorwiegend nach politischen Gesichtspunkten getroffenen Maßnahmen in den drei bayerischen Armeekorpsbereichen führte. In Preußen dagegen sah sich das Staatsministerium einer Vielzahl von Militärbefehlshabern gegenüber, die ohne eine wirksam koordinierende Instanz auf Landesebene in ihren Bereichen wirkten. Einer Einflußnahme des Staatsministeriums oder eines einzelnen Ministers, etwa auf die von den Militärbefehlshabern ergriffenen Maßnahmen zur Lebensmittelversorgung der Bevölkerung, waren allein durch diese Verhältnisse schon sehr enge Grenzen

---

[78] Bekannt ist nur der Konflikt des Festungskommandanten von Cuxhaven mit dem Magistrat der Stadt, vgl. W. Deist (wie Anm. 48), S. 231, Anm. 27.
[79] Vgl. hierzu Militär und Innenpolitik (wie Anm. 54), Dokument Nr. 4, Anm. 6, und Nr. 7.
[80] Vgl. ebd., Dokument Nr. 2 und 406.
[81] Vgl. ebd., Dokument Nr. 89 und 99.

gezogen. Nicht nur die gesetzlich begründete Unabhängigkeit des Militärbefehlshabers, sondern auch die dieser Unabhängigkeit gewährte Unterstützung durch den preußischen Kriegsminister erschwerten eine derartige Einflußnahme. Als der preußische Minister des Innern im Frühjahr 1916 sich für einen stärkeren Einfluß der Zentralbehörden auf die Handhabung der Pressezensur einsetzte und bereit war, dafür auch die Verantwortung zu übernehmen, scheiterte seine Initiative im wesentlichen an dem Einspruch des Kriegsministers. Die entsprechenden Erlasse des Ministers des Innern an die ihm nachgeordneten Behörden stellten Empfehlungen dar, die jederzeit durch Anordnungen der Militärbefehlshaber umgestoßen werden konnten[82]. Die geschilderte Divergenz der Anschauungen hinderte die beiden Minister jedoch nicht, in bestimmten Fragen eng zusammenzuarbeiten, so bei allen Maßnahmen zur Unterdrückung der radikalen Minderheit innerhalb der Sozialdemokratischen Partei. In dieser Hinsicht war auch zu erwarten, daß die Militärbefehlshaber den Empfehlungen der Minister Folge leisteten, allerdings unter völliger Aufrechterhaltung ihrer Unabhängigkeit, soweit diese durch Entscheidungen des Kaisers nicht eingeschränkt worden war.

Das Verhältnis der Militärbefehlshaber zu den Reichsbehörden läßt sich nur schwer auf einen Nenner bringen. Der gesetzliche Rahmen, in dem die Militärbefehlshaber ihre Tätigkeit ausübten, schloß eine direkte Weisungsbefugnis der Reichsbehörden, d.h. in erster Linie des Reichskanzlers, aus. Erst die Kabinettsordre und eine entsprechende Verordnung vom 15.10.1918 haben in dieser Hinsicht Wandel geschaffen[83]. Bis zu diesem Zeitpunkt hatte der Reichskanzler nur die Möglichkeit, seinen Vorstellungen entweder durch die Einwirkung auf den einzelnen Militärbefehlshaber oder mit Hilfe einer kaiserlichen Kabinettsordre Geltung zu verschaffen. Beide Wege sind beschritten worden[84]. Eine weitere Einwirkungsmöglichkeit ergab sich für die Reichsbehörden, als die zentralen militärischen Behörden sich nicht mehr der Notwendigkeit verschließen konnten, mit Richtlinien, die den Charakter von Empfehlungen hatten und die persönliche Verantwortlichkeit des Militärbefehlshabers unberührt ließen, deren Maßnahmen zu beeinflussen. Auf dem Wege über die Oberzensurstelle, die im Oktober 1915 dem Kriegspresseamt eingegliedert wurde, und mit Hilfe des preußischen Kriegsministeriums gelang es in einzelnen Fällen, die politischen Vorstellungen der Reichsbehörden den konkreten Maßnahmen der Militärbefehlshaber zugrunde zu legen[85]. Der Erfolg dieser Bemühungen war jedoch aufs Ganze gesehen gering. Wie stark und unabhängig der Militärbefehlshaber gegenüber den Berliner Instanzen war, mag daraus entnommen werden, daß selbst die Verordnungen des Bundesrats auf Grund des Ermächtigungsgesetzes vom 4.8.1914 für ihn nicht bindend waren, wenn er die »öffentliche Sicherheit« als gefährdet betrachtete[86]. Gegenüber den Reichs-, Landes- und Provinzialbehörden verlieh die verfassungsmäßige Regelung des Kriegszustandes dem Militärbefehlshaber eine als einzigar-

---

[82] Vgl. hierzu ebd., Dokument Nr. 18, 57, 59, 60, 66, 69, 144 und 148.
[83] Huber, Dokumente (wie Anm. 46), Bd 2, S. 461.
[84] Vgl. z.B. Militär und Innenpolitik (wie Anm. 54), Dokument Nr. 39, insbesondere Anm. 1, Nr. 40 und 42.
[85] Vgl. z.B. ebd., Dokument Nr. 18, Anm. 14.
[86] Vgl. W. Deist (wie Anm. 48), S. 232, Anm. 32.

tig zu bezeichnende Unabhängigkeit, die in ihrem vollen Umfang allerdings nur selten in Anspruch genommen wurde. Die Vielzahl der Militärbefehlshaber bildete auf diese Weise, auch wenn man die weithin geübte Zusammenarbeit mit den Provinzialbehörden in Betracht zieht, ein nur schwer zu überwindendes Hindernis für die reichseinheitliche Durchführung konkreter Maßnahmen und erschwerte die Durchsetzung einer an den Erfordernissen des Krieges orientierten Innenpolitik.

Auch das Verhältnis der Militärbefehlshaber zum preußischen Kriegsministerium und zum Generalstab muß, zumindest bei den stellv. kommandierenden Generalen, auf dem Hintergrund der unabhängigen Stellung des Kommandierenden Generals der Friedenszeit gesehen werden. Das preußische Kriegsministerium konnte nur mit Richtlinien zu bestimmten Einzelfragen auf die Militärbefehlshaber einzuwirken versuchen. Allerdings nahm die Bedeutung dieser Empfehlungen mit der Dauer des Krieges zu, vor allem nachdem der Kaiser durch Kabinettsordre die stellv. kommandierenden Generale für bestimmte Gebiete ihrer Tätigkeit den Weisungen des Ministeriums unterworfen hatte[87]. In der gleichen Richtung wirkte die Betrauung des preußischen Kriegsministers mit der Funktion des durch das Gesetz vom 4.12.1916 geschaffenen Obermilitärbefehlshabers[88]. Der damalige preußische Kriegsminister, General v. Stein, hatte es zwar in seiner Stellungnahme zu dem entsprechenden Gesetzentwurf abgelehnt, die immediaten Militärbefehlshaber den Weisungen einer politisch verantwortlichen Behörde zu unterwerfen, und hat es auch als Obermilitärbefehlshaber vermieden, Erlasse mit bindender Kraft zu formulieren; es läßt sich jedoch nachweisen, daß seinen »Ersuchen« in zunehmendem Maße entsprochen wurde. Zu dieser Entwicklung hat nicht nur die neu geschaffene Institution beigetragen. Der Zwang zur Vereinheitlichung ergab sich auch daraus, daß der einzelne Militärbefehlshaber angesichts der langen Dauer des Krieges immer weniger in der Lage war, die verwirrende Situation z. B. auf parteipolitischem Gebiet zu überblicken. Die Mehrzahl der Militärbefehlshaber hat sich dieser Einsicht gebeugt. Einen entscheidenden Schritt in dieser Richtung bedeutete die Einrichtung des Kriegsamts im preußischen Kriegsministerium und die damit verbundene Unterstellung der stellv. Generalkommandos in allen kriegswirtschaftlichen Fragen. Insbesondere die Bindung der stellv. Generalkommandos an die Befehle des preußischen Kriegsministers in allen »die Beschaffung, Verwendung und Ernährung der Arbeiter« betreffenden Angelegenheiten hatte zur Folge, daß auch die nur in einem losen Zusammenhang mit diesem Komplex stehenden Maßnahmen des Militärbefehlshabers durch die Anordnungen des Ministeriums beeinflußt wurden. Beeinträchtigt wurde diese Entwicklung allerdings durch die von Groener angestrebte und zunächst durchgesetzte Selbständigkeit der örtlichen Kriegsamtstellen[89], die dadurch von Anfang an in einen Gegensatz zu den stellv. Generalkommandos gerieten, der erst unter dem Nachfolger Groeners, Generalmajor Scheüch, überwunden werden konnte. Die mit der Kabinettsordre vom 1.11.1916 entscheidend verbesserte

---

[87] Es handelt sich um die Kabinettsordres vom 27.5.1916 (Militär und Innenpolitik, wie Anm. 54, Dokument Nr. 18, Anm. 14) und vom 1.11.1916 (Dokument Nr. 195).
[88] Vgl. ebd., Dokument Nr. 27.
[89] Vgl. hierzu ebd., Dokument Nr. 17.

Position des preußischen Kriegsministeriums gegenüber den stellv. Generalkommandos konnte sich auf diese Weise durch den gleichzeitig sich entwickelnden Gegensatz innerhalb des Ministeriums selbst bis zum Herbst 1917 nicht in dem erwünschten Maße auswirken. Das preußische Kriegsministerium ist im Verlauf der Kriegsjahre nur zögernd dieser Tendenz zur Zentralisierung gefolgt und hat die sich daraus ergebenden Aufgaben unter weitgehender Berücksichtigung und Schonung der Selbständigkeit der stellv. Generalkommandos bzw. der Militärbefehlshaber in ihrer Gesamtheit erfüllt. Obwohl sich das dem Obermilitärbefehlshaber, d. h. in praxi dem preußischen Kriegsministerium, Mitte Oktober 1918 übertragene umfassende Weisungsrecht gegenüber den Militärbefehlshabern und die dem preußischen Kriegsminister am 8.11.1918 übertragene Kommandobefugnis über die Truppen des preußischen Kontingents[90] in der Heimat nicht mehr voll auswirken konnten, liegen sie doch in der Konsequenz der geschilderten Entwicklung.

Unter den bundesstaatlichen Kriegsministerien nahm nicht nur das preußische eine Sonderstellung ein. Während die Ministerien in Stuttgart und Dresden in der auf Grund der Reichsverfassung seit 1871 geübten Zusammenarbeit mit dem preußischen Kriegsministerium ihre Selbständigkeit weitgehend eingebüßt hatten und im Hinblick auf die Fragen des Kriegszustandes von vornherein den Richtlinien aus Berlin zu folgen bereit waren, wahrte das bayerische Kriegsministerium in bemerkenswerter Weise seine Unabhängigkeit. Auf Grund des bayerischen Gesetzes über den Kriegszustand war das Ministerium als oberste militärische Verwaltungs- *und* Kommandobehörde in der Lage, selbst mit Maßnahmen in die Handhabung des Gesetzes durch die Militärbefehlshaber — die stellv. kommandierenden Generale der drei bayerischen Armeekorps, die Gouverneure bzw. die Kommandanten der Festungen Germersheim und Ingolstadt sowie einer der Brigade-Kommandeure in der Pfalz — einzugreifen[91], und hat dies auch während des Krieges in sehr nachdrücklicher Weise getan. Damit war in Bayern eine einheitliche Handhabung des Kriegszustandes gewährleistet, wie sie während des Krieges weder in Preußen noch in Sachsen bestanden hat. Auf die Form und die Tendenz, in und mit der das Ministerium der Aufgabe gerecht zu werden suchte, soll an dieser Stelle nicht eingegangen werden. Jedoch sei darauf hingewiesen, daß das Ministerium sein durchaus politisch verstandenes Konzept weder durch Einsprüche aus dem Kreis der übrigen Staatsminister, noch durch Empfehlungen und Richtlinien der militärischen Zentralstellen in Berlin, noch durch die massive Einmischung der dritten OHL im Grundsätzlichen revidierte, sondern seine Maßnahmen nach den politischen Umständen traf[92]. Dabei orientierten sich die zuständigen militärischen Referenten zumeist an den politischen Vorstellungen und Äußerungen der Reichsleitung, sie handelten aber auch vermöge ihrer eigenen, erstaunlichen Fähigkeit, sich mit den politischen Verhältnissen vertraut zu machen und ihre Entscheidungen den dabei gewonnenen Einsichten anzupassen — Fähigkeiten, die im preußischen Offizierkorps nicht in gleicher Ausprägung zu finden waren. Es wäre zweifellos unzutreffend, wollte man in dieser Eigenständigkeit des bayerischen

---

[90] Hierzu vgl. ebd., Dokument Nr. 30 und 509, Anm. 8.
[91] Vgl. ebd., Dokument Nr. 28, Anm. 7.
[92] Als Beispiel vgl. ebd., Dokument Nr. 106, Anm. 5, und Nr. 343 f.

Kriegsministeriums nur ein weiteres Ergebnis des bayerischen Partikularismus sehen. Gerade in der Durchsetzung spezifisch bayerischer Interessen, vor allem in wirtschaftlichen Fragen, bei den Reichs- und zentralen Militärbehörden in Berlin war das Ministerium weniger erfolgreich.

Für die Institution des Militärbefehlshabers hat das Verhältnis zu den Organen des Generalstabes wesentliche Bedeutung gewonnen. Obwohl sich der Chef des Generalstabes des Feldheeres nur relativ selten direkt an die stellv. Generalkommandos, nie an sämtliche Militärbefehlshaber gewandt hat, gewann er im Verlauf des Krieges in wachsendem Maße auf die Maßnahmen der Militärbefehlshaber Einfluß. Seine Einwirkung nahm den Weg über den ihm unterstellten stellv. Generalstab der Armee, die hieraus hervorgegangenen, selbständigen Außenstellen der Obersten Heeresleitung und das preußische Kriegsministerium. Die Einflußnahme erstreckte sich insbesondere auf Fragen der Zensur und der Propaganda sowie ganz allgemein auf die Fülle der kriegswirtschaftlichen Maßnahmen.

Zu Beginn des Krieges war es vor allem die Abteilung III B des stellv. Generalstabes in Berlin, die in Presse- und Zensurfragen richtungweisend hervortrat[93]. Die Abteilung, deren Aufgabe auf dem Gebiet der Spionage und der Spionageabwehr lag[94], war durch die Majore Deutelmoser und Schweitzer wesentlich an der Einrichtung regelmäßiger Pressekonferenzen und vor allem der Oberzensurstelle im Herbst 1914 beteiligt. Die Unabhängigkeit der Militärbefehlshaber in der Ausübung der Pressezensur wurde jedoch durch die Empfehlungen der Oberzensurstelle in der ersten Hälfte des Krieges nicht berührt. Dies änderte sich auch dann nicht, als die Oberzensurstelle im Oktober 1915 in das neugeschaffene, der Obersten Heeresleitung direkt unterstellte Kriegspresseamt einbezogen wurde. Solange an der Spitze des stellv. Generalstabes der Generaloberst v. Moltke stand und die Geschäfte der Oberzensurstelle und später die des Kriegspresseamts von Major Deutelmoser geführt wurden, läßt sich vielmehr — im Gegensatz zu der folgenden Entwicklung — eine gewisse Zurückhaltung des Generalstabes des Feldheeres, in diesen Fragen repräsentiert durch Major Nicolai, feststellen[95]. Die Situation änderte sich, als kurz nach der Berufung der dritten OHL Deutelmoser abgelöst und mit der Freigabe der Kriegszielerörterung das Kriegspresseamt zur Zentrale der von Ludendorff gewünschten und geförderten Propaganda wurde. Die von den Militärbefehlshabern — d. h. in diesem Fall im wesentlichen von den stellv. kommandierenden Generalen — im Zuge dieser Entwicklung eingerichteten Propaganda-Referate bzw. Abteilungen arbeiteten spätestens seit April 1917 nach den Richtlinien des Kriegspresseamts[96], d. h. der OHL, wenn sie sich auch in der Ausgestaltung der Propaganda eine gewisse Eigenständigkeit bewahrten. Ebenso hat das Wirken der dritten OHL auf dem Gebiet der Zensur die Unabhängigkeit der Militärbefehlshaber nicht unberührt gelassen. Die von den Richtlinien und Empfehlungen der Oberzensurstelle ausgehende vereinheitlichende Tendenz wurde dadurch wesent-

---

[93] Hierzu ebd., Dokument Nr. 33, 35, 36, 41, 45 und 48.
[94] H. Cron (wie Anm. 71), S. 287.
[95] Hierfür spricht u. a. das Auftreten des Majors Nicolai in den Zensurbesprechungen des Frühjahrs und Sommers 1916 (Militär und Innenpolitik, wie Anm. 54, Dokument Nr. 56 und 63). Vgl. auch ebd., Dokument Nr. 131.
[96] Vgl. hierzu ebd., Dokument Nr. 325.

lich verstärkt, daß einerseits immer umfangreichere Gebiete des öffentlichen Interesses einer mit den militärischen Erfordernissen der Kriegführung begründeten Zensur unterworfen wurden und andererseits die OHL den allein maßgebenden Einfluß auf die Tätigkeit der Oberzensurstelle ausübte. Die Oberzensurstelle war seit Anfang April 1917 — im Gegensatz zur ursprünglichen Konzeption — zum ausführenden Organ der OHL geworden und unterlag den Weisungen des Chefs der Abteilung III B des Generalstabes des Feldheeres[97]. Die Durchsetzung der nunmehr in jedem einzelnen Falle von der OHL sanktionierten Zensuranweisungen der Oberzensurstelle bei den Militärbefehlshabern war damit zwar noch nicht gewährleistet, es war aber zu erwarten, daß das Prestige der dritten OHL die überwiegende Mehrheit der Militärbefehlshaber zu entsprechenden Maßnahmen veranlaßte[98].

Das preußische Kriegsministerium hatte sich neben den beiden ersten Generalstabschefs eine relativ unabhängige Stellung bewahrt. Unter der Amtsführung des stellv. Kriegsministers, Generalleutnant v. Wandel, ist jedenfalls eine nachdrückliche Einflußnahme des Generalstabes im Hinblick auf die den Militärbefehlshabern empfohlenen Maßnahmen nicht nachweisbar. Die Richtlinien des Kriegsministeriums betrafen vor allem die Handhabung des Versammlungswesens, beschäftigten sich mit Maßnahmen gegen drohende oder ausgebrochene Streiks und gaben Anhaltspunkte für die Beurteilung der parteipolitischen Bewegungen. Insbesondere wurde die Entwicklung innerhalb der Sozialdemokratischen Partei verfolgt. Die Militärbefehlshaber wurden in diesem Zusammenhang umfassend über die Aktivität der radikalen Minderheit der Partei informiert und zur Unterdrückung der Agitation dieser Gruppen aufgefordert, während der Tenor der Empfehlungen im Hinblick auf die Politik der Mehrheit der Sozialdemokratischen Partei mit allerdings charakteristischen Schwankungen wenn nicht wohlwollend, so doch abwartend und duldsam genannt werden kann. Die auf Initiative Ludendorffs erfolgte Ablösung Wild v. Hohenborns und die Ernennung des Generals v. Stein zum preußischen Kriegsminister kam einer Desavouierung der bisherigen Politik des Ministeriums gleich und hatte zur Folge, daß das Ministerium seine bisher gewahrte Selbständigkeit weitgehend verlor[99].

---

[97] Vgl. ebd., Dokument Nr. 70, Anm. 32.
[98] Das Buch von Kurt Koszyk (Deutsche Pressepolitik im Ersten Weltkrieg, Düsseldorf 1968) berücksichtigt nur ungenügend die tatsächlich gegebenen Zuständigkeitsverhältnisse im Zensurwesen während des Krieges und gelangt dadurch zu reichlich pauschalen Urteilen. So glaubt er mit der ausführlichen Wiedergabe (S. 69 ff.) von »Anweisungen für das Verhalten und die Beaufsichtigung der Presse« des stellv. Generalkommandos des VII. (nicht des VIII.) AK, deren Erscheinungsdatum nicht mitgeteilt wird, die »damals gültigen Prinzipien der militärischen Zensur« erfassen zu können. Die Edition gibt genügend Beispiele dafür, daß dies nicht zutrifft. Die »Hinweise« in den in der Einleitung (S. 8) als wesentliche Quelle angegebenen »Aufzeichnungen aus den Pressekonferenzen« (vgl. Militär und Innenpolitik, wie Anm. 54, Dokument Nr. 38, Anm. 5) hatten keineswegs verbindlichen Charakter (S. 187), wie die Zensurpraxis zeigt. Die sehr viel aufschlußreicheren Protokolle der Pressekonferenzen (vgl. ebd., Dokument Nr. 417, Anm. 1) hat Koszyk nicht berücksichtigt.
[99] G. D. Feldman, Army, Industry and Labor in Germany 1914–1918, Princeton N. J. 1966, S. 41 ff., hat eine fundierte Darstellung der Kriegswirtschaftspolitik des preuß. Kriegsministeriums gegeben und die auf einen Ausgleich der Interessen zwischen Arbeiterschaft und Industriellen gerichteten Bemühungen hervorgehoben. Das Ministerium hat sehr eng mit den Gewerkschaften zusammengearbeitet und sich sehr energisch gegen die Preisforderungen der Industrie gewehrt. Ludendorff kam mit

Ebenso wie auf dem Gebiet der Informationspolitik über das Kriegspresseamt hat die dritte OHL seit dem Frühjahr 1917 in steigendem Maße über das Kriegsministerium die Maßnahmen der Militärbefehlshaber in diesem innenpolitisch bedeutsamen Sektor ihrer Tätigkeit zu beeinflussen versucht und dadurch eine spürbare Verschärfung der innenpolitischen Situation herbeigeführt[100]. Dies gilt besonders für die Bekämpfung der radikalen Minderheit der Sozialdemokratischen Partei und die Unterdrückung von Demonstrationen und Streiks.

Die alles umfassende Aktivität der dritten OHL hat die Stellung des Militärbefehlshabers seit Frühjahr 1917 wesentlich verändert und seine Unabhängigkeit relativiert. Es ist jedoch nicht gerechtfertigt, dem Bild des nur dem Kaiser verantwortlichen, souverän seine Entscheidungen treffenden Militärbefehlshabers aus der ersten Hälfte des Krieges nun als Gegenstück einen Militärbefehlshaber gegenüberzustellen, der die ihm durch das Kriegspresseamt und das Kriegsministerium übermittelten Weisungen der dritten OHL als Befehle akzeptierte und in die Tat umsetzte. Beispiele deuten darauf hin, daß die Militärbefehlshaber in der Ausübung der ihnen übertragenen Funktionen auf Grund der Einflußnahme der dritten OHL nunmehr nach einheitlichen Grundsätzen handelten, daß sie sich jedoch bei der Anwendung dieser Grundsätze in der Praxis ihre Selbständigkeit bewahrten[101].

Nach Verfassung und Gesetz war allein der Kaiser in der Lage, den Militärbefehlshabern bindende Weisungen zu geben und gegebenenfalls — wie es im Kriege 1870/71 gehandhabt worden war — organisatorische Maßnahmen für eine wirksame Koordination der Tätigkeit der zahlreichen Militärbefehlshaber zu treffen. Hierfür konnte er sich einer der zentralen militärischen Behörden — etwa des preußischen Kriegsministeriums — bedienen. Wilhelm II. hat seine Funktion gegenüber den Militärbefehlshabern — soweit ersichtlich — nie aus eigenem Antrieb wahrgenommen. Die wenigen Kabinettsordres, die in diesem Zusammenhang im Verlauf des Krieges ergangen sind, kamen mit einer Ausnahme auf Initiative der Zivilbehörden, die sich einer scharfen Kritik von parlamentarischer Seite ausgesetzt sahen, zustande[102]. Wilhelm II. hat während des Krieges nichts unternommen, um das allen Grundsätzen einer überschaubaren und wirksamen Verwaltung hohnsprechende Regime der Militärbefehlshaber zu reformieren. Er hat im Gegenteil durch die Kabinettsordres der beiden ersten Kriegsjahre bekundet, daß er trotz aller Einschränkungen an dem Prinzip des Immediatverhältnisses aller Militärbefehlshaber festzuhalten gedachte. Außer mit dem Oberbefehlshaber in den Marken, Generaloberst v. Kessel[103], hat

---

dem Hindenburg-Programm den Wünschen der Industrie sehr weit entgegen. Die Auseinandersetzungen zwischen dem Generalstab des Feldheeres und dem preuß. Kriegsministerium im September und Oktober 1916 (Feldman, S. 149 ff.) erinnern an die Kontroverse der Jahre 1910/1913, vgl. Anm. 14.

[100] Vgl. z. B. Militär und Innenpolitik (wie Anm. 54), Dokument Nr. 376, insbesondere Anm. 13.
[101] Vgl. hierzu das Protokoll der Besprechung vom 18.2.1918 (ebd., Dokument Nr. 445) und den Bericht der Generalkommission der Gewerkschaften vom 19.8.1918 (ebd., Dokument Nr. 466).
[102] Vgl. die Kabinettsordres vom 4.8.1915 (ebd., Dokument Nr. 52), vom 27.5.1916 (Dokument Nr. 18, Anm. 14), vom 1.11.1916 (Dokument Nr. 195), vom 8.12.1916 (Dokument Nr. 27, Anm. 3) und vom 15.10.1918 (Huber, Dokumente, wie Anm. 46, Bd 2, S. 461).
[103] Vgl. Militär und Innenpolitik (wie Anm. 54), Dokument Nr. 438.

sich der Kaiser — soweit ersichtlich — mit keinem der zahlreichen Militärbefehlshaber ins Benehmen gesetzt, von ihnen Vorträge entgegengenommen oder ihnen spezielle Weisungen erteilt. Man gewinnt den Eindruck, daß sie — mit der erwähnten Ausnahme — für ihn gar nicht existierten, jedenfalls in ihrer Bedeutung für die Kriegführung und für die innenpolitische Entwicklung im Reich von ihm nicht erkannt wurden. Länger als gegenüber dem Feldheer und der Marine wurde die Fiktion des die militärische Macht effektiv führenden Obersten Kriegsherrn für den Bereich der Militärbefehlshaber aufrechterhalten. Sie erfüllte insofern ihren Zweck, als sie auf dem wesentlichen Gebiet der Handhabung des Kriegszustandes die bewaffnete Macht der parlamentarischen Kontrolle entzog.

Zur innenpolitischen Tätigkeit der Obersten Heeresleitung

Der von den Zeitgenossen geprägte und im Oktober 1914 zuerst offiziell verwandte Begriff der »Obersten Heeresleitung«[104] hat erst mit der Berufung Hindenburgs und Ludendorffs Ende August 1916 die Ausweitung erfahren und das Gewicht erhalten, mit dem er in der Literatur allgemein verwandt wird. Dabei wird häufig übersehen, daß gerade unter der dritten OHL der Begriff sich einer eindeutigen Definition immer mehr entzieht.

In der Anfangsphase des Weltkrieges war der Chef des Generalstabes des Feldheeres, Generaloberst v. Moltke, der für alle Fragen der Kriegführung zu Lande verantwortliche Berater des Kaisers als Oberster Kriegsherr. In den ersten Wochen des Krieges zeigte es sich erwartungsgemäß, daß der Kaiser sich weitgehend jeder Einwirkung auf die Kriegführung enthielt und Moltke selbständig, wie in den Mobilmachungsbestimmungen vorgesehen, im Namen des Kaisers operative Befehle erteilte[105]. Für die Öffentlichkeit blieb jedoch das »Große Hauptquartier Seiner Majestät des Kaisers und Königs« die Zentrale der deutschen Kriegführung, während Generaloberst v. Moltke nach außen kaum in Erscheinung trat. Sein Nachfolger Falkenhayn hat die Kompetenzen des Chefs des Generalstabes des Feldheeres sowohl gegenüber den Armeen sehr viel energischer zur Geltung gebracht als auch gegenüber dem Kaiser ausgedehnt. Es ist bekannt, in welch taktvoller und psychologisch geschickter Weise Falkenhayn die faktische Auschaltung des Kaisers diesem gegenüber verschleierte; selbst in der knappen, treffenden Bemerkung über die Stellung der Obersten Heeresleitung in seinen Memoiren kommt diese Tendenz noch zum Ausdruck[106]. Jedoch sein Anspruch, der allein für die Kriegführung zu Lande Verantwortliche zu sein, deckte sich nicht mit der Wirklichkeit. Die Konkurrenz der siegreichen

---

[104] Das Handbuch für Heer und Flotte, hrsg. von G. v. Alten, Bd 4, Berlin 1912, verweist unter dem Stichwort »Oberste Heeresleitung« auf den Artikel »Großes Hauptquartier«. Hier wird allerdings der Begriff Oberste Heeresleitung nicht näher erläutert. Nach Kriegs-Depeschen der Kölnischen Zeitung in Köln, Bd 1, 1914, ist der offizielle Heeresbericht vom 13.10.1914 zum erstenmal mit »Oberste Heeresleitung« unterfertigt.

[105] Vgl. hierzu H. Cron (wie Anm. 71), S. 4.

[106] Vgl. E. v. Falkenhayn, Die Oberste Heeresleitung in ihren wichtigsten Entschließungen, Berlin 1920, S. 3.

Heerführer an der Ostfront, Hindenburg und Ludendorff, beeinträchtigte von allem Anfang an das Prestige der zweiten OHL mit der Folge, daß nicht nur im militärischen Bereich die Autorität des Chefs des Generalstabes des Feldheeres in Frage gestellt wurde. Da sich der Gegensatz auch auf politische Fragen erstreckte, verlor die Stellung des Generalstabschefs auch an politischem Gewicht. Die Situation änderte sich mit der Berufung Hindenburgs und Ludendorffs grundlegend. Beide Offiziere wurden getragen von dem offen bekundeten Vertrauen der überwältigenden Mehrheit der Bevölkerung, ihre militärische Autorität wurde von der Armee und ihren höchsten Repräsentanten willig anerkannt, und schließlich hatten die maßgebenden Persönlichkeiten der Reichsleitung alles getan, um diesen Wechsel in der Obersten Heeresleitung herbeizuführen. Die dritte OHL hat nicht gezögert, die ihr mit dieser Welle des Vertrauens und der Erwartung dargebotenen Möglichkeiten zu ergreifen und für die Kriegführung zu nutzen. Die Folge war, daß das Bild des Kaisers als Oberster Kriegsherr immer mehr verblaßte und schließlich im Bewußtsein der Öffentlichkeit die Gestalt Hindenburgs an seine Stelle trat. Der mit der Berufung der dritten OHL ausgelöste Impuls beschränkte sich nicht allein auf das engere Gebiet der militärischen Kriegführung, er erfaßte auch in zunehmendem Maße politische Bereiche — zunächst eine natürliche Konsequenz des immer intensivere Formen annehmenden Weltkrieges. Die dritte OHL entwickelte sich rasch zur allein entscheidenden militärischen und maßgebenden politischen Institution des Kaiserreiches.

Das Instrument, dessen sich Ludendorff zur Durchsetzung auch seiner politischen Ziele bediente, blieb der Generalstab des Feldheeres mit seinen verschiedenen Abteilungen. Einzelne unter ihnen gewannen damit eine Bedeutung für die politische Entwicklung des Reiches, die in gar keinem Verhältnis zu dem ihnen ursprünglich zugewiesenen Arbeitsgebiet stand. Im wesentlichen handelte es sich dabei um die Sektion und spätere Abteilung III B, um die Operationsabteilung II und die Politische Abteilung sowie um die 1916 geschaffene Militärische Stelle des Auswärtigen Amts.

Die Sektion III B des Generalstabes des Feldheeres war verantwortlich für den geheimen Nachrichtendienst; ihre Aufgabe bestand ursprünglich in der Beschaffung von Nachrichten über ausländische, später feindliche Streitkräfte mit den Mitteln der Spionage. Außerdem hatte sie die ausländische Spionagetätigkeit im Inland zu bekämpfen. Das Arbeitsgebiet der Sektion weitete sich im Laufe des Krieges naturgemäß aus, so daß sie bald den übergeordneten Status einer Abteilung erhielt. Die Ausdehnung ihrer Tätigkeit hing nicht nur damit zusammen, daß die Zahl der Kriegsgegner ständig stieg, daß der Zustand und die Bewegungen der feindlichen Armeen zu erkennen waren und daß sich neue Nachrichtenquellen auftaten (z. B. die Kriegsgefangenen), sondern sie ergab sich vor allem auch aus der Notwendigkeit, das Feld der Beobachtungen ständig zu erweitern. Die allgemeine politische und wirtschaftliche Entwicklung der gegnerischen Staaten sowie — ein Zeichen einer beginnenden psychologischen Kriegführung — die »Stimmung« in den verschiedenen Schichten der im Kriege mit Deutschland stehenden Völker gewannen für die Kriegführung steigende Bedeutung.

Die auf das Inland gerichtete Tätigkeit der Abteilung entwickelte sich aus dieser militärischen Aufgabe. Im Blick auf die befürchtete feindliche Spionage- und Sabotagetätigkeit während der Phase der Mobilmachung mußte es ihre Aufgabe sein, alle Nachrichten über

Truppenbewegungen in der Presse zu verhindern. Eine erfolgversprechende Zusammenarbeit mit den Presseorganen in dieser Hinsicht war aber nur dann möglich, wenn ihnen gleichzeitig unbedenkliche Informationen gegeben werden konnten. Zensur und amtliche Nachrichtenpolitik lagen also von vornherein nahe beieinander. Mit ihrer Durchführung wurde zunächst die Abteilung III B des stellv. Generalstabes beauftragt, die hierin jedoch der entsprechenden Abteilung des Generalstabes des Feldheeres direkt unterstellt wurde. Die Einrichtung der Pressekonferenzen im Reichstag, die Gründung der Oberzensurstelle und des Kriegspresseamts lagen in der Konsequenz dieser Aufgabenstellung.
Major Nicolai, der während der ganzen Dauer des Krieges an der Spitze der Abteilung III B stand, ist unter Moltke und Falkenhayn nicht in besonderer Weise hervorgetreten. Sein Einfluß auf die Tätigkeit der Oberzensurstelle und des Kriegspresseamts scheint sich durchaus im Rahmen gehalten zu haben. In den Besprechungen mit den Zensuroffizieren hat er sich, wie es seine Aufgabe war, für eine möglichst effektive, einheitliche Handhabung dieses Instruments ausgesprochen, in politischen Fragen hielt er sich sehr zurück. Die seit Frühjahr 1916 zu beobachtenden Bemühungen um die Organisation einer die Bevölkerung erfassenden, wirksamen Propaganda führten zu einem unbefriedigenden Ergebnis. Es bleibt ungewiß, inwieweit die Forderung der dritten OHL, die Erörterung der Kriegsziele in der Öffentlichkeit freizugeben — in der Hoffnung, dadurch der bedenklich nachlassenden »Stimmung« in der Bevölkerung und der Verdrossenheit weiter Kreise propagandistisch begegnen zu können —, auf die Initiative Nicolais zurückzuführen ist. Jedenfalls konnte der Major nun, im Auftrage Hindenburgs und Ludendorffs handelnd, mit den praktisch unbegrenzten Mitteln des Kriegspresseamts einen riesigen Propagandaapparat aufbauen, der nach seinen Direktiven arbeitete. Als schließlich im Sommer 1917 für die Armee der »Vaterländische Unterricht« als Dienstzweig eingerichtet wurde, für den innerhalb der OHL ebenfalls die Abteilung III B zuständig war, gebot Nicolai über einen Apparat, der es ihm erlaubte, die öffentliche Meinung durch Zensur und Propaganda maßgebend zu beeinflussen. Hinzu kam, daß seine Abteilung die Aufsicht über sämtliche Armee- und Frontzeitungen ausübte, daß sie und die ihr angegliederte Feldpressestelle die gesamte Kriegsberichterstattung von den Fronten für die Heimat überwachte und daß schließlich die Reisen der unzähligen Abordnungen aus der Heimat an die Front unter der Regie der Abteilung III B stattfanden. So sehr dieses System der Kontrolle und der propagandistisch manipulierten Informationspolitik durch die Form der von den Militärbefehlshabern gehandhabten Zensur, durch das unkoordinierte Nebeneinander der Pressestellen der Reichsämter und der preußischen Ministerien sowie vor allem durch die freie Berichterstattung über die Reichstagsverhandlungen durchbrochen wurde, so bleibt doch festzustellen, daß sich die Abteilung III B im Laufe des Krieges zur zentralen militärischen Stelle für alle Fragen der psychologischen Kriegführung — wie wir heute sagen würden — entwickelte und dieser Aufgabe mit aller Energie gerecht zu werden versuchte.
Innerhalb der dritten OHL scheint Major Nicolai keine bevorzugte Stellung eingenommen zu haben; der Charakter seines Arbeitsgebietes hat hierbei zweifellos eine Rolle gespielt. Über seine Persönlichkeit sind nur wenige, häufig deutlich voreingenommene Aussagen bekannt. Aus den vorhandenen Informationen darf man jedoch schließen, daß

er seine weitverzweigte Tätigkeit in relativer Selbständigkeit nach den von ihm konzipierten, von Ludendorff gebilligten Richtlinien ausübte. Auffallend ist, daß er seit dem Frühjahr 1918 in Presse- und Propagandafragen nicht mehr — mit Ausnahme der Besprechung vom 18. 10. 1918 — hervorgetreten ist. An seine Stelle trat der Leiter der Auslandsabteilung der OHL, Oberst v. Haeften. Das lange Zeit offenbar vertrauensvolle Verhältnis zwischen Ludendorff und Nicolai scheint sich vor allem unter dem Eindruck der alle Befürchtungen übertreffenden Zahlen der in Frankreich landenden amerikanischen Soldaten gewandelt zu haben[107].

Die Operations-Abteilung II (op II) des Generalstabes des Feldheeres hat sich aus der Sektion II der Operations-Abteilung, die sich mit Fragen der Schweren Artillerie und der Festungen beschäftigte, entwickelt. Mit dem 16.7.1915 wurde die Sektion in eine Abteilung umgewandelt, behielt jedoch das ursprüngliche Arbeitsgebiet. An ihrer Spitze stand Major Bauer, der sich um die Entwicklung der schweren Feldartillerie besondere Verdienste erworben hatte. Seinen Vorarbeiten war die relativ schnelle Einnahme der belgischen Festungen zu verdanken; hierdurch gewann seine Stellung innerhalb des Generalstabes in der Anfangsphase des Krieges an Bedeutung. Die schon in Friedenszeiten geknüpften Kontakte zur Industrie, insbesondere zur Firma Krupp, ermöglichten es Bauer, zur Überwindung der Munitionskrise im Herbst 1914 entscheidend beizutragen. Seit dem Beginn der Schlacht um Verdun im Februar 1916, zu deren artilleristischer Vorbereitung er hinzugezogen wurde, stand er in Verbindung mit dem Hauptquartier des deutschen Kronprinzen — eine Verbindung, die in den folgenden Jahren für die Lancierung seiner politischen Pläne besondere Bedeutung gewann. Unter Falkenhayns Kommando wurde jedoch Bauers Tatendrang gezügelt; die Beschränkung auf den fachlichen Aufgabenbereich empfand er als unerträglichen Zwang. Bauer, am 22.3.1916 zum Oberstleutnant befördert, beteiligte sich dementsprechend, nachdem er Anfang August 1916 von einer Krankheit genesen ins Hauptquartier zurückkehrte, an den Intrigen gegen Falkenhayn.

---

[107] Zu Aufgabe und Organisation der Abteilung III B vgl. H. Cron (wie Anm. 71), S. 10 und 21 f., sowie die frühere Studie Crons, Die Organisation des deutschen Heeres im Weltkriege, Berlin 1923 (= Forschungen und Darstellungen aus dem Reichsarchiv, H. 5), S. 15 und 18 ff. Nicolai hat nach 1918 eine Reihe von Beiträgen veröffentlicht, die einen guten Einblick in die vielgestaltige Tätigkeit seiner Abteilung vermitteln: Nachrichtendienst, Presse und Volksstimmung im Weltkrieg, Berlin 1920; Nachrichtenwesen und Aufklärung, in: Max Schwarte, Der Weltkampf um Ehre und Macht, Leipzig 1921, Bd 6, S. 475 ff.; Geheime Mächte. Internationale Spionage und ihre Bekämpfung im Weltkrieg und heute, 2. Aufl. Leipzig 1924; Die Gesamtlage, in: Süddeutsche Monatshefte, 21 (1924), H. 7, S. 32 ff.; Einblicke in den Nachrichtendienst der Feindstaaten im Bereich der Mittelmächte, in: Was wir vom Weltkrieg nicht wissen, hrsg. von F. Felger, Berlin 1930, S. 118 ff.; vgl. auch Das Werk des Untersuchungsausschusses der Verfassunggebenden Deutschen Nationalversammlung und des Deutschen Reichstages, 4. Reihe: Die Ursachen des deutschen Zusammenbruches im Jahre 1918. Bd 1—12/I, Berlin 1925—1930, Bd 2, S. 430 ff. Es gibt kaum positive Urteile über Nicolai, vgl. Militär und Innenpolitik (wie Anm. 54), Dokument Nr. 346, Anm. 4 (Korvettenkapitän v. Selchow), Nr. 477, Anm. 16 (Oberst Mertz v. Quirnheim). Gegen Nicolai scheint auch innerhalb des Generalstabes intrigiert worden zu sein, vgl. M. Hoffmann, Die Aufzeichnungen des Generalmajors Max Hoffmann. Hrsg. von K. F. Nowak, 2 Bde, Berlin 1929, Bd 1, S. 157, 160, 163. Vgl. auch K. Mühsam, Wie wir belogen wurden. Die amtliche Irreführung des deutschen Volkes, München o. J. (1918).

Der Name Bauer ist untrennbar mit dem politischen Wirken der dritten OHL verbunden; der Oberstleutnant wurde für alle Fragen der Innenpolitik und der Kriegswirtschaft zum intimsten Berater Ludendorffs, wobei es eine Frage der Interpretation ist, ob seine Aktivität noch mit dem Begriff eines Beraters in Übereinstimmung gebracht werden kann. Als Folge des von Bauer angeregten und konzipierten »Hindenburg-Programms« erfuhr die Tätigkeit der Operations-Abteilung II eine bedeutende Ausweitung. Die Aufgaben des Feldmunitionschefs wurden von ihr übernommen und eine besondere Sektion für die Bearbeitung kriegswirtschaftlicher Fragen eingerichtet, ein Teil der ursprünglichen Aufgaben dagegen der Operations-Abteilung I zugewiesen. Nach dieser neuen Geschäftseinteilung war Bauer nun der verantwortliche Offizier innerhalb des Generalstabes des Feldheeres sowie aller damit in Zusammenhang stehenden wirtschaftlichen Fragen. Bauer hat sich in dieser Position, trotz aller Anfeindungen und trotz einiger Versuche, ihn seiner Stellung zu entheben, bis in die letzten Tage des Oktobers 1918 gehalten.

Es ist bekannt, daß er, noch am 18.8.1918 zum Oberst befördert, von vornherein den Rahmen der neuen, ihm übertragenen Aufgabe gesprengt und ohne Zögern vor allem in die innenpolitische Auseinandersetzung eingegriffen hat. Die Betrauung mit allgemeinen »Kriegswirtschaftsfragen« bot hierzu gewiß einen günstigen Ausgangspunkt. Die seit langem bestehenden Verbindungen zu einzelnen Industriellen des Rheinlandes, die nun in weitem Umfang aufgenommen bzw. neu geknüpft wurden, sind sicherlich nicht ohne Einfluß auf die politische Überzeugung Bauers gewesen. Es wäre allerdings falsch, ihn in seiner politischen Tätigkeit als ein Werkzeug dieser Kreise zu betrachten. Die entscheidende Voraussetzung für die gesamte politische Tätigkeit Bauers war das anscheinend nie erschütterte Vertrauen Ludendorffs, das den Abteilungschef, in Verbindung mit den interessierten industriellen Kreisen und ihrem politischen Anhang, zur energischen Verfolgung seiner Ziele befähigte. Ohne die Rückendeckung Ludendorffs wäre u.a. sein fortgesetzter Kampf gegen die politische Führung des Reiches nicht möglich gewesen. Allerdings beschritt Bauer bei der Durchsetzung seines Vorhabens Wege, die sich einer effektiven Kontrolle durch den Ersten Generalquartiermeister entzogen. Er bevorzugte die Intrige und agierte vornehmlich im Hintergrund der politischen Szenerie. Obwohl Ludendorff auf diese Praktiken hingewiesen worden ist, hat er sich von Bauer nicht getrennt, der seinerseits ohne Skrupel im Spätsommer 1918 die Ablösung Ludendorffs zu erreichen suchte. Durch die Weite des ihm zugewiesenen und des von ihm usurpierten Tätigkeitsbereichs sowie durch die Art seines Handelns war Bauer im Kreise der Abteilungschefs des Generalstabes des Feldheeres zweifellos das größte Maß an Selbständigkeit zugewachsen[108].

Eine ähnliche Entwicklung nahm die am 1.7.1916 unter Oberstleutnant v. Haeften errichtete »Militärische Stelle des Auswärtigen Amts (MAA)«. Haeften, der als Major in den Tagen des Kriegsausbruchs zur Umgebung des Generaloberst v. Moltke gehörte, wurde Ende 1914 mit der Leitung der Kriegsnachrichtenstelle in Posen beauftragt. Sie unter-

---

[108] Zu Aufgabe und Organisation der Operationsabteilung II vgl. die in Anm. 71 und 107 genannten Publikationen von H. Cron. Die Denkschriften und Briefe Bauers (Militär und Innenpolitik [wie Anm. 54], Dokument Nr. 171, 188, 219, 258, 286, 299, 305, 306, 328, 402, 440, 442, 446, 449, 452, 456, 464; vgl. auch Nr. 246, 314, 319) charakterisieren seinen Einfluß und seine Tätigkeit am besten.

stand dem stellvertretenden Generalstab in Berlin. Als Moltke dessen Führung übernahm, hielt er durch Haeften Kontakt zum Hauptquartier Hindenburgs, für dessen Berufung zum Chef des Generalstabes des Feldheeres sich Moltke in jeder Weise einsetzte. Als eine entsprechende Mission Haeftens im Januar 1915 am empörten Widerspruch des Kaisers scheiterte, wurde der Major bis zur Berufung an die Spitze der MAA u. a. im Stab des Gouvernements Köln verwendet.

Die Vertretung des deutschen Standpunktes in der Presse des neutralen Auslandes war seit Beginn des Krieges von der Nachrichtenabteilung des Auswärtigen Amts, unter tatkräftiger Beteiligung des Abgeordneten Erzberger, organisiert worden[109]. Die Auslandsstelle des Kriegspresseamts verfolgte zwar die Äußerungen der neutralen und feindlichen Presse und verwertete sie für die inländische Propaganda, für jede Form der Gegenwirkung blieb sie aber auf die Vermittlung des Auswärtigen Amts angewiesen. Die der Nachrichtenabteilung des Auswärtigen Amts angegliederte Militärische Stelle, der Abteilung III B des Generalstabes des Feldheeres unterstellt, sollte den Einfluß der OHL auf die Auslandspropaganda sicherstellen und die Zusammenarbeit mit dem Kriegspresseamt effektiver gestalten. Haeften, der seine Arbeit mit einem weiteren Offizier und zwei Schreibkräften begann, hat es in relativ kurzer Zeit verstanden, durch Angliederung schon bestehender Einrichtungen anderer Behörden und durch die Ausweitung des eigenen Apparats die MAA zur Zentrale der militärischen, militärpolitischen und kriegswirtschaftlichen Auslandspropaganda zu machen. Im Januar 1917 wurde die MAA dem Chef des Generalstabes des Feldheeres direkt unterstellt und erhielt am 9. 7. 1918 die Bezeichnung »Auslandsabteilung der Obersten Heeresleitung« (Ohla), wodurch die faktisch schon früher erfolgte Loslösung vom Auswärtigen Amt ihren formellen Abschluß fand. Im Oktober 1918 wurde die Ohla, seit dem 11. 9. 1918 unter der Leitung des Majors Edwin v. Stülpnagel, wieder als »Militärische Stelle des Auswärtigen Amts« diesem Amt in jeder Beziehung unterstellt.

Haeften, der im September 1918 zusammen mit dem Pressechef des Reichskanzlers, Deutelmoser, die Leitung der »Zentralstelle für den Werbe- und Aufklärungsdienst für das In- und Ausland« übernahm, wurde nach dem 29. 9. 1918 zum Vertreter der OHL beim Reichskanzler bestellt und hat in dieser Stellung die Auseinandersetzungen zwischen der OHL und der Regierung des Prinzen Max von Baden nicht unwesentlich beeinflußt. Es sollte jedoch beachtet werden, daß sich seine die Innenpolitik berührende Tätigkeit nicht auf den Oktober-November 1918 beschränkte. Als Chef der MAA bzw. Ohla hat er nicht nur die Inlandspropaganda des Kriegspresseamts mit den technischen Möglichkeiten (Herstellung von Flugblättern, Bereitstellung entsprechender Filme etc.) seiner Dienststelle nach Kräften gefördert, sondern auch die Initiative zu bestimmten Propaganda-Aktionen ergriffen. Vor allem sind die ergänzenden Heeresberichte, die im Sommer 1918 die wahre militärische Lage mit Erfolg zu verschleiern suchten, von der Propaganda-Abteilung seiner Dienststelle herausgegeben worden[110].

---

[109] Über die »Zentralstelle für Auslandsdienst« vgl. W. Vogel, Die Organisation der amtlichen Presse- und Propagandapolitik des Deutschen Reiches, in: Zeitungswissenschaft, 16 (1941), H. 8/9, S. 33 ff.; K. Koszyk (wie Anm. 98), S. 239 ff., und K. Epstein, Matthias Erzberger and the Dilemma of German Democracy, Princeton N. J. 1959, S. 98 ff.

[110] Zu Aufgabe und Organisation der MAA vgl. die in Anm. 71 und 107 genannten Publikationen

Überblickt man die skizzierten, auf die Innenpolitik gerichteten oder sie berührenden Tätigkeitsbereiche der erwähnten Abteilungen des Generalstabes des Feldheeres, so wird deutlich, in welchem Umfang die Politisierung des militärischen Führungsorgans sich nach der Berufung Hindenburgs und Ludendorffs vollzog. Bauer, Haeften und Nicolai, die als Majore den Kriegsausbruch 1914 erlebten und, mit Ausnahme Nicolais, bis zum Kriegsende zum Oberst[111] befördert worden waren, wurden in und durch ihre Stellungen zu wesentlichen Faktoren innerhalb des politischen Kräftefeldes. Dasselbe gilt für das in diesem Überblick nicht berücksichtigte Gebiet der Außenpolitik. Hier waren es die Politische (P) — später Militärpolitische (M) — Abteilung unter Oberst bzw. Generalmajor v. Bartenwerffer, über deren Tätigkeit noch immer genauere Angaben fehlen[112], und die »Militärische Stelle des Auswärtigen Amts«, die sich mit ihren seit Januar 1917 errichteten »Auslandshilfsstellen« neben den Militärattachés und den normalen diplomatischen Vertretungen einen eigenen Auslandsnachrichtendienst schuf. Die normale Tätigkeit der MAA wurde ergänzt durch die bekannten, Haeftens persönlicher Initiative entspringenden außenpolitischen Aktionen in der ersten Hälfte des Jahres 1918.

Die Übernahme so vielfältiger politischer Aufgaben und die mit dem Wandel der militärischen Befehlsführung unter Hindenburg und Ludendorff verbundene Aufblähung des gesamten Apparats konnte nicht ohne Auswirkung auf die Struktur des Generalstabes des Feldheeres bleiben. Hinzu kam, daß Hindenburg sich von einer Lungenentzündung (Februar 1917) nur sehr langsam erholte und noch Monate danach der Schonung bedurfte. Dies führte nach den Beobachtungen des Obersten Mertz v. Quirnheim dazu, daß der Generalfeldmarschall nur noch unzulänglich durch Ludendorff über den Gang der Ereignisse unterrichtet wurde. Insbesondere bei politischen Fragen, zu deren Beurteilung sich Hindenburg weniger berufen fühlte, scheint Ludendorff diese Methode praktiziert zu haben. Er handelte hierbei unter dem Einfluß Bauers, der sich im Sommer und Herbst 1917 für eine völlige Ausschaltung des Generalfeldmarschalls einsetzte. Angesichts der geschilderten Ausdehnung der militärischen und politischen Tätigkeit des Generalstabes des Feldheeres wird man bezweifeln müssen, ob die außergewöhnliche Willenskraft der zentralen Figur dieser Institution, Ludendorff, noch in der Lage war, den gesamten Bereich gestaltend und kontrollierend zu durchdringen. In jedem Fall wuchs die Abhängigkeit des Ersten Generalquartiermeisters von der Loyalität und Gewissenhaftigkeit seiner Abteilungschefs, von denen bekannt ist, daß sie der Person und den Handlungen Ludendorffs bei verschiedenen Gelegenheiten kritisch gegenüberstanden. Gegenüber den Verhältnissen unter der Führung Falkenhayns gewann die Initiative des einzel-

---

von H. Cron, vor allem aber W. Vogel (wie Anm. 109), S. 29 ff. Zur Erweiterung des Tätigkeitsbereichs der MAA auf die Inlandspropaganda vgl. Militär und Innenpolitik (wie Anm. 54), Dokument Nr. 330, Anm. 1. Zur Person Haeftens vgl. die Würdigung durch F. Meinecke in den Sitzungsberichten der Preuß. Akademie der Wissenschaften, 1938, S. 112 ff., sowie den entsprechenden Artikel in der Neuen deutschen Biographie, Bd 7, Berlin 1966.

[111] Nach R. Morsey, Die Oberste Reichsverwaltung unter Bismarck 1867—1890, Münster 1957 (= Neue Münstersche Beiträge zur Geschichtsforschung, Bd 3), S. 273, Anm. 3, entsprach diesem militärischen Rang in der Beamtenschaft ein Rat 2. Klasse.

[112] Auch die Studie vom W. Baumgart, Deutsche Ostpolitik 1918, Wien 1966, bringt hierzu keinen näheren Aufschluß.

nen Abteilungschefs größere Bedeutung, damit aber auch der Bereich der Selbständigkeit, dessen Grenzen fließend waren und von einer Persönlichkeit wie Bauer nur zu leicht überschritten oder in unverantwortlicher Weise ausgedehnt werden konnten. Der Begriff der Obersten Heeresleitung unter Hindenburg und Ludendorff bedarf daher der Differenzierung[113]. In allen Fragen der militärischen Kriegführung hat Ludendorff als Erster Generalquartiermeister die Befehlsführung in einer Weise in der Hand behalten, daß während der Offensiven 1918 die sich steigernden Eingriffe in die Befehlsbefugnisse der untergeordneten Kommandobehörden zu wachsender Kritik, insbesondere von seiten der Armeeoberbefehlshaber, geführt haben. Im politischen Bereich dagegen scheint sich Ludendorff im allgemeinen auf die Ausgabe von weitgefaßten Direktiven beschränkt zu haben. Das schließt nicht aus, daß er selbst sich bei wichtigen Angelegenheiten auf Grund der ihm von Bauer oder Nicolai vorgelegten Entwürfe in eine Kontroverse einschaltete oder sich mit Forderungen an die zuständige Zivilbehörde wandte. Insgesamt widersprechen die betreffenden Dokumente der Edition der wohl von Ludendorff selbst aufgestellten Behauptung, daß die Oberste Heeresleitung nur durch Hindenburg und Ludendorff repräsentiert werde[114]. Die Verantwortung für alle Handlungen, die von den hier erwähnten Abteilungen und Außenstellen der Obersten Heeresleitung in deren Namen ausgeführt wurden, trug jedoch weiterhin der Chef des Generalstabes des Feldheeres, der diese Verantwortung seit dem 29.8.1916 allerdings mit seinem Ersten Generalquartiermeister teilte — ein in der neueren Militärgeschichte Deutschlands einmaliger Vorgang.
Es ist hier nicht der Ort, um eine ins einzelne gehende Begründung für den wachsenden Einfluß der OHL auf das gesamte politische Leben des Reiches zu geben, der schließlich dazu führte, daß die dritte OHL zur maßgebenden Instanz auch für die wesentlichen Fragen der Innenpolitik wurde. Die Voraussetzungen für diese Entwicklung liegen in der verfassungs- und gesellschaftspolitischen Struktur des Reiches und wurden naturgemäß gefördert durch die psychologische Situation des Krieges, in dem die militärische Entscheidung nach der Meinung der Masse der Bevölkerung und der Mehrheit ihrer Repräsentanten zu Recht die Priorität vor politischen Entscheidungen beanspruchte. Ein Ausdruck dieser allgemeinen Überzeugung war der in den ersten Kriegstagen zustandegekommene »Burgfrieden« unter den Parteien selbst und in ihrem Verhältnis zur Reichsleitung, der in seiner praktischen Konsequenz zu einer weitgehenden Ausschaltung des Reichstages führte und die Stellung der Exekutive entsprechend stärkte. Wie es nicht anders zu erwarten war, stellte sich jedoch sehr bald heraus, daß die politischen Gegensätze der Vorkriegszeit auch im Zeichen des »Burgfriedens« fortwirkten und nur mühsam verdeckt werden konnten. Eine wesentliche Voraussetzung für die Bewilligung der Kriegskredite durch die sozialdemokratische Reichstagsfraktion bildete die offizielle, von der öffentlichen Meinung akzeptierte und getragene Charakterisierung des Konflikts als ein dem Reich aufgezwungener Verteidigungskrieg. Eine Folge der unter spürbarem Widerstand vollzogenen Wendung der Sozialdemokratischen Partei war die Forderung führen-

---

[113] Vgl. meine Rezension der in Anm. 112 genannten Studie in: Militärgeschichtliche Mitteilungen, 1 (1968), S. 174 ff.
[114] Vgl. Militär und Innenpolitik (wie Anm. 54), Dokument Nr. 301.

der Mitglieder der Partei nach einer Reform des preußischen Wahlrechts, überhaupt nach einer Reform der politischen Praxis, die der veränderten Situation Rechnung trug und ohne die eine Integration der Arbeiterschaft und ihrer politischen Repräsentanz in den bestehenden Staat auf die Dauer nicht denkbar war. Der Reichskanzler v. Bethmann Hollweg war sich dieser beiden Voraussetzungen für die Erhaltung des »Burgfriedens« bewußt. Einer diesen Überlegungen entsprechenden Politik stand jedoch nicht nur die von konservativen und liberalen Kräften in Parteien und Verbänden getragene Kriegszielbewegung gegenüber, auch in der Reichsleitung und dem preußischen Staatsministerium war man zunächst nicht bereit, eine grundsätzliche Revision der gegen die Sozialdemokratie gerichteten Politik in die Wege zu leiten. Die vom Staatssekretär des Innern, Delbrück, angekündigte Politik der »Neuorientierung« nach dem Kriege wurde daher zum Ausgangspunkt der sich verschärfenden innenpolitischen Auseinandersetzung während der Dauer des Krieges. Die »Politik der Diagonalen«, mit der Bethmann Hollweg der innenpolitischen Situation zu begegnen suchte, entsprach, bezogen auf den Reichstag, den Gegebenheiten der Verfassungsstruktur des Kaiserreiches. Sie entsprach aber auch der gouvernementalen Staatsauffassung des Kanzlers, die durch den Charakter seiner Persönlichkeit, in der sich der Beamte nie verleugnen konnte, noch bestärkt wurde. Es gelang ihm zwar auf diese Weise in den Anfangsjahren des Krieges eine Zuspitzung des innenpolitischen Gegensatzes zu vermeiden, er vermochte jedoch nicht, eine der beiden Gruppen in einer Weise an seine Politik zu binden, die es ihm erlaubt hätte, die Initiative zu ergreifen. Das »Parallelogramm der Kräfte«, das der »Politik der Diagonalen« zugrunde lag, verlangte vor jeder Entscheidung eine erneute Berechnung, ermöglichte nur eng begrenzte Reformmaßnahmen und war verantwortlich für den Immobilismus der inneren Politik und des sich daraus ergebenden Eindrucks der Konzeptionslosigkeit.

Die Kritik an der Politik des Kanzlers beschränkte sich bis zum Herbst 1915 auf die maßgebenden politischen Kräfte in Parteien, Verbänden und in der Verwaltung, die Masse der Bevölkerung blieb davon unberührt. Als im Winter 1915/16 die Schwierigkeiten in der Lebensmittelversorgung sich für die Bevölkerung fühlbar bemerkbar machten, änderte sich die Situation. Die Unfähigkeit der Verwaltungsbehörden, die Versorgung mit Lebensmitteln nach einheitlichen Maßstäben sicherzustellen, das Schauspiel eines zum Teil grotesken Partikularismus, der dazu führte, daß Landkreise die Ausfuhr bestimmter Güter in die Nachbarkreise verboten, und schließlich das vergebliche Bemühen des vom Reichskanzler eingerichteten Kriegsernährungsamts, einheitliche Grundsätze für das gesamte Reichsgebiet gegenüber den bundesstaatlichen Verwaltungsbehörden durchzusetzen und ihre Durchführung zu kontrollieren — diese Erscheinungen mußten die stärksten Zweifel an der Effektivität der Verwaltung in jedem einzelnen Bürger wecken, zumal sie sich nicht nur auf das Gebiet der Lebensmittelversorgung beschränkten. Hinzu kam, daß in wesentlichen Fragen des öffentlichen Lebens nicht die Zivilbehörden, sondern der zuständige Militärbefehlshaber entschied bzw. die Zivilbehörden in seinem Auftrag handelten. Die Bedeutung der Verwaltungsbehörden nahm ab, die der Militärbehörden wuchs. Der Ruf nach einem General als Lebensmitteldiktator, von dem man erwartete, daß er die knapp bemessenen Lebensmittel gerecht und einheitlich verteilen werde, war der Ausdruck der Überzeugung, daß die Zivilbehörden nicht fähig seien, in einem ausreichenden Maße den Kriegsnotwendigkeiten gerecht zu werden. Das Mißtrauen richtete sich durchaus nicht nur gegen die lokalen Behörden; auch gegen die zentralen Instanzen — man denke nur an die Verordnungspraxis des Bundesrats — wandte sich die Kritik in zunehmendem Maße[115]. Die Stellung des Reichskanzlers konnte von dieser Kritik nicht unberührt bleiben.

Mit der von Bethmann Hollweg in Verkennung der politischen Auswirkungen geförderten Berufung der dritten OHL waren die Offiziere an die Spitze der Armee berufen worden, auf die sich seit der Schlacht von Tannenberg die unterschiedlichsten, zum Teil direkt gegensätzlichen Hoffnungen und Erwartungen der Bevölkerung konzentrierten. Die Annahme, daß von vornherein nur die konservativen Kräfte, die zu einer Lawine angeschwollene, alle bürgerlichen Schichten erfassende Kriegszielbewegung und schließlich die an einer Änderung der Methoden sowie an einer allgemeinen Ausweitung der kriegswirtschaftlichen Produktion interessierten industriellen Kreise sich von der dritten OHL die Förderung ihrer Interessen versprachen, trifft nicht zu[116]. Nicht allein die Entscheidung des Kaisers verlieh daher der neuen Führung Prestige, Einfluß und Befehlsgewalt, die Fundamente der Machtstellung der beiden Offiziere trugen — im Gegensatz zur Position der zweiten OHL — von allem Anfang an plebiszitäre Züge.

Da nunmehr der Gegensatz zwischen dem Generalstab des Feldheeres und dem Oberkommando Ost hinfällig geworden war, schien die dritte OHL die einzige, zentrale Institution zu sein, die in ihrem Bereich in einem umfassenden Sinn tatsächlich Macht ausübte und sich dadurch wesentlich von allen anderen militärischen und zivilen Institutionen unterschied. Damit erhielt sie von Anfang an, zunächst ohne ihr eigenes Zutun, ein politisches Gewicht, dessen praktischen Konsequenzen sie sich nicht entziehen konnte. Bethmann Hollweg, der bisher in der Lage war, auch den Gegensatz der militärischen Führungsinstanzen für die Bestimmung seiner »Politik der Diagonalen« zu verwenden, sah sich nun einer veränderten Situation gegenüber. Das schon bisher nur mühsam aufrechterhaltene Gleichgewicht der Kräfte brach zusammen, die sich seit Anfang 1916 abzeichnende innere Krise kam unter dem Einfluß äußerer und innerer Ereignisse zum offenen Ausbruch, wobei die Initiative der dritten OHL und ihre Reaktionen auf bestimmte Vorgänge die innere Entwicklung wesentlich und schließlich entscheidend beeinflußten[117]. Die Methode der Politik Bethmann Hollwegs änderte sich angesichts der schwerwiegenden Veränderung ihrer Voraussetzungen jedoch nicht. Ihr Kennzeichen blieb der Mangel an jeglicher Initiative und dementsprechend der Hang zu einer nur reagierenden Verhaltensweise. Das Bemühen Bethmann Hollwegs, seine realistische Einschätzung

---

[115] Welche Bedeutung den Ernährungsfragen in der innenpolitischen Auseinandersetzung während des Krieges zukam, ist für Bayern in überzeugender und eindrucksvoller Weise in der Studie von W. Albrecht, Landtag und Regierung in Bayern am Vorabend der Resolution von 1918. Studien zur gesellschaftlichen und staatlichen Entwicklung Deutschlands von 1912–1918, Berlin 1968 (= Beiträge zu einer historischen Strukturanalyse Bayerns im Industriezeitalter, Bd 2), nachgewiesen worden.
[116] G.D. Feldman (wie Anm. 99), S. 141f.
[117] Vgl. hierzu W.J. Mommsen, Die deutsche öffentliche Meinung und der Zusammenbruch des Regierungssystems Bethmann Hollweg im Juli 1917, in: Geschichte in Wissenschaft und Unterricht, 19 (1968), S. 656 ff.

der inneren Situation den Vorstellungen und Vorschlägen der OHL gegenüber zur Geltung zu bringen, erschöpfte sich zunächst in der gewissenhaften Ausarbeitung von Gegenvorstellungen in den zur Debatte stehenden Spezialfragen. Ein politisches Programm, das der erwähnten Analyse entsprochen und zumindest erlaubt hätte, dem Führungsanspruch der OHL entgegenzutreten, existierte nicht, denn auch die einzelnen Etappen der Politik der »Neuorientierung« erwuchsen aus dem »Parallelogramm der Kräfte«, ihnen lag keine präzise Zielvorstellung zugrunde. Gewiß dürfen die Schwierigkeiten, die sich für Bethmann Hollweg bei der Durchführung einer konsequenten Innenpolitik nicht nur im preußischen Staatsministerium, sondern auch im Bundesrat, den Parlamenten und in der Verwaltungsbürokratie ergeben mußten, nicht übersehen werden. Es besteht jedoch kaum ein Zweifel darüber, daß die nicht allein den Verhältnissen zuzuschreibende Form der Bethmannschen Politik eine der Voraussetzungen für die Durchsetzung des politischen Machtanspruchs der dritten OHL war, dem der Kanzler zum Opfer fiel.

Der Sturz Bethmann Hollwegs war nicht nur auf den massiven Druck der OHL zurückzuführen, auch der Reichstag hat nicht wenig dazu beigetragen, wobei die im wesentlichen konträren Motive und Zielsetzungen der beiden Partner hier nicht zur Erörterung stehen. Die Ereignisse des Juli 1917 veranschaulichten auf einprägsame Weise, daß der Reichstag sich zur führenden politischen Kraft neben der Reichsleitung entwickelt hatte.

Formell bestanden zwischen dem Generalstab des Feldheeres und dem Reichstag keine direkten Beziehungen. Die Information des Parlaments über die militärische Entwicklung an den Fronten übernahm der Reichskanzler oder der preußische Kriegsminister nach Absprache mit dem Chef des Generalstabes des Feldheeres. Auch die dritte OHL hat an diesem Grundsatz bis zu der denkwürdigen Erklärung des Majors Frhr. von dem Bussche-Ippenburg (am 2. 10. 1918) vor den Fraktionsvorsitzenden der Reichstagsparteien festgehalten[118]. Das schloß natürlich nicht aus, daß einzelne Abgeordnete in einem mehr oder minder engen Kontakt mit einzelnen Mitgliedern des Generalstabes des Feldheeres, mit dessen Organen und Außenstellen standen.

Bis zur Berufung von Hindenburg und Ludendorff hatte sich der Reichstag vor allem mit einer Form von innenpolitisch wirksamen Maßnahmen des Militärs zu beschäftigen — den Anordnungen der Militärbefehlshaber auf Grund des preußischen Gesetzes über den Belagerungszustand. Mit seiner Kritik wandte sich das Parlament an den Reichskanzler und an den preußischen Kriegsminister. Die Debatte um den Einsatz der Unterseebootwaffe brachte den Reichstag auch in Berührung mit den militärischen Führungs-

---

[118] Vgl. Die Regierung des Prinzen Max von Baden, bearb. von E. Matthias und R. Morsey, Düsseldorf 1962 (= Quellen zur Geschichte des Parlamentarismus und der politischen Parteien. Erste Reihe, Bd 2), Nr. 14, Anm. 3. Hindenburg hatte es Ende September 1916 abgelehnt, den Hauptausschuß des Reichstages durch einen beauftragten Generalstabsoffizier über die militärische Lage zu informieren, vgl. G. Ritter, Statskunst und Kriegshandwerk. Das Problem des »Militarismus« in Deutschland, Bd 3, München 1964, S. 253 und 329. Vgl. in diesem Zusammenhang auch die Unterredung einiger Mitglieder des Interfraktionellen Ausschusses des Reichstages mit Hindenburg und Ludendorff am 14.7.1917 über die Friedensresolution, Der Interfraktionelle Ausschuß 1917/18, bearb. von E. Matthias unter Mitwirkung von R. Morsey, Düsseldorf 1959 (= Quellen zur Geschichte des Parlamentarismus und der politischen Parteien, Erste Reihe, Bd 1), Nr. 19.

organen. Seit der Berufung der dritten OHL intensivierte sich in dieser Frage der Seekriegführung der Kontakt und fand seinen gewichtigen Ausdruck in der Resolution der Zentrumsfraktion vom 7.10.1916, in der die Überzeugung ausgesprochen wurde, daß sich die Entscheidung des Reichskanzlers über die Form des U-Booteinsatzes »wesentlich auf die Entschließung der Obersten Heeresleitung zu stützen haben« werde. Richtete sich diese Resolution, der die fortschrittlichen und sozialdemokratischen Abgeordneten ihre Zustimmung versagten, ihrer Wirkung nach gegen den Reichskanzler, so bildete sich wenige Wochen später, wiederum unter Beteiligung des Zentrums, eine gegen die Intentionen der OHL gerichtete Parlamentsmehrheit. Als im November 1916 die Beratungen über das Hilfsdienstgesetz aufgenommen wurden, bestand auch bei den Abgeordneten volle Klarheit darüber, daß das Gesetz auf Anregung, konkrete Forderungen und unablässiges Drängen der dritten OHL zurückging. Damit war auch auf innenpolitischem Gebiet eine Entwicklung eingeleitet worden, die Reichstag und OHL in eine engere Beziehung zueinander brachte. Es ist bekannt, daß das am 5.12.1916 verkündete Gesetz den Erwartungen der OHL, die sich eine propagandistische Wirkung auf die eigene Bevölkerung durch die Behandlung im Reichstag erhoffte, durchaus nicht entsprach. Insbesondere Oberstleutnant Bauer machte aus seiner Enttäuschung keinen Hehl und empfahl zur Überwindung aller Schwierigkeiten die Militärdiktatur[119]. Im Gegensatz zu den gewissermaßen außenpolitischen Fragen (unbeschränkter U-Bootkrieg, Kriegsziele, Verständigungsfriede), bei denen sich die Mehrheitsverhältnisse im Parlament erst im Juli 1917 klärten, sah sich die dritte OHL seit dem Herbst 1916 in allen innenpolitischen Fragen einer Parlamentsmehrheit gegenüber, die sich aus sehr unterschiedlichen Motiven und bei keineswegs einheitlicher Zielsetzung unter dem schillernden Schlagwort der »Neuorientierung« sammelte. Die Konfliktsituation verschärfte sich noch unter den von der OHL rasch erkannten innenpolitischen Rückwirkungen der russischen Februar-Revolution, unter dem Eindruck der Osterbotschaft und der Aprilstreiks sowie schließlich durch die Beratungen des Verfassungsausschusses und durch die innenpolitischen Aspekte der Friedensresolution des Reichstages. Die Nichtachtung, um nicht zu sagen Verachtung gegenüber dem Reichstag als Institution teilte die OHL mit der Masse der aktiven Offiziere. Ludendorff und Bauer haben wiederholt zum Ausdruck gebracht, daß sie den Reichstag in seiner bestehenden Zusammensetzung nicht als politische Repräsentanz des Volkes anerkannten. Bauer ging einen Schritt weiter und hat bei verschiedenen Gelegenheiten die Ausschaltung des Parlaments gefordert. Der darin zum Ausdruck kommenden grundsätzlichen antiparlamentarischen Haltung entsprach das politische Verhalten der OHL im konkreten Einzelfalle jedoch nicht. Die bekannte Tatsache der Zusammenarbeit Bauers mit den Reichstagsabgeordneten Erzberger und Stresemann im Juni/Juli 1917, die Pflege des Kontakts mit Stresemann auch in den folgenden Monaten und der Schriftwechsel mit dem preußischen Landtagsabgeordneten Röchling zu Fragen der preu-

---

[119] Vgl. Militär und Innenpolitik (wie Anm. 54), Dokument Nr. 246. Zur Herausbildung einer Parlamentsmehrheit seit dem Herbst 1916 vgl. auch U. Bermbach, Vorformen parlamentarischer Kabinettsbildung in Deutschland. Der Interfraktionelle Ausschuß 1917/18 und die Parlamentarisierung der Reichsregierung, Köln 1967 (= Politische Forschungen, Bd 8), S. 43 ff.

ßischen Wahlrechtsreform zeigen, daß dieser Vertreter extremer politischer Anschauungen mit der Macht und den politischen Möglichkeiten der Parlamente durchaus rechnete und alles tat, um diese Gremien in seinem Sinne zu beeinflussen. Ludendorffs Verhalten in der Juli-Krise 1917 und die von ihm gebilligten Parlamentarier-Reisen an die Front im September und Dezember 1917 lassen ähnliche Ansichten vermuten. Der General wies jeden Versuch des Reichstages, Einfluß auf die Kriegführung selbst, auf ihre militärische Planung und ihre politische Zielsetzung zu nehmen, zurück. Er war sich aber auch bewußt, daß für bestimmte Aspekte der Kriegführung, insbesondere für die Mobilisierung der materiellen und seelischen Kräfte der Nation, die Mitwirkung des Reichstages nicht zu entbehren, allerdings auch nicht zu kontrollieren war.

In der Literatur wird häufig die Ansicht vertreten, die OHL unter Hindenburg und Ludendorff habe, insbesondere nach dem Sturz Bethmann Hollwegs, mit diktatorischer Gewalt die Entwicklung des Reiches bestimmt[120]. Meist wird verkürzt von einer Diktatur Ludendorffs gesprochen, um den nur schwer zu definierenden Begriff der Obersten Heeresleitung zu vermeiden. Damit wird allerdings die Person Hindenburgs völlig übergangen und der Einfluß der betreffenden Abteilungschefs unterschätzt.

Über die persönliche Stellungnahme Ludendorffs zur Frage der Übernahme des Reichskanzlerpostens und damit — nach der einer solchen Berufung zugrunde liegenden Absicht — der vollen Verantwortlichkeit für die politische und militärische Kriegführung liegen Zeugnisse vor[121], die erkennen lassen, daß der General vor einem derartigen Schritt, der von verschiedenen Seiten vorgeschlagen wurde, zurückwich, weil er seine wichtigste Aufgabe, die Erringung des militärischen Sieges, nicht aus den Händen geben wollte und offenbar sich auch der politischen Aufgabe nicht gewachsen fühlte. In dieser Hinsicht widerstand er dem Einfluß des Oberstleutnants Bauer, der den Gedanken einer Diktatur in seinen Denkschriften immer wieder propagierte. Ludendorff hat nie von sich aus, so weit ersichtlich, die Übertragung diktatorischer Vollmachten in welcher Form auch immer auf seine Person gefordert oder auch nur angestrebt.

Da die äußeren Formen einer Militärdiktatur fehlen, wird die These in der Literatur damit begründet, daß die OHL — und damit in erster Linie Ludendorff — auf indirektem Wege diktatorische Macht ausgeübt habe. Dies habe vor allem zur Folge gehabt, daß die OHL in allen wichtigen Fragen der Kriegspolitik mit ihrer Entscheidung den Ausschlag gegeben habe und daß die Reichsleitung und die im Bundesrat vereinigten bundesstaatlichen Regierungen in wesentlichen Bereichen ihrer Tätigkeit zu Erfüllungsgehilfen der OHL geworden seien[122].

Diese Variation der These kann sich auf die Fülle der zwischen der Reichsleitung und der OHL sich entwickelnden Kontroversen um die Eröffnung des unbeschränkten U-Bootkrieges, die Bestimmung der Kriegsziele, die Verhandlungen in Brest-Litowsk und

---

[120] Vgl. das Kapitel »Die Diktatur des Generals Ludendorff« bei A. Rosenberg, Entstehung und Geschichte der Weimarer Republik, hrsg. von K. Kersten, Frankfurt/M. 1955, S. 107 ff. Auch K. Epstein (wie Anm. 109), S. 185, spricht nach dem Sturz Bethmann Hollwegs von der »continued dictatorship of Ludendorff«.

[121] Vgl. Militär und Innenpolitik (wie Anm. 54), Dokument Nr. 319, Anm. 32, und Nr. 464, Anm. 39.

[122] Vgl. z.B. G. Ritter (wie Anm. 118), S. 551.

schließlich um die Führung der Ostpolitik im Jahre 1918 — um nur die wichtigsten Beispiele zu nennen — stützen. Inwieweit in diesen Fragen Reichsleitung und OHL von einer gemeinsamen Basis ausgingen, welchen Umfang dieses Einverständnis jeweils annahm bzw. ob die Kontroverse sich nur an Nuancen einer gemeinsamen Überzeugung oder an sich gegenseitig ausschließenden Grundsätzen entzündete, soll und kann nicht erörtert werden. Wichtig erschien in diesem Zusammenhang nur die Feststellung, daß die dritte OHL bei der Entscheidung jener komplexen politischen Fragen den Ausschlag gab und daß es bei der Bestimmung des Verhältnisses des Reiches zu den Kriegsgegnern, zu den neutralen und verbündeten Staaten nahezu keine Frage von Bedeutung gab, die ohne Hinzuziehung der OHL entschieden wurde. Es steht wohl außer Frage, daß die dritte OHL in allen Fragen der nach außen gerichteten Kriegspolitik über ein bloßes Mitspracherecht hinaus die Entscheidungsbefugnis beanspruchte und im wesentlichen auch durchsetzte. Es würde jedoch ein unzutreffendes Bild vermitteln, wollte man das Verhalten der dritten OHL in den sich meist lang hinziehenden Auseinandersetzungen mit dem Begriff der Diktatur in Verbindung bringen.

In anderer Weise gestaltete sich die Einflußnahme der dritten OHL auf die Entwicklung der Innenpolitik. Für die Gestaltung der inneren Verhältnisse besaß die dritte OHL kein klar definiertes politisches Ziel, obwohl sie sich in den Auseinandersetzungen — z. B. um die Reform des preußischen Wahlrechts — im allgemeinen mit den jeder Reform feindlichen, den Status quo verteidigenden Kräften verband. Wenn sie in innenpolitischer Hinsicht jedoch die Initiative ergriff, so ging es ihr in erster Linie um die Mobilisierung der in der Heimat noch vorhandenen Kräfte und Güter für die Kriegführung, um eine Steigerung der Effizienz der Kriegführung. Für die Erreichung dieses Zieles standen ihr eine Reihe von Organisationen zur Verfügung, die durch den Umfang ihrer Tätigkeit leicht den Eindruck erweckten, als ob durch sie die OHL zum bestimmenden Faktor der Innenpolitik geworden wäre. Die Mobilisierung der Heimat war aber nicht in erster Linie eine Frage der Organisation, es handelte sich vielmehr um das Problem, in welcher Weise die Masse der Bevölkerung und die sie führenden Kreise für den gesteigerten Kriegseinsatz gewonnen werden konnten. Die Voraussetzungen hierfür waren gut, denn die Berufung Hindenburgs und Ludendorffs fand allgemeine Zustimmung. Die Ergebenheit der industriellen und der sogenannten nationalen Kreise gegenüber den Siegern von Tannenberg stand außer Zweifel, sie wurde noch verstärkt durch das »Hindenburg-Programm« auf der einen und die Aufhebung des Verbots der Erörterung der Kriegsziele in der Öffentlichkeit auf der anderen Seite. Die zu derselben Zeit einsetzenden Versuche, durch eine sehr breit gestreute Propaganda, später verstärkt durch den »Vaterländischen Unterricht« und unterstützt durch das Wirken der Vaterlandspartei, auch die Arbeiterschaft in dem angestrebten Sinne zu beeinflussen, haben nach den verfügbaren Zeugnissen nur sehr geringe Erfolge gezeitigt[123]. Der Versuch, auf dem Wege des Hilfsdienstgesetzes die notwendigen Arbeitskräfte für das »Hindenburg-Programm« zu gewinnen und die Arbeiterschaft insgesamt in stärkerem Maße als bisher der Verfügung der Militärbehörden zu unterwerfen, wuchs sich für die OHL zu einem vollen Mißerfolg aus.

---

[123] Vgl. Militär und Innenpolitik (wie Anm. 54), Dokument Nr. 349f., 354, 358, 360 und 363.

Nicht nur das Gesetz selbst, sondern auch seine Durchführung unter dem ersten Chef des Kriegsamts, Groener, widersprachen den Intentionen der OHL. Nach Groeners Sturz scheiterte ein erster Reformversuch an dem Widerstand der Industriellen, deren Einfluß auf die Entscheidungen der OHL auf diesem Teilgebiet ihrer Tätigkeit im Jahre 1917 immer stärker geworden war. Ein zweiter Versuch im Juni 1918 wurde selbst vom preußischen Kriegsminister für aussichtslos gehalten, u. a. weil er von einer erneuten Erörterung dieser Fragen im Reichstag nur eine noch ungünstigere Entscheidung erwartete[124]. Die Tatsache, daß die OHL in einer für die Kriegführung entscheidenden Frage ihre Vorstellungen gegenüber dem Widerstand der Reichsleitung, vor allem aber des Reichstages, nicht durchsetzen konnte, widerspricht der These einer sich auf Probleme der Innenpolitik erstreckenden Diktatur der OHL.

Nicht nur in der Frage des Hilfsdienstgesetzes, sondern auch im Hinblick auf Zensur und Propaganda erwies sich der Reichstag als der eigentliche Gegenspieler der OHL. Die sich seit dem Herbst 1916 herausbildende, einer inneren Reform zuneigende Mehrheit war durchaus bereit, den Intentionen der OHL entsprechend, zur Mobilisierung aller Kräfte und Güter beizutragen, allerdings nur bis zu einer bestimmten Grenze und in Formen, die den Vorschlägen der OHL entgegengesetzt waren. Hieraus und aus der nicht von vornherein zu erkennenden Ablehnung des Grundgedankens der »Neuorientierung« durch die OHL ergab sich ein Gegensatz, der erst mit der Entlassung Ludendorffs ausgeräumt wurde. Die gegenseitigen Machtverhältnisse waren zunächst gekennzeichnet durch das Übergewicht der OHL, das auf dem militärischen Erfolg, der sich daraus ergebenden großen Popularität und der überwältigenden Aktivität der ersten Monate beruhte. Seit dem Frühsommer 1917 begann jedoch das Übergewicht unter dem Eindruck des zweifelhaften Erfolges des unbeschränkten U-Bootkrieges zu schwinden. Das Zustandekommen der Friedensresolution des Reichstages und ihre Auswirkungen während der Kanzlerschaft Michaelis' sowie schließlich die Berufung des Grafen Hertling zum Reichskanzler ohne Beteiligung der OHL kennzeichnen den sich anbahnenden Wandel der Machtverhältnisse. Die OHL konnte jedoch durch die Ereignisse um Brest-Litowsk, vor allem aber durch die Anfangserfolge der Frühjahrsoffensive 1918 ihren Führungsanspruch noch einmal durchsetzen. Schon im Frühsommer 1918 gerieten dann die Fundamente ihrer Machtstellung endgültig ins Wanken, das Vertrauen der höheren Kommandobehörden in die überlegene Führungskunst der OHL zerfiel und die Masse der Soldaten an der Front verlor den Glauben, daß der Krieg durch einen entscheidenden militärischen Sieg beendet werden könne. Als schließlich nach dem 18. Juli und dem 8. August auch in der Heimat, und zwar gerade in den sogenannten nationalen Kreisen des Bürgertums, der Nimbus der beiden Feldherren verblaßte und sich tiefe Niedergeschlagenheit ausbreitete, war die plebiszitäre Grundlage der Macht der dritten OHL untergraben und stürzte mit der Waffenstillstandsforderung vom 29. September in sich zusammen. Der Reichstag als die einzige zentrale Institution, die durch die Kriegsverfassung nicht in Mitleidenschaft gezogen worden war, und die aus ihm gebildete Regierung erschienen nun auch einem Ludendorff als die einzige Möglichkeit, einen Ausweg aus der durch die OHL herbeigeführten Situation zu finden.

---

[124] Vgl. ebd., Dokument Nr. 238 und 243.

Zensur und Propaganda in Deutschland während des Ersten Weltkrieges

»Der Weltkrieg war für die soziale und politische Verfassung der kämpfenden Staaten eine Zerreißprobe ... Es mußte sich erweisen ob die innere Integrationskraft der Staaten und Völker in der Lage sein würde, die gegensätzlichen Parteien, die Wirtschaftskräfte, die verschiedenen sozialen Schichten, die Träger der öffentlichen Gewalt, die strategische Planung und die diplomatischen Aktionen zu einer einheitlichen Willensrichtung zusammenzuführen«, so formulierte Karl-Dietrich Erdmann in dem gängigen Handbuch der Deutschen Geschichte[1] die enormen Anforderungen, die sich aus dem veränderten Charakter des Krieges, des ersten industrialisierten Krieges auf europäischem Boden ergaben[2]. An diesem Katalog läßt sich bereits ablesen, welche bedeutende Rolle die Steuerung der öffentlichen Meinung durch Zensur und Propaganda bei dieser Integrationsaufgabe zu übernehmen haben würde. Erdmann vermittelt weiter den Eindruck, daß in der Phase des »Burgfriedens« ab August 1914 der Reichskanzler Bethmann Hollweg »eine Machtfülle« besessen habe, »wie kaum ein Kanzler zuvor«. Es sei ihm allerdings nicht gelungen, aus seiner Politik der Diagonalen »ein zukunftsweisendes Programm zu entwickeln« und für dieses Unvermögen sei auch die gegebene Parteienkonstellation mit verantwortlich gewesen[3]. Grundsätzliches Einvernehmen scheint zwischen den führenden deutschen Historikern darüber zu bestehen, daß die Frage der Steuerung der öffentlichen Meinung erst mit der Berufung der 3. OHL, dem Auftreten Hindenburgs und Ludendorffs politisch relevant geworden sei[4]. Diese sehr verkürzt wiedergegebenen Interpretationen der Entwicklung scheinen mir in mancher Beziehung außerordentlich ergänzungsbedürftig zu sein. Wenn der Historiker feststellt, daß der Weltkrieg eine Zerreißprobe für die soziale und politische Verfassung der kriegführenden Staaten darstellte, so kann er sich u.a. auch

---

[1] Karl Dietrich Erdmann, Der Erste Weltkrieg, 3. Aufl., München 1982 (= Handbuch der deutschen Geschichte, Bd 18) (= dtv, 4218), S. 165.

[2] Michael Geyer, German Strategy in the Age of Machine Warfare, 1914—1945, in: Makers of Modern Strategy from Machiavelli to the Nuclear Age, ed. by Peter Paret, Princeton, N. J. 1986, S. 527—597.

[3] Erdmann, Der Erste Weltkrieg (wie Anm. 1), S. 179f. Vgl. die kontroversen Interpretationen der Bethmann'schen Politik von Fritz Fischer, Griff nach der Weltmacht, 3. Aufl., Düsseldorf 1964; Gerhard Ritter, Staatskunst und Kriegshandwerk. Das Problem des »Militarismus« in Deutschland, Bd 3: Die Tragödie der Staatskunst. Bethmann Hollweg als Kriegskanzler (1914—1917), München 1964; Wolfgang J. Mommsen, Die latente Krise des Deutschen Reiches 1909—1914, in: Handbuch der Deutschen Geschichte, Bd 4,1, Frankfurt/M. 1973; Konrad Jarausch, The Enigmatic Chancellor. Bethmann Hollweg and the Hubris of Imperial Germany, New Haven 1972.

[4] Erdmann, Der Erste Weltkrieg (wie Anm. 1), S. 210f.; Wolfgang J. Mommsen, Die Regierung Bethmann Hollweg und die öffentliche Meinung 1914—1917, in: Vierteljahrshefte für Zeitgeschichte, 17 (1969), S. 117—155; Dirk Stegmann, Die deutsche Inlandspropaganda 1917/18. Zum innenpolitischen Machtkampf zwischen OHL und ziviler Reichsleitung in der Endphase des Kaiserreiches, in: Militärgeschichtliche Mitteilungen, 12 (1972), S. 75—116.

auf die Ansicht Bethmann Hollwegs stützen, der im Juli 1914 davon sprach, daß der Krieg, wie er auch ausgehe, »eine Umwälzung alles Bestehenden« mit sich bringen werde. Die Chance, eine solche Situation zu bestehen und sie politisch zu meistern, schien ihm nur dann gegeben zu sein, wenn die »Einmütigkeit« des Volkes und der Parteien im sogenannten »Burgfrieden« aufrecht erhalten würde[5]. Die Spitzen der zivilen und auch der militärischen Exekutive des Reiches hatten bereits zu Beginn des Krieges erkannt, daß die »Stimmung« des Volkes, wie sie u. a. in der veröffentlichten Meinung zum Ausdruck kam, ein wesentlicher Faktor der Kriegführung geworden war[6]. Was lag da näher als der Versuch, diesen Faktor durch Zensur einerseits und Propaganda andererseits im gewünschten Sinne zu beeinflussen. Doch wie ließ sich die erwünschte Richtung, die Zielsetzung von Zensur und Propaganda definieren, denn die Bewahrung der »Einmütigkeit« war eine defensive Maxime, auf die Gegenwart gerichtet und ohne jede darüber hinaus gehende Perspektive.

Mit der Erklärung der drohenden Kriegsgefahr am 31. Juli 1914 wurde über das Reichsgebiet der Kriegszustand verhängt und die Militärbefehlshaber in den einzelnen Bereichen übernahmen die vollziehende Gewalt[7]. Mit diesem Vorgang, der sich in allen kriegführenden Staaten in dieser oder jener Form abspielte, waren im deutschen Fall Besonderheiten verbunden, die der gesamten weiteren Entwicklung ihren unverwechselbaren Stempel aufgedrückt haben. Die Besonderheiten beziehen sich zunächst auf den Umstand, daß für das Reich eine einheitliche Rechtsgrundlage für Maßnahmen aufgrund des Kriegszustandes fehlte. Das nach Artikel 68 der Reichsverfassung vorgesehene Reichsgesetz war bis zum Ausbruch des Weltkrieges nicht zustande gekommen[8]. So galt in Bayern ein Gesetz vom 5. November 1912, mit dem die pauschale Aufhebung von Grundrechten ausgeschlossen wurde[9], und für das übrige Reichsgebiet das preußische Gesetz über den Belagerungszustand vom 4. Juni 1851[10]. Die Bestimmungen dieses Gesetzes verliehen den Militärbefehlshabern nicht nur das Verordnungsrecht aller Zivilbehörden, einschließlich der Minister der Landeszentralbehörden, wie der preußische Justizminister aufgrund der Rechtsprechung des Reichsgerichts im November 1915 mitteilte[11], sondern ermächtigten sie auch zum selbständigen Eingriff in die verfassungsmäßigen Freiheitsrechte des einzelnen. Nicht die umfassenden Eingriffsmöglichkeiten dieses Ausnahmerechts begründeten jedoch die Singularität der deutschen Verhältnisse, sondern die beinahe unglaub-

---

[5] Kurt Riezler, Tagebücher, Aufsätze, Dokumente, hrsg. von Karl Dietrich Erdmann, Göttingen 1972, S. 183 (7.7.1914); Militär und Innenpolitik im Weltkrieg 1914—1918, hrsg. von Wilhelm Deist, Düsseldorf 1970 (= Quellen zur Geschichte des Parlamentarismus und der politischen Parteien, Zweite Reihe: Militär und Politik, Bd 1), Nr. 79, S. 194, Anm. 4 (15.8.1914).
[6] Vgl. die Erklärung des Chefs des Generalstabes, Moltke, vom 13.8.1914, in: Militär und Innenpolitik (wie Anm. 5), Nr. 79, S. 193f., vgl. auch Nr. 78, besonders Anm. 4, S. 192f.
[7] Ebd., Nr. 3, S. 7—9.
[8] Ebd., S. XXXI—XXXIX.
[9] Dokumente zur deutschen Verfassungsgeschichte, hrsg. von Ernst Rudolf Huber, Bd 2, Stuttgart 1964, S. 389 ff.
[10] Ebd., Bd 1, Stuttgart 1961, S. 414—418.
[11] Militär und Innenpolitik (wie Anm. 5), Nr. 18, S. 35—39. Zur Aufhebung der konstitutionellen Rechte durch die preußischen Militärbefehlshaber vgl. die Übersicht, ebd., Nr. 5, S. 11—17.

liche Tatsache, daß außerhalb Bayerns insgesamt 57 Militärbefehlshaber mit diesen Vollmachten ausgestattet waren[12], daß weiterhin diese 57 Militärbefehlshaber allein dem Kaiser verantwortlich waren und somit, da Wilhelm II. bekanntermaßen seiner Funktion als Oberster Kriegsherr in keiner Weise gerecht wurde, während der gesamten Dauer des Weltkrieges eine in allen Bereichen gleichmäßige, zentralgesteuerte Handhabung des Belagerungszustandsrechts nicht zustande kam[13]. Die Folgen waren tiefgreifend und — unter der Perspektive einer Mobilisierung aller Ressourcen für die Kriegführung — kontraproduktiv.

Natürlich hat es nicht an Versuchen gefehlt, die Handhabung des Belagerungszustandsrechts durch die 57 Militärbefehlshaber zu vereinheitlichen. Das Preußische Kriegsministerium, der Stellvertretende Generalstab in Berlin, der Reichskanzler und auch der Reichstag haben im Laufe der Jahre immer wieder entsprechende Initiativen ergriffen und in ihrem Bemühen gewisse Erfolge erzielen können. Die Einrichtung der Oberzensurstelle[14] und des Kriegspresseamtes[15], des Kriegsernährungsamtes[16] und des Kriegsamtes[17] sowie die Berufung eines Obermilitärbefehlshabers[18] in der Person des Preußischen Kriegsministers haben in den jeweiligen Arbeitsbereichen zweifellos ein gewisses Maß an Vereinheitlichung — insbesondere in der zweiten Kriegshälfte — herbeizuführen vermocht. Diese organisatorische Entwicklung darf aber nicht darüber hinwegtäuschen, daß sich an der Immediatstellung der Militärbefehlshaber, d.h. an ihrer direkten Unterstellung unter den Kaiser prinzipiell bis in den Oktober 1918 hinein nichts geändert hat. Erst durch den Erlaß des Kaisers vom 15. Oktober 1918 erhielt der Obermilitärbefehlshaber das Weisungsrecht gegenüber den Militärbefehlshabern[19].

---

[12] Ebd., S. XL—LI; Nr. 3a, S. 7, insbesondere Anm. 2.

[13] Erdmann, Der Erste Weltkrieg (wie Anm. 1), S. 176; Hans-Ulrich Wehler, Das deutsche Kaiserreich 1871—1918, 6. Aufl., Göttingen 1988, S. 69—72; Wilhelm Deist, Kaiser Wilhelm II. als Oberster Kriegsherr, Abdruck in diesem Bande, S. 1—18.

[14] Die Oberzensurstelle wurde im Oktober 1914 gegründet, nahm ihre Tätigkeit aber erst im Februar 1915 auf, vgl. Militär und Innenpolitik (wie Anm. 5), Nr. 37, S. 73 ff.

[15] Das Kriegspresseamt wurde im Oktober 1915 gegründet. Der erste Chef des Kriegspresseamtes war Major Erhard Deutelmoser vom Preußischen Kriegsministerium, vgl. Militär und Innenpolitik (wie Anm. 5), Nr. 54, S. 104—107, und Nr. 124, S. 289—292.

[16] Das Kriegsernährungsamt wurde im Mai 1916 gegründet, um eine einigermaßen gerechte Verteilung der Lebensmittel zu gewährleisten, vgl. Gerald D. Feldman, Army, Industry and Labor in Germany 1914—1918, Princeton, N.J. 1966, S. 97—116.

[17] Generalmajor Groener leitete das Kriegsamt, das am 1.11.1916 eingerichtet wurde, vgl. Militär und Innenpolitik (wie Anm. 5), Nr. 196, S. 508 f.; Feldman, Army (wie Anm. 16), S. 189—196.

[18] Durch Allerhöchste Kabinetts-Ordre vom 1.11.1916 wurde der Preußische Kriegsminister ermächtigt, gegenüber den Militärbefehlshabern Anordnungen in allen kriegswirtschaftlichen Fragen zu erlassen. Vgl. Militär und Innenpolitik (wie Anm. 5), Nr. 195, S. 508. Aber in allen anderen Bereichen, die dem Belagerungszustandsrecht unterworfen waren, blieb der Obermilitärbefehlshaber eine koordinierende Institution und ohne das Recht, verbindliche Anordnungen zu erlassen, vgl. ebd., Nr. 27, S. 51 ff.; Wilhelm Deist, Zur Institution des Militärbefehlshabers und Obermilitärbefehlshabers im Ersten Weltkrieg, in: Jahrbuch für die Geschichte Mittel- und Ostdeutschlands, 13/14 (1965), S. 222—240.

[19] Vgl. Militär und Innenpolitik (wie Anm. 5), Nr. 30, S. 57 ff.

Eine der wichtigsten Aufgaben der Militärbefehlshaber war die Handhabung der Zensur und generell wird man feststellen können, daß der »Burgfrieden«, die »Einmütigkeit« der Nation den Militärbefehlshabern die Zensur der Presse sehr erleichterte. Gefahren konnten eigentlich nur von politisch-extremistischen Kreisen ausgehen, deren Kontrolle mit Hilfe der umfassenden Vollmachten keine Schwierigkeiten bereitete. Die Militärbefehlshaber übten die Zensur nur in sehr seltenen Fällen durch ihre Zensuroffiziere direkt aus. Meist waren dem Militärbefehlshaber unterstellte militärische Dienststellen — bis hinab zu den Garnisonkommandos — oder aber zivile Verwaltungsbehörden, in der überwiegenden Mehrzahl Polizeiorgane, mit dem täglichen Vollzug der Zensur beauftragt[20]. Den dort tätigen Soldaten und Beamten stand in den ersten Wochen nur das »Merkblatt für die Presse« als Orientierungshilfe zur Verfügung, das die militärischen Nachrichten bezeichnete[21], deren Veröffentlichung auf alle Fälle zu vermeiden war. Erst im Laufe der Zeit gingen ihnen mehr oder weniger umfassende Richtlinien, Leitsätze zu, die wiederum in einem langwierigen Prozeß zu einer allmählichen Vereinheitlichung nicht nur der Grundsätze, sondern auch der Handhabung der Zensur führten[22]. Langwierig und kompliziert war dieser Prozeß insofern als die Verbindlichkeit der Leitsätze und Richtlinien nicht von vornherein gegeben war. Die auf Einheitlichkeit und Gleichmäßigkeit drängenden Richtlinien und Empfehlungen zentraler militärischer Behörden, des Preußischen Kriegsministeriums oder des Stellvertretenden Generalstabes, aber auch ziviler Ministerien und selbst des Reichskanzlers gewannen für den in der Provinz tätigen Zensor erst dann Verbindlichkeit, wenn der zuständige Stellvertretende Kommandierende General, der Militärbefehlshaber, sie ausdrücklich sanktionierte[23]. Das tat er meist nicht, ohne durch kleinere oder größere Eingriffe in die Berliner Empfehlung seinen nunmehr verbindlichen Leitsätzen eine besondere Note zu geben[24]. Trotz aller nachdrücklichen und immer wiederholten Bemühungen, ist die gewünschte Vereinheitlichung der Zensur im Reich während des Krieges nie zufriedenstellend erreicht worden. Zwar sind Pannen wie zu Beginn des Krieges, als — wie der Chef des Stellvertretenden Generalstabes noch im Dezember 1914 mitteilte — die Publikation des amtlichen Heeresberichtes von einem Zensor verboten wurde[25], im Laufe des Krieges immer weniger zu verzeichnen gewesen, aber bei der Handhabung der Vorzensur und des Zeitungsverbots gelang es nicht, eine einheitliche Vorgehensweise herbeizuführen[26].

---

[20] Ebd., Nr. 62, S. 131—134.
[21] Ebd., Nr. 31, S. 63 ff.
[22] Das Memorandum der Oberzensurstelle vom Januar 1917 ist hierfür ein sehr aussagekräftiges Beispiel, vgl. ebd., Nr. 67, S. 145—151.
[23] Die Allerhöchste Kabinetts-Ordre vom 4. 8. 1915 spiegelt diese allgemeine Situation wider und änderte grundsätzlich nichts an der Position der Militärbefehlshaber, vgl. ebd., Nr. 52, S. 101 f.
[24] Ein gutes Beispiel hierfür ist der Militärbefehlshaber im Bereich des II. Armeekorps (Stettin), der auf eine Zensurbeschwerde einer polnischsprachigen Zeitung kurz und bündig erklärte, daß ihm »die politische Richtung ganz gleichgültig« sei, er fordere »aber in diesen schweren Kriegszeiten eine einwandfreie patriotische deutsch-nationale Haltung.« Vgl. ebd., Nr. 119, S. 273, Anm. 9.
[25] Vgl. ebd., Nr. 45, S. 87 f.
[26] Vgl. ebd., Nr. 67, S. 150 f.; Nr. 74, S. 176 ff.

Die Hoffnung, durch das Wirken der Berliner zentralen militärischen und zivilen Institutionen eine Vereinheitlichung allmählich herbeiführen zu können und auf die dominierende Rolle des Kommunikationszentrums Berlin zu vertrauen, war nicht unbegründet. Durch die Verfügung über die gewissermaßen amtliche Nachrichtenagentur, das Wolff'sche Telegraphen-Büro, war die Steuerung der Masse der militärischen Nachrichten und Mitteilungen ohne weiteres möglich. Die bereits im August 1914 organisierten und seit Herbst 1914 regelmäßig stattfindenden Pressekonferenzen wurden bald zum Zentrum der Nachrichtenpolitik sämtlicher Berliner Behörden und gewannen für die Provinzpresse kaum zu überschätzende Bedeutung[27]. Das Zusammenwirken des örtlichen Militärbefehlshabers, des Oberkommandierenden in den Marken, mit dem Stellvertretenden Generalstab, dessen Oberzensurstelle, und dem Preußischen Kriegsministerium verlieh den Erklärungen dieser Instanzen auf den Pressekonferenzen zunehmend Gewicht. Auch die Zensurtelegramme der Oberzensurstelle trugen wesentlich zur Vereinheitlichung der Handhabung der Zensur bei[28]. Und trotzdem blieb die Entscheidung über eine Zensurmaßnahme ausschließlich Sache des örtlichen Militärbefehlshabers und es ist nicht verwunderlich, daß gerade bei aktuellen politischen Fragen die Uneinheitlichkeit der Zensurmaßnahmen der Militärbefehlshaber besonders zum Ausdruck kam.

Gerade in der Frage der Kriegsziele, die bereits wenige Wochen nach Kriegsbeginn immer weitere Kreise beschäftigte, haben die Militärbefehlshaber erkennbar ihre persönliche Meinung auch bei Zensurmaßnahmen zur Geltung gebracht[29]. Als im Oktober 1914 die Stimmen sich mehrten, die einerseits ihre weitgesteckten Kriegsziele erkennen ließen und andererseits verdeckt aber unmißverständlich gegen die Politik des Reichskanzlers polemisierten, versuchte Bethmann Hollweg zunächst in direktem Kontakt mit dem Generalobersten v. Kessel, dem Oberkommandierenden in den Marken, die aus seiner Sicht gebotenen Zensurmaßnahmen gegenüber bestimmten Presseorganen herbeizuführen. Doch Kessel war nicht ohne weiteres bereit auf die Wünsche des Reichskanzlers einzugehen, so daß Bethmann sich gezwungen sah, zu versuchen, die Militärbefehlshaber durch einen kaiserlichen Befehl, eine Allerhöchste Kabinettsordre, zur Unterstützung seiner Politik zu veranlassen. Doch auch dieser Versuch scheiterte[30]. Die im November 1914 bekanntgemachten »Ergänzungen des Merkblattes für die Presse« wurden den Militärbefehlshabern mit einem Begleitschreiben des Stellvertretenden Preußischen Kriegsmi-

---

[27] Die offiziellen Erklärungen der Behördenvertreter in diesen Konferenzen wurden als »Aufzeichnungen« an alle regionalen und sogar lokalen Zensurbehörden versandt (vgl. ebd., Nr. 38, S. 76 ff.). Die Wortprotokolle dieser Konferenzen (von Oktober 1917 bis Anfang November 1918) sind eine der interessantesten Quellen für die Wandlungen der öffentlichen Meinung und der Stimmung im Kriege (vgl. ebd., Nr. 417, S. 1120 f.).

[28] Im März 1917 gab die Oberzensurstelle das »Zensurbuch für die deutsche Presse« heraus, das die wichtigsten Zensurbestimmungen schlagwortartig zusammengefaßt wiedergab, vgl. ebd., Nr. 67, S. 147, Anm. 14.

[29] Fischer, Griff nach der Weltmacht (wie Anm. 3), S. 109–137, 184–222.

[30] Militär und Innenpolitik (wie Anm. 5), Nr. 39 und 40, S. 78 ff., Nr. 88, S. 207 f. Für eine weitere Kontroverse ähnlicher Art vgl. Wilhelm Deist, Eine Kontroverse zwischen dem Reichskanzler und dem Oberbefehlshaber in den Marken im Sommer 1915, in: Militärgeschichtliche Mitteilungen, 5 (1969), S. 101–119.

nisters übersandt und durch eine Kontroverse in der Berliner Pressekonferenz vom 30. November weitgehend entwertet[31]. Unter dieser Perspektive ist die Aufhebung des Verbots der Erörterung von Kriegszielen in der Öffentlichkeit auf Initiative der 3. OHL im November 1916[32] nur der Schlußpunkt einer vom Herbst 1914 an zu verfolgenden Entwicklung, gegen die der Reichskanzler sich — angesichts der starken Position der Militärbefehlshaber — nur mit unzulänglichen, bürokratischen Mitteln wehren konnte.

Auf der anderen Seite des politischen Spektrums hatten es die Militärbefehlshaber mit der Arbeiterbewegung und ihren Organisationen zu tun. Die Vorgänge um die Bewilligung der Kriegskredite durch die Sozialdemokratische Reichstagsfraktion führten zu einem bemerkenswert aufgeschlossenen Verhalten einiger Militärbehörden gegenüber dem bisherigen innenpolitischen Gegner[33]. Aber trotz einer gewissen äußeren Entspannung des Verhältnisses wurde die Entwicklung in Partei und Gewerkschaften von seiten der Militärbefehlshaber mit mißtrauischer Aufmerksamkeit beobachtet. Im November 1914 z. B. versuchte der Militärbefehlshaber im XIII. AK in Stuttgart die Aktivitäten einer radikalen sozialdemokratischen Jugendgruppe durch Vortragsverbote und die Anordnung der Vorzensur für deren Schriften zu unterbinden. Die generelle Linie für das Verhalten gegenüber Partei und Gewerkschaft, die sich bis in die Revolution hinein gehalten hat, läßt sich bereits in diesem Stuttgarter Vorgang erkennen. Im Benehmen mit dem Württembergischen Innenminister war der Militärbefehlshaber bestrebt, seine Maßnahmen gegen einzelne Vertreter der radikalen Gruppierung so zu wählen, daß ein Solidarisierungseffekt innerhalb der Gesamtpartei vermieden wurde[34]. Dieses Verfahren steigerte sich in den folgenden Jahren, insbesondere nach der Spaltung der Partei, zu einer scharfen Unterdrückungspolitik des Preußischen Kriegsministeriums und der Militärbefehlshaber gegenüber der Sozialdemokratischen Arbeitsgemeinschaft[35] und später der USPD, die mit der ständigen Mahnung verbunden war, keine Märtyrer zu schaffen und die Mehrheitssozialdemokratie so weit wie nur irgend möglich zu schonen. Diese generelle Linie der Politik gegenüber der organisierten Arbeiterbewegung konnte einzelne Militärbefehlshaber natürlich nicht daran hindern, gegen Funktionäre der Mehrheitssozialdemokratie und der ihnen nahestehenden Gewerkschaften mit Versammlungsverboten, Zensurmaßnahmen etc. vorzugehen[36].

Für die Zensurbehörden wurde diese politische Auseinandersetzung seit dem Beginn des Jahres 1915 von dem Problem überlagert, die Berichterstattung über die wachsenden

---

[31] Vgl. Militär und Innenpolitik (wie Anm. 5), Nr. 42 und 44, S. 81 ff., 85 f.
[32] Vgl. die Denkschrift des Chefs des Kriegspresseamts über die Vor- und Nachteile einer öffentlichen Erörterung der Kriegsziele (5.10.1916), ebd., Nr. 175, S. 431–440, und die Entwicklung, die zur Freigabe der Kriegszielerörterungen führte, ebd., Nr. 176, Nr. 178–182, S. 441 f., S. 444–456.
[33] Vgl. ebd., Nr. 80–82, Nr. 85–86, S. 194–200, S. 202–206; Susanne Miller, Burgfrieden und Klassenkampf. Die deutsche Sozialdemokratie im Ersten Weltkrieg, Düsseldorf 1974, S. 240–253.
[34] Militär und Innenpolitik (wie Anm. 5), Nr. 89, Nr. 91, Nr. 99, Nr. 122, S. 209, 211 ff., 230 ff., 282 ff. Vgl. die Korrespondenz zwischen militärischen und zivilen Institutionen in Berlin über das militärgerichtliche Verfahren gegen Karl Liebknecht, vgl. ebd., Nr. 100–103, S. 232–242.
[35] Für einige Beispiele dieser Politik vgl. ebd., Nr. 109, Nr. 149, Nr. 169, Nr. 280, Nr. 303, Nr. 310, Nr. 376, S. 253 ff., 369 ff., 419, 709, 735 f., 761–764, 775 f., 1002–1012.
[36] Vgl. ebd., Nr. 164, S. 405, Anm. 11; Nr. 292, S. 743 f.; Nr. 466, S. 1253–1257.

Schwierigkeiten der Volksernährung zu überwachen und zu steuern. Die Militärbefehlshaber gerieten durch die Auseinandersetzungen um die zum Teil ganz erhebliche Lebensmittelverteuerung und schließlich mit der ab Sommer 1915 spürbar werdenden Verknappung bestimmter Lebensmittel in eine äußerst prekäre Lage[37]. Der Unmut insbesondere der städtischen Bevölkerung richtete sich gegen die landwirtschaftlichen Produzenten, den Handel ganz allgemein und gegen die Unfähigkeit der zivilen Behörden, eine gerechte und ausreichende Versorgung zu gewährleisten. Es ist bemerkenswert, daß die Militärbefehlshaber nicht einfach mit bloßer Repression auf die Proteste in den Zeitungen und auf den Straßen reagierten. Zunächst das Bayerische und dann auch das Preußische Kriegsministerium empfahlen, die wachsende Empörung der Konsumenten durch die Zulassung von öffentlichen Versammlungen und Aussprachen — natürlich unter Auflagen und bei ständiger Überwachung — zu entschärfen[38]. Konkret lief dieser Empfehlung auf die Zulassung vor allem sozialdemokratischer und gewerkschaftlicher öffentlicher Versammlungen hinaus. Die Mehrzahl der Militärbefehlshaber hat in dieser Frage das öffentliche Interesse unter einer weitgefaßten Perspektive definiert und sich damit teilweise in eine bis dahin undenkbare Konfrontation mit den landwirtschaftlichen Produzenten und den zivilen Verwaltungsspitzen hineinmanövriert. Neben dieser, wenn man so will »liberalen« Politik wurde an einer sehr strikten Überwachung der Berichterstattung über Demonstrationen, Aufläufe und Unruhen, d.h. den Konsequenzen der Lebensmittelverteuerung und -verknappung in der Öffentlichkeit festgehalten. Alle Mittel der Zensur wurden hierzu verwandt und ihr Einsatz mit der unerwünschten, kriegsverlängernden Wirkung derartiger Meldungen im feindlichen Ausland gerechtfertigt[39].

Am Problem der Lebensmittelverteuerung und -verknappung zeigten sich im Verlauf des Ersten Weltkrieges zum ersten Mal die Grenzen, die der Zensur bei der Steuerung der öffentlichen Meinung gezogen waren. Die Militärbefehlshaber konnten mit Hilfe ihrer Vollmachten zwar die Versammlungsaktivitäten so steuern, daß dort Dampf abgelassen und die Explosionsgefahr vermindert wurde und sie konnten auch die Berichterstattung durch Auflagen jeder Art manipulieren, aber die Ursache des Problems konnten sie nicht eliminieren. Mit der Zensur und den anderen Eingriffsmöglichkeiten war der Militärbefehlshaber nur in der Lage, die negativen Konsequenzen bestimmter Entwicklungen und zwangsläufig auftretender Probleme für die öffentliche Meinung nach Möglichkeit einzuschränken, die Lage gewissermaßen zu stabilisieren. Eine völlige Manipulierbarkeit der öffentlichen Meinung war wegen der Vielzahl der Militärbefelshaber und auch wegen der nach wie vor vorhandenen, vielfältigen Informationsmöglichkeiten nicht möglich. Die Presse der Neutralen stand dem Publikum nach wie vor zur Verfügung[40], die feindlichen

---

[37] Zum Konflikt innerhalb der bayerischen Regierung vgl. ebd., Nr. 190, S. 496 f., Anm. 14; Doris Fischer, Die Münchner Zensurstelle während des Ersten Weltkrieges. Alfons Falkner von Sonnenburg als Pressereferent im Bayerischen Kriegsministerium in den Jahren 1914 bis 1918/19, Phil. Diss. München 1973, S. 262—265.

[38] Vgl. Militär und Innenpolitik (wie Anm. 5), Nr. 95, Nr. 97, Nr. 104, Nr. 106, S. 222 f., 226 ff., 242 f., 247 ff.

[39] Ebd., Nr. 115, Nr. 121, Nr. 156, Nr. 183, Nr. 255, S. 264—267, 279—282, 387 f., 457 f., 668 f.

[40] Vgl. als Beispiel Karl Lange, Marneschlacht und deutsche Öffentlichkeit 1914—1939. Eine verdrängte Niederlage und ihre Folgen, Düsseldorf 1974, S. 80—84.

Heeresberichte konnten bis zum Ende des Krieges in der deutschen Presse abgedruckt[41], die Reden in den deutschen Parlamenten sowie ihre Wiedergabe in der Presse konnten von der Zensur nicht verhindert werden[42] und schließlich sorgte die Vielfalt der Presseorgane und die Konkurrenz unter ihnen dafür, daß von einer uniformen Berichterstattung über alle Bereiche des öffentlichen Lebens in keiner Weise gesprochen werden kann.

Ende 1915, so läßt sich aus der Rückschau diagnostizieren, war eine Situation erreicht, in der sich die Massenwirksamkeit des sogenannten »August-Erlebnisses« erschöpft hatte, der »Burgfrieden« durch die agitatorischen Machenschaften der annexionistischen Kreise der Rechten und durch die politischen Konsequenzen der spürbaren Verknappung der Lebensmittel nur noch eine bedeutungslose Hülle darstellte und somit die von Bethmann Hollweg und Moltke im August 1914 gemeinsam gestellte Aufgabe, die »Einmütigkeit des deutschen Volkes« zu erhalten, nicht mehr erfüllbar erschien. Aber der Generalstabschef von Moltke hatte schon im August 1914 die Motivation der Soldaten und der Bevölkerung für den Krieg, d.h. »die Stimmung« als eine wesentliche Voraussetzung der Kriegführung erkannt[43] und diese Erkenntnis hatte sich mit der Dauer des Krieges immer mehr gefestigt. Es ist deshalb symptomatisch, daß die seit November 1915 erfolgende Berichterstattung der Stellvertretenden Kommandierenden Generale über die Lebensmittelversorgung der Bevölkerung im März 1916 durch einen Abschnitt »Stimmung der Zivilbevölkerung« ergänzt wurde[44]. Es ist auch in mehrfacher Beziehung symptomatisch, daß der Anstoß zu Maßnahmen zur »Aufrechterhaltung der Stimmung in der Heimat« Anfang Februar 1916 vom Bayerischen Kriegsministerium ausging[45], der vom Preußischen Kriegsministerium einen Monat später mit einer entsprechenden Empfehlung aufgenommen wurde[46]. In den Schreiben der beiden Kriegsministerien ist — wenn auch verklausuliert — auf die militärische Bedeutung dieses Problems hingewiesen worden. Die Minister regten bei ihren zivilen Kollegen an, durch die Mobilisierung einer Vielzahl von Multiplikatoren — Geistliche, Lehrer, Bürgermeister etc. — auf die Stimmung der Zivilbevölkerung im Sinne des »Durchhaltens« einzuwirken. Die auf diese Weise in Gang kommende Propaganda war außerordentlich vielgestaltig in den Formen, stand unter der Oberaufsicht der jeweiligen Ministerien und stützte sich auf eine Vielzahl beamteter, aber auch freier Mitarbeiter[47]. Der Erfolg dieser Bemühungen ist sehr schwer abzuschätzen. Die allgemeine »Stimmung« verschlechterte sich in den Herbst- und Wintermonaten 1916/17, dem sogenannten Kohlrübenwinter bis zu einem Tiefpunkt im Frühjahr 1917 und sie entlud sich in den April-Streiks desselben Jahres[48].

---

[41] Militär und Innenpolitik (wie Anm. 5), Nr. 450, Nr. 471, S. 1208f., 1274—1277.
[42] Als ein Beispiel vgl. ebd., Nr. 311, S. 777.
[43] Vgl. Anm. 6.
[44] Vgl. Militär und Innenpolitik (wie Anm. 5), Nr. 154, S. 378f., Anm. 1.
[45] Ebd., Nr. 126, S. 294—299.
[46] Ebd., Nr. 128, S. 302—305.
[47] Vgl. die Berichte über verschiedene Propagandakonferenzen 1916/17, ebd., Nr. 130—133, Nr. 136, Nr. 138ff., S. 308—322, 328—338, 343—352.
[48] Vgl. die Auszüge aus den Berichten der Militärbefehlshaber für Februar und April 1917 ebd., Nr. 254 und 292, S. 666f., 740—744; Feldman, Army (wie Anm. 16), S. 333—348; Jürgen Kocka, Klassengesellschaft im Krieg 1914—1918, Göttingen 1973, S. 33—57.

Ganz abgesehen von organisatorischen Mängeln, die dieser »amtlichen« Propaganda ganz zweifellos anhafteten, krankte sie an dem Umstand, daß sie — angesichts der immer weiter um sich greifenden, existentiellen Not und Verunsicherung sehr breiter Bevölkerungsschichten — ohne positive Perspektive war, Alternativen zur gegebenen Situation nicht überzeugend dartun konnte. Eine bloße Ermunterung zum weiteren »Durchhalten« konnte unter diesen Umständen keinen mobilisierenden Effekt haben. Obwohl der Reichskanzler verschiedentlich auf die Notwendigkeit der Propaganda hingewiesen hatte, war er nicht willens oder nicht in der Lage sie mit einer derartigen Perspektive auszustatten.
Diese dem Kanzler fehlende Dynamik des politischen Handelns hat auch dazu beigetragen, daß die 3. OHL unter Hindenburg und Ludendorff schon bald nach ihrer Berufung unangefochten die öffentliche Meinung für sich gewinnen konnten[49]. Die »amtliche«, bisher von den Zivilbehörden bürokratisch betreute Propaganda ging mit der von Ludendorff geforderten und im November 1916 vollzogenen Aufhebung des Verbots der Kriegszielerörterungen in der Öffentlichkeit[50] immer mehr in die Hände der Militärs über[51], bis schließlich mit der Einführung des »Vaterländischen Unterrichts« bei der Armee Ende Juli 1917 die Kontrolle über sämtliche Propagandaaktivitäten auf die OHL überging[52].
Die 3. OHL, d.h. in diesem Falle Ludendorff und der auf diesem Gebiet verantwortliche Offizier, Oberstleutnant Nicolai, haben ihren Plänen und Maßnahmen von Anfang an ein politisches Programm zugrundegelegt und ohne besondere Mühe auch durchgesetzt. Ihr Ziel war der militärische Sieg, ihm hatte die Propaganda zu dienen. Konsequenz für die Propaganda war die Herausstellung des Siegespreises, des Siegfriedens. Damit war die Gefolgschaft der sogenannten Kriegszielmehrheit in der öffentlichen Meinung gesichert. In ihren propagandistischen Initiativen hat sich die OHL von den extremen konkreten Forderungen der Annexionisten ferngehalten, das Schlagwort vom Siegfrieden bzw. Hindenburgfrieden genügte[53]. Oberstleutnant Nicolai hat sich dagegen vor seinen Aufklärungsoffizieren mit Vehemenz gegen alle Tendenzen gewandt, die sich mit den Begriffen Verständigungsfrieden, Frieden ohne Annexionen und Kontributionen, Verzichtfrieden umschrieben werden konnten[54]. Mit diesem Programm war eindeutig auch eine innenpolitische Frontstellung verbunden, die letztlich über Wirkung und Erfolg dieser Propaganda entschied. Diese Tendenz, aus der man intern seit Herbst 1916 nie einen Hehl gemacht hatte[55], drang im Frühjahr 1917 in der Auseinandersetzung mit den

---

[49] Vgl. Ritter, Staatskunst, Bd 3 (wie Anm. 3), S. 246—249; Erdmann, Der Erste Weltkrieg (wie Anm. 1), S. 124.
[50] Vgl. Anm. 32.
[51] Im April 1917 sprach sich der Chef des Kriegspresseamtes auf einer Zensurkonferenz dafür aus, daß die Militärbefehlshaber die Leitung aller Propagandamaßnahmen übernehmen sollten; vgl. Militär und Innenpolitik (wie Anm. 5), Nr. 321 und 325, S. 805—812, 823f.
[52] Vgl. ebd., Nr. 331 ff., S. 841—855.
[53] Vgl. einerseits die Ergebnisse der Kriegszielkonferenz in Kreuznach vom 23.4.1917 (Ritter, Staatskunst, Bd 3, wie Anm. 3, S. 503—508) und andererseits den Wortlaut der Leitsätze für die Aufklärungstätigkeit unter den Truppen vom 29.7.1917, ebd., Nr. 331, S. 845f.
[54] Vgl. als ein Beispiel den von Nicolai entworfenen Befehl Ludendorffs vom 15.9.1917 — ebd., Nr. 337, S. 862f. — und Nicolais Äußerung vom 16.10.1917 — ebd., Nr. 341, S. 877, Anm. 17.
[55] Vgl. die entsprechenden Äußerungen des Oberstleutnants Bauer, ebd., Nr. 246, Nr. 258, Nr. 286,

Rückwirkungen der russischen Februarrevolution, der Kriegszielresolution der Mehrheitssozialdemokratie und den April-Streiks mehr und mehr in die Öffentlichkeit und wurde mit der propagandistischen Bekämpfung der Friedensresolution des Reichstages durch den »Vaterländischen Unterricht« zu einem beständigen Thema der Propaganda[56]. Seit der Ablösung des Oberstleutnants Deutelmoser als Chef des Kriegspresseamtes Ende Oktober 1916 hatte Nicolai das Amt systematisch zu der Zentrale einer militärisch organisierten Propaganda in Feld und Heimat ausgebaut. Im April 1917 übernahmen die Aufklärungsoffiziere bei den stellvertretenden Generalkommandos die Verantwortung für die Propaganda in den entsprechenden Armeekorpsbereichen der Heimat und als mit der Einrichtung des »Vaterländischen Unterrichts« bei der Armee Ende Juli 1917 Aufklärungsoffiziere bei den Armeen und den Armeekorps berufen wurden, war die organisatorische Grundlage für eine umfassende zentralgesteuerte Propaganda geschaffen[57]. Mit ihrer Hilfe und der steigenden Flut der vom Kriegspresseamt betreuten Druckschriften aller Art und der in hohen Auflagen gedruckten Flugblätter sollte die Propaganda massenwirksam gestaltet werden[58]. Hinzu kamen Vortragsveranstaltungen aller Art und insbesondere die propagandistische Ausnutzung des neuen Mediums, des Films. Trotz der zentralen Steuerung der Propagandaaktionen blieb die praktische Durchführung natürlich abhängig von den Fähigkeiten und dem Maß der persönlichen Initiative des einzelnen verantwortlichen Aufklärungsoffiziers[59]. Hieraus ergaben sich erhebliche Unterschiede, die u. a. dazu führen konnten, daß der »Vaterländische Unterricht« bei der Armee die Form der bekannten, in ihrer Wirkung tödlich langweiligen Instruktionsstunde annahm[60] oder sich bei der Zivilbevölkerung der Heimat zu einer Art Erwachsenenbildung[61] entwickelte.

Gemeinhin wird die These vertreten, daß die von den Militärs gesteuerte Propaganda in ihrer Wirkung durch die agitatorische Tätigkeit der im September 1917 gegründeten Deutschen Vaterlandspartei wesentlich verstärkt worden sei[62]. Diese These ließe sich nur dann erhärten, wenn der Nachweis geführt werden könnte, daß die von den beiden Organisationen ausgehende Propaganda die bisherigen kriegspolitischen und innenpolitischen

---

S. 651 f., 673 ff., 716—719; Bruno Thoß, Nationale Rechte, militärische Führung und Diktaturfrage in Deutschland 1913—1923, in: Militärgeschichtliche Mitteilungen, 42 (1987), S. 27—76.

[56] Vgl. die Richtlinien des Preußischen Kriegsministeriums für die Aufklärungstätigkeit in der Heimat als Folge der Kritik im Reichstag im Oktober 1917, Militär und Innenpolitik (wie Anm. 5), Nr. 341, S. 872—878.

[57] Ebd., Nr. 331, S. 841—846.

[58] Einen guten Einblick in diese Aktivitäten gibt das Protokoll einer Konferenz aller für den »Vaterländischen Unterricht« verantwortlichen Offiziere am 27.12.1917, ebd., Nr. 346, S. 894—911.

[59] Vgl. als ein Beispiel die Initiativen des Hauptmanns und Theologieprofessors Hermelink in Württemberg, ebd., Nr. 354, S. 937—941; Günter Mai, »Aufklärung der Bevölkerung« und »Vaterländischer Unterricht« in Württemberg 1914—1918, in: Zeitschrift für Württembergische Landesgeschichte, 36 (1977), S. 199—235.

[60] Vgl. als ein Beispiel Militär und Innenpolitik (wie Anm. 5), Nr. 349, S. 919—923.

[61] Vgl. ebd., Nr. 345, S. 889—894.

[62] Dirk Stegmann, Die Erben Bismarcks. Parteien und Verbände in der Spätphase des Wilhelminischen Deutschlands, Köln, Berlin 1970, S. 497—519.

Fronten überwinden und die Anhängerschaft eines Siegfriedens erweitern konnte. Das agitatorische Auftreten der Vaterlandspartei des Admiral v. Tirpitz wurde im Januar 1918 als derart provozierend empfunden, daß einzelne Militärbefehlshaber sich gezwungen sahen einzugreifen, um eine Eskalation der politischen Auseinandersetzung zu vermeiden[63]. Wichtiger noch sind die durchaus nicht seltenen Feststellungen verantwortlicher Offiziere im Frühjahr 1918, daß die Propaganda bisher vergeblich versucht habe, an die Masse der Beschäftigten überhaupt heranzukommen[64]. Dem dürfte die Wirkung des »Vaterländischen Unterrichts« in der Armee auf die Masse der Mannschaften entsprochen haben. Dieser Unterricht fand in der Ruhestellung, in der Etappe statt und damit waren unter den gegebenen Verhältnissen der propagandistischen Einwirkung engste Grenzen gesetzt[65]. Insgesamt wird man zu dem Ergebnis kommen, daß die seit Sommer 1917 mit großem organisatorischem, materiellen und personellen Aufwand betriebene Propaganda zur Verbesserung der »Stimmung« in Feld und Heimat im besten Falle zu einer Stabilisierung der »Stimmung« in denjenigen Kreisen beigetragen hat, die auch nach den Materialschlachten des Jahres 1916 und trotz des Kohlrübenwinters 1916/17 an der Möglichkeit eines Siegfriedens nicht gezweifelt hat. Die stabilisierende Wirkung der Propaganda hat dann im Herbst 1918, nach der Erkenntnis der tatsächlichen militärischen Lage, zu einem panikartigen Umschlag der »Stimmung« dieser Kreise in Resignation und Verzweiflung geführt[66].

Dieser Überblick über Zensur und Propaganda in Deutschland während des Ersten Weltkrieges zeigt vor allem die bestimmende Funktion der bewaffneten Macht im staatlichen und gesellschaftlichen System des Kaiserreiches. Und an der Propagandaoffensive der 3. OHL ist abzulesen, daß das Militär als Garant einer ganz bestimmten gesellschaftlichen Ordnung vor der unlösbaren Aufgabe stand, den totalen Krieg mit Hilfe der Schichten in Feld und Heimat führen zu müssen, die diese gesellschaftliche Ordnung ablehnten. Die »Umwälzung alles Bestehenden«, die Bethmann Hollweg als Ergebnis des Krieges vorausgesehen hatte, stand nun auch für die bewaffnete Macht vor der Tür[67].

---

[63] Vgl. Militär und Innenpolitik (wie Anm. 5), Nr. 431, S. 1144—1147.
[64] Vgl. ebd., Nr. 359 f., S. 948—951.
[65] Wilhelm Deist, Der militärische Zusammenbruch des Kaiserreichs. Zur Realität der »Dolchstoßlegende«, in: Ursula Büttner (Hrsg.), Das Unrechtsregime, Bd 1, Hamburg 1986, S. 108 und Anm. 38.
[66] Vgl. den Bericht des Professors Hermelink vom 16.9.1918, Militär und Innenpolitik (wie Anm. 5), Nr. 365, S. 961—966, und das Protokoll der Pressekonferenz vom 4.10.1918 ebd., Nr. 480, S. 1300—1305.
[67] Vgl. Deist, Der militärische Zusammenbruch (wie Anm. 65), S. 101—129, insbesondere 119—122.

Die Unruhen in der Marine 1917/18

Der 50. Jahrestag der deutschen Novemberrevolution 1918 ist von der Öffentlichkeit insgesamt nur am Rande zur Kenntnis genommen worden. Zwar haben die größeren Zeitungen entsprechende Artikel veröffentlicht, aber in ihnen stand deutlich die Schilderung des Ablaufs der Ereignisse im Vordergrund, auch das Fernsehen folgte dieser Tendenz[1]. Weder die parlamentarischen Körperschaften noch die Bundesregierung haben dieses Ereignisses in offizieller Weise gedacht. Sie haben sich damit der schwierigen Aufgabe entzogen, zu einem sehr komplexen Vorgang der deutschen Geschichte in politisch urteilender Weise Stellung zu nehmen. Obgleich in wissenschaftlichen Publikationen die Frage gestellt wird, ob die Bezeichnung »Revolution« zu Recht auf die Ereignisse vom November 1918 bis zum Frühjahr 1919 angewandt werde, ob tatsächlich ein Machtwechsel stattgefunden habe, und in fundierten Untersuchungen die Rolle der Arbeiter- und Soldatenräte in neuer Perspektive gesehen wird, scheint der 9. November 1918 für einen nicht unbedeutenden Teil der interessierten Öffentlichkeit noch immer unter dem Aspekt des Zusammenbruchs einer bewährten Staatlichkeit, einer äußersten Bedrohung der wirtschaftlichen und vor allem sozialen Gesellschaftsordnung, kurz des Chaos' unter rotem Vorzeichen zu stehen.
Das Trauma des November 1918 hat die innere Entwicklung der Weimarer Republk entscheidend geprägt. Auch für das nationalsozialistische Regime blieben die Novemberereignisse ein stets präsentes Menetekel, und es war nicht nur eine rhetorisch wirksame Anspielung, als Hitler am 6. Oktober 1939 vor dem Reichstag erklärte[2]: »Weder Waffengewalt noch die Zeit werden Deutschland bezwingen. Ein November 1918 wird sich in der deutschen Geschichte nicht mehr wiederholen. Die Hoffnung auf eine Zersetzung unseres Volkes ist kindlich.« Hitler hat dafür gesorgt, daß in bezug auf die wirtschaftliche Versorgung der Zivilbevölkerung die Konsequenzen aus den Erfahrungen des Ersten Weltkrieges gezogen wurden[3].
Für die Reichs- und Kriegsmarine hatte die Erinnerung an die Novemberereignisse natürlich einen sehr spezifischen Charakter. Großadmiral Raeder hat jenen Zusammenhang in seinen Erinnerungen sehr einprägsam formuliert[4]: »Es war für jeden Vorgesetzten in der Marine ein stiller Schwur, daß niemals wieder ein November 1918 in der Marine eintreten dürfe, wie groß auch immer die Belastung oder Beanspruchung in der Zukunft von irgendeiner Seite sein würde.« Die hinter diesen Worten stehende Entschiedenheit wird erst dann ganz verständlich, wenn man sich vergegenwärtigt, daß die damals zur herrschenden Meinung gewordene Ansicht von der führenden Rolle der Marine wäh-

---

[1] Vgl. hierzu: 1918–1968. Der fünfzigste Jahrestag der Novemberrevolution im Spiegel der deutschen Presse. Von einer Gruppe Kieler Studenten, redigiert von J. Petersen, in: Geschichte in Wissenschaft und Unterricht (GWU), 20 (1969), S. 454–579.
[2] M. Domarus, Hitler. Reden und Proklamationen 1932–1945, Bd 2, München 1963, S. 1393.
[3] Vgl. hierzu z. B. A. Speer, Erinnerungen, Frankfurt/M. 1969, S. 229.
[4] E. Raeder, Mein Leben. Bis zum Flottenabkommen mit England 1935, Tübingen 1956, S. 240.

rend des Zusammenbruchs 1918 den Aufbau der Reichsmarine ständig begleitete. Die psychologischen Rückwirkungen auf das Seeoffizierkorps waren gravierend und sind nur schwer abzuschätzen, sie scheinen auch heute noch nicht völlig überwunden. Es wird jedoch häufig übersehen, daß die Oktoberereignisse des Jahres 1918 noch aus einem anderen Grunde für das Seeoffizierkorps schwerwiegende Folgen hatten. In der kurzen Zeitspanne von 1897 bis 1914 hatte die Kaiserliche Marine unter der überragenden Führung von Tirpitz einen Aufschwung genommen, der, gemessen an früheren Beispielen und an der Entwicklung der Reichs- und Kriegsmarine, als einzigartig zu bezeichnen ist. Insbesondere um die Jahrhundertwende war die Marine zum Symbol des Reichsgedankens geworden, sie gewann vor allem auch die begeisterte Unterstützung der tonangebenden Schichten des Besitz- und Bildungsbürgertums, für das sie zum unentbehrlichen Instrument deutscher Weltmachtpolitik wurde[5]. Das Seeoffizierkorps, als Repräsentant der Kaiserlichen Marine, hatte in sozialer und gesellschaftlicher Hinsicht an dieser Entwicklung partizipiert; sein Ansehen konnte sich vor dem Weltkrieg mit dem der Gardeoffizierkorps messen. In der Vorstellung der Zeitgenossen stand zudem das Bild des Seeoffiziers in einer sehr viel engeren Beziehung zu den aufstrebenden Kräften der Industrie, des Handels und der Technik als das des Offiziers der Armee. Dem Korps schien damit die Zukunft zu gehören[6]. Mit dem Zusammenbruch des Kaiserreiches war der erste Versuch einer überseeischen deutschen Weltmachtpolitik auf drastische Weise gescheitert; einer Marine Tirpitz'scher Prägung waren damit die Bedingungen ihrer Entwicklung, ihrer Existenz genommen. Dieser Sturz vom Zentrum an die Peripherie, das Absinken vom Mittelpunkt des Geschehens zu relativer Bedeutungslosigkeit hatte Folgen, die sich unter anderem auch in der historischen Bearbeitung und Beurteilung jener glanzvollen Epoche deutscher Marinegeschichte und ihres Niedergangs niedergeschlagen haben.

Diese Vorbemerkungen waren notwendig, um den Rahmen abzustecken, in dem der Beitrag von U. Czisnik gesehen werden muß, der vor kurzem in dieser Zeitschrift unter gleichem Titel erschienen ist[7]. Die Kritik an Czisniks Darstellung zwingt zu einer erneuten Beschäftigung mit dem Thema, da der Autor zwar den Anspruch erhebt, eine kritische historisch-wissenschaftliche Darstellung zu bieten[8], aber die Perspektive unzulässig verengt, die neueren Ergebnisse der Forschung kaum berücksichtigt[9] und in

---

[5] Statt einer Fülle von bekannten Titeln sei an dieser Stelle verwiesen auf den Aufsatz von V.R. Berghahn, Zu den Zielen des deutschen Flottenbaus unter Wilhelm II., in: Historische Zeitschrift (HZ), 210 (1970), S. 34ff., und die dort in reichem Maße nachgewiesene Literatur. Berghahns Interpretation der Flottenpolitik, gewonnen aufgrund eines umfassenden Aktenstudiums, hat für die wissenschaftliche Diskussion neue Perspektiven eröffnet.

[6] Vgl. K. Demeter, Das deutsche Offizierkorps in Gesellschaft und Staat 1650–1945, 4. Aufl., Frankfurt/M. 1965, S. 25f. Vgl. auch die aus den Akten erarbeitete Studie von Holger H. Herwig, Das Elitekorps des Kaisers. Die Marineoffiziere im wilhelminischen Deutschland, Hamburg 1977 (= Hamburger Beiträge zur Sozial- und Zeitgeschichte, Bd 13).

[7] Marine-Rundschau (MR), 67 (1970), S. 641–664. Vgl. hierzu auch die durchweg kritischen, aber auch weiterführenden Stellungnahmen von W. Rahn und S. Beyer in: MR, 68 (1971) S. 188ff. und 255f.

[8] MR, 67 (1970), vgl. die Einleitung, S. 641f.

[9] Außer den von Czisnik ausgiebig benutzten Publikationen von H. Neu, Die revolutionäre Bewegung auf der deutschen Flotte 1917–18, Stuttgart 1930 und von H. Kutscher, Admiralsrebellion oder

zahlreichen Fällen selbstverständliche Grundsätze historisch-wissenschaftlicher Arbeit verletzt[10].

Ebenso wie der Aufstieg der Kaiserlichen Marine unter Tirpitz unauflöslich mit den Elementen der deutschen Vorkriegspolitik verbunden ist, so eng ist auch der Zusammenhang, in dem die Unruhen auf den Schiffen der Hochseeflotte mit der innenpolitischen Entwicklung des Kaiserreiches im Krisenjahr 1917 stehen. Eine, wenn auch grobe Skizzierung dieser Entwicklung ist deshalb notwendig, um die besondere Situation, in der sich die Kaiserliche Marine — Seeoffizierkorps und Mannschaft — in jenen Monaten befand, verständlich zu machen.

Der zu Kriegsbeginn proklamierte Burgfrieden zwischen den Parteien untereinander und gegenüber der Exekutive war schon ein Jahr später vielfach gebrochen und schließlich im Jahre 1916 wesentlich durch die von der Rechten getragene, immer mehr an die Öffentlichkeit dringende Agitation für weitausgreifende Kriegsziele zu einer leeren Floskel degradiert worden. Die sogenannte »Kriegszielmehrheit« rekrutierte sich aus den konservativen Parteien, den Nationalliberalen und dem Zentrum und konnte mit der Zustimmung weiter Kreise der Industrie, des Handels, der Wissenschaft, des nationalen Bürgertums insgesamt rechnen. Die Bewegung richtete sich in zunehmendem Maße gegen den Reichskanzler v. Bethmann Hollweg, der ihren aktivsten Kräften auch wegen seiner Tendenzen zu innenpolitischen Reformen, der vielumstrittenen »Neuorientierung«, als eine Gefahr für die Erhaltung der besonderen Herrschaftsstruktur, des sozialen status quo erschien.

Demgegenüber verkündete die Sozialdemokratie das Ziel eines Friedens ohne Annexionen und Kontributionen und verband damit die Forderung nach sofortigen innenpolitischen Reformen. Die Position der Partei war durch die Entscheidung des August 1914,

---

Matrosenrevolte? Der Flotteneinsatz in den letzten Tagen des Weltkrieges, Stuttgart 1933, gibt es einige neuere Studien, die sich speziell mit der Entwicklung innerhalb der Marine beschäftigen. Zu nennen wären: Die entsprechenden Aufsätze von H. J. Bernhard und K. Zeisler, in: Revolutionäre Ereignisse und Probleme in Deutschland während der Periode der Großen Sozialistischen Oktoberrevolution 1917/18, hrsg. v. Institut f. Geschichte an der Deutschen Akademie d. Wissenschaften zu Berlin, Berlin 1957, S. 89 ff. und 185 ff. sowie mein Beitrag, Die Politik der Seekriegsleitung und die Rebellion der Flotte Ende Oktober 1918, in: Vierteljahrshefte f. Zeitgeschichte, 14 (1966), S. 341 ff. Neben den entsprechenden Gesamtdarstellungen (G. Ritter, Staatskunst und Kriegshandwerk, Bd 3 u. 4, München 1964/68; P. Graf Kielmansegg, Deutschland und der Erste Weltkrieg, Frankfurt/M. 1968; H. Herzfeld, Der Erste Weltkrieg, München 1968) sollten vor allem die zahlreichen Editionen herangezogen werden: Archivalische Forschungen zur Geschichte der deutschen Arbeiterbewegung, hrsg. v. Inst. f. Gesch. a. d. Dt. Akademie d. Wissenschaften zu Berlin, Bd 4/I–IV, Berlin 1959; Der Interfraktionelle Ausschuß 1917/18, bearb. von E. Matthias unter Mitwirkung von R. Morsey, Düsseldorf 1959 (= Quellen zur Geschichte des Parlamentarismus und der politischen Parteien, Reihe I/1); Die Regierung des Prinzen Max von Baden, bearb. von E. Matthias u. R. Morsey, Düsseldorf 1962 (= Quellen z. Gesch. d. Parlamentarismus u. d. pol. Parteien, Reihe I/2). Vgl. auch Militär und Innenpolitik im Weltkrieg 1914–1918, bearb. von W. Deist, Düsseldorf 1970 (= Quellen z. Gesch. d. Parlamentarismus u. d. pol. Parteien, Reihe II/1). Im folgenden wird vor allem auf die letztgenannte Edition verwiesen.

[10] Hier sei nur darauf verwiesen, daß Czisnik in Anm. 37 auf die Stenographischen Protokolle der Sitzung des Reichstages vom 17.10.1917 verweist — an diesem Tag fand keine Sitzung des Reichstages statt; auch der weitere Verweis auf eine Publikation von W. Hubatsch führt in die Irre, denn an dieser Stelle ist vom Reichstag überhaupt nicht die Rede.

den Kriegskrediten zuzustimmen, wesentlich gestärkt worden. Sie wurde allerdings zunehmend beeinträchtigt durch die Opposition des linken Parteiflügels, die 1916 zur Spaltung der Fraktion und schließlich Anfang April 1917 zur Gründung der Unabhängigen Sozialdemokratischen Partei Deutschlands (USPD)[11] führte. Das Anwachsen dieser oppositionellen Strömung innerhalb der Reichstagsfraktion der SPD läßt sich im einzelnen nachweisen[12], ob die Wähler dieser Entwicklung in einem entsprechenden Ausmaße folgten, bleibt umstritten. Jedenfalls tat die Mehrheitssozialdemokratie — mit vielfältiger, meist widerwilliger Unterstützung ziviler und militärischer Behörden aller Ebenen — alles, um eine organisatorische Abstützung der Minderheit in der Arbeiterschaft zu verhindern[13]. Bei diesem Bemühen kam ihr die Tatsache zur Hilfe, daß sich die verschiedenen, in sich zerstrittenen Gruppen, die sich in der USPD zusammenschlossen, nicht auf eine gemeinsame revolutionäre Strategie einigen konnten — entgegen einer noch immer verbreiteten Ansicht. Die USPD als »revolutionäre politische Bewegung« war im Jahre 1917 noch weit davon entfernt, »eine feste und breite Organisation«[14] zu besitzen. Trotzdem wurde sie von der Mehrheit der Partei und den Behörden als eine Gefahr empfunden, da die innenpolitische Entwicklung und die Situation an den Fronten ihre Entwicklung von der Jahreswende 1916/17 an in ganz besonderem Maße begünstigte.

Die militärische Lage war gekennzeichnet einerseits durch die relative Stabilität der Fronten im Osten, wo die Brussilowschen Offensiven und auch der Kriegseintritt Rumäniens nicht zu dem von den Alliierten erhofften Ziel geführt hatten, und andererseits durch die äußerste Bedrohung der Westfront durch den alle Befürchtungen weit übertreffenden Materialeinsatz der alliierten Armeen während der Monate hin- und herwogenden Somme-Schlacht. 1916 hatten die Mittelmächte endgültig das Gesetz des Handelns an die Gegner verloren. Die Stellungnahme der 3. Obersten Heeresleitung (OHL) unter Hindenburg und Ludendorff zu dem Friedensangebot der Mittelmächte vom Dezember 1916, ihr Drängen auf die Eröffnung des uneingeschränkten U-Bootkrieges ohne nüchterne Einschätzung der damit verbundenen politischen und letztlich auch militärischen Konsequenzen, offenbarte aber, daß die militärische Führung wie selbstverständlich noch immer davon überzeugt war, nicht nur die Initiative wiedergewinnen, sondern auch den alles entscheidenden Sieg über die Weltkoalition erringen zu können. Unter dem Eindruck der zum Teil bewußt auf psychologische Wirkung abgestellten Denkschriften des Admiralstabes[15] steigerten sich die Hoffnungen auf den unbeschränkten U-Bootkrieg, der am 1. Februar eröffnet wurde, zu bestimmten Erwartungen; der sichere Erfolg schien

---

[11] Cziśnik (wie Anm. 7), S. 643, nennt sie »Unabhängige Sozialistische Partei Deutschlands«.
[12] Vgl. Die Reichstagsfraktion der deutschen Sozialdemokratie 1898 bis 1918, bearb. von E. Matthias und E. Pikart, Düsseldorf 1966 (= Quellen z. Gesch. d. Parlamentarismus u. d. pol. Parteien, Reihe I/3), S. CLIIIff. u. CLXXXVIIff.
[13] Für Beispiele vgl. Militär und Innenpolitik (wie Anm. 9), Nr. 298, S. 752ff. u. Nr. 303, S. 762.
[14] So Cziśnik (wie Anm. 7), S. 643; vgl. hierzu Militär und Innenpolitik (wie Anm. 9), Nr. 448, S. 1202f.
— Ein Beispiel für die undifferenzierte Beurteilung der USPD bietet: G. Bidlingmaier, Seegeltung in der deutschen Geschichte, Darmstadt 1967 (= Handbuch des Seeoffiziers, Bd 5), S. 196.
[15] B. Stegemann: Die deutsche Marinepolitik 1916—1918, Berlin 1970 (= Historische Forschungen, Bd 4), S. 57ff.

berechenbar geworden zu sein. Da die Erfolge der ersten Monate tonnagemäßig die zugrunde gelegten Annahmen noch übertrafen, zudem der Zusammenbruch des Zarenreiches im März in jedem Falle eine wesentliche Verbesserung der militärischen Lage erwarten ließ, machte sich im Mai eine direkt euphorische Stimmung im Großen Hauptquartier bemerkbar[16]. Doch die Ernüchterung folgte sehr rasch, bereits Ende Juni war abzusehen, daß die letzte Trumpfkarte — der unbeschränkte U-Bootkrieg — nicht in der angesetzten Zeitspanne stechen würde[17].
Wie aus diesen Hoffnungen, Erwartungen und Lagebeurteilungen hervorgeht, ist von der militärischen Führung, insbesondere von Ludendorff, dem engen Zusammenhang zwischen der Kriegführung an den Fronten und der inneren Verfaßtheit des kriegführenden Volkes nie im notwendigen Maße Rechnung getragen worden. Dieser Sachverhalt wird besonders deutlich, wenn man den Ludendorff'schen Erwartungen die nüchterne Einschätzung der Lage gegenüberstellt, die sich in einem Schreiben des bayerischen Kriegsministers v. Hellingrath vom 2. April 1917 findet[18]: »Das ungebrochene dauernde Erhalten unserer Kampffronten ist gegenüber der zahlenmäßigen Überlegenheit unserer Feinde an sich schon eine so gigantische Ruhmestat der deutschen und verbündeten Heere, daß eine militärische Mehrleistung, etwa im Sinne einer gewaltigen, entscheidungsuchenden, strategischen Offensive gegen die gegnerischen Kraftzentren wohl weder gefordert noch erwartet werden kann.« Er zog aus dieser Lagebeurteilung eine für einen hohen Offizier überraschende Konsequenz, die vor ihm nur Groener[19] mit derselben Deutlichkeit formuliert hatte: »Unter diesem Augenpunkt verschiebt sich das Schwergewicht (!) in unserem Daseinskampf immer mehr nach der Forderung einer *dauernden Erhaltung* der moralischen Kräfte in der Heimat.« Um dieser Forderung nachzukommen, entwickelte er Vorstellungen, die praktisch mit dem Programm der »Neuorientierung« übereinstimmten.
Der Winter 1916/17 ist in die Geschichte eingegangen als der berüchtigte »Kohlrübenwinter«. Die Ursachen dieser schweren Lebensmittelkrise, zu der noch eine empfindliche Kohlennot hinzutrat, waren vielschichtiger Natur, die Auswirkungen jedoch eindeutig katastrophal und bis weit in die Sommermonate hinein andauernd. Die Aprilstreiks in den Industriezentren haben hier eine ihrer Wurzeln. Auch in diesem Falle bildeten übrigens die Werftarbeiter Kiels die Vorhut[20]. Bereits Ende März brach dort der Streik aus, verlief aber ohne Ausschreitungen. Nachdem die Brotversorgung zusammengebrochen war — vier Tage lang war in der Stadt kein Brot ausgegeben worden —, drangen die Arbeiter in die Bäckerläden ein, requirierten das spärlich vorhandene Brot und — bezahlten es! Amtliche Unterlagen bestätigten, daß Kiel seit Wochen (!) ohne Kartoffeln und ohne Gries gewesen war. Bei jeder Beurteilung der innenpolitischen Verhältnisse im Jahre 1917, gerade auch in bezug auf das Wirken der USPD, muß diese von einer Hungersnot nicht weit entfernte Situation eine entsprechend nachdrückliche Berücksichtigung finden. Es ist heute schwer vorstellbar, was es für den Arbeiterhaushalt, aber

---

[16] Militär und Innenpolitik (wie Anm. 9), Nr. 293, S. 744 ff.
[17] Ebd., Nr. 308, S. 769 ff.
[18] Ebd., Nr. 275, S. 700 ff.
[19] Ebd., Nr. 198, S. 513.
[20] Ebd., Nr. 273, S. 695 f.

auch für den Mittelstand bedeutete, als ab 15. April 1917 die tägliche Mehlration pro Kopf der Bevölkerung von 200 auf 170 Gramm herabgesetzt wurde[21].

Diese äußerst angespannte Lage wurde noch verschärft durch den tiefen Eindruck, den die russische Februarrevolution auf die politische Rechte wie die Linke ausübte. Wie beunruhigend dieses Ereignis gewirkt hat, ergibt sich aus der Tatsache, daß die Zensurbehörden fieberhaft bestrebt waren, den Nachrichtenstrom aus Rußland zu unterbinden und mit dem Mittel der Propaganda Militär und Bevölkerung gegen den Bazillus aus dem Osten zu immunisieren[22], was auch weitgehend gelang. Nicht zu unterbinden waren allerdings indirekte Rückwirkungen, die sich auch im Reichstag in der schärfer und entschlossener werdenden Forderung einer parlamentarischen Mehrheit auf Verwirklichung des Kernstücks der Politik der »Neuorientierung«, der Reform des preußischen Wahlrechts zeigten. Diese Forderung wurde einem Kanzler gestellt, der seine Reformvorstellungen gegenüber dem preußischen Staatsministerium nicht in dem von ihm als notwendig erkannten Maße durchzusetzen vermochte, und der auch in seinen innenpolitischen Entscheidungen den konservativen, besser autoritären, mit Machtanspruch vorgetragenen Vorstellungen der OHL Rechnung tragen mußte. Die von Bethmann über Jahre hinweg verfolgte »Politik der Diagonalen« mußte in dem Moment Schiffbruch erleiden, in dem sich beide Gruppen dem Ausgleich entzogen. Für die im Herbst 1916 zum ersten Mal hervortretende parlamentarische Mehrheit des Reichstags, die sich aus reformwilligen Nationalliberalen, einer wachsenden Gruppe von Zentrumsabgeordneten, den Abgeordneten der Fortschrittspartei und den Sozialdemokraten zusammensetzte, verband sich die im Frühsommer einsetzende Ernüchterung im Blick auf die Kriegslage mit der Unzufriedenheit über die offensichtliche Verschleppung der Reformen, der immer gegenwärtigen Sorge um die Ernährung der Bevölkerung und wuchs sich insgesamt zu einer schweren Vertrauenskrise zwischen dem Reichskanzler und der Mehrheit des Reichstages aus[23]. Die OHL in Gestalt ihres innenpolitischen und wirtschaftspolitischen Experten, des Oberstleutnants Bauer, hat diese Situation für das seit langem feststehende Ziel der Beseitigung Bethmann Hollwegs nach Kräften ausgenutzt, ja sie hat in Verbindung mit den Abgeordneten Erzberger und Stresemann diese Bewegung gesteuert. Am 13. Juli bat Bethmann Hollweg um seinen Abschied und erhielt ihn, nachdem er noch eine wesentliche Ergänzung der Osterbotschaft durchgesetzt hatte. Die OHL hatte mit dem Sturz des Kanzlers zwar eines ihrer Ziele erreicht, sie konnte aber nicht verhindern, daß der Reichstag, entgegen ihren Wünschen, am 19. Juli die vielgenannte Friedensresolution beschloß[24]. Ganz abgesehen von der nicht nur negativ zu bewertenden außenpolitischen Wirkung der Resolution, manifestierte sich in ihr erneut der allerdings

---

[21] Zum Verlauf des Streiks und seinen Ursachen und Folgen vgl. ebd., Nr. 289, S. 724ff. Die wenigen Bemerkungen Czisniks (wie Anm. 7, S. 642f.) werden der Bedeutung des Problems nicht gerecht. Übrigens — einen großen Munitionsarbeiterstreik im Januar 1917 (Czisnik, ebd., S. 642) gab es nicht.

[22] Vgl. z.B. hierzu Militär und Innenpolitik (wie Anm. 9), Nr. 70, S. 158ff.

[23] Hierzu sei verwiesen auf die Studie von W.J. Mommsen, Die deutsche öffentliche Meinung und der Zuammenbruch des Regierungssystems Bethmann Hollweg im Juli 1917, in GWU, 19 (1968), S. 656ff.

[24] Vgl. hierzu Militär und Innenpolitik (wie Anm. 9), Nr. 304, 307, 313f. u. 318f.

keineswegs *konsequent* weiterentwickelte Wille des Parlaments, gestaltend auf die großen Fragen der Kriegspolitik maßgebenden Einfluß zu nehmen.

Die Einbeziehung dieser militär-, innen- und parteipolitischen Faktoren des Jahres 1917 in die Darstellung der Flottenunruhen des August 1917 ist bisher mehr oder weniger vernachlässigt worden. Sie ist jedoch für eine vertiefte, über die immer von neuem wiederholte bloße Aufzählung der Ereignisse hinausgehende historische Würdigung unerläßlich. Darauf verweist zum Beispiel unter anderem die bloße Tatsache, daß seit dem 31. August 1914 das bisher für die Armee geltende Verbot des »Vorwärts« aufgehoben wurde; charakteristischerweise folgte die Marine dieser Entscheidung des preußischen Kriegsministers erst im Frühjahr 1915[25]. Demnach kann es gar keinem Zweifel unterliegen, daß die Mannschaften der Hochseeflotte durch die Zeitungen — unter anderem eben auch der sozialdemokratischen — über die erregenden Ereignisse vom März bis zum Juli 1917 unterrichtet waren. Es ist oft hervorgehoben worden, unter welchen der Disziplin abträglichen Bedingungen die Mannschaften ihren Dienst taten. Wie vor ihm andere erwähnt Czisnik: beengte Bordverhältnisse, die Monotonie des Bereitschaftsdienstes, der von den zum Teil seit 1912 dienenden Mannschaften als Schikane empfundene Exerzier- und Ausbildungsdienst, die Rückwirkungen der Lebensmittelkrise — es ließen sich noch eine Anzahl weiterer Elemente dieser Art aufzählen. Czisnik erwähnt jedoch nicht, daß sich die Mannschaften zu einem nicht geringen Prozentsatz — vor allem bei den Heizern — aus der Industriearbeiterschaft rekrutierten, das heißt daß sie in stärkerem Maße mit der Praxis und mit den Methoden politischer Auseinandersetzungen vertraut waren. Das sollte sich zum Beispiel bei der Bildung der Menagekommissionen auf den Schiffen der Hochseeflotte zeigen. Im Verlauf der akuten Versorgungskrise im März 1917 waren von verschiedenen stellvertretenden Generalkommandos Ausschüsse unter Beteiligung der Arbeiterschaft gebildet worden, die über eine gerechte Verteilung der Lebensmittel wachen sollten. Dieses Verfahren wurde vom Chef des Kriegsamtes, Generalleutnant Groener, ausdrücklich gebilligt und unterstützt[26]. Der Hauptausschuß des Reichstages forderte daraufhin die allgemeine Einführung dieser Ausschüsse. Der Staatssekretär des Reichsmarineamts kam dieser Forderung am 20. Juni 1917 nach, das Kommando der Hochseestreitkräfte erhob Gegenvorstellungen in einem Schreiben vom 20. Juli 1917[27]. Es ist deshalb anzunehmen, daß die Bildung der Kommissionen auf den Schiffen von den Kommandanten, die die Mitglieder zu ernennen hatten, nur zögernd vorgenommen wurde. Das Erstaunliche ist nun, daß die Mannschaften, aus den Zeitungen über die Forderungen des Hauptausschusses und entsprechende Erklärungen des Staatssekretärs unterrichtet, von sich aus die Initiative ergriffen. In einem Bericht des Chefs des IV. Geschwaders, Vizeadmiral Mauve, vom 7. August[28] findet sich daher die Formulierung: »die von der Mannschaft neuerdings gewählten Menagekommissionen«. Gewiß wird es nur auf wenigen Schiffen zu einer derartigen Wahl gekommen sein, aber

---
[25] Ebd., Nr. 81, S. 196f., insbes. Anm. 5 sowie Nr. 373, S. 995f., insbes. Anm. 3.
[26] Ebd., Nr. 292, S. 742, Anm. 6.
[27] Das Werk des Untersuchungsausschusses der Verfassunggebenden Deutschen Nationalversammlung und des Deutschen Reichstags (WUA), 4. Reihe, Bd 1—12, Berlin 1925—29, Bd 9/I, S. 7.
[28] Militär und Innenpolitik (wie Anm. 9), Nr. 375, S. 1000f.

der Vorgang macht doch deutlich, in welchem Maße die Mannschaften die politische Entwicklung verfolgten und wie sehr sich das Kommando dieser Schiffe der Autorität, wie sie damals verstanden wurde, gegenüber den Mannschaften bereits begeben hatte.
Der Hergang der groben Disziplinwidrigkeiten, die Aufdeckung der weitergehenden Pläne und schließlich die Verurteilung der beteiligten Mannschaften ist oft geschildert worden, eine Wiederholung erübrigt sich daher, obwohl auch hier Korrekturen an dem bisherigen Bild angebracht werden könnten[29]. Es ist aber einzugehen auf die auch von Czisnik breit dargestellte Verbindungsaufnahme des Matrosen Reichpietsch und des Heizers Sachse mit Abgeordneten der USPD. In diesem Faktum wird meist, wenn auch häufig indirekt, der Ausgangspunkt der Unruhen gesehen, womit erreicht wird, daß die Partei für die Unruhen verantwortlich gemacht werden kann. Kontakte zwischen Abgeordneten und Armee- und Marineangehörigen hat es während des Krieges in vielfältiger Form gegeben, schon allein aufgrund der Tatsache, daß einige Abgeordnete ihrer Wehrpflicht nachkamen. Es war aber auch eine beinahe alltägliche Erscheinung, daß sich Soldaten an Abgeordnete der verschiedenen Parteien im Reichstag wandten. Die Protokolle der Verhandlungen des Reichstags und seines Hauptausschusses zeigen dies mit der wünschenswerten Deutlichkeit, auch der oft zitierte Brief des Obermatrosen Lotter an den Zentrumsabgeordneten Pfleger[30] ist hierfür ein Beispiel. Aus den vorhandenen Unterlagen ergibt sich, daß die Abgeordneten Reichpietsch und Sachse ermuntert haben, in der Werbung für die Partei unter den Marinemannschaften fortzufahren, sie haben den beiden diesem Zwecke dienende Broschüren übergeben. Darunter befand sich auch eine Reichstagsrede Dittmanns über die Schutzhaft[31]. Diese Form der Werbung ist von verschiedenen Parteien mit wechselndem Erfolg versucht worden. Die OHL und der Obermilitärbefehlshaber haben sich selbstverständlich gegen alle ihnen bekanntwerdenden Aktionen zur Politisierung der Armee gewandt[32], sie konnten aber nicht verhindern, daß derartige Versuche immer wieder unternommen wurden. Besonders aufschlußreich ist die Tatsache, daß Anfang Juni ein weitverbreitetes Zentrumsblatt, die »Kölnische Volkszeitung«, zu einer Unterschriftensammlung für einen »Hindenburgfrieden« aufgefordert und sich mit diesem Aufruf auch an die Soldaten gewandt hatte[33]. Dieser Vorgang unterscheidet sich formal nur geringfügig von dem Aufruf in einem Flugblatt, das auf *Prinzregent Luitpold* gefunden wurde und das zum Eintritt in die USPD aufforderte, um auf diese Weise die Regierung zu einem baldigen Frieden ohne Annexionen zu zwingen[34]. Es läßt

---

[29] Bei dem auch von Czisnik (wie Anm. 7), S. 644, erwähnten Verbot des Haltens sozialdemokratischer Zeitungen handelt es sich offenbar um ein Verbot der Beteiligung an politischen Versammlungen, vgl. Militär und Innenpolitik (wie Anm. 9), Nr. 302, S. 760f.
[30] Auch bei Czisnik (wie Anm. 7, S. 647) erwähnt. Die von Czisnik erwähnte Äußerung Noskes findet in dem im Reichsmarineamt verfaßten Protokoll keine Stütze, vgl. Militär und Innenpolitik (wie Anm. 9), Nr. 383, Anm. 6.
[31] Vgl. hierzu den Bericht des Reichsanwalts v. 24. 8. 1917, ebd., Nr. 382, Anm. 4.
[32] Vgl. z. B. das Schreiben des preuß. Kriegsministers v. 12. 5. 1917, ebd., Nr. 295, S. 747. Für die spätere Entwicklung vgl. ebd., Nr. 439, S. 1167 u. Nr. 462, S. 1232f.
[33] Vgl. hierzu ebd., Nr. 312, S. 778f.
[34] Ob dieses Flugblatt tatsächlich von der USPD stammte, ist nicht geklärt, vgl. ebd., Nr. 375, Anm. 6 und Nr. 382, S. 1028.

sich nicht nachweisen, daß der Gedanke, die Beitrittserklärungen und sonstigen Unterschriftsaktionen für die 3. Zimmerwalder Konferenz in Stockholm zu verwenden, von den Abgeordneten Haase, Dittmann und Vogtherr selbst ausging, ganz zu schweigen von den im übrigen sehr vagen Plänen eines Streiks beziehungsweise der Gewaltanwendung. Es ist nun nicht weiter erstaunlich, daß jeder von links kommende Agitationsversuch nicht nur in der Armee als sehr viel gefährlicher empfunden wurde als solche aus dem Lager der sogenannten Kriegszielbewegung. Seit dem Frühjahr 1917 ist vielmehr ganz allgemein zu beobachten, daß die zivilen Behörden, die militärischen Kommandobehörden in der Heimat und an der Front in schärferem Maße als in früheren Jahren gegen die radikalen, von der SPD sich absondernden Gruppen vorgingen[35], in ihren Maßnahmen es aber aus wohlerwogenen Gründen vermieden, die Partei der USPD insgesamt zu treffen. Gerade in diesem letzteren Punkte entschied sich nun das Kommando der Hochseestreitkräfte aber für ein anderes Verfahren; es forderte die direkte Konfrontation mit den führenden Abgeordneten der USPD, mit der Partei überhaupt[36]. In dieser Tatsache liegt die historische Bedeutung der Marineunruhen 1917. Es gilt nunmehr, den Ursachen für dieses Verhalten Scheers und seines Stabes nachzugehen. In dem ersten Bericht des Hochseekommandos vom 4. August wurde die zu den Vorfällen führende Bewegung als »revolutionär und zersetzend«, politisch als »anarchistisch« bezeichnet[37]. Als im Laufe der Untersuchungen sich dann herausstellte, daß eine Verbindung einzelner Mannschaften zu Reichstagsabgeordneten der USPD bestanden hatte, nachdem insbesondere am 4. August das schon erwähnte Flugblatt — das man ohne weiteres der USPD zuschrieb — gefunden worden war, bildete sich im Hochseekommando eine andere Lagebeurteilung. Sie wurde bereits am 8. August folgendermaßen formuliert: »Die Untersuchung hat ergeben, daß eine sorgfältig vorbereitete und ausgedehnte Wühlarbeit im Gange war, um die Angehörigen von Heer und Flotte für die Friedensbewegung der unabhängigen Sozialisten zu gewinnen[38].« In einem Bericht des Gerichts des IV. Geschwaders vom 11. August wurde dieser Aspekt, die behauptete alleinige Verantwortung der USPD für die Agitation und deren Konsequenzen unter den Mannschaften, ganz in den Vordergrund gerückt. Die Agitation habe nicht nur das Ziel, »Anhänger anzuwerben«, »Geldbeträge ... für die Parteikasse« und Unterschriften für die Stockholmer Konferenz zu sammeln, sondern ziele auch darauf ab, »die Besatzungen aufzuhetzen, durch Gehorsamsverweigerungen in größerem Maßstabe und Demonstrationen die Schlagfertigkeit der Flotte herabzusetzen oder gänzlich lahmzulegen[39].« Scheer hat daraus in sehr klarer Weise in einem Schreiben an den Staatssekretär des Reichsmarineamts vom 14. August die charakteristische Folgerung gezogen[40]: »Gegen derartige, von einer politischen Par-

---

[35] Vgl. hierzu ebd., Nr. 290, 298, 303, 309 ff. u. insbes. Nr. 376, S. 1002 ff.
[36] Schon das Strafmaß überschritt den normalen Rahmen. Der Justitiar des Reichsmarineamts hatte noch am 16.8.1917 die Möglichkeit von Todesurteilen ausgeschlossen, am 21.8.1917 deutete er jedoch deren Möglichkeit an, vgl. ebd., Nr. 378, Anm. 9 u. S. 1019.
[37] Ebd., Nr. 374, S. 997 f.
[38] Ebd., Nr. 375, Anm. 6 u. 13.
[39] Ebd., Nr. 375, Anm. 4.
[40] WUA (wie Anm. 27), IV, Bd 9/I, S. 85.

tei ausgehende Machenschaften muß die Flotte die Unterstützung der Regierung finden und verlangen, um sich von revolutionär Wirkenden freizuhalten. Die richterliche Gewalt der Flotte reicht nicht bis an die Wurzel des Übels, es handelt sich vielmehr um eine Frage von großer politischer Tragweite, also um eine politische Verfolgung.« Weit über das Ergebnis der militärgerichtlichen Untersuchung hinausgreifend und unabhängig von den Notwendigkeiten dieses Verfahrens[41] forderte der verantwortliche Frontbefehlshaber hiermit die politische Offensive gegen eine Partei, die in ihren Zielsetzungen, soweit er sie zu kennen glaubte, seinen politischen Überzeugungen diametral widersprechen mußte. Scheer stellte seine Forderungen nicht für seine Person, er konnte davon ausgehen, daß das gesamte Seeoffizierkorps in dieser Frage hinter ihm stand. Die Politisierung des Offizierkorps erreichte mit diesem Schritt und seinen Folgen einen ersten Höhepunkt, nachdem bereits in der heftig umstrittenen Frage der U-Bootkriegführung in den Jahren 1915 und 1916 eine Reihe von Offizieren den Rahmen der internen politischen Diskussion verlassen und aktiv die politische Opposition gegen den Reichskanzler Bethmann Hollweg unterstützt hatte[42]. Hatte sich schon bei dieser Gelegenheit gezeigt, daß die politische Stellungnahme des Korps sich überwiegend orientierte an der innen- und außenpolitisch motivierten Kanzlersturzbewegung, so trat dies im August 1917 noch sehr viel deutlicher in Erscheinung. Die USPD agitierte nicht nur für einen Frieden ohne Annexionen und Kontributionen, sondern auch in einer sehr viel schärferen Weise als die Mehrheits-Sozialdemokratie für einen radikalen Wandel der bestehenden Besitz- und Herrschaftsstruktur, der die Flotte ihren Auf- und Ausbau verdankte. Mit anderen Worten: Armee und Marine waren vor dem Weltkrieg zu kompromißlosen Gegnern der Sozialdemokratie erzogen worden, Kriegsausbruch und Burgfrieden hatten die Grenzen verwischt, zum Teil auch neue Entwicklungen in Gang gesetzt, nun aber, in der innenpolitischen Krise, wurde der neue, alte Gegner erkannt, an die Stelle der SPD trat die USPD. Während die Führung der Armee im allgemeinen vorsichtiger und unauffälliger handelte, provozierte die der Marine ganz bewußt den Konflikt.

Scheers Forderung ist wiederum nicht eine vereinzelte Erscheinung, sie ist im Zusammenhang mit anderen Vorgängen zu sehen, die insgesamt die Politisierung des Seeoffizierkorps überaus deutlich werden lassen. Am 24. August ersuchte der Staatssekretär des Reichsmarineamts die Kommandobehörden der Marine, künftig grundsätzlich die *dienstliche* Verteilung *politischer* Schriften — »gleichgültig welcher Richtung« — zu unterlassen[43]. Capelle hatte durch die Betonung, die er auf den *dienstlichen* Charakter der Verteilung legte, den Kommandos bereits den Weg gewiesen, mit dessen Hilfe ein völliger Verzicht auf die politische Beeinflussung der Mannschaften vermieden werden konnte. Prinz Heinrich von Preußen, der Oberbefehlshaber der Ostseestreitkräfte, bestritt dem Staatssekretär jedoch in ziemlich brüsker Weise die Kompetenz in dieser Frage, er hielt sich allein verantwortlich für die Aufrechterhaltung der Disziplin und »eines königstreuen

---

[41] Das Gericht des IV. Geschwaders hielt Maßnahmen gegenüber Zivilpersonen zur Abwicklung des militärgerichtlichen Verfahrens nicht für erforderlich, vgl. Militär und Innenpolitik (wie Anm. 9), Nr. 378, S. 1019.
[42] Vgl. meinen in Anm. 9 genannten Aufsatz, S. 342f.
[43] Militär und Innenpolitik (wie Anm. 9), Nr. 381, S. 1025.

vaterländischen Geistes« unter den Mannschaften und sah in einer »gesunden Aufklärung« seiner Untergebenen eine zwingende Notwendigkeit. Scheer und der Chef der Marinestation der Ostsee, Bachmann, lehnten ebenso wie der Prinz, aber in einer etwas höflicheren Form, das Ersuchen Capelles ab[44]. Obwohl der Staatssekretär seinen Standpunkt noch einmal präzisierte, konnte er sich nicht durchsetzen, der Prinz erklärte kurzerhand die politische Beeinflussung der Mannschaften zu einer rein militärischen Maßnahme, für die er nach dem Prinzip der Kommandogewalt allein dem Kaiser verantwortlich sei[45]. Weiterhin dürfte es auch kein bloßer Zufall sein, daß der Großadmiral v. Tirpitz an die Spitze der am 2. September gegründeten Vaterlandspartei trat. Bei der großen Verehrung, die dem Großadmiral als dem eigentlichen Begründer der Kaiserlichen Marine noch immer im Seeoffizierkorps entgegengebracht wurde, konnte die Partei auf die tatkräftige Unterstützung dieser Kreise rechnen, vor allem auch deswegen, weil sie sich in erster Linie gegen die Parole eines Friedens ohne Annexionen und Kontributionen, also gegen die Friedensresolution des Reichstags und die hinter ihr stehenden politischen Kräfte wandte. Korvettenkapitän v. Selchow schrieb am 8. September: »Es war wie wenn in zwölfter Stunde ein Stern aufgeht, auf den nun alles seine letzten Hoffnungen setzt[46].« Prinz Heinrich von Preußen hielt aus taktischen Gründen den Beitritt von aktiven Offizieren nicht für opportun, setzte sich jedoch im übrigen nachdrücklich für eine Förderung der

---

[44] Vgl. für die Vorgänge ebd., Nr. 384, S. 1040f. Wie sich der Prinz die Aufklärung vorstellte, geht aus seiner Weisung v. 4.9.1917 und den entsprechenden »Stichworten für die Aufklärung der Mannschaften hervor. Darin heißt es: »c. *Gegnerische und eigene Friedensziele.* Eigene Kriegsziele allgemein behandeln. Unmöglichkeit Friede auf dem Stande vom 1.8.14 zu schließen, da Feinde gesamte deutsche Außenwirtschaft vernichtet haben und Lasten des Krieges für uns unerträglich sind. Schädlichkeit weiterer Friedensangebote oder Friedensdemonstrationen betonen, da Wirkung kriegsverlängernd. (Auslegung als Schwächezeichen) ... e. Unsere *Staatsverfassung*. Dagegen die der Hauptgegner. Rechte und Pflichten der Staatsbürger in den verschiedenen Verfassungen. Soziale und wirtschaftliche Lage der arbeitenden Klassen. Demokratie in Wirklichkeit Plutokratie. Aufstieg aus unterster Klasse in Deutschland sehr leicht. Demokratische Institutionen in Heer und Marine bereits vorhanden. Aufstieg vom Gemeinen zum Offizier bereits im Frieden (Feuerwerkoffz. pp). Preußische Könige stets große Fürsorge für untere Klassen.« (Vgl. ebd., Nr. 385, Anm. 3). In der Anlage zu dem erwähnten Befehl heißt es sehr viel konkreter (vgl. ebd., Nr. 341, Anm. 8): »Die großen Auswanderungszahlen von Deutschen vor dem Kriege zeigen, daß uns unser Heimatland zu klein wird. In unseren Nachbarländern, besonders in Kurland, dem alten deutschen und von vielen Deutschen bewohnten Land, und in Litauen lassen sich aber mehrere Hunderttausende Familien ansiedeln, die so dem deutschen Mutterlande erhalten bleiben. Diese Gebietserweiterung ermöglicht andererseits hunderttausenden Deutscher in Rußland und anderen Staaten lebender Landwirtsfamilien die Rückkehr zur heimatlichen Scholle. Das Land sorgt in erster Linie für die Volksvermehrung und je größer das deutsche Volk, um so kräftiger wird es späteren Feinden trotzen können. Daneben sind Gebietserweiterungen notwendig zum besseren Schutze unserer Hauptindustrie-, Kohlen- und Erzgegenden, zum Schutze der dort lebenden Arbeiter und ihrer Familien. Die Grenze wird nach rein strategischen Gesichtspunkten festgelegt werden müssen, so daß sie sich in späteren Kriegen leicht verteidigen läßt (Flußläufe, Gebirgszüge, Sumpfgebiete usw.). Sodann müssen wir uns die Möglichkeit schaffen, unseren Rohstoffbedarf möglichst ganz im eigenen Lande decken zu können, vor allem Getreide, Holz, Kohle, Erze, Erdöl. Zu den Gebietserweiterungen ist zu rechnen die Schaffung überseeischer Stützpunkte für unsere Handels- und Kriegsschiffe ...«

[45] Vgl. ebd., Nr. 387, S. 1047 u. Nr. 391, S. 1058.

[46] Für die Stellungnahmen Selchows und auch Trothas vgl. ebd., Nr. 388, Anm. 6.

Bewegung in jeder nur denkbaren Weise ein. In ganz ähnlicher Weise unterrichtete der Chef der Marinestation der Nordsee das ihm unterstellte Offizierkorps[47]. Sieht man die im einzelnen genannten Initiativen führender Seeoffiziere in den anderthalb Monaten nach dem Bekanntwerden der groben Disziplinwidrigkeiten im Zusammenhang, so ist die ausgeprägte Politisierung des Seeoffizierkorps nicht mehr zu übersehen, und zwar — im Gegenzug zu den linksradikalen Tendenzen innerhalb der Mannschaften — auf der Seite der extremen Rechten.

Scheers Forderung einer politischen Offensive gegen die USPD gewinnt in diesem Rahmen gesehen ihre tiefere Bedeutung. Die politischen Bedingungen hierfür schienen zunächst nicht ungünstig. Mit Michaelis war ein der OHL ergebener Verwaltungsbeamter zum Reichskanzler ernannt worden. Auch von seiten der Armee war man entschlossen, mit Hilfe des »Vaterländischen Unterrichts« die Tendenzen für einen »Verzichtfrieden« wirkungsvoll zu überspielen, und mit den Möglichkeiten des Belagerungszustandsgesetzes unerwünschte Entwicklungen im Innern zu unterdrücken. Michaelis zeigte sich in der Unterredung mit Capelle am 21. August durchaus willens, den Reichstag zu schließen, um gegen die Abgeordneten der USPD vorgehen zu können[48]. »Ich für meine Person würde es allerdings geradezu begrüßen, wenn wir zu einem Schließen des Reichstags gelangten, um gegen die U.S.P.D. vorzugehen.« Es stellte sich jedoch sehr schnell — insbesondere nach der Berichterstattung des Reichsanwalts — heraus, daß das zusammengetragene Beweismaterial nicht ausreiche. Die Vertreter der Reichstagsfraktionen, von Michaelis und Capelle in einer Besprechung am 25. August unterrichtet, warnten — mit Ausnahme des Grafen Westarp für die Konservativen — unter diesen Umständen vor Maßnahmen gegen die Abgeordneten. Wie berechtigt diese Warnungen waren, zeigte sich in der Reichstagsdebatte vom 9. Oktober, in der sich das Parlament erneut — aufgrund einer Interpellation der Sozialdemokraten — mit der »alldeutschen« Agitation im Heere, das heißt mit der Propaganda der Vaterlandspartei des Großadmirals Tirpitz gegen die Friedensresolution vom 19. Juli und den greifbaren Auswirkungen des dieselben Tendenzen verfolgenden »Vaterländischen Unterrichts«, beschäftigte[49]. Angesichts des reichhaltigen Materials der Interpellanten und der spürbaren Gegnerschaft gegen die Vaterlandspartei selbst bei einzelnen Abgeordneten der Nationalliberalen hatten der Reichskanzler, die Staatssekretäre und der preußische Kriegsminister einen schweren Stand. Es ist außerordentlich interessant, daß Michaelis als letztes Mittel, um die Debatte zu einem für die Reichsleitung annehmbaren Ende zu bringen, ausgerechnet die Anklage gegen die drei mit den Vorgängen auf der Flotte in Verbindung stehenden Abgeordneten der USPD benützte[50]. Im August noch als willkommenes Mittel zur Überwindung der innenpolitischen Krise durch die Schließung[51]

---

[47] Ebd., Nr. 388, S. 1048 ff.
[48] Ebd., Nr. 378, S. 1019.
[49] Ein Blick in die entsprechenden Geschichtskalender (z. B. Schulthess) hätte Czisnik darüber belehrt, daß die Aufhebung der Immunität überhaupt nicht zur Debatte stand (S. 647).
[50] Vgl. den instruktiven Bericht des Chefs der Presseabteilung des Admiralstabes, Kapitän z. S. Boy-Ed, über die Reichstagssitzung, Militär und Innenpolitik (wie Anm. 9), Nr. 398, S. 1073 ff.
[51] Zu einer Schließung des Reichstages ist es während der ganzen Dauer des Krieges nie gekommen, vgl. hierzu ebd., Nr. 149, S. 369 ff.

des Reichstags in Aussicht genommen, dann wegen der rechtlich ungesicherten Beweislage verworfen, verwandte Michaelis nun die politischen Implikationen der Unruhen auf der Flotte als taktisches Mittel in einem Gefecht mit verkehrten Fronten — und verlor die Schlacht. Der Reichstag wandte sich mit großer Mehrheit gegen ihn, denn die rechtliche Fragwürdigkeit der Anklage hatte sich gegenüber der August-Situation nicht geändert. Es besteht kein Zweifel, daß diese Niederlage den Sturz des Reichskanzlers Michaelis beschleunigt hat.

Wenn man bedenkt, daß als eine Ursache für die weitreichenden politischen Konsequenzen der Flottenunruhen die Forderung Scheers vom 14. August angesehen werden muß, so ist damit auch die durch nichts begründete Aussage Czisniks widerlegt, daß die Marine »sich wegen der aufgetretenen Unruhen keine größeren Sorgen« gemacht habe[52]. Noch in einem Schreiben an den Reichskanzler vom 16. Oktober, also während der Unternehmung der Flotte gegen die baltischen Inseln, formulierte der Staatssekretär des Reichsmarineamts: »Ohne eine solche gerichtliche Untersuchung [gegen die Abgeordneten Dittmann, Haase, Vogtherr] müßte die Marineverwaltung es ablehnen, für die Schlagfertigkeit der Marine weiterhin ihrerseits die Verantwortung zu übernehmen.« Capelle gab damit klar zu erkennen, daß er sich keine Illusionen über das Weiterbestehen der linksradikalen politischen Überzeugungen unter den Mannschaften machte[53]. Dieser Befürchtung steht die Feststellung Czisniks gegenüber, daß die Meuterei des Oktobers 1918 »in keinem Zusammenhang mit den Ereignissen des Vorjahres« stehe. Läßt sich diese These aufrechterhalten?

Fraglos ist durch die Maßnahmen des Hochseekommandos im Sommer und Herbst 1917 ein organisatorischer Zusammenschluß von Anhängern der USPD unter den Mannschaften schon in seinen Anfängen verhindert beziehungsweise zerschlagen worden. Der Einschüchterungseffekt der harten Urteile und die offenbar sehr umfangreichen Versetzungen »unzuverlässiger Elemente« zum Marinekorps in Flandern und zu Landmarineteilen hatten den Erfolg, daß bis zum Oktober 1918 keine nennenswerten organisierten Disziplinwidrigkeiten oder gar Meutereien bekannt geworden sind[54]. Begnügt man sich mit dieser oberflächlichen Betrachtungsweise, so besteht tatsächlich kein Zusammenhang zwischen den beiden Ereignissen.

In nahezu allen bisherigen Untersuchungen ist festgestellt worden, daß die Versetzung sozialistischer Tendenzen verdächtiger Mannschaften in Landmarineteile eine zwiespältige Maßnahme war. Die Umschichtung potentieller Unruhestifter von der Hochseeflotte zu den Versorgungsbasen der Marine an Land versprach zwar eine oberflächliche Normalisierung der Situation auf der Flotte selbst, verwob aber die Marine insgesamt

---

[52] Czisnik (wie Anm. 7), S. 647, führt hierfür eine Bemerkung des Marinekabinettschefs v. 6.8.1917 an. Unter dem 18.8.1917 (2 Seiten weiter) heißt es bei Müller: »Vortrag des Flottenchefs über die sozialistischen Komplotte in der Flotte, die doch recht ernst sind und wohl einige Todesurteile zur Folge haben werden.« (!)
[53] Militär und Innenpolitik (wie Anm. 9), Nr. 401, S. 1080 ff. Vgl. auch die Bemerkung Trothas v. 1.10.1917, ebd., Nr. 396, Anm. 6.
[54] Vgl. hierzu auch die gegenüber Czisnik sehr viel differenzierteren Ausführungen von Neu (wie Anm. 9), S. 52 ff.

— und damit auch die von ihren Basen abhängige Flotte — in einem eher noch gesteigerten Maße mit der allgemeinen innenpolitischen Entwicklung. Eine wie auch immer definierte Zuverlässigkeit der Mannschaften der Hochseeflotte, sieht man einmal von der illusionären Forderung einer »königstreuen vaterländischen« Gesinnung im Stile des Prinzen Heinrich von Preußen ab, war nur dann zu erreichen, wenn auch von seiten des Seeoffizierkorps alles unternommen wurde, um das zumindest gestörte Vertrauensverhältnis wieder herzustellen. Der hierfür maßgebende Befehl Scheers vom 7. Oktober 1917[55] läßt nicht erkennen, daß dieser entscheidende Punkt überhaupt mit der notwendigen Klarheit erfaßt, viel weniger noch, daß mit Nachdruck auf eine Überwindung dieser gefährlichen Kluft hingearbeitet worden ist. Selbst der »Vaterländische Unterricht«, in dessen Rahmen sich immerhin die Möglichkeit eines Kontaktes auch in außerdienstlichen Fragen bot, ist vom Seeoffizierkorps in dieser Hinsicht offenbar kaum genutzt worden[56]. Die besonderen Verhältnisse, unter denen die Mannschaften auf der Flotte ihren Dienst versahen, veränderten sich gegenüber 1917 nicht; auch nicht die Funktion der Hochseeflotte im Seekrieg, die in ihren Konsequenzen für die psychologische Situation, für die Stimmung der Mannschaften allgemein als ein wesentlicher Faktor angesehen wird. Somit gewinnt für die historische Beurteilung der Meuterei des Oktobers 1918 wiederum die allgemeine innere Entwicklung in ihren Rückwirkungen auf die Marine ausschlaggebende Bedeutung.

Die bolschewistische Oktoberrevolution und die Friedensverhandlungen in Brest-Litowsk waren um die Jahreswende 1917/18 *die* Ereignisse, mit denen sich die Öffentlichkeit beschäftigte. Die Ausschaltung Rußlands als militärischer Faktor wurde allgemein als eine Befreiung von dem Druck des Zweifrontenkrieges empfunden; sie gab gleichzeitig der Forderung nach einem »Siegfrieden« nicht nur erneuten Auftrieb, sondern auch die erste Chance der Verwirklichung. Die innenpolitischen Fronten blieben davon nicht unberührt. Darüber hinaus tat sich mit der bolschewistischen Revolution gewissermaßen eine zweite »ideologische« Front auf, die sich energisch und für die Mittelmächte sehr unangenehm bemerkbar machte. Die Forderung Trotzkis nach einem Frieden ohne Annexionen und Kontributionen schien dem politischen Programm der Parteien der Friedensresolution vom 19. Juli 1917 zu entsprechen, sie stimmte mit der allgemeinen Erwartung der Arbeiterschaft überein und diese vermutete nicht zu Unrecht als Grund für den schleppenden Gang der Verhandlungen weitergehende Absichten der Mittelmächte. Zusammen mit der nach wie vor ungenügenden Lebensmittelversorgung und der unerledigten Frage der preußischen Wahlrechtsreform war somit den linksradikalen Gruppierungen, insbesondere dem Spartakusbund, die in erster Linie von dem Erfolg der Bolschewiken profitierten, ein weites Feld der Agitation eröffnet. Das unmittelbare Ergebnis dieser Agitation — der Januarstreik — läßt zugleich erkennen, welches Ausmaß die Kriegsmüdigkeit und die Zustimmung zum Gedanken eines Verständigungsfriedens inzwischen erreicht hatte.

Im Blick auf die Marine gilt es festzuhalten, daß wiederum — wie im Frühjahr 1917 — die Kieler Werftarbeiter der Entwicklung im Reich um ein paar Tage voraus wa-

---

[55] Abgedr. in WUA (wie Anm. 27), IV, Bd 10/I, S. 141 ff.
[56] Vgl. hierzu Militär und Innenpolitik (wie Anm. 9), Nr. 364, S. 959 ff.

ren⁵⁷. Als Anlaß des Streiks dienten die Lebensmittelfrage und — charakteristischerweise — Klagen über unstatthafte Eingriffe der Behörden in Zusammensetzung und Arbeit der Arbeitervertretungen in den Kieler Betrieben. Die Rückwirkungen des einwöchigen Streiks in der größten Marinegarnison, in dessen Verlauf die Zahl der Streikenden auf ca. 24 000 anschwoll, auf die Schiffsbesatzungen lassen sich aktenmäßig nur schwer nachweisen, daß das Ereignis aber aufmerksam registriert wurde, dürfte außer Frage stehen. Der Januarstreik insgesamt brach zusammen, und ein nur von dem Ablauf der Ereignisse her urteilender Betrachter könnte zu dem Ergebnis gelangen, daß sich der Staatsapparat hier noch einmal bewährt und durchgesetzt habe. Bei näherer Betrachtung stellt sich jedoch heraus, daß die wiederhergestellte Ruhe eine labile war und daß die aufs Äußerste angespannte Arbeitskräftefrage den Behörden nur einen sehr eng begrenzten Raum für wirksame Maßnahmen gegen Streiks ließ⁵⁸ — einmal abgesehen von Ludendorffs Plan, unter Verschiebung der Westoffensive mit zuverlässigen Fronttruppen einen eventuellen Generalstreik niederzuschlagen!⁵⁹

Die von großen Erwartungen begleitete Offensive in Frankreich brachte noch einmal für kurze Zeit ein ausgesprochenes »Stimmungshoch«, in das auch der oft als Beweis für die Zuverlässigkeit der Mannschaften angeführte Vorstoß der Hochseeflotte vom 26. April fiel. Schon im Mai breitete sich jedoch eine trügerische Ruhe aus; man erkannte, daß der erhoffte »entscheidende« Schlag ausgeblieben war⁶⁰. Die Überspannung der Kräfte machte sich — trotz der erneuten, regional erfolgreichen Operationen — an der Front und in der Heimat bemerkbar. Das Arbeitskräfteproblem für die Kriegsindustrie hatte sich weiter derart zugespitzt, daß Wehrpflichtige in verstärktem Maße zurückgestellt werden mußten — im Juni/Juli 1918 waren es bereits über 2,5 Millionen⁶¹. An der Front zeigten sich Auflösungserscheinungen sehr bedenklicher Art. Schon im Herbst 1917 war es bei Ersatztransporten an die Westfront zu schweren Ausschreitungen gekommen, manchmal erreichte die »Verlustquote« 10 % der Stärke der einzelnen Transporte. Der sich daraus entwickelnden »Drückebergerei« ist die OHL nicht Herr geworden. Eine begründete Schätzung rechnet für die letzten Monate des Krieges mit 750 000 bis 1 Million Mann, die sich auf diese Weise dem Wehrdienst entzogen⁶². In derselben Zeit wuchs die personelle und materielle Ausrüstung der alliierten Armeen durch die ungestörten Transporte der Amerikaner unaufhaltsam an⁶³ — die Niederlage im Westen war abzu-

---

⁵⁷ Ebd., Nr. 437, Anm. 24.
⁵⁸ Vgl. hierzu die sehr aufschlußreichen Besprechungen im Preußischen Kriegsministerium am 17. u. 18.2.1918, ebd., Nr. 444 u. 445, S. 1176ff.
⁵⁹ Nach einer Aufzeichnung über eine Besprechung mit dem Chef des Admiralstabes, Admiral v. Holtzendorff, am 15.2.1918, ebd., Nr. 430, Anm. 3.
⁶⁰ Vgl. ebd., Nr. 463, Anm. 3.
⁶¹ Ebd., Nr. 243, Anm. 6.
⁶² Ebd., Nr. 458, Anm. 1. Czisnik (wie Anm. 7), S. 648, bezieht sich bei seinen diesbezüglichen Ausführungen auf die Memoiren des Großadmirals Raeder, eine für diese Frage zweifellos reizvolle Quelle. Der Großadmiral hat jedoch, was Czisnik nicht angibt, an dieser Stelle auf die Memoiren des Obersten Bauer verwiesen, eine Quelle, die der Historiker nicht ungeprüft benutzen sollte.
⁶³ Vgl. L. Burchardt, Die personellen und wirtschaftlichen Anstrengungen der USA im Ersten Weltkrieg, in: MGM, 8 (1970), S. 59ff.

sehen. Ludendorff verschloß sich dieser Einsicht. Erst durch die Initiative einzelner Abteilungschefs der OHL wurde er gezwungen, die »Barriere«, wie Mertz v. Quirnheim eindrucksvoll formulierte[64], zu nehmen, das heißt die Niederlage einzugestehen und konkrete Schritte zur Vermeidung einer vollständigen Katastrophe einzuleiten. Ludendorff blieb sich jedoch darin treu, daß er das Eingeständnis in die Form einer immer drängender vorgetragenen Forderung an die Reichsleitung kleidete und damit die psychologische Schockwirkung seiner Lagebeurteilung und deren politische Konsequenzen vertiefte.

Die Vorbereitung der breiten Öffentlichkeit auf das Unvermeidliche war völlig vernachlässigt worden, um nicht einen stärkeren Ausdruck zu gebrauchen. Der Schock, den die Rede des Reichskanzlers am 5. Oktober mit der Mitteilung des Friedensangebotes an Wilson auslöste, war auch aus diesem Grunde ein so tiefgehender und verheerender. Die militärische Propaganda hatte noch bis weit in den Sommer hinein ein überaus optimistisches Bild der Lage gezeichnet und den seit Mitte Juli offenkundigen Umschwung zu kaschieren versucht, allerdings blieb die Propaganda ohne wesentliche Wirkung auf die Industriearbeiterschaft[65]. Der Niedergang und schließliche Zerfall der moralischen Widerstandsfähigkeit, der sich im September ankündigte und im Oktober das Land erfaßte, war deshalb besonders markant bei den politischen und gesellschaftlichen Gruppen, die hinter der Bewegung für einen »Siegfrieden« — was immer auch darunter verstanden wurde — gestanden hatten. Der Zusammenbruch zeigte sich zuerst und am nachhaltigsten bei den »Gebildeten«, wie ein württembergischer Bericht verkürzend formuliert[66].

Damit ist in groben Zügen die Situation bezeichnet, deren Kenntnis für das Verständnis der besonderen Entwicklung innerhalb der Marine in den letzten Wochen des Krieges unabdingbar ist. Der Januarstreik, die Offensive an der Westfront und der Umschwung der militärischen Lage im August und September sind in ihren Konsequenzen von Offizieren und Mannschaften ganz offensichtlich verschieden aufgenommen worden. Die Reaktionen beider Gruppen lassen sich aus dem Plan eines Flottenvorstoßes einerseits und aus der Meuterei der Mannschaften andererseits ablesen. In ihrem Verhalten entsprachen sie damit weitgehend den Auffassungen und Überzeugungen der ihnen vertrauten politischen Gruppen und Parteien außerhalb der Marine.

Die Entstehungsgeschichte des Planes eines Flottenvorstoßes im Kommando der Hochseestreitkräfte und in der Seekriegsleitung (SKL) unter Admiral Scheer ist an anderer Stelle vor Jahren ausführlich dargestellt worden[67]. Um Wiederholungen zu vermeiden, sollen an dieser Stelle nur die übergeordneten Gesichtspunkte erörtert werden, wie sie

---

[64] Militär und Innenpolitik (wie Anm. 9), Nr. 475, Anm. 8. Vgl. hierzu die unzutreffende und auch unzutreffend belegte Feststellung von Czisnik (wie Anm. 7), S. 649.
[65] Militär- und Innenpolitik, Nr. 350, Anm. 20 u. Nr. 359f., S. 948ff.
[66] Ebd., Nr. 365, S. 961 ff., vgl. auch die Äußerungen Haeftens gegenüber Oberst Bauer v. 5. 9. 1918, ebd., Nr. 469, Anm. 6. Dies im Gegensatz zu Czisniks Feststellung (wie Anm. 7, S. 648) über die »Demoralisierung, vor allem der unteren Schichten der Bevölkerung«. Das »vor allem« steht in Frage.
[67] Vgl. meinen in Anm. 9 genannten Aufsatz Politik der Seekriegsleitung. Danach ist auch die Entstehung des eigentlichen O-Befehls der Flotte bei Czisnik (wie Anm. 7, S. 654) zu korrigieren.

sich in historischer Perspektive aus den Überlegungen und Handlungen der führenden Offiziere ergeben — zumal Czisniks Interpretation die Ergebnisse der erwähnten früheren Arbeit in keiner Weise in Frage zu stellen vermocht hat.

Trothas »Überlegungen in ernster Stunde«[68] vom 6. Oktober sind zunächst zu verstehen als eine Reaktion auf den Schock der durch Scheer übermittelten Lagebeurteilung Ludendorffs und der Rede des Reichskanzlers vom 5. Oktober, die ein für das Reich in jedem Falle ungünstiges Ende des jahrelangen Ringens zur Gewißheit machte. Während sich auf der einen Seite Resignation oder Verzweiflung in allen Schichten der Bevölkerung ausbreiteten und auf der anderen Seite das Kabinett des Prinzen Max sich zu einer möglichst nüchternen Einschätzung der verbleibenden Möglichkeiten zwang, regte sich in anderen Gruppen, insbesondere der alten Führungsschicht der Armee, Marine und Beamtenschaft, der ebenfalls aus der Verzweiflung geborene Wille zur Tat, wobei die Zielvorstellungen schwankten zwischen Aufschub des Unabwendbaren beziehungsweise Verbesserung der zu erwartenden Bedingungen und dem irrealen Gedanken, durch eine letzte Anstrengung das Schicksal grundsätzlich wenden zu können. So war der Oberpräsident der Provinz Sachsen, Graf v.d. Schulenburg, der Überzeugung, daß neun Zehntel der Bevölkerung »zur Durchführung des Entscheidungskampfes« bereit seien und sein Kollege in Westpreußen äußerte wenig später, daß es darauf ankomme, den Kampf »durchzufechten bis zum Letzten[69]«. Nur einen Tag nach Trothas Aufzeichnung veröffentlichte Walther Rathenau seinen berühmten Artikel in der »Vossischen Zeitung«, in dem er gegen einen Frieden der Unterwerfung die »Erhebung des Volkes« forderte[70]. Trotha stand also mit seiner Idee eines »Schlußkampfes« durchaus nicht allein.

Charakteristisch in Trothas Überlegungen ist jedoch die völlige Konzentration auf die Rolle der Flotte in dieser Schlußphase des Krieges, sie kommt auch in seinem Brief vom 8. Oktober an den Chef des Stabes der Seekriegsleitung, Kapitän zur See v. Levetzow, zum Ausdruck. Zwar stellte er in dem letzten Punkt seiner Aufzeichnung korrekt fest, daß über den Einsatz eines so wesentlichen »Faktor[s] der staatlichen Kraft« nur an »höchster Stelle« entschieden werden könne[71], aber das Ergebnis dieser letzten Kraftanstrengung sieht er nicht primär in einem nationalen Rahmen, sondern er erhofft sich »eine neue deutsche Zukunfts-Flotte«, »wenn unser Volk nicht überhaupt national versagt«. In noch schärferer Weise kommt diese Einengung der Sichtweise in dem Programm der SKL von Mitte Oktober zum Vorschein[72]: Die von Trotha für erforderlich gehaltene Entscheidung an »höchster Stelle« fehlt, dagegen heißt es: »Die Marine hat keinen Waffenstillstand nötig«; eine entscheidende Wendung wird von dem Einsatz nicht erwartet, aber es ist aus »moralischen Gesichtspunkten Ehren- und Existenzfrage der Marine, im letzten Kampf ihr Äußerstes« gegeben zu haben, dabei gewesen zu sein.

---

[68] Politik der Seekriegsleitung (wie Anm. 9), S. 352f.
[69] Militär und Innenpolitik (wie Anm. 9), Nr. 491, Anm. 5.
[70] Ebd., Nr. 484, Anm. 4.
[71] Wobei der Begriff »höchste Stelle« durchaus verschiedene Interpretationen zuläßt. Sollte der Kaiser gemeint sein, würde es dem Sprachgebrauch im allgemeinen entsprechen, von der »allerhöchsten Stelle« zu sprechen.
[72] Politik der Seekriegsleitung (wie Anm. 9), S. 355.

Die Tendenz zu einer eigenständigen, in einem gewissen Sinne unabhängigen Marinekriegführung und Marinepolitik ist immer vorhanden gewesen, aber in dieser Phase ist sie nur dann verständlich, wenn man die Hoffnungen und Erwartungen, die sich an die Errichtung der SKL knüpften, in Rechnung stellt. Die Waffenstillstandsforderungen Ludendorffs trafen die Marineführung in einem Moment, in dem sie sich zum ersten Mal während des Krieges als eine kraftvolle, weite Kompetenzen an sich ziehende zentrale Führungsinstitution neben der OHL zu behaupten suchte und erste Erfolge verbuchen zu können glaubte[73]. Mit der Räumung Flanderns und der bereits in Aussicht genommenen Aufgabe des unbeschränkten U-Bootkrieges wurden Scheer und den an der Gründung der SKL aktiv beteiligten Offizieren, zu denen auch Trotha gehörte, alle auf eine selbstbewußte und aktive Marinepolitik und Marinekriegführung abzielenden Pläne und Hoffnungen aus der Hand geschlagen. In dieser Situation schien in dem Gedanken und dem Plan des Flottenvorstoßes der einzig gangbare Ausweg gegeben.

Die immer wieder mit mehr oder weniger Scharfsinn untersuchte Frage, ob Admiral Scheer als Chef des Admiralstabes berechtigt war, den Einsatz der Hochseeflotte aus eigener Machtvollkommenheit anzuordnen, ist im Grunde genommen zweitrangiger Natur[74]. Eine militärische Operation dieses Ausmaßes und in dieser politischen Situation war im nationalen Rahmen nur dann sinnvoll, wenn sie in Abstimmung mit der politischen und militärischen Führung des Reiches unternommen wurde. Es ist heute keine Frage mehr, daß in der Motivation des Flottenvorstoßes die Berücksichtigung der Gesamtlage der Nation zugunsten der marinespezifischen Zielsetzungen vernachlässigt wurde. Es ist deshalb auch kein Wunder, daß die Unterrichtung des Kaisers und des Reichskanzlers durch Scheer auf den verbalen, jede Eindeutigkeit vermeidenden Hinweis auf die »operative Freiheit der Hochseeflotte« beschränkt blieb. Es ist schon so, wie Levetzow am 22. Oktober gegenüber Trotha betonte, Scheer übernahm bewußt die »volle Verantwortung« für den Einsatz[75].

---

[73] Ebd., S. 344 ff.

[74] Vgl. Czisnik (wie Anm. 7), S. 651. Der Autor kommt dabei zu einigen recht fragwürdigen Feststellungen. Er erwähnt den bis »auf den heutigen Tag« herrschenden Meinungsstreit über den Flottenvorstoß und verweist dabei auf eine Veröffentlichung von Philipp Scheidemann aus dem Jahre 1919! Es wären wohl andere zu nennen! — Zu der auf Kutscher fußenden Schilderung der Unterredung Trotha — Levetzow v. 22.10., vgl. Politik der Seekriegsleitung (wie Anm. 9), S. 357 ff. — Die genannten grundsätzlichen Befehle des Kaisers sind zum Teil falsch datiert (23.12.1917 bei Czisnik, richtig 23.2.1916), zum Teil falsch interpretiert (im Mai 1917 verfügte der Kaiser in gewisser Hinsicht eine Einschränkung der Operationsfreiheit, vgl. die bei Czisnik selbst angegebene Quelle (Kutscher, wie Anm. 9, S. 78 f.)! Dagegen wird der Befehl v. 8.4.1918 nicht erwähnt, in dem der Satz vorkommt: »Die Flotte soll nicht in den Hoofden eingesetzt werden«, vgl. Stegemann (wie Anm. 15), S. 122. — Der Kaiser hat keinesfalls *unterstrichen*, daß die Flotte ihre operative Freiheit wiedererhalten habe, das steht selbst bei dem von Czisnik als Beleg angegebenen Kutscher (S. 80 f.) nicht. Vgl. im übrigen Politik der Seekriegsleitung (wie Anm. 9), S. 356 f., insbes. Anm. 37. — Zu dem unsinnigen Satz »Ohne ausdrückliche Verfassungsänderung führte der Reichstag am 26. Oktober 1918 die parlamentarische Regierungsform ein« soll nur verwiesen werden auf E.R. Huber: Dokumente zur deutschen Verfassungsgeschichte, Bd 2, Stuttgart 1964, S. 484 f.

[75] Vgl. Politik der Seekriegsleitung (wie Anm. 9), S. 357. Zu der durch Czisniks Argumentation (S. 653 f.) keineswegs widerlegten Tatsache der Vertuschungsabsichten nach dem Scheitern des Planes, vgl. ebd.,

Diese Verantwortung konnte Scheer aber andererseits auch nur dann übernehmen, wenn er sich der materiellen und personellen Einsatzbereitschaft des militärischen Instrumentes versichert hatte. Die entsprechende entscheidende Frage richtete der Chef des Stabes der SKL am 16. Oktober an den Chef des Stabes des Kommandos der Hochseestreitkräfte. »Adm. v. Trotha bejaht diese Frage uneingeschränkt[76].« Diese Antwort Trothas, die seinen eigenen kurz vorher geäußerten Klagen über die Offizierpersonallage der Flotte direkt widersprach und die bereits eingetretenen und im weiteren Verlauf der Ereignisse möglichen Rückwirkungen der politischen Situation auf die Verfassung der Mannschaften völlig überging, kann nur als Bestätigung dafür genommen werden, daß um des bereits charakterisierten Zieles willen die nüchterne Abwägung der politischen und militärischen Gegebenheiten beiseite geschoben wurde. Darüber vermag auch die geschäftsmäßige Abfassung des Flottenbefehls vom 24. Oktober nicht hinwegzutäuschen. Rückblickend betrachtet war mit der Antwort Trothas — eine erneute Prüfung der Frage im Kommando der Hochseestreitkräfte ist nicht nachweisbar — der Weg zur Meuterei vorgezeichnet.

Die Reaktion der Mannschaften auf das Friedens- und Waffenstillstandsangebot, das sich für sie in der Räumung Flanderns ankündigte, ist an anderer Stelle bereits dargestellt worden[77]. Die Meuterei brach aus, als der vom Offizierkorps akzeptierte Gedanke eines letzten Kampfes ausgeführt werden sollte und dabei auf die sichere Friedenserwartung der Mannschaften traf, die die Motive der Marineführung für den Flotteneinsatz sehr schnell erkannten. Im Gegensatz zum August 1917 zeigte das Hochseekommando eine auffallende Unsicherheit gegenüber der entstandenen Lage, scharfe Maßnahmen in der Anfangsphase der Meuterei unterblieben; das Offizierkorps und insbesondere das Hochseekommando waren der Lage in keiner Weise gewachsen, nicht zuletzt wohl deswegen, weil sich die politische Konstellation grundlegend gewandelt hatte — Prinz Max von Baden und seine »parlamentarischen« Staatssekretäre waren an die Stelle von Michaelis getreten — und weil für den Flotteneinsatz in der geplanten Form dem Seeoffizierkorps die Rückendeckung durch die bestimmenden politischen Kräfte fehlte.

Da sich die Mannschaften in Übereinstimmung mit der politischen Führung des Reiches wußten, richtete sich ihre Meuterei in erster Linie gegen den Flottenvorstoß und gegen das Seeoffizierkorps, das sich für seine Durchführung ausgesprochen hatte. Im Gegensatz zu der immer wieder vorgetragenen Ansicht, es habe sich von Anfang an vornehmlich um politische Forderungen gehandelt, läßt sich bis in die Kieler Ereignisse hinein nachweisen, daß der Flottenvorstoß neben der Forderung der Freilassung der aus Anlaß der Meuterei verhafteten Mannschaften im Mittelpunkt der Erörterungen stand[78].

S. 366 f. — Auch mit den damaligen Dienstgraden der beteiligten Seeoffiziere geht Czisnik sehr großzügig um: Gladisch war damals Korvettenkapitän und Trotha Kontreadmiral.

[76] Politik der Seekriegsleitung (wie Anm. 9), S. 347 f., S. 356. Vgl. hierzu Czisnik (wie Anm. 7), S. 654.

[77] Politik der Seekriegsleitung (wie Anm. 9), S. 362 ff. Die Räumung Flanderns setzte keineswegs erst am 16.10. ein (Czisnik, S. 649), vgl. ebd., S. 363, Anm. 56. Im übrigen handelte es sich nicht um einen Scheer-Befehl vom 30.10. (Czisnik, S. 653), Admiral v. Hipper unterzeichnete ihn. Zu dem »ungünstigen« Personalwechsel Bachmann — Souchon und zur Charakteristik des Verhaltens Bachmanns, vgl. Militär und Innenpolitik (wie Anm. 9), Nr. 486, Anm. 13.

[78] So Czisnik (wie Anm. 7), S. 658. Vgl. hierzu Archivalische Forschungen zur Geschichte der deut-

Obwohl die Kieler Ereignisse in zahllosen Publikationen immer wieder geschildert worden sind, fehlt doch bis heute eine kritische Darstellung, die die bisherige Verzerrung der Vorgänge, sei es von rechts, sei es von links, überwindet und unter Berücksichtigung der neueren Forschungen über die Arbeiter- und Soldatenräte[79] die Entwicklung in Kiel von Mitte Oktober bis in das Frühjahr 1919 im Zusammenhang untersucht.

Die Ansicht, die blaue Uniform der Marine sei zu dem Symbol der Revolution geworden, ist sicher nicht gerechtfertigt, sie war *eines* unter anderen[80]. Die Vorgänge auf der Hochseeflotte in Kiel und Wilhelmshaven sind zum Ausgangspunkt der revolutionären Welle geworden, die über das Reich hinwegging. Sie waren der Anlaß, nicht die tieferliegende Ursache. Aber daß der Anlaß sich in der kaiserlichen Marine aus politischen und sozialen Gegensätzen entwickelte, hat doch symptomatische Bedeutung, die Kaiserliche Marine zeigte sich auch in ihrer letzten Stunde als getreues Abbild des Wilhelminischen Kaiserreiches.

---

schen Arbeiterbewegung, Bd 4/IV, Nr. 779, S. 1739f.; Militär und Innenpolitik (wie Anm. 9), Nr. 503, S. 1363ff. u. Nr. 510, S. 1389f.

[79] Vgl. hierzu die orientierenden Arbeiten von R. Rürup: Rätebewegung und Revolution in Deutschland 1918/19, in: Neue Politische Literatur, 12 (1967), S. 303ff. und ders., Problems of the German Revolution 1918—19, in: Journal of Contemporary History, 3 (1968), Nr. 4, S. 109ff., sowie die Rezension von U. Kluge über die Edition zur Geschichte des Zentralrats der Deutschen Sozialistischen Republik, in: MGM, 9 (1971), S. 236—245.

[80] Die Bemerkungen Czisniks hierzu (S. 661ff.) sollten doch wohl noch einmal überdacht werden, bevor sie diskutiert werden können.

Die Politik der Seekriegsleitung und die Rebellion der Flotte Ende Oktober 1918

Über den äußeren Verlauf der Meuterei von den ersten Befehlsverweigerungen am 29. Oktober auf der in und vor Wilhelmshaven versammelten Flotte bis zur Überwältigung des Reichskriegshafens Kiel durch die Mannschaften des III. Geschwaders am 4. November besteht weitgehend Klarheit. Auch die tieferen Ursachen, die zur Meuterei der zum Symbol des wilhelminischen Kaiserreiches gewordenen Waffe führten, sind vielfach erörtert worden. Seit den Verhandlungen des parlamentarischen Untersuchungsausschusses des Reichstags und des Dolchstoßprozesses des Jahres 1925 sind darüber hinaus einige Tatsachen über den äußeren Anlaß der Meuterei bekanntgeworden[1]. Kontrovers ist jedoch nach wie vor die Beurteilung der Motivation und Zielsetzung des geplanten Flottenvorstoßes geblieben, dessen Ausführung durch die Meuterer verhindert wurde[2].

---

[1] Für den äußeren Verlauf sind die zeitgenössischen Berichte nicht zu entbehren; vgl. vor allem F. Fikentscher, Die Wahrheit über den Zusammenbruch der Marine, in: Politische und militärische Zeitfragen, Heft 29, Berlin 1920. Die zum Teil wertvollen Zeugenaussagen während des Dolchstoß-Prozesses sind auszugsweise in den von den Kontrahenten herausgegebenen Zusammenstellungen veröffentlicht: Der Dolchstoß-Prozeß in München, Oktober—November 1925. Eine Ehrenrettung des deutschen Volkes, München 1925, und E. Beckmann, Der Dolchstoß-Prozeß in München vom 19. Oktober bis 20. November 1925, München 1925. Im Werk des Untersuchungsausschusses der Verfassunggebenden Deutschen Nationalversammlung und des Deutschen Reichstages, 4. Reihe: Die Ursachen des deutschen Zusammenbruches im Jahre 1918, Bd 1—12/I, Berlin 1925—1930 (WUA) beschäftigen sich die Doppelbände 9 und 10 der IV. Reihe ausschließlich mit Marinefragen. Das dort ausgebreitete, reichhaltige Material — in Verbindung mit den jetzt zugänglichen Akten des Marinearchivs — ist in seiner Fülle noch keineswegs entsprechend berücksichtigt worden. Die Beiträge von H. Neu, Die revolutionäre Bewegung auf der deutschen Flotte 1917—1918, Stuttgart 1930, und von H. Kutscher, Admiralsrebellion oder Matrosenrevolte? Der Flotteneinsatz in den letzten Tagen des Weltkrieges, Stuttgart 1933, können ihrer Fragestellung nach nicht mehr befriedigen. Vgl. K. Zeisler, Die revolutionäre Matrosenbewegung in Deutschland im Oktober/November 1918, in: Revolutionäre Ereignisse und Probleme in Deutschland während der Periode der Großen Sozialistischen Oktoberrevolution 1917/1918, Berlin 1957, S. 187 ff.

[2] K. D. Erdmann sieht das Ziel des Flottenvorstoßes in der Entlastung des Landheeres und wertet dies — dem Urteil A. Rosenbergs folgend — als einen militärisch vernünftigen Entschluß; vgl. B. Gebhardt, Handbuch der deutschen Geschichte, 8. Aufl., Bd 4, Nachdruck Stuttgart 1960, S. 78. W. Conze nennt — bei Annahme des gleichen Zieles — den Befehl eine »offenbare Unsinnigkeit«; vgl. W. Conze, Die Zeit Wilhelms II. und die Weimarer Republik. Deutsche Geschichte 1890—1933, Tübingen 1964, S. 120. Die Annahme, daß der Flotteneinsatz vornehmlich der Entlastung des Landheeres dienen sollte, ist ebenfalls umstritten. Seit den Novembertagen 1918 wurde von sozialistischer Seite die These vertreten, daß dem Flottenvorstoß weniger militärische Überlegungen als vielmehr überkommene Vorstellungen von den Ehrenpflichten des Offiziers zugrunde lagen. W. Dittmann, Die Marine-Justizmorde von 1917 und die Admirals-Rebellion von 1918, Berlin 1926, hat diese Ansicht mit aggressiver Schärfe vertreten. Unterstützt wurde seine Vermutung durch eine Aufzeichnung des ehemaligen Kapitäns z. S. und Chefs des Stabes der Seekriegsleitung, v. Levetzow, dem das Kriegstagebuch jener Kommandobehörde zur Verfügung stand und der deutlich zu erkennen gab, daß der Einsatz als eine Lebens-

Für alle Maßnahmen der Flottenführung und für die Vertretung der Marineinteressen im Rahmen der Kriegführung und der Politik in den letzten Kriegswochen ist die Errichtung der Seekriegsleitung unter Admiral Scheer am 11. August 1918 von entscheidender Bedeutung geworden. Mit dieser grundlegenden Neugestaltung der Befehlsverhältnisse hatten die seit Beginn der Aera Tirpitz schwebenden Auseinandersetzungen um die Spitzengliederung der Kaiserlichen Marine ihr vorläufiges Ende gefunden. Es ist bekannt, daß dieser Streit während der ersten Kriegsjahre in besonders scharfer Weise zwischen Flottenkommando, Admiralstab, Reichsmarineamt und Marinekabinett an der Frage des Einsatzes der Hochseeflotte und der Führung des unbeschränkten U-Bootkrieges entbrannte. Hier ist nicht der Ort, die Stadien dieser Auseinandersetzung im einzelnen zu verfolgen[3], es sei aber festgehalten, daß das Loyalitätsverhältnis des Seeoffizierkorps zu seinen obersten Repräsentanten, den Admiralen v. Holtzendorff und v. Capelle, durch diese Vorgänge auf unheilvolle Art erschüttert wurde. Selbst vor der Person des Kaisers machte die Kritik aus dem Korps nicht halt[4].

Ebenso bedeutsam wie die Auswirkungen dieser sich lang hinziehenden Krise war die Tatsache, daß das Ringen um die Form und das Ausmaß der Kriegführung der Marine sich verband mit dem innerpolitischen Streit um die Kriegsziele und dem durch das Tirpitz-Interview entfachten Kampf um den unbeschränkten U-Bootkrieg. Er wurde von Anfang an von der rechtsgerichteten Mehrheit des Reichstages getragen und von den entsprechenden außerparlamentarischen Gruppen in vielfältiger und nachdrücklicher

---

und Ehrenfrage der Marine angesehen wurde; vgl. M. v. Levetzow, Der letzte Akt, in: Südt. Monatshefte, 21 (1924), Heft 7, S. 55 ff., abgedruckt auch in: A. Niemann, Revolution von oben — Umsturz von unten, Berlin 1928, S. 404 ff. Levetzow hat sich in manchen Passagen getreu an den Wortlaut des Kriegstagebuches gehalten, allerdings auch wesentliche Teile ganz unberücksichtigt gelassen. Da im folgenden auf breiterer Aktengrundlage dasselbe Thema behandelt werden wird, ist auf den jeweiligen Verweis auf die Schrift von Levetzow verzichtet worden. Hinzuweisen ist ferner auf den von Admiral a. D. Gladisch bearbeiteten Band des amtlichen Seekriegswerkes: Der Krieg in der Nordsee, Bd 7, Frankfurt/M. 1965. Gladisch (S. 329 ff.) beschränkt sich in Bezug auf die Vorgeschichte des Flottenvorstoßes auf die Mitteilung der Entscheidungen der Seekriegsleitung und des Flottenkommandos, ohne auf deren politische Motive einzugehen.

[3] Für den grundsätzlichen Aspekt der Frage vgl. W. Hubatsch, Der Admiralstab und die obersten Marinebehörden in Deutschland 1848—1945, Frankfurt/M. 1958, und die dort verzeichnete Literatur, sowie F. Forstmeier, Aus der Geschichte des Deutschen Flottenkommandos, in: Die Entwicklung des Flottenkommandos, Darmstadt 1964 (= Beiträge zur Wehrforschung, Bd 4), S. 9 ff.

[4] Kontreadmiral v. Trotha berichtete in einem Brief vom 10. 7. 1916 an Kapitän z. S. v. Levetzow über einen Besuch des Vertreters des Admiralstabes im Gr. Hauptquartier, Kapitän z. S. v. Bülow, dem er u. a. gesagt habe: »Besonders betont habe ich den Punkt, daß ein ersprießliches Arbeiten unmöglich wäre, da wir zum Chef des Admiralstabes als Mittelsperson nicht mehr das geringste Vertrauen hätten, wir glaubten ihm weder, daß er die Flotte beim Kaiser richtig vertritt, noch daß er uns die Allerh. Ansichten sachlich übermittelt.« Vgl. Militärgeschichtliches Forschungsamt/ Dokumentenzentrale (MGFA/DZ), Nachlaß M. v. Levetzow, Box 3, Briefe und Schriftsachen, Bd 5. — In dem Tagesbefehl vom 7. 9. 1915 verlangte der Kaiser gegenüber der Kritik aus dem Seeoffizierkorps »die pflichtmäßige Unterordnung unter Meinen Willen als Oberster Kriegsherr«; vgl. Ursachen und Folgen. Vom deutschen Zusammenbruch 1918 und 1945 bis zur staatlichen Neuordnung Deutschlands in der Gegenwart, hrsg. von H. Michaelis und E. Schraepler, Bd 2: Der militärische Zusammenbruch und das Ende des Kaiserreichs, Berlin [1959], S. 494 f.

Weise gefördert. Die verschiedensten Marinebehörden — der Staatssekretär v. Tirpitz selbst und unter seiner Regie das Nachrichtenbüro des Reichsmarineamts, später die Presseabteilung des Admiralstabes u. a. — haben diese politischen Kräfte als willkommene Bundesgenossen akzeptiert und nach Kräften unterstützt[5]. Der mit allen Mitteln der Publizistik — trotz Zensur — und der Intrige geführte Kampf richtete sich gegen die politische Führung des Reiches. Es kann dabei nicht übersehen werden, daß die überwiegende Mehrheit des Seeoffizierkorps sich in dieser Auseinandersetzung mit politischen Kräften verband, die zu den schärfsten und erbittertsten Gegnern der Innenpolitik des Reichskanzlers gehörten. Admiral Scheer hat sich in der Auseinandersetzung um die U-Bootkriegführung, die in der Anfangsphase des Krieges auch innerhalb der Marine selbst umstritten war, von Anfang an — in Denkschriften vom November und Dezember 1914 — für seine verschärfte Form eingesetzt und scheute als Chef der Hochseestreitkräfte im Juni 1916 nicht davor zurück, den Chef des Admiralstabes und auch den Kaiser durch Befehle an die U-Boote der Hochseestreitkräfte vor die Alternative zu stellen: entweder unbeschränkter U-Boot-Handelskrieg oder Verwendung der U-Boote gegen ausschließlich militärische Ziele. So war es nicht verwunderlich, daß Scheer im Sommer 1918 als neuer Chef des Admiralstabes sofort ein riesiges U-Bootbauprogramm unter dem Namen »Scheer-Programm« in Szene zu setzen suchte.

Mit dieser Bezeichnung »Scheer-Programm« klang ein weiteres Motiv an, das zur Errichtung der Seekriegsleitung führte. Im Jahre 1916, kurz nachdem Hindenburg zum Chef des Generalstabes des Feldheeres ernannt worden war, wurden die ungeheuren Produktionsforderungen der Obersten Heeresleitung an die Kriegsindustrie unter dem Namen »Hindenburg-Programm« bekannt. Hieran suchte die Seekriegsleitung anzuknüpfen, um ihre Gleichberechtigung mit der OHL auch in der Öffentlichkeit zu demonstrieren und dem seit Beginn des Krieges angeschlagenen Prestige der Marine wieder aufzuhelfen. Tirpitz, dessen Stellung vor Kriegsausbruch jedem Vergleich mit Repräsentanten der Armee gewachsen war, registrierte in seinen Kriegsbriefen schon im August 1914 die zunehmende Isolierung, in die er nicht nur aus politischen und personellen Gründen geraten war[6]. Die unglücklichen Gefechte vor Helgoland und auf der Doggerbank, die Auswirkungen der britischen Fernblockade auf die deutsche Seekriegführung versagten der Marine, vor allem ihrem Seeoffizierkorps, den ins öffentliche Bewußtsein dringenden Erfolg, der neben der Anerkennung auch den Nachweis der Notwendigkeit der von Tirpitz konzipierten Schlachtflotte erbracht hätte. Die Seeschlacht vor dem Skagerrak mit ihren gerin-

---

[5] So hat — als ein Beispiel unter vielen — Levetzow einen Vortrag vor dem Großherzog von Sachsen-Weimar über die Skagerrak-Schlacht dazu benützt, um den Großherzog für den unbeschränkten U-Bootkrieg zu gewinnen und verband damit zugleich eine Denunziation des Reichskanzlers; vgl. den Schriftwechsel hierüber im Juli/August 1916 im Nachlaß Levetzow (wie Anm. 3), Box 3, Briefe und Schriftsachen, Bd 5. Die im folgenden erwähnten Denkschriften Scheers finden sich ebenfalls im Nachlaß Levetzow, Box 21, Seekriegsführung Juli 1914 — Januar 1916. Für die Vorgänge im Juni 1916 vgl. die grundlegende Studie über die Vorgeschichte des unbeschränkten U-Bootskrieges von K. E. Birnbaum, Peace Moves and U-Boat Warfare, Stockholm 1958, S. 117.

[6] Vgl. A. v. Tirpitz, Erinnerungen, Leipzig 1920, S. 394f., 409, 411; besonders deutlich in einem Brief an Admiral v. Capelle v. 20. 3. 1915 — Bundesarchiv-Militärarchiv, Nachlaß E. v. Capelle, K 08—17/1, AB 9.

gen strategischen Auswirkungen brachte nur eine momentane Aufwertung der Marine, sie wurde überdies bald von der Tatsache der Übernahme der OHL durch Hindenburg und Ludendorff überschattet. Die großen Erfolge des U-Bootkrieges waren kein Ersatz für die von einer Seeschlacht ausgehenden Wirkungen, ja sie konnten dem Gedanken der Schlachtflotte sogar gefährlich werden.

Diese verschiedenen Motive vereinigten sich für die Mehrzahl der führenden Offiziere der Hochseestreitkräfte zu dem Ziele, durch eine Straffung der Führung, d.h. durch ihre Zentralisierung, den Einsatz der bisher nur locker zusammengefaßten Marinestreitkräfte wirkungsvoller zu gestalten und damit den der Marine zukommenden Platz neben, nicht unter der OHL wieder tatkräftig auszufüllen[7]. Nach dem Sturz von Tirpitz im März 1916 war allein Admiral Scheer, der Führer der Hochseestreitkräfte in der Skagerrakschlacht, die Persönlichkeit, die nach Meinung des Seeoffizierkorps in der Lage war, eine solche Reorganisation mit der gebotenen Konsequenz durchzuführen.

Im Juli 1918 fanden die entscheidenden Unterredungen der beteiligten Persönlichkeiten unter besonders nachhaltiger und umsichtiger Aktivität des Chefs des Stabes des Kommandos der Hochseestreitkräfte, des Kontreadmirals v. Trotha, statt. Sie hatten zum Ergebnis, daß Admiral v. Holtzendorff, der zunächst willens war, der »Kriegspsychose des Seeoffizierkorps« zu trotzen, seinen Abschied nahm und Admiral Scheer zu seinem Nachfolger als Chef des Admiralstabes ernannt wurde[8].

Damit war eine Entscheidung gefallen, die weit über die Bedeutung eines normalen Revirements hinausging. Die Tagebucheintragungen des Admirals v. Müller lassen erkennen, daß auch er sich bis zuletzt der Tragweite dieser Wachablösung nicht bewußt war, ein Zeichen für das taktisch kluge Vorgehen der Offiziere um Scheer, Trotha und Levetzow. Am 7. August kam es zu einer ersten Auseinandersetzung, als Kapitän z.S. v. Levetzow den Kabinettschef mit der geplanten Form und den Befugnissen der neuen Seekriegsleitung konfrontierte. Müller erkannte den wesentlichen Punkt, wenn er notierte, »daß der Kaiser eine ›Seekriegsleitung‹ innerhalb des Admiralstabes ablehnen werde, weil Se.

---

[7] Den deutlichsten Ausdruck fand dieses Streben in einem Brief Levetzows an Scheer vom 7.7.1918 — Nachlaß Levetzow (wie Anm. 3), Box 21, Seekriegsführung, Januar-August 1918. In ihm heißt es: »In dieser Schwäche [des Admiralstabes] sind in immer steigendem Maße Gelegenheiten verpaßt, wo die Marine in enger vertrauensvoller Zusammenarbeit mit der O.H.L. ihr Dasein kraftvoll hätte bekunden können und müssen, so hat die Marine das Vertrauen zu ihrer Leitung und die O.H.L. das Vertrauen zur Marine verloren. ... Je länger der Krieg dauerte, um so krasser mußte der Unterschied hervortreten zwischen der mitten in weltbewegender Tat stehenden O.H.L. und dem in Berlin weilenden, von den verschiedensten Einwirkungen hin und her gezerrten Admiralstab. So sind die Zügel dem Admiralstab entglitten und die Armee steht im Begriff sie an sich zu reißen. So liegen die Dinge zur Zeit. Will die Marine aus diesem Zustand heraus die Interessen ihrer Seekriegsführung selber in die Hand nehmen und der Marine ihre großen Aufgaben für die Zukunft weisen, so muß es geschehen in festem Vertrauen auf die eigene Kraft in entschluß- und tatkräftiger Zusammenarbeit mit der O.H.L., in einem Verhältnis, getragen von starkem gegenseitigen Vertrauen.« Vgl. auch die Einleitung des Beitrages von Levetzow, Der letzte Akt (wie Anm. 2), S. 55.

[8] Über die Vorgeschichte des Führungswechsels enthält der Schriftwechsel Levetzows eine Fülle von Material. Vgl. auch die Aufzeichnungen des Kabinettschefs, G. A. v. Müller, Regierte der Kaiser?, hrsg. v. W. Görlitz, Göttingen 1959, S. 390 ff. Das Zitat stammt aus einem Brief Müllers an Capelle vom 28.7.1918, vgl. Nachlaß Capelle (wie Anm. 6), K 08—17/2, AB 8.

Majestät selbst die Seekriegsleitung sei«[9]. Levetzow hatte schon am 7. Juli 1918 auf Veranlassung von Scheer diesem brieflich seine Ansichten über Ziel und Organisation der Seekriegsleitung dargelegt und kurz darauf Scheers volle Zustimmung zu seinen Vorstellungen erhalten. In diesem Brief hieß es zu dem von Admiral v. Müller erwähnten Punkt, nachdem der Aufgabenbereich der Seekriegsleitung umschrieben worden war, bezeichnenderweise: »Und doch wird der nominelle Kaiserliche Oberbefehl durch diese Maßnahmen nicht beeinträchtigt«. Bezeichnend ist dieser Satz auch insofern, als daraus hervorgeht, daß das Bild des Kaisers als aktiver Oberbefehlshaber der Marine, so wie er es in der Ordre vom 14. März 1899 selbst von sich gezeichnet hatte und wie es bis in den Sommer 1918 in weitgehendem Maße aufrechterhalten worden war, beim Seeoffizierkorps der Flotte verblaßt war[10]. Die Voraussage Admirals v. Müller erfüllte sich nicht. Während des entscheidenden Thronvortrages am 11. August akzeptierte der Kaiser die Errichtung der Seekriegsleitung, obwohl er sich noch zwei Tage zuvor Müller gegenüber ablehnend geäußert hatte. Einer der Offiziere um Scheer konnte daher an jenem 11. August befriedigt an Admiral v. Trotha schreiben: »Nach hartem Kampfe ist heute Mittag die Übernahme der Geschäfte des Chefs des Admiralstabes durch Admiral Scheer erfolgt und gleichzeitig die Befehlsgewalt in dem von uns gewünschten Sinne erledigt.« Damit fand auch in der Marine eine in der Sache begründete Entwicklung ihren Abschluß[11], die in der Armee praktisch schon seit Beginn des Krieges, offenkundig seit der Übernahme der OHL durch Hindenburg und Ludendorff, vollzogen worden war: die Ausschaltung des Kaisers von der führenden Teilnahme an den Entscheidungen der Kriegführung und die Unterordnung sämtlicher militärischer Stellen in allen die Kriegführung betreffenden Angelegenheiten unter *eine* militärische Kommandostelle. Die vertrauensvolle Zusammenarbeit mit der OHL, die der neue Chef des Stabes der Seekriegsleitung, v. Levetzow, von allem Anfang an forderte und auch von seiner Seite aus betrieb, hat sich für die Marine, besonders seit der Übersiedlung der Seekriegsleitung in das Große Hauptquartier, zweifellos günstig ausgewirkt. Eine Reihe bisher strittiger Fragen konnte in direkter Aussprache bereinigt bzw. einer Lösung nähergebracht werden. Angesichts der sich überstürzenden Ereignisse auf den Landkriegsschauplätzen kam es allerdings nicht zu dem von Scheer und Levetzow angestrebten gleichberechtigten Nebeneinander der beiden Kommandobehörden; Ludendorffs Zurückhaltung gegenüber der Marine blieb Scheer nicht verborgen[12].

---

[9] G. A. v. Müller, Regierte der Kaiser? (wie Anm. 8), S. 399.

[10] Die Kabinettsordre ist abgedruckt bei W. Hubatsch, Der Admiralstab (wie Anm. 3), S. 237 ff., Anlage 16. Für den Brief Levetzows vgl. Anm. 7.

[11] Obwohl sich die neue Organisation der Marinebehörden nicht mehr voll auszuwirken vermochte, ist kaum ein Zweifel daran berechtigt, daß mit der Gründung der Seekriegsleitung der Weg zu einer zentralen Kommandobehörde beschritten worden war, trotz gelegentlicher, abweichender Äußerungen der Beteiligten; vgl. W. Hubatsch, Der Admiralstab (wie Anm. 3), S. 177 ff., und F. Forstmeier, Flottenkommando (wie Anm. 3), S. 23 f. Vgl. die Mitteilung über die Befehlsbefugnisse der Seekriegsleitung im Marineverordnungsblatt, 49 (1918), S. 252, datiert vom 28. 8. 1918.

[12] Vgl. eine entsprechende Bemerkung Scheers in einem Brief an Levetzow vom 9. 3. 1919 im Nachlaß Levetzow (wie Anm. 3), Box 4, Briefe und Schriftsachen, Bd 10.

Nach der Übernahme der Geschäfte hat sich die SKL mit aller Energie die Planung und Durchführung des sog. Scheer-Programmes zum Ziel gesetzt. Es sah vor, daß die Rate der monatlich fertiggestellten U-Boote von damals 12,7 im Laufe der Zeit (Oktober 1919) auf 36 erhöht werden sollte, um der ständig steigenden Zahl der Verluste und der durch das Konvoi-System der Angelsachsen verminderten Wirkung des U-Bootkrieges begegnen zu können. In seinen Dimensionen war das Programm durchaus vergleichbar mit seinem Vorbild, dem Hindenburg-Programm. Abgesehen von den Vorarbeiten im Reichsmarineamt, die weiter zurückreichen, sind die Verhandlungen mit den Beteiligten überraschend schnell erfolgreich abgeschlossen worden. In enger Zusammenarbeit mit Stinnes wurde die beteiligte Industrie gewonnen[13].

Die Zustimmung dieser Kreise gründete sich auf die überschaubare Kapazität ihrer Werke und auf die nicht ungünstige Rohstofflage, deren Kontingentierung durch die dringliche Priorität des U-Bootbaus für ihre Werke nur günstige Auswirkungen haben konnte. Die entscheidende Voraussetzung für die Realisierung des Scheer-Programms war demnach weder die Bereitstellung der nötigen Rohstoffe noch die vorhandene Kapazität der Werften und der Zuliefererindustrie, sondern einzig und allein die Verfügbarkeit der entsprechenden Zahl hochqualifizierter Facharbeiter. Diese Kräfte konnten nur auf dem Wege über die OHL und das Preußische Kriegsministerium durch Zurückstellungen aus dem Feldheer oder Umgruppierungen innerhalb des Reklamiertenheeres der Heimat gewonnen werden. Es ist aufschlußreich, daß die SKL in dieser Frage nur mit der OHL verhandelte und volles Einverständnis erzielte. Allerdings schränkte Oberst Bauer, der für Ersatz an Menschen und Material zuständige Offizier der OHL, seine Zustimmung durch den offensichtlich nicht sehr nachdrücklich betonten Hinweis auf die Lage ein und sicherte die volle Zahl der geforderten Arbeitskräfte erst nach Abflauen der augenblicklichen Kämpfe zu. Angesichts der Bauer genau bekannten, hoffnungslosen Ersatzsituation Ende September 1918[14] kann man seinem offenkundig unverantwortlichen Handeln nur dann einen Sinn abgewinnen, wenn man unterstellt, daß er das ganze Scheer-Programm vornehmlich als eine nach innen und außen wirkende Propagandaaktion ansah. Das große U-Boot-Bauprogramm der SKL charakterisiert sich demnach, einmal ganz abgesehen von den Ereignissen des Oktober, als ein Plan, der den Realitäten in keiner Weise mehr entsprach.

Während der Verhandlungen um das Scheer-Programm spielte sich eine Episode ab, die ein scharfes Licht auf den Anspruch der SKL warf, die einzige, zentrale Kommandobehörde der Marine zu sein, und die bewies, daß sie diesen Anspruch gegenüber den ande-

---

[13] Vgl. M. v. Levetzow, Der letzte Akt (wie Anm. 2), S. 56 f. Nach dem Kriegstagebuch (KTB) der Seekriegsleitung (MGFA/DZ, Marinearchiv, Fasz.: 4055) fand am 12.9.1918 eine erste Besprechung mit Hugo Stinnes statt (Eintragung vom 14.9.1918), der am 14.9.1918 eine gemeinsame Sitzung der SKL mit dem Staatssekretär des Reichsmarineamts und dem Chef des U-Bootsamts folgte. In Berlin wurde einem größeren Kreis von Industriellen am 19.9.1918 (Eintragung vom 21.9.1918) der Plan der SKL durch den Staatssekretär vorgelegt. Die endgültige Zustimmung der Industriellen wurde in einer abschließenden Besprechung in Köln am 1.10.1918 (Eintragung vom 6.10.1918) eingeholt.

[14] Vgl. H. v. Kuhl, Entstehung, Durchführung und Zusammenbruch der Offensive von 1918, in: WUA (wie Anm. 1), IV. Reihe, Bd 3, 3. Aufl. 1928, S. 58 ff. Zu Bauers Haltung vgl. M. v. Levetzow, Der letzte Akt (wie Anm. 2), S. 57.

ren Immediatbehörden durchzusetzen vermochte. Als Ersatz für Admiral v. Capelle, als Staatssekretär des Reichsmarineamts, war von dem Kabinettschef mit Billigung Scheers der Admiral Paul Behncke ausersehen worden. Behncke hatte die Geschäfte übernommen und befaßte sich intensiv mit der Vorbereitung des Scheer-Programms. Er leitete am 19. September eine Sitzung mit den beteiligten Industriellen unter Führung von Stinnes, der offensichtlich mit dem Ergebnis der Besprechung keineswegs zufrieden war und dies die SKL wissen ließ. Während des Thronvortrages am 22. September verlangte und erreichte Scheer unter Berufung auf die Kritik aus Industriekreisen die Abberufung Behnckes und seine Ersetzung durch den bisherigen Chef des U-Bootsamtes, v. Mann-Tiechler. Der zuständige Kabinettschef war zwar kurz vor dem Thronvortrag informiert worden, aus der Form seiner Aufzeichnungen über diesen Vorgang geht jedoch hervor, daß er in eine Statistenrolle gedrängt worden war[15].

Levetzow hatte bereits im Juli die Notwendigkeit eines umfangreichen personellen Revirements zunächst innerhalb des Admiralstabes gefordert und gegen den Widerstand des Kabinettschefs auch durchgesetzt. Es ist bisher kaum beachtet worden, daß diese personellen Maßnahmen auch außerhalb der Zentralbehörden bedeutende Veränderungen mit sich brachten. Insbesondere die Hochseeflotte wurde hiervon betroffen, so daß ihre Einsatzfähigkeit wenn nicht in Frage gestellt, so doch eingeschränkt war. In einem Brief an Levetzow vom 22. August faßte Trotha die Situation folgendermaßen zusammen: »Bei uns schieben die Verhältnisse sich auch langsam hin. Die Unruhe in allen führenden Stellen und die Unsicherheit zwischen den Kommandanten wird noch eine Weile dauern. Am schlimmsten steht es da zunächst bei den Kleinen Kreuzern, für die Kommandanten zu finden reichlich schwierig ist.« Eine genauere Untersuchung des Umfanges der in der Zeit von August bis Oktober vorgenommenen Personalveränderungen, beschränkt auf die Kommandanten und I. Offiziere der drei Linienschiffsgeschwader und der drei Aufklärungsgruppen, ergibt, daß jeweils knapp die Hälfte der Kommandanten (48,4 %) und der I. Offiziere (45,4 %) ausgewechselt wurden. Dabei konnte es vorkommen, daß sowohl der Kommandant als auch der I. Offizier eines Schiffes versetzt wurden, mit der Folge, daß nicht nur die seemännische Führung des Schiffes sondern auch der innere Dienst in eine in ihrer Dauer sicher sehr unterschiedliche Phase der Unsicherheit geriet[16]. Diese

---

[15] G. A. v. Müller, Regierte der Kaiser? (wie Anm. 8), S. 417, und KTB der SKL (wie Anm. 13), Anlagenband, Anlage IV. Behncke hat die Vorgänge in einer Niederschrift vom Oktober 1918 in seiner Sicht dargestellt — Bundesarchiv-Militärarchiv, Sammlung Kaiserliche Marine, K 05–3/3.

[16] Der Brief Trothas findet sich im Nachlaß Levetzow (wie Anm. 3), Box 4, Briefe und Schriftsachen, Bd 9. Indirekt bestätigte Trotha die Bedeutung dieser Umgruppierungen, als er im Dolchstoß-Prozeß ausführte: »Das [Gründung der SKL] hätten wir nie getan, wenn wir nicht Vertrauen zur Besatzung gehabt hätten; denn dadurch wurde eine große Umkommandierung von Offizieren notwendig. Kommandanten, die ihr Schiff lange in der Hand hatten, mußten es aus der Hand geben.« Vgl. H. Herzfeld, Die deutsche Sozialdemokratie und die Auflösung der nationalen Einheitsfront im Weltkrieg, Leipzig 1928, S. 284. — Die Personalveränderungen ergeben sich aus den Angaben der Ehrenrangliste der Kaiserlich Deutschen Marine 1914–1918, bearb. v. Kontreadmiral a. D. Stoelzel, Berlin 1930. Es hat sich allerdings ergeben, daß die Angaben gerade für die Schlußphase des Krieges in manchen Punkten lückenhaft sind. Auf den folgenden Schiffen hat nachweislich ein Wechsel sowohl des Kommandanten als auch des I. Offiziers stattgefunden: »Bayern«, »v. d. Tann«, »Königsberg«, »Brummer«. Unklare Fälle blieben unberücksichtigt.

Unsicherheit wurde verschärft durch die sich ständig steigernden Anforderungen des U-Bootkrieges an das Seeoffizierkorps, die dazu führten, daß gerade die Offiziergruppen — Oberleutnants z. See und jüngere Kapitänleutnants —, die für den Kontakt zur Besatzung, für die Aufrechterhaltung der Disziplin von entscheidender Bedeutung waren, nur noch in ungenügender Zahl der Flotte zur Verfügung standen.

Es kann kein Zweifel darüber bestehen, daß die geschilderten personellen Verhältnisse die innere Struktur der Flotte gerade in dem Zeitpunkt der gefährlichsten militärischen und politischen Krise des Krieges geschwächt hatte. Admiral v. Trotha hat diese Situation in einem Brief an Levetzow vom 8. Oktober in aller Deutlichkeit zum Ausdruck gebracht: »Und dann geben Sie uns Meurer bald wieder! Wir brauchen wenigstens einige Persönlichkeiten. Wir haben davon in letzter Zeit ungeheuer viel hergeben müssen. Mit nur Mittel- und schlechter Waare können wir die Aufgaben den Besatzungen gegenüber nicht lösen.«[17] Aus der Bemerkung Trothas geht hervor, daß der Wechsel in den Führungspositionen der Flotte sich insgesamt negativ ausgewirkt hat — eine Tatsache, die für die Beurteilung der Rebellion Ende Oktober nicht ohne Bedeutung ist.

Für den hoffnungsvoll begonnenen Aufbau einer anspruchsvollen, zentralen Seekriegsleitung, für das im Entstehen begriffene, ehrgeizige U-Boot-Bauprogramm, dessen Durchführung ganz von der Unterstützung durch die OHL abhängig war, mußte die Waffenstillstandsforderung Ludendorffs von tiefgreifender Wirkung sein. Bei der Unterrichtung über die neue Lage am 29. September richtete Scheer sofort die Frage an Ludendorff, ob das U-Boot-Bauprogramm weiter betrieben werden könne. Es ist von einiger Bedeutung, daß Ludendorff schon in diesem Moment die weitere Aufrechterhaltung des Programms mit dem Hinweis auf die Möglichkeit des Scheiterns der Verhandlungen mit den Alliierten motivierte[18]. Wenn der SKL damit gewissermaßen ein Wechsel auf die Zukunft ausgestellt wurde, so war doch das Entscheidende, daß Ludendorff gleichzeitig erklärte, kein einziger Mann des Heeres könne für die Durchführung des Scheer-Programms zur Verfügung gestellt werden. Zwar milderte Oberst Bauer auf der zwei Tage später in Köln stattfindenden Sitzung mit den Industriellen die scharfe Erklärung seines Chefs, indem er schon für Oktober die Freistellung einiger Arbeiter für die U-Boot-Industrie ankündigte, verfolgte damit aber, wie erwähnt, auch einen propagandistischen Zweck und konnte gegenüber der Forderung des Staatssekretärs v. Mann auf 15 000—20 000 Arbeiter keine verbindlichen Zusagen geben. Die erste Konsequenz der Waffenstillstandsforderung der OHL für die Seekriegsleitung bestand demnach in der Aufgabe des Scheer-Programms für eine unbestimmte Zeit.

---

[17] Vgl. Nachlaß Levetzow (wie Anm. 3), Box 4, Briefe und Schriftsachen, Bd 9.
[18] Für die Vorgänge am 28. und 29. 9. 1918 im Gr. Hauptquartier vgl. B. Schwertfeger, Die politischen und militärischen Verantwortlichkeiten im Verlaufe der Offensive von 1918, in: WUA (wie Anm. 1), IV. Reihe, Bd 2, 3. Aufl., Berlin 1928, S. 260 ff. Scheer war vor der Unterredung mit Ludendorff durch Admiral v. Müller über die Lage unterrichtet worden; vgl. G. A. v. Müller, Regierte der Kaiser? (wie Anm. 8), S. 421. Nach dem KTB der SKL (Eintragung vom 30. 9. 1918) erklärte Ludendorff, daß »er die Durchführung des großen Ubootsprogramms für sehr nützlich halte, wenn wir nicht den Frieden erhielten, den wir brauchten, da wir nicht die Waffen strecken wollen.« Vgl. hierzu S. A. Kaehlers Aufsatz »Vier quellenkritische Untersuchungen zum Kriegsende 1918«, in: ders., Studien zur deutschen Geschichte des 19. und 20. Jahrhunderts. Aufsätze und Vorträge, hrsg. von W. Bußmann, Göttingen 1961, S. 259—305, insbesondere S. 264.

Entschiedener wehrte sich die SKL gegen die zweite Konsequenz der Waffenstillstandsforderung, gegen die Infragestellung des unbeschränkten U-Bootkrieges. Unmittelbar nach der Unterredung mit Ludendorff wurden Scheer und Levetzow durch den Kaiser selbst mit der Tatsache konfrontiert, daß ohne ihre Mitwirkung über die Einstellung des U-Bootkrieges während der vom Kaiser erwarteten Friedensverhandlungen gesprochen und Einverständnis erzielt worden war[19]. Der Staatssekretär des Auswärtigen Amts v. Hintze präzisierte zwei Tage später, am 1. Oktober, seine Forderungen in einem Gespräch mit dem stellv. Chef des Admiralstabes in Berlin dahin, daß eine Voraussetzung für den von der OHL geforderten Abschluß eines Waffenstillstandes die Einstellung des U-Bootkrieges während der Dauer des Waffenstillstandes sei. Eine solche Maßnahme sei angesichts der Unmöglichkeit der Wiederaufnahme der Feindseligkeiten gerechtfertigt. Gleichzeitig mit dieser Mitteilung erreichte eine überaus ernste Lagebeurteilung des Chefs der Operationsabteilung der OHL, Oberst Heye, den Admiral Scheer. Heye machte unmißverständlich klar, daß der Krieg verloren sei und Frieden geschlossen werden müsse. »Es handelt sich nicht um eine Panik, sondern um eine Erkenntnis, zu deren Ausspruch man sich nicht rechtzeitig entschließen konnte.«[20] Hier zeigte sich bereits die für den Verlauf der innerdeutschen Verhandlungen um den Abschluß eines Waffenstillstandes entscheidende, kaum überbrückbare Diskrepanz in der Beurteilung der militärischen Situation innerhalb der OHL selbst. Die SKL stimmte zwar widerwillig, aber doch ohne grundsätzliche Positionen aufzugeben der Forderung Hintzes zu, da sie sich die Lagebeurteilung Ludendorffs zu eigen machte. Das kam besonders deutlich zum Ausdruck, als sich Scheer und Ludendorff am 6. Oktober näher mit den Modalitäten des abzuschließenden Waffenstillstandes befaßten. Ludendorff bestätigte, daß die auszuhandelnden Bedingungen einer Wiederaufnahme des Kampfes nicht im Wege stehen dürften, daß weniger ein Waffenstillstand als vielmehr eine Waffenruhe anzustreben sei. Die SKL hat bis zu den Verhandlungen um die Beantwortung der zweiten Note Wilsons vom 14. Oktober trotz anders lautender Nachrichten aus dem Großen Hauptquartier und aus Berlin an dieser optimistischen Sicht der Dinge festgehalten[21].
Wie für die überwiegende Mehrheit der politisch und militärisch führenden Kräfte des Kaiserreiches war der Umschlag von einer den Ernst der Lage keineswegs verkennenden

---

[19] Der Kaiser suchte Scheer, der sich übergangen fühlte, durch einen Hinweis auf die Abendtafel, bei der er mit Hintze sprechen könne, zu beschwichtigen; KTB der SKL (wie Anm. 13), Eintragung vom 30.9.1918. Die Forderung Hintzes vom 1.10.1918 wurde der SKL durch ein Telegramm des stellv. Admiralstabes in Berlin übermittelt; vgl. Nachlaß Levetzow (wie Anm. 3), Box 21, Seekriegsführung, Chef des Stabes der Seekriegsleitung, Bd 2.

[20] Die Mitteilung Heyes, die vom Vormittag des 1.10.1918 stammte, gelangte in Form einer Meldung eines in Spa verbliebenen Offiziers an den in Köln weilenden Levetzow; vgl. Nachlaß Levetzow (wie Anm. 3), Box 21, Seekriegsführung, Chef des Stabes der Seekriegsleitung, Bd 2.

[21] Für die Verhandlungen am 6.10.1918 vgl. KTB der SKL (wie Anm. 13), Eintragung vom 7.10.1918. Die Eintragung geht zurück auf eine Aufzeichnung des Korvettenkapitäns Frhr. v. Weizsäcker, des Verbindungsoffiziers der SKL bei der OHL; vgl. MGFA/DZ, Marinearchiv, Fasz.: 560, SKL im Gr. H. Qu., Waffenstillstandsangelegenheiten, Bd 1. Der stellv. Chef des Admiralstabes wurde von der SKL verschiedentlich angewiesen, der Reichsleitung gegenüber zu erklären, daß die Einstellung des U-Bootkrieges frühestens bei Abschluß des Waffenstillstandes und nur gegen hohe Gegenleistungen des Feindes in Frage käme.

aber doch siegesgewissen Stimmung in ein Gefühl der Ohnmacht, der hereinbrechenden Katastrophe auch für die SKL so überraschend gekommen[22], daß es durchaus verständlich war, wenn sie Ludendorffs Ansicht den Vorzug gab und damit sich selbst über die Realitäten hinwegtäuschte. Wie weit die Selbsttäuschung innerhalb der SKL Platz griff, mag daraus entnommen werden, daß nach Ausweis des Kriegstagebuches am 6. Oktober der Gedanke erörtert wurde, ob sich die Marine gegebenenfalls nur teilweise an der erwähnten Waffenruhe beteiligen solle. Dieser eigenartige Gedanke entsprang u. a. der Vorstellung der betonten Eigenständigkeit der Kaiserlichen Marine, deren Verwirklichung sich die SKL zum Ziel gesetzt hatte. Sie in der durch die OHL heraufbeschworenen Situation zu bewahren, verband sich für die SKL mit dem selbstverständlichen Willen zur patriotischen Tat, d.h. in diesem Fall zur Weiterführung des Kampfes mit der erfolgreichsten Waffe der Marine, dem Unterseeboot.

Die Auseinandersetzungen um die Einstellung bzw. Milderung des unbeschränkten U-Bootkrieges noch *vor* Abschluß des Waffenstillstandes begannen mit dem Bekanntwerden der Versenkung des britischen Passagierdampfers »Leinster« durch ein deutsches Unterseeboot. Hintze, nunmehr Vertreter des Auswärtigen Amtes bei der OHL, machte bereits am 14. Oktober Admiral Scheer den Vorschlag, die U-Bootkommandanten anzuweisen, die Versenkung von Passagierdampfern nach Möglichkeit zu vermeiden[23]. Scheer hat sich auf ein solches Verfahren, getreu seiner prinzipiellen Stellungnahme aus dem Jahre 1916, nicht eingelassen und jede Verwässerung des unbeschränkten U-Bootkrieges aus technischen Überlegungen und aus Sorge um die Sicherheit der eigenen Boote strikt abgelehnt. Auch unter dem Eindruck der zweiten Note Wilsons, in der die Einstellung des U-Bootkrieges geforderte wurde, hat Scheer an dieser Ansicht festgehalten.

Als sich während der Verhandlungen des Kriegskabinetts herausstellte, daß die Aufgabe des U-Bootkrieges als *Vorleistung* für notwendig angesehen wurde, hat Scheer sich der Rückendeckung Ludendorffs versichert und veranlaßte damit, daß sich die Auseinandersetzung zu einer prinzipiellen Kontroverse zwischen politischer und militärischer Führung verschärfte. Nachdem beide Seiten die Entscheidung des Kaisers angerufen hatten, endete die Auseinandersetzung mit einer Niederlage Ludendorffs, die mittelbar zum Sturz des Generals beitrug. Die Ankündigung der Einstellung des Handelskrieges mit U-Booten wurde mit kaiserlicher Billigung in die Antwortnote an den Präsidenten Wilson aufgenommen[24].

---

[22] Scheer schrieb hierzu in einem Brief an Levetzow vom 26.1.1919 — Nachlaß Levetzow (wie Anm. 3), Box 4, Briefe und Schriftsachen, Bd 10 —: »Es erscheint mir überhaupt als die größte Unbegreiflichkeit: dieser Umschlag von Siegeszuversicht zu völligem Zusammenbruch und besonders niederziehend dabei, daß sich die Revolution unter unseren Augen in der Marine in aller Gründlichkeit und Gemächlichkeit vorbereitete.«

[23] Vgl. KTB der SKL (wie Anm. 13), Eintragung vom 15.10.1918. Im Verlauf des Gespräches unterbreitete Hintze dem Chef des Admiralstabs folgenden merkwürdigen Vorschlag: »... nach seiner Meinung könne die Marine dem Auswärtigen Amt sagen, es möchte erklären, was es für gut befände, die Marine würde sich dadurch in keiner Weise gebunden fühlen«. Scheer lehnte ein solches Verfahren mit Entschiedenheit ab.

[24] Zum Verlauf der Verhandlungen vom 17. bis 21. Oktober vgl. die umfassende Dokumentation in: Quellen zur Geschichte des Parlamentarismus und der politischen Parteien, Erste Reihe, Bd 2: Die

Admiral Scheer hat während der Verhandlungen mit allem Nachdruck seinen Standpunkt vertreten. Temperamentvoll unterstützt von seinem Chef des Stabes, Kapitän z.S. v. Levetzow, hat er nichts unversucht gelassen, um das Kabinett und den Kaiser von der Stichhaltigkeit seiner Ansicht zu überzeugen. Trotzdem fällt auf, daß sein Einsatz weit weniger prinzipiell war als der Ludendorffs. Zweifellos spiegelte sich darin in erster Linie der beherrschende Einfluß der OHL in allen politischen und militärischen Fragen, während die SKL gerade erst begonnen hatte, das Ansehen der Marine wieder zu festigen und zu heben. Die relativ ruhige Hinnahme der praktischen Ausschaltung der Marine aus dem weiteren Verlauf der Kampfhandlungen durch die Einstellung des U-Bootkrieges — so mußte von politischer Seite die Entscheidung interpretiert werden — in einer Phase höchster nationaler Spannung durch die SKL ist jedoch nur verständlich, wenn man hinzunimmt, daß Admiral Scheer und sein Stab von vornherein eine Alternative für diesen Fall in ihre Überlegungen einbezogen hatten. Sie sah den vollen Einsatz der Hochseeflotte vor. Überlegungen dieser Art wurden in den ersten Oktobertagen an die SKL herangetragen, nachdem Scheer selbst am 30. September die Versammlung der Flotte in der Nordsee angeordnet, ihren Einsatz — ohne nähere Erläuterung — jedoch vorläufig nicht für erforderlich gehalten hatte. Das Flottenkommando wurde am 4. Oktober durch den nach Spa entsandten Korvettenkapitän v. Yorck über die Lage näher unterrichtet[25]. Die entsprechende Eintragung im Tagebuch eines Angehörigen der Flottenführung läßt nun erkennen, daß die dunkleren Töne in diesem Bericht mehr zum Ausdruck kamen, als dies bei der SKL der Fall war, d.h. daß die schon erwähnte Lagebeurteilung durch Oberst Heye — vermittelt durch Korvettenkapitän Frhr. v. Weizsäcker — im Vordergrund stand. Auch der Gedanke eines letzten Aufgebotes — Ludendorff in den Mund gelegt — taucht auf. Außerdem wird eine Äußerung des Generalquartiermeisters wiedergegeben, die für die Marine untragbar sein mußte und nicht unwesentlich zum Entschluß des Einsatzes der Hochseeflotte beigetragen haben dürfte. »Ludendorff ließ übrigens durchblicken, daß einer event. Forderung Englands um Auslieferung der deutschen Flotte wohl auch nachgekommen werden müßte, daß überhaupt die Marine wohl in der Hauptsache die Zeche bezahlen müßte.« Unter diesem Eindruck hat Trotha, als Chef des Stabes des Hochseekommandos, am 6. Oktober seine »Überlegungen in ernster Stunde« verfaßt, die am folgenden Tage vom Flottenchef gebilligt und schließlich am 8. Oktober der SKL übersandt wurden[26]. Sie lauten:

»1). Auch jetzt muß allen anderen Überlegungen vorangehen: ›Wie kann der Ubootskrieg in stärkster Wirkung erhalten werden‹.

2). Die Erfüllung dieser Hauptforderung verlangt von der Flotte Sicherung der Minensuch bzw. räum- und Geleitaufgaben. Deckung der Ubootstützpunkte in der Nordsee. Allgemeiner Rückhalt für unsere Stellung in der Nordsee und Dänemark gegenüber.

Regierung des Prinzen Max von Baden, bearb. von E. Matthias und R. Morsey, Düsseldorf 1962, S. 220ff., und die in Anm. 32 erwähnte Anlage XI des KTB der SKL.

[25] Vgl. KTB der SKL (wie Anm. 13), Eintragung vom 3.10.1918.

[26] Die »Überlegungen« finden sich sowohl im Operations-Kriegstagebuch des Kommandos der Hochseestreitkräfte (K.d.H.) als Anlage IV (MGFA/DZ, Marinearchiv, Fasz.: 4055) als auch im Original und in Abschriften im Nachlaß Levetzow (wie Anm. 3), Box 4, Briefe und Schriftsachen, Bd 9.

3). So ist die Flotte durch den Ubootskrieg gebunden; ein Vorstoß der gesamten Hochseestreitkräfte, um einen Erfolg auf dem Wasser zu suchen, auch auf das Risiko des vollen Einsatzes hin, würde das Aufgeben der Grundlage für den U-Krieg bedeuten. —

4). Ein solcher Einsatz kommt daher nur in Frage:
   a. wenn der Gegner in die Deutsche Bucht oder in die Belte einbricht.
   b. wenn der Ubootskrieg völlig aufgegeben wird.
   c. wenn eine schwere Schädigung der englischen Seemacht mehr Vorteil für uns verspricht als die Weiterführung des U-Krieges oder
   d. unsere Flotte sonst einem schmachvollen Ende entgegengeht.

5). Der Flotte steht ein solcher Schlußkampf als höchstes Ziel vor Augen, um nicht diesen Krieg beschließen zu müssen, ohne daß die in ihr steckende nationale Kraft voll zur schlagenden Wirkung gekommen ist.

6). Aus einem ehrenvollen Kampf der Flotte, auch wenn er ein Todeskampf wird in diesem Kriege, wird — wenn unser Volk nicht überhaupt national versagt — eine neue deutsche Zukunfts-Flotte hervorwachsen; einer durch schmachvollen Frieden gefesselten Flotte ist die Zukunft gebrochen.

7). Die Entscheidung über diese Fragen muß von höchster Stelle erfolgen. Die Hochseeflotte ist in diesen letzten Stunden des Krieges ein so wesentlicher Faktor der staatlichen Kraft, daß der Flottenchef von seinem Standpunkt aus nicht ohne Weiteres bestimmen darf, wann der Augenblick kommt ihn auszuspielen. T 6/10.«

Aus dem Begleitbrief Trothas vom 8. Oktober an Levetzow geht hervor, daß der Gedanke an den Einsatz der Flotte im Mittelpunkt seiner Überlegungen stand, der U-Bootkrieg wird mit keinem Wort erwähnt. »Es liegt auf der Hand, daß uns ein Schrecken der Scham erfaßt, bei dem Gedanken, die Flotte könne, ohne zum Schlagen gekommen zu sein, der inneren Vernichtung überliefert werden. Der Einsatz, um mit Ehren unterzugehen, lohnt doch auch noch, denn eine schwere Wunde würden wir England schon noch beibringen. ... Sie empfinden es selbst wie wir; trotzdem beschwöre ich Sie: Lassen Sie die Kraft unserer Flotte nicht verschachern oder elend verkommen.«

Auch von anderer Seite wurde der SKL der Einsatz der Hochseeflotte nahegelegt. Kapitän z.S. Michaelis sah in einem baldigen, sichtbaren Erfolg, der nur noch zur See errungen werden könne, die einzige Möglichkeit, einen Stimmungsumschwung im Lande zu erzielen, der das Reich vor einer »Generalkatastrophe« retten könne[27]. Ein solcher voller Einsatz der Flotte sei zwar ein »glatter Hazard«, aber da das Reich vor der Alternative Verständigungs- oder Unterwerfungsfrieden stehe, sei der Einsatz der — im Verhältnis zum Gesamtpotential — relativ kleinen Flotte gerechtfertigt. »Daher kann, nüchtern gewogen, unter Umständen ein schlechter Friede doch besser sein als eine Katastrophe des Gesamtheeres, für die Flotte ist letzteres Risiko weit geringer.« Die Rücksicht auf

---

[27] Der Brief Michaelis' ist datiert vom 5.10.1918, vgl. ebd. Michaelis war zu jener Zeit Direktor des Allgemeinen Marinedepartements im Reichsmarineamt. Er hat in einem Brief vom 10.3.1926 an Hans Delbrück den Gedanken eines Flottenvorstoßes im Rückblick auch öffentlich vertreten; vgl. WUA (wie Anm. 1), IV. Reihe, Bd 10, I, S. 380ff.

den U-Bootkrieg dürfe kein Hindernis sein, denn selbst mit den zurückkehrenden Resten der Flotte werde eine Weiterführung des U-Bootkrieges möglich sein.
Von den beiden Stimmen hatte die Trothas das größere Gewicht. Trotha und Michaelis waren sich in der Zielsetzung einig, sie unterschieden sich jedoch sehr deutlich in ihrer Motivation. Hier der mühsam gebändigte, gefühlsbetonte, pathetische, mehr am Eigeninteresse der Flotte orientierte Aufruf, dort der Versuch, aus der politisch-militärischen Gesamtsituation heraus der Flotte den Weg zu weisen unter kühler Abwägung der in jedem Falle für sie eintretenden Folgen.
Als Chef des Stabes des Hochseekommandos hatte Trotha natürlicherweise die günstigsten Möglichkeiten seiner Konzeption die Wege zu ebnen. Bereits am 10. Oktober legte er Admiral v. Hipper den Plan zu einem Vorstoß der Flotte in die Straße von Dover zur grundsätzlichen Genehmigung vor[28]. Der Kreis der Mitarbeiter an der Ausarbeitung des endgültigen Operationsbefehls sollte auf die drei Admiralstabsoffiziere des Flottenkommandos beschränkt bleiben. Mit der Zustimmung Hippers begannen nun die Arbeiten an dem später berühmt gewordenen O-Befehl Nr. 19 vom 29. Oktober 1918.
Daß die SKL Ziel und Motivation des Trothaschen Planes billige, kam in dem Antwortschreiben Levetzows vom 11. Oktober zum Ausdruck[29]. Im Gegensatz zu Michaelis betonte Levetzow darin die Notwendigkeit der Erhaltung der Flotte als Rückgrat des U-Bootkrieges. Und im Gleichklang mit dem Trothaschen Pathos schrieb er: »Es wird, solange wir noch kämpfen können, nie und nimmer zugegeben werden, im Friedensschluß einem Vertrag zuzustimmen, der auf eine Verschlechterung oder Verkümmerung unserer Flotte ausgeht.«
Die zweite Wilson-Note, die in den Morgenstunden des 16. Oktober bekannt wurde, führte zu einer weiteren Klärung und Fixierung der Absichten der SKL. Obwohl sie, wie erwähnt, bis zum 20. Oktober in den Verhandlungen mit dem Auswärtigen Amt und dem Kriegskabinett starr an der Aufrechterhaltung des unbeschränkten U-Bootkrieges festhielt, war schon vor Beginn der Verhandlungen in Berlin die Erkenntnis gewachsen, daß die Chancen einer Weiterführung des U-Bootkrieges sowohl während der Waffenstillstandsverhandlungen[30] als auch nach einem evtl. Scheitern dieser Verhandlungen immer geringer wurden. Korvettenkapitän v. Weizsäcker hatte am 12. Oktober eine Unterredung mit Oberst Heye, in der diesem die Frage vorgelegt wurde, wie die OHL »tatsächlich« die Lage beurteile und wie dringlich der Abschluß eines Waffenstillstandes sei[31]. Heye ließ wiederum, wie am 1. Oktober, keinen Zweifel darüber, daß der Krieg verloren, der Abschluß eines Waffenstillstandes gleichbedeutend mit dem Ende des Krieges überhaupt sei und daß die Dringlichkeit der Waffenstillstandsforderung von Ende September durch die weitere Entwicklung der Lage nur zugenommen habe.

---

[28] Vgl. Operations-Kriegstagebuch des K.d.H. (wie Anm. 26), Anlage VIII.
[29] Nachlaß Levetzow (wie Anm. 3), Box 18, Auszüge aus den Handakten v. Trotha 1917/1918, Abschrift.
[30] Vgl. die Unterredung Hintzes mit Scheer am 14.10.1918, siehe Anm. 23.
[31] Bericht Weizsäckers vom 15.10.1918, dem eine mündliche Berichterstattung an die SKL vorausgegangen war; Nachlaß Levetzow (wie Anm. 3), Box 21, Seekriegsführung, Chef des Stabes der Seekriegsleitung, Bd 2.

Die SKL hat diese düstere Prognose, wie angedeutet wurde, nicht zur Grundlage ihrer Verhandlungen mit den politischen Instanzen gemacht, intern jedoch die Konsequenzen gezogen. In der Zeit zwischen dem Bekanntwerden der zweiten Note Wilsons und dem Beginn der Verhandlungen in Berlin führten die Erörterungen innerhalb der SKL zur Festlegung des nun zu verfolgenden Zieles, das in der folgenden Aufzeichnung[32] klar umrissen wurde:

»1.) Eine Beschränkung der Ubootsverwendung auf den Kreuzerkrieg oder Ausnehmen von Passagierschiffen bedeuten technisch gleichviel die völlige Einstellung. Gründe liegen auf der Hand.

2.) Bei Einstellung des Ubootkrieges begeben wir uns des letzten Offensivmittels, das uns bei Fortgang der Waffenhandlungen noch zu Gebote steht.

3.) Trotzdem ist die Marine bereit, schweren Herzens dies Opfer zu bringen, wenn dafür ein Waffenstillstand erreicht wird, wie ihn die Armee nötig hat. Die Marine hat keinen Waffenstillstand nötig.

4.) Die Wahrscheinlichkeit, daß bei Fortgang oder Wiederaufnahme der Kampfhandlungen das Einverständnis der Regierung zum uneingeschränkten Ubootskrieg wieder zu erlangen sei, ist äußerst gering.

5.) Die Bindung der Hochseestreitkräfte durch den Ubootskrieg, dessen Rückgrat sie bilden, entfällt damit. Die Flotte erhält ihre operative Freiheit wieder.

6.) Es ist unmöglich, daß die Flotte alsdann in dem Endkampf, der einem baldigen oder späteren Waffenstillstand vorausgeht, untätig bleibt. Sie muß eingesetzt werden. Wenn auch nicht zu erwarten ist, daß hierdurch der Lauf der Dinge eine entscheidende Wendung erfährt, so ist es doch aus moralischen Gesichtspunkten Ehren- und Existenzfrage der Marine, im letzten Kampf ihr Äußerstes getan zu haben.«

Nach den eindeutigen Formulierungen dieses Programms, dessen Gedankengänge in der Folge nicht auf den engen Kreis der Seekriegsleitung beschränkt blieben, war es nicht verwunderlich, daß die Mannschaften der Flotte später von einer geplanten »Todesfahrt« sprachen. Der Gedanke Trothas hatte sich endgültig durchgesetzt. Eine durchaus erwägenswerte Einordnung der Aktion und ihrer Folgen in das politisch-militärische Gesamtgeschehen, in das Schicksal der Nation, — etwa in der Richtung der Überlegungen des Kapitäns z. S. Michaelis[33] — wurde durch den letzten Satz ausdrücklich beiseite geschoben. Die Rechtfertigung für den Einsatz der Flotte wurde nicht in strategischen Notwendigkeiten, nicht in der durchaus möglichen Entlastung der schwerkämpfenden Armee

---

[32] Vgl. KTB der SKL (wie Anm. 13), Anlagenband, Anlage XI, S. 1f. Die Aufzeichnung ist auch abgedruckt bei W. Hubatsch, Der Admiralstab (wie Anm. 3), S. 180. Hubatsch interpretiert die Aufzeichnung nach dem Datum ihrer Abfassung (25. 10. 1918), jedoch geht aus der Überschrift hervor, daß es sich um Überlegungen der Tage vom 15. — 21. 10. 1918 handelt und aus dem Text ergibt sich, daß die in der Niederschrift entwickelte Marschroute am 16. 10. 1918 morgens feststand. Vgl. im übrigen M. v. Levetzow, Der letzte Akt (wie Anm. 2), S. 59f.

[33] Vgl. hierzu Prinz Max von Baden, Erinnerungen und Dokumente, Berlin 1927, S. 574ff., der im Sinne seiner gegenüber Wilson verfolgten Politik eine positive Stellungnahme zu einem mit der Reichsleitung abgesprochenen — und hierauf liegt der Nachdruck — Flottenvorstoß erkennen läßt. Vgl. auch ebenda S. 445ff.

gesucht, sie wurde vielmehr von den verantwortlichen Männern der SKL allein in einem traditionellen Ehrenkodex, dessen Basis im Zeichen der totalen Mobilisierung aller Volkskräfte im Kriege immer schmaler und brüchiger geworden war, gefunden. Stellt man angesichts dieses Planes die Frage der Verantwortlichkeit der SKL gegenüber den für die Gesamtkriegführung verantwortlichen Instanzen — Kaiser, Reichskanzler, OHL —, so wird deutlich, wie weit die Desintegration der Gesamtstaatsführung bereits gediehen war. Hatte Trotha in seinen »Überlegungen« noch davon gesprochen, daß über den Einsatz der Flotte von »höchster Stelle« entschieden werden müsse — womit nach seinen späteren Äußerungen nicht nur die SKL gemeint sein konnte — so war nun von einer solchen Entscheidung nicht mehr die Rede. Das Wort Levetzows bei der Gründung der SKL von dem »nominellen Oberbefehl des Kaisers« zeigte sich hier und in den späteren Verhandlungen in seiner vollen Bedeutung.

Unmittelbar nach der Ankunft in Berlin hatte Levetzow eine Unterredung mit dem ebenfalls in Berlin weilenden Trotha, den er mit den Überlegungen der SKL bekannt machte. Wiederum war es Trotha, der die Ansichten der SKL konkretisierte und ihr den seit dem 10. Oktober ausgearbeiteten Plan für einen Vorstoß der Flotte in den Kanal vorlegte. Sowohl Scheer als auch Levetzow erklärten sich mit der Anlage des Einsatzes einverstanden, versprachen der Flotte volle Freiheit in der Durchführung und weitestgehende Unterstützung. Scheer ließ aber keinen Zweifel daran, daß der Einsatz der Flotte nur bei einer, allerdings zu erwartenden, Einstellung des unbeschränkten U-Bootkrieges in Frage käme. Es ist interessant, daß Trotha damals diese Voraussetzung, die er selbst eindrücklich am 6. Oktober formuliert hatte, nicht mehr aufrechterhielt, vielmehr gegenüber Levetzow die Durchführung des Flotteneinsatzes auch bei Weiterführung des U-Bootkrieges für möglich hielt[34].

Während dieser ersten mündlichen Aussprache nach dem Umschwung vom 29. September zwischen Scheer und Levetzow auf der einen und Trotha auf der anderen Seite wurde mit voller Klarheit auch die alles entscheidende Frage nach der Einsatzfähigkeit der Flotte gestellt. Im Kriegstagebuch der SKL heißt es hierzu: »Kapitän v. L. frägt Adm. von Trotha ob er personell und materiell die Struktur der Flotte so einschätze, daß mit ihr zur Zeit ein größere Operation gewagt werden könne — Adm. v. Trotha bejaht diese Frage uneingeschränkt und legt einen O-Plan (Vorstoß in den Kanal) vor, ...« Diese dienstliche Stellungnahme stand im Widerspruch zu der erwähnten brieflichen Äußerung Trothas vom 8. Oktober[35], in der er sich über die unbefriedigende Offizierpersonallage der Flotte beklagt hatte, und bestimmte in verhängnisvoller Weise den weiteren Gang der Ereignisse. Wie weit Trotha sich damit von einer nüchternen Einschätzung der Situation auf der Flotte entfernte, wird noch zu zeigen sein. Die weiteren Maßnahmen und die Entscheidungen der SKL für einen letzten Einsatz der Flotte waren jedoch durch die verantwortliche Meldung Trothas zumindest formal gedeckt.

---

[34] Vgl. KTB der SKL (wie Anm. 13), Anlagenband, Anlage XI, S. 3 (Handschriftliche Ergänzung der Anlage durch Levetzow), und Operations-Kriegstagebuch des K.d.H. (wie Anm. 26), Anlage V, datiert vom 18.10.1918.

[35] Siehe Anm. 17.

Nachdem sich am 20. Oktober herausgestellt hatte, daß weder die OHL noch der Kaiser es vermochten, den Widerstand des Reichskanzlers und des Kriegskabinetts gegen eine Weiterführung des U-Bootkrieges zu brechen, unternahm Admiral Scheer am Abend dieses Tages noch einen letzten, ebenfalls ergebnislosen Versuch, den Kanzler zu einer Befristung des Zugeständnisses zu bestimmen. Während der Unterredung fiel von Admiral Scheer das Wort, das später als Unterrichtung über den Flotteneinsatz, ja als dessen Billigung durch den Reichskanzler ausgegeben wurde. In der Formulierung des Kriegstagebuches der Seekriegsleitung lautet der Passus folgendermaßen: »Der Admiral sagte dann noch, daß die endgültige Entscheidung über Einschränkung des Ubootskrieges insofern sehr wichtig sei, als operative Maßnahmen der S.K.L. davon abhingen. Die Hochseeflotte sei nunmehr der Bindung in ihrer operativen Freiheit durch Aufgabe des Ubootskrieges ledig.« Auf diesen doch sehr deutlichen Hinweis, der durch die zweimalige Verwendung des Wortes »operativ« weit über die dem Kaiser gegenüber gebrauchte Formulierung hinausging, folgte — nach Ausweis des Kriegstagebuchs — keine irgendwie geartete Antwort des Kanzlers. Das ist um so erstaunlicher, als Prinz Max zuvor sehr deutlich seine Ansichten und Forderungen zum Ausdruck gebracht hatte. »Er beschwor dann den Admiral noch auf das eindringlichste, daß sich die Marine in das Unabänderliche fügen müsse, da Zwischenfälle, die die Friedensaktion stören könnten, auf jeden Fall vermieden werden müssen. Der Admiral sagte nunmehr vollste Loyalität der Marine zu, die nur dadurch zu gewährleisten sei, daß alle Uboote zurückgerufen werden müßten.«[36] Es wird sich kaum klären lassen, ob die Niederschrift vom 25. Oktober den Gang der Besprechung getreu wiedergegeben hat, auffallend ist jedoch, daß Scheer die zwar auch vom U-Bootkrieg ausgehende, jedoch sehr allgemein gehaltene Aufforderung des Kanzlers an die Marine mit einer nur auf den U-Bootkrieg beschränkten Loyalitätserklärung beantwortet hat. Mit Sicherheit kann demnach gesagt werden, daß die SKL weder den Kaiser noch den Reichskanzler von ihren konkreten Absichten und noch weniger von dem Ausmaß der geplanten Operation unterrichtet hat und ihre Hinweise betont allgemein hielt, weil sie Eingriffe der Reichsleitung befürchtete. Die bewußte Ausschaltung jeglichen Einflusses der politischen Führung des Reiches ist zugleich ein Beweis dafür, daß sich die SKL über die Regelwidrigkeit ihres Verfahrens durchaus im klaren war. Eigenartigerweise war es Trotha, der in einer Besprechung in Wilhelmshaven am 22. Oktober die Notwendigkeit eines Einvernehmens mit der Reichsleitung erwähnte. Er erörterte in einem größeren Zusammenhang die Opportunität des Flotteneinsatzes und erklärte zum Schluß: »Er [der

---

[36] Für die Unterredung zwischen dem Reichskanzler und Admiral Scheer vgl. KTB der SKL (wie Anm. 13), Anlagenband, Anlage XI, S. 17 f.; die entsprechenden Bemerkungen während des Thronvortrages am 18.10.1918 finden sich in demselben Aktenstück, S. 6 f. Ein Bericht über die entscheidende Unterredung zwischen Kaiser und Kanzler am 20.10.1918 ist abgedruckt in: Quellen zur Geschichte des Parlamentarismus und der politischen Parteien, Erste Reihe, Bd 2 (wie Anm. 24), S. 284 ff. Zur Frage der Unterrichtung von Kaiser und Kanzler bzw. über deren Notwendigkeit vgl. R. Scheer, Deutschlands Hochseeflotte im Weltkrieg, Berlin 1919, S. 490, 493; R. Scheer, Vom Segelschiff zum U-Boot, Leipzig 1925, S. 355 ff.; A. Rosenberg, Entstehung und Geschichte der Weimarer Republik, hrsg. v. K. Kersten, Frankfurt/M. 1955, S. 239; H. Kutscher, Admiralsrebellion oder Matrosenrevolte? (wie Anm. 1), S. 80 f.

Flotteneinsatz] wäre weiter falsch, wenn er im Gegensatz zu den Gesamtabsichten der OHL und der Reichsleitung erfolgte.« Levetzow erwiderte, ohne auf den zitierten Passus direkt einzugehen, daß Admiral Scheer die »volle Verantwortung« für das Unternehmen übernehme und daß sich die Unterrichtung anderer Stellen, »soweit sie nötig gewesen sei«, auf eine allgemeine Mitteilung — der hier erörterten Art — beschränkt habe[37].
Die einzige Person außerhalb des engen Kreises der Marineoffiziere, die von der geplanten Operation näher unterrichtet wurde, war Ludendorff. Nach seiner Rückkehr aus Berlin suchte Admiral Scheer den General auf und führte, nach einem Rückblick auf die Verhandlungen über die Beantwortung der Wilson-Note, aus, daß die Flotte, ehe sie zu einem »Handelsobjekt in einem schimpflichen Frieden« würde, eingesetzt werden müsse; daß sie nicht untätig bleiben dürfe, während die Nation auf das schwerste kämpfe. In Anlehnung an die Gedankengänge des Kapitäns z.S. Michaelis versprach er sich davon einen Aufschwung der Stimmung in der Heimat und äußerte die Überzeugung, daß selbst im Falle einer schweren Schlacht noch genügend Großkampfschiffe übrig bleiben würden, um einem möglicherweise wieder aufzunehmenden U-Bootkrieg den nötigen Rückhalt zu gewähren. Wie weit die Befürchtung eines Eingriffes von Außenstehenden in das Unternehmen der Marine ging, zeigte sich darin, daß Admiral Scheer den General bat, von seinen Mitteilungen keinen Gebrauch zu machen.
Wenn der Plan der SKL auch nicht mit den Intentionen der politischen Führung koordiniert worden war, so entsprach er jedoch völlig den Zielen und Erwartungen des Ersten Generalquartiermeisters. Ludendorff erhoffte sich »eine kräftige Ohrfeige« Wilsons für das Berliner Kabinett, d.h. amerikanische Forderungen, die den Reichskanzler und mit ihm das Kriegskabinett zum Abbruch der Verhandlungen zwingen würden. Über die unausweichlichen Folgen eines solchen Bruches für Volk und Staat äußerte sich Ludendorff nicht. Auch ihm ging es im Grunde nicht mehr um das Abwägen militärischer Möglichkeiten, sondern um die Wahrung der Ehre der Armee und der Nation, die sich für ihn aus der selbstverständlichen Ehrauffassung des Offiziers zwingend ergab. Der aus denselben Motiven entsprungene Plan des Flotteneinsatzes fügte sich, auch in seiner zeitlichen Planung, ohne Zwang in das Bild der künftigen Entwicklung, wie es Ludendorf vor

---

[37] Über die Besprechung am 22.10.1918 in Wilhelmshaven berichtet das KTB der SKL (wie Anm. 13), Anlagenband, Anlage XIII (datiert vom 25.10.1918) und das Operations-Kriegstagebuch des K.d.H. (wie Anm. 26), Anlage IX. Levetzow hat die präzise Fragestellung Trothas in seinem Bericht nicht erwähnt. Am 30.10.1918 erklärte er gegenüber Kapitän z.S. v. Restorff, dem stellv. Chef des Marinekabinetts, »daß Seine Majestät über den geplanten Vorstoß bisher nichts gemeldet sei, da es sich um eine der Unternehmungen handle, für die eine Allerhöchste Genehmigung nicht erforderlich sei.« Vgl. A. Niemann, Revolution von oben (wie Anm. 2), S. 392. Als Niemann diese Notiz Restorffs Levetzow zur Stellungnahme übersandte, bestätigte Levetzow den Sachverhalt — »die dort [Thronvortrag vom 18.10.1918] dem Kaiser erstattete allgemeine Meldung genügte vollauf« — und fügte noch hinzu: »Der Kaiser hat das auch durchaus verstanden und niemals der S.K.L. einen Vorwurf nicht genügender Information gemacht; offenbar nicht verstanden hat die Mitteilung der Prinz Max, das ist nicht weiter zu verwundern, er verstand ja nicht einmal sein eigenes Metier. Im übrigen ging es ihn auch gar nichts an, ...« Nachlaß Levetzow (wie Anm. 3), Box 25, Revolution 1918, Bd 2, Brief vom 16.6.1927. Vgl. auch Trothas Aussage im Münchener Dolchstoß-Prozeß in: Der Dolchstoß-Prozeß in München. Eine Ehrenrettung des deutschen Volkes (wie Anm. 1), S. 53.

Augen stand, ein und vervollständigte es dadurch. Der Armeebefehl und der O-Befehl der Flotte, beide vom 24. Oktober, waren die Konsequenzen, die von der obersten Führung der Armee und der Marine in seltener Einheitlichkeit des Denkens und Handelns aus der politischen, nicht der militärischen Situation des Oktobers 1918 gezogen wurden[38].
Es gilt nun, die Entwicklung auf der Flotte selbst näher zu betrachten. Seit der grundsätzlichen Zustimmung des Flottenchefs zur Ausarbeitung eines den Ansichten Trothas entsprechenden Operationsbefehls am 10. Oktober waren die Pläne so weit vorangetrieben, daß der Kreis der Beteiligten erweitert werden mußte. Am 21. Oktober, nachdem die Entscheidung in Berlin gefallen war, wurden die Befehlshaber der Sicherungsstreitkräfte, der U-Boote und der Torpedo-Boote über Anlage und Einzelheiten der Unternehmung unterrichtet[39]. Die Bedenken des Befehlshabers der U-Boote gegen einen Vorstoß in den Kanal auf Grund von Nachrichten über neue britische Minensperren wurden unter Hinweis auf das günstigere voraussichtliche Kampfgebiet (Terschelling) nicht berücksichtigt. Bereits am 23. Oktober erhielt ein U-Boot den Befehl, in der Nacht vom 28./29. bzw. 29./30. Oktober die britische Linienschiffsflotte in Scapa Flow unter vollem Einsatz des eigenen Bootes anzugreifen, mit dem Ziel, den Feind »vor der Entscheidungsschlacht« möglichst zu schwächen[40].
Am 22. Oktober hatte der Chef des Stabes der SKL eine Reihe von Besprechungen in Wilhelmshaven, über die das Tagebuch der Seekriegsleitung ausführlich berichtet[41]. Zunächst übermittelte er Admiral Hipper mündlich — ein außergewöhnlicher Fall während des Weltkrieges — den Befehl zum Einsatz der Flotte und unterrichtete den Flottenchef über die Berliner Verhandlungen. Die Frage Hippers, wie sich die SKL die Weiterführung des Seekrieges bei einer dilatorischen Antwort Wilsons vorstelle, beantwortete er mit dem Hinweis, daß der Kanzler eine Wiederaufnahme des U-Bootkrieges für unwahrscheinlich erklärt habe. Trotha gegenüber war er in der Beantwortung derselben Frage während einer gesonderten Besprechung in engstem Kreise offenherziger. Bei der Wiederaufnahme des Krieges würde der Kampf, nach den in Berlin gewonnenen Eindrücken, höchstens 4—6 Wochen dauern. In dieser Zeitspanne könne aber mit einer Wirkung des

---

[38] Die Eintragung vom 1.11.1918 über die Besprechung zwischen Ludendorff und Scheer im KTB der SKL geht zurück auf einen Bericht Weizsäckers vom 23.10.1918, vgl. Nachlaß Levetzow (wie Anm. 39), Box 21, Seekriegsführung, Chef des Stabes der Seekriegsleitung, Bd 3. Zum Armeebefehl vom 24.10.1918 vgl. Quellen zur Geschichte des Parlamentarismus und der politischen Parteien, Erste Reihe, Bd 2 (wie Anm. 24), S. 325ff., und S. A. Kaehler, Vier quellenkritische Untersuchungen zum Kriegsende 1918 (wie Anm. 18), S. 269ff.
[39] Über die Besprechung vgl. die Eintragung vom 23.10.1918 im Operations-Kriegstagebuch des K.d.H. (wie Anm. 26). Es handelte sich dabei um die Kapitäne z. S. H. Zenker, A. Michelsen und P. Heinrich.
[40] Vgl. MGFA/DZ, Marinearchiv, Fasz.: 888, Kommando der Hochseestreitkräfte, Übung B (O-Befehl Nr. 19).
[41] Für die Berichte über die Verhandlungen vgl. die entsprechenden Angaben in Anm. 37. Im Nachlaß Levetzow (wie Anm. 3), Box 21, Seekriegsführung, Chef des Stabes der Seekriegsleitung, Bd 3, liegt das Original des Befehls vom 22.10.1918 mit folgendem Wortlaut: »E. E. habe ich von Admiral Scheer folg. Befehl d. S.K.L. zu überbringen: ›Die Hochseefl. erhält d. Weisung baldigst zum Angriff auf d. engl. Fl. vorzugehen.‹ Dazu können alle verfügbaren Streitkräfte d. K.M. herangezogen werden.« Die entsprechende Eintragung im KTB der SKL lautet: »Hochseestreitkräfte sollen zum Angriff und Schlagen gegen engl. Flotte eingesetzt werden.«

U-Bootkrieges nicht gerechnet werden; Admiral Scheer halte daher den Einsatz der »Flotte zum Endkampf« jetzt für unerläßlich. In derselben Besprechung ist dann auch die Frage erörtert worden, ob der »Kaiser für diese Unternehmung sich auf der Flotte einschiffen solle«. Zu einem Ergebnis scheint man in diesem Punkte nicht gekommen zu sein. Die Tatsache jedoch, daß im engsten Kreise diese Überlegungen angestellt wurden, lassen den besonderen Charakter der Unternehmung erkennen[42]. Nimmt man die Äußerungen Levetzows über die voraussichtliche Weiterentwicklung des Krieges hinzu, so wird kein Zweifel daran mehr möglich sein, daß das pathetische Wort Trothas vom 8. Oktober von dem in »Ehren untergehen« mit dem Flottenvorstoß Wirklichkeit werden sollte.

Levetzow, der gegenüber dem Flottenchef auf eine baldige Durchführung des Vorstoßes in den Kanal gedrungen hatte, vermittelte am selben Tage dem gesamten Flottenstab sein Bild von dem Ablauf der Berliner Verhandlungen vom 16. bis 20. Oktober. Über Form und Tenor der Ausführungen berichtet das Kriegstagebuch nichts. Nach den Eintragungen über jene Verhandlungen selbst kann aber kein Zweifel daran bestehen, daß die Entscheidung der politischen Führung bezüglich des unbeschränkten U-Bootkrieges einer scharfen Kritik unterzogen wurde. Der Gang der Verhandlungen, die in ihnen zutage tretenden Schwankungen des Urteils der handelnden Personen und die dem Soldaten wesensfremde Form der Aussprache, in der anscheinend nebensächliche und rein formale Gesichtspunkte ausführlich erörtert wurden, hatten in der von Levetzow diktierten Aufzeichnung ihren ironisierenden, zum Teil spöttischen Niederschlag gefunden[43]. Es wäre verwunderlich, wenn er diese Empfindungen — in welcher Form auch immer — in dem ihm vertrauten Kreise von Seeoffizieren nicht zum Ausdruck gebracht hätte. Wenn im Kriegstagebuch auch ausdrücklich vermerkt wurde, daß die »die Operationen berührenden Gesichtspunkte« von Levetzow nicht erwähnt wurden, so kann der Zweck der Information einer größeren Gruppe von Offizieren doch nur darin bestanden haben, den Standpunkt der Marine und ihre Aufgabe in dieser Zeit der Umwälzung aufzuzeigen. Nach der Einstellung des U-Bootkrieges gab es nur eine Alternative für die Marine: Resignation oder das Wagnis eines letzten, ehrenvollen Kampfes.

Die Vermutung, daß Levetzow den Gedanken an einen letzten Einsatz der Flotte in dieser Besprechung hat anklingen lassen, wird bestärkt durch die Meldung eines Seeoffiziers aus Cuxhaven, daß er bereits am 25. Oktober, also nur drei Tage später, in einer Gesellschaft von dem »überall« umlaufenden Gerücht einer in Kürze stattfindenden »großen Seeschlacht« gehört habe[44]. Neben einer nicht näher zu bestimmenden Zahl von

---

[42] Vgl. hierzu S. A. Kaehler, Vier quellenkritische Untersuchungen zum Kriegsende 1918 (wie Anm. 18), S. 291.

[43] Vgl. Anm. 32.

[44] Es handelt sich dabei um die Meldung des Kapitänleutnants Glimpf vom 26. 10. 1918 — MGFA/DZ, Marinearchiv, Fasz.: 888, Kommando der Hochseestreitkräfte, Übung B (O-Befehl Nr. 19). Auf die Parolen und Gerüchte unter den Besatzungen wird hier nicht eingegangen. Sie dürften alle in der Zeit zwischen dem 22. und 27. 10. 1918 entstanden sein. Die Versammlung der gesamten Hochseeflotte auf der Reede von Wilhelmshaven war ein außergewöhnliches Ereignis. Der letzte Vorstoß der gesamten Hochseeflotte hatte am 24. 4. 1918 stattgefunden, der diesem vorhergehende am 16. 10. 1916. Vgl. H. v. Waldeyer-Hartz, Admiral Hipper, Leipzig [1933], S. 255.

Seeoffizieren der SKL wurden bis zur Ausgabe des Befehls zum Flottenvorstoß am 29. Oktober nach dem Ausweis des Kriegstagebuches des Kommandos der Hochseestreitkräfte nur einige wenige, im einzelnen zu bezeichnende Offiziere über den Plan direkt unterrichtet. Mit Levetzows Rede vom 22. Oktober wurde die erste größere Gruppe offiziell mit der Gesamtlage vertraut gemacht. Es liegt nahe, eine der Quellen für das erwähnte Gerücht in diesem Kreise zu vermuten.

Nach der Fertigstellung des Einsatzbefehls, der das Datum vom 24. Oktober trägt, wurden einzelne vorbereitende Maßnahmen notwendig, deren Zweck, schon um der feindlichen Spionage zu begegnen, verschleiert wurde[45]. Nach den ergebnislosen Verhandlungen der Heeres- und Seekriegsleitung in Berlin am 25. und 26. Oktober drängte Levetzow nochmals auf eine baldige Ausführung der Unternehmung. In den Morgenstunden des 27. Oktober legte Kapitänleutnant Grimm in Köln Admiral Scheer den Einsatzbefehl vor, der ihn mit einigen, in diesem Zusammenhang unwesentlichen Ergänzungen genehmigte[46]. Daraufhin wurden am 28. Oktober vom Hochseekommando die Verbandschefs mit ihren ersten Gehilfen für den 29. Oktober abends 8 Uhr zur Unterrichtung über den für den 30. Oktober vorgesehenen Flottenvorstoß auf das Flaggschiff des Flottenchefs befohlen[47].

Über den Verlauf dieser Sitzung sind wir nicht unterrichtet, damit fehlt auch die über das rein Militärische hinausgehende Begründung und Rechtfertigung des Flottenvorstoßes durch Hipper, die für das weitere Verhalten des Hochseekommandos von Interesse gewesen wäre. Bereits um 10 Uhr abends, also nur zwei Stunden nach Beginn der Sitzung, berichtete der Chef des III. Geschwaders, Vizeadmiral Kraft, daß auf drei seiner insgesamt fünf Linienschiffe Ausschreitungen vorgekommen seien[48]. Eine Eintragung im Tagebuch eines Angehörigen der Flottenführung vermerkt, daß diese Meldung verbunden war mit der Mitteilung über Äußerungen von Mannschaften dieser Schiffe, die klar zum Ausdruck brachten, daß sie passiven Widerstand gegen den Einsatz der Flotte üben würden, der das Ziel habe, die Übergabe der Schiffe nach Abschluß der Waffenstillstandsverhandlungen durch ihre Versenkung bei der geplanten Unternehmung zu verhindern. Die Meldung, der schon andere bedenkliche Vorkommnisse vorausgegangen waren[49], hat den Stab des Hochseekommandos offensichtlich in einige Verwirrung gestürzt. Vier Stunden später[50] erreichte die Teilnehmer der erwähnten Sitzung die Mitteilung, daß der Plan aufgegeben sei. Von irgendwelchen Maßnahmen zur Aufrechterhaltung der Diszi-

---

[45] Operations-Kriegstagebuch des K.d.H. (wie Anm. 26), Eintragung vom 23.10.1918, vgl. auch den Bericht des Kontreadmirals Meurer über »Ereignisse auf dem 4. Geschwader während der Revolutionstage« — Bundesarchiv-Militärarchiv, Sammlung Seekrieg 1914–1918, K 07–1/2.
[46] KTB der SKL (wie Anm. 13), Anlagenband, Anlage XIV.
[47] MGFA/DZ, Marinearchiv, Fasz.: 1701, Kommando des I. Geschwaders, O-Aktenstücke, AB 132.
[48] Operations-Kriegstagebuch des K.d.H. (wie Anm. 26), Niederschrift vom 31.10.1918. Bei den Schiffen handelte es sich um »König«, das Flaggschiff des Geschwaders, um »Markgraf« und um »Kronprinz Wilhelm«.
[49] Vgl. z. B. die Zusammenstellung bei K. Zeisler, Die revolutionäre Matrosenbewegung in Deutschland im Oktober/November 1918 (wie Anm. 1), S. 193ff.
[50] MGFA/DZ, Marinearchiv, Fasz.: 3811, Kriegstagebuch I. Geschwader, Bd 4, Eintragung vom 30.10.1918, 2 Uhr Vm.

plin war in der Mitteilung nicht die Rede. Diese Entscheidung Hippers, die einer völligen Aufgabe des mit so hohen Erwartungen verbundenen Endkampfes auf Grund erster Anzeichen[51] von Unbotmäßigkeiten gleichkam, war der erste Schritt auf dem Wege zur vollständigen Revolutionierung der Flotte. Mit der Versammlung der Flotte auf der Reede von Wilhelmshaven brach nicht nur der Plan, sondern auch der geistige Boden, auf dem er entstanden war, jäh in sich zusammen.

Wenn bisher die Reaktion der Mannschaften auf die Ereignisse des Oktobers unerwähnt blieb, so entspricht das dem Stil, in dem der Plan konzipiert und bis in die Abendstunden des 29. Oktober vorbereitet wurde. Zur gleichen Zeit, als Admiral Scheer erklärte, die Marine habe einen Waffenstillstand nicht nötig, gab der Matrose Stumpf die unter den Mannschaften herrschende Stimmung mit der Parole »Friede in Sicht« wieder[52]. Damit ist der Spannungszustand bezeichnet, in dem sich die Vorstellungen der führenden Kreise der Marine einerseits und der Mannschaften andererseits über den weiteren Verlauf des Krieges bewegten und der sich in der Explosion des 29. und 30. Oktober löste.

Nach den Unruhen auf der Flotte im August 1917 lag es nahe, auch die Rebellion der Mannschaften im Oktober 1918 auf dieselben Ursachen zurückzuführen. In der polemischen Auseinandersetzung während der Jahre der Weimarer Republik sahen vor allem ehemalige Seeoffiziere in der parteipolitischen, d.h. sozialistischen Verhetzung der Mannschaften den Grund für den inneren Zusammenbruch der Marine und verzeichneten damit in einseitiger Weise den Charakter beider Ereignisse[53]. Zweifellos bestand insofern ein Zusammenhang, als sich die Situation der Mannschaften zwischen 1917 und 1918 in keiner Weise geändert hatte. Das enge Zusammenleben der Masse der Mannschaften auf beschränktem Raum, der gleichbleibende — nur durch die Unternehmung gegen Ösel im Oktober 1917 unterbrochene — Takt eines eintönigen und nichts destoweniger aufreibenden militärischen Dienstes und schließlich die nach wie vor bestehende Kluft zwischen Offizier und Mann auf den großen Schiffen war 1918 ebenso gegeben wie 1917. Die Anfälligkeit einer solchen, in ihrer Aktivität gehemmten Masse allen Parolen gegenüber mußte sich unter dem Eindruck äußerer Ereignisse naturgemäß wesentlich steigern, besonders dann, wenn das Vertrauen zur militärischen Führung nicht mehr vorhanden war[54]. Die parteipolitische Agitation, die sowohl von rechts wie von links in der Flotte ebenso wie in der Armee betrieben wurde, konnte also nur ein zusätzliches Element der Unruhe darstellen.

---

[51] Erst am 31.10.1918 kam es bei der Verhaftung von Mannschaften der Schiffe »Thüringen« und »Helgoland« zu einer gefährlichen Zuspitzung der Lage.
[52] WUA (wie Anm. 1), IV. Reihe, Bd 10, II, S. 295.
[53] Vgl. die Aussagen ehemaliger Seeoffiziere während des Dochstoß-Prozesses in München und die in Anm. 1 nachgewiesene Literatur.
[54] Im Werk des Untersuchungsausschusses (IV. Reihe, wie Anm. 1) sind in den Bänden 9 und 10 eine große Zahl von Zeugnissen gesammelt worden, die von den verschiedensten Seiten das gestörte Verhältnis zwischen Offizier und Mann beleuchten. Hier sei nur auf drei Autoren — selbst der Welt der Seeoffiziere eng verbunden — hingewiesen. F. Fikentscher, Die Wahrheit über den Zusammenbruch der Marine (wie Anm. 1), S. 10 ff., sah in der Kluft zwischen See- und Ingenieuroffizier, sowie dem ungelösten Deckoffizierproblem einen wesentlichen Faktor für den jähen Zerfall des Offizierkorps. Die schärfste Kritik übte Prof. W. Birk in seinen Beobachtungen über die Kieler Revolution,

Zwei Ereignisse waren es, die in ihrer schnellen zeitlichen Aufeinanderfolge die latent vorhandene, auf die Beendigung des als bedrückend und unwürdig empfundenen Zustandes gerichteten Stimmung der Mannschaften zum Vorschein kommen ließen und in der nun allgegenwärtigen Parole eines unmittelbar bevorstehenden Friedens zum Ausdruck kamen. Der Regierungswechsel in Berlin und die erzwungene Rückkehr nicht nur der Torpedo- und U-Boote, sondern auch der Werftarbeiter aus den belgischen Häfen konfrontierte die Mannschaft mit der Realität[55]. Gerade die Rückkehr der Flandernboote und die Umstände, unter denen sie erfolgte, hat auf die Mannschaften einen besonders tiefen, unmittelbaren Eindruck gemacht.

In dieser Atmosphäre, die sich in den folgenden Wochen noch verschärfte, hatte der Gedanke eines »Endkampfes« in der Form des Trothaschen Planes keines Platz. Unter dem Eindruck des militärischen Zusammenbruchs und nach den zermürbenden Jahren des Krieges war die Masse der Mannschaften für einen Heroismus der letzten Stunde nicht zu gewinnen — besonders nicht in der Form eines einfachen Befehls, wie es versucht wurde.

Der Friedensparole der Mannschaften entsprach ein zeitweises Verstummen der Offiziere, die unter dem Eindruck der Waffenstillstandsbitte und den ersten Auswirkungen der »Revolution von oben« ihre militärischen Erwartungen und politischen Überzeugungen zusammenbrechen sahen. Wie die Masse des Bürgertums, unter Einschluß weiter Kreise der Sozialdemokratie, standen sie den sich überstürzenden Ereignissen zunächst fassungslos gegenüber. Unter diesen Voraussetzungen blieb die Mannschaft sich selbst überlassen, und wenn der Versuch einer Einwirkung unternommen wurde, so geschah dies in Formen und mit Gründen, die den Mannschaften unverständlich, ja suspekt erschienen, die sie in jedem Falle nicht erreichten und damit ihr Ziel verfehlten[56]. Nachdem

---

denen zwar widersprochen, die aber nicht widerlegt wurden; vgl. E. Alboldt, Die Tragödie der alten deutschen Marine, Berlin 1928, S. 155 ff. Selbst der Marine-Oberpfarrer A. Klein, der wie Fikentscher der Überzeugung war, daß die Revolution von außen in die Marine hineingetragen wurde, stellte fest (Artikel: Der Zusammenbruch der Flotte von innen gesehen, Süddt. Monatshefte, 16 (1918/1919), S. 446 ff.), »auf der Seite der Vorgesetzten, der Offiziere, hatte man sich in falsche Sicherheit gewiegt, war man nicht im Bilde, ließ man sich, trotz mancher ernsten Warnung, überraschen; und, als das Unheil hereinbrach, fehlte es an Entschlossenheit und richtigem Eingreifen ...«. Aus dieser Formulierung geht hervor, daß die Vertrauensbasis schmal und brüchig geworden war.

[55] Vgl. WUA (wie Anm. 1), IV. Reihe, Bd 10, II (Tagebuch Stumpf), S. 295 ff.

[56] So gab das K.d.H. z. B. am 3. 10. 1918 einen ganz geheimen Befehl über die Räumung Flanderns heraus, der den Kommandanten in geeigneter Form mitgeteilt werden sollte, damit diese nach der Bekanntgabe der Tatsache durch die OHL Fragen richtig beantworten könnten. Zur selben Zeit war aber die Rückkehr der Flandernboote das Tagegespräch unter den Besatzungen. Vgl. auch die Kritik Korvettenkapitäns B. v. Selchow, der im Admiralstab für den »Vaterländischen Unterricht« verantwortlich war, an der Durchführung dieses Dienstzweiges auf der Flotte — Bundesarchiv, Nachlaß Selchow, Log-Buch Nr. 37, S. 7368. In einer Weisung des Chefs der Marinestation der Ostsee, Admiral Bachmann, vom 18. 10. 1918 hieß es, nachdem die Eigenschaften eines guten Kompagnieführers aufgezählt worden waren: »Das setzt voraus, daß er seinen Leuten nahe steht. Ich habe den Eindruck gewonnen (...), daß dies nicht überall der Fall ist; daß der Kompagnieführer sich zu sehr auf die Erledigung des Bürodienstes beschränkt und darüber die lebendige und dauernde Fühlungnahme mit seinen Leuten außer Acht läßt.« MGFA/DZ, Marinearchiv, Fasz.: 4863, Marinestation der Ostsee, Mobilmachung 1914, Allgemeines, Bd 2.

der erste, lähmende Schock überwunden war, hat sich verständlicherweise nur eine kleine Minderheit der Offiziere den neuen Realitäten auch gebeugt. Die Kritik an der Linie und an den konkreten Maßnahmen der neuen Regierung blieb nicht auf SKL und Hochseekommando beschränkt. Admiral Hipper sah sich in einer Sitzung der Verbandschefs und Führer am 15. Oktober veranlaßt, darauf hinzuweisen, daß im Offizierkorps kein Zweifel darüber herrschen dürfe, daß es sich hinter die kaiserliche Regierung zu stellen und jede Kritik an ihr zu unterlassen habe[57]. Angesichts der überlieferten Äußerungen von Offizieren unmittelbar vor Ausbruch der Rebellion darf der Erfolg dieses Appells bezweifelt werden. Es wird sich wohl kaum mehr mit Sicherheit entscheiden lassen, ob diese Äußerungen einer verbitterten Reaktion angesichts eines als unaufhaltsam empfundenen Geschehens entsprangen oder der Ausdruck eines festen Willens waren, gegebenenfalls unter Einsatz aller Mittel das Geschick zu wenden bzw. den Versuch zu unternehmen, das Rad der Geschichte aufzuhalten. Die Entscheidung des Hochseekommandos in der Nacht vom 29./30. Oktober und das Verhalten der Masse der Seeoffiziere nach Ausbruch der Meuterei stand im Zeichen der Resignation, während zumindest in der Gestalt Levetzows der unbeugsame Wille zur Tat spürbar wurde.

Auch wenn man annimmt, daß eine tiefe Kluft bzw. eine »chinesische Mauer« — von der der Matrose Stumpf gesprochen hat — zwischen Offizier und Mannschaft bestand, so ist es doch unwahrscheinlich, daß das Offizierkorps insgesamt von den Vorgängen unter den Mannschaften während jener Oktobertage völlig unberührt geblieben sein sollte. Die Resignation und vor allem die Untätigkeit des Offizierkorps nach dem 29. Oktober wird zu einem nicht unwesentlichen Teil auf dieses Wissen um die allgemeine Stimmung der Mannschaften zurückgeführt werden können. Überrascht wurde das Offizierkorps nicht durch die in der Rebellion zutage tretenden Ansichten der Mannschaften, sondern von der Form, in der sie mit Nachdruck vertreten wurden.

Die Flottenführung, insbesondere Admiral v. Trotha[58], hat sich, nach der ganzen Anlage der Flottenunternehmung, über diese Verhältnisse keine Rechenschaft abgelegt. Inwieweit Trotha von den Verbandsführern und Kommandanten über die tatsächliche Lage auf den Schiffen informiert wurde, läßt sich nicht mehr nachweisen. Auf der anderen Seite deutet aber auch nichts darauf hin, daß er sich intensiv um derartige Informationen bemüht hat. Bei den engen Verhältnissen in Wilhelmshaven wird auch Trotha die Erregung unter den Mannschaften nicht entgangen sein, aber der Glaube an die Macht des Befehls und der Wille zur Tat ließen nüchterner Erwägung keinen Raum[59]. Als er

---

[57] Operations-Kriegstagebuch des K.d.H. (wie Anm. 26), Eintragung vom 15.10.1918.
[58] In einer Beurteilung Hippers durch Scheer vom 1.12.1917 bemängelte der damalige Flottenchef, daß Hipper seinem Stab zu sehr freie Hand lasse. MGFA/DZ, Marinearchiv, Fasz.: 7335, Personalakten Ritter von Hipper.
[59] In einem Tagebucheintrag Selchows vom Mai 1918 — Nachlaß Selchow (wie Anm. 56), Log-Buch Nr. 37, S. 7368 — findet sich in bezug auf den »Vaterländischen Unterricht« folgendes Urteil über Trotha: »... und Trotha, der Chef des Stabes, denkt wohl, es genüge, wenn befohlen würde. Ich fürchte, daß Pfarrer Deipser, mit dem ich mal vor einem Jahr auf der Hannover über den Chef des Stabes sprach, recht hat, wenn er meint, daß zum Befehlen immer 2 gehören, nämlich einer, der befiehlt — der ist sehr wichtig — und einer der gehorcht; der ist auch wichtig.«

von gewiß unverdächtiger Seite darauf hingewiesen wurde, daß eine Revolution unvermeidlich geworden sei und ihm entsprechende Vorsichtsmaßregeln angeraten wurden, legte er diese Mitteilung mit den Worten beiseite, daß die Berichte der Frontteile ganz anders lauteten und dementsprechend nichts zu veranlassen sei[60]. Die Erfahrungen von 1917 schienen aus dem Bewußtsein geschwunden zu sein. In der Befangenheit dieser Vorstellungen und Überzeugungen wird es verständlich, daß Trotha am 16. Oktober sowohl Scheer als auch Levetzow gegenüber ohne Bedenken die Flotte unter Einschluß der Mannschaften für einsatzbereit erklären konnte. Dieses Fehlurteil[61] ist verantwortlich für den besonderen Verlauf des revolutionären Geschehens bis zum 9. November 1918.

Abschließend sei ein Vorgang erwähnt, der sowohl auf den Flotteneinsatz als auch auf die ausgedehnte Diskussion der Flottenrebellion während der Nachkriegszeit ein bezeichnendes Licht wirft. Am 30. Oktober unterzeichnete Hipper einen Aufruf an die Besatzungen, in dem jede Angriffsabsicht geleugnet und die Pflicht zur Verteidigung der bedrohten Seegrenzen in den Vordergrund gestellt wurde[62]. Die Offiziere suchten demnach nicht den Kampf gegen die feindliche Übermacht, sie ersehnten vielmehr den Frieden ebenso wie die Mannschaften. Wenn auch nicht mehr festgestellt werden kann, wer diesen Aufruf entworfen hat, so kann doch mit Sicherheit unterstellt werden, daß er mit Wissen Trothas dem Flottenchef zur Unterschrift vorgelegt wurde. Trotha war es dann auch, der mit allen Mitteln versuchte, dem Offizierkorps die Rückendeckung der Regierung zu sichern. Die SKL nahm den Gedanken auf und benutzte die Gelegenheit der Unterrichtung des Kaisers und Hindenburgs, um nun diese zu veranlassen, in dem erwähnten Sinne auf die Regierung einzuwirken[63]. Der Wandel der Situation war ein vollkom-

---

[60] Nachlaß Selchow (wie Anm. 56), Log-Buch Nr. 38, S. 7507, Eintragung vom 24. 10. 1918. Der Briefwechsel zwischen Selchow und Trotha liegt nicht vor. Selchow hatte sich schon im Sommer 1917 darüber Gedanken gemacht, wie einer Meuterei durch die Zusammenfassung besonders zuverlässiger Mannschaften begegnet werden könne; vgl. Nachlaß Selchow (wie Anm. 56), Log-Buch Nr. 35, S. 6937 ff.
[61] Scheer selbst spricht in seinem Buch »Deutschlands Hochseeflotte im Weltkrieg« (wie Anm. 36), S. 462, von einem Mangel an Voraussicht im Hinblick auf den Geist der Mannschaften und fügt erklärend hinzu, daß er von keiner maßgebenden politischen Stelle irgendeinen Hinweis auf die weit fortgeschrittene Zerrüttung der inneren Verhältnisse erhalten habe. Als ob es eines ausdrücklichen Hinweises nach dem 29. September, der »Revolution von oben«, den Berichten Weizsäckers und der Kabinettssitzung vom 17. Oktober noch bedurft hätte! Das sollte gegenüber der weit ausholenden Argumentation von E. Förste, Zur Persönlichkeit von Admiral Scheer, in: Marine-Rundschau, 59 (1962), S. 17, festgehalten werden.
[62] MGFA/DZ, Marinearchiv, Fasz.: 891, Soldatenrat Hochseekommando.
[63] KTB der SKL (wie Anm. 13), Eintragung vom 2. 11. 1918. Die entsprechende Anlage fehlt im Anlagenband des KTB der SKL. Der Bericht über die Unterrichtung der OHL und des Kaisers findet sich jedoch in einer — allerdings nicht vollständigen — Abschrift des KTB der SKL im Nachlaß Levetzow (wie Anm. 3), Box 22, Seekriegsführung, Chef des Stabes der Seekriegsleitung, G. G. Kriegstagebuch der Seekriegsleitung. Aus diesem Band sind auch die folgenden Zitate entnommen. Die Meldung an den Kaiser erfolgte am 2. 11. 1918, nachdem vorher mit Hindenburg darüber Einverständnis erzielt worden war, daß »die Aufrechterhaltung der Ordnung in der Wehrmacht jetzt zunächst die wichtigste Aufgabe der Regierung sei.« In einem Fernschreiben des Hochseekommandos vom 2. 11. 1918 an die SKL hieß es: »Regierung muß daher durch schriftlichen Erlaß unzweideutig erklären, daß Vorbedingung für Erfolg ihrer Friedenspolitik unbedingte Disziplin und daß alle Anordnungen und Maßnahmen der Kommandostellen im Sinne Auftrag der Regierung erfolgen.«

mener. Die Regierung, der man bisher mit Mißtrauen, ja Verachtung begegnet war, deren Repräsentanten, den Vizekanzler v. Payer, Levetzow noch vor wenigen Tagen[64] als einen »kleinen jämmerlichen Parteigänger ohne Sinn und Verstand für nationale Würde und Ehre« bezeichnet hatte, sollte nun gezwungen werden, die Konsequenzen einer ihr verheimlichten, verfehlten und gescheiterten Aktion zu tragen. Die Selbstverständlichkeit, mit der dies geschah, erinnert an die Haltung Ludendorffs nach dem 29. September.
In der Situation der ersten Novembertage entsprach das Kriegskabinett dem Verlangen der Marineführung[65], verlangte aber gleichzeitig nähere Aufklärung über Ursachen und Umstände der Meuterei. An der Besprechung, die für den 6. November geplant war, sollten neben Trotha auch Levetzow und die Chefs der Stäbe der beiden Stationskommandos teilnehmen.
Die Vorbesprechungen hierzu fanden am 3. November in Wilhelmshaven statt[66]. Levetzow und Trotha standen vor der Notwendigkeit, Motive und Ziele des Flottenvorstoßes in eine Form zu kleiden, die der Politik der Kanzlers und des Kabinetts einigermaßen entsprach. Eine wahrheitsgemäße Berichterstattung in dieser Hinsicht barg die Gefahr eines Konfliktes mit der politischen Führung in sich, den es zu vermeiden galt, da er zur Desavouierung des Seeoffizierkorps durch Kanzler und Kabinett führen konnte. Levetzow und Trotha fanden eine Version, die in wechselnder Form in der literarischen Diskussion seither immer wieder zum Vorschein gekommen ist[67]. Ausgehend von der Entscheidung des Kriegskabinetts, den unbeschränkten U-Bootkrieg als Vorleistung für den abzuschließenden Waffenstillstand einzustellen, heißt es in der Aufzeichnung, daß die Seekriegsleitung nunmehr die rein militärische Verwendung der U-Boote in größerem Maßstab durch Auslegen von U-Bootslinien außerhalb der Deutschen Bucht geplant habe. Um den Feind an diese U-Bootslinien heranzuführen, sollte die Flotte einen Ausfall in der Richtung der Hoofden machen. »Marschierte der Feind gegen die Deutsche Bucht, so mußte er diese Linien passieren, die also zur erhöhten Verteidigung der Deutschen Bucht und in Zusammenwirkung mit der Flotte zur Abwehr eines Angriffes auf die deutschen Küsten dienen.« Die Aktion der Flotte erscheint gegenüber der Aufgabe der U-Boote völlig sekundär; allerdings wird die naheliegende Frage, warum für einen solchen rein unterstützenden Ausfall die gesamte Hochseeflotte in Aktion treten sollte, nicht beantwortet. — In dem auch in anderer Hinsicht heterogenen Gedankengang der Aufzeichnung wird das Bestreben deutlich, jegliche Angriffsabsicht der Marine überhaupt, insbesondere aber der Flotte zu leugnen und jedem Verdacht, daß bei den Überlegungen der

---

[64] Vgl. KTB der SKL (wie Anm. 13), Anlagenband, Anlage XIV, datiert vom 29.10.1918.
[65] Vgl. Quellen zur Geschichte des Parlamentarismus und der politischen Parteien, Erste Reihe, Bd 2 (wie Anm. 24), S. 470, 495 (Anm. 34). Das undatierte Flugblatt der Reichsregierung trägt die Unterschrift des Reichskanzlers, Scheidemanns und Ritter von Manns. Abgedruckt bei Prinz von Baden, Erinnerungen und Dokumente (wie Anm. 33), S. 572. Für die Kabinettssitzung vom 2.11.1918, in der der Staatssekretär des Reichsmarineamts über die Meuterei berichtete, vgl. A. Brecht, Aus nächster Nähe, Stuttgart 1966, S. 176ff., insbes. S. 184f.
[66] Nachlaß Levetzow (wie Anm. 3), Box 22, Seekriegsführung, Chef des Stabes der Seekriegsleitung, G.G. Kriegstagebuch der Seekriegsleitung.
[67] Vgl. Anm. 2.

Marineführung andere wie rein militärische Gesichtspunkte eine Rolle gespielt haben könnten, den Boden zu entziehen.

Auch ohne daß es zur Berichterstattung vor dem Reichskanzler kam, gelang es während der ersten Jahre der Weimarer Republik weitgehend, Beweggründe und Zielsetzung des Flottenvorstoßes in der erwähnten Weise zu verschleiern und damit zusätzliche Schwierigkeiten beim Aufbau der Reichsmarine zu vermeiden[68].

Die Meuterei der Besatzungen der Hochseeflotte richtete sich demnach gegen ein Vorhaben, das im Bewußtsein seiner Initiatoren, Trotha und Levetzow, die Ehre der Waffe, insbesondere die Ehre des Seeoffizierkorps wahren und damit der Weiterentwicklung der Waffe in der Zukunft dienen sollte. Die Erkenntnis, daß der volle Einsatz der Flotte an der verzweifelten Gesamtsituation der Nation nichts mehr zu ändern vermöge, konnte Absicht und Ziel der Unternehmung in der Vorstellung der handelnden Offiziere in keiner Weise beeinflussen. Gerade an diesem Punkte machte sich der Einfluß der neugeschaffenen SKL bemerkbar, deren ursprüngliche, allgemeine Zielsetzung der Motivation des Flotteneinsatzes entsprach und ohne deren Unterstützung, ja schließlichem Drängen die Auslösung des Unternehmens am 29. Oktober nicht denkbar gewesen wäre. Sowohl bei der Gründung der SKL als auch bei der Konzeption und Vorbereitung des Flotteneinsatzes wirkten jedoch auch Kräfte mit, die Ausdruck der seit Beginn des Krieges zunehmenden Politisierung weiterer Kreise des Seeoffizierkorps waren. Der daraus sich entwickelnde und sich vertiefende Gegensatz zur politischen Führung hat sich bei der Vorbereitung des Flottenvorstoßes zum letzten Mal zum Schaden der Gesamtheit verhängnisvoll ausgewirkt.

---

[68] In den herangezogenen Akten findet sich kein Hinweis dafür, daß die Besprechung stattgefunden hat; vgl. hierzu: Quellen zur Geschichte des Parlamentarismus und der politischen Parteien, Erste Reihe, Bd 2 (wie Anm. 24), S. 491 (Anm. 14). Vgl. hierzu auch die Aussage des Korvettenkapitäns Gladisch über die durch ihn am 1.11.1918 dem Staatssekretär des Reichsmarineamts überbrachte Meldung über die Flottenmeuterei – WUA, IV. Reihe (wie Anm. 1), Bd 4, S. 341 ff. Für die Behauptung einer Meldung beim Reichskanzler hat sich kein Hinweis in den Akten gefunden. Auch in anderer Hinsicht bestehen Zweifel an der Genauigkeit der Aussage von Gladisch. Trotha hat sich nach dem 9.11.1918 mit großer Energie für die Interessen der Marine eingesetzt und sich dabei nicht gescheut, dem »Vorwärts« einen Besuch abzustatten, um den Flottenvorstoß in der vereinbarten Weise zu erläutern; vgl. Der Dochstoß-Prozeß in München. Eine Ehrenrettung des deutschen Volkes (wie Anm. 1), S. 112 ff., 119 ff. Die Aktivität Trothas in den ersten Monaten nach der Revolution fand keineswegs einhellige Zustimmung innerhalb des Seeoffizierkorps. Levetzow sparte nicht mit scharfen, ätzenden Urteilen über das Verhalten Trothas in den entscheidenden Tagen nach dem 29.10.1918 und Scheer äußerte Trotha gegenüber: »Es wäre besser, wenn alle Verantwortlichen abgetreten wären.« Nachlaß Levetzow (wie Anm. 3), Box 4, Briefe und Schriftsachen, Bd 10, Abschrift des Briefes vom 3.1.1919.

Der militärische Zusammenbruch des Kaiserreichs.
Zur Realität der »Dolchstoßlegende«

In den vergangenen zwei Jahrzehnten ist die Forschung zur Geschichte des Ersten Weltkrieges vornehmlich geprägt worden durch eine große Zahl gewichtiger Untersuchungen zur Phase des Kriegsbeginns und seiner unmittelbaren Vorgeschichte einerseits sowie zum Kriegsende mitsamt den revolutionären Konsequenzen der Oktoberereignisse 1918 andererseits. Die politische, insbesondere die parteipolitische Entwicklung sowie die Untersuchung der wirtschaftlichen Probleme während und unter dem Primat des Krieges sind zwar nicht vernachlässigt worden, standen und stehen aber nicht im Mittelpunkt des Interesses. Noch viel weniger ist dies der Fall in bezug auf den militärischen Verlauf des Krieges[1].
Die politische Komponente des Handelns der führenden Militärs — Moltke, Falkenhayn, Hindenburg, Ludendorff und Groener — ist zwar in den entsprechenden Darstellungen jeweils einer kritischen Betrachtung unterzogen worden, jedoch trat dabei die Analyse der militärischen Situation und die Interpretation der militärischen Entscheidungen auffallend in den Hintergrund. Das gilt auch für die Darstellung und Interpretation der Kriegführung im Jahre 1918. Die politischen Implikationen des Ludendorffschen Entschlusses zur offensiven Kriegführung im Frühjahr und Sommer 1918 werden hervorgehoben, es wird auch konstatiert, daß die allgemeine Überspannung der Kräfte zum »schwarzen Tag« der deutschen Armee, dem 8. August 1918, geführt und den Ersten Generalquartiermeister nach einer viel diskutierten Phase der Unschlüssigkeit schließlich Ende September mit der Waffenstillstandsforderung zum Eingeständnis der Niederlage gezwungen habe[2]. Diese auf die Darstellung der Führungsentschlüsse abhebenden Interpretationen berücksichtigen allerdings das Instrument der militärischen Führung, die Armee, kaum in einem zureichenden Maße. Zudem besteht kein Konsens darüber, in welchem Umfang sich die allgemeine Überspannung der Kräfte bei den Truppenverbänden der Westfront geäußert hat. Während Gerhard Ritter feststellt[3], daß ab Mai 1918 »Meuterei« bei Transporten, »Desertion« und »widerstandslose Ergebung« eine »große Rolle« spielten, ist Karl Dietrich Erdmann[4]

---

[1] Vgl. Bruno Thoß, Weltkrieg und Systemkrise. Der Erste Weltkrieg in der westdeutschen Forschung 1945—1984, in: Neue Forschungen zum Ersten Weltkrieg, Stuttgart 1985 (= Schriften der Bibliothek für Zeitgeschichte, Bd 25), S. 31 ff.

[2] Vgl. Gerhard Ritter, Staatskunst und Kriegshandwerk. Das Problem des »Militarismus« in Deutschland, Bd 4, München 1968, S. 283 ff.; Hans Herzfeld, Der Erste Weltkrieg, München 1968, S. 324 ff.; Peter Graf Kielmansegg, Deutschland und der Erste Weltkrieg, Frankfurt/M. 1968, S. 629 ff.; Karl Dietrich Erdmann, Der Erste Weltkrieg, 3. Aufl., München 1973, S. 221 ff.

[3] Vgl. Ritter, Staatskunst (wie Anm. 2), S. 290.

[4] Vgl. Erdmann, Weltkrieg (wie Anm. 2), S. 236. Die Demobilmachung vollzog sich im übrigen ebenfalls in improvisierten Formen. Der allgemeine Demobilmachungsbefehl ist erst am 4.1.1919 veröffentlicht worden, Reichsgesetzblatt 1919, S. 1, zu einem Zeitpunkt also, zu dem das alte Heer sich bereits aufgelöst hatte.

nach wie vor der Meinung, daß — abgesehen von einem allgemeinen Nachlassen der Kampfkraft nach dem 8. August 1918 — das »deutsche Heer insgesamt« bis »zu seiner Demobilisierung festgefügt« geblieben sei, das heißt doch wohl, daß möglichen Auflösungserscheinungen keine generelle, ins Gewicht fallende Bedeutung zugemessen wird. Es steht jedoch außer Zweifel, daß neben den weithin erforschten Ursachen des politischen Zusammenbruchs und der Revolutionierung des alten Systems der Zustand des Millionenheeres der Westfront für den Verlauf der Entwicklung im Oktober und November 1918 eine erhebliche, wenn nicht ausschlaggebende Rolle spielte. Es geht dabei um die Klärung einer der wesentlichen Voraussetzungen der deutschen Revolution 1918—1920, die über der intensiven Erforschung des praktisch-politischen Handelns der Arbeiter- und Soldatenräte, der ausgedehnten Debatte zur »Rätebewegung« insgesamt etwas aus dem Blick geraten ist.

Eine Untersuchung der Frage, wie sich die Verhältnisse in der Armee während des Jahres 1918 entwickelt haben, begegnet der bekannten Schwierigkeit, daß die Akten der Verbände und der Kommandobehörden des Feldheeres durch den Brand des Heeresarchivs in Potsdam im Jahre 1945 vernichtet worden sind. Allerdings ist in den umfangreichen Veröffentlichungen des Untersuchungsausschusses des Reichstages über die Ursachen des deutschen Zusammenbruchs wertvolles, bisher kaum wirklich ausgewertetes Material enthalten[5], das zusammen mit Zeugnissen aus der Memoirenliteratur und Nachlaßsplittern zumindest eine schärfere Konturierung und Ergänzung des bis heute vorherrschenden Bildes über die sich wandelnde innere Struktur der Armee vom Frühjahr bis Herbst 1918 zuläßt. Schließlich steht der gegen Ende des Zweiten Weltkrieges fertiggestellte, aber erst 1956 veröffentlichte abschließende Band des Reichsarchiv-Werkes[6] zur Verfügung, der — aufgrund der Akten bearbeitet — in diesem Zusammenhang wichtige Details vermerkt.

Im übrigen ist dieser Band nur ein Beispiel mehr für die geradezu unerträgliche, gewollte Realitätsferne der älteren Kriegsgeschichtsschreibung. Der Krieg reduziert sich in dieser Darstellung im wesentlichen auf die Registrierung von Führungsentscheidungen und ihrer Durchführung in den militärischen Stäben auf den verschiedenen Ebenen. Die auf weite Strecken kühle, distanzierte Sprache verstärkt die Illusion einer Rationalität des dargestellten Handelns. In der organisierbaren Atmosphäre freischwebender Rationalität scheint auch heute noch der Reiz für manche Verfechter jener Kriegsgeschichtsschreibung zu liegen, mit der Folge, daß historische Sachverhalte, Bedingungen und Konsequenzen historischer Entwicklungen eher verdeckt als ins Bewußtsein gerückt werden[7].

Die militärische Niederlage des Kaiserreiches wurde offenbar mit der Waffenstillstandsforderung der Obersten Heeresleitung (OHL) Ende September 1918. Sie hatte jedoch ihre erste und wesentliche Ursache in dem Entschluß zur offensiven Kriegführung gegen

---

[5] Albrecht Philipp (Hrsg.), Die Ursachen des Deutschen Zuammenbruchs im Jahre 1918. 4. Reihe im Werk des Untersuchungsausschusses, insbesondere die Bände 3, 6 und 11, Berlin 1925 ff.
[6] Der Weltkrieg 1914 bis 1918, Bd 14, Koblenz 1956.
[7] Vgl. etwa Othmar Hackl, Das »Schlagen aus der Nachhand«. Die Operationen der Heeresgruppe Don bzw. Süd zwischen Donez und Dnjepr 1943, in: Truppendienst 22 (1983), S. 132—137; hierzu Albert Seaton, Der russisch-deutsche Krieg 1941—1945, Frankfurt/M. 1973, S. 261—267.

die Alliierten im Westen. Diese Entscheidung war ebenfalls von der OHL herbeigeführt worden und stellt eine der wenigen, tatsächlich strategischen Weichenstellungen dar, zu denen sich die deutsche Führung im Verlauf des Weltkrieges durchgerungen hat. Der OHL, d. h. in erster Linie Ludendorff, war es gelungen, alle für die Kriegführung maßgebenden Kräfte — bis hin zum österreichisch-ungarischen Verbündeten — an diesen Entschluß und an ihre Führung zu binden. Die Entscheidung ist nur zu vergleichen mit dem Beschluß über die Eröffnung des unbeschränkten U-Boot-Krieges im Januar 1917, ja mit ihr wurde die Konsequenz aus dem Scheitern der strategischen Zielsetzung des Jahres 1917 gezogen, denn nunmehr ging es darum, vor dem Aufmarsch der amerikanischen Armee in Westeuropa gegenüber den alliierten Armeen in Frankreich und Belgien den entscheidenden militärischen Sieg zu erringen.

In der Situation des Reiches und seiner Verbündeten an der Jahreswende 1917/18 war jede strategische Entscheidung mit hohen Risiken verbunden. Die Lage der Mittelmächte war gekennzeichnet durch die verheerenden wirtschaftlichen und sozialen Folgen der alliierten Blockade, durch die abzusehende Erschöpfung der personellen und materiellen Ressourcen, aber auch durch die zwar ungewissen und daher um so größeren Erwartungen, die sich auf den bevorstehenden Friedensschluß im Osten und die sich daraus ergebenden wirtschaftlichen Möglichkeiten richteten. Das Risiko bestand demnach vor allem darin, daß die OHL mit ihrer Entscheidung über nicht mehr regenerierbare Ressourcen disponierte.

Vor diesem Hintergrund ist es erstaunlich und charakteristisch zugleich, daß ein eigentlich zu erwartender, lang andauernder Entscheidungsprozeß auf der höchsten politischen und militärischen Führungsebene über die Grundfrage der Kriegführung 1918, ob nämlich das Potential strategisch offensiv oder aber strategisch defensiv eingesetzt werden solle, überhaupt nicht stattgefunden hat. Bereits im April 1917 tauchte der Gedanke einer entscheidungsuchenden Offensive im Westen bei Ludendorff auf, und der General hat in der seit Oktober durchaus kontrovers geführten Diskussion über das geeignete operative Verfahren unverrückt an dem offensiven Grundgedanken festgehalten[8].

Die nach wie vor durchaus offene Frage[9], ob eine politische Offensive, deren Kern eine Erklärung über die Wiederherstellung Belgiens sein mußte, der militärischen Offensive vorausgehen sollte, ja eine solche Offensive als letztes, allerletztes Mittel überflüssig machen könnte, ist der OHL mehrfach vorgetragen worden. Die Antworten waren ausweichend, unbefriedigend; die Initiativen blieben ohne jeden Erfolg[10]. Diese Umstände verweisen

---

[8] Zur militärischen Einschätzung der Gesamtsituation des Reiches vgl. Kielmansegg, Deutschland (wie Anm. 2), S. 629 ff.; sowie Der Weltkrieg (wie Anm. 6), S. 3 ff.; zum Entscheidungsprozeß ebd., S. 50 ff. Fritz von Loßberg, Meine Tätigkeit im Weltkriege 1914–1918, Berlin 1939, S. 275 und 321, überliefert, daß Ludendorff sich bereits im Januar 1917 für die Offensive entschieden habe.

[9] Abweichend von der Ansicht von Eberhard Kessel, Ludendorffs Waffenstillstandsforderung vom 29. September 1918, in: Militärgeschichtliche Mitteilungen, 4 (1968), S. 65–86.

[10] Vgl. hierzu Ritter, Staatskunst (wie Anm. 2), S. 247 ff.; Kielmansegg, Deutschland (wie Anm. 2), S. 632; Erdmann, Weltkrieg (wie Anm. 2), S. 223; sowie Kronprinz Rupprecht von Bayern, Mein Kriegstagebuch. Hrsg. von Eugen v. Frauenholz, Bd 2, Berlin 1929, S. 329 ff.; Hans W. Gatzke, Germany's Drive to the West, 2. ed., Baltimore 1963, S. 251 ff.; Arnold Brecht, Aus nächster Nähe. Lebenserinnerungen 1884–1927, Stuttgart 1966, S. 126 ff.; Reinhard Schiffers, Manfred Koch und Hans Boldt, Der Hauptausschuß des Deutschen Reichstags 1915–1918, Bd 4, Düsseldorf 1983, S. 1933 ff.

einmal mehr auf die — gegenüber 1917 — kaum mehr beschränkte Machtposition der 3. OHL im Herrschaftsgefüge des ausgehenden Kaiserreiches.

Doch damit ist die Frage noch nicht beantwortet, warum innerhalb der militärischen Führung selbst die Alternative zur offensiven Kriegführung nicht ernsthafter erörtert worden ist[11]. Daß Ludendorff die Vorteile der strategischen Defensive durchaus präsent waren und er sie auch mit Erfolg zu nutzen verstand, hatte er in der ersten Hälfte des Jahres 1917 unter Beweis gestellt — allerdings in der sicheren Erwartung der siegverbürgenden Wirkung des unbeschränkten U-Boot-Krieges. Und an der Überzeugung, daß der Krieg nur mit einem Sieg beendet werden durfte, hat Ludendorff bis in den August 1918 festgehalten. Die Vorstellungen der 3. OHL, insbesondere Hindenburgs und Ludendorffs, über die zu erreichenden Kriegsziele sind bekannt[12]; sie schlossen für beide Offiziere umfangreiche Annexionen in Ost und West ein. Noch vor der Eröffnung der Offensive im Westen konnte ein wesentlicher Schritt in diese Richtung mit dem Friedensvertrag von Brest-Litowsk getan werden[13]. Die breite und positive Resonanz, die dieser annektionistische Diktatfriede in der politischen Repräsentanz des Reiches bis in die Reihen der sozialdemokratischen Reichstagsfraktion hinein — bei aller Kritik im einzelnen — fand, verdeutlicht die Stärke der sogenannten Kriegszielbewegung, deren kraftvoller Exponent die 3. OHL war. In diesem Zusammenhang gehört, daß die militärische Führung nichts unversucht gelassen hat, um ihre Zielvorstellungen mit allen ihr zu Gebote stehenden Mitteln zu propagieren. So ist es kein Zufall, daß als unmittelbare Reaktion auf die Resolution des Reichstages vom 19. Juli 1917, in der die Mehrheit für einen Verständigungsfrieden eintrat, der Aufbau der umfassenden Propagandaorganisation des »Vaterländischen Unterrichts« befohlen wurde[14]. Mit Hilfe dieser Organisation und mit großem Aufwand sollten — trotz aller abschwächenden und dementierenden Erklärungen — die Überzeugungen in Armee, Marine und auch in der Zivilbevölkerung im Sinne der innen- und außenpolitischen Zielsetzungen der Kriegszielbewegung beeinflußt und geformt werden. Vor diesem Hintergrund überrascht es nicht, daß auch im Offizierkorps, insbesondere in den Führungsstäben, der Gedanke einer strategischen Defensive nicht ernsthaft erwogen wurde, daß vielmehr die 3. OHL mit ihrer Entscheidung für eine offensive Kriegführung sich auf die uneingeschränkte Zustimmung des Offizierkorps stützen konnte[15]. So besteht kein Zweifel, daß die militärische Führung sich in der von ihr durchgesetzten Entscheidung von politischen Zielvorstellungen leiten ließ. »Das militärische Kalkül«, so urteilt ein kompetenter Kritiker, wurde »völlig

---

[11] Kronprinz Rupprecht, Kriegstagebuch (wie Anm. 10), Bd 2, S. 326 f.

[12] Vgl. hierzu Ritter, Staatskunst (wie Anm. 2), S. 46 ff. u. ö.

[13] Vgl. die Einschätzung dieses Vertrages bei Ritter, Staatskunst (wie Anm. 2), S. 147 ff. und bei Erdmann, Weltkrieg (wie Anm. 2), S. 221 f.

[14] Zur Funktion dieses neugeschaffenen Dienstzweiges vgl. Wilhelm Deist (Bearb.), Militär und Innenpolitik im Weltkrieg 1914–1918, Düsseldorf 1970, Nr. 328 ff., S. 835 ff., insbesondere Nr. 333, S. 848 ff.; sowie Reinhard Höhn, Die Armee als Erziehungsschule der Nation. Das Ende einer Idee, Bad Harzburg 1963, S. 503 ff.

[15] Die abweichenden Vorschläge und skeptisch-zurückhaltenden Stellungnahmen des Kronprinzen Rupprecht und des Generalstabschefs der Heeresgruppe Deutscher Kronprinz, Oberst Graf von der Schulenburg, blieben ohne Einfluß, vgl. Der Weltkrieg (wie Anm. 6), S. 51 ff., 55, 62, 92.

überlagert von der rational nicht begründeten Vorstellung, daß eine siegreiche Entscheidung herbeigeführt werden konnte«[16].

Die Risiken der Entscheidung für eine offensive Kriegführung wurden in den mit großem Nachdruck und umsichtig durchgeführten vorbereitenden militärischen Maßnahmen deutlich. Die Konzentration des militärischen Potentials an der Westfront war gleichbedeutend mit der Entblößung der Nebenfronten im Osten, Südosten und Süden. 33 Divisionen wurden allein von November 1917 bis März 1918 aus diesen Räumen abgezogen, weitere Verbände folgten[17]. Die Schwächung dieser Fronten erlaubte es den Alliierten im Spätsommer auch hier die Initiative zu ergreifen, die im Prozeß der Niederlage der Mittelmächte zu ersten, endgültigen Ergebnissen führte.

Mit der Konzentration der Kräfte im Westen gelang es, in der numerischen Truppenstärke mit dem Gegner gleichzuziehen. Zu Beginn der Offensive im März 1918 standen sich jeweils ca. 5 Millionen Mann (einschließlich Arbeitstruppen) gegenüber[18]. Bei dem Problem des einzukalkulierenden Personalersatzes allerdings zeigte sich die Beschränkung der deutschen Ressourcen. Ende des Jahres 1917 standen immerhin noch 612000 Mann in der Heimat zur Verfügung. Doch darüber hinaus konnte im wesentlichen nur noch mit den ca. 400000 Rekruten des Jahrgangs 1900, die erst im Herbst zur Verfügung stehen würden, gerechnet werden[19]. Die materielle Unterlegenheit des deutschen Westheeres zeigte sich vor allem in der Ausstattung mit Geschützen aller Kaliber (14000 gegen 18500), Flugzeugen (3670 gegen 4500) und besonders bei den Kampfwagen (10 gegen 800)[20]. Die OHL glaubte jedoch, diese generelle Unterlegenheit durch die Konzentration der Truppen und der Kampfmittel in den Angriffsschwerpunkten ausgleichen zu können. Es blieb allerdings das Problem, den Angriff über die feindlichen Stellungssysteme hinaus zu einem operativen Durchbruch zu führen. Hierzu entwickelte die OHL ein besonderes Angriffsverfahren, mit dem seit Beginn des Jahres insgesamt 70 sogenannte »Mob. Divisionen« vertraut gemacht wurden. Diese Divisionen wurden bevorzugt mit Waffen und Gerät ausgestattet, in ihnen konzentrierte sich die Angriffskraft des Westheeres. Ihnen standen die in jeder Beziehung schlechter ausgestatteten, sogenannten »Stellungs-Divisionen« gegenüber[21]. Die Bezeichnung der Divisionen deutet auf das größte Problem der deutschen Angriffsführung hin. Der Übergang vom Stellungs- zum Bewegungskrieg forderte als erstes die Beweglichkeit der Truppe, doch die Mittel hierzu waren außerordentlich begrenzt. So standen nur 23000 vornehmlich eisenbereifte Lastkraftwagen zur Verfügung, während die Alliierten 100000 gummibereifte Lastkraftwagen einsetzen konnten[22]. Trotz

---

[16] Hans Meier-Welcker, Die deutsche Führung an der Westfront im Frühsommer 1918. Zum Problem der militärischen Lagebeurteilung, in: Die Welt als Geschichte, 21 (1961), S. 166.
[17] Der Weltkrieg (wie Anm. 6), S. 37. Die durchschnittliche Ist-Stärke der Truppen auf dem Östlichen Kriegsschauplatz sank von 1 139 868 Mann im März auf 589 995 Mann im Juli 1918. Vgl. Sanitätsbericht über das Deutsche Heer im Weltkriege 1914/1918, Bd 3, Berlin 1934, Tafel 150.
[18] Meier-Welcker, Die deutsche Führung (wie Anm. 16), S. 165, Anm. 6.
[19] Der Weltkrieg (wie Anm. 6), S. 29.
[20] Meier-Welcker, Die deutsche Führung (wie Anm. 16), S. 165, Anm. 6.
[21] Der Weltkrieg (wie Anm. 6), S. 41f.
[22] Ebd., S. 35f.

aller Anstrengungen gelang es nicht, auch nur die »Mob. Divisionen« mit einer ausreichenden Anzahl von Pferden auszustatten, so daß z. B. nur ein Teil der schweren Maschinengewehre und der leichten Minenwerfer bespannt mitgeführt werden konnten[23]. Diese Faktoren lassen die Größe des militärischen Risikos erkennen, das die OHL mit der Offensive — um der Durchsetzung politischer Ziele willen — auf sich zu nehmen bereit war.

Einem weiteren wesentlichen Faktor der Kriegführung ist in der Darstellung des Reichsarchiv-Werkes relativ wenig Beachtung geschenkt worden: dem physischen und psychischen Zustand der Armee, obwohl bereits in den Gutachten des Untersuchungsausschusses des Reichstages wichtiges Material aus den Akten mitgeteilt worden war. Auch die 1958 bekannt gewordenen eindrucksvollen Beobachtungen des Obersten v. Thaer aus dem April und Mai 1918 sind bisher nicht zum Anlaß genommen worden, diese Frage in größerer Breite zu untersuchen[24]. Es blieb bei dem Bild einer in ihrer Kampfkraft zwar schwer geschwächten, durch die Auflösungserscheinungen in der Etappe aber im Kern nicht berührten Armee, die »festgefügt«[25] in die revolutionierte Heimat in dem Bewußtsein zurückkehrte, »im Felde unbesiegt« geblieben zu sein[26].

Eine Geschichte des sich wandelnden inneren Zustandes der Armee im Laufe der Kriegsjahre bleibt demnach ein Desiderat der Forschung. Die sich aufdrängenden Bilder sind voll scharfer Kontraste. Die zahllosen Fotografien aus dem August 1914 spiegeln einen Optimismus, eine Siegessicherheit und ein Selbstbewußtsein wider, die auch durch die ersten schweren Gefechte nicht erschüttert werden konnten. Doch nicht diese Bilder sind charakteristisch für den Ersten Weltkrieg, sondern diejenigen aus dem Stellungskrieg, aus den Materialschlachten um Verdun und an der Somme: der einzelne oder die kleine Gruppe in der Verlorenheit einer nahezu apokalyptischen Umwelt. Die literarischen Zeugnisse von Werner Beumelburg über Ernst Jünger bis Arnold Zweig signalisieren eine Umschichtung etablierter Werte und Verhaltensweisen, die dem hierarchischen System des militärischen Apparates widersprachen. Sie vermitteln vor allem eine Weltsicht und ein Lebensgefühl, die mit den Auffassungen vor Ausbruch des Krieges nur noch wenig gemein hatten[27]. Dieses Massenerlebnis konnte nicht ohne Auswirkungen auf die innere Struktur der Armee bleiben. Ein erster Reflex der sich langsam verändernden Verhältnisse sind die seit dem Frühjahr 1916 einsetzenden Bemühungen militärischer und ziviler Institutionen, die »Stimmung« in der Heimat und im Heer aufrecht zu erhalten. Für das Absinken der Stimmung wurden dabei nicht nur die zunehmenden Schwierigkeiten

---

[23] Ebd., S. 31 f.
[24] Albrecht v. Thaer, Generalstabsdienst an der Front und in der O.H.L., hrsg. von Siegfried A. Kaehler, Göttingen 1958.
[25] Erdmann, Weltkrieg (wie Anm. 2), S. 236.
[26] Vgl. Andreas Hillgruber, »Revisionismus« — Kontinuität und Wandel in der Außenpolitik der Weimarer Republik, in: Historische Zeitschrift, Bd 237 (1983), S. 601 f.
[27] Vgl. Klaus Vondung (Hrsg.), Kriegserlebnis. Der Erste Weltkrieg in der literarischen Gestaltung und symbolischen Deutung der Nationen, Göttingen 1980; insbesondere die Einleitung des Herausgebers; vgl. auch Bernd Hüppauf, Über den Kampfgeist. Ein Kapitel aus der Vor- und Nachbereitung des Ersten Weltkriegs, in: Anton Andreas Guha und Sven Papcke (Hrsg.), Den Feind, den wir brauchen, Königstein 1985, S. 71 ff.

in der Lebensmittelversorgung der Heimat verantwortlich gemacht, sondern auch Nachrichten und Erzählungen über »Mißstände« im Heer[28].

Über diese »Mißstände« sind im Untersuchungsausschuß des Reichstages die Ansichten der Gutachter hart aufeinander gestoßen[29]. Trotz aller Polemik zwischen den beiden Hauptgutachtern Martin Hobohm und Erich-Otto Volkmann läßt sich jedoch ein gemeinsamer Nenner feststellen. Beide stimmen darin überein, daß die »Mißstände« in einem gestörten Verhältnis zwischen Offizier und Mann zum Ausdruck kamen. Über die Ursachen, den Umfang und die Bewertung des Befundes gingen die Ansichten der Gutachter allerdings weit auseinander. Auch im Rückblick dürfte es kaum möglich sein, aus den unzähligen, sich nur zu häufig widersprechenden überlieferten Beispielen ein zutreffendes Bild des unbezweifelbar gestörten Verhältnisses zu zeichnen. Eine Charakterisierung wird eher gelingen, wenn den Ursachen der Erscheinung nachgegangen wird.

Da ist zunächst die fundamentale Bedeutung der besonderen, seit Ende 1914 an der Westfront bestimmenden Form der Kriegführung hervorzuheben. Der Stellungskrieg und die Materialschlachten ebneten die gegebenen sozialen Unterschiede ein, die Gemeinschaft der Frontsoldaten machte vor Klassenschranken nicht halt, die kaiserliche Armee nahm Milizcharakter an[30]. Die Form der Kriegführung betonte die Kluft zwischen Front und Etappe, wobei die Grenzlinie nicht organisatorisch, sondern praktisch, d.h. jenseits des Wirkungsbereiches der feindlichen Artillerie, zu ziehen ist. In dem so gekennzeichneten Frontbereich entwickelte sich stets neu die später propagandistisch so überhöhte Frontsoldatengemeinschaft, in der die Rolle des Offiziers, insbesondere als Kompaniechef, unumstritten war, wenn er sich verantwortungsbewußt als Teil dieser Gemeinschaft verstand[31]. Hinter der Front jedoch und in verletzendem Kontrast zu den dort herrschenden Verhältnissen bestand die Kluft zwischen Offizier und Mann im Sinne der militärischen Hierarchie weiter fort, ja sie verschärfte sich zunehmend.

Ein kompetenter Beobachter hat die Schärfe und die Tiefe des Bruches mit dem Blick auf die drei entscheidenden Lebensbedingungen des Soldaten — »Lebenssicherung, Behausung, Verpflegung« — beschrieben[32]. Der Militärarzt, ein Oberarzt der Reserve, führte

---

[28] Zu den Bemühungen der Kriegsministerien vgl. Deist, Militär und Innenpolitik (wie Anm. 14), Nr. 127—129, S. 294 ff., mit bemerkenswerten Reaktionen des Württembergischen Evangelischen Konsistoriums auf die »Mißstände«. Siehe auch Bruno Thoß, Menschenführung im Ersten Weltkrieg und im Reichsheer, in: Vorträge zur Militärgeschichte, Bd 3, Herford 1982, S. 113—122.

[29] Philipp, Die Ursachen (wie Anm. 5). Bd II/I u. II.

[30] Vgl. Erich Ludendorff, Meine Kriegserinnerungen 1914—1918, Berlin 1919, S. 516, der diesen Begriff mehrfach gebrauchte.

[31] Hitlers im Verlauf des Zweiten Weltkrieges voll zum Ausdruck kommende Aversion, ja Verachtung für das höhere Offizierkorps, den Stabsoffizier, und die Propagierung eines neuen Offizierbildes, des »Kämpfers«, dürfte auf seine Erfahrungen als Meldegänger im Ersten Weltkrieg zurückzuführen sein. Vgl. Adolf Hitler, Monologe im Führerhauptquartier 1941—1944. Hrsg. von Werner Jochmann, Hamburg 1980, S. 215 f., sowie Untersuchungen zur Geschichte des Offizierkorps. Ancienität und Beförderung nach Leistung. Hrsg. vom Militärgeschichtlichen Forschungsamt, Stuttgart 1962, S. 202 ff. und 276 ff.

[32] Die Zermürbung der Front, von einem Oberarzt d.R., in: Kriegshefte der Süddeutschen Monatshefte. Oktober 1918 bis März 1919, S. 176—192, hier S. 180.

den überzeugenden Nachweis, daß die vielfach belegten krassen Unterschiede zwischen der Situation der Offiziere in den Stäben und Verwaltungen einerseits und den Mannschaften andererseits grundsätzlich systembedingt waren. Durch die in einer Riesenorganisation wie dem Kriegsheer ganz unausbleiblichen Auswüchse und den Mißbrauch der hierarchisch geordneten Rechte wurden sie noch wesentlich zu Ungunsten der Mannschaften verschärft. Der heimatliche Schwarze Markt existierte in abgewandelter Form auch im Bereich des Feldheeres[33]. Und obwohl die Nutznießer dieses Systems keineswegs nur die Offiziere waren, wurden diese zu Recht für die »Mißstände« verantwortlich gemacht, denn in ihren Händen lag die Befehlsgewalt. Hinzu kam das Gefühl der Rechtlosigkeit aufgrund einer unzulänglichen Beschwerdeordnung[34]. Wenn dann noch erschöpfte Verbände und Einheiten in ihren Ruhequartieren mit militärischem »Drill«[35] beschäftigt wurden, konnte sich die Verbitterung zum »Offiziershaß« steigern[36]. Die militärische Führung versuchte vergeblich, der »Mißstände« außerhalb des Frontbereichs mit Anordnungen und Befehlen Herr zu werden[37], aber auch sie scheute notwendigerweise vor systemverändernden Maßnahmen zurück.

Die Folge der fortdauernden »Mißstände« war die zunehmende Unfähigkeit der höheren militärischen Führung, die innere Verfassung der kämpfenden Truppe zu erkennen und zu berücksichtigen. Es ist hierfür bezeichnend, daß die einzige Maßnahme der OHL zur Festigung der Moral, der »Stimmung« der Truppe, die über den Rahmen der bestehenden Vorschriften hinausging, in der Einrichtung des »Vaterländischen Unterrichts« bestand. Entsprach dieser »Unterricht« — gemäß der Intention und strategischen Entscheidung der OHL — dem innen- und außenpolitischen Programm der Kriegszielbewegung, so konnte er bei der Truppe in Anbetracht der geschilderten Verhältnisse nur das Gegenteil der beabsichtigten Wirkung hervorrufen[38].

Die OHL erkannte mit der Einrichtung des »Vaterländischen Unterrichts« zwar indirekt an, daß für die militärisch unabdingbare Mobilisierung der moralischen und personellen Ressourcen politische Argumente und Zielvorstellungen notwendig waren. Da ihre politische Botschaft aber mehr oder weniger deckungsgleich mit den innen- und außen-

---

[33] Sehr informative Beispiele aus dem Bereich des Verpflegungswesens hierfür in: Die Zermürbung (wie Anm. 32), S. 180—186.

[34] Vgl. hierzu als Beispiel den Schriftwechsel um die Berichte der Feldgeistlichen des VII. AK über die bei ihrer Aufklärungstätigkeit in der Heimat gemachten Erfahrungen aus dem Dezember 1917, in: Philipp, Die Ursachen (wie Anm. 5), Bd 11/I, S. 56 ff.

[35] Vgl. hierzu auch den Brief des knapp 27jährigen Gerhard Ritter an seine Mutter vom 7. 3. 1915, in: Klaus Schwabe und Rolf Reichardt (Hrsg.), Gerhard Ritter. Ein politischer Historiker in seinen Briefen, Boppard 1984, S. 200 f.

[36] Herrmann Kantorowicz, Der Offiziershaß im deutschen Heer, Freiburg 1919.

[37] Vgl. hierzu als Beispiele Erlasse des preußischen Kriegsministeriums und der OHL aus dem Juni 1917, in: Philipp, Die Ursachen (wie Anm. 5), Bd 11/I, S. 26 f. und 29 f. Entsprechende Erlasse häuften sich gegen Ende des Krieges, vgl. Deist, Militär und Innenpolitik (wie Anm. 14), Nr. 470, S. 1270 ff.; Nr. 483, S. 1312; Nr. 486, S. 1318 ff., und die dort gegebenen Einzelhinweise.

[38] Vgl. hierzu Die Zermürbung (wie Anm. 32), S. 176 f.; Philipp, Die Ursachen (wie Anm. 5), Bd 6, S. 65 f.; Eugen Nether, Der seelische Zusammenbruch der deutschen Kampffront. Betrachtungen eines Frontarztes, in: Süddeutsche Monatshefte, 22 (1925), Nr. 10, S. 32; sowie Der Dolchstoßprozeß in München, Oktober/November 1925. Eine Ehrenrettung des deutschen Volkes, München 1925, S. 289 ff.

politischen Vorstellungen der Kriegszielbewegung unter scharfer Betonung des Antiparlamentarismus war, geriet sie in Konflikt mit den veränderten Voraussetzungen der Kriegführung, wie sie der industrialisierte Krieg diktierte. Daß innerhalb der OHL auch in anderen politischen Kategorien gedacht wurde, macht eine Äußerung des bayerischen Obersten Mertz v. Quirnheim von Anfang Juli 1917 deutlich:[39] »Was würde es für einen geradezu gewaltigen Eindruck machen, wenn General Ludendorff (durch die Stimme Hindenburg) erklären ließe: ›Ja, auch die OHL ist für das allgemeine preußische Wahlrecht, weil es unseren preußischen Soldaten das gibt, was sie sich wohl verdient haben.‹ Ich glaube, Ludendorff würde auf den Händen getragen werden, alle Streikgefahr etc. wäre beseitigt, der Eindruck auf das Ausland ungeheuer. Wie herrlich könnte man eine solche Kundgebung frisieren!! Aber zu einer solchen Auswertung politischer Ideen in Richtung des Krieges fehlt General Ludendorff jedes Verständnis. Er meint, mit kräftigen Phrasen könnte das Volk auf die Dauer hochgehalten werden.« Ein derartiger Schritt unterblieb nicht aus Unfähigkeit oder Mangel an Phantasie, sondern weil er für Hindenburg und Ludendorff wie für die militärische Führung insgesamt die politische Position der Armee im Herrschaftsgefüge des Kaiserreiches revolutioniert hätte[40].

Stellt man die Gesamtheit dieser für die innere Verfassung, für die Motivation der Truppe wichtigen Elemente in Rechnung, so werden der Umfang und die tiefgreifende Wirkung des Transformationsprozesses deutlich, durch den die Armee seit den Augusttagen des Jahres 1914 gegangen war. Die allgemeine physische und psychische Erschöpfung nach nahezu vier Jahren Krieg war alles andere als verwunderlich. Der jahrelange »stumpfsinnige, gegenseitige Massenmord«[41] forderte seinen Tribut. Und die Kohäsionskraft der Armee hatte unübersehbar starke Einbußen erlitten. Die große Gruppe der Nutznießer der systemimmanenten Privilegien hob sich ab von der grauen Masse der Truppe. In dieser Masse saß die Erbitterung über die Verhältnisse sehr tief, und das Verlangen nach Frieden, nach einem Ende des Krieges war allgemein und stark, zweifellos auch unter dem Eindruck der politischen Auseinandersetzungen in der Heimat um die Friedensfrage und die Reform des preußischen Wahlrechts[42].

Schon im Herbst 1917 war es zu Ausschreitungen bei Ersatztransporten gekommen, und die Verlegung von Verbänden und Einheiten aus dem Osten in den Westen bereitete Schwierigkeiten. Bereits im November 1917 benutzten bis zu 10 Prozent der Mannschaften die Transporte zur Desertion. Die militärische Führung wurde dieses Problems nicht Herr, die Zahl der Fahnenflüchtigen schwoll an[43]. Trotzdem deuten alle verfügbaren

---

[39] Deist, Militär und Innenpolitik (wie Anm. 14), Nr. 314, S. 783.

[40] Vgl. hierzu Hans-Ulrich Wehler, Das Deutsche Kaiserreich 1871–1918, Göttingen 1973, S. 62f., 151ff.; sowie Wilhelm Deist, Die Armee in Staat und Gesellschaft 1890–1914, in: Michael Stürmer (Hrsg.), Das kaiserliche Deutschland. Politik und Gesellschaft 1870–1918, Düsseldorf 1970, S. 312–339.

[41] Formulierung Gerhard Ritters in einem Brief vom 16.5.1917 in: Schwabe/Reichardt, Gerhard Ritter (wie Anm. 35), S. 203.

[42] Nether, Der seelische Zusammenbruch (wie Anm. 38), S. 40ff. betont, daß die Propaganda der linksgerichteten Gruppierungen keinen Einfluß auf das Kampfgeschehen gehabt habe.

[43] Vgl. hierzu die Einzelnachweise in: Deist, Militär und Innenpolitik (wie Anm. 14), Nr. 458, S. 1226, Anm. 1; sowie Philipp, Die Ursachen (wie Anm. 5), Bd 6, S. 14ff. Auch Ludendorff, Kriegserinnerungen (wie Anm. 30), S. 434, erwähnt das Phänomen.

Nachrichten darauf hin, daß die »Stimmung« in der Vorbereitungsphase und während der ersten Tage der Märzoffensive im Westen von diesen Erscheinungen kaum berührt worden ist, daß sie im Gegenteil und in Anbetracht der widrigen Verhältnisse als außerordentlich gut zu bezeichnen war[44]. Die Vorstellung, durch eine letzte große Anstrengung dem Krieg, der Ursache aller Unerträglichkeiten, ein Ende bereiten zu können, hatte offenbar im Feldheer und in der Heimat[45] die bisher vorherrschende Resignation momentan überwunden. Ein Zeugnis für diese Stimmungslage ist der Brief eines betont nationalgesinnten schlesischen Gutsinspektors, der als Gefreiter an der Westfront seinen Dienst tat[46]. »Hoffentlich geht der Rummel je eher, je lieber los, damit diese himmelschreienden Ungerechtigkeiten mal ein Ende nehmen, dann ißt wieder alles mehr aus einem Topf, und es gibt keine Herren und Sklaven mehr.«

Die »große Schlacht in Frankreich« begann am 21. März mit dem Angriff dreier Armeen gegen den von den Engländern gehaltenen Frontabschnitt zwischen Cambrai und St. Quentin, im Raum der Somme-Schlachten der Jahre 1916/17. Das Ziel war, den britischen Streitkräften eine entscheidende Niederlage beizubringen, und sie von den französischen Armeen zu trennen, weil man annahm, »daß England wohl eher dem Frieden geneigt« sein würde[47].

Dem Entschluß, in diesem Raum anzugreifen, war eine längere Debatte über die operative Durchführung der strategischen Entscheidung vorausgegangen. Es war vor allem die Frage zu beantworten, ob man den operativen Durchbruch in einer einzigen großen Anstrengung suchen sollte, mit dem Risiko, bei einem Scheitern dieser Operation wieder in die Defensive übergehen zu müssen. Ludendorff war schon im April 1917 der Ansicht, man werde »nacheinander verschiedene Stellen ausprobieren« müssen, um dann den Angriff an der schwächsten Stelle der feindlichen Front mit Nachdruck fortzuführen[48]. Er hielt an dieser grundsätzlichen Prämisse fest und wurde dabei nachdrücklich unterstützt durch den Generalstabschef der Heeresgruppe Kronprinz Ruppecht, Generalleutnant v. Kuhl[49]. Allerdings war auch dieses Verfahren nicht ohne Risiko. Denn die Absicht, in mehreren aufeinander folgenden Angriffsoperationen den Feind »mürbe« zu machen, wie Ludendorff sich später ausdrückte[50], mußte notwendigerweise zum Verschleiß der den »Mob. Divisionen« zugeordneten Transportmittel führen. Damit wiederum verringerten sich tendenziell die Erfolgschancen bei jeder weiteren Operation. Noch gravierender mußte aber ins Gewicht fallen, daß bei einer derartigen Operationsführung die Kampfkraft der Divisionen einer Dauerbelastung ausgesetzt wurde, die sich doch

---

[44] Der Weltkrieg (wie Anm. 6), S. 15, 107; vgl. auch Kronprinz Rupprecht, Kriegstagebuch (wie Anm. 10), Bd 2, S. 348f.

[45] Das Preußische Kriegsministerium verzeichnete in seinem Monatsbericht für März einen »Schwung« in der Heimat, wie er »seit den Augusttagen des Jahres 1914« nicht mehr hervorgetreten sei. Vgl. Deist, Militär und Innenpolitik (wie Anm. 14), Nr. 463, S. 1238, Anm. 8.

[46] Philipp, Die Ursachen (wie Anm. 5), Bd 11/I, S. 133.

[47] Zitiert nach Meier-Welcker, Die deutsche Führung (wie Anm. 16), S. 166.

[48] Der Weltkrieg (wie Anm. 6), S. 50.

[49] Ebd., S. 59ff. Zu Kuhl vgl. Generalfeldmarschall Wilhelm Ritter v. Leeb, Tagebuchaufzeichnungen und Lagebeurteilungen aus zwei Weltkriegen. Hrsg. von Georg Meyer, Stuttgart 1976, S. 113.

[50] Der Weltkrieg (wie Anm. 6), S. 93, Anm. 1.

in allererster Linie aus der Hoffnung nährte, mit einer letzten großen Anstrengung dem Krieg ein Ende zu bereiten.

Die unter dem Decknamen »Michael« geplante Offensive brachte überraschende, in Anbetracht der jahrelangen, vergeblichen Versuche beider Seiten, sich aus dem Stellungskrieg zu lösen, geradezu überwältigende Erfolge. Die drei Armeen (17., 2. und 18.), in einer Stärke von nahezu 1,4 Millionen Mann[51], überwanden nicht nur die tiefgestaffelten Stellungssysteme des Gegners, sondern drangen weit — die 2. Armee ca. 45 km, die 18. Armee sogar ca. 60 km — in das gegnerische Hinterland vor[52]. Der entscheidende operative Durchbruch war jedoch nicht gelungen. Am 5. April mußte der Angriff eingestellt werden, die Kampfkraft der Armeen war erschöpft. Die Versorgung der Truppen während der Offensive und in der nunmehr geschaffenen, ausgebuchteten Front — die Frontlinie wuchs von 90 auf 150 km — konnte nicht zufriedenstellend gewährleistet werden[53].

Die vom 9. bis 29. April während Offensive der 4. und 6. Armee in Flandern gegen den beherrschenden Höhenzug des Kemmel lag in der Konsequenz der Planung der OHL. Wiederum waren überraschende Erfolge zu verzeichnen, und erneut zeigten sich logistische Probleme, die nicht überwunden werden konnten[54]. Auch diese Offensive brachte die OHL ihrem Ziel, einen politisch wirksamen Erfolg gegen die britische Armee zu erzielen, nicht näher.

Wie sich das Scheitern der »Michael«-Offensive auf die Truppe auswirkte, hat ein Generalstabsoffizier, Oberst v. Thaer, noch während der Flandern-Schlacht im April aus der Situation heraus sehr präzise geschildert[55]: »Wir haben jetzt hier für diesen Angriff zwischen dem Kemmel und Bethune recht viele Divisionen, die eben erst in der März-Offensive mitgemacht haben, bei dieser nochmals ihre besten Offiziere und Leute verloren haben und nun notdürftig aufgefüllt sind mit Personal, das leider immer weniger wert wird. Ich muß sagen, daß mir vielfach die Truppe wenig gefällt, die jetzt hier eingesetzt wurde. Es kommt bei Offizieren und Leuten die große Enttäuschung zum Ausdruck, daß die große lange erwartete März-Offensive sich festgefahren hat und daß nun egal wohl [sic!] ein Angriff auf den andern folgen soll. Sie hatten zu sehr darauf gehofft, daß dieser große Schlag den Krieg im März beenden würde. Man hatte daraufhin noch einmal allen Schneid und alle Energie zusammengerissen. Nun ist die Enttäuschung da, und sie ist groß. Das ist der Hauptgrund, warum auch artilleristisch gut vorbereitete Angriffe sich totlaufen, so bald unsere Infanterie über die stark vertrommelte Zone hinaus kommt.« Diese Beobachtungen erhalten ihr volles Gewicht für die Interpretation, wenn man sie konfrontiert mit der skizzierten labilen »Stimmungslage« vor Beginn der Frühjahrsoffensive.

---

[51] Vgl. Sanitätsbericht (wie Anm. 17), Bd 3, S. 57; die durchschnittliche Ist-Stärke des deutschen Heeres an der Westfront betrug im März 1918 3,882 Millionen Mann, vgl. ebd., Tafel 150.
[52] Der Weltkrieg (wie Anm. 6), S. 254.
[53] Ebd., S. 255 ff.
[54] Ebd., S. 299 ff.
[55] Thaer, Generalstabsdienst (wie Anm. 24), S. 181 ff. (18. 4. 1918), hier S. 182, sowie S. 187 ff.; vgl. auch Leeb, Tagebuchaufzeichnungen (wie Anm. 49), S. 115 ff.

Die »Stimmung« konnte nicht unbeeindruckt bleiben von den schweren Verlusten, die selbst in der zurückhaltenden Sprache des »Sanitätsberichts« für die drei an der Offensive beteiligten Armeen als »außerordentlich hoch« bezeichnet wurden[56]. Bei einer Ausgangsstärke von knapp 1,4 Millionen Mann hatten sie mehr als ein Fünftel dieses Bestandes (303 450 Mann) in der Zeit vom 21. März bis 10. April 1918 verloren. Einzelne Divisionen der 17. Armee waren in den ersten zehn Tagen der Offensive um »fast ein Drittel« dezimiert worden. Dabei fiel besonders ins Gewicht, daß von diesen schweren Verlusten vor allem die sogenannten »Mob. Divisionen« betroffen worden waren, in denen sich die Angriffskraft des Feldheeres nach dem Willen der OHL konzentrierte. Immer wieder wird in den Berichten die Höhe der Offizierverluste hervorgehoben, die proportional über denen der Mannschaften lagen und wiederum in erster Linie bei den »Mob. Divisionen« zu verzeichnen waren. Betroffen waren vor allem die Kompanie- und Truppführer, d.h. jene Gruppe innerhalb des Offizierkorps[57], auf die nach den von Thaer bestätigten Beobachtungen der »moralische Einfluß« in der Truppe übergegangen war[58]. Auch in der ganz dem Stabsdenken verhafteten, die realen Verhältnisse an den Fronten eher verhüllenden Sprache des Reichsarchiv-Werkes schlagen sich diese Umstände in der Formel von der »Erschöpfung der Angriffskraft« nieder[59].

Bei den sich anschließenden Angriffsoperationen zweier Armeen in Flandern, auf die sich die Beobachtungen des Obersten von Thaer beziehen, wurden elf dieser bereits »erschöpften«, »abgekämpften« Divisionen erneut eingesetzt[60]. Bei 55 insgesamt eingesetzten Divisionen war dies ein sehr hoher, die Beschränktheit der militärischen Ressourcen kennzeichnender Prozentsatz. Aus »Mob. Divisionen« waren »Angriffs-Divisionen« geworden, die in Ausstattung und Ausbildung gegenüber den ersteren abfielen und die vor allem durch den akuten und gravierenden Mangel an Pferden noch weniger beweglich waren[61]. Die Verluste der 6. Armee in Flandern vom 1. bis 30. April betrugen bei einer durchschnittlichen Ist-Stärke der Armee von 361 142 Mann insgesamt 63 469 Mann, wobei die 15 605 Leichterkrankten und -verwundeten, die im Laufe des Monats bei der Truppe wieder dienstfähig geworden waren, nicht berücksichtigt sind. Bei der 4. Armee waren die Verluste im gleichen Zeitraum etwas geringer: bei einer durchschnittlichen Ist-Stärke von 421 221 Mann betrugen sie ohne Berücksichtigung der 17 774 wieder dienstfähig gewordenen insgesamt 59 209 Mann. Insgesamt aber stieg der »Gesamtausfall« an Soldaten an der Westfront von 235 544 im März auf 257 176 Mann im April[62]. Aus der

---

[56] Sanitätsbericht (wie Anm. 17), Bd 3, S. 59. Die folgenden Zahlen aufgrund der ebd., S. 57 ff., wiedergegebenen Übersicht 50.

[57] Ebd., S. 59, Übersicht 51. Zu beachten ist hierbei, daß die durch Verwundung oder Erkrankung für längere Zeit ausfallenden Offiziere nicht berücksichtigt sind. Von den 1724 gefallenen, vermißten oder gestorbenen Sanitätsoffizieren des deutschen Heeres sind 631 (= 36,6 %) im Jahre 1918 oder später Opfer des Krieges geworden. Vgl. Sanitätsbericht (wie Anm. 17), Bd 1, Berlin 1935, S. 3 ff.

[58] Thaer, Generalstabsdienst (wie Anm. 24), S. 182. Vgl. auch Nether, Der seelische Zusammenbruch (wie Anm. 38), S. 28 f.

[59] Der Weltkrieg (wie Anm. 6), S. 150, 197, 215.

[60] Ebd., S. 300.

[61] Ebd., S. 260. Vgl. auch Kronprinz Rupprecht, Kriegstagebuch (wie Anm. 10), Bd 2, S. 394, 409 f.

[62] Sanitätsbericht (wie Anm. 17), Bd 2, Berlin 1938, S. 781 und 783. Für den »Gesamtausfall« (= Gesamt-

Schilderung des Reichsarchiv-Werkes ergibt sich, daß die angreifenden Divisionen sehr viel vorsichtiger operierten und die erreichten Linien kaum je den von der Führung benannten Tageszielen entsprachen. Wenige Tage nach Angriffsbeginn meldete am 14. April der Generalstabschef der 6. Armee, Oberst v. Lenz, der Heeresgruppe[63]: »Die Truppen greifen nicht an, trotz Befehlen. Die Offensive hat sich festgelaufen.« Schärfer konnte der Stimmungsumschwung, hervorgerufen durch Erschöpfung, Hoffnungslosigkeit und die schweren Verluste der kämpfenden Truppe, nicht zum Ausdruck kommen.

Gerhard Ritter sieht die entscheidende Ursache für das »allmähliche Absinken der Kampfmoral der deutschen Armee in den letzten Kriegsmonaten« in dem sich ausbreitenden »Gefühl« der Truppe, »letztlich nutz- und sinnlos in immer neuen, aussichtslosen Angriffsunternehmungen verbraucht zu werden«[64]. Man wird das Urteil dahingehend präzisieren können, daß schon die letzten Kampftage der März-Offensive deutlich gezeigt hatten, wie wenig die deutsche Armee in der Lage war, die für jeden Angriff entscheidenden Versorgungsprobleme — Munition und Verpflegung — zu lösen. Daher schlug sich auch das »Gefühl« bereits sehr frühzeitig in einem Verhalten der Truppe nieder, das sich im April in den Beobachtungen von Thaer und der Meldung von Lenz widerspiegelte. Ludwig Beck[65] hat in dem viel zitierten Brief aus dem November 1918 die Meinung vertreten, daß die Truppe seit Mitte Juli »einfach nicht gehalten« habe, »weil sie nicht wollte«. In Anlehnung an dieses Urteil wird man für die Zeit nach den ersten Tagen der Apriloffensive formulieren können, daß der Angriffswille der Truppe, wie er sich noch in den ersten Tagen der Märzoffensive gezeigt hatte, verflogen war, daß die offenkundige Überspannung der Kräfte zu ihrer Lähmung geführt hatte[66].

Gegen diese Feststellung spricht auch nicht die zunächst überaus erfolgreiche Offensive gegen den Chemin des Dames und gegen Reims von Ende Mai bis Anfang Juni 1918. Die großen Erfolge waren errungen worden durch das Element der Überraschung und durch die eindeutige artilleristische Überlegenheit, die auch im Verlauf der Offensive aufrecht erhalten werden konnte[67]. Dennoch erlahmte die Angriffskraft ebenso rasch wie bei der Flandernoffensive. Dies verwundert um so weniger, als von den 36 Angriffsdivisionen insgesamt 27 bereits durch die Märzoffensive in ihrem Kernbestand dezimiert worden waren[68]. Die Verluste der 7. und der 1. Armee in der Zeit vom 21. Mai bis

---

zahl der Gefallenen, Vermißten, Verwundeten und Erkrankten abzüglich der in Lazaretten und bei der Truppe wieder dienstfähig gewordenen) vgl. Sanitätsbericht (wie Anm. 17), Bd 3, Tafel 150.
[63] Der Weltkrieg (wie Anm. 6), S. 283. Kronprinz Rupprecht, Kriegstagebuch (wie Anm. 10), Bd 2, S. 382: »Aber was helfen alle Befehle zum Angriff, wenn die Truppe nicht mehr anzugreifen vermag! Mich erinnert die Lage ungemein an jene bei der ersten Schlacht von Ypern. Auch damals sollte immer wieder angegriffen werden, es ging aber über die Kräfte der Truppen.« (14. 4. 1918).
[64] Ritter, Staatskunst (wie Anm. 2), S. 287.
[65] Klaus-Jürgen Müller, General Ludwig Beck. Studien und Dokumente zur politisch-militärischen Vorstellungswelt und Tätigkeit des Generalstabschefs des deutschen Heeres 1933—1938, Boppard 1980, S. 323 ff., hier S. 326.
[66] Vgl. hierzu auch die Ausführungen Hans Delbrücks vor dem Untersuchungsausschuß: Philipp, Die Ursachen (wie Anm. 5), Bd 6, S. 72 ff.
[67] Der Weltkrieg (wie Anm. 6), S. 390, sowie Nether, Der seelische Zusammenbruch (wie Anm. 38), S. 4.
[68] Der Weltkrieg (wie Anm. 6), S. 330.

20. Juni beliefen sich auf über 125 000 Mann und waren damit erkennbar geringer (ca. ein Achtel der durchschnittlichen Ist-Stärken der Armeen) als bei den beiden vorangegangenen Offensiven. Der »Gesamtausfall« sämtlicher Armeen an der Westfront, der im Mai »nur« 114 504 Mann betragen hatte, stieg aber im Juni erneut auf 209 435 Mann an und erreichte damit nahezu die Ziffer des Monats März[69].

Ludendorff und die OHL waren jedoch nicht bereit, die militärische Lage vor dem Hintergrund dieser Verlustziffern, dem allseits konstatierten Erschöpfungszustand der Truppe und mancher warnender Stimmen erneut zu analysieren und gegebenenfalls die strategische Entscheidung zu revidieren. Im Gegenteil, die OHL erklärte noch Mitte Mai ihre Absicht, den »Feind zu schlagen, da empfindlich zu treffen, wo dazu die beste Aussicht« bestehe[70]. Und Anfang Juni hieß es: »Wir werden unsere Angriffe fortsetzen und auch weiterhin dem Gegner das Gesetz des Handelns vorschreiben«[71]. Ganz abgesehen von strategischen Überlegungen trat auch die operative Zielsetzung immer mehr in den Hintergrund. Als Ludendorff im April nach dem operativen Ziel des Flandernangriffs gefragt wurde, verbat er sich das Wort »Operation« und erklärte[72], »wir hauen ein Loch hinein. Das Weitere findet sich. So haben wir es in Rußland auch gemacht.« Der in diesem Diktum zum Ausdruck kommende Aktionismus lief im besten Falle auf eine Zermürbung des Gegners hinaus, zu der der deutschen Führung eingestandenermaßen die personellen und materiellen Mittel fehlten.

Die beiden Feststellungen in dem Lagebericht vom 5. Juni 1918, daß die »Entente eine ihrer schwersten Niederlagen erlitten« habe und daß für die deutsche Seite »eine neue Grundlage für weitere Erfolge geschaffen« worden sei[73], spiegeln die eigenartige Mischung von Realitätssinn und Realitätsblindheit wider, die charakteristisch ist für die Entscheidungen der OHL. Sicherlich hatten die Alliierten schwere Niederlagen erlitten, aber die deutsche Seite hatte damit die Bedingungen für die eigene militärische Niederlage geschaffen. So hatte sich, um noch ein weiteres Beispiel zu nennen, bei rapide abnehmender eigener und ebenso rapide zunehmender Truppenstärke der Gegner[74] die Frontlänge zwischen der Maas bei Verdun und der Flandrischen Küste vom 20. März bis zum 25. Juni um 120 km, von 390 auf 510 km, verlängert[75]. Der erfolgreiche Gegenangriff der Alliierten bei Villiers-Cotterêts am 18. Juli und die Niederlage der 2. Armee östlich von Amiens am 8. August waren die Folge.

Wie konnte es zu einer derartigen Fehlbeurteilung der eigenen Kräfte durch die OHL kommen? Oberst v. Thaer hatte seine Beobachtungen über den Zustand der Armee früh-

---

[69] Vgl. Sanitätsbericht (wie Anm. 17), Bd 2, S. 788f. Für den »Gesamtausfall« vgl. Anm. 62.
[70] Der Weltkrieg (wie Anm. 6), S. 508.
[71] Ebd., S. 414.
[72] Kronprinz Rupprecht, Kriegstagebuch (wie Anm. 10), Bd 2, S. 372, Anm. Vgl. auch Leeb, Tagebuchaufzeichnungen (wie Anm. 49), S. 112.
[73] Der Weltkrieg (wie Anm. 6), S. 414.
[74] Die amerikanischen Streitkräfte in Europa wurden vom April bis Juli 1918 um knapp 1 Million Mann verstärkt, von 320 000 auf 1 293 000 Mann, vgl. Lothar Burchardt, Die personellen und wirtschaftlichen Anstrengungen der USA im Ersten Weltkrieg, in: Militärgeschichtliche Mitteilungen, 8 (1970), S. 60 und 62.
[75] Nach der Angabe bei Meier-Welcker, Die deutsche Führung (wie Anm. 16), S. 173, Anm. 53.

zeitig, Anfang Mai, Hindenburg und Ludendorff in aller Deutlichkeit mitgeteilt[76]. Ludendorff reagierte direkter, impulsiver als Hindenburg. Er fuhr den Oberst an: »Was soll Ihr ganzes Geunke? Was wollen Sie von mir? Soll ich jetzt Frieden á tout prix machen?« Das war eine sehr aufschlußreiche Bemerkung, wieder ging es um die Kriegsziele, wieder wurde deutlich, daß bei Ludendorff die politische Zielsetzung das nüchterne, militärische Kalkül vollständig überlagerte[77]. Mit der unter dieser Prämisse geplanten und in einen bloßen militärischen Aktionismus ausufernden Offensive des Jahres 1918 zerschlug die OHL das noch zur Verfügung stehende militärische Potential und lief Gefahr, den Militärstreik zu provozieren.

Nach der gescheiterten »Michael«-Offensive traten die alten Klagen über die »Mißstände« im Verhältnis zwischen Front und Etappe, zwischen Offizieren und Mannschaften wieder stärker in den Vordergrund und gewannen an Gewicht[78]. Für die Truppen der Angriffsarmeen hatten sich die Lebensbedingungen im Kontrast zu den Verhältnissen in der Etappe ganz erheblich verschlechtert. An der Linie, an der sich die Angriffskraft erschöpft hatte, lagen sie in improvisierten Stellungen, die nach dem Willen der militärischen Führung nicht zu einem der Verteidigung dienenden Stellungssystem ausgebaut werden sollten[79]. Auf die Dauer — und die Hoffnungen auf die operativen Auswirkungen der einzelnen Teilschläge verflüchtigten sich immer mehr — mußte dieser Zustand zu einer wesentlichen Beeinträchtigung der Kampfkraft der Verbände und Einheiten führen. Diese Gefahr wurde von einigen führenden Offizieren sehr schnell erkannt, doch Ludendorff und die OHL weigerten sich zu lange, die notwendigen Konsequenzen zu ziehen. Für die Mannschaften wirkten sich ebenso gravierend die durch die Offensiven entstandenen großen Nachschubprobleme aus, da die Versorgung mit Munition und vor allem Verpflegung keineswegs immer in einem ausreichenden Maß gesichert war. Das zeigte sich unter anderem sehr drastisch darin, daß bei allen Offensiven Plünderungen der gegnerischen Vorratslager vorgekommen sind, die vereinzelt — insbesondere wenn Alkohol im Spiel war — zu häßlichen Szenen führten[80]. Generaloberst v. Einem, der Oberbefehlshaber der 3. Armee, meinte schon Anfang Mai, daß das Heer zu einem »Diebesgelichter« geworden sei, und fügte Ende Juni hinzu: »*Ein* Motiv für die Tapferkeit unserer Infanterie in der Offensive ist die Plünderungssucht«[81]. Der Vorschlag einer Gardedivision, bei jedem

---

[76] Thaer, Generalstabsdienst (wie Anm. 24), S. 192 ff. (2.5.1918).

[77] Vgl. den ebenso aufschlußreichen Bericht des Generalmajors v. Loßberg über seine Unterredung mit Ludendorff am 21.7.1918, Loßberg, Meine Tätigkeit (wie Anm. 8), S. 345 f. Vgl. insbesondere auch Wolfgang Foerster, Der Feldherr Ludendorff im Unglück. Eine Studie über seine seelische Haltung in der Endphase des ersten Weltkrieges, Wiesbaden 1952.

[78] Vgl. das bei Philipp, Die Ursachen (wie Anm. 5), Bd 11/I, S. 68 ff. ausgebreitete Material, sowie die bei Otto Lehmann-Rußbüldt, Warum erfolgte der Zusammenbruch an der Westfront? 2. Ausgabe, Berlin 1919, abgedr. Denkschrift vom 5.6.1918.

[79] Vgl. als Beispiel den entsprechenden Befehl der Heeresgruppe Kronprinz Rupprecht für die 17. und 2. Armee Anfang 1918, Der Weltkrieg (wie Anm. 6), S. 302. Vgl. hierzu auch Kronprinz Rupprecht, Kriegstagebuch (wie Anm. 10), Bd 2, S. 369 sowie Bd 3, S. 333 f.

[80] Erdmann, Weltkrieg (wie Anm. 2), S. 640 ff., sowie Kronprinz Rupprecht, Kriegstagebuch (wie Anm. 10), Bd 2, S. 387 (19.4.1918).

[81] Deist, Militär und Innenpolitik (wie Anm. 14), Nr. 458, S. 1226, Anm. 1.

Bataillon ein Beutekommando einzurichten, um einerseits Eigenmächtigkeiten zu verhindern und andererseits die Beute für das entsprechende Bataillon sicherzustellen, läßt erkennen, in welchem Umfang sich die Disziplin bereits allgemein gelockert hatte[82]. Die diesen Erscheinungen zugrundeliegenden »Mißstände« formten die »Stimmung« der Truppe, die der Vorsitzende des Deutschen Werkmeisterverbandes in einem Schreiben zusammenfaßte, das er aufgrund der »in letzter Zeit« gemachten, ihm mitgeteilten Beobachtungen am 11. August an Ludendorff richtete[83]: »All das trägt dazu bei, die Erbitterung der Mannschaften, die unglaublich ist, noch weiter zu steigern. Wir sehen darin eine drohende Gefahr für die Weiterentwicklung und den Bestand des Deutschen Reiches.«

Die »drohende Gefahr« hatte in dem Phänomen der sogenannten »Drückeberger« bereits eine sehr konkrete Gestalt angenommen. Auch dieses Phänomen existierte schon vor Beginn der Offensive und hatte sich insbesondere bei den Ost-West-Transporten seit dem Herbst 1917 gezeigt[84]. Obwohl naturgemäß keine zuverlässigen statistischen Angaben über den Umfang der »Drückebergerei« vorliegen, muß nach allen vorliegenden Angaben und Nachrichten angenommen werden, daß es sich um eine Massenbewegung handelte.

Bei der Heeresgruppe Kronprinz Rupprecht war es nach den Aufzeichnungen ihres Oberbefehlshabers im Mai 1918 nichts Ungewöhnliches, wenn sich die Stärke eines Ersatztransportes bis zum Eintreffen bei dem entsprechenden Verband um 20 Prozent vermindert hatte[85]. Die Bezeichnung »Drückeberger« weist schon darauf hin, daß es sich meist nicht um eindeutige Fahnenflucht handelte. Vielmehr wurde offenbar eine Fülle nicht mehr rekonstruierbarer Formen gesucht und gefunden, um dem Einsatz in der Frontzone zu entgehen und in der Riesenorganisation des Feldheeres unterzutauchen. Die gehäuften Verschiebungen von Verbänden von einer Angriffsfront zur anderen kamen diesem Bestreben zweifellos entgegen. Auch die kalkulierte unerlaubte Entfernung von der Truppe ist zu diesen Formen zu rechnen, denn sie brachte dem Delinquenten im Kriegsgerichtsverfahren eine Verurteilung von 2 bis 4 Monaten Gefängnis[86]. Ein weiteres charakteristisches Beispiel, wie man dem Einsatz an der Front zu entgehen suchte[87]: Die in den Lazaretten des Feldheeres Wiedergenesenen wurden nicht zu ihren Ersatzbataillonen, sondern direkt zu ihren Fronttruppenteilen entlassen. Kamen sie dort mit mangelhafter Ausrüstung an, wurden sie zurückgeschickt. Auch die daraufhin eingerichteten Sammelstellen, die eine vollständige Ausrüstung gewährleisten sollten, konnten ihre Aufgabe nicht befriedigend lösen, da Ausrüstungsgegenstände in steigendem Maß einfach versetzt wurden!

Die im Juni/Juli das Heer erfassende erste Grippewelle mit über einer halben Million Erkrankungen[88] verschärfte die Situation noch ganz erheblich. Der Sanitätsdienst konn-

---

[82] Kronprinz Rupprecht, Kriegstagebuch (wie Anm. 10), Bd 3, S. 326 (1.6.1918).
[83] Philipp, Die Ursachen (wie Anm. 5), Bd 11/I, S. 72 ff.
[84] Vgl. Anm. 43. Ebenso Ludendorff, Kriegserinnerungen (wie Anm. 30), S. 434 und 470.
[85] Kronprinz Rupprecht, Kriegstagebuch (wie Anm. 10), Bd 2, S. 396, 402, 413, 415, 427.
[86] Ebd. Zu den Kräfteverschiebungen vgl. Der Weltkrieg (wie Anm. 6), Beilage 35.
[87] Vgl. den entsprechenden Bericht bei Philipp, Die Ursachen (wie Anm. 5), Bd 6, S. 50 ff.
[88] Sanitätsbericht (wie Anm. 17), Bd 3, S. 123. Vgl. hierzu die Information des Preuß. Kriegsministeriums vor dem Hauptausschuß Ende September 1918, Schiffers / Koch / Boldt, Hauptausschuß (wie Anm. 10), S. 2297 f., 2322 f.

te schon zu Beginn der Offensive, als die Zahl der Verwundeten und Erkrankten »alle bisherigen Erfahrungen überstieg«[89], den Anforderungen nicht mehr in der gewohnten Weise entsprechen. Insbesondere bei der Versorgung der zwar zahlenmäßig nicht exakt zu bestimmenden, mit Sicherheit jedoch in die Hunderttausende gehenden marschfähigen Leichtverwundeten und Leichterkrankten[90] ergaben sich unüberwindliche Schwierigkeiten. Diese Masse strömte von der Front nach hinten, kümmerte sich wenig um das für sie vorgesehene Verfahren der Versorgung und schien nur ein Ziel zu kennen: sich eine Transportmöglichkeit in die Heimat zu verschaffen. Es ist bekannt, daß einzelne Leichtkrankenzüge in Richtung Heimat regelrecht gestürmt wurden und ihre Fahrt nach eigenem Fahrplan begannen[91]. Dieses Phänomen trat bei allen Offensiven auf. Die Sanitätsdienststellen sahen sich jedenfalls schon im April veranlaßt, die Armee zu Hilfe zu rufen. Schließlich sah man sich sogar gezwungen, den Strom der Verwundeten und Erkrankten durch doppelte Postenketten in die gewollten Bahnen zu lenken[92]. In diesem Verhalten von Hunderttausenden kam die Verweigerung handgreiflich zum Ausdruck.

Der Chef des Generalstabes der Heeresgruppe Kronprinz Rupprecht, Generalleutnant von Kuhl, hat nach dem Kriege mehrfach bezeugt, daß es den Kommandobehörden nicht gelang, der »Drückebergerei« Herr zu werden oder auch nur an den Bahnhofsorten effektiv durchzugreifen[93]. Daß dieses Phänomen sich nicht nur bei dieser einen Heeresgruppe konzentrierte, zeigt der Vorschlag des Generals v. Loßberg, den er angesichts des erfolgreichen Angriffs der Alliierten bei Villiers-Cotterêts am 21. Juli 1918 Ludendorff unterbreitete[94]. Er empfahl u.a. den Ausbau tiefgegliederter, rückwärtiger operativer Verteidigungszonen durch alle im Osten und Westen freiwerdenden Verbände. Diese sollten gleichzeitig »das Heeresgebiet gegen das Heimatgebiet« abriegeln, »die große Zahl der sogenannten Drückeberger« einfangen und »sie wieder zu Zucht und Ordnung« bringen. Zahlen über den Umfang der »Drückebergerei« liegen nicht vor, Erich-Otto Volkmann schätzt sie auf 750000—1 Million Mann in den letzten Monaten des Krieges[95], in Anbetracht der geschilderten Verhältnisse bei den Ersatztransporten und bei der Versorgung der Leichtverwundeten und -erkrankten erscheinen diese Zahlen keineswegs überhöht. Die Schätzung verdeutlicht die Dimension des Phänomens, dem die militärische Führung hilflos gegenüberstand. Das militärische Instrument der Kriegführung, die Armee, begann sich aufzulösen.

Loßbergs Vorschlag zeigt den ganzen Ernst der Lage, wie sie sich durch die Entwicklung in der Frontzone und in der Etappe Mitte Juli 1918 darstellte. Hinzu kam, daß die zah-

---

[89] Sanitätsbericht (wie Anm. 17), Bd 2, S. 757.
[90] Bei einer Gesamtzahl von 425945 Verwundeten und Erkrankten im März 1918 (Sanitätsbericht, wie Anm. 17, Bd 2, Tafel 150) ist nach einem Erfahrungswert (ebd., S. 61) mit ca. 40 % Marschfähigen zu rechnen; danach umfaßte diese Gruppe allein im März 1918 ca. 170000 Soldaten.
[91] Ebd., S. 758.
[92] Ebd., S. 755—758, 765—767, 774, 776, 780, 782, 784f., 787—789.
[93] Vgl. Philipp, Die Ursachen (wie Anm. 5), Bd 3, S. 209ff., sowie Bd 6, S. 4f.; Hermann von Kuhl, Der Sommer 1918 an der Front, in: Süddeutsche Monatshefte, 21 (1924), Heft 7, S. 37ff., sowie Der Dolchstoß-Prozeß (wie Anm. 38), S. 83f.
[94] Loßberg, Meine Tätigkeit (wie Anm. 8), S. 346, sowie Der Weltkrieg (wie Anm. 6), S. 488.
[95] Philipp, Die Ursachen (wie Anm. 5), Bd 11/II, S. 66.

lenmäßige Schwäche und die Erschöpfung der Fronttruppen gebieterisch die Rücknahme und damit die Verkürzung der Frontlinien erforderlich machten. Vor der Frühjahrsoffensive war die Soll-Stärke eines Bataillons auf 850 Mann festgelegt worden[96]. Im Juli war die durchschnittliche Bataillonsstärke bei mehr als einem Drittel der 196 Divisionen der Heeresgruppe Kronprinz Rupprecht und Deutscher Kronprinz auf 600 und weniger abgesunken[97]. Doch diese Zahl läßt die Schwächung der kämpfenden Truppe durch die hohen Verluste seit dem 21. März 1918 kaum erkennen. Nach dem »Sanitätsbericht« sank zwar die Ist-Stärke des Westheeres von 3 882 655 Mann im März nur auf 3 582 203 Mann im Juli ab, aber der »Gesamtausfall« in jenen fünf Monaten belief sich auf nahezu 1 000 000 Mann, darunter knapp 125 000 Tote und 100 000 Vermißte; um annähernd die gleiche Zahl, nämlich knapp eine Million Mann, *verstärkte* sich in den Monaten April bis Juli die amerikanische Armee in Europa[98]. Diese Zahlen geben eine Vorstellung von dem kontinuierlichen Prozeß der Auszehrung der Front. Hinzu kam, daß — nach dem Urteil eines kompetenten Beobachters[99] — dem tatsächlich an die Front gelangenden Ersatz der »gute Wille« fehlte, d.h., daß die Motivation, sich völlig mit dem jeweiligen militärischen Auftrag zu identifizieren, nur noch schwach entwickelt war. Und dies galt für alle Rangstufen des Ersatzes und war unabhängig von den gesellschaftlichen Schichten, aus denen sich dieser Ersatz rekrutierte. Nichts charakterisiert die Auszehrung so deutlich wie die Notwendigkeit, vor jedem Einsatz aus der kleinen Zahl von bewährten Frontoffizieren und Unteroffizieren eine Führerreserve zurückzubehalten, um sicherzustellen, daß die Truppe auch nach dem ersten Sturm noch über Führungskräfte verfügte[100].

Ludendorff hat sich der Einsicht in diesen seit dem Scheitern der »Michael«-Offensive erkennbaren Zustand der Armee verschlossen, um seiner politischen Zielsetzung willen. Erst die Niederlage der 2. Armee am 8. August 1918 östlich von Amiens zwang ihn auf den Boden der militärischen Tatsachen zurück. Aber er weigerte sich noch bis Ende September, die militärischen und politischen Konsequenzen aus der von ihm zu verantwortenden vollkommenen Überspannung der Kräfte zu ziehen. Sein Verhalten im Oktober macht überdies deutlich, daß er sich in seiner militärischen Lagebeurteilung noch immer nicht von Wunschvorstellungen ganz befreit hatte[101].

---

[96] Der Weltkrieg (wie Anm. 6), S. 26.
[97] Ebd., S. 517. Kronprinz Ruppecht, Kriegstagebuch (wie Anm. 10), Bd 2, S. 420 (13.7.1918), sowie Bd 3, S. 351f. (4.9.1918).
[98] Vgl. Anm. 74. Sanitätsbericht (wie Anm. 17), Bd 3, Tafel 150. Zum »Gesamtausfall« vgl. Anm. 62. Die Angaben in: Der Weltkrieg (wie Anm. 6), Beilage 42 (»Verluste des deutschen Westheeres«) ergeben ein falsches Bild, da sie die Zahl der Erkrankten, die jeweils höher lag als die der Verwundeten, nicht berücksichtigt. — Die Stärke der 6. Armee, die am 19. November 1942 bei Stalingrad eingekesselt wurde und Anfang Februar 1943 kapitulierte, wird auf 300 000 Mann geschätzt. Der »Gesamtausfall« allein in den beiden Monaten Juni/Juli 1918 an der Westfront betrug über 370 000 Mann. Zu Stalingrad vgl. Manfred Kehrig, Stalingrad. Analyse und Dokumentation einer Schlacht, Stuttgart 1974, S. 670ff., Anlage 14.
[99] Nether, Der seelische Zusammenbruch (wie Anm. 38), S. 6f. Vgl. auch Kronprinz Ruppecht, Kriegstagebuch (wie Anm. 10), Bd 2, S. 396.
[100] Nether, Der seelische Zusammenbruch (wie Anm. 38), S. 22. Ludendorff, Kriegserinnerungen (wie Anm. 30), S. 493.
[101] Ritter, Staatskunst (wie Anm. 2), S. 393ff. und 443f.

In der Zwischenzeit war aber der Erosionsprozeß an der Westfront weiter vorangeschritten. Nach den Angaben des Generalleutnants v. Kuhl verlor die durch die Offensiven bis Mitte Juli bereits um nahezu 1 Million Mann geschwächte Armee vom 18. Juli bis zum Waffenstillstand an Toten und Verwundeten nochmals 420 000 Mann sowie an Gefangenen und Vermißten 340 000 Mann[102]. Die *Kampf*stärken der Bataillone sanken in dramatischer Weise ab[103]. Der Zustand eines Korps im Verband der 2. Armee in der nominellen Stärke von 7 1/3 Divisionen ist für Anfang Oktober überliefert[104]: Die Infanterie-*Gefechts*stärke dieses Korps belief sich auf insgesamt 2683 Mann mit 83 schweren und 79 leichten Maschinengewehren. An Reserven verfügte das Korps über 2050 Mann, die zu verteidigende Frontbreite betrug 6,5 km. Selbst wenn es sich in diesem Falle um ein extremes Beispiel handeln sollte, worüber schwer zu urteilen ist, so zeigt es doch die Entwicklung auf, die die Armee seit dem März 1918 genommen hatte. Aus den überlieferten Meldungen der Armeen, Korps und Divisionen aus den ersten Tagen des November über die Kampfkraft der Verbände ergibt sich, daß die militärische Führung von der belgischen Küste bis an den Oberrhein nur noch über knapp ein Dutzend Divisionen verfügen konnte, die als »voll kampffähig« bzw. »kampfkräftig« eingeschätzt wurden[105]. Die Armee war nur noch ein Schatten ihrer selbst. Ludwig Beck, damals Major im Stab der Heeresgruppe Deutscher Kronprinz, hat die Situation mit einem markanten Wort skizziert, als er schrieb, daß die Front nur noch einem »Spinnwebennetz von Kämpfern« glich[106].

Von Ludendorff wird berichtet, daß ihn die Begrüßung einer Eingreifdivision durch Gardetruppen mit den Rufen »Streikbrecher« und »Kriegsverlängerer« an jenem 8. August besonders erschüttert habe[107]. Diese Rufe waren jedoch nur besonders offene Bekundungen einer Massenbewegung, die sich seit dem Scheitern der ersten, mit großen Hoffnungen begleiteten Offensive explosionsartig entwickelt hatte und deren Kennzeichen eine allgemeine Verweigerung war. Diese Bewegung konnte sich unter den Bedingungen des Prinzips von Befehl und Gehorsam im Krieg nur außerordentlich vorsichtig und verdeckt artikulieren. Die für die besonderen Massenbewegungen der Arbeiterschaft jener Jahre herausgearbeiteten Kennzeichen lassen sich mit situationsbedingten Abwandlungen auch auf die geschilderten Phänomene im Heer der Westfront übertra-

---

[102] Philipp, Die Ursachen (wie Anm. 5), Bd 6, S. 4, vgl. auch Sanitätsbericht (wie Anm. 17), Bd 3, S. 12f.

[103] Vgl. den Bericht des Generalmajors v. Kemnitz von Ende September, in: Deist, Militär und Innenpolitik (wie Anm. 14), Nr. 476, S. 1287f., Anm. 2, sowie die Angabe für den Bereich der Heeresgruppe Kronprinz Rupprecht für Anfang November, in: Der Weltkrieg (wie Anm. 6), S. 699 (Bataillons-Gefechts-Stärke = 150 Mann).

[104] Bundesarchiv-Militärarchiv Freiburg, Nachlaß Otto v. Below N 87/2, Bericht des Kommandierenden Generals des 51. Korps, Generalleutnant Hans v. Below, vom 12.10.1918; vgl. auch Der Weltkrieg (wie Anm. 6), S. 643. Die Stärke einer normalen Infanterie-Division lag Ende März 1918 zwischen 11 000 und 13 000 Mann, vgl. Sanitätsbericht (wie Anm 17), Bd 2, S. 57ff.

[105] Vgl. die Zusammenstellung aus den Akten des Heeresarchivs in: Philipp, Die Ursachen (wie Anm. 5), Bd 6, S. 321ff.

[106] Vgl. Müller, Beck (wie Anm. 65), S. 326.

[107] Deist, Militär und Innenpolitik (wie Anm. 14), Nr. 465, S. 1250, Anm. 13.

gen[108]. Am Anfang stand auch hier der tiefgreifende Autoritätsverlust der etablierten Gewalten aufgrund der eklatanten »Mißstände«. Gefördert wurde die Bewegung ferner durch die Zusammenballung großer Massen »unter Zerstörung aller bisherigen sozialen, auch politischen Bindungen«. Spontaneität und Aktivität mußten sich angesichts der Regeln militärischer Disziplin in engen Grenzen halten. Andererseits gilt für dieses Protestpotential noch mehr als für die Massenbewegungen der Arbeiterschaft, daß seine Stärke sich »in der unmittelbaren Kritik, in der negativen Aktion« und seine Schwäche »sich im Erfolg« offenbarten. Die sich seit April ausbreitende Hoffnungslosigkeit und die horrenden Verluste provozierten geradezu eine immer massivere Verweigerung, die sich negativ im Bild des »Spinnwebennetzes von Kämpfern« innerhalb eines immer noch Millionen umfassenden Heeres manifestierte. Das einzige Ziel der Verweigerung, des verdeckten Militärstreiks, war das Ende des Krieges und insofern die politische Antwort auf das politisch motivierte militärische Handeln Ludendorffs und der militärischen Führung. Die Massenbewegung der Soldaten der Westfront war eine der wesentlichen Ursachen, die Ludendorff am 29. September zum Eingeständnis seines politischen und militärischen Scheiterns zwangen.

Der Adlatus Bethmann Hollwegs, Kurt Riezler, berichtet[109], daß der Kanzler im Juli 1914 die Ansicht vertreten habe, ein Krieg, wie er auch ausgehe, werde zur »Umwälzung alles Bestehenden« führen. Der Garant des Bestehenden — im Sinne Bethmann Hollwegs — war die bewaffnete Macht des Kaiserreichs, die Armee, und insbesondere ihr Offizierkorps. Sie war bis 1914 zur Integrationsfigur aller politischen Kräfte der Rechten und der Mitte geworden, gleichzeitig hielt sie die Linke in Schach. Es war die Frage, wie dieses im ganzen auf die Dauer doch sehr labile Gleichgewicht gesichert werden konnte. Manche Kreise waren der Ansicht, »ein Krieg würde zu einer Stärkung der patriarchalischen Ordnung und Gesinnung führen«[110]. Doch der industrialisierte Krieg zerstörte im Gegenteil die Grundlagen der mühsam bewahrten Balance. Die Oberste Heeresleitung trug unter dem Zwang, das militärische Instrument den Bedingungen des modernen Krieges anzupassen, wesentlich zu dieser politischen Gewichtsverlagerung bei. Der Krieg rüttelte aber auch an den strukturellen Grundlagen des militärischen Instruments, des Garanten des »Bestehenden«. Die Einheit des Offizierkorps zerfiel unter den Bedingungen der Materialschlachten, unter dem Zwang und unter dem Anspruch stetiger Leistungssteigerung. Vor allem aber standen das Offizierkorps und die militärische Führung vor der paradoxen Situation, den Krieg nur mit Hilfe der politischen und gesellschaftlichen Kräfte führen zu können, gegen die sie das »Bestehende« glaubten verteidigen zu müssen. Die 3. OHL versuchte sich aus diesem Dilemma zu lösen, indem sie politisch für die bestimmenden Kräfte der Vorkriegsordnung mit Entschiedenheit und offen Partei ergriff. Das Ergebnis war, daß sich Ludendorff am 29. September zu dem Eingeständnis

---

[108] Vgl. hierzu und zum folgenden Gerald D. Feldman, Eberhard Kolb und Reinhard Rürup, Die Massenbewegungen der Arbeiterschaft in Deutschland am Ende des Ersten Weltkrieges (1917—1920), in: Politische Vierteljahresschrift, 13 (1972), S. 84 ff.

[109] Kurt Riezler, Tagebücher, Aufsätze, Dokumente. Hrsg. von Karl Dietrich Erdmann, Göttingen 1972, S. 183.

[110] Ebd.

gezwungen sah, »die O.H.L. und das deutsche Heer seien am Ende ... Auf die Truppen sei *kein* Verlaß mehr«[111].« Die militärische Führung hatte demnach das ihr unentbehrliche Handlungsinstrument nicht mehr unter Kontrolle. Wie Groener im November 1916 erklärt hatte, daß gegen den Arbeiter der Krieg nicht zu gewinnen sei[112], so sah sich nunmehr Ludendorff der Tatsache gegenüber, daß gegen den Soldaten der Krieg nicht zu führen, geschweige denn zu gewinnen war. Das Schicksal des Kaiserreichs und der Armee war damit besiegelt.

Die Revolution ist schließlich ausgelöst worden durch die Rebellion der Matrosen der Hochseeflotte, die zu Recht als »Rebellion gegen die militärischen Autoritäten und das sie legitimierende monarchische Establishment mit durchaus begrenzter Zielsetzung« gekennzeichnet worden ist[113]. Die Gehorsamsverweigerung auf der Flotte war jedoch nur die Spitze eines Eisberges. Wesentliche Voraussetzungen für die revolutionäre Entwicklung sind durch die Massenbewegungen in der Heimat und im Kriegsgebiet geschaffen worden. Mit der verdeckten Streikbewegung unter den Soldaten erfuhren die — zweifellos nach wie vor begrenzten — Zielsetzungen eine gewisse Erweiterung: Zum einen ging es darum, mit der bisherigen Vorherrschaft der militärischen Hierarchie in Staat und Gesellschaft zu brechen; zum anderen wurde die Forderung nach einer Veränderung der sozialen Verhältnisse massiv verstärkt. Auch die mehr oder weniger gewaltlose Form des Revolutionsbeginns hat in der Massenbewegung der Soldaten ihre wesentliche Voraussetzung, die »Entscheidungsschwäche« der militärischen Führungsschicht gegenüber den ersten Anzeichen der Revolution[114] spielte dabei eine vergleichsweise ganz untergeordnete Rolle. Ohne Berücksichtigung der in dem verdeckten Militärstreik liegenden Voraussetzungen für das praktisch-politische Handeln der Soldatenräte wird man deren Rolle in der ersten Phase der Revolution kaum zureichend beurteilen können.

Der verdeckte Militärstreik zeitigte jedoch auch Wirkungen ganz anderer Art. Es gehört zu den notwendigen Bedingungsfaktoren dieser Massenbewegung, daß sie sich unter Ausschluß der Öffentlichkeit entwickelte. Dieser Sachverhalt und die ausgeprägte Propaganda- und Informationspolitik der OHL bewirkten die totale Desinformation der deutschen Öffentlichkeit über die Entwicklung der militärischen Lage seit dem April 1918. Das gilt insbesondere für die sogenannten gebildeten Schichten und fast ausnahmslos für die politische Repräsentanz des Reiches, einschließlich der Führung der Mehrheitssozialdemokratie[115].

---

[111] Thaer, Generalstabsdienst (wie Anm. 24), S. 234.
[112] Groener vor den Bevollmächtigten zum Bundesrat am 9. 11. 1916, vgl. Deist, Militär und Innenpolitik (wie Anm. 14), Nr. 198, S. 513.
[113] Wolfgang J. Mommsen, Die deutsche Revolution 1918–1920. Politische Revolution und soziale Protestbewegung, in: Geschichte und Gesellschaft, 4 (1978), S. 389f. Vgl. auch Klaus Schwabe, Äußere und innere Bedingungen der deutschen Novemberrevolution, in: Michael Salewski (Hrsg.), Die Deutschen und die Revolution, Göttingen 1985, S. 320ff. sowie Wilhelm Deist, Die Unruhen in der Marine 1917/18, in: Marine-Rundschau, 68 (1971), S. 325ff.; ders., Auflösungserscheinungen in Armee und Marine als Voraussetzungen der deutschen Revolution, in: Vorträge zur Militärgeschichte, Bd 2, Herford 1981, S. 35ff.
[114] Ernst-Heinrich Schmidt, Heimatheer und Revolution 1918. Die militärischen Gewalten im Heimatheer zwischen Oktoberreform und Novemberrevolution, Stuttgart 1981, S. 433.
[115] Vgl. die Auszüge aus den Aufzeichnungen über die Pressebesprechungen vom 23.7., 13.8. und

Die Reaktionen der Parteiführer auf den Vortrag des Majors v.d. Bussche-Ippenburg über die militärische Lage am 2. Oktober lassen sich kaum auf andere Weise erklären, zumal die Darstellung des Majors noch weit hinter der Realität zurückblieb[116]. Die Plötzlichkeit des Vorgangs, das atemberaubende Tempo, mit dem sich die grundstürzenden innen- wie außenpolitischen Entwicklungen im Oktober vollzogen, und die nach wie vor bestehende, durch das Auftreten Ludendorffs geförderte Unklarheit über die tatsächliche militärische Situation an der Westfront verhinderten geradezu eine Überprüfung der bisherigen Positionen und deren Anpassung an die neuen Gegebenheiten — ein situationsbedingter Sachverhalt, der bei der Beurteilung des politischen Handelns, insbesondere der sozialdemokratischen Führer, nicht unberücksichtigt bleiben kann.

Der plötzliche und chaotische Zusammenbruch eines nur von einer verschwindenden politischen Minderheit prinzipiell bekämpften Systems raubte insbesondere den breiten Mittelschichten die allgemeine politische Orientierung und schuf damit gleichzeitig den idealen Nährboden für wildwuchernde Hypothesen und Erklärungsversuche, die alle dem Zwecke dienten, die bittere und abstoßende Realität zu verdrängen oder aber erträglich zu machen. Die »Dolchstoßlegende« erfüllte diese Funktion in vollkommener Weise. Sie verwandte altgewohnte Vorstellungen und war auch in ihrer zugespitzten Form nicht neu. Generalmajor von Seeckt hatte bereits in den Tagen der Julikrise 1917 formuliert: »Wozu fechten wir eigentlich noch? Die Heimat ist uns in den Rücken gefallen, und damit ist der Krieg verloren[117].« Diese verfälschende Behauptung wurde nunmehr ganz bewußt als politische Waffe eingesetzt. Auch auf diesem Felde handelte die OHL richtungweisend, als Ludendorff am 29. September vor den Offizieren des Generalstabes erklärte, daß »jetzt auch diejenigen Kreise an die Regierung« zu bringen seien, »denen wir es in der Hauptsache zu danken haben, daß wir so weit gekommen sind ... Sie sollen die Suppe jetzt essen, die sie uns eingebrockt haben[118]«. Die Abwälzung der Verantwortung für das Desaster, schon lange vorbereitet, nahm nun konkrete Formen an. Schon im Zeitpunkt der Niederlage wurde die Formel gefunden, mit deren Hilfe es tatsächlich gelang, in weiten Kreisen der Bevölkerung die Einsicht in die Ursachen der Katastrophe zu verdunkeln und ein propagandistisches Konstrukt als Realität erscheinen zu lassen. Bei überraschend klarer Erkenntnis der tatsächlichen Verantwortlichkeit erklärte der Vorsitzende des Alldeutschen Verbandes vor dessen Geschäftsführendem Ausschuß am 19. Oktober 1918, daß »die Lage zu Fanfaren gegen das Judentum und die Juden als Blitzableiter für alles Unrecht« benutzt werden

---

4.10.1918 bei Deist, Militär und Innenpolitik (wie Anm. 14), Nr. 463, S. 1234 ff.; Nr. 465, S. 1247 ff.; Nr. 480, S. 1300 ff.; sowie den aufschlußreichen Bericht des Aufklärungsoffiziers im Bereich des XIII. AK über die »Stimmung« vom 16.9.1918, ebd., Nr. 365, S. 961 ff. sowie die Berichterstattung des Preußischen Kriegsministeriums vor dem Hauptausschuß, Schiffers / Koch / Boldt, Hauptausschuß (wie Anm. 10), S. 2099 ff., 2293 ff. und 2306 ff.

[116] Vgl. hierzu Erich Matthias und Rudolf Morsey, Die Regierung des Prinzen Max von Baden, Düsseldorf 1962, Nr. 14, S. 44, Anm. 3.

[117] Deist, Militär und Innenpolitik (wie Anm. 14), Nr. 319, S. 796, Anm. 35. Er hatte dabei Bethmann Hollwegs Politik, nicht irgendeine sozialistische Propaganda im Auge.

[118] Thaer, Generalstabsdienst (wie Anm. 24), S. 235.

sollte[119]. Die »Dolchstoßlegende« hatte damit ihre verwüstende antisemitische Stoßkraft erhalten.

Der verdeckte Militärstreik war die politische Antwort auf die Überspannung aller Kräfte der Nation im Dienste einer Militärpolitik mit illusionären außen- und innenpolitischen Zielsetzungen. Die Massenbewegung unter den Soldaten zielte in erster Linie auf die Beendigung des Krieges, bildete aber auch eine der entscheidenden Voraussetzungen der Revolution und bestimmte deren Formen und Inhalte mit. Gleichzeitig provozierte sie durch die Plötzlichkeit ihres Erfolges eine Gegenbewegung, die — auf der Basis einer grotesken Selbsttäuschung, der schlichten Verdrängung oder gar der bewußten propagandistischen Verdrehung der realen Zusammenhänge — auf die Dauer weitreichendere politische Wirkungen haben sollte als die Massenbewegung der Soldaten.

---

[119] Werner Jochmann, Die Ausbreitung des Antisemitismus, in: Werner F. Mosse (Hrsg.), Deutsches Judentum in Krieg und Revolution 1916—1923. Tübingen 1971, S. 440. Claß formulierte im Verlauf der Sitzung an anderer Stelle: »Ich werde vor keinem Mittel zurückschrecken und mich in dieser Hinsicht an den Ausspruch Heinrich von Kleist's, der auf die Franzosen gemünzt war, halten: Schlagt sie tot, das Weltgericht fragt Euch nach den Gründen nicht!«

Die militärischen Bestimmungen der Pariser Vorortverträge

Während die bisherigen Beiträge sich mit dem Gesamtaspekt der Friedensregelung, der Zielsetzung der westlichen Alliierten, ihrer führenden Männer und Kreise beschäftigten und die folgenden sich mit Ergebnis und Konsequenzen der Verträge für bestimmte geographische Räume noch beschäftigen werden, ist mir die Aufgabe übertragen worden, ein Sachgebiet innerhalb der einzelnen Friedensverträge auf seine Bedeutung für das Gesamtvertragswerk näher zu untersuchen. Diese Art der Darstellung entspricht weitgehend der Arbeitsmethode der Konferenz selbst, deren zahlreiche Kommissionen die Lösung der Sachfragen vorbereiteten und in starkem Maße beeinflußten.

Die militärischen Bestimmungen des Versailler Vertrages, der im Vordergrund der Erörterung stehen wird, finden sich nicht nur in dem entsprechend benannten Teile des Vertragswerkes. Einzelne Bestimmungen, so zum Beispiel über die alliierten Besatzungs- und Kontrollrechte und über die Internationalisierung der Binnenwasserstraßen sowie eine Vielzahl ähnlicher Vorschriften sind über das gesamte Vertragsinstrument verteilt. Darüber hinaus wären auch die territorialen, wirtschaftlichen und finanziellen Regelungen, geht man von einer umfassenden Betrachtungsweise aus, in einen Überblick über die militärisch bedeutsamen Bestimmungen einzubeziehen[1].

Die Darlegung dieser weit verzweigten Zusammenhänge einerseits und die Untersuchung der Einzelbestimmungen andererseits ist jedoch ebensowenig das Ziel des Beitrags wie die strategischen und die sehr interessanten innenpolitischen Konsequenzen. Im Anschluß an die vorangegangenen Beiträge soll vielmehr versucht werden, die Bedeutung aufzuzeigen, die von den Alliierten den militärischen Bestimmungen und den ihnen zugrundeliegenden Prinzipien für ihre Konzeption des Friedens beigemessen wurde. Weiterhin wird es darauf ankommen, die Varianten der Versailler Regelung in den Verträgen von Saint-Germain, Neuilly und Trianon in ihrer Motivation darzulegen, um dann anschließend die Einordnung des militärischen Teils in die Beurteilung des Gesamtwerkes zu versuchen.

Seit der Guildhall-Rede Asquith' stand die Auseinandersetzung mit Deutschland für Großbritannien neben den Belgien betreffenden Forderungen im Zeichen des Kampfes gegen den preußisch-deutschen Militarismus. Dementsprechend zielten die ersten Überlegungen über die künftige Gestaltung der militärischen Verhältnisse auf dem europäischen Kontinent auf eine allgemeine Beschränkung der Rüstungsausgaben. Einen Schritt weiter ging das Memorandum des Foreign Office vom Herbst 1916, das als wirksamstes Mittel

---

[1] Die Vortragsform wurde auch für den Wiederabdruck beibehalten. In den Anmerkungen können nur Hinweise auf die weit verstreute, umfangreiche Literatur gegeben werden. Für den Vertragstext vgl. die vom Auswärtigen Amt herausgegebene dreisprachige Ausgabe: Der Vertrag von Versailles, 2. Aufl., Berlin 1924. Wichtig für die militärischen Aspekte des Vertrages sind die Art. 42—44 (Bestimmungen über das linke Rheinufer), Art. 45—50 (Bestimmungen über das Saargebiet), Art. 115 (Helgoland), Art. 313—320 (Bestimmungen über die zivile Luftfahrt) und die Art. 321—375 (Bestimmungen über Binnenwasserstraßen und Eisenbahnen).

einer Friedenssicherung die Abrüstung der Feindstaaten empfahl. Dieser Punkt schlug sich in der Antwort der Alliierten vom 10. Januar 1917 auf Präsident Wilsons Friedensappell vom Dezember 1916 nieder. Das Problem der Abrüstung erwähnte dann Lloyd George in seiner Rede vom 5. Januar 1918, wobei er sich sehr deutlich gegen »das Übel der allgemeinen Wehrpflicht« wandte. Damit stimmten die Vorstellungen Wilsons überein, der am 8. Januar 1918 sein Friedensprogramm verkündete. Der die Abrüstung betreffende Punkt 4 lautete: »Adaequate guarantees given and taken that national armaments will be reduced to the lowest point consistent with domestic saftey.« An der Durchführung dieses öffentlich verkündeten Kriegszieles hielten die beiden angelsächsischen Mächte gemeinsam während der Konferenz hartnäckig und mit Erfolg fest[2].

Entsprechende Pläne sind von französischer Seite nicht bekannt geworden. Frankreich forderte dagegen sehr früh, besonders deutlich seit dem bekannten Telegrammwechsel mit Iswolsky vom Februar 1917, die Abtrennung der Rheinlande von Deutschland, um eine strategische Sicherung gegen künftige deutsche Angriffe zu erhalten[3]. Damit standen sich also auf alliierter Seite zwei wesensmäßig verschiedene Auffassungen über die militärische Sicherung des zukünftigen Friedens gegenüber; hierin lag der Ursprung für einen nicht unerheblichen Teil der Auseinandersetzungen während der Friedenskonferenz.

Im Herbst 1918 war die Zeit für die Verwirklichung der alliierten Kriegsziele gekommen. Die dem deutschen Waffenstillstandsvertrag vorausgehenden Verträge mit Bulgarien (29.9.), der Türkei (30.10.) und Österreich-Ungarn (3.11.) trugen alle Zeichen der militärischen Kapitulation an sich[4]. Ihnen gemeinsam war die Bestimmung über die grundsätzliche Demobilisierung der bestehenden Streitkräfte und ein umfassendes Durchzugs- und Besetzungsrecht der Alliierten. Allerdings wurde den Verbündeten Deutschlands eine bestimmte Anzahl Verbände belassen. In dem von einem britischen Befehlshaber verhandelten Vertrag von Mudros wurde dies mit der Wilsonschen Formel »for the surveillance of the frontiers and the maintainance of internal order« begründet. In dem bulgarischen und österreichisch-ungarischen, von dem französischen General Franchet d'Esperey unterschriebenen Waffenstillstandsvertrag fehlte ein vergleichbarer Passus.

Gegenüber Deutschland war die militärische Position in der Sicht der Alliierten nicht von derselben Eindeutigkeit. Sie war gekennzeichnet durch die schwankende Beurteilung der militärischen Widerstandskraft Deutschlands und der daraus sich ergebenden Auffassung über das in einem Waffenstillstand zu erreichende Ziel. Sie wurde darüber hinaus noch kompliziert durch die von Wilson zunächst allein geführten politischen Verhandlungen mit dem Gegner. Ein einheitliches Vorgehen der Verbündeten wurde erst durch die Entsendung des Obersten House nach Paris ermöglicht.

---

[2] Die Frage der alliierten Kriegsziele auf militärischem Gebiet soll hier nur angedeutet werden. Zu der skizzierten Entwicklung vgl. z. B. G. M. Trevelyan, Sir Edward Grey, Essen 1938, S. 395 ff.; D. Lloyd George, The Truth about the Peace Treaties, I, London 1938, S. 31 ff., 47 ff., 53 f., 57 f., 69 ff. Zur Guildhall-Rede Asquith' vgl. Schultheß' Europäischer Geschichtskalender, Bd 55, Teil II, S. 572.

[3] Vgl. den von F. Stieve kommentierten diplomatischen Schriftwechsel Iswolskis, Iswolski im Weltkriege 1914—1917, Berlin 1926, S. 213 und 215.

[4] Der Wortlaut der Waffenstillstandsverträge ist abgedruckt in: H. W. V. Temperley, A History of the Peace Conference of Paris, I, London 1920, S. 481 ff.

Die Verhandlungen über die für Deutschland vorgesehenen Waffenstillstandsbedingungen waren weniger spannungsreich als die Gespräche über die politischen Grundlagen des zukünftigen Friedens. Marschall Foch, der alliierte Oberbefehlshaber, forderte in seinem Entwurf vom 25./26. Oktober die Räumung nicht nur der besetzten Gebiete, sondern auch des linksrheinischen Raumes mit Einschluß von vier rechtsrheinischen Brückenköpfen samt einer 40 km tiefen, demilitarisierten Zone rechts des Rheins. Außerdem sollten die Fristen für die Räumung so kurz bemessen werden, daß mit einer riesigen Beute an Kriegsmaterial gerechnet werden konnte[5]. Marschall Haig, der britische Oberkommandierende, erhob gegen diesen Plan Einspruch und glaubte, angesichts der Widerstandskraft der deutschen Armee nur eine Räumung des durch die Deutschen besetzten Gebietes verlangen zu können. Im britischen Kabinett gab es allerdings Stimmen, die ebenfalls eine Besetzung deutschen Gebietes forderten, um bei einem Friedensschluß den nötigen Druck auf Deutschland ausüben zu können[6]. So gelang es der französischen Politik, den britischen Widerstand zu überwinden, jedoch unter vorläufiger Preisgabe des Straßburger Brückenkopfes sowie durch eine drastische Reduzierung der Ausdehnung der demilitarisierten Zone, und die militärische Besetzung der Rheinlande zu erreichen. Damit war eines der französischen Kriegsziele in greifbare Nähe gerückt, aber noch keineswegs gesichert.

Weniger bekannt ist, daß in demselben Entwurf von Foch die Versammlung der deutschen Flotte in den Ostseehäfen und die Besetzung von Cuxhaven und Helgoland vorgesehen war. Großbritannien forderte dagegen auf Grund eines Kabinettsbeschlusses vom 19. Oktober die Übergabe wesentlicher Teile der deutschen Flotte. Gegen diesen Plan äußerten Clemenceau und Foch heftige Bedenken, nicht zuletzt, weil sie ein Scheitern des Waffenstillstandes befürchteten. Die Briten setzten sich aber mit der Einschränkung durch, daß statt der Übergabe nun die Internierung der Flotte verlangt wurde. Mit der Annahme der Bedingungen durch Deutschland erreichte Großbritannien die entscheidenden Kriegsziele auf dem europäischen Kontinent. Die deutsche Flotte, für Großbritannien die Verkörperung des preußisch-deutschen Militarismus und Imperialismus, stellte in Zukunft keine Bedrohung britischer Interessen mehr dar. Zugleich war Belgien deutschem Einfluß entzogen. Frankreich dagegen erreichte zwar ein Kriegsziel — die militärische Rheingrenze —, sah es aber noch keineswegs gegenüber dem Gegner und den Ver-

---

[5] Für die Entwicklung der französischen Pläne für einen Waffenstillstand vgl. Mermeix (i.e. Gabriel Terrail), Les négociations secrètes et les quatre armistices avec pièces justificatives, Paris 1919, und E. Keit, Der Waffenstillstand und die Rheinfrage 1918/19, Bonn 1939; ferner F. Foch, Meine Kriegserinnerungen, Leipzig 1931, S. 442 f., 446 ff.; A. Tardieu, La Paix, Paris 1921, S. 68 ff.

[6] So legte Lord Curzon bereits am 15. Oktober eine Denkschrift vor, in der er sich dafür aussprach, daß in einem Waffenstillstandsabkommen die Friedensbedingungen im wesentlichen schon enthalten sein sollten. Auch Bonar Law und Sir Henry Wilson forderten »Pfänder«, wie z. B. die Besetzung des Rheinlandes. Sir Douglas Haig und Smuts dagegen warnten vor zu harten Bedingungen. Der Verlauf der alliierten Verhandlungen zeigte dann, daß Lloyd George an den in London ausgearbeiteten »harten« Marinebedingungen unerschütterlich festhielt, während er der Rheinlandbesetzung — gewissermaßen als kontinentales »Pfandobjekt« — nur mit halbem Herzen zustimmte. Vgl. D. Lloyd George, War Memoirs, VI, London 1936, S. 3274 ff., 3290 f., 3299 ff.; ferner C. E. Callwell, Die Tagebücher des Feldmarschalls Sir Henry Wilson, Stuttgart 1930, S. 312 f., 315 ff., 321 ff.

bündeten gesichert. Für die Friedensverhandlungen ist diese unterschiedliche militärische Sicherung des im Waffenstillstand Erreichten von nicht zu unterschätzender Bedeutung geworden.

Die amerikanischen Vorstellungen über einen Waffenstillstand wirkten dagegen reichlich verschwommen. Man hat den Eindruck, daß House seine ganze Kraft daransetzte, das Friedensprogramm Wilsons bei den Verbündeten durchzusetzen. Der amerikanische General Bliss schlug zwar, ähnlich wie bei den Verbündeten Deutschlands, eine allgemeine Demobilisierung und Abrüstung der deutschen Armee vor, fand jedoch weder bei House noch bei den Alliierten nachhaltige Unterstützung[7]. House willigte dagegen sehr schnell in die Besetzung des Rheinlandes ein (30. 10.). Die Amerikaner waren sich wahrscheinlich nicht der politischen Tragweite der Bedingungen in demselben Maße bewußt wie ihre europäischen Verbündeten und ließen damit den Zeitpunkt ihrer höchsten Machtfülle in dieser Hinsicht ungenutzt verstreichen.

Die übrigen Bedingungen des Waffenstillstandes beanspruchen nur geringes Interesse. Das Abkommen wurde jeweils nach Monatsfrist, zuletzt am 16. Februar 1919, erneuert. Die Verlängerungsabkommen waren gekennzeichnet durch das erfolgreiche Bemühen der Franzosen um den Ausbau ihrer Position am Rhein. Am 12. Januar wurde der Straßburg-Kehler Brückenkopf besetzt, am 14. Februar rückten die Belgier in Ruhrort und Meiderich ein. Außerdem übernahm die französische Armee Abschnitte der Brückenköpfe Köln und Koblenz, die ursprünglich den Briten und Amerikanern zugesprochen worden waren[8].

Die deutsche Öffentlichkeit hat in den zwei Jahrzehnten nach dem Versailler Vertrag in diesen Maßnahmen den Ausdruck französischer Annexions- und Hegemonialpolitik gesehen und der französischen Devise der »Sécurité« diese Absichten unterstellt. Lenkt man den Blick auf die französische Völkerbundspolitik, auf das Zusammenspiel mit den Staaten der Kleinen Entente und schließlich auf Poincarés Rhein- und Ruhrpolitik, so wird man sich auch heute noch dieser Ansicht mit gewissen Einschränkungen anschließen können. Die Voraussetzung einer solchen Politik, das Vertrauen in die Möglichkeiten des eigenen Volkes und zur Macht des Staates, fehlte jedoch im Frankreich der Jahreswende 1918/1919. Der Gedanke der Sicherheit, der politischen Absicherung des militärischen Erfolges stand völlig im Vordergrund der Überlegungen. Aus den Denkschriften Fochs sprach die Sorge eines um die Zukunft seiner Nation zutiefst besorgten Mannes. Seine Rheinlandpolitik, die er mit einer bewundernswerten Starrheit bis in die ersten Tage des Mai 1919 durchzusetzen versuchte, war nichts anderes als der krampfhafte Versuch, unter allen Umständen eine Variation des Schlieffenplanes unmöglich zu machen. Es war der Versuch, die militärpolitischen Konsequenzen des Weltkrieges für Frankreich zu ziehen, eines Krieges, der die bisher gültigen Vorstellungen des Militärs von kriegerischen Auseinandersetzungen grundlegend gewandelt hatte. Die rheinische Militärgrenze war nicht nur deswegen in den Augen Fochs für die Sicherheit Frankreichs lebensnot-

---

[7] Vgl. Ch. Seymour, The Intimate Papers of Colonel House, IV, London 1928, S. 94, 117 ff., 148 ff.; C. E. Callwell, S. 323 f.
[8] Vgl. E. Keit (wie Anm. 5), S. 76, 80, 175.

wendig, weil sie aus geographischen Gründen sowohl der Offensive — die er nicht erwähnte — als auch der Defensive eine bessere Ausgangslage verschaffte, sondern vor allem deshalb, weil sie die bevölkerungsmäßige Überlegenheit des deutschen Volkes verringerte. Diese Verringerung war aber — nach Foch — noch immer so ungenügend, daß nur eine Zusammenfassung der französischen, belgischen und linksrheinischen Kräfte in der Lage sein würde, einem neuen deutschen Angriff so lange standzuhalten, bis britische und amerikanische Hilfe verfügbar würde. Die Jahre 1914 und 1917 hatten gezeigt, daß die Mobilisierung angelsächsischer Kräfte lange Zeit in Anspruch nahm. Die Aufrechterhaltung und Erweiterung der westlichen Militärallianz war in den Augen Fochs um so notwendiger, als Frankreich sich in einer ungünstigeren Lage als 1914 befand, da Rußland und die russische Armee für die Bindung wesentlicher deutscher Kräfte auf Jahrzehnte hinaus auszufallen schien. Hier sprach der Feldherr des Weltkrieges, dessen Kunst auf deutscher wie auf alliierter Seite unter anderem darin bestand, immer neue Reserven ausfindig zu machen und an der entscheidenden Stelle einzusetzen.

Es ist charakteristisch, daß Fochs Denkschriften und Äußerungen völlig unbeeinflußt blieben von der Idee des Völkerbundes, von den beschlossenen militärischen Bestimmungen für Deutschland, ja, auch von der amrikanisch-britischen Verpflichtung, Frankreich bei einem Angriff zu Hilfe zu kommen. Auch die veränderten Verhältnisse in Deutschland ließen ihn unberührt, ja, er sah in der durch die Republik vorangetriebenen Zentralisation eine neue Gefahr.

Es ist bekannt, daß Clemenceau über seinen politisierenden General scharf und verärgert geurteilt hat; das bedeutet aber nicht, daß sie sich in der Zielsetzung und deren Motivation wesentlich unterschieden. In den Memoranden Tardieus, des vertrautesten Mitarbeiters Clemenceaus, zur Rheinfrage wurden die gleichen Argumente verwendet, wenn sie auch mehr der politischen Situation gegenüber den übrigen Alliierten angepaßt waren. Clemenceau hat das Programm der »Sécurité« als eine militärische Sicherung des Erreichten im Sinne einer weitgehenden und vor allem vielgestaltigen Schwächung des deutschen Potentials verstanden. Sicherung hieß für ihn aber: Aufrechterhaltung der politischen Allianz mit den angelsächsischen Mächten. Ausdruck dieser Allianz war in französischen Augen die militärische Präsenz der Alliierten auf dem europäischen Kontinent. Hierin lag der Grund für das Beharren auf einer alliierten Besetzung der Rheinlande und die Erregung über den schnellen Abtransport der Amerikaner. Die Stationen des verbissenen Ringens der französischen Politiker um die Zustimmung Großbritanniens und der USA zur Besetzung der Rheinlande sind bekannt. Das Ziel wurde trotz des Artikels 430, der für bestimmte Fälle eine über die 15—Jahresfrist hinausgehende Okkupation der Rheinlande vorsah, nicht erreicht[9].

---

[9] Die Memoranden Fochs sind abgedruckt bei Mermeix (i.e. Gabriel Terrail), Le Combat des Trois, Paris 1922, S. 205 ff., 210 ff., 219 ff. Der französischen Rheinlandpolitik hat A. Tardieu (wie Anm. 5), ein sehr instruktives Kapitel gewidmet. Zur Reaktion der angelsächsischen Mächte vgl. u. a. D. Lloyd George (wie Anm. 2), S. 132 ff., 286 f., 386 f., 422 ff., und Ch. Seymour (wie Anm. 7), S. 356 f. und 422. Der sog. Viererrat hat sich in den Monaten April—Juni 1919 mehrfach mit der Rheinlandfrage beschäftigt; besonders interessant ist das Protokoll vom 31. März, das die Diskussion zu einem der erwähnten Memoranden Fochs wiedergibt. Vgl. P. Mantoux, Les Délibérations du Conseil des Quatre, I, Paris 1955, S. 92 ff.

Dem französischen Plan der militärischen Rheingrenze standen die erwähnten Gedanken Lloyd Georges und Wilsons gegenüber, durch eine Abrüstung der Mittelmächte den Frieden zu sichern. Die Waffenstillstandsverträge mit den Verbündeten Deutschlands waren erste Anzeichen für diese Politik. Sie wurde konkretisiert durch die Gespräche Wilsons mit Lloyd George in den Weihnachtstagen 1918. Beide Politiker kamen überein, daß die Abrüstung Deutschlands *ein* Ergebnis der Konferenz sein müsse. Sie waren sich darüber einig, daß eine allgemeine Abrüstung der europäischen Staaten nur schwer zu erreichen sein würde. Zumindest wäre aber durch die Abrüstung Deutschlands Frankreich die Rechtfertigung für die Unterhaltung einer großen Armee genommen. Wie in seinen Wahlreden setzte sich Lloyd George auch in den Unterredungen mit Wilson für eine Abschaffung der Wehrpflicht in Deutschland ein.

Es sprachen aber auch sehr praktische Gründe gegen eine langandauernde Besetzung der Rheinlande. Der Gedanke eines größeren stehenden Heeres in Friedenszeiten, zudem noch zum Zwecke der Okkupation, widersprach den politischen und militärischen Traditionen der Angelsachsen. So spielte vor allem in Großbritannien die Frage der Demobilisierung der Armee eine große Rolle in der Innenpolitik. Churchill hat nachgewiesen, daß der an sich wirtschaftlich vernünftige Demobilisierungsplan zu den sehr gefährlichen Meutereien in Calais, Folkestone und anderen Orten der Insel im Januar 1919 geführt hat. Die Notwendigkeit, auch nach dem Abschluß der Kämpfe ein Heer von 900 000 Mann zu unterhalten, dem überdies eine Verdoppelung der Löhnung zugestanden werden mußte, war für die britische Öffentlichkeit ein schwer verständlicher Gedanke. Lloyd George forderte daher am 23. Januar, daß die Mitte Februar fällige Verlängerung des Waffenstillstandes benutzt werden sollte, Deutschland eine weitere Demobilisierung der Streitkräfte aufzuerlegen. Dadurch würde die dringend notwendige Beschleunigung der britischen Demobilmachung ermöglicht werden. Die Briten gingen sogar so weit, am 12. Februar vorzuschlagen, mit Deutschland zunächst einen Präliminarfrieden über die künftigen militärischen Verhältnisse abzuschließen[10].

Mit diesem Vorschlag wurde an der Frage der künftigen militärischen Organisation Deutschlands die ganze Problematik einer Friedensregelung für die Alliierten deutlich. Die Briten hatten der Konferenz einen Weg gewiesen, der zu schnellen praktischen Ergebnissen führen konnte. Für die Franzosen entstand dadurch aber die Gefahr, daß über der Lösung einzelner Fragen ihre Gesamtkonzeption der »Sécurité« zu zerbrechen drohte. Mit einer bloßen Abrüstung des Gegners konnten sie sich nicht zufriedengeben. So versuchten sie in dieser Phase der Verhandlungen um die militärischen Bestimmungen die Pfänder zu erhalten, die ihnen für die Gewährleistung ihrer Gesamtkonzeption notwendig erschienen.

Das Programm der militärischen Sicherung zeigte sich besonders deutlich in dem Bericht der ersten auf Lloyd Georges Vorstoß eingesetzten Kommission, der sogenannten Loucheur-Kommission. In der Form eines Zusatzabkommens zum Waffenstillstandsvertrag

---

[10] Vgl. hierzu D. Lloyd George (wie Anm. 2), S. 151, 186 ff., 286 ff., 583 ff., 465; W. Churchill, Nach dem Kriege, Leipzig 1939, S. 50 ff.; C. E. Callwell (wie Anm. 6), S. 337; Ch. Seymour (wie Anm. 7), S. 336 ff.; A. Tardieu (wie Anm. 5), S. 141 ff.

sollte danach zur Kontrolle der Abrüstung und anderer Verpflichtungen die Besetzung eines 50 km tiefen, rechtsrheinischen Gebietsstreifens, der vor allem das Ruhrgebiet umfaßte, gefordert und durchgesetzt werden. Wilson hat diesen Entwurf ein »Programm der Panik« genannt. Nach seiner Ablehnung durch die angelsächsischen Mächte wurden noch zwei weitere Kommissionen eingesetzt, deren Arbeiten sich nun tatsächlich mehr auf die rein militärischen Fragen beschränkten, aber auch zu keinem Ergebnis führten. Ihre Vorschläge zeigten aber, daß zu diesem Zeitpunkt eine weit größere Mannschaftsstärke als 100 000 Mann für die deutsche Armee von allen Alliierten für möglich gehalten wurde[11].

Als am 17. Februar die sogenannte 2. Foch-Kommission den Auftrag erhielt, die militärischen Bestimmungen — noch unter dem Aspekt eines Prämilinarfriedens — im einzelnen auszuarbeiten, war auf anderer Ebene eine Entscheidung gefallen, die, wie ich meine, die französischen Vorstellungen über eine künftige deutsche Wehrmacht modifizieren mußten. Unter dem Vorsitz Wilsons hatte vom 3. bis 13. Februar die Völkerbundskommission getagt und die Satzung in 2. Lesung verabschiedet. Die schnelle Arbeit war möglich gewesen, weil sich die Hauptbeteiligten darauf beschränkten, nur die Prinzipien der künftigen Organisation festzulegen, und die Diskussion strittiger Punkte nach Möglichkeit zu vermeiden wußten. Über einen Punkt allerdings gab es harte Auseinandersetzungen, und zwar über den Plan Léon Bourgeois', dem Völkerbund ein effektives Exekutivorgan, eine internationale Streitmacht, beizugeben. Wilson lehnte diesen Vorschlag kategorisch ab. Selbst als Bourgeois sich mit einem internationalen Generalstab zufriedengeben wollte und die Briten diesem Plan nicht abgeneigt schienen, scheiterte er am amerikanischen Einspruch. Da Bourgeois außerdem vorschlug, Deutschland den Eintritt in den Völkerbund zu verwehren, und eine Klausel über die Verantwortlichkeit Deutschlands am Weltkriege dem Vertrag voranstellen wollte, entpuppte sich auch dieser Plan als ein Teil des eben auch militärisch ausgerichteten Programms der »Sécurité«. So war schon Mitte Februar sowohl an der Rheinlandfrage als auch an dem Statut des Völkerbundes deutlich geworden, daß die militärische Allianz im Frieden nicht in der von Frankreich gewünschten Weise aufrechterhalten werden konnte. Die Beschränkung der Streitkräfte Deutschlands gewann damit erhöhte Bedeutung[12].

Die 2. Foch-Kommission arbeitete in der Zeit vom 17. Februar bis zum 1. März den Vorschlag aus, der dann zur Grundlage der Entscheidung der Alliierten wurde. André Tardieu hat in seinem Bericht über die Konferenz dargelegt, nach welchen Prinzipien man dem Instrument des »preußischen Militarismus« seine Gefährlichkeit zu nehmen suchte, nämlich durch die Herabsetzung der Mannschaftsstärke, durch die Begrenzung des Kriegsmaterials und schließlich durch die wesentliche Veränderung des inneren Aufbaues der Streitkräfte. Für den Entwurf waren zumindest zwei der genannten Prinzipien maßgebend. Er sah ein Wehrpflichtheer von 200 000 Mann vor, gegliedert in 15 Divisionen, zusammengefaßt in 5 Armeekorps und unter Führung eines Armeegeneralstabes. Die Wehrpflicht sollte auf ein Jahr begrenzt werden. Auch die Bewaffnung sollte im ein-

---

[11] E. Keit (wie Anm. 5), S. 78 ff.
[12] Vgl. u. a. die Ausführungen und Berichte von Lloyd George und House über die Sitzungen der Völkerbundskommission; D. Lloyd George (wie Anm. 2), S. 610 ff.; Ch. Seymour (wie Anm. 7), S. 318 ff.

zelnen — so zum Beispiel die Anzahl der schweren und der Feldartilleriegeschütze — beschränkt werden. Die modernen Waffen — Panzer, Flieger, U-Boote — wurden schon in diesem Entwurf Deutschland verboten. Wir sind zwar über die Verhandlungen der Kommission nicht unterrichtet, vergleicht man aber das Ergebnis mit dem Vorschlag der sogenannten Milner-Kommission, die Anfang Februar sich mit demselben Gegenstand beschäftigte und die doppelte Anzahl von Divisionen für Deutschland vorsah, so wird deutlich, daß es sich hier um eine Kompromißlösung handelte, die allerdings von allen beteiligten Militärs gebilligt und vertreten wurde[13].

Der Vorstoß Lloyd Georges am 6. und 7. März gegen ein Wehrpflichtheer und dessen unmittelbare Konsequenzen für die zahlenmäßige Stärke der künftigen Reichswehr — zunächst 200 000, dann 140 000 und schließlich 100 000 Mann — ist bekannt, so daß auf die Schilderung der Vorgänge im einzelnen verzichtet werden kann. Lloyd George hat sein Eingreifen als Beitrag zur allgemeinen Abrüstung verstanden wissen wollen, war aber gleichzeitig bereit, Deutschland eine Berufsarmee von 200 000 Mann zu belassen. Foch wies in seiner Auseinandersetzung mit dem britischen Premier — für Kontinentaleuropäer überzeugend — nach, daß eine Berufsarmee solchen Ausmaßes eine größere Gefahr für den Frieden darstellen könne als ein kurz dienendes Wehrpflichtheer. Im Grunde standen sich bei dieser Kontroverse unvereinbare politische Traditionen der militärischen Organisation des Staatswesens gegenüber, die nur dadurch überbrückt werden konnten, daß die Staatsinteressen der beiden Verbündeten davon zunächst nicht berührt wurden[14].

Die Verwirklichung des Planes von Lloyd George zerstörte die herkömmliche innere Organisation der deutschen Armee und entsprach damit dem 3. Tardieuschen, wohl nachträglich entstandenen Prinzip. Er versetzte die Franzosen außerdem in die Lage, Mannschaftsstärke und Bewaffnung weiter herabzudrücken. Der ursprüngliche Vorschlag Fochs beließ Deutschland 150 schwere und 600 Feldartilleriegeschütze, in dem 140 000-Mann-Heer sollte es keine schweren und nur 432 Feldartilleriegeschütze geben. Der endgültige Vorschlag für ein 100 000-Mann-Heer verbot die bis dahin vorgesehenen Generalstäbe, gleichzeitig wurden die bereits vorgesehenen Munitionsvorräte um die Hälfte reduziert und mit der Einrichtung der Interalliierten Kontrollkommission ein neuer Stein in das Gebäude der »Sécurité« eingefügt.

Es ist hier nicht der Platz, im einzelnen die 55 Artikel des Teiles V des Vertrages zu erläutern. Die Bestimmungen über den Mannschafts- und Offizierersatz, die Einschränkung der Bewaffnung mit dem Verbot von Panzern, Flugzeugen und Unterseebooten, das Verbot aller Mobilmachungsvorbereitungen sind im übrigen wohlbekannt. Ein Artikel sei allerdings erwähnt, da er sich nicht in demselben Maße wie die übrigen Bestimmungen dem allgemeinen Bewußtsein eingeprägt hat. In dem Artikel 177 wurde der Versuch unternommen, das gesellschaftliche Leben Deutschlands zu »entmilitarisieren«. In dür-

---

[13] Vgl. H. W. V. Temperley (wie Anm. 4), II, S. 124 ff.; D. Lloyd George (wie Anm. 2), S. 587 ff.; C. E. Callwell (wie Anm. 6), S. 344; Ch. Seymour (wie Anm. 7), S. 386 f.; A. Tardieu (wie Anm. 5), S. 139 f., 145 f.

[14] Vgl. H. W. T. Temperley (wie Anm. 4), II, S. 129 ff.; D. Lloyd George (wie Anm. 2), S. 283 ff., 591 ff.; C. E. Callwell (wie Anm. 6), S. 346 ff.; Ch. Seymour (wie Anm. 7), S. 357, 369; A. Tardieu (wie Anm. 5), S. 146 ff.

ren Worten wurde dort festgestellt, daß es jeder Art von Vereinen, insbesondere Schulen, Sport- und Kriegervereinen untersagt sei, sich mit militärischen Dingen zu befassen. An diesem Beispiel wird deutlich, wie es um die Durchführbarkeit bestimmter Teile des Vertrages und um die Effektivität im Sinne der Alliierten bestellt war.
Mit der Einsetzung der Interalliierten Kontrollkommission kam ein neues Element in die künftige Friedensregelung hinein. Wesentlich ausgebaut wurde der Gedanke durch den Artikel 213 des Vertrages, der besagte, daß der Rat des Völkerbundes mit Stimmenmehrheit eine Untersuchung der militärischen Verhältnisse Deutschlands beschließen konnte, der sich Deutschland, solange der Vertrag in Kraft war, zu unterwerfen hatte. Sofort nach dem Abschluß der Verhandlungen über die militärischen Bestimmungen bemühten sich Clemenceau und Tardieu in vielen Noten um die Zustimmung der angelsächsischen Mächte zu einem solchen Artikel. Zunächst ging der Vorschlag dahin, daß eine entsprechende Kontrollbefugnis im Statut des Völkerbundes verankert werden und der Rat durch den Antrag eines Unterzeichnerstaates zu einer Untersuchung ermächtigt werden sollte. Erst als die Franzosen vorschlugen, die Kontrollrechte in den Teil V des Vertrages einzubauen und sie einer Mehrheitsentscheidung des Rates zu unterwerfen, stimmte Wilson am 17. April zu. Wie umfassend das Kontrollrecht des Artikels 213 aber noch immer war, läßt sich daran ermessen, daß der Völkerbundsrat, in Verbindung mit dem erwähnten Artikel 177 des Vertrages, jederzeit mit Stimmenmehrheit eine Untersuchung über die paramilitärischen Verbände der Weimarer Republik hätte beschließen können[15].
Sehr bald wurde von britischer Seite Kritik an den militärischen Bestimmungen geübt. Besonders in dem Memorandum Lloyd Georges vom 25. März kam das Unbehagen über den beispiellosen Präzedenzfall der Abrüstung einer Landmacht deutlich zum Ausdruck. In den Ausführungen über die Grundsätze eines dauerhaften europäischen Friedens standen die Abrüstungsfragen im Anschluß an die vorhergehenden Beschlüsse der Alliierten im Mittelpunkt der Überlegungen. Lloyd George betonte, daß die Abrüstung der europäischen Staaten über Erfolg oder Mißerfolg des Völkerbundes entscheiden würde. Die in diesem Gedanken enthaltene Forderung richtete sich nicht nur an die osteuropäischen Staaten, sondern auch an Frankreich und Italien. Er verlangte von ihnen, ohne es auszusprechen, die Unterwerfung unter das Deutschland auferlegte System, zeitlich und dem Umfange nach entsprechend modifiziert und abgestuft, aber unter Einschluß des Verbots der allgemeinen Wehrpflicht. Es war ein direkter und massiver Angriff auf das französische Programm der auf militärischer Überlegenheit aufgebauten »Sécurité«. Es mag bezweifelt werden, daß Lloyd George glaubte, auf diesem Wege eine allgemeine Abrüstung zu erreichen. Seit seinen Gesprächen mit Wilson war er sich jedoch mit diesem in dem Ziele einer allgemeinen Abrüstung einig und konnte auf dessen Unterstützung rechnen. Die Aussicht auf eine Trübung des britisch-französischen Verhältnisses, wenn Frankreich an der Aufrechterhaltung einer großen Armee festhielt, war den Franzosen schon auf verschiedenen Wegen eröffnet worden. In dem Memorandum wurden diese Zusammenhänge durch die auffällige Betonung der Rüstungsfrage noch einmal indirekt

---

[15] Vgl. A. Tardieu (wie Anm. 5), S. 149ff.; P. Mantoux (wie Anm. 9), S. 15, 318f.

betont. Zweifellos hat sich dieser britische Druck für die Durchsetzung der territorialen Forderungen des Memorandums günstig ausgewirkt[16].

Clemenceau dürfte den Gedankengang verstanden haben, aber er vermied in seiner Antwort jede Erwähnung des Abrüstungsproblems. Die Stellung Frankreichs zur Abrüstungsfrage wurde wesentlich erleichtert durch den offiziellen Kommentar des Obersten House zu dem 4. Punkt des Wilson-Programms. »Domestic safety clearly implies not only internal policing, but protection of territory against invasion.« Nach den Erfahrungen des Weltkrieges konnte diese Erläuterung in französischer Sicht die Rechtfertigung einer starken, überlegenen Armee in sich tragen, zumal Frankreich an ein normales Verhältnis zu Deutschland, trotz Abrüstung, nicht glauben konnte oder wollte. Ein Licht auf den politischen und psychologischen Hintergrund wirft die französische Reaktion auf einen amerikanischen Plan, dem entwaffneten Deutschland die Neutralität zu garantieren. Tardieu berichtet, daß Clemenceau den Plan mit der Bemerkung abgelehnt habe, daß er nicht bereit sei, für diese Neutralität das Leben eines einzigen französischen Soldaten zu riskieren[17]. Der deklamatorische Charakter der Ausführungen zur allgemeinen Abrüstung in der alliierten Mantelnote vom 16. Juni 1919, in der Völkerbundssatzung und im Friedensvertrag wird hier im Hinblick auf die französische Stellungnahme deutlich.

Es wäre allerdings unbillig, hierfür allein die Franzosen verantwortlich zu machen. Schon während des Krieges fand ein Gedankenaustausch zwischen der britischen und der amerikanischen Regierung über das künftige Verhältnis der beiderseitigen Seerüstungen statt. Die Verhandlungen des Obersten House im Herbst 1918 über die Verbindlichkeit des Wilsonschen Friedensprogramms auch für die Alliierten führten zu einer ersten, überaus scharfen Auseinandersetzung der beiden Mächte in dieser Frage. Schien es doch zunächst so, als ob die Einigkeit der Verbündeten gegenüber Deutschland an der britisch-amerikanischen Kontroverse über die amerikanische Forderung nach der »Freiheit der Meere« zu zerbrechen drohte. Die Drohung des Obersten House mit einem amerikanischen Sonderfrieden am 29. Oktober wurde durch Wilsons Telegramm vom 30. Oktober noch wesentlich verstärkt, in dem er — in ausgesprochener Weise gegen Großbritannien gerichtet — davon sprach, daß Amerika in den Krieg gezogen sei »to fight not only Prussian militarism but militarism everywhere«. Aber selbst auf diese höchst massive Weise war der britische Widerstand nicht zu brechen. Keine britische Regierung könne dem Prinzip der »Freiheit der Meere« zustimmen, ohne nicht gleichzeitig ihr Mandat, im Namen der Nation zu sprechen, zu verlieren, äußerte Lloyd George und erklärte gegenüber House, daß Großbritannien bereit sei, den letzten Groschen für die Überlegenheit der britischen Flotte über die amerikanische und jede andere Marine

---

[16] Das britische Memorandum ist abgedruckt bei Lloyd George (wie Anm. 2), S. 404 ff., die französische Antwort bei A. Tardieu (wie Anm. 5), S. 129 ff. Vgl. auch die Diskussion über das britische Memorandum bei P. Mantoux (wie Anm. 9), S. 41 ff. Für die britische Kritik an den militärischen Bestimmungen vgl. H. W. V. Temperley (wie Anm. 4), II, S. 131, 133, 138; A. Tardieu (wie Anm. 5), S. 159; P. Mantoux (wie Anm. 9), II, S. 183 ff., 192 ff. Zur Gefährdung der französisch-britischen Allianz aus den erwähnten Gründen vgl. Ch. Seymour (wie Anm. 7), S. 280 f.; D. Lloyd George (wie Anm. 2), S. 187, 587; P. Mantoux (wie Anm. 9), II, S. 271 ff.

[17] Vgl. A. Tardieu (wie Anm. 5), S. 145/46.

auszugeben. Der Bruch wurde dadurch vermieden, daß Amerika sich mit einer nichtssagenden Erklärung Großbritanniens — nämlich auch weiterhin über das Problem zu sprechen — zufriedengab. Nach dem Waffenstillstand und der Auslieferung der deutschen Flotte waren es wiederum die Amerikaner, die darauf drangen, daß die Internierung der Schiffe nicht zu einer Verstärkung der europäischen Flotten, insbesondere der britischen benutzt wurde. Die Briten erklärten sich mit diesem Gedanken einverstanden. Ein entsprechender Vorschlag — nämlich Versenkung der deutschen Schiffe — fand nach langen Verhandlungen, in denen die Franzosen und Italiener Ausnahmeregelungen zu ihren Gunsten durchsetzten, die Billigung der Verbündeten. Von weitreichender Bedeutung waren Verhandlungen zwischen Großbritannien und Amerika, die schließlich zu dem Abkommen von Washington führten. Von britischer Seite wurden sie mit dem Ziele geführt, die Amerikaner von einer Ausweitung ihrer Flottenrüstung abzuhalten. In einem gewissen Sinne hatten sie damit Erfolg: Von amerikanischer Seite wurde erklärt, daß zunächst nicht an ein neues Flottenbauprogramm gedacht werde, die bisher beschlossenen Schiffsbauten aber in jedem Falle ausgeführt würden[18]. Es ist bekannt, daß das Washingtoner Abkommen zu einer Parität der Flotten Amerikas und Großbritanniens führte. Damit war die britische Suprematie, von der Lloyd George noch Anfang November 1918 in so hohen Tönen gesprochen hatte, gebrochen. Für unseren Zusammenhang läßt sich aus diesen Verhandlungen, ohne auf Einzelheiten einzugehen, ein Faktum mit aller Sicherheit konstatieren: Die angelsächsischen Seemächte dachten ebensowenig wie die Landmacht Frankreich an eine effektive Abrüstung. Ihre mit Pathos verkündeten Abrüstungsforderungen bezogen sich allein auf eine Begrenzung der Landstreitkräfte der europäischen Staaten.

Die deutsche Delegation nahm den Gedanken der beispielgebenden Abrüstung einschließlich eines Berufsheeres von 100 000 Mann auf, um der Forderung nach sofortiger Zulassung zum Völkerbund mehr Gewicht zu verleihen. Die Überlegung führte nicht zum Ziel, Deutschland mußte die ursprünglich festgelegten Bestimmungen mit geringfügigen, sich auf die Fristen beziehenden Änderungen annehmen. Von militärischer Seite ist scharfer Protest gegen das Verfahren des Grafen Brockdorff in dieser Frage eingelegt worden, aber unter dem lähmenden Eindruck des Gesamtvertrages verhallten diese Stimmen schnell, vielleicht auch aus der Überlegung heraus, daß unter den herrschenden Zuständen in Deutschland allein ein Freiwilligenheer, ein Berufsheer ein militärisch effektives Machtinstrument darstellen konnte.

Als die Vorbereitungen für die Friedensverträge von Saint-Germain, Neuilly und Trianon im Mai 1919 getroffen wurden, war der Viererrat sich darüber einig, daß insbesondere die militärischen Bestimmungen den für Deutschland geltenden Regelungen entsprechen sollten. So wurden zum Beispiel alle alliierten Vorstöße — sowohl von militärischer als auch von politischer Seite — für die Aufrechterhaltung der Wehrpflicht mit Rücksicht auf den deutschen Präzedenzfall zurückgewiesen[19]. Der Entwurf der Bestimmungen für Öster-

---

[18] Vgl. D. Lloyd George (wie Anm. 2), S. 74ff., 284f., 410; Ch. Seymour (wie Anm. 7), S. 134ff., 173f., 188ff., 367ff., 370, 432ff. Zur Frage einer Rüstungsbeschränkung für die amerikanische Flotte vgl. E. M. House and Ch. Seymour, What really happened at Paris, New York 1921, S. 393f., 493ff., 501.
[19] Vgl. vor allem P. Mantoux (wie Anm. 9), II, S. 6, 78ff., 180ff., 192ff.

reich und Ungarn lag dem Rat am 15. Mai vor und sah Berufsheere von 40000 beziehungsweise 45000 Mann vor. Über diesen Entwurf kam es zu einer in mehrfacher Hinsicht interessanten und ausgedehnten Debatte, die dazu führte, daß die Bestimmungen erst am 20. Juli der österreichischen Delegation nachgereicht werden konnten.
Nach der Meinung des Rates entsprach die für Österreich vorgeschlagene Zahl von 40000 Mann in keiner Weise der für Deutschland beschlossenen Größenordnung. Clemenceau hielt eine Armee von 15000 Mann für ausreichend. Wilson und Lloyd George brachten darüber hinaus noch die Forderung der Abrüstung der osteuropäischen Staaten mit ins Spiel. Die Alliierte Militärkommission erhielt daher den Auftrag, zusammen mit einem neuen Entwurf für die österreichische Armee einen Plan für die Abrüstung der osteuropäischen Staaten auszuarbeiten.
Am 23. Mai legte General Bliss den Bericht der Kommission dem Viererrat vor. Zu dem Plan für die Abrüstung der erwähnten Staaten erklärte der General, daß die Anwendung des Versailler Systems auf diese Staaten so geringe Heeresstärken erbringen würde, daß ihre Gesamtstreitkräfte kaum stärker als die italienische Armee sein würden. Dies mache sie zu Vasallen Frankreichs und Italiens, und daraus könne sich die Gefahr einer allgemeinen Koalition unter Führung Deutschlands gegen die beiden Militärmächte ergeben.
Mit der Erklärung des Generals, die auf die Staatsmänner einen starken Eindruck machte, war im Grunde die Idee einer allgemeinen Abrüstung der europäischen Staaten gescheitert. Clemenceau hatte ihr von vornherein skeptisch gegenübergestanden. Entscheidend aber war, daß nun auch Wilson erkannte, daß der Gedanke angesichts der ungeklärten russischen Verhältnisse nicht durchgeführt werden konnte. Außerdem hatten die Ministerpräsidenten Polens, der Tschechoslowakei, Jugoslawiens, Rumäniens und Griechenlands am 5. Juni dem Viererrat sehr entschieden zu verstehen gegeben, daß sie einer Abrüstung in dem gewünschten Umfange niemals ihre Zustimmung geben würden[20].
Wir sind über die internen Verhandlungen nach dem 28. Juni nicht unterrichtet. Aus dem Ergebnis läßt sich aber ablesen, daß sich ein Vermittlungsvorschlag Clemenceaus durchgesetzt hat. Österreich erhielt eine Berufsarmee von 30000 Mann, jeder konkrete Plan für eine allgemeine Abrüstung wurde fallengelassen. In der Präambel des Teiles V des Versailler Vertrages hieß es, daß Deutschland durch die Erfüllung der militärischen Bestimmungen eine allgemeine Abrüstung ermöglichen würde. Die Verhandlungen um die Gestalt der zukünftigen österreichischen Armee haben jedoch schon vor der Unterzeichnung des Versailler Vertrages ergeben, daß eine Abrüstung nach diesem System unmöglich war.
Die ehemaligen Verbündeten Deutschlands bemühten sich intensiv um eine ihnen entsprechende Korrektur des Versailler Systems. Vor allem Ungarn versuchte, mit umfangreichen Noten eine bedeutende Erweiterung seiner Streitkräfte auf der Basis der Wehrpflicht auf 85000 Mann zu erreichen. Begründet wurde diese Forderung mit den nach der rumänischen Invasion zerrütteten inneren Verhältnissen, vor allem aber mit der seit Bela Khun drohenden bolschewistischen Gefahr. Tatsächlich hatte es während der Phase des polnischen Rückzuges im Kriege mit Rußland den Anschein, als ob die französi-

---

[20] Vgl. ebd., S. 313 ff.

sche Politik sich der angebotenen ungarischen Unterstützung bedienen und das Land in die französische Balkanpolitik einbeziehen würde. Damit wäre Ungarns Position auf der Friedenskonferenz wesentlich verbessert worden, gerade auch hinsichtlich der Bestimmungen für die ungarische Armee. Mit dem »Wunder an der Weichsel« fand auch diese Episode ihr Ende[21].

Leonhard von Muralt hat in seinen Ausführungen über den Versailler Frieden die Ansicht vertreten, daß erst mit den Verträgen von Locarno 1925 ein tatsächlicher Friedenszustand erreicht worden sei[22]. Man wird der These in vieler Hinsicht zustimmen können. Für den militärischen Bereich bestand jedoch im Jahre 1925 die in Versailles gefundene Regelung unverändert fort. Rein zahlenmäßig ergab sich noch 1925 folgendes Bild: Frankreich unterhielt nach wie vor eine Armee von 750 000, Italien von 250 000 Mann. In Osteuropa hatten die Polen eine Armee von annähernd 300 000, die Tschechen und Rumänen von je 150 000 Mann aufgestellt. Vergleicht man diese Zahlen mit entsprechenden Angaben aus dem Jahre 1921, dem Jahre nach dem Abschluß aller Friedensverhandlungen, so stellt man nur geringfügige Veränderungen fest. Auch im Jahre 1925 war demnach die von Muralt für einen Frieden geforderte Verständigung über die gegenseitigen Machtverhältnisse noch nicht erfolgt. Die Abrüstungsverhandlungen in Genf haben gezeigt, daß eine solche Verständigung über Jahre hinaus nicht erreicht werden konnte.

Noch folgenreicher erscheint der Umstand, daß die geographische Mitte Europas — Deutschland, Österreich und Ungarn — mit einem Wehrsystem ausgestattet wurde, das dem übrigen Europa fremd war. Vor- und Nachteile dieses Systems haben gleichermaßen verhängnisvoll gewirkt. Die Nachteile des Systems lagen vor allem auf innenpolitischem Gebiet und sind aus der Geschichte der Weimarer Republik bekannt. Der Vorteil der Berufsarmee, der hohe Ausbildungsstand der Truppe, machte die schnelle Aufrüstung Deutschlands nach 1935 erst möglich. Die Entwicklung, die Foch 1919 vorausgesehen hatte, war eingetreten. Das Berufsheer war zum Kader eines großen Wehrpflichtheeres geworden.

Hermann Stegemann hat in seinem im übrigen schwer lesbaren Buch »Das Trugbild von Versailles« die entstandene militärpolitische Situation treffend mit dem Wort von der Circumvallation der zerrissenen und über das Maß hinaus geschwächten europäischen Mitte charakterisiert. Das so entstandene Vakuum barg ebenso große Gefahren in sich, wie sie von einer hochgerüsteten europäischen Mitte ausgehen konnten[23].

Diese Situation war entstanden, nicht wie Graf Brockdorff-Rantzau meinte, auf Grund der imperialistischen und kapitalistischen Politik des Westens, sondern aus der Unvereinbarkeit des von den angelsächsischen Mächten entwickelten Gedankens der Abrüstung der Landstreitkräfte mit dem französischen Programm der »Sécurité«. Die Probleme der Koalitionskriegführung hatten die Alliierten im Laufe des Krieges gemeistert, an der Frage eines gemeinsamen und verbindlichen Friedensprogrammes sind sie gescheitert. Der gemeinsame Nenner, wie Muralt sagt, wurde nicht gefunden.

---

[21] Vgl. hierzu F. Déak, Hungary and the Paris Conference, New York 1942, und die dort angegebene Literatur.

[22] L. v. Muralt, Der Friede von Versailles und die Gegenwart, Zürich 1947, S. 78 ff.

[23] H. Stegemann, Das Trugbild von Versailles, Stuttgart 1926, S. 14; für das Folgende vgl. Graf Brockdorff-Rantzau, Dokumente, Berlin 1920, S. 185.

Internationale und nationale Aspekte der Abrüstungsfrage 1924—1932

Als der ehemalige britische Außenminister, der Sozialist Arthur Henderson, am 2. Februar 1932 vor Vertretern von 64 Staaten die Konferenz für die Begrenzung und die Herabsetzung der Rüstungen in Genf eröffnete, erreichte eine politische Bewegung ihren vorläufigen Höhepunkt, die seit über einem Jahrzehnt die internationale Politik mit wechselnder Intensität beschäftigt hatte[1].
Abgesehen von der durch den Vertrag von Versailles erzwungenen Abrüstung Deutschlands haben die Vereinbarungen der Konferenz von Washington 1921/22, die insgesamt sieben Sitzungen der vorbereitenden Abrüstungskommission des Völkerbundes in den Jahren 1926 bis 1930 und schließlich die Ergebnisse der Londoner Konferenz des Jahres 1930 die Entwicklung der Sicherheits- und Abrüstungspolitik der kontinentaleuropäischen Staaten nicht unwesentlich beeinflußt und gehören daher in den Rahmen dieser Untersuchung. Darüber hinaus gilt es den Umstand zu beachten, daß Rüstungsvereinbarungen die Souveränität eines jeden Staates an einem sehr empfindlichen Punkte beeinträchtigen, und daß daher jedes Abrüstungsprogramm in erster Linie der Einschätzung der jeweiligen nationalen militärpolitischen Situation entsprach. Das Attentat auf den japanischen Ministerpräsidenten Hamaguchi, eineinhalb Monate nach der heftig umkämpften Ratifikation der Vereinbarungen der Londoner Konferenz, war ein deutliches Symptom für diese Zusammenhänge. Auch im europäischen Rahmen zeigte sich die nationale Bezogenheit aller Abrüstungsbemühungen in vielfältiger Weise, besonders in der gegenseitigen Abhängigkeit von Sicherheitspolitik, Konzeption und tatsächlichen Möglichkeiten der Militärpolitik Frankreichs. In diesem Zusammenhang wird auch der Frage nachgegangen werden müssen, in welchem Umfange die von Herzfeld ausgesprochene Feststellung einer seit 1914 sich immer schärfer ausprägenden allgemeinen Störung des Verhältnisses von Rüstung und Politik sich an der Abrüstungspolitik der europäischen Staaten, die ja nur eine besondere Form der jeweilig nationalen Rüstungspolitik war, nachweisen läßt[2]. Die Abrüstungskonferenz des Jahres 1932 wurde in ihrem Verlauf durch die genannten Faktoren bestimmt, ihr Ergebnis durch sie bewirkt; es erscheint

---

[1] Für eine erste Orientierung über das Abrüstungsproblem der Zeit vgl. Th. Niemeyer, Handbuch des Abrüstungsproblems, 3 Bde, Berlin 1928; K. Schwendemann, Abrüstung und Sicherheit, Handbuch der Sicherheitsfrage und der Abrüstungskonferenz, 2 Bde, Leipzig 1933. Skizzenhafter Überblick von U. Scheuner in: H. Volle, C.-J. Duisberg, Probleme der Abrüstung. Die Bemühungen der Vereinten Nationen um internationale Abrüstung und Sicherheit 1945—1961, Bd 1/I, Frankfurt/M. 1964, ferner G. W. F. Hallgarten, Das Wettrüsten. Seine Geschichte bis zur Gegenwart, Frankfurt/M. 1967, dessen Thesen in dem vorliegenden, bereits Anfang 1967 abgeschlossenen Manuskript nicht mehr berücksichtigt werden konnten.
[2] H. Herzfeld, Politik, Heer und Rüstung in der Zwischenkriegszeit. Ein Versuch, in: Ausgewählte Aufsätze, Berlin 1962, S. 258f.

daher im Rahmen dieser Untersuchung gerechtfertigt, über die Konferenz selbst nur skizzenhaft zu berichten.

Alle Bemühungen um Abrüstung und Rüstungsbeschränkung der damaligen Zeit nahmen ihren Ausgang von dem Erleben und den Erfahrungen des Ersten Weltkrieges, und diese fanden schon frühzeitig ihren Ausdruck in den Kriegszielprogrammen der angelsächsischen Mächte. Es war vor allem der vierte Punkt der 14 Punkte Wilsons, der für die Frage der europäischen Abrüstung eine hervorragende Bedeutung gewann. Mit der Forderung nach einem Austausch ausreichender Garantien dafür, daß die nationalen Rüstungen auf das niedrigste, mit der inneren Sicherheit zu vereinbarende Maß herabgesetzt werden sollten, rührte Wilson an die Grundlagen der überlieferten und, wie sich herausstellen sollte, noch keineswegs erschütterten Vorstellung von dem seiner Souveränität verpflichteten nationalen Staat. Es ist bekannt, daß die Forderung Wilsons im Art. 8 der Satzung des Völkerbundes in einer wesentlich veränderten Form ihren Niederschlag gefunden hat. In ihm heißt es: »Die Bundesmitglieder bekennen sich zu dem Grundsatz, daß die Aufrechterhaltung des Friedens eine Herabsetzung der nationalen Rüstungen auf das Mindestmaß erfordert, das mit der nationalen Sicherheit und mit der Möglichkeit vereinbar ist, die Ausführung der internationalen Verpflichtungen durch ein gemeinsames Vorgehen zu erzwingen. Der Rat entwirft unter Berücksichtigung der geographischen Lage und der besonderen Verhältnisse eines jeden Staates die Abrüstungspläne ...« Damit war der Gedanke Wilsons einer weltweiten, radikalen Abrüstung, gestützt auf die Garantie der nationalen Sicherheit durch den vom Vertrauen der öffentlichen Meinung getragenen Völkerbund gescheitert, nicht zuletzt durch die Weigerung Wilsons, dieser internationalen Institution auch nur ein geringes Maß an exekutiver Gewalt zuzubilligen. Immerhin wurde im Art. 8 der Grundsatz einer alle Staaten erfassenden, wenn auch in dreifacher Hinsicht stark modifizierten Abrüstung aufrechterhalten. Aber selbst dieser Grundsatz wurde noch in Versailles in Frage gestellt. In der Einleitung des Teiles V des Versailler Vertrages und in der von Clemenceau unterzeichneten Mantelnote vom 16.6.1919 wurde klar unterschieden zwischen der Abrüstung Deutschlands und der für die Zukunft vorgesehenen allgemeinen Herabsetzung und Begrenzung der nationalen Rüstungen. Diese Differenzierung war nicht nur der Ausdruck des französischen Strebens, dem Kriegsgegner für möglichst lange Zeit jeden Anspruch auf Gleichberechtigung und Gleichbehandlung, etwa im Rahmen des Völkerbundes, zu verwehren, sie war auch die Folge des eklatanten Fehlschlages der angelsächsischen Abrüstungskonzeption während der Pariser Verhandlungen. Wilson und Lloyd George waren sich in dem Ziele einig, den europäischen Frieden durch eine Abrüstung der kontinentaleuropäischen Staaten zu sichern. Die Vorstellungen, die Lloyd George Anfang März 1919 über die militärischen Bestimmungen des Friedensvertrages mit Deutschland entwickelte, müssen auch unter diesem Aspekt gesehen werden. Die Reduzierung der militärischen Machtmittel Deutschlands, der ehemals stärksten Landmacht Europas, auf ein von den alliierten Militärexperten selbst in Frage gestelltes Existenzminimum konnte nicht ohne Einfluß auf die künftige Rüstungspolitik Frankreichs bleiben, gab zumindest die Möglichkeit, einen entsprechenden Druck auszuüben. Jedoch bevor der Vertrag mit Deutschland unterzeichnet wurde, erwies es sich während der Verhandlungen des Viererrates als unmöglich, die für Deutschland gefundenen Methoden und Relationen der Abrüstung auf Österreich und die anderen ehemaligen Verbündeten Deutschlands zu übertragen. Darüber hinaus ergab die von Wilson und Lloyd George den Militärexperten aufgetragene Prüfung der Frage einer Abrüstung der osteuropäischen Staaten nach deutschem Muster — auch im Blick auf Rußland — ein negatives Ergebnis. Damit war der erste Anlauf der angelsächsischen Mächte gescheitert, eine Abrüstung der kontinentaleuropäischen Mächte zu erreichen[3].

Auf diesem Hintergrund müssen die in dem folgenden Jahrzehnt stattfindenden Verhandlungen um eine allgemeine bzw. regionale Beschränkung der Rüstungen gesehen werden. Dem Völkerbund war zwar der Auftrag erteilt worden, die Wege zu einer internationalen Vereinbarung über eine Rüstungsbeschränkung zu ebnen, jedoch war der Bund machtlos gegenüber den souveränen Entscheidungen der Staaten gerade in dieser Frage. Die genannten Erklärungen und vertraglichen Vereinbarungen bildeten im Ganzen gesehen ein politisches Programm, das bei näherem Zusehen sehr vage formuliert war und die Handlungsfreiheit der Beteiligten kaum beschränkte. In der deutschen politischen Publizistik der Weimarer Republik wurde die Abrüstung der ehemaligen Gegner als ein Deutschland vertraglich verbrieftes Recht dargestellt — und diese These bildete das zweifellos wirksamste Argument bei der Vertretung des deutschen Standpunktes —, nur wurde weithin übersehen, daß mit einem bestrittenen Rechtstitel allein eine Lösung der wesentlich politischen Frage nicht zu erreichen war.

Die einzigen Vereinbarungen über Rüstungsbeschränkungen, die bis zur Jahreswende 1933/34 zu verzeichnen waren, verdankten ihr Zustandekommen den beiden Seemächten Amerika und Großbritannien. Beide Mächte setzten auf den Konferenzen von Washington 1921/22 und London 1930 ihre schon in Paris sichtbar gewordene, an ihren nationalen Interessen orientierte Sicherheitspolitik fort.

Es ist bekannt, daß Lloyd George während der interalliierten Verhandlungen im Oktober/November 1918 sich strikt weigerte, den Grundsatz der »Freiheit der Meere«, einen der 14 Punkte Wilsons, für Großbritannien zu akzeptieren, sich vielmehr entschlossen zeigte, die britische Vorherrschaft auf dem Meere auch gegenüber Amerika zu wahren. Wilson erwog im Jahre 1919, durch ein neues Flottenbauprogramm diesem britischen Anspruch zu begegnen und zwischen beiden Flotten ein gleiches Stärkeverhältnis herzustellen. Sein Nachfolger Harding und dessen Außenminister Hughes nahmen im Jahre 1921 die verschiedenen, vom Senat unterstützten Anträge des Senators Borah auf Einberufung einer Abrüstungskonferenz geschickt auf und richteten Einladungen an Großbritannien, Japan, China, Frankreich und Italien[4]. Die Vorbereitungen innerhalb der amerikanischen Marine, vor allem des Naval General Board, waren darauf gerichtet, der japanischen Aufrüstung einen Riegel vorzuschieben und mit Großbritannien »parity«

---

[3] Vgl. hierzu meinen Beitrag in: Ideologie und Machtpolitik 1919, hrsg. von H. Rößler, Göttingen 1966, S. 187 ff. (abgedruckt in diesem Band S. 235—247).

[4] Zur Washingtoner Konferenz vgl. u. a. R. G. O'Connor, Perilous Equilibrium. The United States and the London Naval Conference of 1930, Lawrence/Kansas 1962, S. 4 ff.; F. Greene, The Military View of American Policy 1904—1940, in: American Historical Review, 66 (1960/61), S. 365; E. B. Potter (Editor), The United States and World Sea Power, Englewood Cliffs 1955, S. 561 ff.; R. Higham, Armed Forces in Peacetime, London 1962, S. 106 ff.

— Ebenbürtigkeit — zu erlangen. Schon im September 1921 sprach sich das Naval General Board für ein Stärkeverhältnis der Flotten von 5:5:3 aus, unter der Voraussetzung, daß das britisch-japanische Bündnis aus dem Jahre 1902 aufgehoben würde. Das Ergebnis der Konferenz entsprach in vieler Hinsicht den amerikanischen Erwartungen. Zumindest auf einem Teilgebiet der Flottenrüstung — den Schlachtschiffen — war die Überlegenheit Großbritanniens beseitigt und den japanischen Rüstungen eine Grenze gesetzt worden. Die Vereinbarung war nicht zuletzt dadurch ermöglicht worden, daß dieser Schiffskategorie nach den Erfahrungen des Weltkrieges eine wesentlich geringere Bedeutung zugemessen wurde.

Für unseren Zusammenhang wichtig erscheint die Feststellung, daß die Übereinkunft über das Stärkeverhältnis der nationalen Flottenrüstungen und andere Vereinbarungen rüstungstechnischer und militärischer Natur eingebettet waren in ein politisches Vertragssystem, das eine Abgrenzung der Interessen der Mächte in Ostasien zum Ziele hatte und für eine gewisse Zeitspanne auch gewährleistete. Amerika und Großbritannien waren gemeinsam an der Erhaltung des status quo in Ostasien interessiert, und Japan war nicht zuletzt auf Grund seiner inner- und wirtschaftspolitischen Schwierigkeiten nicht in der Lage, dieser anglo-amerikanischen Politik, die praktisch auf eine Eindämmung des japanischen Expansionsdranges hinauslief, erfolgreich zu begegnen. Obwohl die Eröffnungsrede des amerikanischen Präsidenten Harding der Notwendigkeit einer effektiven Abrüstung gewidmet war und der Staatssekretär Hughes noch am Eröffnungstage die Teilnehmer mit einem sehr detaillierten Plan einer umfassenden Rüstungsbeschränkung konfrontierte, waren es doch in erster Linie die politischen Absprachen und Vereinbarungen über Ostasien, die dann auch einen Kompromiß in Rüstungsfragen zuließen.

Zudem darf die den amerikanischen Wünschen entsprechende Formel des festgesetzten Stärkeverhältnisses nicht darüber hinwegtäuschen, daß sie alle Schiffskategorien, mit der einzigen Ausnahme der Schlachtschiffe, außer Betracht ließ. In der für Großbritannien und Japan gleichermaßen wichtigen Kreuzerfrage wurde keine Einigung erzielt, mit dem Ergebnis, daß die beiden Staaten nach der Washingtoner Konferenz vermehrt Schiffe dieser Größenordnung bauten und Amerika in dieser Hinsicht weit hinter sich ließen.

Als sich 5 Jahre später die drei Mächte — die Vereinigten Staaten, Großbritannien und Japan — erneut trafen, um über eine weitergehende Rüstungsbeschränkung zu verhandeln, führte die mangelnde politische Vorbereitung zum schließlichen Mißerfolg der Gespräche[5]. Auf dem Ergebnis der Washingtoner Konferenz aufbauend, versuchten die Initiatoren der Genfer Verhandlungen im Juni/Juli 1927, die Amerikaner, dieselbe Formel des gegenseitigen Stärkeverhältnisses auch auf die Kreuzer, Zerstörer und Uboote auszudehnen, d.h. vollständige Parität mit der britischen Flotte zu erreichen. Die Briten lehnten ab und legten gleichzeitig einen Plan vor, der den britischen Anspruch auf Wahrung ihrer Überlegenheit hinsichtlich Zahl und Stärke der Kreuzerflotte drastisch verdeutlichte. Den Experten war eine Überbrückung des Gegensatzes nicht möglich, die Konferenz ging ergebnislos auseinander und dies wiederum hatte zur Folge, daß schon im Frühjahr 1928 dem amerikanischen Kongreß eine Flottenvorlage zuging, die den Bau

---

[5] Vgl. R.G. O'Connor (wie Anm. 4), S. 16ff.

von 33 schweren Kreuzern vorsah. Eine Verabschiedung dieser Vorlage mußte jeden weiteren Versuch einer Rüstungsbeschränkung von vornherein in Frage stellen.

Nach dem Genfer Mißerfolg des Jahres 1927 schien es eine Weile, als ob sich Großbritannien in Fragen der Abrüstungspolitik mehr der kontinentalen Sichtweise der Franzosen annähern würde. Nach längeren Verhandlungen erzielten die beiden Mächte am 28. 7. 1928 Übereinstimmung darüber, daß in einem künftigen Abrüstungsabkommen die ausgebildeten Heeresreserven unberücksichtigt bleiben — eine französische Forderung — und bei beiden Flotten Rüstungsbeschränkungen nach Schiffskategorien und deren Gesamttonnage erfolgen sollten[6]. Bei der Aufzählung der zu beschränkenden Schiffskategorien fehlten die leichten Kreuzer und die kleineren Uboote, Schiffe, auf die Briten und Franzosen im Gegensatz zu den Amerikanern den größten Wert legten. Aber die Hinwendung zu Europa auf diesem Teilgebiet der Außenpolitik war nur von sehr kurzer Dauer, der Zwang zur Verständigung mit den Vereinigten Staaten war stärker. Als der amerikanische Senat am 9. 2. 1929 die seit dem Frühjahr 1928 ihm vorliegende Flottenvorlage, deren Anforderungen zwar um mehr als die Hälfte reduziert worden waren, verabschiedete, konnte es auch für die britische Regierung keinen Zweifel mehr geben, daß die bisher so standhaft verteidigte Überlegenheit der britischen Flotte auf dem Sektor der Kreuzer in absehbarer Zeit aus rein finanziellen Gründen nicht mehr aufrechterhalten werden konnte. Schon Ende März 1929, noch unter der konservativen Regierung Baldwin, verzeichnete man in Washington Anzeichen dafür, daß Großbritannien zu vertraulichen Gesprächen über eine Flottenvereinbarung bereit war. Abgesehen von den finanziellen Erwägungen werden es vor allem allgemeine politische Gründe gewesen sein, die die britische Regierung veranlaßten, einem Rüstungswettlauf, der notwendigerweise auch eine politische Konfrontation im Gefolge haben mußte, aus dem Wege zu gehen. Angesichts der durch die Dominions gegebenen verteidigungspolitischen Aufgaben, besonders in Ostasien gegenüber Japan, war Großbritannien auf ein gutnachbarliches Verhältnis mit den Vereinigten Staaten angewiesen. Zum Exponenten dieser Politik wurde Ramsay MacDonald, der am 5. Juni 1929 sei zweites Labour-Kabinett gebildet hatte. In engster Zusammenarbeit mit dem amerikanischen Botschafter in London, Dawes, und später auch mit Stimson legte er die Grundlagen für den Erfolg der Londoner Konferenz[7]. Schon knapp drei Wochen nach der Amtsübernahme akzeptierte er im Grundsatz die amerikanische Forderung auf Parität der beiden Flotten in allen Schiffskategorien. Mit dieser politischen Entscheidung war der Weg frei für konkrete Verhandlungen, die bis in den Februar 1930 hinein von beiden Seiten mit Intensität und Hartnäckigkeit geführt wurden. Wie sehr es MacDonald über die Flottenfrage hinaus auf eine allgemeine Intensivierung des britisch-amerikanischen Verhältnisses ankam, zeigte seine Reise in die Vereinigten Staaten im Oktober 1929. Die Gespräche mit Präsident

---

[6] Vgl. ebd., S. 21 ff., und R. H. Ferrell, American diplomacy in the great depression. Hoover-Stimson Foreign Policy, 1929—1933, New Haven 1957, S. 73 ff.

[7] Zur Londoner Konferenz vgl. u. a. R. G. O'Connor (wie Anm. 4), S. 29 ff.; R. H. Ferrell (wie Anm. 6), S. 96 ff.; R. Higham (wie Anm. 4), S. 136 ff.; J. Chastenet, Histoire de la Troisième République, Paris 1960, Bd 5, S. 195 ff.; K. Kadzik, England und Deutschland 1930—1932, Berlin 1959, S. 130, und die dort verzeichnete Literatur.

Hoover führten zwar nicht zu konkreten Absprachen, sie bestätigten und vertieften jedoch das grundsätzliche Einvernehmen über Ziel und einzuschlagendes Verfahren für die inzwischen nach London einberufene Konferenz.

Dieses Einvernehmen war vor allem notwendig gegenüber den Forderungen, die Japan in einer Note vom 12. 8. 1929 aufgestellt hatte. Die in Washington gefundene Formel — 5:5:3 — genügte den Japanern nicht mehr, sie entsprach vor allem nicht mehr ihrem konkreten Flottenbauprogramm, sie verlangten daher ein Stärkeverhältnis von 10:10:7. Allein für Japan konnten die Beschlüsse der Konferenz nach den Vorstellungen der Amerikaner und Briten zu einer tatsächlich effektiven Beschränkung der Flottenrüstung führen, während die beiden anderen Seemächte weit davon entfernt waren, die in den Vorverhandlungen abgesprochenen Zahlen für die beiderseitige Flottenrüstung in naher Zukunft zu erreichen. In Anbetracht dieser Verhältnisse vermieden es Stimson und MacDonald während der Konferenz, die am 21. Januar 1930 mit ihren Sitzungen begonnen hatte, sorgfältig, auf Japan einen ungebührlichen Druck auszuüben, waren allerdings entschlossen, dessen Forderungen nicht zu akzeptieren. Trotz der sich noch lange hinziehenden Einzelverhandlungen um Zahl und Tonnagebegrenzungen für schwere und leichte Kreuzer, für Zerstörer und Uboote konnte nach dem grundsätzlichen Einvernehmen der angelsächsischen Mächte an dem Erfolg der Konferenz — zumindest in der Flottenfrage — nicht mehr gezweifelt werden, wenn eine für Japan akzeptable Lösung gefunden werden konnte. Der Plan, den Stimson am 4. 2. 1930 der Konferenz vorlegte, entsprach den japanischen Erwartungen durchaus nicht, jedoch war eine Entscheidung erst nach den japanischen Wahlen vom 20. 2. 1930, die der Partei des Ministerpräsidenten Hamaguchi eine klare Mehrheit im Reichstag brachten, zu erwarten. In den darauf folgenden Verhandlungen verstanden sich die Amerikaner zu einer Modifizierung des ursprünglichen Stimson-Vorschlages. Bei den leichten Kreuzern, auf die die Amerikaner weniger Wert legten, und bei den Zerstörern wurden den Japanern die gewünschten 70%, bei den Ubooten sogar 100% der britisch-amerikanischen Flottenstärke konzediert. Die Amerikaner verbanden dieses Entgegenkommen mit dem Hinweis, daß sie sich bei einem Nichtzustandekommen einer Flottenvereinbarung dazu gezwungen sehen könnten, das Abkommen über das Verbot von Seebefestigungen im Pazifik mit dem Ablauf des Vertrages von Washington zu kündigen. Daraufhin akzeptierte die japanische Delegation auf Weisung von Tokio am 13. März den gefundenen Kompromiß. Zu dieser Entscheidung wird die Überlegung nicht unwesentlich beigetragen haben, daß die Regelung den Japanern erlaubte, bis zum Ablauf des Vertrages am 31. 12. 1936 die volle Zahl — 12 — der ihnen zugebilligten schweren Kreuzer in Dienst zu stellen, während die Amerikaner erst 15 ihrer insgesamt 18 schweren Kreuzer zur Verfügung haben würden. Trotzdem hat das Ergebnis der Londoner Konferenz, wie angedeutet, zu einer innenpolitisch bedeutsamen Krise geführt, die den Rücktritt verschiedener Admirale und ein Attentat auf den Ministerpräsidenten Hamaguchi im Gefolge hatte.

Mit der Londoner Konferenz war es zum ersten und gleichzeitig letzten Mal gelungen, das Ausmaß der Flottenrüstung der drei führenden Seemächte der Welt in allen wesentlichen Schiffskategorien für eine begrenzte Zeit durch ein frei vereinbartes Übereinkommen zu begrenzen. Eine solche Rüstungsbeschränkung war, abgesehen von den politischen Motiven der Verhandlungspartner und den besonderen Bedingungen einer in erster Linie von Seestreitkräften abhängigen Sicherheitspolitik, nur dadurch möglich, daß man den Bedürfnissen der nationalen Machtpolitik entgegenkam und den Rüstungen ein Ziel in der Zukunft setzte. Rüstungsbegrenzung hieß in diesem Zusammenhang nichts anderes wie international geregelte Aufrüstung. Im amerikanischen Repräsentantenhaus ist der Regierung vorgerechnet worden, daß das Bauprogramm, das bisher jeweils nicht mehr als 50 Mill. Dollar pro Jahr erfordert hatte, nach den Londoner Vereinbarungen für die kommenden Jahre mehr als das Doppelte, nämlich 125 bis 150 Mill. Dollar kosten würde. Die Seemächte verfolgten nichtsdestoweniger eine dem Art. 8 der Völkerbundssatzung entsprechende Politik, sie orientierten sich an dem Maß ihrer für notwendig erachteten, dem eigenen Urteil unterworfenen nationalen Sicherheit und berücksichtigten die geographische Lage und die besonderen Verhältnisse ihrer Staaten — nur bezeichneten sie das Ergebnis nicht mit dem irreführenden Begriff der Abrüstung. Sie trieben praktische Politik und waren sich darüber im klaren, daß jede Verständigung über Rüstungsbeschränkungen nur die Folge eines politischen Übereinkommens sein und der Weg nicht in der entgegengesetzten Richtung beschritten werden konnte.

Mit diesem aufs ganze gesehen positiven Ergebnis ist jedoch nur ein Aspekt der Londoner Verhandlungen bezeichnet. Eine Einigung mit den europäischen Gesprächspartnern Italien und Frankreich kam nicht zustande. Die Gründe, die, abgesehen von der hier nicht zu berücksichtigenden französisch-italienischen Flottenrivalität, einem Beitritt Frankreichs zu allen Teilen des Vertragswerks entgegenstanden, werden nun in einem weiteren Rahmen zu erörtern sein. Dieser Rahmen aber ist die von Frankreich nach 1918 entwickelte Politik der »Sécurité« und deren Auswirkungen auf die französische Abrüstungspolitik. So sehr auch die Politik der Seemächte von dem Streben nach Sicherheit und in mancher Hinsicht auch von militärtechnischen, genauer marinetechnischen, Notwendigkeiten bestimmt wurde, so gewannen diese Elemente in der kontinentaleuropäischen Sichtweise der Franzosen eine weitaus größere Bedeutung, die im Blick auf die Abrüstung bzw. Rüstungsbeschränkung zu Gegensätzen führte, die nicht überbrückt werden konnten.

In militärischer Hinsicht spielte der Begriff der Grenze für die Landmacht Frankreich eine den Seemächten im Grunde unbekannte Rolle. Der Weite der Meere stand der eng begrenzte Raum eines Kontinentalstaates gegenüber. Überdies hatte der Weltkrieg bewiesen, daß dem industriellen Potential eines Staates dieselbe kriegsentscheidende Bedeutung zukam wie der bewaffneten Streitmacht, und daß beide wiederum abhängig waren von der Zahl der zur Verfügung stehenden Arbeitskräfte und Soldaten. Auch dies ein Gesichtspunkt, der für die Seemächte, die noch immer in ihren Flotten ihre nationale Sicherheit gewährleistet sahen, keine ausschlaggebende Rolle spielte. Für eine Politik der Rüstungsbeschränkung hieß dies u. a., daß für Frankreich die Interdependenz aller Verteidigungsmittel zum unumstößlichen Grundsatz werden mußte, während die besondere Situation der Seemächte diesen erlaubte, Teilgebiete der Rüstung internationalen Vereinbarungen zu unterwerfen.

Die Friedensregelung von Versailles hatte unter diesem Aspekt mit der unbefristeten Demilitarisierung einer 50 km tiefen Zone rechts des Rheins und deren zeitlich abgestufter militärischen Besetzung das Problem der militärisch bedrohten Grenze entschärft. Die Zerschlagung der deutschen Wehrmacht, die Beschränkung der bewaffneten Macht auf ein dem ursprünglichen Wilsonschen Programm entsprechendes Mindestmaß, das in dieser Form von den französischen Militärs nicht gebilligt wurde, und die beträchtlichen territorialen Einbußen Deutschlands hatten aber nicht vermocht, das industrielle und demographische Übergewicht des ehemaligen Gegners zu beseitigen. Hinzu kam, daß das politische Bündnis mit den angelsächsischen Mächten sich nach Versailles nicht in den von Frankreich gewünschten Formen aufrechterhalten ließ.

Damit ist in groben Zügen der Hintergrund bezeichnet, auf dem die Entwicklung der französischen Verteidigungskonzeption in dem Jahrzehnt nach Versailles gesehen werden muß, die wiederum das Verhalten Frankreichs zu den Bemühungen um Rüstungsbeschränkung erst recht verständlich macht[8].

Die Beratungen des Conseil supérieur de la guerre über die künftige Form der Verteidigung des französischen Mutterlandes nahmen erst mit der Einsetzung der Commission de Défense des frontières im Dezember 1925, also nach Abschluß des Locarno-Vertrages und unmittelbar vor der Räumung der Kölner Zone, konkretere Formen an. In den Jahren zuvor hatte sich der Conseil supérieur de la guerre nicht über die grundsätzliche Frage einigen können, ob einem Angriff auf die östlichen Grenzen offensiv oder defensiv begegnet werden sollte. Marschall Foch setzte sich, in Anlehnung an seine Pläne des Frühjahrs 1919, mit Nachdruck für eine offensive Verteidigung ein und forderte dementsprechend eine Modernisierung des Kriegsmaterials und größere Mobilität für die Armee. Pétain dagegen neigte mehr einem defensiven Verfahren zu und schlug die Vorbereitung eines befestigten Verteidigungsgürtels vor. Als Mittelweg bot sich die Einrichtung von Verteidigungszonen, den sog. »régions fortifiées« an, die dem Oberbefehlshaber die Freiheit der Entscheidung in einem allerdings eingeschränkten Sinne beließ. Der Vorsitzende der Commission de Défense des frontières, deren 1. Sitzung am 24. 2. 1926 stattfand und die bis in den Januar 1930 hinein tagte, General Guillaumat, legte am 6. 11. 1926 dem Kriegsminister Painlevé einen Gesamtplan für die Verteidigung der Nord-, Ost- und Alpengrenze vor. Der Plan sah drei »régions fortifiées« um Metz, Belfort und im Nordosten des Elsaß vor. In den Jahren 1927 und 1928 wurden die Vorschläge Guillaumats einer bis ins Einzelne gehenden Prüfung durch den Generalinspekteur der Armee, Marschall Pétain, unterzogen, die im Ergebnis die tief gestaffelten »régions fortifiées« in eine stark befestigte durchgehende Verteidigungslinie von Belfort bis Diedenhofen verwandelte. Da es auch die Ansicht Pétains war, daß die Verteidigung der französischen Nord-

---

[8] Für die Entwicklung der französischen Verteidigungskonzeption, der Armee und der damit im Zusammenhang stehenden politischen und militärischen Fragen vgl. P.-E. Tournoux, Défense des Frontières. Haut Commandement — Gouvernement 1919—1939, Paris 1960, sowie den Aufsatz desselben Verfassers: Les Origines de la ligne Maginot, in: Revue d'Histoire de la Deuxième Guerre Mondiale, 9 (1959), S. 1ff. Ferner J. Chastenet (wie Anm. 7), S. 191 ff.; A. Vagts, Defense and Diplomacy. The Soldier and the Conduct of Foreign Relations, New York 1958, S. 134f., 304, 413; H. Herzfeld (wie Anm. 2), S. 274ff.; J. Minart, Le Drame du Désarmement français (1918—1939), Paris 1959, S. 12ff.; J. Mobécourt, Une histoire politique de l'armée — de Petain à Petain 1919—1942, Paris 1967, sowie die Angaben bei G. Meinck, Hitler und die deutsche Aufrüstung 1933—1937, Wiesbaden 1959, S. 1ff.

grenze nur auf belgischem Gebiet möglich und sinnvoll sei, wurde für das Grenzgebiet zwischen Hirson und Dünkirchen ein System von Feldbefestigungen und Stützpunkten vorgesehen. Mit der Ausführung der umfangreichen Arbeiten wurde 1929 begonnen, und Ende 1934 war die Maginotlinie, wie sie nun genannt wurde, im wesentlichen vollendet, wobei das ursprüngliche Programm allerdings noch vielfachen, durch die sich verschlechternde Finanzlage des Staates bedingten Einschränkungen unterworfen worden war. War mit der Maginot-Linie der feste, aber auch starre äußere Rahmen der Landesverteidigung gefunden worden, so legte die Heeresgesetzgebung des Jahres 1927 die Grundlage für die Organisation von Armee und Nation in Friedens- und Kriegszeiten. Die Loi Paul-Boncour zog die Konsequenz aus den Erfahrungen des Weltkrieges und versuchte die strukturellen Schwächen durch eine perfekte Organisation der Mobilmachung vor allem auf industriellem Gebiet und durch eine vormilitärische Ausbildung der Jugend auszugleichen. Weniger beachtet wurde in jener Zeit allerdings die im selben Jahr erfolgende erneute Herabsetzung der Dienstzeit für die Wehrpflichtigen von 18 auf 12 Monate, deren gravierende Konsequenzen noch zu besprechen sein werden.

Heeresgesetzgebung und Maginotlinie waren jedoch nur ein Ausdruck der umfassend angelegten französischen Sicherheitspolitik, die in unablässiger Bemühung vesuchte, die in Versailles gewonnene Position durch ein engmaschiges Bündnissystem politisch und militärisch zu konsolidieren. Vor allem die Beziehungen zu den osteuropäischen Staaten, insbesondere zu Polen und der Tschechoslowakei, standen unter einem militärischen Aspekt, sowohl im Sinne des »cordon sanitaire« gegenüber der Sowjetunion wie auch als Bedrohung der Ostgrenzen Deutschlands. Französische Militärmissionen in Warschau — von 1919 bis 1932 — und in Prag — von 1919 bis 1938 — waren der Ausdruck dieser Bestrebungen. Jedoch hatte die aktive Osteuropapolitik mit dem Abschluß des Freundschafts- und Bündnisvertrages mit der Tschechoslowakei im Januar 1924 ihren Höhepunkt erreicht und überschritten. Sie verlor zudem durch die in diesen Jahren einsetzende Planung für die Maginotlinie ihre militärpolitische Zielsetzung, auch wenn dieser Wandel, wie Chastenet bemerkt, den Zeitgenossen nicht bewußt wurde.

In den Jahren von 1924 bis 1932 stand vielmehr die Frage engerer Beziehungen zu Großbritannien und den Vereinigten Staaten im Vordergrund der diplomatischen Bemühungen. Die Verhandlungen wurden von französischer Seite sämtlich mit dem Ziele geführt, einen Ersatz für die am Widerstand des amerikanischen Kongresses gescheiterten Sicherheitsverträge des Jahres 1919 zu finden. Einen ersten Versuch stellte in dieser Hinsicht das Genfer Protokoll vom 2. Oktober 1924 dar[9]. In ihm wurde der Versuch unternommen, den Völkerbund mit einer beschränkten Exekutivgewalt, die ihm in Versailles verweigert worden war, auszustatten. Das Protokoll sah vor, daß sich alle Signatarstaaten des Völkerbundpaktes einer durch den Internationalen Gerichtshof kontrollierten Schiedsgerichtsbarkeit unterwerfen und sich verpflichten sollten, den Beschlüssen des Völkerbundrats zur Beilegung internationaler Streitfälle Folge zu leisten. In der Präambel kam zum Ausdruck, daß diese Regelung der Sicherheitsfrage eine wesentliche Vorbedingung

---

[9] Vgl. hierzu L. Zimmermann, Deutsche Außenpolitik in der Ära der Weimarer Republik, Göttingen 1958, S. 247 ff., und die dort verzeichnete Literatur.

für die in Art. 8 der Völkerbundsatzung vorgesehenen Verminderung der Rüstungen darstelle. Noch deutlicher dokumentierte sich das französische Interesse in der Definition des Angreifers, in der festgestellt wurde, daß auch die Verletzung der Bestimmungen für eine demilitarisierte Zone als Kriegshandlung anzusehen sei. Das Protokoll war vornehmlich von dem britischen Delegierten Lord Cecil und dem französischen Obersten Réquin ausgearbeitet worden, deshalb war anzunehmen, daß eine Einigung zwischen den wichtigsten Partnern zustande kommen würde. Die britische Regierung, sowohl das Labour-Kabinett unter MacDonald als auch die konservative Regierung Baldwin, sah sich jedoch vor die Tatsache gestellt, daß weder die Dominions noch die Vereinigten Staaten Neigung zeigten, einen vornehmlich auf die europäischen Verhältnisse zugeschnittenen Sicherheitspakt zu unterstützen, von dem darüber hinaus Deutschland und — noch wichtiger — Rußland zunächst ausgeschlossen bleiben sollten. Der am 12. 3. 1925 in Genf verkündete ablehnende Beschluß des britischen Kabinetts bedeutete das endgültige Scheitern des Versuchs, den Völkerbund zu einem funktionsfähigen Instrument internationaler Politik zu machen.

Zielte das Genfer Protokoll in französischer Sicht auf die Einbeziehung Großbritanniens in ein kontinentaleuropäisches Sicherheitssystem, so unternahm es Briand mit dem Vorschlag eines Neutralitäts- und Freundschaftsvertrages, die Vereinigten Staaten wieder an die europäischen Fragen heranzuführen. Der Briand-Kellogg-Pakt vom 27. 8. 1928 entsprach jedoch kaum den französischen Erwartungen. In den folgenden Jahren hat es nicht an Versuchen gefehlt, den »Kriegsächtungspakt« durch Zusätze, etwa im Sinne einer Konsultationsvereinbarung, zu ergänzen. Auf amerikanischer Seite stand man diesen Versuchen im allgemeinen ablehnend gegenüber. Für die weitere Entwicklung war es jedoch ein positiver Faktor, daß Stimson, der amerikanische Staatssekretär unter Hoover, den Gedanken einer Erweiterung des Briand-Kellogg-Paktes von Beginn seiner Amtstätigkeit an verfolgt hat[10]. Besonders während der Londoner Konferenz hat er entsprechende Vorschläge entwickelt und damit eine der seltenen, aber wenig aussichtsreichen Möglichkeiten eröffnet, die Vereinigten Staaten wieder in die europäische Politik einzubeziehen. Gelang dies, so war eines der Haupthindernisse auf dem Wege zu einer Abrüstungskonvention ausgeräumt. Die Londoner Verhandlungen erhielten aus diesem Grunde eine über die reinen Flottenfragen hinausgehende Bedeutung.

Die Stellungnahme der französischen Regierung zu der britischen Initiative für eine Rüstungsbeschränkung der Flotten war von vornherein darauf gerichtet, auch diese Verhandlungen in den Rahmen des Völkerbundes zu zwingen oder doch sie der eigenen Sicherheitspolitik nutzbar zu machen. In der französischen Note vom 20. 12. 1929 wurde klar ausgesprochen, daß jeder Abrüstungsvereinbarung ein politisches Übereinkommen vorauszugehen habe, das den Partnern durch wirksame Sicherheitsgarantien eine Rüstungsbeschränkung erst ermöglichen würde. Im übrigen könne die Londoner Konferenz nur Grundsätze und Methoden für eine spätere allgemeine, d. h. alle Rüstungskategorien umfassende Konvention ausarbeiten. Deutlicher konnte die begründete franzö-

---

[10] Zu Stimsons Politik in dieser Frage vgl. insbesondere R. H. Ferrell (wie Anm. 6), S. 29 ff., 82 ff., sowie R. G. O'Connor (wie Anm. 4), S. 94 ff.

sische Abneigung gegen Teilabrüstungsabkommen nicht dargelegt werden. Während der Konferenz beschäftigten die Franzosen weniger die konkreten Verhandlungen über Tonnage und Bestückung, sondern mehr die Gespräche mit Stimson, MacDonald und Henderson über eine Frankreich zu gewährende Sicherheitsgarantie. Mitte Februar 1930 machte der damalige französische Ministerpräsident Tardieu den Vorschlag, den Briand-Kellogg-Pakt mit dem Völkerbundpakt zu verbinden. Daran schlossen sich eine ganze Reihe weiterer Vorschläge, die alle darauf hinausliefen, mit den angelsächsischen Mächten ein Konsultations-, besser noch ein Beistandsverhältnis zu begründen. Die Briten hielten sich klug zurück, während Stimson Briand am 8. März 1930 erklärte, daß er nichts gegen ein Abkommen über gegenseitige Konsultationen einzuwenden habe, daß er ein solches Abkommen aber nicht in Verbindung mit der Flottenkonferenz befürworten könne. Gemessen an der bisherigen amerikanischen Haltung war dies ein nicht geringer Fortschritt, obwohl er natürlich den französischen Wünschen nicht entsprach. Die Briten standen jedenfalls unter dem Eindruck, daß die amerikanische Haltung sich zu ändern beginne und daß daher auch von ihnen Entgegenkommen gegenüber den französischen Wünschen verlangt werde. In einer Pressekonferenz vom 26. 3. 1930 erklärte Stimson nochmals, daß er nichts gegen ein Konsultationsabkommen einzuwenden habe, daß er aber jede Verbindung eines solchen Abkommens mit der Vorstellung einer militärischen Beistandsverpflichtung ablehnen müsse. Den Franzosen war diese Form einer amerikanischen Verpflichtung zu wenig, während sie Hoover, der eine Gegeninstruktion erließ, schon zu weit ging. Die Briten, denen die Franzosen im Februar den Abschluß eines Mittelmeerpaktes vorgeschlagen hatten, waren dagegen erleichtert, daß die ihnen wichtige Übereinkunft mit den Vereinigten Staaten nicht durch europäische Verpflichtungen belastet werden mußte. MacDonald sprach sich hierüber Stimson gegenüber sehr deutlich aus.
Der Verlauf der Verhandlungen hatte deutlich werden lassen, daß die britisch-amerikanische Politik gegenüber Europa auf bewußte Distanz sah. Selbst Stimsons Initiative war nicht darauf gerichtet, bestimmend auf die europäischen Verhältnisse einzuwirken; sie wurde vielmehr mit dem Ziel unternommen, der Flottenkonferenz zu einem Erfolg zu verhelfen. Die britische Regierung fühlte sich bestärkt in ihrer Haltung durch die Tatsache, daß die Sicherheit des Landes durch das sehr freundschaftliche Verhältnis zu den Vereinigten Staaten und die vereinbarte Rüstungsbeschränkung für die Flotten genügend gewährleistet zu sein schien. Die bevorstehenden Abrüstungsverhandlungen in Genf waren deshalb für sie von sekundärer Bedeutung. Für die französische Regierung ergab sich aus dem Verlauf der Londoner Verhandlungen, daß die in ihren Augen wichtigste Voraussetzung für jede Form der Rüstungsbeschränkung, der Ausbau eines militärisch ausgerichteten Sicherheitssystems, nicht zu erreichen war. Frankreich sah sich in der Sicherheitsfrage isoliert.
Das zeigte sich auch bei den Verhandlungen der vorbereitenden Abrüstungskommission. Nur wenige Tage vor der Unterzeichnung des Vertrages von Locarno hatte die Versammlung des Völkerbundes am 25. 9. 1925 den Rat aufgefordert, »vorbereitende Studien für die Organisation einer Konferenz zur Herabsetzung und Begrenzung der Rüstungen« zu veranlassen. Der Rat setzte daraufhin im Dezember des gleichen Jahres eine Kommission ein, die einen Konventionsentwurf für eine allgemeine Abrüstungskonferenz erar-

beiten sollte. Im Mai 1926 trat diese Kommission zu ihrer ersten Sitzung zusammen; ihr gehörten die Ratsmächte, aber auch die Vereinigten Staaten, Deutschland, Sowjetrußland seit 1927 und die Türkei seit 1928 an. Es ist hier nicht der Platz und vom Ergebnis der jahrelangen Beratungen her betrachtet wohl auch nicht angemessen, den Verlauf der sieben Tagungen der Kommission zu schildern. Der Konventionsentwurf vom 9.12.1930 ist nie Gegenstand der Verhandlungen der Abrüstungskonferenz gewesen. Für Deutschland jedoch waren die Verhandlungen der Kommission insofern von Bedeutung, als sie zum ersten Mal nach Versailles die Möglichkeit boten, den deutschen Standpunkt vor einem zuständigen internationalen Forum zu vertreten.

Für die deutsche Delegation unter dem Grafen Bernstorff mußte es darauf ankommen, die internationale Anerkennung der Tatsache der deutschen Abrüstung zu erreichen, um von dieser Basis den rechtlich unterbauten Anspruch auf Abrüstung der anderen sogenannten hochgerüsteten Staaten vertreten zu können, der wiederum die Möglichkeit eines politischen Arrangements im Sinne einer dem deutschen Sicherheitsbedürfnis entsprechenden Lösung in sich schloß.

Während der ersten Tagung der Abrüstungskommission im März/April 1926 war die Interalliierte Militärkontrollkommission[11] noch in Deutschland tätig, und ihre Berichte waren weit davon entfernt, eine den Versailler Bestimmungen entsprechende Abrüstung Deutschlands als vollzogene Tatsache anzuerkennen. Vor allem das Vorhandensein paramilitärischer Verbände und bestimmter Verteidigungsanlagen in Ostpreußen wurden beanstandet. Es bedurfte Stresemanns ganzen diplomatischen Geschicks, um zu erreichen, daß die Außenminister der ehemals verbündeten Staaten am 12.12.1926 beschlossen, die Interalliierte Militärkommission zum 31.1.1927 aus Deutschland abzuberufen. Aber noch der letzte Bericht der Botschafter-Konferenz vom Juli 1927 enthielt Bemerkungen über militärische Einrichtungen, die den Versailler Bestimmungen zuwiderliefen. Es ist bekannt, daß vor allem die französische öffentliche Meinung niemals die deutsche Abrüstung als vollzogen anerkannte. Geht man von Versailles aus, so bestand diese Skepsis sicher zu Recht.

Trotzdem war die Frage auf diplomatischer Ebene durch die Erklärung der Außenminister vom 12.12.1926 in einem für Deutschland positiven Sinne entschieden worden. Der deutschen Delegation war damit ein Argument in die Hand gegeben, um, gestützt auf die Formulierungen der alliierten Mantelnote vom 16.6.1919, der Präambel des Teiles V des Versailler Vertrages und schließlich des Artikels 8 der Satzung des Völkerbundes, die Abrüstung der anderen Staaten zu fordern. Diese Rechtsthese — Deutschland habe ein Anrecht auf die Abrüstung anderer Staaten nach dem Versailler Muster — war zwar Gemeingut aller politischen Parteien des Reichstages und fand, durch die sehr rege deutsche Publizistik in dieser Frage, auch im Ausland Anhänger, aber in der diplomatischen Auseinandersetzung blieb sie im ganzen doch eine stumpfe Waffe. Schon in Versailles war der Versuch gescheitert, die für Deutschland gefundenen Prinzipien der Abrüstung auf andere Staaten zu übertragen. Zudem war seit der Mantelnote vom 16.6.1919 klar

---

[11] Vgl. zur Tätigkeit der Kommission jetzt M. Salewski, Entwaffnung und Militärkontrolle 1919—1927, München 1966.

unterschieden worden zwischen der Abrüstung Deutschlands und der dadurch möglich werdenden Herabsetzung und Begrenzung der Rüstungen der übrigen Staaten. So war diese These vor allem der Ausdruck der einhelligen Überzeugung, daß Deutschland durch die erzwungene Entwaffnung in den internationalen Verhandlungen eine überaus starke Position gewonnen habe. Aber es ist sehr die Frage, ob dies tatsächlich der Fall war. Wenn man in den Abrüstungsverhandlungen zu einem allseitig anerkannten, frei vereinbarten Übereinkommen über die gegenseitigen Rüstungen gelangen wollte — und das mußte das Ziel deutscher Politik sein —, so ließ sich mit rechtlichen Forderungen allein wenig erreichen, wenn sie nicht durch ein entsprechendes politisches Angebot ergänzt wurden. In dieser Hinsicht war aber der Spielraum der deutschen Außenpolitik mehr als beschränkt, nicht zuletzt aus innerpolitischen Gründen. Mit dem Abschluß des Vertrages von Locarno war Deutschland den Sicherheitswünschen Frankreichs so weit entgegengekommen, wie es nur irgend möglich war.

Ähnliche Vereinbarungen über die deutschen Ostgrenzen und den Abbau der militärischen Vorkehrungen gegenüber Polen, ein Verbot der paramilitärischen Verbände und ein Verzicht auf den Bau der neu entwickelten, den Versailler Bestimmungen entsprechenden Panzerkreuzer konnte keine deutsche Regierung als Angebot auch nur in Erwägung ziehen. Ebensowenig konnte in Betracht gezogen werden, durch die Drohung einer international nicht kontrollierten deutschen Aufrüstung die Verhandlungspartner zu einer den deutschen Wünschen entsprechenden Vereinbarung zu veranlassen. Ein solcher Schritt hätte die auf einigen anderen Gebieten erfolgreiche Revisionspolitik in Frage gestellt. In dieser Situation blieb die deutsche Delegation darauf angewiesen, in den Verhandlungen selbst, in den Stellungnahmen der einzelnen Mächte Ansatzpunkte für eine gemeinsame Politik zu finden und zu verwerten. Es bleibt die Frage, ob dies in ausreichendem Maße geschehen ist. Der Ausgangspunkt war insofern nicht ungünstig, als im März 1927 Großbritannien und Frankreich der Kommission in vieler Hinsicht entgegengesetzte Arbeitsentwürfe vorlegten, wobei Großbritannien den deutschen Vorstellungen entgegenkommende Ansichten vertrat. Als dann Ende November 1927 Litwinoff[12] die Kommission mit den radikalen Abrüstungsthesen der Sowjetunion überraschte, ergab sich ein weiterer Ansatzpunkt für die deutsche Delegation. Ein Antrag des Grafen Bernstorff sorgte dafür, daß die sowjetischen Vorschläge auf der nächsten Tagung im März 1928 nochmals verhandelt wurden. Es darf vermutet werden, daß diese darin zum Ausdruck kommende Unterstützung der sowjetischen Initiative der deutschen Position mehr geschadet als genützt hat. Jedenfalls einigten sich Großbritannien und Frankreich in der Vereinbarung vom 28.7.1928 darüber, daß die ausgebildeten Reserven nicht auf die Stärke der Landstreitkräfte in einer künftigen Abrüstungskonvention angerechnet werden sollten. Auch die Amerikaner schlossen sich dieser These im März 1929 an. Die deutsche Delegation, die noch 1927 gemeinsam mit Amerikanern und Briten die gegenteilige

---

[12] Vgl. hierzu H. Stoecker u. G. Rosenfeld, Die Vorschläge der Sowjetunion für allgemeine und vollständige Abrüstung 1927/28, in: Zeitschrift für Geschichtswissenschaft, 9 (1961), S. 13 ff., sowie U. Scheuner, Sicherheit und Neutralität als Elemente der sowjetischen Außenpolitik (1917–1960), in: Forschungen zur osteuropäischen Geschichte, 8 (1962), S. 299 ff.

Ansicht vertreten hatte, sah sich isoliert. Es muß allerdings betont werden, daß diese Handlungsweise der angelsächsischen Mächte vornehmlich, wenn auch nicht ausschließlich, von dem Wunsche diktiert wurde, Frankreich für eine Vereinbarung über die Flottenabrüstung zu gewinnen.

Das Ergebnis der Kommissionsverhandlungen war der Konventionsentwurf vom 9.12.1930, der auf die Erfassung der ausgebildeten Reserven und des gelagerten Kriegsmaterials in einer künftigen Konvention verzichtete. In Artikel 53 des Entwurfs schließlich wurde festgestellt, daß diejenigen Staaten, deren Rüstungen durch frühere Verträge geregelt waren, an diese gebunden bleiben sollten. Der Artikel ging zurück auf einen Antrag des britischen Vertreters, Lord Robert Cecil, der vorgab, allein die Washingtoner Vereinbarungen dabei im Auge gehabt zu haben. Sollte das der Fall gewesen sein, so ist diese Episode Symptom einmal für das alleinige Interesse Großbritanniens an der Flottenabrüstung und außerdem ein Zeichen für das mangelnde Vermögen der deutschen Delegation, die Briten mit den Umständen, Notwendigkeiten und Zielen der deutschen Abrüstungspolitik vertraut zu machen. Jedenfalls war mit dem Artikel 53 des Entwurfs klar geworden, daß die deutsche Politik in dieser Frage um keinen Schritt vorangekommen war, daß es Frankreich gelungen war, britische und amerikanische Unterstützung für die wesentlichen Punkte einer zukünftigen Vereinbarung über die Rüstungsbeschränkung der stehenden Heere zu finden, daß demnach die Aussichten auf eine effektive Herabsetzung der Rüstungen mehr als gering waren und damit die Frage der äußeren Sicherheit des Reiches für eine nicht absehbare Zeitspanne weiter in der Schwebe bleiben würde. Als daher der Völkerbundsrat in seiner Sitzung vom 24. Januar 1931 den Beginn der allgemeinen Abrüstungskonferenz auf den 2. Februar 1932 festsetzte, entsprach er damit zwar dem Drängen der Versammlung des Völkerbundes und dem Verlangen der Weltöffentlichkeit, nicht aber der Überzeugung, daß nunmehr die Grundlagen für einen erfolgreichen Verlauf der Konferenz gelegt seien. Das Gegenteil war der Fall, die Fronten hatten sich nicht aufgelockert, sondern verfestigt. Deutschland sah sich in seinem Verlangen nach Gleichberechtigung in Rüstungsfragen, Frankreich in seinen Forderungen nach umfassenden Sicherheitsgarantien isoliert; Großbritannien und die Vereinigten Staaten waren nicht bereit, ihr Ansehen und ihre Macht zugunsten einer vermittelnden Lösung des Problems einzusetzen, die Konzeptionslosigkeit ihrer Europapolitik ließ einen solchen Schritt auch für die Zukunft nicht erwarten.

Waren von dieser Warte aus gesehen die Erfolgschancen der Konferenz als gering einzuschätzen, so wurde doch mit ihrer Einberufung ein gewisser Zwang zur Lösung der vielschichtigen Probleme auf die verantwortlichen Regierungen ausgeübt, denn ein Mißerfolg der Konferenz mußte die Gefahr sich steigernder Rüstungen mit sich bringen. Keine Regierung konnte ein solches Risiko ohne weiteres auf sich nehmen. Dieser Zwang wurde noch unterstützt durch Entwicklungen auf militärischem Gebiet, die nun kurz beleuchtet werden sollen.

Die Reichswehr des Versailler Vertrages ist von ihr selbst und von der großen Mehrheit der politischen Kräfte immer nur als ein erzwungenes Stadium des Überganges zu einer der traditionellen Heeresverfassung verbundenen Wehrmacht verstanden worden, die in ihrer Stärke und Ausrüstung der Lage und dem daraus resultierenden Sicherheitsbedürfnis Deutschlands zu entsprechen haben würde. Sie war also von allem Anfang an als eine Kerntruppe verstanden worden, die in sich die Möglichkeit einer relativ schnellen Ausweitung zu einem Wehrpflichtheer trug, so wie es Foch schon 1919 in Abwehr der Pläne Lloyd Georges vorgetragen hatte. Nach der Überwindung der politisch und militärisch bedingten Schwierigkeiten in den Jahren ihres Aufbaues war sie in dem ihr gesteckten Rahmen ein intaktes Instrument in der Hand ihrer Führer geworden. Kaum war diese innere Konsolidierung erreicht, begannen die Versuche, das von außen aufgezwungene Statut auf den verschiedensten Gebieten in vielerlei Gestalt zu umgehen[13]. Es ist bekannt, daß diese Unternehmungen sich ungefähr bis zur Jahreswende 1931/32 im geheimen vollzogen und alles getan wurde, sie vor allem gegenüber dem Ausland abzuschirmen. In dem hier behandelten Zusammenhang verdient nun die Tatsache Beachtung, daß mit dem Jahre 1932 auch dem Ausland gegenüber offiziell die deutschen Rüstungswünsche vertreten wurden. Dieser Wandel läßt sich sehr deutlich an zwei von Th. Vogelsang publizierten Dokumenten aus dem Jahre 1931 ablesen[14]. In der Aufzeichnung aus dem Ministeramt des Reichswehrministeriums vom August 1931 wurde die Drohung mit einer deutschen Aufrüstung, falls die deutsche Forderung auf Abrüstung der anderen Staaten nicht erfüllt würde, als sehr gefährlich bezeichnet, vor allem hinsichtlich ihrer Auswirkungen auf außen- und innerpolitischem Gebiet, zudem seien keine finanziellen Mittel für eine Aufrüstung vorhanden. In dem zweiten Dokument aus dem Reichswehrministerium vom Ende des Jahres hat sich der Ton merklich gewandelt. Voraussetzung für den Beitritt Deutschlands zu einer Konvention sei u.a., daß Deutschland die von ihm angestrebte Wehrorganisation verwirklichen könne, daß die Relation der Rüstungszahlen zwischen Deutschland und seinen Nachbarstaaten dem deutschen Sicherheitsverlangen entsprechen und schließlich die Einseitigkeit der entmilitarisierten Zonen beseitigt würde. Die hier genannten Ziele lassen sich ohne weiteres in Übereinstimmung bringen mit dem vom Chef der Heeresleitung im Januar 1932 unterzeichneten Programm, das die Aufstellung von 21 Divisionen bis 1938 vorsah[15]. Ihren öffentlichen Ausdruck fand diese Entwicklung in den verschiedenen Äußerungen Schleichers im Juli und August 1932[16], die deutlich machten, daß die Zeit des 100000-Mann-Heeres ihrem Ende entgegenging. Die innere und äußere Entwicklung der Reichswehr hatte seit ungefähr 1927 einen Verlauf genommen, der sich grundsätzlich von der Entwicklung der Streitkräfte in Frankreich und Großbritannien unterschied. Hier war eine wohlorganisierte, in ihrem Rahmen voll funktionsfähige Armee, die, getragen von dem politischen Willen der über-

---

[13] Vgl. in diesem Zusammenhang die Ausführungen W. Sauers in: K. D. Bracher, Die Auflösung der Weimarer Republik, 3. Aufl., Villingen 1960, besonders S. 273 ff., und die Studie von K.-H. Völker, Die Entwicklung der militärischen Luftfahrt in Deutschland 1920–1933, in: Beiträge zur Militär- und Kriegsgeschichte, Bd 3, Stuttgart 1962.
[14] Th. Vogelsang, Reichswehr, Staat und NSDAP, Stuttgart 1962, S. 426f. und 430f.
[15] Vgl. W. Deist, Schleicher und die deutsche Abrüstungspolitik im Juni/Juli 1932, in: Vierteljahrshefte für Zeitgeschichte, 7 (1959), S. 167ff. (abgedruckt in diesem Band S. 279–291); F. L. Carsten, Reichswehr und Politik 1918–1933, Köln 1964, S. 401, sowie die Angaben bei G. Meinck, S. 5ff., über das sog. A-Heer für den Kriegsfall.
[16] Vgl. W. Deist (wie Anm. 15), S. 176.

wiegenden Mehrheit der Nation, im Begriffe stand, die auferlegten Beschränkungen zu beseitigen, dort Streitkräfte, deren Entwicklung eher als absteigend denn als aufsteigend bezeichnet werden muß.

Großbritannien[17] ist hierfür ein sprechendes Beispiel. Am 15. 8. 1919 hatte das britische Kabinett den Beschluß gefaßt, daß die Streitkräfte sich darauf einzurichten hätten, daß in den folgenden zehn Jahren kein größerer Krieg und keine Invasion der Insel zu erwarten sei. Das Budget wurde entsprechend begrenzt. Die sog. Ten-Year-Rule wurde im Jahre 1928 auf Antrag des Finanzministers noch dahin verschärft, daß nicht mehr ein fester Termin für die Beendigung dieser Zehn-Jahres-Frist gesetzt, sondern daß dazu ein besonderer Beschluß des Kabinetts notwendig wurde. Dieser Beschluß wurde erst 1932 gefaßt, so daß die Zehn-Jahres-Frist im Jahre 1942 auslaufen sollte. Die Folgen dieser Politik lassen sich besonders an der Flotte, der wichtigsten Teilstreitkraft des Landes, ablesen. Die Personalstärke der Flotte erreichte 1931/32 mit 91 840 Mann den niedrigsten Stand seit 1895. Im Jahre 1914 besaß Großbritannien 68 Schlachtschiffe, zu Anfang des Jahres 1932 noch 15. Bei den Kreuzern ergab sich eine etwas günstigere Relation: 103 zu 46; die Zahl der Zerstörer war von 319 auf 140 gefallen. Damit ist an sich noch nichts über die Effektivität und die Verläßlichkeit des inneren Gefüges der Streitkräfte ausgesagt, sie wurde jedoch durch die Wirtschaftskrise erheblich in Mitleidenschaft gezogen. Als die Koalitionsregierung MacDonald Anfang September 1931 ihr Sparprogramm verkündete, das eine 15%ige Gehaltskürzung beinhaltete, kam es am 16. September zur Meuterei einiger Schiffsbesatzungen der bei Invergordon liegenden Flotte. Damit war zweifellos der Scheitelpunkt einer Entwicklung erreicht, die in erster Linie wohl von finanziellen, weniger von politischen Überlegungen bestimmt war.

Die militärpolitische Entwicklung in Frankreich[18] nahm in jenen Jahren zwar nicht einen derartig spektakulären Verlauf, führte jedoch ebenfalls zu einer sich stetig vermindernden Effektivität der Armee. Zehn Jahre nach der Wiedereinführung der dreijährigen Dienstpflicht war diese 1923 auf 18 Monate, 1927 auf 12 Monate herabgesetzt worden. Das Sparprogramm der Regierung Herriot im Juli 1932 reduzierte die effektive Dienstzeit gar auf 9 Monate. Reservistenübungen fanden bis 1926 überhaupt nicht, ab 1927 jeweils nur für einen Jahrgang statt. In ihrer negativen Tendenz wurden diese Vorgänge noch verstärkt durch die militärtechnischen Konsequenzen der Maginotlinie. Es ist ohne weiteres verständlich, daß ein derartig kompliziertes Festungssystem eine qualifizierte Stammbesatzung erforderte, die dadurch weitgehend für die so dringend notwendige Ausbildung der kurzdienenden Wehrpflichtigen nicht mehr zur Verfügung stand. Die Folge war, daß 1933/34 auf der einen Seite 30 Festungsbataillone gebildet und auf der anderen Seite die bisher bestehenden 20 Wehrkreise auf 18 reduziert und damit gleichzeitig die Zahl der aktiven Divisionen entsprechend reduziert wurde. Darüber hinaus sah das Finanzgesetz vom Februar 1933 die Entlassung von 5000 Offizieren vor, von denen jedoch nur 1700 tatsächlich den Abschied nehmen mußten. Die französische Armee

---

[17] Vgl. zum folgenden R. Higham (wie Anm. 4), S. 130 ff.
[18] Vgl. hierzu vor allem P.-E. Tournoux, Défense (wie Anm. 8), S. 178 ff., und die Angaben bei J. Minart (wie Anm. 8), S. 12 ff. und 41.

befand sich demnach in einer Phase der Umstrukturierung, die durch den Zwang der finanziellen Situation des Staates auf ein Zweiteilung der Armee hinauslief — neben den hochqualifizierten Festungstruppen der Maginotlinie stand die Armee der kurzdienenden Wehrpflichtigen, deren Zahl durch die 1934/35 beginnenden années creuses zudem geringer wurde. Außerdem muß beachtet werden, daß mehr als ein Drittel der französischen Armee in den Kolonien stand, so daß die Stärke der Armee im Mutterland für 1930, d.h. vor den einschneidenden Maßnahmen während der französischen Wirtschaftskrise, mit insgesamt 359 000 Mann angegeben wird. Auf die Frage der Ausrüstung mit modernen Waffen, die ebenfalls zu wünschen übrig ließ, kann hier nicht eingegangen werden.

Mit diesen Ausführungen wird natürlich nicht die These aufgestellt, daß sich in jenen Jahren vor und während der Abrüstungskonferenz ein militärisches Gleichgewicht zwischen Deutschland und Frankreich herausgebildet habe, davon kann tatsächlich nicht die Rede sein. Jedoch, die militärpolitische Situation in Europa begann sich zu wandeln, und dieser Wandel fiel zusammen mit dem Zeitraum, in dem das Thema der Abrüstung die internationale Politik bis zu einem gewissen Grade beherrschte. Diese Situation begünstigte in gewisser Weise die deutschen Forderungen, in ihr lag die Chance für die deutsche Diplomatie begründet, eine Revision der Versailler Bestimmungen zu erreichen. In der relativen Schwäche ihrer militärischen Positionen lag für Frankreich, weniger für Großbritannien, ein gewisser Zwang, ein Scheitern der Konferenz in Anbetracht der Folgen nach Möglichkeit zu vermeiden. Einem Erfolg der Konferenz stand aber auf der anderen Seite das ungelöste französische Sicherheitsverlangen, das tiefe Mißtrauen zwischen Frankreich und Deutschland sowie die seltsam zwischen Resignation und momentaner Aktivität schwankende Haltung Großbritanniens und der Vereinigten Staaten entgegen. Die Konferenz war für die Sieger des Weltkrieges zu einem Ärgernis geworden, dem nicht mehr ausgewichen werden konnte.

Die politische Geschichte der Abrüstungsverhandlungen des Jahres 1932[19] wird verdeckt durch eine Vielzahl von Plänen, die in ihrem Verlauf von den Delegationen vorgelegt wurden und sich durch eine verwirrende Fülle technischer Details auszeichnen, die heute nur noch geringes Interesse beanspruchen können. Die politischen Überlegungen der Mächte hatten sich jedoch schon im Vorjahre zu grundsätzlichen Stellungnahmen konkretisiert, die für den ersten Tagungsabschnitt maßgebend geworden sind. Das französische, an das Sekretariat des Völkerbundes gerichtete Memorandum vom 15. Juli 1931 machte deutlich, daß Frankreichs Ziel nach wie vor die Aufrechterhaltung der militärischen Bestimmungen des Versailler Vertrages blieb. Grundlage der französischen Argumentation war der Artikel 8 der Völkerbundsatzung, der die Berücksichtigung der geographischen Lage und der besonderen Verhältnisse eines jeden Staates in einer Abrüstungskonvention vorsah, die zudem die militärischen Mittel für ein gemeinsames Vorgehen der Völkerbundsmitglieder nicht antasten sollte. Es konnte also nach französischer Auf-

---

[19] Zum Verlauf der Verhandlungen der Abrüstungskonferenz vgl. L. Zimmermann (wie Anm. 9), S. 455 ff.; G. Meinck (wie Anm. 8), S. 20 ff., sowie für die Einzelheiten meine ungedruckte Dissertation: Die Haltung der Westmächte gegenüber Deutschland während der Abrüstungskonferenz 1932/33, Freiburg i. Br. 1956.

fassung keine einheitlichen Regeln für die Abrüstung aller Staaten geben, wie Deutschland es forderte. Im Gegenteil, das in Versailles festgelegte Stärkeverhältnis bilde überhaupt erst die Voraussetzung der Möglichkeit einer internationalen Abrüstung, für die im übrigen der Grundsatz der Interdependenz aller Verteidigungsmittel maßgebend sein müsse. Die französische Regierung kam zu dem Schluß, daß der momentane Rüstungsstand der französischen Streitkräfte das Minimum darstelle, das bei der augenblicklichen europäischen Situation zu verantworten sei. In dem Memorandum war auch ein Gedanke angedeutet, der bei Beginn der Abrüstungskonferenz von Tardieu vorgetragen wurde. Danach sollte eine Verbindung zwischen Artikel 8 und Artikel 16 der Völkerbundsatzung hergestellt und versucht werden, Abrüstung und Sicherheit auf dem Wege der Stärkung der Bundesexekutive durch Unterstellung bestimmter, in einer Abrüstungskonvention festzulegender Waffengattungen unter den Völkerbund zu erreichen. Ein solcher Plan, das mußte der französischen Regierung zumindest seit den Londoner Verhandlungen bewußt sein, konnte auf eine Zustimmung Großbritanniens, geschweige denn der Vereinigten Staaten, nicht rechnen. Große Teile der britischen Flotte wären der nationalen Verfügungsgewalt entzogen und damit indirekt die Bindung der britischen Politik an den europäischen Kontinent verstärkt worden. Angesichts der Aussichtslosigkeit eines solchen Planes fragt man sich nach den Motiven, die zu seiner Vorlage führten.

Großbritannien und die Vereinigten Staaten hatten nur ein mittelbares Interesse an der in ihrer Sicht vor allem der Rüstungsbeschränkung der Landstreitkräfte dienenden Abrüstungskonferenz. Ihre Haltung war dementsprechend unvoreingenommen, aber gleichzeitig von dem Willen bestimmt, sich von weiteren internationalen Beistandsverpflichtungen fernzuhalten. Das kam in einem Memorandum des Foreign Office vom 8. April 1931 und in der Instruktion Stimsons vom 19. Januar 1932 zum Ausdruck. Das britische Memorandum ging von der Voraussetzung aus, daß die Konvention mit Bestimmtheit zu einer Revision des Versailler Vertrages führen werde und müsse. Damit war der Grundsatz der deutschen Gleichberechtigung anerkannt, um den im Herbst 1932 so lange und erbittert gerungen wurde. Diese Tatsache macht aber zugleich deutlich, wie wenig Großbritannien gesonnen war, eine aktive kontinentaleuropäische Politik des Ausgleichs zu betreiben. Das von Außenminister Simon der Konferenz vorgelegte Programm empfahl eine qualitative Methode der Abrüstung, d.h. eine Beschränkung auf bestimmte Waffengattungen, und geriet damit in Gegensatz zur französischen These der Interdependenz aller Verteidigungsmittel. Die qualitative Methode empfahl sich für eine Macht, die bereits einen wesentlichen Teil ihrer Streitkräfte einer Rüstungsbeschränkung unterworfen hatte. Auch die Amerikaner waren der Ansicht, daß die Konferenz vornehmlich die Aufgabe habe, eine Rüstungsbeschränkung der Landstreitkräfte herbeizuführen, die für die Vereinigten Staaten bedeutungslos war. Stimson machte in seiner Instruktion für den Genfer Delegierten Gibson darauf aufmerksam, daß die Vereinigten Staaten mit einer Armee von 130000 Mann weit unter dem für Deutschland festgesetzten Minimum der Truppenstärke rangiere. In noch stärkerem Maße wie die Briten vermieden sie es aber, zunächst politisch führend in Erscheinung zu treten.

Das schloß allerdings nicht aus, daß die amerikanische Politik, wo immer sie konnte, vermittelnd, fordernd und anregend tätig war. Das entsprach ganz der von Stimson seit seinem Amtsantritt verfolgten Linie. So hatte er schon im Frühjahr 1931 den Versuch unternommen, die Briten von der Notwendigkeit politischer Vorbesprechungen unter den europäischen Mächten zu überzeugen. Diese Vorkonferenz unter britischem Vorsitz sollte versuchen, eine Lösung für den italienisch-französischen Flottengegensatz und die deutschfranzösischen Rüstungsfragen zu finden, sowie sich mit der militärischen Situation in Osteuropa beschäftigen. Nur von Italien ging eine positive Stellungnahme ein, Paris und London schwiegen. Über die Erfolgsaussichten einer solchen Vorkonferenz mag man sehr skeptisch denken, jedoch waren derartige politische Besprechungen auf hoher Ebene der einzige Weg, der überhaupt zu einem positiven Ergebnis hätte führen können.

Stimson war es dann auch, der während seiner Europareise Ende April 1932 noch einmal die Initiative ergriff und den Versuch unternahm, eine Einigung zwischen Frankreich und Deutschland unter Beteiligung Großbritanniens zustande zu bringen[20]. Ein Gespräch mit Tardieu am 21. April hatte zwar keine positiven Ergebnisse gebracht, der französische Ministerpräsident erklärte sich jedoch bereit, an einer gemeinsamen Aussprache mit Brüning und dem britischen Außenminister Simon teilzunehmen. Schon das war ein Erfolg. In den Gesprächen mit Simon wurde wiederum sehr deutlich, daß Großbritannien unter gar keinen Umständen bereit war, eine weitere Beistandsverpflichtung Frankreich gegenüber auch nur in Erwägung zu ziehen. Dagegen gelang es Brüning am 26. April, die Unterstützung Stimsons und Simons für ein sehr bescheidenes Programm organisatorischer Änderung im Aufbau der Reichswehr zu gewinnen. Es blieb allerdings fraglich, ob dieses Einverständnis dem zu erwartenden französischen Widerstand standhalten würde, und auf der anderen Seite war vorauszusehen, daß Brüning mit einer derartig bescheidenen Lösung der Rüstungsfrage weder die nationale Opposition noch die Reichswehrführung zufriedenstellen konnte. Die klärende Aussprache mit Tardieu unterblieb jedoch, wohl in erster Linie deswegen, weil der Zeitpunkt unmittelbar vor den französischen Kammerwahlen am 1. und 8. Mai es dem Ministerpräsidenten unmöglich machte, irgendwelche bindenden Erklärungen abzugeben, ganz abgesehen von rein wahltaktischen Überlegungen. So blieb auch diese amerikanische Initiative ohne positives Ergebnis.

Mit der Bildung der Regierung Papen traten die politischen Abrüstungsgespräche in ein neues Stadium ein[21]. Konnte man bisher davon sprechen, daß die deutsche Abrüstungspolitik in Übereinstimmung auch mit der militärischen Führung formuliert und vertreten wurde, so entwickelte der neue Reichswehrminister, General v. Schleicher, nunmehr eine eigene außenpolitische Konzeption, die in Methode und Zielsetzung sich deutlich von der Linie Brünings und auch Neuraths abhob. Ausgehend von den schon erwähnten Umrüstungsplänen, verlangte er nicht nur die Anerkennung der grundsätzlichen Gleichberechtigung, sondern eine tatsächliche Revision der Versailler Bestimmungen: bisher verbotene Waffen in bescheidenem Umfang, Herabsetzung der Dienstzeit,

---

[20] Zu den Verhandlungen Stimsons Mitte/Ende April 1932 vgl. R.H. Ferrell (wie Anm. 6), S. 208ff.; W. Deist, Brüning, Herriot und die Abrüstungsgespräche von Bessinge 1932, in: Vierteljahrshefte für Zeitgeschichte, 5 (1957), S. 265ff. (abgedruckt in diesem Band S. 271–278).
[21] Vgl. Th. Vogelsang (wie Anm. 14), S. 222ff., 294ff.

Bildung einer Miliz. In diesem Sinne hat er bei der Formulierung der deutschen Politik bis in den Herbst des Jahres hinein maßgeblich mitgewirkt und seine Ansichten mehrfach auch öffentlich vertreten.

Mit der Regierung Papen verband sich noch ein weiterer außenpolitischer Kurswechsel. Hatte Brüning versucht, sich der Unterstützung, des Wohlwollens Großbritanniens und der Vereinigten Staaten zu versichern, so drang Papen auf direkte Verhandlungen mit Frankreich. Während der Lausanner Reparationskonferenz unternahm er in hektischer Weise den Versuch, den skeptischen Herriot für ein solches politisches, ja, militärisches Zwiegespräch zu gewinnen. Der Erfolg war eine wachsende Zusammenarbeit zwischen Großbritannien und Frankreich in allen Deutschland betreffenden Fragen, die in dem Konsultativ-Abkommen vom 13.7.1932 ihren Ausdruck fand. Binnen weniger Wochen hatte sich die Situation derart gewandelt, daß nicht Frankreich, sondern Deutschland sich der Gefahr der Isolierung gegenübersah. Die Verweigerung auch nur einer grundsätzlichen Gleichberechtigung in der Resolution vom 23.7.1932 war eine Konsequenz dieser veränderten Situation. Die daraufhin von der deutschen Regierung ausgesprochene, von General v. Schleicher nachdrücklich unterstützte Weigerung, weiterhin an den Arbeiten der Abrüstungskonferenz teilzunehmen, bis die Frage der deutschen Gleichberechtigung geklärt sei, führte zu dem bekannten Notenwechsel Ende August/Anfang September 1932, der den Auftakt zu den vornehmlich britischer Initiative zu verdankenden Verhandlungen im Dezember 1932 bildete.

In diese Phase fällt die Veröffentlichung des sog. Herriot-Planes zur Abrüstung am 14.11.1932, der im Zusammenhang in zweifacher Hinsicht interessant ist. Das Motiv für die erneute Aufstellung eines derartig umfassenden Planes mag zu einem guten Teil taktischer Natur gewesen sein, es ist aber unverkennbar, daß auch ein neues Interesse an einer Rüstungsbeschränkung in ihm enthalten war. Der Plan kam gegen den schärfsten Widerstand der Militärs zustande, es ist sogar von dieser Seite behauptet worden[22], daß die Regierung unter Umgehung des Conseil supérieur de la Défense Nationale das alternativ ausgearbeitete Programm des größtmöglichen Entgegenkommens veröffentlicht habe. Das Verhalten von Herriot und Paul-Boncour wurde bestimmt durch die Überlegung, daß die Anerkennung der Gleichberechtigung Deutschlands nicht mehr zu umgehen sei und daß es nunmehr darauf ankomme, eine unkontrollierte Aufrüstung Deutschlands zu verhindern. Der einzige Weg, ein in seinem Ausgang für Frankreich ungewisses Wettrüsten zu vermeiden, war aber eine auch von Deutschland akzeptierte Vereinbarung über die Beschränkung der Rüstungen. Man kann darin einerseits einen Erfolg der aktiven Außenpolitik Schleichers und andererseits den überfälligen, verspäteten Ansatz einer vorausschauenden französischen Rüstungspolitik erblicken.

Der zweite Aspekt, unter dem der Plan kurz erörtert werden soll, bezieht sich auf die Vorschläge zur Heeresorganisation. Die europäischen Heere sollten insofern vereinheitlicht werden, als jeder Staat neben einem kurzdienenden Wehrpflichtheer ohne schwere Waffen eine langdienende Spezialistentruppe mit sog. »offensiven« Waffen bilden sollte. Diese »armée de choc« sollte vom Völkerbund kontrolliert und ihm zur Aufrechterhal-

---

[22] Vgl. hierzu die allerdings mit Vorsicht zu verwertenden Angaben bei J. Minart (wie Anm. 8), S. 27 ff.

tung der Sicherheit zur Verfügung gestellt werden. Flotten, Luftwaffen und überseeische Streitkräfte sollten nicht in dieses System einbezogen werden. Es ist offensichtlich, daß sämtliche aufgezählten Elemente der Situation entgegenkamen, in der sich die französische Armee in jener Zeit befand. Interessant ist dabei die Ausnahmestellung der überseeischen Streitkräfte, die immerhin mehr als ein Drittel der französischen Armee ausmachten. Der nationale Aspekt der Abrüstungsfrage sowohl auf deutscher als auch auf französischer Seite wird in diesen Entwicklungen der zweiten Hälfte des Jahres 1932 ganz besonders deutlich.

Das Jahr endete mit der Zuerkennung der grundsätzlichen Gleichberechtigung Deutschlands in Abrüstungsfragen durch die Fünfmächte-Erklärung vom 11. 12. 1932. Deutschland nahm daraufhin seinen Platz in der Abrüstungskonferenz wieder ein. Das Auffallende an den Genfer Verhandlungen war nicht so sehr das schließliche Ergebnis, sondern die im Gegensatz zu den Sommermonaten sehr gemäßigte Haltung der deutschen Delegation. Die Ursachen hierfür müßten noch näher untersucht werden. Dasselbe gilt für das gegenüber Bessinge merklich verschärfte, ja schroffe Verhalten der Amerikaner gegenüber den deutschen Forderungen.

Die Abrüstungsverhandlungen des Jahres 1933, die an dieser Stelle nur in ihren Grundzügen kurz gestreift werden sollen[23], waren einerseits gekennzeichnet durch verstärkte britische Bemühungen — ausgehend von einer differenzierenden Interpretation der Gleichberechtigungsformel —, doch noch zu einer Rüstungsvereinbarung zu gelangen, und andererseits durch die sich immer deutlicher abzeichnende Forderung Deutschlands nach voller militärischer Gleichberechtigung. Der sog. »MacDonald-Plan«, der am 16. 3. 1933 der Konferenz vorgelegt wurde, kam Deutschland relativ weit entgegen (Heeresstärke 200 000 Mann), verweigerte u. a. aber den bereits abgerüsteten Staaten nach wie vor eine Luftwaffe. Weder Frankreich noch Deutschland stimmten dem Plan vorbehaltlos zu. Der französische Widerstand versteifte sich im Laufe des Sommers angesichts der innenpolitischen Entwicklung in Deutschland, die dazu führte, daß auch Großbritannien den ursprünglichen Plan zuungunsten Deutschlands modifizierte und damit Hitler den erwünschten Anlaß zum Austritt aus der Abrüstungskonferenz und dem Völkerbund gab. Trotz der fortgesetzten Bemühungen der britischen Regierung im Winter 1933/34 war mit diesem Schritt Deutschlands der Weg zu einer allgemeinen Rüstungsvereinbarung endgültig verbaut worden. Die Note des französischen Außenministers Barthou vom 17. 4. 1934, in der die britischen Pläne endgültig zurückgewiesen wurden, zog nur die Konsequenz aus einer wesentlich veränderten politischen Situation, so sehr auch ihre Wirkung im diplomatischen Spiel umstritten sein mag.

Überblickt man die Geschichte der europäischen Abrüstungsbemühungen in der Zwischenkriegszeit, so ergibt sich mit Deutlichkeit, daß Rüstungsbeschränkungen nur als Konsequenz politischer Vereinbarungen denkbar sind. Die europäische Befriedung ist nicht an der ungelösten Rüstungsfrage gescheitert, vielmehr machte die zerrissene politische Situation des Kontinents eine Rüstungsbeschränkung praktisch unmöglich.

---

[23] Für eine eingehende Darstellung der Entwicklung vgl. G. Meinck (wie Anm. 8), S. 20ff.

Brüning, Herriot und die Abrüstungsgespräche von Bessinge 1932

Die innenpolitische Entwicklung Deutschlands in den letzten Jahren der Weimarer Republik ist in jüngster Zeit durch die noch vorhandenen Akten und durch die große Anzahl von Memoiren in steigendem Maße der historischen Forschung zugänglich gemacht worden. Die Klärung der auswärtigen Beziehungen dagegen wird sehr erschwert durch das völlige Fehlen deutscher und französischer Aktenpublikationen. Die bisher veröffentlichten britischen und amerikanischen Dokumentenbände erlauben uns jedoch tieferen Einblick in einzelne Fragenkomplexe[1]. In diesem Sinne ist dieser Beitrag einigen speziellen Fragen der Abrüstungspolitik Brünings in der ersten Hälfte des Jahres 1932 gewidmet.

Ausgehend von dem 4. Punkt des Wilsonschen Friedensprogramms gaben die Siegermächte im Versailler Vertrag zu verstehen, daß Deutschlands Abrüstung Bestandteil einer durch den Völkerbund herbeizuführenden allgemeinen Abrüstung darstellen sollte. In einer in charakteristischer Weise abgeänderten Fassung bestätigte der Artikel 8 der Völkerbundsverfassung diese Verpflichtung und beauftragte den Rat, entsprechende Pläne vorzulegen. Erst nach Abschluß des Vertrages von Locarno und dem deutschen Eintritt in den Völkerbund erinnerte sich der Rat seiner Aufgabe und setzte eine Kommission ein, die nach endlosen und mühseligen Verhandlungen am 9. Dezember 1930 einen Konventionsentwurf verabschiedete. Der für unseren Zusammenhang wichtigste Artikel (53) des Entwurfes besagte, daß die Konvention früher eingegangene Verpflichtungen nicht berühre. Damit sollte einer Diskussion des Versailler Vertrages vorgebeugt werden. Ein weiteres Jahr verging, ehe am 2. Februar 1932 die Konferenz der 60 teilnehmenden Staaten von ihrem britischen Präsidenten Henderson eröffnet werden konnte. Die allgemeine politische Lage zu diesem Zeitpunkt war dem Bemühen um eine Abrüstung nicht ungünstig. Die Regierungen der westlichen Großmächte – Frankreichs, Englands und der Vereinigten Staaten – standen in dem wirtschaftlichen Krisenjahr 1932 unter dem Zwang, wesentliche Einschränkungen in ihren Ausgaben vorzunehmen. Es zeigte sich aber, daß diese Überlegungen nicht den ausschlaggebenden Einfluß auf die politischen Entscheidungen der Regierungen ausübten, wie es die Öffentlichkeit erwartete. Dies galt vor allem für die kontinentaleuropäischen Mächte. Für sie spitzte sich die Frage der Abrüstung auf die Alternative zu: Aufrechterhaltung oder Revision der Versailler Vertragsbestimmungen. Die deutsche Delegation, als Vertreterin der einzigen, tatsächlich abgerüsteten Macht, zog mit einem starken moralischen und rechtlichen Rückhalt in die Konferenz ein.

---

[1] Siehe hierzu z. B.: K. D. Erdmann, Der Europaplan Briands im Licht der englischen Akten, in: Geschichte in Wissenschaft und Unterricht, 1 (1950), S. 16; O. Hauser, Der Plan einer deutsch-österreichischen Zollunion von 1931 und die europäische Föderation, in: Historische Zeitschrift, 179 (1955), S. 45.

Brünings große Rede vor der Generalversammlung am 9. Februar[2] und die Vorschläge der deutschen Delegation vom 18. Februar 1932 zeigten deutlich die Ziele, die Deutschland durch die Konferenz zu erreichen suchte. Brüning forderte die Abrüstung der Siegermächte als Gegenleistung der vollzogenen deutschen Abrüstung. Darauf habe Deutschland einen rechtlichen und moralischen Anspruch. Die Abrüstung könne nur auf dem Boden der Gleichberechtigung vollzogen werden, das ergebe sich aus dem Artikel 8 der Völkerbundssatzung und aus der einfachen Tatsache, daß Deutschland Mitglied des Völkerbundes sei. Die allgemeine Abrüstung müsse dem heutigen Zustand eines »bewaffneten Friedens auf der Grundlage einer rechtlichen Ungleichheit« ein Ende bereiten. Der Kanzler forderte nicht ausdrücklich die Abrüstung der ehemaligen Alliierten auf das Versailler Niveau; er ließ diese Frage in der Schwebe. Die Vorschläge der deutschen Delegation dagegen sprachen hiervon deutlicher, sie waren ein Spiegelbild der betreffenden Bestimmungen des Versailler Vertrages. Dies war ein unerfüllbares Maximalprogramm. Was Brüning, neben einigen geringfügigen Änderungen im Aufbau der Reichswehr und neben einer Berichtigung des deutsch-französischen militärischen Kräfteverhältnisses durch eine französische Abrüstung, erreichen wollte, war die Anerkennung Deutschlands als eines gleichberechtigten Verhandlungspartners. Praktisch bedeutete dies die Aufhebung des Teils V des Versailler Vertrages, die Übernahme dieses Vertragsteiles und dessen frei auszuhandelnde Veränderungen in die Abrüstungskonvention. So sollte eine rechtliche Bresche in das Versailler Vertragswerk geschlagen werden. Ein Erfolg in dieser Richtung wurde noch im Februar 1932 erzielt, indem der Konventionsentwurf und damit dessen Artikel 53 mehr und mehr aus den Verhandlungen der Konferenz verschwand.

Auch die französischen Ziele und Wünsche in der Abrüstungsfrage nahmen ihren Ausgang von den durch den Versailler Vertrag geschaffenen Verhältnissen. Der damalige Ministerpräsident Tardieu legte der Konferenz am 5. Februar einen detaillierten und weitreichenden Plan vor. Drei Prinzipien lagen diesen Vorschlägen zugrunde, die von der französischen Delegation während der monatelangen Verhandlungen fast unverändert aufrechterhalten wurden. Als wichtigste Voraussetzung aller Verhandlungen nannte der Plan die »Achtung vor den Verträgen«. Das bedeutete für Deutschland, daß eine Revision des Friedensvertrages nur auf Grund des Artikels 19 der Völkerbundssatzung und nur auf dem Wege über den Völkerbund möglich sein sollte. Weiterhin wurde in dem Plan der Versuch unternommen, die Abrüstung mit der Stärkung der Exekutivgewalt des Völkerbundes zu verbinden. Zu diesem Zwecke sollte eine internationale Streitmacht aus nationalen Verbänden mit hochqualifizierten Waffen geschaffen werden, die dem Völkerbund allerdings nur im Bedarfsfalle zur Verfügung gestellt werden sollte. Außerdem schlug die französische Regierung eine genauere Festlegung der schon bestehenden Beistandsverpflichtungen innerhalb des Völkerbundes, also eine präzise Auslegung und weiteren Ausbau des Artikels 16, im Sinne des Genfer Protokolls, vor. Dieses Anliegen der französischen Politik zielte auf eine engere Verflechtung Großbritanniens mit dem französischen Sicherheitssystem, dem sich England bisher entzogen hatte.

---

[2] Zu den Genfer Abrüstungsverhandlungen siehe die verschiedenen Serien der: Société des Nations, Actes de la Conférence pour la limitation et la réduction des armements.

Wie das Anliegen der deutschen Politik durch das Schlagwort »Gleichberechtigung« gekennzeichnet werden kann, so beherrschte der nicht minder vieldeutige Begriff »Sécurité« die Überlegungen der französischen Politiker. Sécurité bedeutete in erster Linie: Aufrechterhaltung der durch Versailles geschaffenen und 1932 zumindest noch rechtlich bestehenden Verhältnisse. Tardieu hat in einem späteren Kommentar zu dem Plan vom 5. Februar diese Linie der französischen Politik treffend charakterisiert: 1. Der Plan hielt die rechtliche und tatsächliche militärische Ungleichheit zwischen Frankreich und Deutschland aufrecht. 2. Der Plan berührte in keiner Weise die allgemeinen Grundsätze der französischen Militärorganisation. 3. Der Plan enthielt keinerlei Vorschläge zur Revision der Verträge[3].

Ein ganz anderes Bild ergibt sich bei der Betrachtung der britischen und amerikanischen Äußerungen. Weder die Vorschläge der Briten — durch Sir John Simon — noch die der Amerikaner — durch Hugh Gibson — konnten sich in Umfang und Gründlichkeit mit den französischen und deutschen Plänen messen. Beide Mächte waren durch Tradition und geographische Lage in geringerem Maße an dem vorwiegend europäischen Problem interessiert. Sie suchten beide den Weg eines praktischen Kompromisses und nahmen infolgedessen während der nächsten Monate eine im ganzen vermittelnde Stellung ein. Die britische Delegation entwickelte dabei den Gedanken einer qualitativen Abrüstung, d.h. der Beschränkung oder des Verbotes einzelner Waffen nach bestimmten Kriterien. Die Amerikaner ihrerseits untersuchten die Möglichkeiten einer Beschränkung der Heeresstärken. Diese Frage war sehr umstritten, da Frankreich sich weigerte, die ausgebildeten Reserven in eine Abrüstungskonvention einzubeziehen. England und Amerika hatten in diesem Punkt, im Austausch gegen Zugeständnisse Frankreichs in der Frage der Seeabrüstung, nachgegeben[4].

Die Verhandlungen der Konferenz und ihrer Kommissionen zogen sich nach den grundsätzlichen Erklärungen der Delegationen ohne besondere Höhepunkte wochenlang hin. Ende April schien es jedoch so, als ob es den vereinten britisch-amerikanischen Bemühungen gelingen würde, einen ersten wesentlichen Kompromiß zustande zu bringen. In den Tagen vom 19. bis 23. April fanden einzelne, informelle Gespräche zwischen Brüning, Tardieu, dem britischen Premier MacDonald und dem amerikanischen Außenminister Stimson statt, über die wir leider nur sehr spärlich unterrichtet sind[5]. Bei einer Zusammenkunft der britischen und amerikanischen Vertreter am 23. April wurden die Ergebnisse der einzelnen Verhandlungen diskutiert und ein Zusammentreffen aller vier Regierungsvertreter für den 26. April in Stimsons Haus in Bessinge vorgeschlagen.

Brünings Situation hatte sich in der Zwischenzeit durch den überwältigenden Erfolg der Nationalsozialisten bei den Landtagswahlen in Preußen wesentlich verschlechtert. Seine Regierung war dadurch und durch die undurchsichtige Haltung Schleichers und Hin-

---

[3] Echo de Paris vom 17.11.1932.
[4] Foreign Relations of the United States, Diplomatic Papers (US Doc.) 1931, S. 73—74, und Zeitschrift für Politik, Bd 21 (1932), S. 911.
[5] Documents on British Foreign Policy, 1919—1939, Second Series, (Brit. Doc.) III, Nr. 103, S. 123—124 (Anm. 2), und Brit. Doc. II, Nr. 240, S. 516—118 (u. Anm. 4). Das Gespräch vom 26. April: US Doc. (wie Anm. 4) 1932, I, S. 108—112.

denburgs nach dem SA- und SS-Verbot vom 13. April in eine beinahe hoffnungslose Lage geraten. Andererseits konnte gerade dieses Verbot seinen Eindruck auf die Westmächte nicht verfehlen. Alles kam nun darauf an, so schien es, die steigende Flut durch einen außenpolitischen Erfolg einzudämmen. Deshalb erlangten die Bessinger Gespräche für Brüning besondere Bedeutung; schienen sie doch die Möglichkeit eines solchen außenpolitischen Erfolges zu bieten.

Ein Nachgeben der Westmächte in der Wehrfrage mußte eine fühlbare innenpolitische Entspannung mit sich bringen. Der Innen- und Wehrminister General Groener war überzeugt, daß die Beschränkung der deutschen Souveränität auf diesem Gebiete viel zur Bildung der militärähnlichen Parteiverbände beigetragen hatte, die versuchten, ein neues, umfassenderes Staatsideal außerhalb des bestehenden Staates heranzubilden. Auf Grund dieser Überlegungen plante er den Aufbau einer Miliz in Stärke von mindestens 100 000 Mann, mit einer 6— bis 12monatigen Ausbildungszeit. Die Miliz und die Reichswehr sollten mit schweren Waffen ausgerüstet werden. Aus der Literatur läßt sich entnehmen, daß Groener dieses Programm[6] in enger Zusammenarbeit mit Brüning entwickelte.

Enttäuschend war für Brüning, daß der französische Ministerpräsident wegen der bevorstehenden französischen Parlamentswahlen auf eine Teilnahme verzichten mußte. Der 29. April wurde als neuer Termin eines Vierertreffens vorgesehen. So verhandelten am 26. April nur die beiden angelsächsischen Mächte mit dem deutschen Kanzler. Nach ermutigenden einleitenden Worten des britischen Premiers trug Brüning seine Wünsche vor. Zunächst verwahrte er sich gegen die Unterstellung, daß Gleichberechtigung Aufrüstung bedeuten würde. Deutschland verlange nichts anderes als »Equality of treatment«. Im Sinne dieser juristischen Gleichheit strebe Deutschland danach, gewisse Änderungen im Aufbau der Reichswehr in Verhandlungen mit den Westmächten zu erreichen. Diese Änderungen beträfen eine Herabsetzung der Dienstzeit für einen Teil der Reichswehr auf 6—8 Jahre. Deutschland erwarte von den Westmächten nicht eine Abrüstung auf das Niveau des Versailler Vertrages, jedoch ein weitreichende Herabsetzung speziell der französischen Rüstungen. Das war alles.

Dieses bescheidene Programm, das nichts von Groeners Vorschlägen enthielt, konnte nach den Erfahrungen der vergangenen Monate der britischen und amerikanischen Zustimmung sicher sei. Stimson und MacDonald erklärten sich nach einigen unwesentlichen, kritischen Äußerungen mit Brünings Vorschlägen einverstanden. Die Briten schlugen die Übernahme des Teils V des Versailler Vertrages und der auszuhandelnden Änderungen dieses Vertragsteiles in die Abrüstungskonvention vor. Alles kam nun darauf an, auch Frankreich zur Billigung dieser deutschen Vorschläge zu bewegen. Dabei konnte Brüning zwar mit Sympathie, aber nicht mit einer unbedingten Unterstützung seines Programms durch die angelsächsischen Mächte rechnen. Es hatte sich im Laufe der Konferenz gezeigt und sollte sich auch weiterhin erweisen, daß vor allem Großbritannien

---

[6] Siehe hierzu: W. Görlitz, Der deutsche Generalstab. Geschichte u. Gestalt 1657—1945, Frankfurt/M. 1950, S. 385; D. Groener-Geyer, General Groener. Soldat und Staatsmann. Frankfurt/M. 1955, S. 309; F. Meinecke, Die deutsche Katastrophe. Betrachtungen und Erinnerungen. Wiesbaden 1948, S. 72; J. W. Wheeler-Bennett, The Disarmament Deadlock, London 1934, S. 32 ff.; ders., Hindenburg, The Wooden Titan, London 1936, S. 382; ders., Die Nemesis der Macht, Düsseldorf 1955, S. 250—251.

nicht willens war, eine eigene, selbständige Abrüstungspolitik, gegebenenfalls auch gegenüber Frankreich, zu vertreten und, was wichtiger war, auch durchzusetzen. Die französische Diplomatie verstand es letzten Endes immer wieder, diese vermittelnde Haltung Englands in ihrem Sinne zu benützen. Im Grunde entsprach diese »Konzeptionslosigkeit«[7] der britischen Politik gegenüber Europa in Machtfragen dem Vorwiegen wirtschaftlicher Interessen in der Politik des Inselvolkes.

Weiter stand es so, daß in diesen Apriltagen, kurz vor den französischen Parlamentswahlen, es für den französischen Ministerpräsidenten beinahe unmöglich war, in verbindliche politische Gespräche einzutreten. Am 28. April sagte Tardieu auf Grund einer akuten (diplomatischen?) Erkältungskrankheit ab[8]. Eine der wenigen Chancen für einen erfolgreichen Abschluß der Abrüstungsverhandlungen wurde damit zerschlagen. Brüning kennzeichnete die Situation am 11. Mai vor dem Reichstag mit den berühmt gewordenen Worten: »100 Meter vor dem Ziel«! Sollten diese hundert Meter in der zweiten Hälfte des Mai noch durchmessen worden sein? Diese Frage hat die deutsche Nachkriegsliteratur immer wieder beschäftigt und die verschiedensten Antworten erhalten. Eine Klärung erscheint heute möglich.

Brüning berichtete in einem Brief an die Deutsche Rundschau (1947, S. 1 ff.), Hugh Gibson, der amerikanische Sonderbotschafter, habe Ende Mai mehrere Tage mit dem französischen Ministerpräsidenten Herriot über die in Bessinge bereits akzeptierte deutsche Abrüstungsformel verhandelt. Am Morgen des 31. Mai habe er, Brüning, eine Stunde vor dem festgesetzten Termin für die Unterredung mit Hindenburg, durch den amerikanischen Botschafter Sackett die Mitteilung erhalten, daß Herriot der erwähnten Abrüstungsformel zugestimmt habe.

Hierzu ist rein faktisch zu bemerken: Hugh Gibson war nicht Sonderbotschafter, sondern ständiger Vertreter der Vereinigten Staaten bei der Abrüstungskonferenz. Sonderbotschafter war der Demokrat Davis. Gibson und Davis hatten am 22. Mai eine Unterredung mit Herriot. Von diesem Zeitpunkt an waren sie in Genf. Herriot war zu dieser Zeit noch nicht Ministerpräsident, er wurde es erst durch das Vertrauensvotum der Kammer am 7. Juni 1932. Die letzte Unterredung Brünings mit Hindenburg fand am 30. Mai, nicht am 31. Mai statt[9].

---

[7] K. D. Erdmann, in Geschichte in Wissenschaft und Unterricht, 3 (1952), S. 509.
[8] Diese Absage wird von einigen Autoren darauf zurückgeführt, daß Schleicher den französischen Ministerpräsidenten durch François-Poncet von dem bevorstehenden Sturz Brünings unterrichtet habe und Tardieu es daraufhin ablehnte, mit Brüning zu verhandeln. Siehe hierzu: François-Poncet, Souvenirs d'une Ambassade à Berlin, Paris 1946, S. 41; F. v. Papen, Der Wahrheit eine Gasse, München 1952, S. 166; Wheeler-Bennett, Disarmament (wie Anm. 6), S. 33; ders., Hindenburg (wie Anm. 6), S. 383. Es ist möglich, daß Schleicher einen solchen Schritt getan hat. Ausschlaggebend für die Absage Tardieus war aber die französische innenpolitische Situation vor den am 1. und 8. Mai stattfindenden Wahlen. Das zeigt ganz deutlich ein Leitartikel des »Temps« vom 29. April 1932.
[9] Übernommen wurde die These Brünings von: G. Beyerhaus, Notwendigkeit u. Freiheit in der deutschen Katastrophe, Historische Zeitschrift, 189 (1949), S. 83 f.; K. D. Bracher, Die Auflösung der Weimarer Republik, Stuttgart 1955, S. 524; J. Curtius, Sechs Jahre Minister der deutschen Republik, Heidelberg 1948, S. 229; Groener-Geyer (wie Anm. 6), S. 322; F. Klein, Zur Vorbereitung der faschistischen Diktatur, Zeitschrift für Geschichtswissenschaft, 1 (1953), S. 902; L. Graf Schwerin v. Krosigk,

Eine zweite Quelle, neben dem Brief an die Deutsche Rundschau, ist die Niederschrift des Grafen Westarp am 1. Juni 1932[10]. Seine Informationsquelle war der Verkehrsminister Treviranus. Dieser berichtete ihm am Abend des 30. Mai, daß Brüning am selben Morgen durch Sackett ein Handschreiben des amerikanischen Präsidenten erhalten habe, das in der Reparationsfrage ein sehr weites und bisher unerwartetes Entgegenkommen enthalte. Westarp fügte hinzu, daß er Einzelheiten nicht erfahren habe, da das Handschreiben an Brüning persönlich gerichtet gewesen sei. Sackett habe aus diesem Grunde einer Übermittlung des Schreibens an den Staatssekretär von Bülow nicht zugestimmt. Festzuhalten ist, daß sich beide Aussagen im Entscheidenden widersprechen, nämlich in der inhaltlichen Bestimmung der amerikanischen Mitteilung.

An Hand der amerikanischen Akten können wir die amerikanisch-französischen Gespräche, von denen der ehemalige Kanzler spricht, verfolgen. Zunächst fällt der Blick auf die seit März geführten Verhandlungen zwischen den beiden Mächten über die Beschränkung der Heeresstärken[11]. Irgendein greifbarer Einfluß der Bessinger Gespräche oder gar ein erfolgreicher Abschluß der Unterhandlungen Gibsons mit den Generalen Gamelin und Réquin läßt sich nicht nachweisen. Eine Entscheidung konnte auf dieser Ebene auch gar nicht herbeigeführt werden, da die französischen Generale den Entscheidungen des »Conseil supérieur de la défense nationale« unterworfen waren, zu dessen wesentlichen Mitgliedern der Ministerpräsident und der Kriegsminister gehörten.

Denkt man an die Bemerkung Westarps über ein Handschreiben des amerikanischen Präsidenten, so könnte man versucht sein, in einem Memorandum Hoovers vom 24. Mai[12] an seinen Außenminister einen Weg zur Lösung der aufgeworfenen Frage zu erblicken. Hoover schlug hier drastische Abrüstungsmaßnahmen für Flotte und Heer vor; wiederum tauchte der Gedanke einer Zweiteilung der Landstreitkräfte auf. Wichtiger als die Details ist die politische Zielsetzung, die Hoover in dem Memorandum entwickelt. Die öffentliche Meinung der Welt fordere die Abrüstung, und Amerika habe sich an die Spitze dieser Bewegung zu setzen. Die amerikanische Delegation in Genf müsse der Konferenz einen neuen Impuls geben und sich intensiver um einen raschen Erfolg bemühen. Dieses Memorandum, ein Vorläufer des Hooverplanes vom 22. Juni 1932, zeigt deutlich den Einfluß des Wahljahres 1932 auf die amerikanische Politik. Stimson wies jedoch in einem Memorandum vom 25. Mai die Initiative Hoovers deutlich zurück. Er wandte sich vor allem gegen die Methode. Eine dramatisierende, öffentliche Hilfestellung für Europa würde ihren Zweck verfehlen; nutzvoller seien private Gespräche im kleineren Kreis. Umfassende Lösungen seien zur Zeit unmöglich, man müsse Schritt für Schritt vorangehen. Da diese Diskussion zwischen Hoover und Stimson erst

---

Es geschah in Deutschland, Tübingen 1951, S. 138; Wheeler-Bennett, Hindenburg (wie Anm. 6), S. 393. Die These findet sich auch in der Dissertation von Max Ehrhardt, Deutschlands Beziehungen zu Großbritannien, den Vereinigten Staaten und Frankreich vom Mai 1930 bis zum Juni 1932, Hamburg 1950, der sich auf eine persönliche Mitteilung Brünings bezieht.

[10] Vierteljahrshefte für Zeitgeschichte, 1 (1953), S. 282 ff. Übernommen von Klein (wie Anm. 9), S. 902, und Groener-Geyer (wie Anm. 6), S. 322.
[11] US Doc. (wie Anm. 4) 1932, S. 115–116, S. 132 ff., S. 185.
[12] Ebd., S. 142; Antwort Stimsons ebd., S. 182.

im Juni wiederaufgenommen wurde, scheidet sie für die Erklärung der Brüningschen These aus.

Ganz im Sinne Stimsons hatten die amerikanischen Delegierten am 8. Mai eine Reise nach London und Paris angetreten. Sie erreichten jedoch im Endeffekt, besonders infolge der unsicheren französischen Situation weder bei Simon noch bei Tardieu irgend etwas Positives. Am 21. Mai erhielten sie jedoch für den folgenden Tag die Einladung des Führers der Radikalsozialisten und zukünftigen Ministerpräsidenten Herriot zu einer Aussprache nach Lyon. Dieses Gespräch[13], auf das auch Brüning anspielt, ist von besonderer Bedeutung. Es sei hier nur der die Abrüstung betreffende Teil kurz wiedergegeben. Herriot betonte, wie notwendig gerade in dieser Frage eine Zusammenarbeit der drei Westmächte sei, um zu einem befriedigenden Abschluß zu gelangen. Er sehe in bezug auf Europa den status quo zwar nicht als unveränderlich an, es sei aber nach der Veröffentlichung der Stresemannbriefe außerordentlich schwierig, mit jemandem zu verhandeln, »in whom you could not have confidence«. Die Amerikaner berichteten über die Bessinger Gespräche und empfahlen deren Fortsetzung und die Ausarbeitung einer Teillösung des Abrüstungsproblems noch für den Sommer 1932. Herriot zeigte keinerlei Reaktion auf den Bericht über Bessinge, erklärte sich aber zur Fortsetzung dieser Gespräche bereit und versprach seine Mitarbeit an dem amerikanischen Plan für den Sommer 1932. Herriots Bemerkungen waren ständig begleitet von dem Hinweis auf seine augenblickliche Lage: er könne in keiner Weise irgendwelche verbindlichen Zusagen machen, bevor er nicht offiziell als Ministerpräsident bestätigt worden sei. So blieb das Gespräch im ganzen unverbindlich.

An diese Zusammenkunft und deren Folgen knüpft sich nun die Antwort auf die Brüningsche These. In einem Telegramm an Gibson vom 24. Mai[14] gab Stimson seiner Freude über dieses erfolgreiche Gespräch Ausdruck, vor allem über die Aussicht der — von ihm so empfohlenen — Fortsetzung der Bessinger Gespräche. Er fuhr fort: »I leave to your discretion the manner of informing Brüning of the situation and will approve whatever decision you may make. ... Would not a conversation between Sackett and Brüning be sufficient?« Er gab zu bedenken, ob es nicht ratsam sei, vorher MacDonalds Einverständnis einzuholen, um dann Brüning gemeinsam durch Sackett und Rumbold unterrichten zu lassen. Das Antworttelegramm Gibsons vom 25. Mai zeigte, daß er sich entschlossen hatte, ein Delegationsmitglied, Dolbeare, als Kurier mit einem Brief an Sackett nach Berlin zu schicken. Eine Unterrichtung MacDonalds und ein gemeinsames Handeln der beiden Berliner Botschafter lehnte er ab, da dies der Aktion einen offiziellen Aspekt verleihen würde. Gibson wollte sie aber als »unofficial helpfulness« gewertet wissen. Neben der Unterrichtung verfolgte die Aktion, nach Gibsons Worten, ganz bewußt den Zweck, Brüning in seinen innenpolitischen Konflikten zu unterstützen. Dieses Telegramm ist am 25. Mai, einem Mittwoch, um 13 Uhr abgeschickt worden. Am Montag, dem 30. Mai, hat Brüning die Mitteilung Sacketts erhalten[15].

---

[13] Ebd., S. 132 ff.
[14] Ebd., S. 142; Antwort Gibsons ebd., S. 144—145.
[15] Eine dem tatsächlichen Vorgang sehr nahe kommende Schilderung gibt Winston Churchill, Memoiren, Bd 1, Bern 1948, S. 85.

Der Brief selbst ist bisher nicht veröffentlicht. Sein Inhalt muß sich aber nach den Instruktionen Stimsons vom 24. Mai gerichtet haben und liegt in den Worten »informing Brüning of the situation« beschlossen. Diese Information konnte sich aber nach den vorangegangenen Sätzen nur auf das Ergebnis des amerikanisch-französischen Gespräches vom 22. Mai beziehen. Daß dieses Gespräch keine Billigung der deutschen Abrüstungsformel von Bessinge durch Herriot gebracht hatte, ist offensichtlich. Da Gibson den Schritt als »unofficial helpfulness« gegenüber Brüning gewertet wissen wollte, ist es verständlich, daß Sackett in seinen beiden Berichten über Brünings Sturz darüber nichts vermerkt. Ebenso begreiflich ist es, daß die britischen Akten nichts von dieser Aktion widerspiegeln.

Damit dürfte die Brüningsche und Westarpsche Version des Vorganges ins rechte Licht gerückt worden sein. Es ist überaus bezeichnend für die Situation des Mai 1932, daß sich um ein relativ unbedeutendes Ereignis eine solche Legende bilden konnte. Wie bedeutungsvoll ein außenpolitischer Erfolg für die Regierung und die Republik als solche gewesen wäre, braucht nicht geschildert zu werden. Die Früchte der trotz aller Mißerfolge und Enttäuschungen auf lange Sicht erfolgversprechenden Außenpolitik Brünings konnte sein Nachfolger Papen zum Teil ernten. So vor allem auf dem Gebiet der Reparationen, die mit den Vereinbarungen der Lausanner Konferenz im Juli 1932 ihr Ende fanden.

Schleicher und die deutsche Abrüstungspolitik im Juni/Juli 1932

Die Bildung eines Kabinetts der »nationalen Konzentration« unter Franz von Papen in den ersten Junitagen des Jahres 1932 und die darauf folgende innerpolitische Entwicklung stehen seit langem im Blickpunkt historischer Forschung und werden allgemein als eine Wende des innerdeutschen Geschehens betrachtet. Die außenpolitischen Vorgänge jener Zeit sind jedoch bis jetzt nur in groben Umrissen bekannt und erfreuen sich nicht einer ebenso intensiven Durchdringung. Das mag daran liegen, daß auch unter Papen und Neurath die außenpolitische Praxis im wesentlichen die gleiche blieb. Neurath versuchte, wie seine Vorgänger, die schrittweise Revision des Versailler Vertrages auf dem Verhandlungswege zu erreichen. Doch zeigen sich auf diesem Gebiet Ansätze und Entwicklungen, die deutlich den Abstand zur Außenpolitik Brünings erkennen lassen. An Fragen, die sich um das Problem der Abrüstung gruppieren, soll dies im folgenden untersucht werden.

Über den äußeren Verlauf der Abrüstungskonferenz bis Ende April 1932 ist bereits früher[1] berichtet worden. Auch können der Gegensatz zwischen »Sécurité« und »Gleichberechtigung« sowie die Mehrdeutigkeit des letzteren Begriffs als bekannt vorausgesetzt werden. Brüning hat ohne jeden Zweifel ausschließlich die rechtliche Gleichberechtigung zu verwirklichen versucht. Wie wenig wichtig ihm — im Vergleich zu diesem großen Ziel — die materiellen Bestimmungen waren, zeigte die Diskrepanz zwischen seinen in Bessinge vorgetragenen Wünschen und den Vorstellungen Groeners zu diesem Problem[2]. Neben dem sachlich zu verfolgenden Ziel, das Deutschland einen unmittelbaren Nutzen bringen sollte, sah er doch immer die Notwendigkeit, die veränderte Stellung Deutschlands in der Welt auf allseitges Vertrauen zu gründen und um neues Vertrauen zu werben. Auf diesem Weg ließ er sich durch keine Tageswünsche, mochten sie noch so dringend erscheinen, aufhalten[3]. Es ist nicht verwunderlich, daß Brüning in diesem Bestreben zunächst mehr Erfolg bei den angelsächsischen Regierungen als bei den Franzosen hatte. Deshalb stützte sich seine Politik auch vor allem auf eine Zusammenarbeit mit Großbritannien und den kleineren europäischen Mächten — ohne Frankreich

---

[1] W. Deist, Brüning, Herriot und die Abrüstungsgespräche von Bessinge 1932, in: Vierteljahrshefte für Zeitgeschichte, 5 (1957), S. 265—272 (abgedruckt in diesem Band S. 271—278).

[2] Brüning begründete die Notwendigkeit der Abstufung der 12jährigen Dienstzeit mit der relativ hohen Zahl von Selbstmorden in der Reichswehr. Foreign Relations of the United States, Diplomatic Papers (US Doc.) 1932 II, S. 108—112. Für Groeners Programm die Literaturangaben bei W. Deist (wie Anm. 1), S. 268, Anm. 6, und W. Groener, Die Abrüstungsbestimmungen von Versailles und die deutsche innere Politik, in: Zeitschrift für Politik, 21 (1932), S. 763 ff.

[3] Brüning am 8.5.1932 vor der ausländischen Presse: »Es geschieht das (gemäßigte Außenpolitik) aus der klaren Erkenntnis heraus, daß ich für Deutschland nur dann das Beste heraushole, wenn mir auch gleichzeitig der überzeugende Nachweis gelingt, daß Deutschlands Ziele mit den wohlverstandenen Interessen der Welt zusammenfallen«. (Berliner Tageblatt vom 9.5.1932.)

zu brüskieren oder in eine bewußte Isolierung drängen zu wollen[4]. Mit dieser politischen Konzeption hatte Brüning einige Achtungserfolge errungen; es war ihm indessen nicht vergönnt, eine Lösung der wichtigsten Fragen deutscher Außenpolitik herbeizuführen. Die Verhandlungen in Bessinge zwischen den drei Westmächten und Deutschland sind hierfür ein Beispiel. Dort trat zum ersten Mal die angelsächsisch-deutsche Verbindung sehr gewichtig in Erscheinung, und doch gelang es ihr infolge widriger Umstände nicht, den französischen Widerstand zu überwinden. Das Wohlwollen der Angelsachsen weitete sich nicht zu einer aktiven Unterstützung der Außenpolitik Brünings aus.
Einen Monat später mußte der Kanzler die Geschäfte aus der Hand geben, und Freiherr von Neurath wurde an seiner Stelle Außenminister. Von dem bisherigen Botschafter in London konnte man eine Fortführung der Brüningschen Linie erwarten[5]. Ob sie sich aber im Gesamtkabinett behaupten würde, blieb eine offene Frage, der nun nachgegangen werden soll. Wesentlich ist in diesem Zusammenhang die Feststellung, daß das durch Brüning erworbene Vertrauen des Auslandes in die deutsche Politik mit dem Abgang des Kanzlers zusehends zu schwinden begann[6].
Vom 2. Juni datiert eine Denkschrift[7] des Staatssekretärs von Bülow zur Abrüstungsfrage, die er zur Information des neuen Ministers anfertigte und die in kurzer, prägnanter Weise die bisher betriebene Politik umriß und begründete. Die Aufstellung dieser »Richtlinien« sollte vor allem der Vorbereitung der Lausanner Konferenz[8] dienen, auf der von deutscher Seite versucht werden sollte, die Abrüstungsgespräche wieder in Gang zu bringen. Bülow hielt es bei der Bedeutung des Abrüstungsproblems für notwendig, den Kanzler und den Reichswehrminister zur Beratung der »Richtlinien« heranzuziehen, ihre Billigung zu erwirken und danach das Kabinett zu unterrichten.
Inhaltlich schloß sich das Exposé, wie gesagt, eng an die bisher verfolgte Linie an. Das zeigte sich besonders in der Betonung des theoretischen Charakters der zu erreichenden Gleichberechtigung. Sollte durch eine Konvention nicht das Maß an Abrüstung für alle Staaten erreichen werden, wie es für Deutschland durch den Versailler Vertrag festgesetzt worden war, so würde Deutschland nur prinzipiell — sozusagen symbolisch — für sich das Recht in Anspruch nehmen, eine geringe Anzahl der Waffen, die die Konvention nicht verbiete, zu besitzen. Über Umfang und Form dieser »Umrüstung« sei Deutschland jederzeit bereit, mit allen interessierten Mächten zu verhandeln, namentlich mit Frankreich, dem ein Sonderabkommen ausdrücklich angeboten werden sollte[9]. Für den

---

[4] Charakteristisch hierfür das Stillhalteabkommen Nadolnys, des deutschen Delegationsführers auf der Abrüstungskonferenz, mit Tardieu, dem französischen Ministerpräsidenten. R. Nadolny, Mein Beitrag, Wiesbaden 1955, S. 115.
[5] Vgl. hierzu den Wunsch Schleichers, Brüning in einem Kabinett Papen als Außenminister beizubehalten. O. E. Schüddekopf, Das Heer und die Republik, Hannover 1955, S. 343, Anm. 845.
[6] US Doc. (wie Anm. 2) 1932 II, S. 295; Documents on British Foreign Policy, 1919—1939, Second Series (Brit. Doc.), III, Nr. 241, S. 518 ff.
[7] Aus den in London liegenden Akten des Auswärtigen Amtes. Büro des Reichsministers, Sicherheitscommittee Abrüstung (BdRS), 18 Nr. 1, 101/1, Bd 6, Brit. Blattzählung (BB): D 667304—12.
[8] Konferenz zur Regelung des Reparationsproblems vom 16.6. bis 9.7.1932.
[9] Die Erwägung eines Sonderabkommens mit Frankreich stellte gegenüber Brüning ein gewisses Novum dar. Aus einem Begleitschreiben Nadolnys (Allgemeine Abrüstungskonferenz 1932 [AK], II F Abrü-

Geist, in dem diese Politik — nach Bülow — geführt werden sollte, ist der Abschnitt »Begründung« aufschlußreich. Es heißt dort:
»Deutschland hat ein sehr erhebliches allgemein-politisches Interesse an einem erfolgreichen Ausgang der Abrüstungskonferenz. Es handelt sich einmal um die allgemeine politische Entspannung, die eine erfolgreiche Konferenz mit sich bringen würde. ... Der Angelpunkt einer Verständigungsmöglichkeit liegt in der Tatsache, daß wir tatsächlich in den nächsten Jahren aus finanziellen Gründen zu einer irgendwie nennenswerten Aufrüstung nicht in der Lage sein werden. ... Art und Umfang der Verständigung werden uns nicht nur durch die Materie selbst, sondern auch durch die Haltung der verschiedenen interessierten Staaten vorgeschrieben. ...«
Bülow betonte in den folgenden Zeilen, daß auch die geringfügigste Umrüstung nur im Einverständnis mit Frankreich durchzuführen sein werde. Eine ablehnende Haltung Frankreichs gegenüber einer solchen Umrüstung würde zur Folge haben, daß auch die angelsächsischen Mächte sie als Aufrüstung betrachten würden. Deshalb sei auf eine Absprache mit Frankreich besonderer Wert zu legen.
Es ist nun interessant, das Schicksal dieser »Richtlinien« an Hand der Akten während der Monate Juni und Juli 1932 zu verfolgen, wobei insbesondere der Schriftverkehr zwischen dem Auswärtigen Amt und dem Reichswehrministerium aufschlußreich ist. Nach allem, was über die Rolle Schleichers[10] beim Sturz Brünings und über seine Pläne mit der NSDAP und ihren Organisationen bekannt ist, dürfen wir annehmen, daß er sich nicht so ohne weiteres in das geduldige, verständigungsbereite und nicht sehr ehrgeizige Programm der bisherigen Außenpolitik einspannen ließ. Schon in seinem Aufruf an die Reichswehr vom 3. Juni[11] und dem darin öffentlich bekundeten Interesse an den paramilitärischen Verbänden klang ein neuer Ton an, der außenpolitische Konsequenzen haben mußte. Denn dem hier gezeigten Interesse entsprach der Plan, diese Verbände durch eine kurzdienende Miliz in eine engere Beziehung zur Reichswehr zu bringen.
Zwischen dem 2. und 6. Juni fand eine erste Besprechung zwischen Papen, Schleicher, Neurath und Bülow über das Abrüstungsproblem statt, über die wir leider nicht näher unterrichtet sind. Bülow betonte zwar in einem Brief an Nadolny vom 6. Juni, daß die neuen Männer »den ›Richtlinien‹ auch für unser künftiges Verhalten zugestimmt« hätten; doch sollte sich diese Ansicht als voreilig erweisen. Schon in der Ausfertigung der »Richtlinien«, die Bülow dem erwähnten Schreiben an Nadolny vom 6. Juni anfügte[12], finden sich Korrekturen, die auf Einwände und Wünsche Schleichers zurückgehen dürften. Zwar wurde in dem veränderten Schriftsatz Wert auf die Feststellung gelegt, daß

---

stung, Bd 3, BB: E 535364—67) zu den Empfehlungen der Deutschen Abrüstungsdelegation für die »Richtlinien« darf man schließen, daß dieser Gedanke auf Bülow selbst zurückgeht. Diese Überlegung fußte wohl auf den Erfahrungen von Bessinge und der richtigen Einschätzung des Maßes der von den Angelsachsen zu erwartenden Unterstützung.

[10] Hierzu das Werk von Schüddekopf (wie Anm. 5), den Beitrag von Th Vogelsang, Zur Politik Schleichers gegenüber der NSDAP 1932, in: Vierteljahrshefte für Zeitgeschichte, 6 (1958), S. 86 ff., und die dort angegebene Literatur.

[11] Schüddekopf (wie Anm. 5), S. 361.

[12] AK (wie Anm. 9), II F Abrüstung, Bd 3, BB: E 535368—74.

Deutschland grundsätzlich bereit sei, während der »ersten Abrüstungsperiode« auf dem augenblicklichen Rüstungsstand zu verbleiben und »zunächst« die weitere Entwicklung abzuwarten. Außerdem sollte eine zweite Abrüstungskonferenz »etwa in fünf Jahren« sichergestellt werden. Die Zustimmung des Reichswehrministers war damit aber noch nicht gewonnen.

Schleicher erklärte sich nämlich in einem Brief vom 9. Juni[13] mit diesen etwas unbestimmten Formulierungen nicht einverstanden und bat um eine neuerliche Besprechung »am besten unter Hinzuziehung von Nadolny und Blomberg«, die aber in dieser Form nicht zustande gekommen ist. Drei Punkte waren ihm besonders wichtig: 1. müsse der Termin einer zweiten Abrüstungskonferenz genau festgelegt werden, »spätestens in fünf Jahren«; 2. genüge die Bülowsche Denkschrift im Hinblick auf die »besonders dringliche Miliz-Frage« nicht und 3. müsse die völlige Gleichberechtigung hervorgehoben werden, die nur durch eine deutsch-französische Verständigung über die tatsächlichen deutschen Rüstungszahlen — aber auch nur für die Laufzeit der ersten Abrüstungskonvention — eingeschränkt werden könne.

Auf diesen kurzen Bescheid antwortete Bülow am folgenden Tage ruhig und vermittelnd[14]. Eine Formel der Verständigung werde sich leicht finden lassen, da nur die Frage des taktischen Vorgehens geklärt zu werden brauche. Zur Dringlichkeit der Milizfrage erklärte er, daß auf dem Wege der Abrüstungskonferenz an eine schnelle Bewilligung — schon wegen der notwendigen Ratifikationen — nicht zu denken sei.

In den folgenden Tagen entstand — nach einer neuen Aussprache mit Schleicher — eine weitere Variation der ursprünglichen »Richtlinien«, die den gleich zu besprechenden materiellen Forderungen Schleichers weitgehend entsprach[15]. Auch die Tonart veränderte sich, die Forderungen wurden unmißverständlich formuliert und nahmen einen breiteren Raum ein. Jedoch — das ist zu betonen —, bei allem Entgegenkommen gegen Schleichers Wünsche in materieller Hinsicht blieb die Zielsetzung wie die in Aussicht genommene Art der Verwirklichung die gleiche. Um dies besonders deutlich zu machen, fügte Bülow seiner Denkschrift handschriftlich drei Bemerkungen hinzu: »1. Abrüstung so weit als möglich; 2. Auf dem erreichten Niveau verlangen wir Gleichberechtigung; 3. Über die Zahlen lassen wir mit uns reden.«

Daraus darf man den Schluß ziehen, daß Bülow zu jeder Konzession gegenüber dem Reichswehrministerium bereit war, solange diese drei Grundsätze aufrechterhalten blieben.

Daß es sich indessen bei Schleicher nicht nur um theoretische Überlegungen handelte, zeigte sich bald. Am 14. Juni legte er mit einer Denkschrift: »Das *interne* deutsche Ziel auf der Abrüstungskonferenz«[16] den Grund zu einer erregten und politisch folgenreichen Auseinandersetzung mit dem Auswärtigen Amt. Schon die im Titel zum Ausdruck kommende Betonung des »internen« deutschen Zieles kann als charakteristisch für den

---

[13] Ebd., BB: E 535897.
[14] Ebd., BB: E 538995/96.
[15] Ebd., BB: E 535883—91.
[16] Ebd., BB: E 535898—901. — Dazu eine durch Nadolny überlieferte Äußerung Blombergs, die besagt, daß dieses Programm vom Reichskanzler »gebilligt« worden sei. Ebd., BB: E 535921.

Tenor der ganzen Denkschrift gelten. Sie enthält Forderungen, die offensichtlich ohne Rücksichtnahme auf die außenpolitische Lage gestellt worden sind. Ihr Inhalt ist kurz folgender: Der Teil V des Versailler Vertrages müsse beseitigt werden; Deutschland dürfe nach Abschluß einer Konvention nur an diese selbst gebunden sein. Die Dauer der 1. Abrüstungsperiode müsse auf höchstens fünf Jahre beschränkt werden; dabei müsse darauf geachtet werden, daß Deutschland nach dieser Zeit nicht in eine rechtlich ungünstigere Lage gerate. Deshalb sei es unbedingt erforderlich, daß in der Konvention einmal die Zahlen für Deutschland erscheinen, auf die es einen rechtlichen Anspruch habe, d.h. Parität mit Frankreich oder Polen + Tschechoslowakei, und zum anderen die Zahlen, auf die es sich während der ersten fünf Jahre freiwillig beschränke. Im Zeichen der Gleichberechtigung müsse Deutschland alle Waffen für sich in Anspruch nehmen, welche die Konvention nicht verbiete. Deutschland werde sich aber freiwillig beschränken und sich im wesentlichen mit dem jetzigen Rüstungsstand begnügen. Allerdings könne dieses Zugeständnis der freiwilligen Beschränkung nur dann gemacht werden, wenn den folgenden Forderungen entsprochen würde: Abstufung der Dienstzeit der Reichswehr zwischen 12 und 3 Jahre, zahlenmäßige Auffüllung einzelner Verbände, Ausrüstung weniger Verbände mit den neuen technischen Waffen (schwere Artillerie, Fliegerstaffeln, Flaktruppen, Panzer) und die Aufstellung einer schwachen Miliz mit einer etwa dreimonatigen Dienstzeit. Eine Beschränkung des Budgets wurde ausdrücklich abgelehnt. Entsprechende Bestimmungen für die Marine schlossen sich an.

Während Schleicher von Anfang an Wert auf die präzise, zeitliche Begrenzung der Konvention auf fünf Jahre gelegt hatte[17], kommt nun in dieser Denkschrift die nachdrückliche Forderung hinzu, die beiden Zahlengruppen in dem Vertragswerk zu verankern. Von politischen Überlegungen her gesehen, könnte dies als Rechthaberei, als Starrheit ausgelegt werden. Berücksichtigt man aber den militärischen Gesichtspunkt, so verliehen eine solche zeitliche Begrenzung und die rechtliche Sicherung des vollen Anspruches Deutschlands der Umrüstung und den möglicherweise vorhandenen umfangreicheren Plänen die Stetigkeit, die für eine Umgestaltung des Heerwesens erforderlich war.

Auch die politischen Überlegungen, die sich am Schluß der Denkschrift finden, entspringen dem gleichen militärischen Anliegen. »Die Möglichkeit, das jetzige Heer und die Marine in vorstehenderweise zu modernisieren, muß unter allen Umständen gewährleistet sein, auch in dem Falle einer irgendwie gearteten Verlängerung der Rüstungsfeierzeit. ... Wird vorstehender Mindestforderung Deutschlands nicht entsprochen, dann fordert das Interesse der Wehrmacht einen Abbruch der Verhandlungen, der dann zwangsläufig zu einem Ausbau der Wehrmacht im Sinne vorstehender Forderungen führen muß.«

Diese Denkschrift dürfte wohl eine der ersten politischen Auswirkungen der Pläne des Reichswehrministeriums gewesen sein, die um die Jahreswende 1931/32 ausgearbeitet waren und im Laufe des Jahres 1932 ihre endgültige Form erhielten[18]. In der Denkschrift

---

[17] Brüning hatte sich in Bessinge ohne weiteres mit einer 10jährigen Konventionsdauer einverstanden erklärt. US Doc. (wie Anm. 2) 1932 I, S. 109.

[18] G. Castellan (Le réarmement clandestin du Reich 1930–1935, Paris 1954) gibt hierüber erschöpfend Auskunft; vgl. vor allem S. 82ff. Vgl. auch E. Raeder, Mein Leben, Bd 1, Tübingen 1956, S. 273.

erscheinen bereits alle jene Elemente — zeitliche Zielsetzung, Abstufung der Dienstzeit, Aufstellung einer Miliz, Einführung neuer Waffengattungen —, die auch in dem von Castellan zitierten Dokument als wesentlich hervorgehoben werden[19].

Schleicher zog somit zwar eine Regelung der Frage durch die Konferenz noch in Betracht, aber aus den zitierten Sätzen geht klar hervor, daß er den Weg von Verhandlungen nur so lange billigen würde, als die Verwirklichung seines eigenen Programms nicht gefährdet war. Bedeutete für Bülow Gleichberechtigung soviel wie Gleichbehandlung im rechtlichen Sinne und hatten für ihn die militärischen Konsequenzen mehr symbolischen als realen Wert, so sind für Schleicher gerade die militärischen Veränderungen das ausschlaggebende Element geworden.

Werfen wir einen kurzen Blick auf die Lage in Genf, so wird deutlich werden, welche Konsequenzen sich ergeben mußten, sollte das Schleichersche Programm zur Durchführung gelangen. Gerade an jenem 14. Juni fand in Genf eine erste Begegnung zwischen dem neuen französischen Ministerpräsidenten Herriot und seinem britischen Kollegen MacDonald statt. Bei dieser Aussprache und den folgenden Besprechungen[20] zeigte sich deutlich, daß Frankreich nicht bereit war, auch nur über die rechtliche Gleichberechtigung Deutschlands, geschweige denn über eine irgendwie geartete Umrüstung, zu verhandeln. Letztlich hielt Herriot noch an der ursprünglichen französischen Auffassung fest, daß die Verhandlungen und Ergebnisse der Abrüstungskonferenz Deutschland nicht beträfen, da der Versailler Vertrag für Deutschland allein maßgebend sei und bleibe. Selbst die Briten, die sich in Bessinge so entgegenkommend gezeigt hatten, verhielten sich sehr zurückhaltend und wollten Deutschland erst am Ende der 1. Abrüstungsperiode die rechtliche Gleichberechtigung gewähren.

Wenn Schleicher auch über diese jüngste Entwicklung nicht unterrichtet gewesen sein kann, so mußte ihm doch der ganze Verlauf der Abrüstungskonferenz gesagt haben, daß im günstigsten Falle die rechtliche Gleichberechtigung für Deutschland dort zu erreichen war. Erst recht mußte dem Auswärtigen Amt, das die internationale Situation genauer als Schleicher überblickte, und namentlich dem Staatssekretär von Bülow, gemäß seiner Kenntnis der veränderten Einstellung des Auslandes gegenüber Deutschland[21], die Durchführbarkeit des Schleicherschen Programms von vornherein als unmöglich erscheinen. Bei der Deutlichkeit, mit der Schleicher seine Wünsche vortrug, war aber an ein Ausweichen nicht zu denken. Das Auswärtige Amt war also gezwungen, wollte es seine bisherige Arbeit nicht für wertlos erklären, gegen das Programm des Reichswehrministers klar Stellung zu nehmen.

Bevor es jedoch zu dieser Auseinandersetzung kam, bot sich noch einmal die Möglichkeit einer Zusammenarbeit zwischen den beiden Ministerien. Vom 16. Juni bis 9. Juli

---

[19] Nach Castellan (wie Anm. 18), S. 84, war die Aufstellung von 21 Div. bis zum 1. April 1938 geplant. In der Denkschrift wurde eine Tagesdurchschnittsstärke von 160 000 Mann gefordert. (Tagesdurchschnittsstärke = Gesamtzahl der jedes Jahr abgeleisteten Diensttage, geteilt durch 365.) Diese beiden Angaben lassen sich kaum zueinander in Beziehung setzen.

[20] Vgl. Brit. Doc. (wie Anm. 6), III, Nr. 241, S. 518 ff. u. Nr. 245, S. 532 ff.; US Doc. (wie Anm. 2) 1932 I, S. 177 f.

[21] Vgl. hierzu Nadolny (wie Anm. 4), S. 121.

1932 tagte in Lausanne die abschließende Konferenz über das Reparationsproblem. Wir sahen bereits, daß die erwähnten »Richtlinien« für diese Konferenz gedacht waren und daß sich die Überlegungen Schleichers und Bülows in dem Gedanken an Sonderverhandlungen mit Frankreich trafen[22]. Die Konferenz gab reichlich Gelegenheit zu besonderen deutsch-französischen Gesprächen, an denen Papen und Bülow, für Frankreich Ministerpräsident Herriot teilnahmen. Der Anstoß zu diesen Verhandlungen kam von deutscher Seite, vor allem während der ersten Tage der Konferenz, vom 16. bis zum 25. Juni.
Aus der Fülle der von Papen mit Herriot erörterten Vorschläge[23] greifen wir nur diejenigen heraus, die sich auf die Abrüstung beziehen. Gleich am ersten Tage der Konferenz schlug der Kanzler dem französischen Ministerpräsidenten u. a. Kontakte zwischen den beiden Generalstäben vor[24], die zu einer Regelung der schwebenden Rüstungsfragen herangezogen werden sollten. Bülow unterstützte diesen Wunsch am nächsten Tage in einem Gespräch mit dem Staatssekretär des Quai d'Orsay, de la Boulaye[25]. Am 24. Juni schließlich legte Papen Herriot ein Memorandum vor, das bei politischen Konzessionen folgende Rüstungsforderungen enthielt: 1. Anerkennung der rechtlichen Gleichberechtigung und 2. — dadurch ermöglicht — eine Verständigung der Generalstäbe über die beiderseitigen tatsächlichen Rüstungszahlen. Erinnern wir uns des dritten Punktes von Schleichers Brief vom 9. Juni und vergleichen wir jene Äußerungen mit der nur grob überlieferten Formel Papens, so läßt sich ein großes Maß von Übereinstimmung feststellen[26].
Wie reagierte nun Herriot auf diese Vorschläge? Da der Hauptgegenstand der Konferenz die Regelung der Reparationsfrage war, würde Papen auf alle Fälle ein Positivum mit nach Hause bringen; denn nach allen vorangegangenen Entschließungen und Handlungen der Regierungen war es offenkundig, daß Lausanne in dieser oder jener Form ein

---

[22] Für Bülow siehe Anm. 9. Für den General dürfte die Tatsache ausschlaggebend gewesen sein, daß Frankreich Europas militärische Vormacht darstellte und deshalb ein direktes Abkommen allen anderen Möglichkeiten vorzuziehen war. Aus den Memoiren Papens weiß man, daß Schleicher ausgesprochenen Wert auf dessen französische Beziehungen gelegt hat. An des Generals stete Verbindung zu François-Poncet sei in diesem Zusammenhang erinnert (F. v. Papen, Der Wahrheit eine Gasse, München 1952, S. 166). In einem Schreiben an Nadolny vom 20.6. (BdRS [wie Anm. 7], 18 Nr. 1, 101/2, Bd 7, BB: D 667391—98) bekannte sich auch Neurath zu diesem Gedanken.

[23] In den Memoiren Herriots (Jadis, Paris 1952, Bd II, S. 321—348) erscheinen folgende Angebote: Abschluß eines europäischen Konsultativpaktes, deutsch-französische Verständigung über eine Regelung der deutschen Ostgrenzen, Anerbieten einer Beteiligung am wirtschaftlichen Wiederaufbau SO-Europas, ein direktes deutsch-französisches Bündnis, gemeinsame Politik gegenüber der Sowjet-Union. — Herriots Memoiren sind für diese Gespräche eine gute Grundlage, da sie für diese Zeit offensichtlich auf Tagebuchaufzeichnungen beruhen.

[24] Ebd., S. 321f.; Papen (wie Anm. 22), S. 119.

[25] Herriot (wie Anm. 23), S. 329. Als deutsche Teilnehmer schlug Bülow nicht Schleicher — »politique plus que militaire« — , sondern Blomberg und Hammerstein vor.

[26] Es sei vermerkt, daß gegenüber der britischen Delegation nur einmal und da im Zusammenhang mit der Reparationsfrage die Abrüstung berührt wurde. In einem Memorandum vom 21.6. für MacDonald erläuterte ein Punkt die Abrüstungspolitik des Reiches ganz in den Bahnen von Bülows erster Denkschrift. Als MacDonald von den *politischen* Plänen Papens erfuhr, erklärte er dem Kanzler: »... your political ideas ... might come in very useful a little later on.« Brit. Doc. (wie Anm. 6), III, Nr. 144, S. 251; Nr. 141, S. 232.

Ende der Reparationen bringen mußte. In dieser Lage konnte Herriot unmöglich einen Schritt tun, der in Frankreich als ein erneutes Nachgeben gegenüber deutschen Forderungen gewertet werden würde und der seine Koalitionsregierung in unmittelbare Gefahr gebracht hätte. Außerdem war die Fülle der Vorschläge Papens sehr geeignet, den französischen Ministerpräsidenten mißtrauisch zu machen. Er wird sich gefragt haben, welche Ziele hinter diesen vagen politischen Plänen stehen mochten. So beschränkte er sich denn strikt auf die Regelung der Reparationsfrage und griff keinen der übrigen weitgehenden Vorschläge Papens auf. Als der Kanzler nach Beendigung des ersten Konferenzabschnittes nach Berlin fuhr (24. Juni abends), war er mit seinen politischen Plänen, auch denen der Abrüstung, bei dem französischen Ministerpräsidenten um keinen Schritt vorangekommen.

Als dann in der nächsten Woche Deutschland gezwungen wurde, den Gläubigern zumindest eine symbolische Abfindungssumme anzubieten, nahm der Kanzler die Gelegenheit wahr, dieses Angebot mit politischen Bedingungen zu verbinden, unter denen sich auch die Anerkennung der formellen Gleichberechtigung auf dem Gebiet der Rüstung befand[27]. Nichts mehr von separaten Rüstungsvereinbarungen! Auch diese deutschen Pläne brachte der Widerstand Herriots zum Scheitern; er hatte die Briten durch Andeutungen über Papens Militär-Vorschläge ganz für sich gewonnen[28]. Dieser vereinten Front zeigte sich, wie Bülow vorausgesehen hatte, die deutsche Argumentation nicht gewachsen. In einer knappen, klaren Rede am 28. Juni lehnte es Herriot ab, politische Pläne, die keinen unmittelbaren Bezug zu den Reparationen hätten, überhaupt zu diskutieren[29].

So war dieser erste Vorstoß Papens zur Regelung der Abrüstungsfrage durch direkte Verhandlungen mit Frankreich gescheitert. Zweifellos waren Ort und Zeitpunkt schlecht gewählt. Papen hat es dann verstanden, durch sein persönliches Vorgehen die noch bestehende, geringe Chance gänzlich zunichte zu machen.

Das mußte auch seine Rückwirkungen auf die Haltung Schleichers haben, waren doch Papens Pläne einer deutsch-französischen Rüstungsvereinbarung sehr stark vom Reichswehrministerium beeinflußt worden, sofern sie nicht direkt von dort stammten. Der General mußte sich jetzt, wollte er sein Programm der Verwirklichung näher bringen, verstärkt in die Genfer Abrüstungsverhandlungen und in die innerdeutsche Auseinandersetzung einschalten. Das führt uns auf die Kontroverse zwischen dem Reichswehrministerium und dem Auswärtigen Amt um die Denkschrift vom 14. Juni zurück, die ja im Hinblick auf die Genfer Verhandlungen verfaßt worden war.

In verschiedenen Schreiben an Schleicher[30] — für die von Nadolny und dem Gesandten Weizsäcker Stellungnahmen angefordert worden waren[31] — widersprach nun Bülow hartnäckig der Forderung, daß die Zahlen, welche der völligen Gleichberechtigung

---

[27] Ebd., Nr. 150, S. 279.
[28] Ebd., Nr. 148, S. 271; der Abrüstungsvorschlag des Präsidenten Hoover vom 22.6., in dessen Ablehnung sich Frankreich und England einig waren, verstärkte die gemeinsame Haltung.
[29] Ebd., Nr. 150, S. 280.
[30] AK (wie Anm. 9), II F Abrüstung, Bd 3, BB: E 535904—06 (vom 16.6.1932) und E 535925—28 (vom 6.7.1932).
[31] Ebd., BB: E 535917—24 (Brief Nadolnys vom 2.7., Brief Weizsäckers vom 29.6.1932).

Deutschlands entsprechen würden (Parität mit Frankreich oder Polen + Tschechoslowakei), in die erste Abrüstungskonvention einzusetzen seien. Er argumentierte, daß eine solche Forderung keine Aussicht auf Verwirklichung auf der Abrüstungskonferenz habe, da einer derartigen deutschen Absicht die an den Abrüstungsverhandlungen beteiligten kleineren Staaten folgen würden, die Konferenz aber ohnehin schon überlastet sei. Aus diesem Grunde erachte er es als klüger, zunächst die für die Übergangszeit der 1. Konvention tatsächlich erforderlichen Zahlen in ihr zu verankern, ohne auf der von Schleicher geforderten zweiten Zahlengruppe zu bestehen. Im übrigen glaube er nicht, daß die Konferenz vor der mehrmonatigen Sommerpause noch zur Festlegung von Rüstungszahlen schreiten werde; deshalb sei die Angelegenheit auch nicht so dringlich. Dem Wunsche des Generals könne nur dann entsprochen werden, wenn die bisher für die deutsche Delegation geltenden Richtlinien durch das Kabinett entsprechend abgeändert würden.

Dieser letzte Gedanke stammte aus dem Memorandum Nadolnys, das sich mit den Plänen Schleichers beschäftigte. Der Staatssekretär hatte Nadolny die Denkschrift vom 14. Juni übersandt und sie als »Wunschzettel« des Reichswehrministeriums bezeichnet. Aus Nadolnys Zeilen geht hervor, daß er schärfer als Bülow erkannt hatte, was dieser »Wunschzettel« bedeutete. »Bisher« habe er die Vorstellungen des Reichswehrministeriums als Sonderwünsche eines Ressorts aufgefaßt. Sollte aber jetzt irgendeine Änderung der Abrüstungspolitik vorgenommen werden, so könne dies eben nur durch Kabinettsbeschluß erreicht werden. Übrigens würde eine aktivere Politik den Rahmen der geltenden Richtlinien in keiner Weise sprengen. Wie zu vermuten, blieb der Reichswehrminister auch nach diesen Ausführungen bei seiner Forderung[32].

Mittlerweile waren die Verhandlungen der Konferenz in ein neues Stadium getreten. Die Vorschläge des Präsidenten Hoover vom 22. Juni hatten die Konferenz mehr verwirrt als gefördert, und es schien zunächst so, als ob die Delegationen, ohne ein Ergebnis vorweisen zu können, in die Sommerferien gehen würden. In dieser Situation ergriffen die Briten die Initiative[33] und schlugen die Abfassung einer Resolution vor, in der das bisher Erreichte zusammengefaßt werden sollte[34]. Der britische Außenminister Sir John Simon und später dann der tschechoslowakische Ministerpräsident Benesch übernahmen die Redaktion dieser Erklärung. Für die deutsche Delegation, ja, für die gesamte deutsche Abrüstungspolitik, war dies ein sehr kritischer Augenblick[35]. Die Resolution mußte als erstes Ergebnis der Verhandlungen betrachtet werden und würde den Ausgangspunkt für die weiteren bilden. Die Anerkennung der Gleichberechtigung mußte also in der Resolution verankert werden, sollten nicht alle Bemühungen, auch die Gespräche von Bessinge, umsonst gewesen sein.

Bereits am 2. Juli legte Baron von Rheinbaben dem britischen Vertreter in Genf, Sir H. Samuel, den Entwurf für eine Erklärung der Abrüstungskonferenz zur Gleichberechti-

---

[32] Ebd., BB: E 535909—13 (Brief vom 23.6.1932).
[33] Besprechung der englischen, französischen u. amerikanischen Delegation, Genf, 30.6.1932; Brit. Doc. (wie Anm. 6), III, Nr. 257, S. 573—578. Vgl. auch ebd., Nr. 261, S. 579—581.
[34] Text der Resolution: Abrüstung und Sicherheit, hrsg. von W. Bertram und Otto Hoetzsch, Leipzig 1932, S. 131 ff.
[35] Nadolny (wie Anm. 4), S. 123.

gungsfrage vor[36]. Dieser versprach, die Anregung zur Kenntnis des Außenministers zu bringen. Die Akten berichten erst unter dem Datum vom 15. Juli von einer weiteren darauf bezüglichen deutsch-britischen Aussprache[37]; Rheinbaben sprach bei dieser Gelegenheit über die deutschen Umrüstungswünsche, die auch in der Resolution ihren Niederschlag finden sollten. Aus dem Gesprächsverlauf kann man entnehmen, daß die deutsche Delegation nicht mit einer Ablehnung des deutschen Wunsches durch die Briten rechnete[38], obwohl eine positive britische Äußerung hierzu fehlte. Als aber etwas später[39] Verhandlungen in Paris über die grundsätzliche Frage der Gleichberechtigung zu keiner Einigung führten, zeigte es sich, daß auch Großbritannien sich gegen eine Anerkennung der rechtlichen Gleichberechtigung Deutschlands wandte[40]. Man darf in dieser britischen Haltung eine erste Folge des am 13. Juli abgeschlossenen Übereinkommens zwischen England und Frankreich erblicken, in dem sich England u. a. verpflichtete, alle Deutschland betreffenden Fragen nur in Übereinstimmung mit Frankreich zu behandeln[41].
Diese Entwicklung zwang die deutsche Regierung zu einer klaren Stellungnahme, zumal Papen noch am 7. Juli, in einer Rede, und am 8. Juli, in einer offiziellen Verlautbarung, eine energische Außenpolitik angekündigt hatte[42]. Eine Unterstützung der Resolution oder eine Stimmenthaltung bei der Abstimmung war auch für das Auswärtige Amt nach der vorangegangenen Entwicklung nicht möglich. Schon der die einzelnen Abrüstungsmaßnahmen betreffende Teil der Resolution war so ungenügend, daß Deutschland sich der Stimme enthalten hätte, wie Nadolny am 23. Juli erklärte[43]. Da die Gleichberechtigung in keiner Weise anerkannt wurde und nur ein allgemeiner Hinweis auf den Artikel 8[44] der Völkerbundsatzung in der Resolution enthalten war, blieb für Deutschland nur das »Nein«. Es kam nun aber sehr darauf an, wie dieses »Nein« ausgesprochen wurde.
Man konnte sich mit dem Protest begnügen und die weitere Entwicklung abwarten. Das dürfte die ursprüngliche Position des Auswärtigen Amts gewesen sein[45]. Schleicher aber wollte — wie wir sahen — eine klare Festlegung des deutschen Kurses erzwingen, er glaubte auch nicht an die Ungunst der Lage. »Im Gegenteil, ich bin der Überzeugung, daß unsere Stellung nie wieder so gut sein wird wie jetzt«, äußerte er einmal gegenüber Bülow[46].

---

[36] Brit. Doc. (wie Anm. 6) III, Nr. 260, S. 578f.
[37] Ebd., Nr. 264, S. 583—585.
[38] Dafür spricht auch die große Zeitspanne zwischen dem 1. und dem 2. Gespräch. Rheinbaben verwies am 15.7. auf Äußerungen MacDonalds in Bessinge und Lausanne, die eine Anerkennung der rechtlichen Gleichberechtigung in sich zu schließen schienen.
[39] Die Angaben Nadolnys (wie Anm. 4), S. 124, lassen eine genauere Bestimmung nicht zu.
[40] Dies kann erst nach dem Gespräch vom 15.7. geschehen sein. Am 20.7. machte Nadolny Simon mit der endgültigen deutschen Stellungnahme zur Resolution bekannt. Brit. Doc. (wie Anm. 6), III, Nr. 265, S. 585. Vgl. Nadolny (wie Anm. 4), S. 123f.
[41] Brit. Doc. (wie Anm. 6), III, Nr. 172 (vom 5.7.), Nr. 184 (vom 8.7.), Nr. 189 (vom 11.7.).
[42] Berliner Monatsheft 10 (1932), S. 735ff.
[43] Actes de la Conférence pour la réduction et la limitation des armements, Série B I, 1932, S. 186.
[44] Das Abrüstungsprogramm des Völkerbundes.
[45] Dies wird deutlich im Schreiben Neuraths vom 14.7. an Schleicher; AK (wie Anm. 9), II F Abrüstung, Bd 3, BB: E 535934.
[46] Aus einem Brief Schleichers an Bülow vom 23.6., vgl. Anm. 32.

Diesem war die grundsätzlich andersartige Position Schleichers offenbar nicht völlig klar. Nach einer Denkschrift, die er für die am 12. Juli stattfindende Kabinettsitzung über das Abrüstungsproblem abfaßte[47], sah er den Kernpunkt im Zahlenstreit, der zwischen ihm und Schleicher geschlichtet werden müsse, und schrieb dazu: »Entscheidend dürfte sein, daß wir keinen Anlaß haben, den Erfolg der Konferenz dahin zu gefährden, daß wir unsererseits auf Festlegung von Zahlen ... dringen.« Schleicher hingegen kam es darauf an, die Auseinandersetzung um die Resolution zur Durchsetzung seines eigenen Programms im Kabinett zu benutzen.

Wir besitzen eine Zusammenfassung der Position Schleichers in einem Schreiben Neuraths vom 14. Juli[48]. Schleicher ist danach der Auffassung gewesen, Deutschland solle sich sofort von der Konferenz zurückziehen und erklären, daß es sich nicht mehr an den Teil V des Versailler Vertrages gebunden fühle, d.h. volle Handlungsfreiheit für sich in Anspruch nehme, falls die Konferenz nicht in den nächsten Wochen zu einem befriedigenden Ergebnis in der Gleichberechtigungsfrage gelange. Es ist die gleiche Schlußfolgerung, wie sie aus der Denkschrift vom 14. Juni zitiert wurde. Sein Ziel der Umrüstung erschien Schleicher wichtiger als die theoretische Gleichberechtigung, von der er offenbar glaubte, man brauche sie sich nicht erst von anderen bestätigen zu lassen. Sie war ihm ein Mittel zur Erreichung des vorgezeichneten militärischen Zieles. Der Reichswehrminister glaubte wohl, die Reichsregierung in diesen Tagen um so mehr unter Druck setzen zu können, als die Lausanner Verhandlungen Papen keinen Schritt weitergebracht hatten.

Wie aber würde sich Neurath in dieser Frage verhalten? Seine Weisung an Nadolny vom 20. Juni[49] hatte gezeigt, daß er genau wie Bülow die Gleichberechtigung zunächst als rechtliche Gleichbehandlung verstand. Auch er forderte nur um des Prinzips willen eine geringe Zahl neuer Waffen etc. Würde er sich jedoch gegenüber dem Reichswehrminister behaupten können?

In dem erwähnten Brief an Schleicher vom 14.7. versuchte er zunächst einmal die Differenzen zu bagatellisieren, indem er sie mit der Verschiedenheit der Sprache, hier der Diplomaten, dort der Militärs, erklärte. Zugleich machte er das formelle Zugeständnis, daß er die entscheidende Weisung an Nadolny nur im Einverständnis mit Schleicher abgehen lassen werde. Aber in der Sache enthielt das Schreiben doch eine klare Zurückweisung des Schleicherschen Vorschlages. Neurath faßte seine Ansicht in dem kurzen Satz zusammen: »Das ist politisch nicht tragbar.«

In den folgenden sechs Tagen verschärfte sich die Lage insofern, als die negativen Stellungnahmen Frankreichs und Englands in Berlin bekannt wurden[50]. Dies gab natürlich der Forderung Schleichers nach Abbruch der Verhandlungen verstärktes Gewicht. Zudem verfügte der Reichswehrminister durch das militärische Delegationsmitglied, General von Blomberg, über eine eigene Informationsquelle in Genf und eine weitere Möglichkeit der Einflußnahme. Ein undatierter Telegrammentwurf aus jenen Tagen an Blomberg

---

[47] AK (wie Anm. 9), II F Abrüstung, Bd 3, BB: E 535902/03.
[48] Siehe Anm. 45.
[49] Siehe Anm. 22.
[50] Siehe Anm. 40.

macht dies deutlich: »Für Deutschland«, hieß es darin, »ist nur eine Resolution annehmbar, die in jeder Richtung unseren Forderungen auf Grund des V.V. [Versailler Vertrag] entspricht oder die in anderer Weise die volle Gleichberechtigung bringt. Jede andere Resolution ist scharf abzulehnen[51].«

In diesen Zeilen zeichnet sich jedoch schon der schließliche Kompromiß ab. Die Resolution sei »scharf abzulehnen«, von weiteren Folgerungen ist dann aber nicht mehr die Rede. Der Telegramm-Entwurf dürfte kurz vor dem 20. Juli entstanden sein, da an jenem Tag die letzte Unterredung zwischen Neurath und Schleicher über die Weisung an Nadolny stattfand[52].

Wohl auf den Druck Schleichers hin hatte Neurath seine ursprüngliche Ansicht[53] aufgegeben. In dem Entwurf der Weisung, die dem Gespräch vom 20. Juli zugrunde lag, lautete der entscheidende Satz bereits[54]: »Die Deutsche Regierung muß aber heute schon darauf hinweisen, daß sie sich vor ernste Entschlüsse gestellt sehen würde, wenn eine befriedigende Klärung dieses für Deutschland entscheidenden Punktes bis zum Wiederbeginn der Arbeiten der Konferenz nicht erreicht werden sollte.«

In der endgültigen Fassung hieß es dann: »Die Deutsche Regierung muß aber schon heute darauf hinweisen, daß sie ihre weitere Mitarbeit nicht in Aussicht stellen kann, wenn ...«

Bedeutung und Sinn dieser Änderung werden bei näherer Prüfung klar. Denn trotz ihres äußerlich ›starken‹ Hinweises auf ›ernste Entschlüsse‹ vermeidet die erste Fassung (des Auswärtigen Amtes) jede inhaltliche Festlegung solcher Konsequenzen, während die zweite Fassung bereits Art und Weise der deutschen Reaktion auf eine intransigente Haltung der Gegenseite umreißt. Blieb bei der ersten Formel im Grunde noch alles offen und vage, so läßt die zweite eine Inanspruchnahme deutscher Handlungsfreiheit schon deutlich durchblicken.

Am 23. Juli wurde die Resolution der Konferenz zur Abstimmung vorgelegt. Die Sowjet-Union schloß sich dem deutschen »Nein« an, acht Staaten enthielten sich der Stimme. Der deutsche Schritt wurde allgemein bedauert, fand jedoch einiges Verständnis in den angelsächsischen Ländern. Der Hinweis auf die Bedingungen einer weiteren Mitarbeit Deutschlands wurde zunächst geflissentlich ignoriert.

Überblicken wir noch einmal die innerdeutsche Auseinandersetzung um die Gestaltung der Abrüstungspolitik während der Monate Juni und Juli. Neurath hatte sich insofern gegenüber Schleicher behauptet, als der Grundsatz einer Politik durch Verhandlungen aufrechterhalten wurde. Er hat diese Linie auch in den folgenden Monaten beibehalten und schließlich auf diesem Wege am 11. Dezember 1932 die Anerkennung der rechtlichen Gleichberechtigung in Abrüstungsfragen bei den Westmächten durchgesetzt. Solange nach diesem Grundsatz verfahren wurde, konnte der Außenminister in materieller Hin-

---

[51] AK (wie Anm. 9), II F Abrüstung, Bd 3, BB: E 535935.
[52] Begleitnotiz Neuraths vom 20.7. an Schleicher bei der Übermittlung der engültigen Fassung der Weisung an Nadolny, BdRS (wie Anm. 7), 18 Nr. 1, 101/2, Bd VII, BB: D 667493.
[53] Vgl. S. 288.
[54] Die beiden Variationen der Weisung finden sich in: BdRS (wie Anm. 7), 18 Nr. 1, 101/2, Bd VII, BB: D 667494—98.

sicht dem Reichswehrminister entgegenkommen. Das zeigte sich nicht nur in den bisherigen Auseinandersetzungen, sondern auch in den Verhandlungen mit Frankreich, die Ende August begannen[55]. Dieser Gedanke der Sonderverhandlungen beruhte — wie wir sahen — auf Überlegungen, die den führenden Männern der beiden Ministerien gemeinsam waren.

Aber welcher Unterschied gegenüber der unter Brüning üblichen Praxis! Den Hintergrund zu der noch aufrechterhaltenen Verständigungspolitik in Abrüstungsfragen bildete ein Wehrprogramm, das auf alle Fälle durchgeführt werden sollte[56]. Schleicher hatte sich zwar gegenüber Neurath nicht völlig durchgesetzt — Deutschland hatte die Konferenz nicht verlassen —, aber in die Rüstungspolitik des Reiches war durch die von Schleicher mitgestaltete Erklärung zur Resolution vom 23. Juli ein neues Element hineingekommen. Und der General begnügte sich damit nicht. Am 26. Juli hielt er eine Rede zur geplanten Umrüstung des Heeres, die den Auftakt zu einer ganzen Reihe ähnlicher Äußerungen bildete[57]. Inhaltlich deckten sich diese Reden mit seiner Denkschrift vom 14. Juni; es ist daher verständlich, daß das Auswärtige Amt hiervon sehr unangenehm berührt war[58]. Auch an den Verhandlungen mit Frankreich Ende August beteiligte Schleicher sich maßgeblich und nahm damit seine Linie von Lausanne wieder auf.

Die politische Aktivität des Generals hat sich also auch auf die Außenpolitik des Reiches erstreckt, ihr neue Inhalte verliehen und eine bisher kaum gewohnte Methode an sie herangetragen. In welchem Maße Schleicher dabei neben militärischen auch spezifisch innerpolitische Gründe bestimmten, bleibt noch eine offene Frage.

Bei der Beurteilung des ganzen Vorgangs muß gewiß berücksichtigt werden, daß nach monatelangen ergebnislosen Verhandlungen eine Aktivierung der deutschen Politik in jedem Falle nahe lag. Gleichwohl darf nicht übersehen werden, daß der Anstoß hierzu nicht von der politischen Leitung, sondern von dem interessierten Ressort, auf Grund eines ausgearbeiteten, weit vorausplanenden Programms, ausgegangen ist.

---

[55] Die Übergabe der deutschen Note an Frankreich am 29. 8. wurde vorbereitet durch ein Gespräch zwischen Bülow und François-Poncet am 23. 8. 1932.
[56] Vgl. die Angaben bei Castellan (wie Anm. 18), S. 82f., und bei Raeder (wie Anm. 18), S. 273f.
[57] Schleichers Reden am 8.8., 31.8., 1.9. und 6.9.1932 abgedruckt in: K. Schwendemann, Handbuch der Sicherheitsfrage und der Abrüstungskonferenz, Leipzig 1933, und im »Berliner Tageblatt«.
[58] Nadolny (wie Anm. 4), S. 125f., Mitteilung des Freiherrn v. Neurath vom 1.7.1955.

Zum Problem der deutschen Aufrüstung 1933—1936[1]

I.

Das in zahllosen Photographien und Filmen überlieferte Bild der deutschen Wehrmacht im Sommer 1939 läßt meist das Faktum völlig in den Hintergrund treten, daß nur wenige Jahre zuvor das 100 000-Mann-Heer und die Reichsmarine des Versailler Vertrages die gesamte bewaffnete Macht des Reiches darstellten. Dieser in nur wenig mehr als sechs Jahren vollzogene Umschwung von der Reichswehr der Republik zu der modernen, für einen europäischen Konflikt hochgerüsteten Wehrmacht des Dritten Reiches stellt jedoch nur einen Aspekt des umfassenden Vorganges des deutschen Aufrüstung dar. Das Bild aus den Mobilmachungstagen des Jahres 1939 ist gewissermaßen nur der Reflex eines außerordentlich komplizierten Prozesses, der gemeinhin mit dem Begriff der Landesverteidigung umschrieben wird. Dieser Begriff hatte durch die Erfahrung des Ersten Weltkrieges einen folgenreichen Bedeutungswandel erfahren[2].
Die räumliche Ausdehnung der Kriegshandlungen, die Mobilisierung und der Einsatz der gesamten personellen und materiellen Ressourcen hatten im Ersten Weltkrieg einen Grad erreicht, der einen Vergleich mit früheren Formen der Kriegführung nur noch in einem sehr beschränkten Maße zuließ. Neben den Krieg im herkömmlichen, militärischen Sinne war der Wirtschafts- und der Propagandakrieg getreten, deren kriegsentscheidende Bedeutung auch im deutschen zeitgenössischen militärischen Schrifttum schon bald unbestritten war. Nicht mehr allein die durch ihr Offizierkorps geformte und geführte Armee und Marine, sondern die gesamte Nation war zum Instrument der Kriegführung geworden. Nach diesen Erfahrungen war es zum Beispiel eine der dringlichsten und wichtigsten Aufgaben einer modernen Landesverteidigung, für eine möglichst rasche und umfassende Umstellung der industriellen Produktion auf die massenhafte Herstellung von Kriegsgerät und Munition Sorge zu tragen[3]. Hinter dieser Formel verbarg sich eine Fülle von weitreichenden Forderungen, die für einzelne Bereiche der Volkswirtschaft bereits im Frieden interventionistische Maßnahmen des Staates bringen mußten. Bei der Vorsorge für eine gesicherte Rohstoffversorgung, der Entwicklung rohstoffsparender Produktionsmethoden, der Planung der Auftragsvergabe und schließlich der Einflußnahme auf die wirtschaftliche und staatliche Infrastruktur — um nur einige weitere Gebiete beispielsweise anzuführen, die sich unter dem neu definierten Begriff der Landesverteidi-

---

[1] Beitrag zu dem am 10.—12. März 1977 in Paris vom Comité International d'histoire de la 2e guerre mondiale veranstalteten Kolloquium »La France et l'Allemagne de 1932 à 1936«.
[2] Vgl. hierzu M. Geyer, Die Landesverteidigung. Wehrstruktur am Ende der Weimarer Republik, Unveröffentl. Staatsexamensarbeit, Freiburg 1972.
[3] In diesem Zusammenhang sei auf die Denkschrift Wilhelm Groeners »Bedeutung der modernen Wirtschaft für die Strategie« verwiesen, veröffentlicht in: Zeitschrift für Geschichtswissenschaft, 19 (1971), S. 1167 ff.

gung subsumieren ließen — handelte es sich um Bereiche, deren perfekte Organisation in Friedenszeiten die Voraussetzung für ein wirkungsvolles Funktionieren in der Anfangsphase eines Krieges bildete. Daß diese neue Sicht der Landesverteidigung keineswegs nur auf militärische Kreise beschränkt war, zeigt eine Äußerung des der politischen Mitte zuzurechnenden Reichsverkehrsministers Krohne aus dem Jahre 1926. Mit der prägnanten Formulierung[4]: »Es gibt überhaupt kein Gebiet, das der Staat für die Vorbereitung und Durchführung eines künftigen Krieges nicht heranzuziehen hat,« zog er die Konsequenz für den Aufbau einer auf den Erfahrungen des Ersten Weltkrieges aufbauenden Organisation der Landesverteidigung. Zahlreiche Militärpublizisten der Zeit gingen einen Schritt weiter und forderten die Organisation der Gesellschaft und der Wirtschaft auf den Krieg hin, kurz die Militarisierung aller zivilen Verhältnisse. Es bedarf keiner besonderen Vorstellungskraft, um sich die möglichen Auswirkungen dieser verbreiteten Auffassungen auf Staat und Gesellschaft zu vergegenwärtigen.

Im Rahmen dieses Beitrages ist es allerdings nicht möglich, der Betrachtung der deutschen Aufrüstung in den Jahren von 1933 bis 1936 diesen umfassenden Begriff der Landesverteidigung zugrundezulegen, obwohl allein eine derartige Untersuchung das ganze Ausmaß der Kriegsvorbereitungen zur Anschauung bringen würde[5]. Im Mittelpunkt des Beitrages soll vielmehr die herkömmliche militärische Aufrüstung stehen, das heißt die Planung der Vergrößerung des militärischen Instruments und deren Durchführung in ihren personellen und zum Teil auch in ihren materiellen Aspekten. In diesem Zusammenhang soll vor allem der Frage nachgegangen werden, nach welchen Prinzipien die erste Phase der Aufrüstung von militärischer Seite in Angriff genommen und durchgeführt wurde. Organisationsgeschichtliche Einzelheiten und die operativen Vorstellungen der militärischen Führung müssen demgegenüber in den Hintergrund treten[6].

II.

Für die Reichswehr[7] war auch in der zweiten Hälfte der zwanziger Jahre das Faktum nicht aus der Welt zu schaffen, daß die militärischen Bestimmungen des Versailler Vertrages tatsächlich die Stärke und die Struktur des Heeres und der Marine bis in die Einzelheiten der Ausrüstung und Bewaffnung der Formationen festlegten, daß die Alliier-

---

[4] Vgl. das Memorandum Krohnes »Landesverteidigung und Wehrmacht«, mit Anschreiben vom 18.3.1926 Reichskanzler Luther übersandt, in: Akten zur deutschen auswärtigen Politik 1918—1945, Serie B, Bd I, 1, Göttingen 1966, Nr. 172, S. 414ff.

[5] Hierfür wäre u.a. auch eine detaillierte Untersuchung der Tätigkeit des im April 1933 eingesetzten Reichsverteidigungsausschusses und seiner Unterausschüsse notwendig.

[6] Für organisatorische Fragen siehe u.a. B. Müller-Hillebrand, Das Heer 1933—1945, Bd 1, Das Heer bis zum Kriegsbeginn, Darmstadt 1954; zur operativen Planung des Heeres G. Post jr., The civil-military fabric of Weimar foreign policy, Princeton 1973, sowie E.M. Robertson, Hitler's Pre-War Policy and Military Plans 1933—1939, London 1963.

[7] Für die Literatur über die Reichswehr sei verwiesen auf den ebenso umfassenden wie informativen Literaturbericht von M. Geyer, Die Wehrmacht der Deutschen Republik ist die Reichswehr. Bemerkungen zur neueren Literatur, in: Militärgeschichtliche Mitteilungen (MGM), 14 (1973), S. 152—199.

ten des Weltkrieges die Einhaltung der Bestimmungen sehr aufmerksam kontrollierten und daß mit einer Revision gerade dieses Teiles des Vertrages auf dem Verhandlungswege in absehbarer Zeit gar nicht zu rechnen war. Unter diesen Umständen mußte sich die Frage erheben, ob eine Landesverteidigung im militärischen Sinne überhaupt denkbar und sinnvoll war. Die Alliierten hatten der Reichswehr die Übernahme der damit verbundenen Aufgaben verwehrt. Sie hatten im Artikel 160 des Versailler Vertrages festgelegt, daß das Reichsheer ausschließlich zur »Erhaltung der Ordnung innerhalb des deutschen Gebietes und zur Grenzpolizei« — wie es in der amtlichen Übersetzung hieß — bestimmt sei. Auf deutscher Seite ist keine der bedeutenderen politischen Gruppierungen bereit gewesen, diese Funktionsbestimmung anzuerkennen und dem Reichsheer den Charakter einer Polizeitruppe zu oktroyieren. Die Reichswehr wußte sich mit ihrem Anspruch, im traditionellen Sinn das militärische Instrument zur Wahrung der Souveränität und Autorität des Staates zu sein, in voller Übereinstimmung mit der überwältigenden Mehrheit der Nation und ihrer politischen Repräsentanz.

Die Problematik, die für die Reichswehr in dem Widerspruch zwischen dem Anspruch und den gegebenen militärischen Möglichkeiten lag, ist in den ersten Jahren der Weimarer Republik verdeckt worden durch die zunächst im Vordergrund stehenden Auseinandersetzungen um die innere Struktur und dann vor allem durch den häufigen Einsatz der Truppe zur Aufrechterhaltung von Ruhe und Ordnung im Innern des Reiches. Erst nach der Überwindung der gefährlichen inneren Krise des Jahres 1923 und mit dem Beginn der Stabilisierung der politischen Verhältnisse ist zu beobachten, daß die Reichswehrführung unter Seeckt sich intensiver mit den Problemen der Landesverteidigung beschäftigte[8]. Die Kluft zwischen Anspruch und Wirklichkeit wurde auch in dem Gegensatz offenbar, der sich zwischen Seeckt und einer Gruppe von Offizieren aus den Abteilungen des Truppenamtes zwischen 1924 und 1926 herausbildete. Diese Offiziere um Joachim v. Stülpnagel, v. d. Bussche, Blomberg und Hasse wollten sich nicht zufriedengeben mit dem Glauben an hoffnungsvolle militärische Perspektiven in einer ungewissen Zukunft, sondern sie bemühten sich, die konkreten Gegebenheiten der militärischen Lage zu erfassen und ein den realen Bedingungen entsprechendes Konzept der Landesverteidigung zu entwickeln. Der Kreis wurde nicht zusammengehalten durch eine politische Überzeugung oder Strategie, sondern durch das allen gemeinsame Ziel, die militärische Effizienz der Reichswehr zu erhalten und zu steigern[9]. Weiterhin herrschte Übereinstimmung darüber, daß die Reichswehr dieses Ziel angesichts der sich stabilisierenden innenpolitischen Verhältnisse nur in engem Zusammenwirken mit der gesamten staatlichen Exekutive erreichen konnte. Im übrigen waren die rüstungswirtschaftlichen und allgemein organisatorischen Probleme der Landesverteidigung nur mit Hilfe der zivi-

---

[8] Vgl. den Erlaß Seeckts vom 1.3.1942 in: M. Messerschmidt/U. v. Gersdorff, Offiziere im Bild von Dokumenten aus drei Jahrhunderten, Stuttgart 1964 (Beiträge zur Militär- und Kriegsgeschichte, 6), S. 236.

[9] Vgl. hierzu die Darstellung von M. Geyer, Aufrüstung oder Sicherheit. Reichswehr und die Krise der Machtpolitik 1924—1936, Phil. Diss. Freiburg 1976, S. 75 ff., die in diesem Punkte der Interpretation (»Sprung nach links«) von F. L. Carsten, Reichswehr und Politik 1918—1933, 3. Aufl., Köln 1966, S. 275 ff., widerspricht.

len Verwaltung zu lösen. Konkret waren mit der Zielsetzung Aufgaben verbunden, die von der Modernisierung der Ausrüstung, zum Beispiel der Motorisierung, über den systematischen Ausbau des Grenz- und Landesschutzes, die Planung und Durchführung umfassender Rüstungsprogramme bis hin zur Neuformulierung einer nach außen gerichteten Militärpolitik, zum Beispiel im Blick auf die Abrüstungsverhandlungen in Genf, führten. Wollte man auf diesen Gebieten Fortschritte erzielen, so war, zumal in einer von Normalität und einer relativen Stabilität gekennzeichneten Phase der allgemeinen politischen Entwicklung, durch globale Forderungen und das wiederholte Pochen auf Prinzipien nichts zu erreichen. Der Weg führte vielmehr über den steinigen Boden statistischer Erhebungen, endloser Verhandlungen und die Wahrnehmung auch kleinster Vorteile. Das war nicht die Art Seeckts. So bezeichnete seine Entlassung Anfang Oktober 1926 und die Berufung des Generalleutnants Heye zu seinem Nachfolger einen tiefen Einschnitt in der Geschichte der Reichswehr. Von nun an vollzog sich die Militärpolitik der Republik auf anderen Ebenen und in anderen Bahnen.

Die Ausführungen des Reichswehrministers Geßler vor dem Reichskabinett am 29. November 1926 sind für den Klimawechsel in den Beziehungen zwischen politischer und militärischer Führung symptomatisch und waren nicht nur auf die erwartete Attacke des Reichstages gegen die illegalen Rüstungen der Reichswehr zurückzuführen. Geßler kündigte eine umfassende Information des Kabinetts über alle Maßnahmen der Landesverteidigung an, die durch den Versailler Vertrag nicht gedeckt waren. Das Kabinett werde dann zu entscheiden haben, welche Maßnahmen verantwortet werden könnten, und die Reichswehr werde sich konsequent an diese Entscheidungen halten[10]. Das hieß mit anderen Worten, daß in bezug auf die Landesverteidigung, dem primären Aufgabengebiet der bewaffneten Macht, der Primat politischer Entscheidungen und Kontrolle ausdrücklich anerkannt wurde. Im Gegenzug gaben der Reichskanzler und das Kabinett zu erkennen, daß sie nicht abgeneigt waren, die Kosten der illegalen, das heißt gegen den Versailler Vertrag verstoßenden Rüstungsmaßnahmen in den Reichshaushalt zu übernehmen. Das war allerdings nur dann zu realisieren, wenn die dafür vorzusehenden Haushaltsmittel nicht der normalen Überprüfung und Beschlußfassung durch den Reichstag unterworfen wurden. Unter Beteiligung des Präsidenten des Rechnungshofes wurde die Lösung in dem sogenannten Staatssekretärausschuß gefunden, der bei der internen Beschlußfassung über den Etat des Jahres 1928 zum ersten Mal seine Funktionen übernahm[11]. Auch das unter der Führung des Sozialdemokraten Müller ab Juni 1928 amtierende Kabinett der Großen Koalition bekannte sich zu der im Jahre zuvor getroffenen Grundsatzentscheidung. Es billigte im Oktober 1928 die Vorschläge des Staatssekretärausschusses und stimmte der Rüstungsplanung der Reichswehr ausdrücklich zu[12]. Man muß sich die einzelnen Elemente dieser politischen Entscheidungen der Jahre 1927 und 1928 noch einmal vergegenwärtigen, um ihre grundsätzliche, über den aktuellen Anlaß

---

[10] Carsten (wie Anm. 9), S. 288 f.
[11] Geyer (wie Anm. 9), S. 103.
[12] Vgl. Das Kabinett Müller II. 28. Juni 1928 bis 27. März 1930, bearb. von M. Vogt, Boppard 1970 (Akten der Reichskanzlei. Weimarer Republik, 2), Bd 1, Nr. 42, S. 153.

weit hinausgehende Bedeutung zu erfassen. Das Kabinett übernahm die politische Verantwortung für Maßnahmen, die den Reichsgesetzen und gültigen internationalen Verpflichtungen zuwiderliefen. Die finanziellen Mittel hierfür wurden unter Umgehung des Parlaments quasi auf dem behördlichen Verordnungswege bewilligt. Dies alles geschah nicht, um einem aktuellen Notstand zu begegnen, sondern um die vermeintlich bedrohte Sicherheit des Landes in der Zukunft zu gewährleisten. Gefangen in den Vorstellungen der Zeit erkannte man nicht, daß Veränderungen der Rüstungsrelationen selbst zu einem die Sicherheit bedrohenden Faktor werden konnten.

Der Erfolg, den die Reichswehrführung mit der Billigung der Etatansätze durch das Kabinett errungen hatte, wird erst dann in seinen tatsächlichen Dimensionen erkennbar, wenn man die interne Reichswehrplanung in die Betrachtung einbezieht. Das Truppenamt hatte sich mit der Übernahme der Geschäfte durch Blomberg Anfang Januar 1927 die ehrgeizige Aufgabe gestellt, die gesamten materiellen Rüstungsvorhaben des Heeres in ein auf mehrere Jahre konzipiertes, Prioritäten setzendes Rüstungsprogramm zu integrieren. Das militärische Ziel dieses nach nahezu zweijähriger Vorarbeit am 29. September 1928 vom Chef der Heeresleitung genehmigten Programms war die Sicherstellung der ersten Ausstattung an Gerät und Munition für ein 16-Divisionen-Heer (A-Heer), eine beschränkte Bevorratung und Maßnahmen zur Verbesserung der katastrophalen Nachschubsituation. Dieses Ziel sollte in den Jahren 1928/29—1932 erreicht und hierfür ca. 350 Mio Mark ausgegeben werden[13]. Gemessen an dem Gesamtetat der Wehrmacht im Jahre 1928 in Höhe von 726,5 Mio Mark (= 8,6 % des gesamten Reichshaushaltes) erscheinen die für die Rüstungsmaßnahmen jährlich zur Verfügung stehenden ca. 70 Mio Mark relativ unbedeutend, das nahezu revolutionäre Element liegt dagegen in der Methode, nach der Heeresleitung und Truppenamt verfuhren. Selbst wenn man berücksichtigt, daß die Rüstungsplanung der Reichsmarine und die sogenannte »Flieger-Rüstungsperiode 1927/31« nicht in das Rüstungsprogramm einbezogen wurden[14], stellte der systematisch betriebene Versuch, die unendlich vielfältigen, sich gegenseitig bedingenden Faktoren einer von modernen industriellen Fertigungsverfahren bestimmten militärischen Rüstung in einem zielgerichteten Programm aufeinander abzustimmen, ein Novum in der deutschen Geschichte dar, das nur mit der Entwicklung des deutschen Flottenbaus unter Tirpitz verglichen werden kann.

Der Nachfolger Geßlers als Reichswehrminister, Wilhelm Groener, wußte sehr genau, warum er in den folgenden Jahren seine Kabinettskollegen bei den Etatberatungen immer wieder auf das »Normaljahr 1928« festzulegen versuchte und damit nicht geringen Erfolg hatte. Das Kabinett hatte durch seine Zustimmung zu einem derart kohärenten, mehrjährigen Rüstungsprogramm seine eigene Entscheidungsfreiheit tendenziell beschränkt. Die politische Bedeutung dieses Faktums läßt sich an den relativ geringfügigen Ein-

---

[13] E. W. Hansen, Wehrwirtschaft in der Weimarer Republik. Studie zum Verhältnis zwischen Militär und Industrie in Deutschland 1923—1932, Phil. Diss. Hamburg 1974, S. 168 ff.

[14] Zur Rüstungsplanung der Marine vgl. J. Dülffer, Weimar, Hitler und die Marine. Reichspolitik und Flottenbau 1920—1939, Düsseldorf 1972, S. 112 ff. Zur Entwicklung auf dem Luftwaffengebiet vgl. K.-H. Völker, Die Entwicklung der militärischen Luftfahrt in Deutschland 1920—1933, Stuttgart 1962 (Beiträge zur Militär- und Kriegsgeschichte, 3), S. 148 ff., sowie E. L. Homze, Arming the Luftwaffe. The Reich Air Ministry and the German Aircraft Industry 1919—1939, Lincoln 1976

bußen ablesen, die der Reichswehretat in den Jahren der Weltwirtschaftskrise hinnehmen mußte[15].

Der neue Kurs hatte sich für die Reichswehrführung aus dem Zwang ergeben, die Voraussetzungen für eine umfassende Landesverteidigung unter den besonderen Bedingungen des Versailler Vertrages zu schaffen. Damit besaß diese Politik von vornherein auch eine außenpolitische Komponente. Insbesondere im Blick auf die Beziehungen zu Sowjetrußland und zum Völkerbund[16] intensivierte die Reichswehrführung daher ihre Zusammenarbeit mit dem Auswärtigen Amt. Die Scheidemann-Rede vom 16. Dezember 1926 hatte der ersten Phase der deutsch-russischen Zusammenarbeit ein Ende gesetzt, deren rüstungswirtschaftliche Unternehmungen zu keinem befriedigenden Ergebnis geführt hatten. Nunmehr wurde in Anlehnung an die bereits bestehende Fliegerausbildungsstätte Lipezk dieser Sektor der deutsch-russischen militärischen Beziehungen mit Nachdruck gefördert und hierfür auch die Zustimmung des Auswärtigen Amtes und die Billigung des Kabinetts eingeholt. Wiederum trat an die Stelle großer politischer Konzeptionen und militärischer Geheimdiplomatie das Prinzip militärischer Effektivität und die Einordnung in den politischen Verantwortungsbereich des Reichskanzlers und des Kabinetts. Die Ausbildung von Führungskräften an Flugzeugen und Panzern, die Erprobung des modernen Geräts und die damit verbundene Teilhabe an dem waffentechnischen Entwicklungsprozeß wog schwerer als die Produktion und die Lieferung von Artilleriemunition, die Scheidemann zum Anlaß seines Angriffs auf die Reichswehr im Dezember 1926 genommen hatte.

Der bemerkenswerte Realismus, mit dem die Reichswehrführung seit der Bestandsaufnahme aller illegalen Rüstungsmaßnahmen und der in Gang kommenden konkreten längerfristigen Rüstungsplanung die militärischen — sehr im Unterschied zu den politischen — Gegebenheiten beurteilte, schlug sich auch in den jährlichen Übungsreisen und Kriegsspielen nieder, denen nunmehr einigermaßen verläßliche Werte zugrundegelegt werden konnten. Daher hatte die Feststellung des Truppenamtes als Ergebnis der Übungsreise 1928, daß bei Annahme des Rüstungsstandes vom 1. April 1933, das heißt nach Ablauf des ersten Rüstungsprogrammes, die Chancen einer erfolgreichen Verteidigung gegen einen polnischen Angriff sich wesentlich verbessert haben würden, einiges Gewicht[17].

Dem ersten Rüstungsprogramm folgte ein zweites, das seit dem Sommer 1930 in verschiedenen Phasen vorbereitet und ausgearbeitet worden war und im Frühjahr 1932 zunächst vom Chef der Heeresleitung, dann vom Reichswehrminister und vom Reichskabinett gebilligt wurde[18]. Mit Hilfe des Programms sollte in der Periode vom 1. April 1933 bis zum 31. März 1938 mit einem Aufwand von 400 Mio Mark, das heißt 80 Mio Mark pro Jahr, die erste Ausstattung an Waffen, Gerät und Munition sowie eine notdürftige Bevorratung für den Zeitraum von sechs Wochen für nunmehr ein 21-Divisionen-

---

[15] Vgl. die Übersicht bei H.-J. Rautenberg, Deutsche Rüstungspolitik vom Beginn der Genfer Abrüstungskonferenz bis zur Wiedereinführung der Allgemeinen Wehrpflicht 1932—1935, Phil. Diss. Bonn 1973, Anhang S. 81f.

[16] Geyer, (wie Anm. 9), S. 115 ff. und S. 145 ff.; Post (wie Anm. 6), passim.

[17] Post, (wie Anm. 6), S. 228 f.

[18] M. Geyer, Das Zweite Rüstungsprogramm (1930—1934), in: MGM, 17 (1975), S. 125—172.

Feldheer sichergestellt werden. Obwohl der Schwerpunkt des Programms »auf Munition und fabr. Vorbereitung für die lebenswichtigen Nachschubgebiete« lag, umfaßte die Planung doch auch schon die Produktion von Panzern und Flugzeugen in einem allerdings sehr bescheidenen Ausmaße.

Neben der Vorsorge für die materielle Rüstung nahm im Frühjahr 1932 auch die Personalplanung der Reichswehr im Rahmen des nunmehr anvisierten 21-Divisionen-Feldheeres eine entscheidende Wende. Die Heeresorganisationsabteilung hatte bereits 1925 darauf aufmerksam gemacht, daß ab 1931 ausgebildete Jahrgänge nicht mehr in einem ausreichenden Maße zur Verfügung stehen würden. Die Reichswehr versuchte diesem für jeden Mobilmachungsfall gefährlichen Mangel mit einer Reihe von Aushilfen zu begegnen. Die zwar durchaus koordinierten, aber aus innen- und außenpolitischen Gründen nicht mit der erforderlichen Systematik durchzuführenden Maßnahmen gewährleisteten aber nicht, daß im Frühjahr 1938 tatsächlich die personellen Voraussetzungen für die Aufstellung des 21-Divisionen-Feldheeres gegeben waren. Um dieses Ziel zu erreichen, wurden auch Veränderungen der Struktur und der Stärke des bestehenden Reichsheeres unerläßlich. Mehr noch als die materielle Aufrüstung berührte ein derartiges Vorhaben Kernfragen des Versailler Vertrages und damit der Sicherheitspolitik des Reiches. Seit Jahren wurde zwar von Politikern und kompetenten Sachkennern die Frage der Ergänzung des Berufsheeres durch eine Miliz, in der die Reichswehrführung zeitweise eine Lösung des Problems sah, in ihren verschiedenen Aspekten diskutiert, aber das Gesamtproblem wurde angesichts seiner außenpolitischen Bedeutung bewußt in der Schwebe gehalten. Vor dem Hintergrund der geschilderten umfassenden und zielgerichteten Rüstungsplanung war jedoch zu erwarten, daß die Reichswehrführung in dieser durchaus gleichgewichtigen Frage die Reichsregierung mit sehr konkreten Zielvorstellungen konfrontieren würde. So lag dem Chef der Heeresleitung nur wenige Wochen nach der Billigung des zweiten Rüstungsprogramms ein von der Heeresorganisationsabteilung ausgearbeiteter Organisationsvorschlag für das »Neue Friedensheer« vor, mit dem stufenweise die personellen Voraussetzungen für die Aufstellung eines 21-Divisionen-Feldheeres zum Frühjahr 1938 geschaffen werden sollten. Hammerstein machte sich den Plan zwar zu eigen, doch wurde das Programm vorerst zurückgestellt. Die Ursachen für diesen Aufschub dürften in der Hoffnung zu suchen sein, mit Hilfe der Abrüstungskonferenz doch noch zu einer internationalen Regelung der Frage gelangen zu können. Diese Hoffnung erfüllte sich nicht. So wurde die Personalplanung der Reichswehr schließlich Anfang November 1932 unter veränderten innen- und außenpolitischen Voraussetzungen verabschiedet[19].

Das Programm, in dessen Rahmen vermutlich bereits zum 1. Oktober 1932 eine größere Anzahl zusätzlicher Offizieranwärter angenommen und die Verpflichtungsdauer der eingestellten Soldaten auf drei Jahre verkürzt wurde, sah vor, daß das »Neue Friedensheer« von einer aktiven Berufsarmee und von einer »Miliz« gebildet wurde. Die Berufsarmee sollte von 100 000 Mann bis zum 1. April 1938 in verschiedenen Stufen eine Stärke von 144 000 Mann erreichen. Daneben sollten, beginnend mit dem 1. April 1934, Jahr

---

[19] Rautenberg (wie Anm. 15), S. 216 ff.

für Jahr 85000 Mann eingestellt werden, deren aktive Dienstzeit auf eine dreimonatige Kurzausbildung und vier bis fünf kurze Reserveübungen beschränkt wurde. Auf diese Weise sollte der Personalbedarf eines 21-Divisionen-Feldheeres bis zum Frühjahr 1938 gewährleistet werden, dessen Stärke sich zu diesem Zeitpunkt dann auf 570000 Mann bezifferte.

Der Überblick verdeutlicht, daß die Reichswehr seit der zweiten Hälfte der zwanziger Jahre durch eine systematische, in den finanziellen Mitteln außerordentlich beschränkte, jedoch straff koordinierte Rüstungsplanung ihrer traditionellen Aufgabe als militärisches Instrument des Staates gerecht zu werden versuchte. Die personelle und materielle Rüstungsplanung, die in dem ersten und zweiten Rüstungsprogramm und dem Umbauplan des November 1932 ihren Ausdruck fand, war dabei nur ein, wenn auch der wichtigste Teil der im Rahmen einer umfassenden Konzeption der Landesverteidigung ergriffenen Maßnahmen. Die Entwicklung nahm ihren Ausgang von den Bestimmungen des Teiles V des Versailler Vertrages und der durch sie geschaffenen Lage in Mitteleuropa. In einem langfristigen Prozeß sollte das militärische Ungleichgewicht, wie es sich in deutscher Perspektive darstellte, beseitigt werden. Die Programme waren von Anfang an gleichbedeutend mit dem Bruch internationaler Verpflichtungen und reichsgesetzlicher Vorschriften. Dieser Umstand konnte zunächst weitgehend durch die besondere Ausgestaltung und den geringen Umfang der materiellen Rüstungsmaßnahmen vor der internationalen und nationalen Öffentlichkeit verborgen werden, mußte aber spätestens mit dem Beginn der zweiten Rüstungsperiode im Frühjahr 1933 und den Vorbereitungen hierzu im Jahre 1932 zu einer nicht mehr geheimzuhaltenden politischen Tatsache werden. Auf die offenkundigen Zusammenhänge zwischen der Fakten schaffenden Rüstungs- und der Außen- sowie — oft weniger greifbar, dennoch wirksam — der Innenpolitik kann an dieser Stelle nur hingewiesen werden.

Im Gegensatz zur Ära Seeckt vollzog sich die Aufrüstung nunmehr aber unter der politischen Verantwortung der Reichsregierung. Sie war dem Grundsatz nach ein Bestandteil der allgemeinen Revisionspolitik der Weimarer Kabinette. Diese außenpolitische Komponente fand ihren adäquaten militärischen Ausdruck in der Weisung des Reichswehrministers Groener vom April 1930 über die »Aufgaben der Wehrmacht«. In ihr legte Groener den politischen Rahmen fest, in dem für die nächste Zukunft ein Einsatz der Reichswehr für möglich gehalten wurde, und bestimmte im einzelnen die militärischen Mittel, die hierfür vorzusehen waren[20]. Die Weisung wurde mit der kategorischen Feststellung eröffnet, daß ausschließlich politische Gesichtspunkte für die Definition der Aufgaben der Wehrmacht maßgebend seien und daß »*bestimmte* Erfolgsaussichten« die Vorbedingung für einen tatsächlichen Einsatz der Reichswehr darstellten. Der Einsatz wurde beschränkt auf den Fall innerer Unruhen, auf genau definierte Notwehrsituationen und auf den Fall einer für Deutschland besonders günstigen internationalen politischen und militärischen Konstellation. Notwehrsituationen lagen dann vor, wenn durch Übergriffe irregulärer oder regulärer Einheiten eines Staates ein Fait accompli drohte. In einem solchen Falle sollte der Einsatz der Reichswehr gegen reguläre Einheiten nur dann statt-

---

[20] Geyer (wie Anm. 9), S. 215 ff.; Post (wie Anm. 6), S. 197 ff.

finden, wenn der angreifende Staat »anderweitig politisch stark gebunden« war und durch Widerstand »ein Eingreifen anderer Mächte bzw. internationaler Instanzen ausgelöst« werden würde. Ein Einsatz kam auch in Frage, wenn das Reich auf Druck einer Mächtegruppe die Chance erhielt, seine politische und militärische Lage zu verbessern oder unter denselben Bedingungen die Aussicht bestand, die eigene Neutralität erfolgreich zu verteidigen. Schließlich könne der Einsatz der Reichswehr auch »aus freier eigener Entscheidung erfolgen, wenn eine günstige internationale Konstellation ... das Risiko eines solchen Entschlusses« gestatte.

Der wesentliche Inhalt des Dokuments ist so ausführlich wiedergegeben worden, weil Groener in ihm in geradezu paradigmatischer Weise der bewaffneten Macht ihre klar umrissene Funktion als ein Instrument der politischen Führung zuwies, wie es in der deutschen Militärgeschichte des 19. und 20. Jahrhunderts nur in ganz seltenen Fällen geschehen ist. Jede Interpretation der Weisung wird zu dem Ergebnis kommen müssen, daß sie sich in voller Übereinstimmung mit der von den Kabinetten der Republik verfolgten Revisionspolitik befand. Die Sicherung der als bedroht angesehenen Grenzen im Osten des Reiches stand im Vordergrund der konkreten Einsatzplanung, aber auch hierfür sah man sich auf das Funktionieren des Völkerbundes angewiesen, dessen Bedeutung für eine deutsche Sicherheitspolitik anerkannt wurde. Auch die Fernziele der Revisionspolitik blieben in der Weisung nicht unberücksichtigt. Ein nichtprovozierter, offensiver Einsatz der Reichswehr wurde dann nicht ausgeschlossen, wenn das Risiko kalkulierbar blieb.

Aus der Sicht des Militärs bezeichnete die Weisung den Höhe- und Wendepunkt der seit 1926 zu beobachtenden Kooperationspolitik der Reichswehr. Der Primat politischer Entscheidungen schlug bis zur Gestaltung militärischer Einzelheiten durch, legte den Rahmen für die operative Planung fest und setzte Prioritäten für die weitere Rüstung. Die militärische Reichswehrführung empfand dies als unstatthaften Eingriff in »rein militärische« Angelegenheiten und versuchte, sich gerade in diesen Bereichen mehr und mehr der politischen Kontrolle zu entziehen[21]. Die innenpolitischen Verhältnisse und die sich entwickelnde Eigendynamik der Rüstungsplanung kam ihr dabei zu Hilfe.

III.

Mit der »Machtübernahme« Hitlers und der Berufung Blombergs zum Reichswehrminister wurde die in ihren Teilen keineswegs unbestrittene Einheit aus realistischem Handlungskonzept und mittelfristigem Rüstungsprogramm in charakteristischer Weise transformiert. Die politische Funktion der Aufrüstung erfuhr eine tiefgreifende Veränderung.

Hitlers Ansprache vor der Reichswehrgeneralität am 3. Februar 1933 im Hause des Chefs der Heeresleitung mag demonstrativen Charakter getragen haben, doch machte sie den Wandel der Grundbedingungen deutlich, unter denen künftig Fragen der bewaffneten

---

[21] Post (wie Anm. 6), S. 321 ff. Vgl. hierzu auch den Konflikt zwischen Groener/Schleicher und Blomberg über die Schlußfolgerungen aus dem Organisationskriegsspiel 1928/29; Geyer (wie Anm. 9), S. 208 ff.

Macht und der Landesverteidigung behandelt werden sollten[22]. Gleich zu Beginn verkündete Hitler, daß die »Wiedergewinnung der politischen Macht« das alleinige Ziel seiner Politik sein werde. Voraussetzung hierfür sei neben einer völligen »Umkehrung« der bestehenden innenpolitischen Zustände vor allem die »Stärkung des Wehrwillens« mit allen Mitteln. In mehreren Anläufen erläuterte Hitler mit drastischen Beispielen den Generalen sein Programm der »Wiederwehrhaftmachung« und versprach damit die Überwindung von politisch motivierten Widerständen gegen die militärische Organisation der Landesverteidigung, denen die Reichswehr bisher recht hilflos gegenübergestanden hatte. Mit dem Programm der »Wiederwehrhaftmachung« war die feste Basis der Zusammenarbeit zwischen Reichswehr und der durch Hitler repräsentierten nationalsozialistischen Bewegung gegeben. Es schien sich nun zum ersten Mal in größerem Maße die Möglichkeit zu eröffnen, die militärische Organisation der Nation, ihrer personellen und materiellen Ressourcen in die Hand zu nehmen und damit — nach der beherrschenden Erfahrung des Weltkrieges — die entscheidende Voraussetzung einer wirksamen Landesverteidigung zu schaffen. Hitlers Ansicht, daß ein Erfolg in Genf bei den Abrüstungsverhandlungen »zwecklos« sei, »wenn ein Volk nicht auf Wehrwillen eingestellt« sei, brachte diese Problematik auf eine kurze einprägsame Formulierung. Für die Reichswehrgeneralität war entscheidend, daß die Verankerung der Reichswehr in der Bevölkerung wesentlich verstärkt und die Umwandlung des Berufsheeres in ein Heer der Allgemeinen Wehrpflicht in die Wege geleitet werden sollte, daß die Wehrmacht ganz allgemein vom Reichskanzler als die wichtigste Einrichtung des Staates bezeichnet worden war. Die Atmosphäre für künftige militärpolitische Erörterungen und Entscheidungen hatte sich wesentlich verbessert. Das Diktum des neu ernannten Chefs des Ministeramtes, des Obersten v. Reichenau, von Anfang Februar 1933, daß nämlich die Wehrmacht »niemals ... identischer mit dem Staat« gewesen sei[23], eilte der Entwicklung mit Sicherheit weit voraus, bezeichnete aber exakt das Ziel, das man zu erreichen suchte und dem man manche Einschränkungen unterzuordnen bereit war.

Doch mit dem innenpolitisch orientierten Programm der »Wiederwehrhaftmachung« allein konnten die außenpolitischen Fesseln für die deutsche Aufrüstung nicht beseitigt werden. Ein erster spektakulärer Schritt in dieser Richtung war der im Oktober 1933 erklärte Austritt des Reiches aus der Abrüstungskonferenz und dem Völkerbund[24]. Ob diese Entscheidung ein frühes Beispiel der Umsetzung Hitlerscher Ziele in praktische Politik oder nur das Ergebnis des verschärften revisionistischen Kurses alter Prägung war, steht hier nicht zur Debatte. Es ist vielmehr zu fragen, inwieweit der Bruch mit dem multilateralen Sicherheitssystem, das noch von Groener und Schleicher durchaus respektiert worden war, von der neuen Reichswehrführung gefördert und mitgetragen wurde.

---

[22] Abgedruckt bei Th. Vogelsang, Neue Dokumente zur Geschichte der Reichswehr 1930—1933, in: Vierteljahrshefte für Zeitgeschichte, 6 (1958), S. 434f.

[23] Vgl. K.-J. Müller, Das Heer und Hitler. Armee und nationalsozialistisches Regime 1933—1940, Stuttgart 1969 (Beiträge zur Militär- und Kriegsgeschichte, 10), S. 63.

[24] Vgl. hierzu G. Wollstein, Vom Weimarer Revisionismus zu Hitler. Das Deutsche Reich und die Großmächte in der Anfangsphase der nationalsozialistischen Herrschaft in Deutschland, Bonn 1973, S. 147 ff.

Aus der Reaktion Blombergs auf einen französischen Vorschlag für eine Rüstungsvereinbarung Mitte Februar sowie seinem Verhalten im Mai und Oktober 1933 sprach ganz eindeutig die Absicht, in jedem Falle eine Fremdbestimmung der deutschen Aufrüstung zu verhindern[25]. Schon als Chef des Truppenamtes hatte er zu erkennen gegeben, daß Landesverteidigung sich für ihn allein auf die militärische Komponente reduzierte[26]. Nach den Erfahrungen des Ersten Weltkrieges war dies eine erstaunliche und folgenreiche Verengung des Blickfeldes, die als eine Voraussetzung für das »Bündnis« Hitler-Blomberg[27] und die jahrelange, im wesentlichen reibungslose Zusammenarbeit zwischen Reichswehr und nationalsozialistischem Regime angesehen werden kann. In der Situation des Jahres 1933 galt noch immer der Satz Groeners aus der Weisung vom April 1930, daß selbst der Gedanke an einen »großen Krieg« aufgrund der völlig unbefriedigenden Rüstungslage von vornherein aus den Überlegungen der Reichswehrführung auszuschalten sei. Es ist symptomatisch für die neue Sicht der Landesverteidigung, daß Blomberg trotz des gegebenen und in der Phase der beginnenden Aufrüstung noch verstärkten militärischen Schwächezustandes der Reichswehr zu den Befürwortern einer einseitigen, außenpolitisch nicht abgesicherten deutschen Aufrüstung gehörte und im Endeffekt sich mit seiner Ansicht durchsetzte. Der »österreichische Gefreite« sah in dieser Beziehung sehr viel klarer die Bedingtheit der außenpolitischen Situation des Reiches. Auch er war überzeugt, daß die von ihm mit Nachdruck unterstützte Aufrüstung mit einer wie auch immer gearteten Rüstungskonvention auf die Dauer nicht zu vereinbaren sein werde. Hitler hat jedoch im Gegensatz zu Blomberg bis Anfang Oktober an dem Gedanken einer multilateralen Rüstungsvereinbarung aus taktischen Gründen festgehalten[28], weil er in der Phase der »Wiederwehrhaftmachung« die Risiken einer außenpolitischen Isolierung oder von Sanktionen, auch wenn sie nur politischer oder wirtschaftlicher Natur sein sollten, scheute und zu vermeiden suchte. Die Aufnahme bilateraler Gespräche mit Frankreich und Großbritannien war die konsequente Fortsetzung dieser Politik. Festzuhalten bleibt, daß das Reichswehrministerium, insbesondere Blomberg selbst, seit Februar 1933 mit Nachdruck darauf drängte, für die Aufrüstung nur noch nationale und militärische Kriterien zu akzeptieren, und dieser politischen Auffassung auch zum Durchbruch verhalf.

Somit hatten sich im Jahre 1933 die innen- wie außenpolitischen Voraussetzungen der Rüstungspolitik grundlegend verändert, sie war zum determinierenden Faktor der deutschen Außenpolitik geworden.

---

[25] Ebd., S. 45 ff.
[26] Geyer (wie Anm. 9), S. 208 ff.
[27] Vgl. hierzu die knappe Zusammenfassung mit den entsprechenden Literaturangaben bei Wollstein (wie Anm. 24), S. 23 ff.
[28] Ebd., S. 187 und S. 190.

IV.

Mit der Ankündigung konkreter Rüstungsmaßnahmen hatte sich Hitler Anfang Februar 1933 vor der Reichswehrgeneralität merklich zurückgehalten. Allein die Wiedereinführung der Allgemeinen Wehrpflicht hatte er als ein selbstverständliches Ziel bezeichnet, ohne allerdings damit zeitliche Vorstellungen zu verbinden. Auch Blomberg hatte die Befehlshaber vor »übersteigerten Hoffnungen und Erwartungen« gewarnt. Das »Maß dessen, was wir zunächst aufbauen wollen und können«, sei bescheiden[29]. Das Maß des Möglichen wurde in erster Linie von der Höhe der zur Verfügung stehenden Finanzmittel und — trotz der abweichenden Meinung Blombergs — von der jeweiligen Einschätzung der außenpolitischen Bewegungsfreiheit des Reiches bestimmt.

In den ersten Tagen des Februar 1933 zeichnete sich bereits durch die Freigabe zusätzlicher finanzieller Mittel eine wesentliche Beschleunigung der Durchführung des zweiten Rüstungsprogrammes ab[30]. Ähnliche Tendenzen waren auf dem Gebiet der personellen Erweiterung des Reichsheeres schon deswegen nicht zu erwarten, weil Neuaufstellungen ganzer Einheiten in größerem Umfange nicht getarnt werden konnten. Der Umbauplan[31] sah für das Jahr 1933 die Beseitigung einengender Bestimmungen über die Personalstärke der Einheiten und die Neuaufstellung bzw. Etatisierung einzelner, vor allem von Artillerie-, Flak- und Nachrichteneinheiten vor. Diese Maßnahmen erhöhten die Personalstärke des Reichsheeres um ca. 14 000 Mann. Die neu einzustellenden Freiwilligen mußten sich entgegen den Bestimmungen des Versailler Vertrages nur noch für drei Jahre verpflichten. Für die zum 1. April 1934 geplante Einstellung von 85 000 Mann kurzdienender Ergänzungsmannschaften mußte die Organisation des Ersatzwesens und die Institutionalisierung entsprechender Behörden vorbereitet werden. In den sieben Wehrkreisen wurden für diese Aufgaben je drei Wehrgauleitungen eingerichtet. Neben der doch erheblichen Verstärkung des aktiven Heeres setzte der Umbauplan für das Jahr 1933 noch einen zweiten Schwerpunkt: die Intensivierung der Ausbildung der Grenzschutzformationen. Zu diesem Zweck sollten neun Grenzschutz-Ausbildungs-Bataillone gebildet werden, die im Zusammenwirken mit Lehrtrupps der einzelnen Waffengattungen die Freiwilligen der Grenzschutzformationen in zweiwöchigen Kursen auf ihre Aufgaben vorbereiten sollten.

Die Tatsache der Übernahme der Regierungsgewalt durch die Nationalsozialisten hat dieses bescheidene Programm in seinen Grundzügen kaum verändert. Allein die Zahl der Neueinstellungen scheint wesentlich — um mehr als die Hälfte der Planquote — erhöht worden zu sein[32].

Daneben wurde die »Wiederwehrhaftmachung« des Volkes vor allem auf dem Gebiet der Integration der Wehrverbände in die Landesverteidigung mit größter Intensität betrieben. Instrument dieser Integration war die SA, der nationalsozialistische Wehrverband[33],

---

[29] Vogelsang (wie Anm. 22), S. 434.
[30] Geyer (wie Anm. 18), S. 134.
[31] Vgl. Anm. 19 sowie die Akte Bundesarchiv-Militärarchiv Freiburg (BA-MA), II H 139.
[32] Vgl. hierzu den Beitrag von H.-J. Rautenberg, Drei Dokumente zur Planung eines 300 000 Mann-Friedensheeres aus dem Dezember 1933, in: MGM, 22 (1977), S. 103 ff., insbesondere S. 107.
[33] Müller (wie Anm. 23), S. 88 ff.

der für Hitler innenpolitisch, bald auch für die Reichswehr militärpolitisch zu einem unentbehrlichen Faktor wurde. Aus dieser Unentbehrlichkeit erwuchsen jedoch auch sehr konkrete Gefahren. Die SA unter Ernst Röhm entwickelte sich im Jahre 1933 zahlenmäßig, zum Beispiel durch die sich in Stufen vollziehende Integration des »Stahlhelms«, und organisatorisch zu dem machtvollsten, straff gegliederten Organ des Regimes[34]. Entscheidend war, daß Röhm und die SA-Führung parallel zu diesem Machtzuwachs politische und militärische Zielvorstellungen entwickelten, die sie sowohl mit Hitler selbst als auch mit der Reichswehrführung in Konflikt bringen mußten. Der Gedanke, die nationalsozialistische Revolution habe ihr Ziel noch nicht erreicht und könne die letzte Wegstrecke nur mit Hilfe der SA, dem bewaffneten Arm der Revolution, überwinden, konnte bei dem im Herbst und Winter 1933 noch immer nach Millionen zählenden Arbeitslosenheer und angesichts des Ehrgeizes der Funktionäre dieser Massenbewegung durchaus auf Resonanz rechnen. Unter diesem Aspekt mußte die SA für den Parteiführer und Reichskanzler Hitler zu einem gefährlichen und bedrohlichen Machtfaktor werden. Hitler gelang es durch den Austritt aus der Abrüstungskonferenz und dem Völkerbund und durch die mit größtem propagandistischen Aufwand herbeigeführte Sanktionierung seiner Politik durch die Volksabstimmung und die Reichstagswahlen am 12. November 1933, seine innenpolitische Machtposition gegenüber Röhm auszubauen und zu konsolidieren[35].

Die Position der Reichswehr gegenüber der SA war zeitweise außerordentlich prekär. Dem Selbstbewußtsein der SA, der Nähe ihrer Führung zum Machtzentrum des Regimes und dem Anspruch, die nationalsozialistische Alternative der Reichswehr zu sein, hatte diese nur wenig entgegenzusetzen. Aufgrund der ideologischen Gemeinsamkeiten, der fließenden Grenzen zwischen Staat, Partei und Wehrverband und schließlich der militärischen Notwendigkeit, den Grenzschutz funktionsfähig zu erhalten, war die Reichswehrführung auf die Zusammenarbeit mit der SA angewiesen. Blombergs und Reichenaus Bestreben in der Auseinandersetzung mit der SA ging allein dahin, die Reichswehr als das alleinige Instrument der militärischen Landesverteidigung zu erhalten und Hitler von ihrer Unentbehrlichkeit für die bereits in Gang gesetzte Aufrüstung zu überzeugen. Sie waren daher zum Beispiel bereit, auf den maßgebenden Einfluß bei der vormilitärischen Ausbildung und auf die Organisation des freiwilligen Arbeitsdienstes zu verzichten[36]. Die Reichswehr war zunächst bemüht, neben der Ausbildung der kurzdienenden Freiwilligen — die vornehmlich der SA angehörten — im Grenzschutz die SA generell in allen militärischen Ausbildungsfragen zu unterstützen. Dies wurde deutlich, nachdem Hitler am 12. Juni 1933 die SA mit der Aufgabe betraut hatte, innerhalb eines Jahres 250000 SA-Männer und SA-Führer so auszubilden, daß sie im Ernstfalle der Armee als Reserve zur Verfügung gestellt werden konnten[37]. Dieser Auftrag war nur in Zusammenarbeit mit der Reichswehr zu erfüllen, die besondere Ausbildungstrupps in die von

---

[34] Vgl. hierzu V.R. Berghahn, Der Stahlhelm Bund der Frontsoldaten 1918–1935, Düsseldorf 1966; H. Bennecke, Hitler und die SA, München-Wien 1962.
[35] Wollstein (wie Anm. 24), S. 203 ff.
[36] Rautenberg (wie Anm. 32), S. 108 ff.
[37] Vgl. IMT, Bd XXIX, S. 4.

der SA eingerichteten Wehrlager entsandte[38]. Durch die Ausbildungshilfen unterstützte sie allerdings indirekt und gegen ihr eigenes Interesse den Stabschef Röhm in seinem Anspruch, die SA zu gegebener Zeit an die Stelle der Reichswehr zu setzen. Im übrigen beeinträchtigte die ausgedehnte Ausbildungstätigkeit in der Reichswehr selbst, im Grenzschutz und nun auch noch in den Wehrlagern der SA die Funktionsfähigkeit des militärischen Instruments in einem kaum noch zu tolerierenden Maße. Die Ausbildungskapazität der Reichswehr war erschöpft und kam zu einem wesentlichen Teil der Organisation zugute, die die Existenz der Reichswehr selbst in Frage stellte. Als Röhm im Oktober und November immer offener seinen Anspruch vertrat und durch konkrete Maßnahmen untermauerte[39], mußte es daher für die Reichswehr ein Gebot der Stunde sein, alle Energien auf die Erweiterung der eigenen Basis zu konzentrieren und jede Möglichkeit der personellen und materiellen Aufrüstung in diesem Sinne zu nutzen. Die relativ langfristige Rüstungsplanung aus dem Jahr 1932 entsprach nicht mehr den militär- und innenpolitischen Bedingungen im Herbst 1933.

Gleichzeitig hatten sich auch die außenpolitischen Rahmenbedingungen in einem für eine beschleunigte deutsche Aufrüstung positiven Sinne verändert. Nach dem Austritt des Reiches aus Völkerbund und Abrüstungskonferenz hatte Hitler gegenüber dem englischen und französischen Botschafter seine grundsätzliche Verhandlungs- und Kompromißbereitschaft erklärt[40]. Er deutete Lösungsmöglichkeiten an und forderte als Kern seines Verhandlungsangebots ein 300 000-Mann-Heer mit einjähriger Dienstzeit für Deutschland, ohne mit dieser Forderung auf entschiedenen, zu wirksamen Sanktionen bereiten Widerstand zu stoßen.

Vor diesem außen-, innen- und militärpolitischen Hintergrund fiel im Dezember 1933 die Entscheidung für den Aufbau eines 300 000-Mann-Friedensheeres[41]. Mitte Dezember setzte eine Entwicklung im Reichswehrministerium ein, die als ungewöhnlich, ja, als hektisch bezeichnet werden muß. Vom 14. Dezember datiert das Anschreiben Becks zu einer Denkschrift der Organisationsabteilung des Truppenamts über den »Aufbau des künftigen Friedensheeres«, die bereits die Billigung des Ministers gefunden hatte. Bereits vier Tage später, am 18. Dezember erging die grundsätzliche Weisung des Chefs des Truppenamtes zur Aufstellung des neuen Friedensheeres. Schließlich wurde für den 20. und 21. Dezember eine Befehlshaberbesprechung nach Berlin einberufen, auf der Blomberg, Beck und weitere Amtschefs über Ziele und Einzelheiten der Planung referierten. Noch in den restlichen Dezembertagen erging eine Fülle von Einzelverfügungen, um sicherzustellen, daß der Prozeß der Verdreifachung des Heeres mit dem 1. April 1934 realiter beginnen konnte. Über die konkreten Gründe für diese ganz ungewöhnliche Verfahrensweise gibt es allerdings keine zuverlässigen Nachrichten. Die Vermutung liegt allerdings nahe, daß Blomberg und Reichenau auf diese Weise auch in der Auseinandersetzung mit Röhm schnell Fakten zu schaffen suchten.

---

[38] Vgl. hierzu das Urteil eines beteiligten Offiziers in: H. Meier-Welcker, Aus dem Briefwechsel zweier junger Offiziere des Reichsheeres 1930–1938, in: MGM, 14 (1973), S. 89 ff.
[39] R. Absolon, Die Wehrmacht im Dritten Reich, Bd 2, Boppard 1971, S. 493 ff. (6. 11. und 1. 12. 1933).
[40] Wollstein (wie Anm. 24), S. 238 ff.
[41] Vgl. hierzu insgesamt Rautenberg (wie Anm. 32).

Das Programm der Reichswehrführung sah die Aufstellung eines 21-Divisionen-Friedensheeres im Laufe von vier Jahren, das heißt vom 1. April 1934 bis zum 31. März 1938, vor und behandelte allein die personelle Seite des Problems. Grundlage der Planung war die Einführung einer einjährigen Dienstzeit, die — nach den Erwartungen der Reichswehrführung — spätestens im Herbst 1934 durch eine Allgemeine Reichsdienstpflicht gesetzlich geregelt werden sollte. Organisatorisch sollte die Verdreifachung des Heeres mit Hilfe der bereits aufgebauten Ersatzorganisation der 21 Wehrgaue durchgeführt werden. Das militärische Ziel des Dezember-Programms der Reichswehrführung ist in der Denkschrift der Organisationsabteilung deutlich formuliert. Das aus dem Friedensheer zu mobilisierende Kriegsheer sollte in der Lage sein, »einen Verteidigungskrieg nach mehreren Fronten mit einiger Aussicht auf Erfolg« führen zu können. Erst gegenüber der bisherigen militärischen Zielsetzung für den Konfliktfall — Groeners »Aufgaben der Wehrmacht« und das 21-Divisionen-Kriegsheer — wird die Bedeutung dieser Formulierung faßbar. War ein Mehrfronten-Verteidigungskrieg denkbar, ohne die Einführung der Allgemeinen Wehrpflicht, ohne die Verfügung über das industrielle Potential des Ruhrgebiets und ohne die militärische Sicherung des Rheintales? Diese Fragen wurden im Dezember 1933 nicht erörtert, aber aus der bisherigen Reichswehrplanung war allen beteiligten Offizieren bekannt, daß ohne diese Voraussetzungen ein mit »einiger Aussicht auf Erfolg« zu führender Verteidigungskrieg gegen Frankreich nicht denkbar war. Erst wenn diese Voraussetzungen geschaffen waren, war darauf zu rechnen, daß die 63 Divisionen des Kriegsheeres die ihnen vorgegebene Aufgabe erfüllen konnten. Damit aber waren die spektakulären März-Aktionen Hitlers 1935 — Wiedereinführung der Allgemeinen Wehrpflicht — und 1936 — Rheinlandbesetzung — durch die militärischen Planungen und Zielsetzungen des Jahres 1933 bereits vorprogrammiert.

Die ungewöhnliche Eile, mit der das Programm in der zweiten Dezemberhälfte in Szene gesetzt und die ersten Schritte zu seiner Realisierung getan wurden, läßt neben der militärischen auch auf eine politische Zielsetzung schließen. Der Reichswehrminister hat auf der Befehlshaberbesprechung in Berlin am 20. Dezember die innenpolitische Motivation des Programms auf indirekte Weise sehr deutlich zum Ausdruck gebracht. Er erläuterte »zwei Hauptschwierigkeiten«, die sich »in der Wehrfrage« ergeben hätten: zum einen »die Regelung des Grenzschutzes« und zum anderen die »Bestrebungen der SA, eine eigene Wehrmacht zu gründen«. Das Dezember-Programm der Reichswehr war geeignet, diese Entwicklung zu stoppen. Die erst im Frühjahr 1933 begonnene Ausbildung von Freiwilligen — die, wie erwähnt, vornehmlich der SA angehörten — im Rahmen des Grenzschutzes durch besondere Grenzschutz-Ausbildungs-Bataillone und Lehrtrupps der verschiedenen Waffengattungen wurde mit dem 31. März 1934 beendet, die Bataillone in das Friedensheer integriert. Zum selben Zeitpunkt sollten auch die Ausbildungskommandos der Reichswehr aus den Wehrlagern der SA zurückberufen werden. Bei der außerordentlich gespannten Offizierpersonallage war in der Sicht der Reichswehrführung eine Verzettelung der Kräfte nicht mehr zu verantworten. Mit der Konzentration auf die Ausweitung des eigenen Bereiches entzog die Reichswehrführung gleichzeitig dem gefährlichen Konkurrenten wesentliche Voraussetzungen seines militärischen Machtanspruchs.

Neben den außen- und innenpolitischen Bedingungen und Konsequenzen des Dezember-Programms muß noch auf ein rüstungspolitisches Faktum hingewiesen werden. Mit dieser ersten Stufe der Aufrüstung unter nationalsozialistischem Vorzeichen wurde die im Jahre 1932 erreichte Koordination von personeller und materieller Rüstungsplanung aus den Angeln gehoben. Für die materielle Ausstattung des 21-Divisionen-Friedensheeres konnte man noch auf das zweite Rüstungsprogramm zurückgreifen, jedoch existierte für die Sicherstellung der Ausstattung und des Nachschubs für das 63-Divisionen-Kriegsheer kein diesem vergleichbares Programm. Die Unverbundenheit der personellen und der materiellen Komponenten ist zum Signum der gesamten deutschen Aufrüstung nach 1933 geworden.

Der weitere Auf- und Ausbau des Heeres im Zeitraum vom Dezember 1933 bis zum März 1936 vollzog sich in Schüben, denen gleichermaßen politische wie militärisch-organisatorische Ursachen zugrundelagen. Bereits während der ersten Phase der Realisierung des Dezember-Programms, im Frühjahr 1934, wurde unter dem Druck aus beiden Bereichen die ursprüngliche Zielsetzung über den Haufen geworfen. Im Dezember 1933 hatte Blomberg besonderen Wert auf die Feststellung gelegt, daß das auf vier Jahre geplante Programm keine »Improvisation« darstelle, doch bereits wenige Monate später schlug der Chef des Allgemeinen Heeresamtes, Oberst Fromm, vor, das 21-Divisionen-Friedensheer schon bis zum 1. Oktober 1934 aufzustellen. Der Chef der Heeresleitung, General v. Fritsch, und der Chef des Truppenamtes, General Beck, konnten zwar diesen Vorstoß aus den eigenen Reihen blockieren, doch Fromms Vorstellungen schufen die Voraussetzungen für die Erfüllung politischer Forderungen, mit denen Fritsch und Beck konfrontiert worden waren. Hitlers im ganzen sehr erfolgreiche Bemühungen, die anlaufende Aufrüstung außenpolitisch abzuschirmen, hatten mit der französischen Note vom 17. April 1934, mit der die deutsch-französischen Gespräche über eine Rüstungsvereinbarung abgebrochen wurden, einen empfindlichen Rückschlag erfahren. Die internationalen Risiken einer einseitigen deutschen Aufrüstung schienen sich zu verschärfen. Hitler forderte deshalb im Mai 1934 den Abschluß der Aufstellung des 300000-Mann-Heeres bereits zum 1. April 1935. Wenn es auch der Reichswehrführung gelang, diesen Termin hinauszuschieben, so konnte doch spätestens von diesem Zeitpunkt an nicht mehr von einem langfristig programmierten, planvollen Prozeß der Aufrüstung die Rede sein[42]. Im Februar 1935 erreichte das Heer bereits eine Stärke von 280000 Mann!

Die Heeresvermehrung der Jahre 1933 und 1934 war mit Freiwilligen erreicht worden, die sich für unterschiedliche Dienstzeiten verpflichten mußten. Diese Form der Rekrutierung ist von der militärischen Führung immer nur als eine unbefriedigende Zwischenlösung angesehen worden. Unter dem Eindruck der Beschleunigung des Aufbaues des 300000-Mann-Heeres wurde die Einführung der Allgemeinen Wehrpflicht, die Beck im Dezember 1933 schon für den Herbst 1934 gefordert hatte, in den Augen der militäri-

---

[42] Zur Initiative Fromms vgl. Müller (wie Anm. 23), S. 208; zur französischen Note vgl. Wollstein (wie Anm. 24), S. 249 ff.; zu Hitlers Forderung vgl. M. Geyer, Militär, Rüstung und Außenpolitik. Aspekte militärischer Revisionspolitik in der Zwischenkriegszeit, in: Hitler, Deutschland und die Mächte, hrsg. von M. Funke, Düsseldorf 1976, S. 260, sowie Robertson (wie Anm. 6), S. 33 f. Zu der im folgenden genannten Heeresstärke vgl. Rautenberg (wie Anm. 15), S. 312.

schen Führung zu einer zwingenden Notwendigkeit. Die Proklamation der Wehrhoheit am 16. März 1935, die Einführung der Allgemeinen Wehrpflicht mit einjähriger Dienstzeit zum 1. Oktober 1935, war demnach kein Überraschungscoup Hitlers, sondern die nach der Rückkehr des Saargebiets zum Reich politisch möglich gewordene Einlösung eines der Reichswehrgeneralität bereits Anfang Februar 1933 gegebenen Wortes. In gleicher Weise ist gegenüber den Berichten Skepsis geboten, die das gleichzeitig von Hitler verkündete Rüstungsziel eines 36-Divisionen-Friedensheeres als ein genuin Hitlersches Produkt darstellen[43]. Auch dieser Teil der Proklamation vom 16. März 1935 befand sich in weitgehender Übereinstimmung mit der militärischen Planung.

Auszugehen ist hier noch einmal von der Zielsetzung des Dezember-Programms 1933, ein Kriegsheer zu schaffen, das »einen Verteidigungskrieg nach mehreren Fronten mit einiger Aussicht auf Erfolg aufnehmen« könne. Das Truppenamt hat im Jahr 1934 in mehreren Anläufen versucht, diese sehr allgemeine Forderung und die Bedingungen ihrer Erfüllung zu konkretisieren. Bei einer angenommenen Koalition von Frankreich, Belgien, Polen und der Tschechoslowakei gegen das Reich fiel besonders ins Gewicht, daß für die Abwehr eines französischen Angriffs aufgrund der geographischen Bedingungen östlich des Rheins und der gefürchteten hohen Mobilität der französischen Armee eine relativ große Zahl (9—10) sofort einsatzbereiter Divisionen zur Verfügung stehen mußte. Diese Divisionen fielen als Kader für die aufzustellenden Kriegsformationen aus. In einer Studie des Truppenamtes vom 6. März 1935, die die Billigung des Chefs der Heeresleitung fand, wurde dementsprechend der Aufbau eines Friedensheeres von 30 bis 36 Divisionen gefordert[44]. Gegenüber der Dezemberplanung 1933 blieb dagegen die Zahl der geforderten Divisionen des Kriegsheeres nahezu unverändert (63—73). Die Übereinstimmung zwischen dem von Hitler verkündeten Rüstungsziel und der militärischen Planung ist eklatant. Die Kontroverse zwischen politischer und militärischer Führung erwuchs allein aus der Frage, zu welchem Zeitpunkt das gemeinsame Rüstungsziel erreicht werden sollte. Hitler forderte die Aufstellung bereits zum Herbst 1935, innerhalb der Heeresleitung gab es Stimmen, die bis zu diesem Termin zumindest den Rahmen des künftigen Heeres abgesteckt wissen wollten, doch Fritsch und Beck setzten im Blick auf die Verwendungsfähigkeit des Heeres ein gemäßigteres Aufbautempo durch. Doch auch sie revidierten ihre ursprünglichen Zeitvorstellungen relativ schnell, statt im Herbst 1939 verfügten sie bereits im Herbst 1936 über 36 Infanterie- und 3 Panzerdivisionen[45].

Auch die März-Krise des Jahres 1936 hatte ihre rüstungspolitische Komponente. Schon die Überlegungen zum Aufbau eines 36-Divisionen-Heeres hatten die besonderen Schwierigkeiten verdeutlicht, die sich aus der Existenz der entmilitarisierten Zone für die Verteidigung gegenüber Frankreich ergaben. Die rechtzeitige Gewinnung der Rheinlinie im Konfliktfalle wurde als conditio sine qua non einer wenn auch nur zeitlich begrenzten erfolgreichen Verteidigung angesehen. Im Truppenamt hatte man sich deswegen seit den

---

[43] Vgl. die Darstellung bei Müller (wie Anm. 23), S. 208f. Zur Bedeutung des Termins der Abstimmung im Saargebiet am 10.1.1935 vgl. Robertson (wie Anm. 6), S. 45f. und S. 56f.
[44] BA-MA, II H 656. Die Studie faßte Überlegungen für eine mögliche Rüstungskonvention zusammen.
[45] BA-MA, II H 1/120.

Zeiten Joachim v. Stülpnagels und Blombergs um den Aufbau einer paramilitärischen Sicherungsorganisation in den westlichen Grenzgebieten bemüht, die einen französischen Vormarsch zumindest verzögern sollte[46]. Nachdem derartige Initiativen von Groener und Schleicher aus außenpolitischen Gründen in den Jahren 1929—1933 unterbunden worden waren, drängte Blomberg als Reichswehrminister ab November 1933 gegen den Widerstand des Auswärtigen Amtes unablässig auf den Aufbau eines verstärkten Grenzaufsichtsdienstes[47]. Dieser Grenzaufsichtsdienst wurde mit Hilfe ziviler Verwaltungsstellen organisiert und hierfür die dort stationierten Landespolizeien sowie paramilitärische Verbände verwendet. Die militärische Effektivität des Aufsichtsdienstes war jedoch schwer abzuschätzen. Wenn hierüber verläßliche Daten nicht zu gewinnen waren, so konnte doch exakt berechnet werden, wie schnell die östlich der entmilitarisierten Zone stationierten regulären Verbände an den Rhein transportiert werden konnten. Die entsprechende Abteilung des Generalstabes (so firmierte das Truppenamt seit dem Frühsommer 1935) kam im Februar 1936 zu dem Ergebnis, daß die Transportbewegung nicht in der zur Verfügung stehenden Zeitspanne durchgeführt werden konnte[48]. Die entmilitarisierte Zone bildete demnach ein kaum zu überwindendes Hindernis für die bereits im Dezember 1933 postulierte strategische Zielsetzung.

Dieses Hindernis nahm in rüstungswirtschaftlicher Perspektive noch gefährlichere Dimensionen an. Die Reichswehrführung hatte sich Ende der 20er/Anfang der 30er Jahre bemüht, wichtige Zweige der Rüstungsproduktion im geographischen Kernraum des Reiches zu fördern und selbst dorthin zu verlagern. Bei der traditionellen Bedeutung des Ruhrgebietes für die Geräte- und Waffenproduktion war diesen Maßnahmen — selbst im Blick auf die bis Dezember 1933 gültige Planung eines 21-Divisionen-Kriegsheeres — jedoch nur ein relativ bescheidener Erfolg beschieden. Bei der nunmehr für den Ernstfall vorgesehenen Mobilisierung von 63—70 Divisionen gewann das Ruhrgebiet für die Sicherstellung des Nachschubs geradezu existentielle Bedeutung. Die Ausdehnung der Wehrhoheit des Reiches auf die entmilitarisierte Zone erwies sich somit spätestens seit der erwähnten Studie aus dem Generalstab als eine zwingende militärische Notwendigkeit für die Sicherung des bisher erreichten Machtzuwachses sowie für einen gesicherten Ausbau der materiellen Rüstung. Hitlers Entschluß zur Besetzung der entmilitarisierten Zone am 7. März 1936 ist durch diese ihm sicher nicht unbekannte militärische Sachlage zweifellos datenmäßig nicht festgelegt worden. Die Gunst der außenpolitischen Situation, möglicherweise auch allgemeine innenpolitische Motive — wie die sich anschließenden Reichstagswahlen vermuten lassen — werden zu dem Entschluß beigetragen haben. Die Aktion war ein logischer Schritt auf dem Wege zur »Wiedergewinnung der politischen Macht«, denn die Besetzung der entmilitarisierten Zone verbesserte in entscheidendem Maße die Handlungsfähigkeit der bewaffneten Macht, ohne deren Hilfe in der Sicht Hitlers das politische Ziel nicht erreicht werden konnte.

---

[46] Geyer (wie Anm. 9), S. 212f.
[47] Vgl. Geyer (wie Anm. 42), S. 253.
[48] BA-MA, II H 593/3 (14.2.1936). Zum militärischen Ablauf der Rheinlandbesetzung vgl. D.C. Watt, German Plans for the Reoccupation of the Rhineland: A Note, in: The Journal of Contemporary History, 1 (1966), Nr. 4, S. 193ff.

V.

Wenn bisher ausschließlich einige Probleme der Heeresrüstung erörtert worden sind, so entspricht das einerseits dem Gewicht, das der Armee im Rahmen der Landesverteidigung zukam, andererseits dem Umstand, daß über die Entwicklung der beiden anderen Teilstreitkräfte, Marine und Luftwaffe, eine reichhaltige, leicht zugängliche Literatur existiert. Das gilt insbesondere für die Reichs- bzw. Kriegsmarine. So ist zum Beispiel das deutsch-englische Flottenabkommen vom 18. Juni 1935, für die Marine zweifellos das wichtigste Ereignis in den Jahren 1933—1936, gerade in den letzten Jahren unter sehr verschiedenen Aspekten mehrfach behandelt worden[49]. Versucht man die wesentlichen Aspekte der Aufrüstung der Marine in den Jahren 1933—1936 in einem Überblick zu skizzieren, so wird man zunächst die Feststellung treffen müssen, daß die 1100 Offiziere und 13 900 Unteroffiziere und Mannschaften 1933 noch nicht einmal über das dem Reich im Versailler Vertrag zugestandene Schiffmaterial verfügten. In dieser Tatsache kommt nicht zuletzt auch die Sonderstellung zum Ausdruck, die der Reichsmarine in mehrfacher Hinsicht anhaftete. So sind ihr in der publizierten öffentlichen Meinung, wenn diese überhaupt von der Marine Notiz nahm, nur in Einzelfällen Funktionen zugeordnet worden, die über den notwendigen Küstenschutz, die Aufrechterhaltung der Verbindung nach Ostpreußen und die Offenhaltung der Ostsee hinausgingen.

Das entsprach dem an Tirpitzschen Traditionen orientierten Selbstverständnis der Marineleitung unter Erich Raeder in keiner Weise. Trotz des völlig unbefriedigenden Rüstungsstandes hatte sie sich seit Jahren operativ mit dem Mehrfrontenkrieg beschäftigt und sah ihre Aufgabe vor allem in einem offensiven Schutz der deutschen Zufuhrwege über See, wobei auch bereits Aspekte der Atlantikkriegführung ins Blickfeld rückten[50]. Die unvermeidliche, für jeden Planungsprozeß charakteristische Kluft zwischen den in der Gegenwart gegebenen Verhältnissen und zukünftigen Möglichkeiten hatte besonders bei der Marine gefährliche Dimensionen angenommen. Die dem Selbstverständnis entsprechende Rüstungsforderung der Marine war auf die griffige Formel »Parität mit Frankreich«, das in den Vorstellungen der führenden Seeoffiziere als der eigentliche Gegner Deutschlands fungierte, gebracht worden[51].

Es ist nun eine auffallende Tatsache im Rahmen der allgemeinen deutschen Aufrüstung nach 1933, daß die prinzipiellen Entscheidungen für den Aufbau einer den Forderungen der Marine nahekommenden Flotte erst relativ spät gefallen sind. Selbstverständlich profitierte auch sie von den seit Februar 1933 sehr viel reichlicher fließenden finanziellen Mitteln. Diese wurden jedoch im wesentlichen für die Verbesserung der Infrastruk-

---

[49] Vgl. hierzu den Literaturbericht von B.-J. Wendt, Der blockierte Dialog. Neue Literatur zu den deutsch-englischen Beziehungen in den 30er Jahren, in: MGM, 17 (1975), S. 201 ff., und die dort gegebenen Hinweise.

[50] Dülffer (wie Anm. 14), S. 192 ff.

[51] M. Salewski, Die deutsche Seekriegsleitung, 1935—1945, Bd 1, Frankfurt 1970, S. 9 ff. Vgl. hierzu auch die entsprechenden Kapitel in der Untersuchung von G. Schreiber, Revisionismus und Weltmachtstreben. Marineführung und deutsch-italienische Beziehungen 1919—1944, Stuttgart 1978 (Beiträge zur Militär- und Kriegsgeschichte, 20).

tur und weniger für die Vermehrung der geplanten Schiffsbauten verwendet[52]. Die deutlich erkennbare Zurückhaltung Hitlers in Fragen des Großschiffs- und des U-Bootbaus entsprach der Erkenntnis, daß mit einer Entscheidung über den Aufbau einer an den europäischen Großmächten orientierten Flotte kurz- und langfristige außenpolitische Implikationen verbunden waren, die nicht nur die außenpolitische Absicherung der deutschen Aufrüstung, sondern auch die längerfristigen Ziele Hitlers tangieren konnten. Dies betraf vor allem das künftige Verhältnis zu Großbritannien, denn eine »Parität mit Frankreich« veränderte auch drastisch die Stärkerelation zur »Royal Navy«. Die Irritation der britischen Seemacht durch deutsche Flottenrüstungen schon in der Anfangsphase des Prozesses zur Wiederherstellung der deutschen Machtposition in Europa lag weder in der Absicht Hitlers noch im Interesse der Marine. Daher haben sowohl Hitler als auch Raeder sich aus sehr unterschiedlichen Motiven frühzeitig darum bemüht, eine Verständigung mit Großbritannien über die künftige deutsche Flottenrüstung herbeizuführen. Das Ergebnis dieser hartnäckigen und wechselvollen Bemühungen war das deutsch-englische Flottenabkommen vom 18. Juni 1935, das die deutsche Flottenstärke auf 35 % der britischen begrenzte, für die U-Bootwaffe sogar noch eine weitaus günstigere Relation für Deutschland brachte. Die 35%-Formel erfüllte nicht völlig den Wunsch nach »Parität mit Frankreich« und begegnete daher auch marineinternem Widerstand[53]. Doch abgesehen von dem enormen politisch-diplomatischen Erfolg für das nationalsozialistische Regime, ermöglichte das Abkommen unter normalen Umständen der deutschen Marine den Aufbau einer mit den bisherigen, von Versailles diktierten Verhältnissen nicht mehr zu vergleichenden Flotte. Der militärpolitische Erfolg war mit Händen zu greifen.

Doch bei näherer Betrachtung ergab sich ein anderes Bild. Bereits zur Jahreswende 1934/35 waren in Übereinstimmung mit Hitler in der Marineleitung Entscheidungen über die Bestückung und das Deplacement der künftigen Großkampfschiffe und Schweren Kreuzer gefallen, die mit dem Abkommen nicht in Übereinstimmung gebracht werden konnten. Der Aktenbefund läßt keinen Zweifel daran, daß sowohl Hitler als auch Raeder das Abkommen von Anfang an nur als eine Übergangslösung, eine sehr erwünschte außenpolitische Absicherung des deutschen Flottenbaues bis in die Jahre 1938/39 hinein betrachteten. Das Abkommen diente daher »nur [der] Tarnung, [war] ein diplomatischer Betrug und entsprach ... Hitlers außenpolitischem Programm und Raeders Vorstellung von der Zukunft der deutschen Marine«[54]. So wurde die Aufrüstung der Marine ebenso wie beim Heer von dem politischen Willen sowie dem taktischen Geschick Hitlers und dem ideologisierten Professionalismus der militärischen Führung bestimmt.

Im Gegensatz zu Heer und Marine spielten für die dritte Teilstreitkraft der Wehrmacht, die Luftwaffe[55], ideologisch fixierte Leitbilder, einer übermächtigen Tradition verpflich-

---

[52] Dülffer (wie Anm. 14), S. 241 ff.
[53] M. Salewski, Marineleitung und politische Führung 1931–1935, in: MGM, 10 (1971), S. 138 ff.
[54] Ebd., S. 149.
[55] Vgl. hierzu vor allem die in Anm. 14 genannte Arbeit von K.-H. Völker sowie dessen Studie Die deutsche Luftwaffe 1933–1939. Aufbau, Führung und Rüstung der Luftwaffe sowie die Entwicklung der deutschen Luftkriegstheorie, Stuttgart 1967 (Beiträge zur Militär- und Kriegsgeschichte, 8); D. Irving, Die Tragödie der Deutschen Luftwaffe, Frankfurt 1970, sowie vor allem Homze (wie Anm. 14).

tete Denk- und Verhaltensweisen kaum eine Rolle. Die Vorkehrungen, die vor 1933 in den Planungen der Reichswehr für den Aufbau einer Flugwaffe getroffen worden waren, erwiesen sich nach der »Machtübernahme« der Nationalsozialisten zwar als nützlich, angesichts der Dimensionen der einsetzenden Aufrüstung machen sie aber zugleich deutlich, daß nunmehr neue Kräfte am Werk waren. Zunächst verdankte die Luftwaffe ihre Existenz als selbständige Teilstreitkraft einer souveränen politischen Entscheidung. Mit der Berufung Görings zum Reichskommissar für die Luftfahrt und der Gründung des Reichsluftfahrtministeriums am 15. Mai 1933 war die Frage der Selbständigkeit ein für allemal, ohne den in dieser Hinsicht international üblichen Energieverlust entschieden worden. Das politische Gewicht Görings innerhalb der nationalsozialistischen Bewegung verschaffte der Luftwaffe von Anfang an ein Prä gegenüber Heer und Marine, dessen Kennzeichen es vor allem war, daß sich die Organisatoren, die Techniker und nicht zuletzt die Interessen der beteiligten Industrien in einem ganz unzeitgemäßen Freiraum entfalten und entwickeln konnten. Das erste Ziel dieser nunmehr unter Göring und vor allem seinem Staatssekretär Milch einsetzenden Entwicklung ist bereits in der Denkschrift von Dr. Robert Knauss, dem ehemaligen Verkehrsleiter der Lufthansa, vom Mai 1933 formuliert worden[56]. Knauss war der Ansicht, daß »es kein wirksameres Mittel« gebe, um den politisch und militärisch »kritischen Zeitraum« der Aufrüstung Deutschlands zu überbrücken, »als die Schaffung einer starken Luftflotte«. Es ist keine Frage, daß die »Risiko-Luftwaffe« die ihr gestellte politische Aufgabe erfüllt hat. Immerhin verfügte sie am 16. März 1935 bereits über ca. 800 Einsatzflugzeuge, eine Zahl, die sich schon im Herbst desselben Jahres um annähernd 1000 erhöht hatte[57].

So imposant dieses Ergebnis einer stürmischen, offenbar durch keine gravierenden finanziellen Hemmnisse beeinträchtigten Entwicklung auch erscheinen mag, so darf das Faktum doch den Blick dafür nicht verstellen, daß die Luftwaffe noch ein in seinen militärischen, organisatorischen und vor allem infrastrukturellen Grundlagen keineswegs gefestigtes militärisches Instrument war. Es ging ja nicht nur um die unablässige Steigerung der Zahlen einsatzfähiger Flugzeuge, sondern auch um die Entwicklung verbindlicher operativer und taktischer Grundsätze, um die Heranbildung eines in allen Chargen homogenen und technisch versierten Offizierkorps, um den Ausbau der zahlreichen hochspezialisierten Bodendienste für die fliegenden Verbände und schließlich und vor allem um die planvolle, systematische Einbeziehung des rastlosen technischen Fortschritts in die Entwicklung und Strukturierung der Luftwaffe. Zu Beginn des Jahres 1936 standen in diesen Bereichen die eigentlichen Entscheidungen noch aus.

---

[56] Rautenberg (wie Anm. 15), S. 319 ff. Abdruck der Denkschrift bei B. Heimann/J. Schunke, Eine geheime Denkschrift zur Luftkriegskonzeption Hitler-Deutschlands vom Mai 1933, in: Zeitschrift für Militärgeschichte, 3 (1964), S. 72 ff.

[57] Rautenberg (wie Anm. 15), Anhang, S. 91; Irving (wie Anm. 55), S. 91, zur politischen Funktion der Luftwaffenrüstung vgl. auch Robertson (wie Anm. 6), S. 56 f.

VI.

Es ist nicht verwunderlich, daß das Jahr 1933 auch in dem Prozeß der deutschen Aufrüstung eine deutliche Zäsur markiert. Die Phase vor der »Machtübernahme« der Nationalsozialisten ist durch den bemerkenswerten Versuch gekennzeichnet, die unendlich vielfältigen Einzelelemente einer umfassenden Landesverteidigung zu systematisieren und koordinierte Einzelprogramme unter dem strengen Gebot größtmöglicher Effizienz in Ansätzen durchzuführen. Das Problem der Gleichgewichtigkeit von personeller und materieller Rüstung wurde nicht nur erkannt, sondern in der Planung auch gelöst. Diese Form der geplanten Rüstung der Reichswehr der Republik vollzog sich unter der politischen Verantwortung der Reichsregierung, die damit deren Illegalität deckte. Wichtig erscheint in diesem Zusammenhang vor allem, daß die Reichswehrminister Groener und Schleicher in ihrer politischen Funktion ein Handlungskonzept für die Reichswehr entwarfen, das der allgemeinen revisionistischen Politik der Weimarer Kabinette entsprach und das dem Anspruch nach für die operative Planung wie für den weiteren Gang der Rüstung verbindliche Maßstäbe setzte. Die innenpolitische Entwicklung, aber auch das starre Beharren der militärischen Führung auf ihrer Eigenständigkeit und auf ihrem traditionellen Führungsdenken verhinderte die Durchsetzung dieser politisch motivierten Zielsetzung.

Die Aufrüstung nach 1933 kennt kein der Weisung Groeners über die »Aufgaben der Wehrmacht« vergleichbares militärisches Konzept der Aufrüstung. Hitler hat für die Aufrüstung der Wehrmacht in den Jahren bis 1936 außer sehr allgemein gehaltenen Weisungen keine konkreten und damit notwendigerweise auch begrenzten Ziele formuliert. Blomberg, der schon in der Ära Groener/Schleicher zu den Opponenten des politisch motivierten militärischen Führungsanspruchs des Ministers gehörte, hat diese Lücke nicht ausfüllen können. Obwohl durch die Ernennung Blombergs zum Reichsverteidigungsminister und Befehlshaber der gesamten Wehrmacht am 27. April 1933 eine institutionelle Voraussetzung für eine koordinierte Planung und Durchführung aller Maßnahmen für die Landesverteidigung geschaffen worden war, kamen Versuche in dieser Richtung, die von Reichenau und seinem Minister- bzw. Wehrmachtamt ausgingen, nicht über erste Ansätze hinaus. Sie wurden unter der alles beherrschenden Expansion der Teilstreitkräfte begraben. In den vergeblichen Versuchen, Einvernehmen über eine militärisch befriedigende Kriegsspitzengliederung zu erzielen, kam dieser im Grunde genommen chaotische Zustand zum Ausdruck. Blomberg sah sich einem Oberbefehlshaber der Luftwaffe gegenüber, der sich seinem Unterordnungsanspruch durch seine vielfältigen Positionen im Reich, in Preußen und vor allem in der Partei leicht entziehen konnte und entzog. Auch der Oberbefehlshaber der Marine suchte und fand den direkten Kontakt zum Reichskanzler, und aus diesem Kontakt resultierten die wesentlichen Entscheidungen für den Aufbau der Flotte. So dominierte das ausgeprägte Selbstbewußtsein der Teilstreitkräfte gegenüber dem an sich zwingenden Gebot der Koordination unter der Verantwortung des Reichsverteidigungsministers. Die Folgen dieser mangelnden Integration lassen sich an zahlreichen Beispielen nachweisen, ganz besonders gravierend wirkte sie sich auf dem Gebiet der materiellen Rüstung aus. Eine Koordination zwischen dem personellen und dem materiellen Sektor der Rüstung war seit dem Dezember-Programm 1933 nicht mehr gegeben. Der Versuch des Aufbaus einer einheitlichen Wehrwirtschaftsorganisation, die eine effiziente Bewirtschaftung aller materiellen, für die Aufrüstung zur Verfügung stehenden Ressourcen bewirken sollte, scheiterte im wesentlichen. Heer, Marine und Luftwaffe rüsteten nach ihren eigenen, in rascher Folge immer wieder veränderten Programmen auf, die nicht aufeinander abgestimmt waren und daher auch nicht mit den gegebenen Produktionsmöglichkeiten in Übereinstimmung gebracht werden konnten. Mehr noch als in dem immer spürbarer werdenden Mangel an Offizieren und Unteroffizieren, dem sinkenden Niveau der Ausbildung lag hier die eigentliche Problematik der deutschen Aufrüstung. Im übrigen entwickelte die militärische Aufrüstung bald eine Eigendynamik, die in ihrer Wirkung auf die Innen- und Außenpolitik noch näher untersucht werden müßte.

Heeresrüstung und Aggression 1936—1939

I.

Geht man davon aus, daß die deutsche Politik in den Jahren 1933 bis 1939 im wesentlichen von den ideologischen Prämissen Hitlers bestimmt worden ist, mithin die »Wiedergewinnung der politischen Macht« für das Reich im Kreis der europäischen Mächte verbunden war mit dem Ziel der Machterweiterung, der Gewinnung neuen »Lebensraumes« im Osten, so scheint jeder Versuch einer Periodisierung hinfällig zu sein[1]. Wendepunkte oder gar Brüche, die den Kern dieser expansionistischen Zielsetzung berühren, sind in jenen Jahren nicht nachzuweisen. Im Hinblick auf die Mittel und Wege allerdings, mit und auf denen das Ziel erreicht werden sollte, lassen sich bestimmte Phasen unterscheiden und sind wesentliche Richtungsänderungen zu verzeichnen. Dies gilt vor allem für Hitlers Politik gegenüber Großbritannien. Doch der Wandel, der sich auf diesem Gebiet vollzog, ist sicher nicht als konstitutiv für die gesamte deutsche Politik von 1936 bis 1939 anzusehen. Die deutsche Politik der Kriegsvorbereitung wurde in diesem Zeitraum vielmehr durch die Tatsache bestimmt, daß sie nach der Wiederbesetzung der Rheinlande in ihre expansionistische, ihre eigentliche aggressive Phase eintrat.
Mit dem Wochenendcoup des 7. März 1936 und dem Ausbleiben einer nachdrücklichen und entschlossenen Reaktion der westlichen Nachbarn des Reiches und Großbritanniens[2] ging eine Phase deutscher Außenpolitik zu Ende, die Hitler selbst im Februar 1933 vor den Reichswehrbefehlshabern als die gefährlichste im Rahmen der von ihm beschworenen Politik des Wiederaufstiegs Deutschlands zur europäischen Großmacht bezeichnet hatte. Es war Hitler und dem Auswärtigen Amt gelungen, die »Umkehrung« der innenpolitischen Verhältnisse und die Aufrüstung von Heer, Marine und Luftwaffe gegen die befürchteten Eingriffe von außen — mit Hilfe einer unkonventionellen Verfahrensweise — abzuschirmen. Der Austritt aus dem Völkerbund und der Abrüstungskonferenz im Oktober 1933 sowie die Proklamation der Wehrhoheit am 16. März 1935 wurden begleitet von einer generellen, außerordentlich wirksamen Friedenspropaganda[3].

---

[1] Der Beitrag beruht auf Forschungsergebnissen, die im ersten Band des vom Militärgeschichtlichen Forschungsamt herausgegebenen Werkes: Das Deutsche Reich und der Zweite Weltkrieg. Bd 1: Ursachen und Voraussetzungen der deutschen Kriegspolitik, Stuttgart 1979, zusammengefaßt sind; vgl. vor allem die von allen vier Autoren (Wilhelm Deist, Manfred Messerschmidt, Hans-Erich Volkmann, Wolfram Wette) erarbeitete Schlußbetrachtung, S. 703—716.

[2] Vgl. J. T. Emmerson, The Rhineland Crisis. 7 March 1936. A study in multilateral diplomacy, London 1977; D.C. Watt, German Plans for the Reoccupation of the Rhineland: A Note, in: Journal of Contemporary History, 1 (1966), Nr. 5, S. 193 ff.

[3] Vgl. hierzu insbesondere den Beitrag von W. Wette, Ideologien, Propaganda und Innenpolitik als Voraussetzungen der Kriegspolitik des Dritten Reiches, in dem in Anm. 1 genannten Band, S. 23—173; sowie Ders., NS-Propaganda und Kriegsbereitschaft der Deutschen bis 1936, in: Francia, 5 (1977), S. 567—590, französisch: La propagande nazie et la combativité allemande jusqu'en 1936, in: La France

Hinzu kamen bilaterale Verhandlungsangebote in Rüstungsfragen und tatsächliche diplomatische Erfolge. Zu diesen zählen der Abschluß des Konkordats im Juli 1933 und des Nichtangriffspaktes mit Polen im Januar 1934. Bis zum Frühjahr 1935 wurden auf diese Weise alle noch bestehenden Restriktionen, die sich direkt aus dem Versailler Vertrag ergaben, beseitigt. Der deutschen Politik kam dabei zugute, daß das Vertragswerk — im ganzen und in seinen einzelnen Teilen — seit mehr als einem Jahrzehnt in der öffentlichen Meinung der Siegermächte des Ersten Weltkrieges nicht mehr den Rückhalt fand, der es den Regierungen erlaubt hätte, auf der strikten Durchführung der Bestimmungen zu bestehen. Bezeichnend dafür war die Konferenz von Stresa im April 1935. Großbritannien, Frankreich und Italien verurteilten damals die eklatanten deutschen Vertragsverletzungen. Jedoch bereits zwei Monate später sanktionierte London mit der Unterzeichnung des deutsch-britischen Flottenabkommens zumindest einen Teil der deutschen Aufrüstung[4].

Bei der Wiederbesetzung der Rheinlande handelte es sich jedoch um die einseitige, ohne direkte Vorankündigung unternommene Aufkündigung eines frei ausgehandelten multilateralen Vertragswerkes: des Vertrages von Locarno[5]. Das Risiko von Sanktionen der Vertragsstaaten, welcher Art sie auch immer sein mochten, wurde damit wesentlich erhöht. Diesem Sachverhalt entsprach die in Berlin herrschende Unsicherheit, sie ist oft geschildert worden[6]. Doch Hitler sah sich in seiner Einschätzung der politischen Lage und der vermutlichen Reaktionsweise der Westmächte, d.h. insbesondere der Regierungen in Paris und London, bestätigt. Weniger denn je konnten von nun an die alten Eliten in Diplomatie, Wehrmacht und Wirtschaft Einfluß auf die Gestaltung der politischen Entscheidungen des »Führers und Reichskanzlers« nehmen. Nach dieser risikoreichen — und gerade deswegen seinem politischen Ansehen so förderlichen — Wiederherstellung der vollen staatlichen Souveränität traf Hitler die Vorbereitungen für die zweite, die entscheidende Phase der Verwirklichung seines politischen Programms, für die Expansion des Reiches mit dem Ziel der Gewinnung neuen »Lebensraumes« im Osten. Die Vorbereitungen konzentrierten sich naturgemäß auf die Aufrüstung und die damit im Zusammenhang stehenden rüstungswirtschaftlichen Probleme. Sie sind aber auch auf dem Gebiet der Außenpolitik, in den Initiativen gegenüber Italien und Japan, nachweisbar.

---

et l'Allemagne 1932—1936. Communications présentées au Colloque franco-allemand tenu à Paris du 10 au 12 mars 1977, Paris 1980, S. 233—254.

[4] Zur deutschen Außenpolitik jener Jahre vgl. K. H. Hildebrand, Deutsche Außenpolitik 1933—1945. Kalkül oder Dogma? 3. Aufl., Stuttgart 1973; sowie den Beitrag von M. Messerschmidt in dem in Anm. 1 genannten Band.

[5] Vgl. N. Rich, Hitler's War Aims. Ideology, the Nazi State, and the Course of Expansion, London 1973, S. 86 ff.

[6] Vgl. hierzu insbesondere M. Braubach, Der Einmarsch deutscher Truppen in die entmilitarisierte Zone am Rhein im März 1936. Ein Beitrag zur Vorgeschichte des Zweiten Weltkrieges, Köln 1956, S. 21 ff.

II.

Jede Darstellung der Aufrüstung des Heeres in nationalsozialistischer Zeit[7] wird ihren Ausgang zu nehmen haben von dem ersten umfangreichen Rüstungsprogramm im Dezember 1933. Das militärische Ziel des Programms ergab sich aus der vom Reichswehrminister mit Konsequenz verfolgten Politik. Blomberg reduzierte Begriff und Umfang der Landesverteidigung — im Gegensatz zu der von Groener vertretenen Position — allein auf rein militärische Elemente und setzte sich für eine umfassende, außenpolitisch nicht abgesicherte Aufrüstung ein. Dementsprechend bezeichnete die grundlegende Denkschrift vom 14. Dezember 1933 als Ziel des Rüstungsprogramms die Befähigung, mit dem aus dem 21-Divisionen-Friedensheer zu mobilisierenden 63-Divisionen-Kriegsheer »einen Verteidigungskrieg nach mehreren Fronten mit einiger Aussicht auf Erfolg« führen zu können. Es ist bereits darauf hingewiesen worden, daß sich aus dieser Zielsetzung politische Folgerungen ergaben, die in den spektakulären Aktionen Hitlers im März 1935 und im März 1936 gipfelten.

Hitler hatte bereits im Februar 1933 die Wiedereinführung der Allgemeinen Wehrpflicht als eine selbstverständliche Forderung bezeichnet. Für ihre Verwirklichung nannte er allerdings keinen Termin. Bei der Erörterung des Rüstungsprogramms im Dezember 1933 hielt der Chef des Truppenamtes, General Ludwig Beck, die Einführung der Wehrpflicht schon im Herbst 1934 für geboten. Doch Hitler konnte derartige Erwartungen aus politischen Gründen nicht erfüllen. Die Proklamation der Wehrhoheit am 16. März 1935 schuf dann die Voraussetzungen für die Einführung der einjährigen Dienstzeit zum 1. Oktober 1935. Sie bestimmte überdies die Stärke des Friedensheeres nach der von den Chefs der Heeresleitung und des Truppenamtes für notwendig gehaltenen Zahlen von Divisionen. Allein das von 21 auf 36 Divisionen verstärkte künftige Friedensheer bot nach den Überlegungen und Berechnungen Fritschs und Becks die Gewähr dafür, daß die Armee einem Mehrfrontenkrieg »mit einiger Aussicht auf Erfolg« gewachsen sein würde. Blombergs Auffassung, die aus der Zeit vor dem Ersten Weltkrieg stammte, daß die Sicherheit des Staates gegenüber Gefahren von außen allein durch militärische Machtmittel gewährleistet werden könne, war in der Heeresleitung und im Truppenamt auf breite Zustimmung gestoßen. In kürzester Zeit führte sie einen Rüstungsboom herbei, dessen Dynamik das Militär schließlich selbst zum Opfer fiel.

Nach dem Rüstungsprogramm aus dem Dezember 1933 sollte im Frühjahr 1938 ein 63-Divisionen-Kriegsheer zur Verfügung stehen. Das Ziel war aber nur dann zu erreichen, wenn bis zu diesem Zeitpunkt die entsprechende Menge an Waffen, Gerät und Munition vorhanden sowie eine ausreichende Vorratshaltung und Nachschubkapazität der Industrie sichergestellt war. Diese Faktoren hatten im Dezember-Programm keine Berücksichtigung gefunden. Der für die materielle Heeresrüstung verantwortliche Chef des Hee-

---

[7] Für einen Überblick über die Anfänge der deutschen Aufrüstung vgl. W. Deist, Zum Problem der deutschen Aufrüstung 1933–1936, in: Francia, 5 (1977), S. 539–565 (dort auch die Einzelnachweise) (abgedruckt in diesem Band S. 293–315); französisch: Le problème du réarmement allemand dans les années 1933–1936, in: La France et l'Allemagne (wie Anm. 3), S. 49–74.

reswaffenamtes, Generalmajor Liese, hielt im Mai 1934 vor den Reichswehrbefehlshabern einen Vortrag, in dem er die außerordentlich prekäre Lage zum Ausdruck brachte[8]. Dabei fiel besonders ins Gewicht, daß das Ruhrgebiet, die traditionelle Waffenschmiede des Reiches, zum größten Teil in der demilitarisierten Zone lag und im Ernstfall als äußerst gefährdet gelten mußte. Blomberg hatte deshalb bereits seit November 1933, in Verletzung des Vertrages von Locarno, den Aufbau eines Verstärkten Grenzaufsichtsdienstes (VGAD) an der Westgrenze des Reiches in Angriff genommen. Doch die militärische Effektivität dieses Grenzschutzes blieb umstritten. Im übrigen konnte das militärische Ziel des Dezember-Programms, einen Mehrfrontenkrieg »mit einiger Aussicht auf Erfolg« führen zu können, überhaupt nur dann erreicht werden, wenn es gelang, gegenüber der französischen Armee die Rheinlinie zu halten. Im Februar 1936 ergaben Berechnungen innerhalb des Generalstabes, daß bei der angenommenen hohen Mobilität der französischen Armee die deutschen Divisionen von ihren Standorten östlich der demilitarisierten Zone diese Linie nicht rechtzeitig erreichen würden[9]. Die Wiederbesetzung der Rheinlande im März 1936 erscheint aus solcher Perspektive als eine bereits mit dem Dezember-Programm des Jahres 1933 gegebene militärische Notwendigkeit.

Reichswehrminister v. Blomberg hatte im Dezember 1933 Wert auf die Feststellung gelegt, daß die auf einen Zeitraum von vier Jahren abgestellte Rüstungsplanung keine »Improvisation« darstelle. Ebenso wie der Chef des Truppenamtes, General Beck, vermittelte er den Eindruck, daß sich die Aufrüstung Schritt für Schritt und programmgemäß vollziehen werde. Doch in den Jahren 1934 und 1935 haben die erwähnten militärischen Überlegungen und die politisch motivierten, sehr allgemein gehaltenen Beschleunigungsforderungen Hitlers den Umfang des Programms grundlegend verändert. Im März 1935 erreichte das Reichsheer bereits eine Stärke von 280000 Mann. Die Heeresleitung verfügte über 21, wenn auch noch keineswegs voll ausgebaute, Divisionsverbände. Im Herbst 1935 wurde diese Zahl auf 24 erhöht. Die Proklamation vom 16. März hatte für die Heeresrüstung neue Daten gesetzt, so daß sich im Frühsommer 1935 die Ämter des Oberkommandos des Heeres (der ehemaligen Heeresleitung) erneut mit längerfristigen Plänen für den Aufbau eines nunmehr 36 Divisionen umfassenden Friedensheeres sowie mit den damit in Zusammenhang stehenden Problemen beschäftigten. Als Resultat dieser zum Teil kontrovers geführten Erörterungen legte der Generalstab (das ehemalige Truppenamt) Mitte Juli einen Plan vor, der die Aufstellung eines Heeres in Stärke von annähernd 700 000 Mann bis Anfang Oktober 1939 vorsah[10]. Obwohl der Oberbefehlshaber des Heeres, Fritsch, sich mit diesem Programm identifizierte, verweigerte ihm der Oberbefehlshaber der Wehrmacht, Blomberg, seine Zustimmung. Welche Gründe hierfür maßgebend waren, läßt sich nach den vorhandenen Quellen nicht rekonstruieren. Es ist durchaus denkbar, daß Blomberg die in der Konsequenz seiner Militärpolitik liegende Entschei-

---

[8] H. Wa. A. Nr. 875/34 gKdos WiJ vom 9.5.1934; Bundesarchiv-Militärarchiv Freiburg (BA-MA), Wi/I F 5/1638.
[9] Vgl. Deist, Zum Problem (wie Anm. 7), S. 560, Le problème (wie Anm. 7), S. 68.
[10] T.A. Nr. 1800/35 gKdos vom 24.6.1935, BA-MA, RH 2/v. 1019. Zur Interpretation vgl. Deist, Die Aufrüstung der Wehrmacht, in: Das Deutsche Reich (wie Anm. 1), S. 420 ff.

dung Hitlers über die Wiederherstellung der Wehrhoheit in den Rheinlanden abwarten wollte, bevor langfristige Rüstungspläne für das Heer in Kraft gesetzt wurden.
Die Pläne des Sommers 1935 waren im Oberkommando des Heeres auf den entschiedenen, aber erfolglosen Widerspruch des Chefs des Heerespersonalamtes, General v. Schwedler, gestoßen. Die Kontroverse ist erwähnenswert, weil sie verdeutlicht, in welchem Maße Tempo und Umfang der Aufrüstung bereits zu diesem Zeitpunkt die Struktur des Heeres verändert hatten. Schwedler lehnte »jede irgendwie nennenswerte Vermehrung des Heeres für 1936 überhaupt« ab, weil schon jetzt — im Juni 1935 — »von einem Offizierkorps im wahren Sinne« nicht mehr gesprochen werden könne[11]. Die Qualität und Homogenität des Offizierkorps hatte sich durch die Übernahme älterer inaktiver Offiziere, von Polizeioffizieren und durch den Rückgriff auf bewährte Unteroffiziere erheblich vermindert. Aber selbst mit diesen außerordentlichen Maßnahmen konnte der immer schneller wachsende Bedarf nicht gedeckt werden. Der Chef des Generalstabes, Beck, war im Dezember 1933 von einem Anteil des Offizierkorps an der Gesamtstärke des zukünftigen Heeres von 7% ausgegangen. Für die erste Aufbauphase wollte er sich damals mit einer Offizierpersonalstärke von 3% zufriedengeben[12]. Im Oktober 1935 sank aber der Anteil der aktiven Offiziere auf rund 1,7%. Zählt man die Landesschutzoffiziere, das nunmehrige E-Offizierkorps, hinzu, so stieg der Anteil immerhin auf 2,4%[13]. Die Bedeutung dieser von Schwedler nach Qualität und Quantität gekennzeichneten Situation ist nur dann zu erfassen, wenn man sie an den von Seeckt aufgestellten und bis 1932/33 gültigen Forderungen für die Auswahl und Ausbildung des Offizierersatzes der Reichswehr mißt. Alle führenden Offiziere der Reichswehr und der Wehrmacht, insbesondere Fritsch und Beck, waren dieser Tradition zutiefst verpflichtet[14]. Doch gerade Beck sah im Sommer 1935 keine Veranlassung, den Vorschlägen Schwedlers stattzugeben. Der Wille Hitlers, an dem möglichst raschen »mobilmachungsmäßigen« Aufbau des 36-Divisionen-Heeres festzuhalten, und die von Beck selbst diagnostizierte »Labilität der politischen Verhältnisse in Europa« waren in seiner Sicht für eine »möglichst ununterbrochene und kurz befristete Durchführung« des Heeresaufbaus maßgebend. Eine Änderung des Tempos und des Umfangs der Aufrüstung stand für ihn nicht zur Debatte[15]. Unter dem Diktat der eigenen militärischen Zielsetzung und unter dem Eindruck einer außenpolitischen Lagebeurteilung, die ebenfalls von der militärischen Zielsetzung und den politischen Konsequenzen ihrer Durchführung geprägt war, drängte der Chef des Generalstabes auf eine Fortführung der forcierten Aufrüstung. Er tat dies selbst auf die Gefahr hin, dadurch die wichtigsten Funktionselemente innerhalb der mili-

---

[11] Vgl. seine Stellungnahme vom 15.6.1935 (PA Nr. 450/35 gKdos, BA-MA, RH 2/v. 1019).

[12] Vgl. H.-J. Rautenberg, Drei Dokumente zur Planung eines 300 000-Mann-Friedensheeres aus dem Dezember 1933, in: Militärgeschichtliche Mitteilungen (MGM), 22 (1977), S. 122.

[13] Vgl. hierzu R. Absolon, Die Wehrmacht im Dritten Reich, Bd 3, Boppard 1974, S. 162, in Verbindung mit der im Herbst 1935 erreichten Stärke des Reichsheeres von ca. 400 000 Mann.

[14] Hierzu H. Model, Der deutsche Generalstabsoffizier. Seine Auswahl und seine Ausbildung in Reichswehr/Wehrmacht und Bundeswehr, Frankfurt 1968, S. 21 ff. (1. und 2. Hauptteil), sowie die Rezension dieses Buches von J. Fischer in: MGM, 5 (1969) S. 199 ff.

[15] Vgl. seine Stellungnahme vom 9.7.1935, BA-MA, RH 2/v. 1019.

tärischen Hierarchie, die im Offizierkorps zusammengeschlossenen Offiziere, in ihrer Funktionsfähigkeit zu korrumpieren.

Nicht die außerordentlich prekäre Situation des Offizierkorps und die Frage des Offizierersatzes beschäftigten im Winterhalbjahr 1935/36 das Oberkommando des Heeres und den Generalstab, sondern die Debatte über die »Erhöhung der Angriffskraft des Heeres«. Sie muß im Zusammenhang mit der Aufstellung der ersten drei Panzerdivisionen am 15. Oktober 1935 gesehen werden[16]. Vom Resultat dieser Erörterungen konnten wesentliche Wirkungen auf die Struktur des Heeres ausgehen. Es ist daher durchaus denkbar, daß Blomberg auch aus diesem Grunde im Herbst 1935 eine bindende Entscheidung über das Rüstungsprogramm ablehnte.

Mit dem Aufstellungsbefehl für die drei Panzerdivisionen war eine Entwicklung zu einem vorläufigen Abschluß gekommen, die in exemplarischer Weise die Auswirkungen des Versailler Vertrages auf das Denken und Handeln der deutschen militärischen Führung veranschaulicht. Die Bestimmungen des Vertrages zwangen die Reichswehrführung zur Beantwortung der Frage, wie mit einem möglichst geringen materiellen und personellen Aufwand die größtmögliche militärische Wirkung zu erzielen sei. Daraus ergab sich die Forderung nach einer hohen Beweglichkeit der Verbände, da allein durch die Überraschung des Gegners kurzfristige Erfolge möglich erschienen. Beweglichkeit der eigenen Kräfte mit dem Ziel der Überraschung des Gegners war aber nur denkbar, wenn man sich neben der Eisenbahn auch des Motors bediente. Dem entsprachen auf der einen Seite die Motorisierungsprogramme der Reichswehrführung und andererseits die von Guderian seit 1929 verfochtene Idee des operativ verwendbaren selbständigen Panzerverbandes. Guderians Name steht in Deutschland stellvertretend für eine kleine Gruppe von Offizieren, die im Laufe der 20er Jahre und zu Beginn der 30er Jahre, angeregt durch die intensive Beschäftigung mit dem Problem straßengebundener Transportbewegungen, die Formen der Kampfführung mit mechanisierten Einheiten und Verbänden entwickelten[17]. Gegenüber vielfältigen, oft geschilderten Widerständen konnte sich die von diesen Offizieren vertretene Organisationsform moderner, hochtechnisierter Kampfverbände im Sommer 1935 durchsetzen. Bei einer Demonstration neuer Waffen im Juli 1935 hatte Guderian Gelegenheit, Hitler einige der in einer Panzerdivision vereinigten motorisierten Elemente vorzuführen. Hitler zeigte sich begeistert und begrüßte nachdrücklich die ihm von Guderian in Gegenwart des Oberbefehlshabers des Heeres vorgetragene Konzeption. Einen Monat später fand eine vierwöchige Übung mit einer »Übungs-Panzerdivision« statt. Ihr Ziel war es, die Möglichkeiten der Führung großer Panzerverbände in schneller Bewegung und im Kampf sowie im Zusammenwirken mit den Ergänzungs-

---

[16] Vgl. hierzu auch M. Geyer, Militär, Rüstung und Außenpolitik. Aspekte militärischer Revisionspolitik in der Zwischenkriegszeit, in: Hitler, Deutschland und die Mächte, hrsg. von M. Funke, Düsseldorf 1977, S. 261 f.

[17] Die Literatur zu Guderian und zur Entwicklung der deutschen Panzerwaffe ist in den beiden Biographien des Generals nachgewiesen und erschlossen: K. J. Macksey, Guderian, Panzer Leader, London 1975; K. J. Walde, Guderian, Frankfurt 1976; vgl. auch W. Deist, De Gaulle et Guderian. L'influence des expériences militaires de la première guerre mondiale en France et en Allemagne, in: Etudes Gaulliennes, 5 (1977), Nr. 17, S. 47 ff.

waffen unter Beweis zu stellen. Auch diese Übung fand in Anwesenheit des Oberbefehlshabers des Heeres statt, der durch eine gezielte »Einlage«, die der Übungsverband ohne Schwierigkeit bewältigte, der neuen Panzertruppe zu vielfältiger Anerkennung verhalf[18]. Diese erfolgreichen Demonstrationen beeinflußten die Konzeption für den weiteren Aufbau des Heeres nachdrücklich.

Zunächst stand die Frage im Vordergrund der Erörterungen, wie eine effektive Abwehr der gezeigten, demoralisierenden Panzerangriffe zu organisieren sei. Fritsch hatte sich dabei für eine »offensive Abwehr« ausgesprochen[19], und damit war für den Generalstab das Stichwort für alle weiteren Überlegungen gefallen. Seit jeher war die Form der »beweglichen Kampfführung«, des hinhaltenden Widerstandes, ein aus der Beschränkung der eigenen Machtmittel resultierendes, zwingendes Gebot gewesen. Nunmehr sollten sich die Möglichkeiten einer »beweglichen Kampfführung« in erheblichem Maße erweitern. Unter dem Begriff der »offensiven Abwehr« schien jetzt auch der Durchbruch, die Umfassung in offensiver Absicht in den Bereich der operativen Möglichkeiten gerückt zu sein.

Die Erörterungen über die »Erhöhung der Angriffskraft des Heeres« erreichten einen Höhepunkt mit der Denkschrift Becks für den Oberbefehlshaber des Heeres vom 30. Dezember 1935, die der gesamten Diskussion die Richtung wies und von vornherein Maßstäbe setzte[20]. Beck wandte sich zunächst gegen Vermutungen, daß mit der intendierten Erhöhung der Angriffskraft eine neue Zielsetzung für den Aufbau des Heeres verbunden sei. Nach wie vor gelte die im Dezember-Programm 1933 formulierte Absicht, mit dem zu mobilisierenden Kriegs-Heer einen Mehrfronten-Verteidigungskrieg mit einiger Aussicht auf Erfolg führen zu können. Er fügte allerdings hinzu, daß die »strategische Abwehr ... nur dann erfolgreich sein« werde, »wenn sie auch angriffsweise geführt werden« könne. Gerade in dem Begriff der »strategischen Abwehr« kommt jedoch die neue Interpretation zum Ausdruck, die die Zielsetzung des Jahres 1933 aufgrund der veränderten Umstände erfahren hatte. Der Generalstab des Heeres erlaubte sich nun, in »größeren Verhältnissen« zu denken. Er knüpfte an die strategischen Denktraditionen Moltkes und Schlieffens an, deren strategisches Konzept für einen Mehrfrontenkrieg eben auch als eine offensiv geführte Abwehr charakterisiert werden kann.

Die bisherige Planung hatte neben den drei Panzerbrigaden der drei Panzerdivisionen noch weitere drei Brigaden bei den Heerestruppen vorgesehen. Beck hielt es inzwischen für nötig und realistisch, daß jedes Armeekorps des Friedensheeres mit einer Panzerbrigade (= 4 Panzerabteilungen) ausgestattet werde. Das kam einer Verdoppelung der bisher vorhandenen Panzerbrigaden gleich. Wichtiger als die zahlenmäßige Verstärkung mutet aber die Verwendung an, die Beck den Panzerformationen übertragen wollte. Er unterschied drei Hauptaufgaben: 1. Die Unterstützung des Infanterieangriffs (»Inf.Tank«),

---

[18] H. Guderian, Erinnerungen eines Soldaten, Heidelberg 1951, S. 23f. und S. 29f.; W. H. Nehring, Die Geschichte der deutschen Panzerwaffe 1916 bis 1945, Berlin 1969, S. 88f.

[19] Vgl. die Stellungnahme des Heereswaffenamtes (Bb.Nr. 431/35 g.Kdos) vom 30.10.1935, BA-MA, II H 630.

[20] Das Dokument ist abgedruckt bei K.-J. Müller, General Ludwig Beck. Studien und Dokumente zur Tätigkeit und Vorstellungswelt des Generalstabschefs des deutschen Heeres 1933–1938, Boppard 1980, Dokument Nr. 37; vgl. auch Dokument Nr. 31 und 39.

2. die Panzerabwehr und schließlich 3. die »selbständige operative Verwendung im Verbande mit anderen mot. Waffen (z. Zt. Panzerdivision).«

Der dritten Aufgabe widmete Beck eine gesonderte Betrachtung. Ein frontaler Angriff gegen einen gleichwertigen und zahlenmäßig gleichstarken Gegner ohne Mitwirkung von Panzern könne »kaum auf Erfolg rechnen«. Bei »weitgesteckten Angriffszielen« komme nur der Einsatz von Panzerdivisionen in Frage, wobei die Zusammensetzung der bestehenden Panzerdivision noch der Überprüfung bedürfe. Aus der Denkschrift ergibt sich insgesamt der Eindruck, daß sich Beck und Guderian in der Verwendung der Panzerformationen nur unwesentlich unterschieden[21]. Der Chef des Generalstabes bevorzugte allerdings eine größere organisatorische Flexibilität.

Im Ergebnis lief die Planung des Chefs des Generalstabes auf eine tiefgreifende Umstrukturierung des Heeres hinaus. Beck blieb zwar im Rahmen des im Sommer 1935 anvisierten 36 (33 + 3)-Divisionen-Heeres, doch sollten nunmehr am Ende der Aufbauphase 1939/40 der militärischen Führung motorisierte und mechanisierte Kampfverbände für Angriffsoperationen mit weitgesteckten Zielen zur Verfügung stehen, die im Ernstfall mehr als ein Drittel der im Frieden vorhandenen Divisionsverbände ausmachten.

Damit waren für eine »strategische Abwehr« in einem Mehrfrontenkrieg völlig veränderte militärische Voraussetzungen geschaffen. Das deutsche Heer war mit der Aufstellung von drei Panzerdivisionen seinen Nachbarn in der Entwicklung schon weit vorausgeeilt, Becks Programm war geeignet, diesen Vorsprung noch wesentlich zu vergrößern.

Noch stand die Umsetzung des Ergebnisses der »Erwägungen« in einen konkreten, umfassenden, auf die Realisierung hin angelegten Rüstungsplan aus. Aber der Chef des Generalstabes hatte bereits zu erkennen gegeben, daß ihn weder finanzielle noch wirtschaftliche Schwierigkeiten an der Verfolgung des für richtig erkannten militärischen Planungszieles hindern würden. Als der Chef des Allgemeinen Heeresamtes Zweifel äußerte, daß die Forderung von 48 Panzerabteilungen finanziell zu verkraften sei, wies er den Gedanken einer Reduzierung aus »geldlichen Rücksichten« strikt ab[22]. Und in einer Stellungnahme zur Ausstattung und Organisation der projektierten Panzerverbände forderte er dazu auf, sich »von den z. Zt. noch beschränkten rüstungsmäßigen Möglichkeiten frei zu machen. Ausschlaggebend für das zu erreichende Endziel« seien »in erster Linie die von der Führung an die Kampfverbände zu stellenden Aufgaben[23].« Diese souveräne Nichtachtung der für eine moderne Armee geradezu existentiellen volkswirtschaftlichen Grundlagen militärischer Rüstung demonstriert erneut, wie vergeblich der Versuch des Chefs des Heereswaffenamtes im Mai 1934 gewesen war, der militärischen Führung die Gleichgewichtigkeit des materiellen und des personellen Faktors vor Augen zu führen sowie sie dazu zu veranlassen, die »rüstungsmäßigen Möglichkeiten« bei der Planung entsprechend zu berücksichtigen.

Zwei Jahre nach der Entscheidung über den Aufbau eines 21-Divisionen-Heeres hatte der Prozeß der Aufrüstung mit den »Erwägungen über die Erhöhung der Angriffskraft

---

[21] Vgl. hierzu auch H. Senff, Die Entwicklung der Panzerwaffe im deutschen Heer zwischen den beiden Weltkriegen, Frankfurt 1969.
[22] Müller (wie Anm. 20), Dokument Nr. 39 (30. 1. 1936).
[23] O.Q. I/2. Abt. Nr. 15/36 g.Kdos vom 9. 1. 1936, BA-MA, II H 622.

des Heeres« ein neues Stadium erreicht. Diese Entwicklung fiel in eine Zeit, in der die Gesamtplanung für den Aufbau des Heeres stagnierte, die drängende Entscheidung für die Herbst-Aufstellung des Jahres 1936 noch nicht gefallen war und die Ausdehnung der Wehrhoheit auf die entmilitarisierte Zone nur mehr als eine Frage der Zeit betrachtet wurde. Blomberg ließ dafür bereits Maßnahmen verschiedener Art vorbereiten. Noch waren die Divisionen des konventionellen Typs — je nach Planungsphase — keineswegs als vollwertige Kampfverbände einzustufen, und der Aufbau des Kriegsheeres — in dem projektierten Umfang — steckte noch in den allerersten Anfängen. Insgesamt demnach eine offene Situation, die geradezu dazu einlud, die mit der Panzerwaffe aufgeworfenen organisatorischen und operativen Probleme in die Planung für die Gesamtstruktur des künftigen Heeres zu integrieren. Diese Möglichkeit eröffnete sich konkret nach der Wiederbesetzung der Rheinlande im März 1936. Hitlers politischer Erfolg und die Konsequenzen, die aus den militärischen Erwägungen über die »Erhöhung der Angriffskraft des Heeres« resultierten, trugen erneut zu einer weiteren Beschleunigung und Ausweitung des dynamischen Aufrüstungsprozesses bei. Die militärischen Planungen der folgenden Monate entsprachen vollauf der bereits gekennzeichneten zweiten Phase der Hitlerschen Politik. Sie zeichneten sich nunmehr durch einen betont offensiven, ja aggressiven Charakter aus.

III.

Schon im Januar 1936 waren im Generalstab des Heeres Vorstellungen über die im Herbst 1936 neu aufzustellenden Verbände entwickelt worden, die weit über die im Sommer 1935 festgelegten Planungsdaten hinausgingen[24]. Nach der Rheinlandbesetzung galten auch diese Vorstellungen als überholt. Im Generalstab des Heeres hatte man bisher daran festgehalten, daß die von Hitler am 16. März 1935 genannte Zahl von 36 Divisionen auch die Panzerdivisionen umfasse. Nunmehr sollte nach dem Aufstellungsbefehl vom 1. April das Heer aus 36 Infanterie-Divisionen, 3 Panzer-Divisionen, einer Gebirgs-Division und einer Kavallerie-Brigade, somit aus insgesamt 41 Divisionsverbänden, bestehen[25]. Die Zahl der Infanterie-Divisionen steigerte sich von 24 auf 36, also um 50% gegenüber der Herbstaufstellung 1935. Alles in allem erreichte das Heer im Herbst 1936 eine Stärke von ca. 520000 Mann.

Die mittelfristige Aufbauplanung des Sommers 1935 war damit vollständig aus den Angeln gehoben. Doch inzwischen lebte man auch in einer veränderten politischen Situation. Zudem waren die »Erwägungen über die Erhöhung der Angriffskraft des Heeres« im Frühjahr 1936 zu einem gewissen Abschluß gekommen. Dadurch waren insgesamt die Voraussetzungen geschaffen, um der weiteren Entwicklung des Heeres bestimmte Ziele

---

[24] Vgl. hierzu H. Schottelius, und G. A. Caspar, Die Organisation des Heeres 1933—1939, in: Handbuch zur deutschen Militärgeschichte 1648—1939, Bd 4 (Abschnitt VII), München 1979, S. 303f.

[25] O.Q. 1/2. Abt. Nr. 500/36 geh. vom 1.4.1936, BA-MA, H 1/120; vgl. auch Schottelius/Caspar (wie Anm. 24), S. 304.

zu setzen. Diese sollten sowohl den Detailplanungen als Grundlage dienen als auch die dringend erforderlichen langfristigen Maßnahmen ermöglichen. Am 8. Juni 1936 kam es zu einer Besprechung beim Oberbefehlshaber des Heeres, Generaloberst v. Fritsch, über deren Verlauf und konkretes Ergebnis keine Nachrichten vorliegen. Doch wurden auf ihr entsprechende Zielwerte festgelegt und der Generalstab mit der Detailplanung beauftragt.

Der Chef des Generalstabes legte bereits wenige Tage später, am 12. Juni, konkrete Daten über die Stärke des zukünftigen Friedens- und Kriegsheeres sowie über die in den einzelnen Jahren zu vollziehenden Aufbauschritte vor[26]. Danach sollte das Friedensheer im Endausbau umfassen: 36 Infanterie-Divisionen, davon allein vier vollmotorisierte Verbände, 3 Panzerdivisionen, 3 leichte Divisionen, eine Gebirgs-Division und eine Kavallerie-Brigade. Der Generalstab errechnete die Gesamtpersonalstärke des Heeres, unter Einschluß von nichtwaffentragendem Personal, auf insgesamt 793 410 Mann, davon allein 33 943 Offiziere. Im Mobilmachungsjahr 1940/41, mit dem der Aufbau auch des Kriegsheeres im wesentlichen abgeschlossen sein sollte, setzte sich allein das Feldheer aus insgesamt 72 Infanterie-, 3 Panzer-, 3 leichten und 21 Landwehr-Divisionen sowie 7 Panzer-, einer Kavallerie- und 2 Gebirgs-Brigaden zusammen. Die Personalstärke des Kriegsheeres bezifferte sich ab Oktober 1940 — unter Einschluß des Ersatzheeres — auf 3 612 673 Mann. Obwohl Beck es nicht ausdrücklich vermerkte, ergibt sich aus dem Plan, daß der Aufbau des Friedens- und Kriegsheeres mit dem Herbst 1939 abgeschlossen sein sollte. Beck machte allerdings darauf aufmerksam, daß der Aufbau wesentlich »von der Bereitstellung des dafür notwendigen« Materials einschließlich eines ausreichenden Nachschubvorrates« abhing. Eine derartige Argumentation hatte er noch wenige Monate zuvor strikt abgelehnt.

Verglichen mit dem Dezember-Programm 1933 und den Planungen des Sommers 1935 scheinen sich die Daten — insbesondere für das Kriegsheer — durchaus im Rahmen zu halten. Doch dies nimmt sich nur auf den ersten Blick so aus. Mit den 72 Infanterie-Divisionen war man tatsächlich an der oberen Grenze des von Beck bereits im März 1935 für notwendig Gehaltenen angelangt. Der entscheidende Unterschied zu den früheren Planungen lag in den zusätzlich zur Verfügung stehenden 21 Landwehr-Divisionen und den stark ausgebauten Heeres- und Korpstruppen, so daß das geplante Kriegsheer ingesamt 102 Divisionsverbände umfaßte. Dagegen hatte das deutsche Kriegsheer des Jahres 1914 aus 87 Divisionen und 44 Landwehr-Brigaden bestanden. Seine Kriegsstärke — im Jahre 1914 rund 2 147 000 Mann — war geringer gewesen als die für den Oktober 1940 projektierte! War es wirklich nur der politische Druck Hitlers nach dem Erfolg der Rheinlandbesetzung, der die militärische Führung dazu zwang, in etwas mehr als sieben Jahren das Ergebnis übertrumpfen zu wollen, das die kaiserliche Armee in einer über vierzigjährigen Entwicklung zustande gebracht hatte?

Welche Probleme sich hinter den Planzahlen verbargen, läßt sich zum Beispiel an der projektierten Vermehrung des Offizierkorps verdeutlichen. Nach einem Schreiben der Organisations- an die Zentralabteilung des Generalstabes vom 24. Juni 1936 stand im

---

[26] Generalstab des Heeres, 2. Abt. Nr. 929/36 g.Kdos., vom 12.6.1936, BA-MA, RH 2/v. 1021. Aus diesem Dokument ergibt sich das Datum der Besprechung am 8.6.1936.

Jahre 1941 einem errechneten Soll von rund 33 950 Offizieren für das Friedensheer ein Ist von 20 800 Offizieren gegenüber. Doch dies galt nur unter der Voraussetzung, daß keine Verabschiedungen erfolgten und die »zwangsläufigen Abgänge« minimal angesetzt wurden[27]. Der rechnerische Fehlbestand von rund 13 150 Offizieren konnte unter normalen Umständen erst 1950 vollends gedeckt werden! Im Jahre 1936 betrug die Offizierquote einschließlich der E-Offiziere ganze 2,6% der Gesamtpersonalstärke des Heeres, ohne die E-Offiziere gerade noch 1,6%[28]. Im Jahre 1941 würde die Quote einschließlich der E-Offiziere noch immer auf dem Stande von 1936 verharren. Beck schien jedoch wie im Jahre 1935 bereit zu sein, sich mit diesen Verhältnissen abzufinden, denn im Aufbauplan erklärte er — unter Heranziehung des absolut nicht zutreffenden Beispiels der kaiserlichen Armee von 1914 —, daß »eine annähernd befriedigende Deckung des Friedens- und Kriegsbedarfs erstmals gegeben«, wenn »$\frac{2}{5}$ der Gesamtstärke ... im aktiven Heer vorhanden« sei[29]. Das entsprach etwa der angegebenen Quote von 2,6%. Man war sich der allgemeinen Qualitätsverminderung, die durch die vorgeschlagenen Maßnahmen noch vergrößert werden würde, bewußt. Aber »die Not der Zeit« — so hieß es in dem Schreiben der Organisationsabteilung — zwinge dazu, und der Chef des Heerespersonalamtes, der im Sommer und Herbst 1935 noch so vehement protestiert hatte, schien inzwischen resigniert zu haben. Worin bestand für den Generalstabschef diese »Not der Zeit«, die ihm die Verantwortung für eine Entwicklung aufzwang, die seinen militärisch-fachlichen Grundsätzen eklatant widersprach? Nach wie vor beurteilte er die außenpolitische Lage sehr skeptisch. Er war sich auch bewußt, daß die Isolierung des Reiches vor allem auf die Formen und Taten der nationalsozialistischen Politik zurückzuführen war. Doch Beck verschloß die Augen vor den außenpolitischen Konsequenzen der Aufrüstung und erlag daher dem Zirkelschluß, daß man der in dieser Isolierung zum Ausdruck kommenden Bedrohung nur durch eine weitere beschleunigte Aufrüstung begegnen könne. Außerdem dürfte den Generalstabschef auch die Faszination der Möglichkeiten nicht unberührt gelassen haben, die sich mit der Aufrüstung eröffneten. Es war jene Faszination, die sich aus der Aufgabe der »strategischen Abwehr« in einem europäischen Mehrfrontenkrieg ergab.

Aufgrund einer Weisung des Oberbefehlshabers des Heeres übernahm das Allgemeine Heeresamt in Zusammenarbeit mit den anderen Ämtern des Oberkommandos die Detailplanung auf der Grundlage der vom Generalstab vorgelegten Daten. Bereits am 1. August konnte Generalmajor Fromm dem Oberbefehlshaber des Heeres das imponierende Zahlenwerk präsentieren[30]. Sehr viel deutlicher als aus dem Plan des Generalstabes vom 12. Juni 1936 ergibt sich aus der Vorlage Fromms, daß der Auftrag des Generaloberten v. Fritsch darauf abzielte, sowohl das Friedens- als auch das Kriegsheer in der mehrfach erwähnten Größenordnung bis zum 1. Oktober 1939 verwendungsbereit aufzustellen. Fromm stellte einleitend fest, daß dieser Forderung »ernste Schwierigkeiten ... auf dem

---
[27] Schreiben Nr. 983/36 g.Kdos., BA-MA, RH 2/v. 1015.
[28] Zur Stärke des Offizierkorps am 6.10.1936 vgl. Absolon (wie Anm. 13), S. 162.
[29] Vgl. Anm. 26.
[30] AHA Nr. 1790/36 g.Kdos. vom 1.8.1936, BA-MA, RH 15/70.

Gebiete der Pz.Kampfwagen und Munitionslieferungen, bei der Deckung des Lkw.Mob.-Bedarfs und bei der für die Zukunft nicht zu übersehenden Lage auf dem Rohstoff-, Maschinen- und Facharbeitergebiet« entgegenstünden. Er kam dennoch zu dem Ergebnis, daß »die Aufstellung und Versorgung des geforderten Heeres im Frieden und im Kriege ... rein theoretisch gewährleistet« werden könne, sofern die erforderlichen Geldmittel und Devisen »zeitgerecht« zur Verfügung gestellt würden. Gerade dies aber erschien zweifelhaft. Das errechnete finanzielle Volumen für die geplanten Maßnahmen ergab für die Jahre 1937 bis 1945 folgendes Bild[31]:

Haushaltsjahr	Bisheriger Bedarf* (Sommerplanung 1935)	Neuer Bedarf*
1937	3,575	8,882
1938	3,675	8,979
1939	3,859	8,858
1940	3,439	4.669
1941	2,584	4,294
1942	2,584	3.499
1943	2,584	3,469
1944	2,584	3,469
1945	2,584	3,169

* Alle Bedarfsangaben in Milliarden Reichsmark

Aus diesen Zahlen für die neun Etatjahre lassen sich die Dimensionen des August-Programms des Oberkommandos ablesen. Der Finanzbedarf stieg um nahezu das Doppelte gegenüber der Planung des Sommers 1935. Diese hatte personell bereits eine Verdoppelung gegenüber dem 300 000-Mann-Heer des Dezember-Programms 1933 vorgesehen. Dabei waren in der Aufstellung Fromms noch nicht einmal die Aufwendungen enthalten, die sich aus der militärischen Forderung nach steter Kriegsbereitschaft ergaben. Das hieß mit anderen Worten, daß »die Mob.Kapazität der Rüstungsindustrie durch laufende große Mindestbeschaffungsaufträge ab 1940 ohne vorliegenden Bedarf« aufrechterhalten werden mußte. Nach den Berechnungen des Heereswaffenamtes überstiegen nunmehr diese Kosten ab 1942 diejenigen, die für den Unterhalt des Friedensheeres aufzuwenden waren:

Haushaltsjahr	1940	1941	1942	1943	1944	1945
Bedarf (AHA)*	4,669	4,294	3,499	3,469	3,469	3,169
Kosten für Mindestbeschaffung	2,900	3,325	3,750	4,175	4,600	4,600
Gesamtforderung	7,569	7,619	7,249	7,644	8,069	7,769

* Alle Angaben in Milliarden Reichsmark

---

[31] Zu dem neuen Bedarf kamen nach Fromms Angaben nicht näher definierte »Wechselunkosten« hinzu, für die bisher jährlich bis zu 700 Millionen RM aufgebracht werden mußten.

Diese Zahlen implizierten Fakten, die selbst den militärischen Planern als wenig sinnvoll erscheinen mußten. So ergab sich zum Beispiel, daß ab 1940 aufgrund der Mindestbeschaffungssätze mit einem jährlichen Zuwachs von 36000 MG gerechnet werden mußte, für die keine Verwendungsmöglichkeit bestand[32]. Beispiele aus dem Bereich der Munitionsproduktion zeigten noch deutlicher, daß nur wegen der Aufrechterhaltung einer Kriegsbereitschaft, deren Notwendigkeit weder Fritsch noch Beck mit einem Wort näher erläuterten, aber auch nicht in Frage stellten, militärisch untragbare Zustände entstehen mußten.

Diese Zahlen und Fakten mußten die militärische Führung, das heißt konkret Blomberg, Fritsch, Beck und die Amtschefs des Oberkommandos des Heeres, unabweisbar vor die Sinnfrage ihres Handelns stellen. Die Planung der Aufrüstung war an einem entscheidenden Punkt angelangt. Generalmajor Fromm hat die sich aus dem Programm ergebende zentrale Frage gegenüber seinem Oberbefehlshaber unmißverständlich formuliert: »Es muß also anschließend an die Aufrüstungsperiode bald der Einsatz der Wehrmacht erfolgen oder eine Milderung des Zustandes dadurch erreicht werden, daß die Forderungen an die Höhe der Kriegsbereitschaft gesenkt werden.« Bevor ein endgültiger Vorschlag ausgearbeitet werden könne, müsse sich Fritsch, wie Fromm empfahl, beim Reichskriegsminister Klarheit über die Devisen- und Rohstofffrage sowie über die Möglichkeit einer großangelegten Exportoffensive ab 1940 verschaffen. Letztere sollte zur Herabsetzung der Belastungen aus den Mindestbeschaffungssätzen führen. Vor allem aber müsse erkundet werden, ob »eine feste Absicht bestehe, die Wehrmacht zu bestimmtem schon festgelegtem Zeitpunkt einzusetzen oder nicht«.

Um es vorwegzunehmen, Fromm erhielt auf diese Kardinalfrage keine formulierte Antwort. Die Entscheidungen in der zweiten Hälfte des Jahres 1936 lassen aber keinen Zweifel daran aufkommen, daß die Aufrüstung des Heeres von diesem Zeitpunkt an dem ursprünglichen August-Programm folgte.

Welchem politischen Ziel diente diese forcierte Aufrüstung? Ein Überblick über die Entwicklung der Aufrüstung seit 1933 führt zunächst zu der Feststellung, daß mit dem August-Programm eine weitere Stufe der seit diesem Zeitpunkt verstärkt einsetzenden, neben politischen vornehmlich durch militärische Faktoren beschleunigten Rüstungsdynamik erreicht wurde. Die politische Zielsetzung der Rüstungsplanung befand sich in Übereinstimmung mit dem von Hitler Februar 1933 vor der Reichswehrgeneralität erläuterten Programm. Dessen Kern bestand für die militärische Führung in der Wiederherstellung der europäischen Großmachtstellung des Reiches, eines Zieles demnach, das die Reichswehrführung seit 1919 vor Augen hatte. Die volkswirtschaftlichen Konsequenzen der Aufrüstung, die enorme finanzielle Dauerbelastung und die sich möglicherweise daraus entwickelnden sozialen Folgen spielten für die höchste militärische Führung nur eine ausgesprochen untergeordnete Rolle. Neben diesem Element der Kontinuität ist jedoch im August-Programm die entscheidende Wende von einer defensiven zu einer eindeutig offensiv ausgerichteten Rüstung zu sehen, in der bereits im Jahre 1936

---

[32] Vgl. hierzu die Anlage 11 der Vorlage des Allgemeinen Heeresamtes vom 1.8.1936 (wie Anm. 30). Vgl. auch Geyer (wie Anm. 16), S. 264 ff.

der Übergang zu einem aggressiven Kriegskurs an der Jahreswende 1939/40 als Möglichkeit programmiert war. Das August-Programm relativierte auch den Satz Blombergs von Anfang Februar 1934, wonach es nicht die Absicht Hitlers sei, nach vollendeter Aufrüstung »über irgend jemand herzufallen«[33]. Die Rüstungsplanung kalkulierte nunmehr mit der militärischen Aggression.

Im Oktober 1936 legte Fritsch dem Oberbefehlshaber der Wehrmacht das August-Programm vor[34]. Sein Schreiben vom 12. Oktober begann mit dem Satz: »Nach den Worten des Führers soll ein schlagkräftiges Heer in möglichst kurzer Zeit geschaffen werden.« Wenn diese allgemeine Formulierung tatsächlich die Anweisung Hitlers wiedergibt, so war es die militärische Führung, die seine Zeitvorstellungen konkretisierte. Fritsch versicherte nämlich, daß »das OKH diese Aufgabe in der Hauptsache bis zum 1. Oktober 1939« zu lösen vermöge. Nachprüfungen hätten ergeben, daß bis zu diesem Zeitpunkt ein Friedensheer in Stärke von 830 000 Mann und ein Kriegsheer von 4 626 000 Mann aufgestellt werden könnten. Die letzte Zahl ging sogar weit über die von Beck im Juni gemachten Angaben hinaus.

Die von Fromm aufgeworfenen grundsätzlichen Fragen wurden in dem Schreiben des Oberbefehlshabers des Heeres lediglich flüchtig angesprochen. Nur an wenigen Stellen dringt das Bewußtsein der Abhängigkeit militärischer Planung von politischen und wirtschaftlichen Faktoren durch. So zum Beispiel, wenn Fritsch bei der Betrachtung der »Betriebsstoff- und Gummilage« erklärte, sie erscheine »bei einer gewissen Drosselung der Wirtschaft gesichert, was nach Durchführung des Vierjahresplanes des Führers keinem Zweifel mehr« unterliege. Glaubensbekenntnisse traten auch bei der militärischen Führung schon sehr früh an die Stelle sachlicher Erörterungen. Die Rohstoff- und Devisenfrage wurde einfach in den Zuständigkeitsbereich Blombergs abgeschoben, da dies ja das »ureigene Bearbeitungsgebiet« des dem Reichskriegsminister direkt unterstehenden Wehrwirtschaftsstabes sei[35]. Zu der Kardinalfrage der Mindestbeschaffungssätze nahm der Oberbefehlshaber des Heeres in der folgenden Weise Stellung: »Die dann [ab 1940] erreichte große Kapazität der Industrie bedingt eigentlich den Einsatz von großen Geldmitteln für weitere laufende Beschaffungsaufträge ohne nennenswerten Bedarf der Wehrmacht. Es ist selbstverständlich unmöglich, die Schwierigkeiten so zu beheben. Es müssen unbedingt andere Wege gefunden werden.«

Es gibt nur wenige Zeugnisse, aus denen in dieser Klarheit die Scheu, wenn nicht die Weigerung der militärischen Führung jener Zeit hervorgeht, sich den Konsequenzen ihres Handelns auch für das ihrer Verantwortung anvertraute militärische Instrument zu stellen. Für Fritsch existierte letztlich nur der ihm gewordene Auftrag, den er in der beschriebenen Art zu erfüllen versprach. Vor den Konsequenzen, die auch seinen Aufgabenbereich berührten, wich er aus. Für sie wähnte er sich einfach nicht zuständig. Anfang Dezember 1936 erklärte er den Aufbauplan »zur Basis für alle weiteren Maßnahmen«

---

[33] IfZ 167/51, Aufzeichnung Liebmanns über eine Befehlshaberbesprechung am 2.2.1934.
[34] AHA Nr. 2300/36 g.Kdos. vom 12.10.1936, BA-MA, RH 15/70.
[35] Vgl. hierzu G. Thomas, Geschichte der deutschen Wehr- und Rüstungswirtschaft (1918—1943/45), hrsg. von W. Birkenfeld, Boppard 1968; zur Funktion des Wehrwirtschaftsstabes vgl. meinen Beitrag (Kapitel III/1) zu dem in Anm. 1 genannten Band.

und ermächtigte das Heereswaffenamt zum Abschluß langfristiger Liefervereinbarungen mit der Industrie über den jeweiligen, im Rahmen des Gesamtplanes errechneten Gesamtbedarf an Waffen, Gerät und Munition[36].

Mit der Entscheidung des Oberbefehlshabers des Heeres vom 6. Dezember 1936 war der letzte umfassende Rüstungsplan vor Ausbruch des Krieges in Kraft gesetzt worden. Nach den Programmen vom Dezember 1933 und Sommer 1935 war seit dem Frühjahr 1936, das heißt nach der Wiederherstellung der uneingeschränkten Wehrhoheit durch die Besetzung der Rheinlande, der Schritt zum Aufbau eines zur strategischen Offensive befähigten Heeres vollzogen worden. Quantitativer Bezugspunkt der Planungsdaten war das Heer des Kaiserreiches vor Ausbruch des Ersten Weltkrieges, qualitativ orientierte man sich an den Ergebnissen der intensiven, allein militärischen Kriterien folgenden Debatte um die »Erhöhung der Angriffskraft«. Ein weiteres Charakteristikum der Planung ist die kurzfristige Terminierung. In knapp drei Jahren sollte nicht nur das im Oktober 1936 auf der Ebene der Verbände nochmals um nahezu 50% vergrößerte Friedensheer, sondern auch ein riesiges, bisher kaum in Erscheinung getretenes Kriegsheer voll ausgerüstet zur Verfügung stehen. Diese zeitliche Fixierung beherrschte die Rüstungsplanung so stark, daß selbst gravierende Mängel, besonders in bezug auf die Offizierpersonallage, in Kauf genommen wurden, ganz abgesehen von den Konsequenzen auf finanziellem und rüstungswirtschaftlichem Gebiet[37]. Hält man sich an die Feststellung, die Fritsch in seinem Schreiben an Blomberg vom 12. Oktober 1936 machte, daß Hitler »ein schlagkräftiges Heer in möglichst kurzer Zeit«, das heißt ohne Fixierung eines konkreten Zeitpunktes, wünschte, so wird man — wie schon angedeutet — annehmen dürfen, daß die datenmäßige Festlegung auf die militärische Führung selbst, insbesondere den Reichskriegsminister v. Blomberg, zurückzuführen ist.

Um aber das August-Programm in seiner wirklichen Bedeutung begreifen zu können, sind nicht nur die innermilitärischen Voraussetzungen, Überlegungen und Zielvorstellungen darzustellen. Vielmehr ist auch der Zusammenhang mit dem Gesamtprozeß der Aufrüstung, der sich nicht allein im militärischen Bereich abspielte, zu sehen und zu interpretieren. Wenn auch die militärische Planung die wirtschaftlichen und politischen Aspekte immer weniger berücksichtigte, so verloren sie damit doch nicht ihr Gewicht. Untersuchungen über die nationalsozialistische Wirtschaftspolitik haben im einzelnen den Nachweis geführt, daß die rüstungswirtschaftliche Komponente von allem Anfang an und in steigendem Maße das Ziel und die Methoden des wirtschaftlichen Handelns bestimmte[38]. Im Jahre 1936 erreichte diese Entwicklung einen ersten Höhepunkt. Mit der Verkündung des Vierjahresplanes auf dem »Parteitag der Ehre« am 9. September erklärte Hitler unmißverständlich seine Absicht, die Wirtschaft voll in den Dienst der Aufrüstung zu stellen[39].

---

[36] Aktennotiz vom 7. 12. 1936 »aus der Besprechung beim Herrn Ob.d.H. am Samstag, den 6. XII. 36«, BA-MA, RH 15/70.

[37] Vgl. hierzu die Beiträge von W. A. Boelcke, D. Petzina, T. W. Mason, und A.S. Milward, in dem von F. Forstmeier und H.-E. Volkmann herausgegebenen Band: Wirtschaft und Rüstung am Vorabend des Zweiten Weltkrieges, Düsseldorf 1975.

[38] Vgl. hierzu den Beitrag von H.-E. Volkmann zu dem in Anm. 1 genannten Band.

[39] M. Domarus, Hitler. Reden und Proklamationen, 1932—1945, Bd 1, Würzburg 1973, S. 637f.

Der Zusammenhang zwischen dem militärischen und dem wirtschaftlichen Programm des Sommers 1936 ist zwar noch nicht näher untersucht worden, aber die Parallelität der Vorgänge ist auffallend. Sie gibt zu der Vermutung Anlaß, daß beide das Ergebnis einer im Frühjahr gefallenen Entscheidung darstellen. Anfang April wurde Göring aufgrund einer Weisung Hitlers mit der Prüfung und Verbesserung der Rohstoff- und Devisenlage beauftragt. Einen Monat später nahm der Rohstoff- und Devisenstab, dessen Tätigkeit als Vorbereitung des Vierjahresplanes gelten kann, seine Arbeit auf[40]. Blomberg und das Reichskriegsministerium waren an allen Beratungen und Entscheidungen auf diesem Gebiet maßgeblich beteiligt. In voller Kenntnis der angespannten wirtschaftlichen Lage erteilte Blomberg Ende Mai/Anfang Juni dem Oberbefehlshaber des Heeres die Weisung für die Aufstellung des umfassenden Aufbauplanes, der im August im Entwurf vorlag und auch Blomberg zur Kenntnis gebracht wurde. Ende August richtete Blomberg an Göring ein Schreiben, in dem er die Erörterung des künftigen Finanzaufwandes für die Aufrüstung im Rohstoff- und Devisenstab anregte. Dabei nannte er Zahlen, die in etwa mit den Forderungen des Aufbauplanes übereinstimmten[41]. Aufgrund der seit April nachweisbaren intensiven Beschäftigung Blombergs mit den wirtschaftlichen Aspekten der Aufrüstung ist anzunehmen, daß er diese Thematik auch Hitler gegenüber angeschnitten hat. Diese These wird gestützt durch die dramatische Aufforderung Schachts, Blomberg möge Hitler noch in letzter Stunde von der Verkündung seines Wirtschaftsprogrammes auf dem Parteitag abbringen. Blomberg versagte sich nicht nur dieser Bitte, sondern erhoffte sich die Überwindung aller Schwierigkeiten durch die in Hitlers — Blomberg bekannten — Denkschrift angekündigten Maßnahmen[42].

Aufgrund dieser Indizien kann festgestellt werden, daß Blomberg sich mit beiden Komponenten der Aufrüstung, der wirtschaftlichen und der militärischen, gleichmäßig beschäftigte. Dennoch steht der Nachweis für die Koordination der Planung noch aus. Sicher ist aber, daß die deutsche Rüstungspolitik nach der Wiederherstellung der vollen militärischen Souveränität im Frühjahr 1936 mit dem August-Programm des Oberkommandos des Heeres und dem Vierjahresplan Hitlers auf eine neue Grundlage gestellt worden ist. Die Forderung Hitlers am Schluß seiner Denkschrift zum Vierjahresplan, daß »die deutsche Armee ... in 4 Jahren einsatzfähig« und »die deutsche Wirtschaft ... in 4 Jahren kriegsfähig sein« müsse, war keine rhetorische Floskel, sondern eine konkrete Handlungsanweisung, die vom Heer in seiner Planung bereits berücksichtigt worden war. Ein halbes Jahr nach der Wiederbesetzung der Rheinlande waren für die zweite, auf die Verwirklichung der Expansionsabsichten ausgerichteten Phase der Politik Hitlers mit dem August-Programm des Heeres und dem Vierjahresplan die entscheidenden Weichen gestellt worden.

---

[40] Vgl. Anm. 38.
[41] Schreiben Blombergs an Göring vom 31.8.1936, IMT (Der Prozeß gegen die Hauptkriegsverbrecher vor dem Internationalen Militärgerichtshof Nürnberg, 14. Nov. 1945 bis 1. Okt. 1946, 42 Bde, Nürnberg, 1947–1949), Bd 37, S. 150 ff.
[42] Notiz von Oberst Thomas vom 2.9.1936, ebd., S. 153 f. Vgl. auch W. Treue, Hitlers Denkschrift zum Vierjahresplan 1936, in: Vierteljahrshefte für Zeitgeschichte, 3 (1955), S. 184 ff.

IV.

Der weitere Aufbau des Heeres in den Jahren 1937 bis 1939 erfolgte im wesentlichen nach den Grundzügen des August-Programms. Maßgebend war hierfür, daß nach der Entscheidung des Oberbefehlshabers des Heeres vom Dezember 1936 mehrjährige Lieferaufträge an die Industrie auf der Grundlage des August-Programms vergeben wurden. Auf den ersten Blick frappierend erscheint der Umstand, daß zwischen dem zahlenmäßigen Ergebnis des Aufbaus im Herbst 1939 und den Planungsdaten nahezu Übereinstimmung festzustellen ist. Planmäßig sollte das Feldheer am 1. Oktober 1939 aus insgesamt 102 Divisionsverbänden bestehen, tatsächlich wurden mit Kriegsbeginn 103 Divisionen mobilgemacht[43]. Allein der Hinweis auf den »Anschluß« Österreichs und der sudetendeutschen Gebiete verdeutlicht, daß es verfehlt wäre, aus diesem Faktum auf eine stetige, planmäßige Entwicklung zu schließen. Das Gegenteil war der Fall. Bereits 1937 wurde die Rohstofffrage zum entscheidenden Faktor für die gesamte weitere Aufrüstung. Sie führte zu fortwährenden Umdispositionen und letztlich zu einer Verminderung des Aufrüstungstempos. Die militärischen Aktionen gegenüber Österreich und der Tschechoslowakei waren weitere Störfaktoren, wirkten sich aber durch die Erweiterung der personellen und industriellen Basis sowie durch die auf organisatorischem Gebiet gewonnenen Erfahrungen außerordentlich günstig auf das bis Kriegsbeginn erzielte Ergebnis des Heeresaufbaus aus.

Seit Herbst 1936 trieb man den organisatorischen Ausbau des Kriegsheeres verstärkt voran. Ein Jahr später wurden zum ersten Mal nach Einführung der Allgemeinen Wehrpflicht in größerem Maßstab Reservisten aus dem Friedensheer entlassen. Nunmehr konnten im Kriegsfall 8 Reservedivisionen mobilisiert werden. Eine weitere Maßnahme zur Verstärkung des Kriegsheeres betraf die Grenzschutzformationen im Osten des Reiches und den im Westen eingerichteten Verstärkten Grenzaufsichtsdienst. Die örtlich gebundenen Grenzschutzformationen hatten ihre Funktion angesichts der Stärke des zur Verfügung stehenden Friedensheeres weitgehend verloren. Zur Grenzsicherung wurde jetzt die sogenannte »Grenzwacht« aufgestellt. Sie war ebenfalls lokal gebunden, jedoch personell und materiell wesentlich schwächer ausgestattet. Mit dem freigewordenen Material des Grenzschutzes Ost, ergänzt durch Bestände des aktiven Heeres und die bereits im Weltkrieg gezogenen Wehrpflichtigen bis zum Geburtsjahrgang 1900, sollten im Mobilmachungsfall insgesamt 21 Landwehrdivisionen gebildet werden[44].

Die territoriale Erweiterung des Reiches im Jahre 1938 und die Errichtung des »Protektorates Böhmen und Mähren« nach der Besetzung der Tschechoslowakei im März 1939 berührte den weiteren Heeresaufbau in mehrfacher Hinsicht. Die Beteiligung von Heeresverbänden beim »Anschluß« Österreichs hatte Schwächen in der Organisation der Mobilmachung und der Gliederung der motorisierten Verbände offenbart, die bis zum Kriegsbeginn 1939 weitgehend behoben werden konnten[45]. Neben diesem Erfahrungs-

---

[43] Vgl. B. Müller-Hillebrand, Das Heer 1933—1945, Bd 1, Darmstadt 1954, S. 68; sowie Schottelius/Caspar (wie Anm. 24), S. 386f.
[44] Müller-Hillebrand (wie Anm. 43), S. 57ff.; Schottelius/Caspar (wie Anm. 24), S. 305ff.
[45] W. Murray, The Change in the European Balance of Power, 1938—1939, Yale Diss. 1975, S. 268ff.; Schottelius/Caspar (wie Anm. 24), S. 308ff.

zuwachs brachte die Eingliederung des österreichischen Bundesheeres eine nicht unbeträchtliche Verstärkung des Heeres. So konnten im Laufe des Jahres 1938 insgesamt 2 Infanterie-, 2 Gebirgs-, eine Panzer- und eine leichte Division neu gebildet werden. Rund 60 000 österreichische Soldaten wurden in die Wehrmacht übernommen. Von den rund 3100 österreichischen Offizieren wurden immerhin etwa 1600 in das deutsche Offizierkorps aufgenommen.

Von sehr viel größerem Gewicht für den Rüstungsstand des Heeres war jedoch die Besetzung der Tschechoslowakei im März 1939. Die industrielle Kapazität, die Rohstoff- und Devisenvorräte des besetzten Gebietes waren für die Fortführung der deutschen Wehrwirtschaft im Rahmen des Vierjahresplanes von entscheidender Bedeutung. Für das Heer stellten die auf tschechoslowakischem Staatsgebiet vorgefundenen, qualitativ hochstehenden Rüstungsgüter — Waffen, Munition und Gerät — eine hochwillkommene Ergänzung dar. Die von Hitler in seiner Rede vom 28. April 1939 vor dem Reichstag detailliert beschriebene Beute[46] trug dazu bei, daß ein Ziel des August-Programms, die vorsorgliche Lagerung von Waffen und Gerät für 15 Infanterie-Divisionen (Geräte-Divisionen) erreicht werden konnte. Auch die Panzerwaffe profitierte von der Beute und der weiteren Ausnutzung der tschechoslowakischen Produktionskapazitäten. Für den Frankreich-Feldzug konnten drei deutsche Panzerdivisionen mit tschechoslowakischen Kampfwagen ausgerüstet werden[47].

Es ist schon darauf hingewiesen worden, daß die Aufrüstung spätestens seit 1937 in stärkstem Maße von rüstungswirtschaftlichen Faktoren bestimmt worden ist. Auf die einzelnen Phasen dieser Entwicklung kann hier nicht näher eingegangen werden. Beispielhaft sei jedoch eine Aufzeichnung aus dem Oberkommando des Heeres vom 15. April 1939 zitiert[48], aus der hervorgeht, daß das Feldheer bar jeden Vorrats an Waffen und Gerät war. 34 Infanterie-Divisionen waren nur teilweise mit den erforderlichen Waffen und Geräten ausgerüstet. Das Ersatzheer verfügte nur über 10% der eingeplanten Gewehre und Maschinengewehre. Der Munitionsvorrat war auf weniger als 15 Kampftage abgesunken. Wie dramatisch und aus welcher politisch-militärischen Perspektive vom Oberkommando des Heeres die Lage beurteilt wurde, zeigt ein Zitat aus demselben Dokument: »Die heutige durch die Stabstahlverknappung entstehende Lage entspricht in gewisser Weise der Lage von vor dem Weltkrieg. Damals scheiterte die Aufstellung der drei Armeekorps, die im ersten Kriegsjahr zur schnellen Kriegsentscheidung fehlten, an der Verweigerung der Geldmittel durch das Parlament. Heute werden dem Heere die zu seiner Ausstattung mit modernen Angriffswaffen notwendigen Stabstahlmengen vorenthalten.« Die tschechische Beute schuf dann allerdings einen unprogrammäßigen, außerordentlich befriedigenden Ausgleich.

Wenn das Heer mit Kriegsbeginn 1939 tatsächlich zu den am modernsten ausgerüsteten Armeen der Welt gehörte, so war dies das Ergebnis einer seit 1925/26 zu beobachtenden

---

[46] Domarus (wie Anm. 39), Bd 2, S. 1156.
[47] W. Hummelberger, Die Rüstungsindustrie der Tschechoslowakei 1933 bis 1939, in: Wirtschaft und Rüstung (wie Anm. 37), S. 308 ff., insbesondere Anm. 12.
[48] AHA Nr. 1220/39 g.Kdos. vom 15. 4. 1939, BA-MA, III H 98/5.

kontinuierlichen Entwicklung, die besonders auf waffentechnischem Gebiet ohne die theoretische und praktische Entwicklungsarbeit in der Reichswehr der Republik nicht realisierbar gewesen wäre. Die Planung fand ihren Höhepunkt im August-Programm 1936, dessen Zielsetzungen auf personellem Gebiet und hinsichtlich der Zahl der aktiven Verbände zwar am 1. September 1939 bereits überschritten waren, aber für die Ausstattung und Ausrüstung der Truppe nicht erreicht werden konnten. Geplant war ein Feldheer in Stärke von 2,421 Millionen Mann, tatsächlich erreichte dieses Heer zum 1. September 1939 eine Stärke von 2,728 Millionen Mann. Statt der vorgesehenen 44 Divisionsverbände des aktiven Heeres standen 53 Großverbände, nämlich 35 Infanterie-, 3 Gebirgs-, 6 Panzer- und 4 leichte Divisionen sowie 4 motorisierte Infanterie-Divisionen und eine Kavallerie-Brigade zur Verfügung. Die mobilisierbaren Verbände 1939 (103) unterschieden sich kaum von den 1936 (102) projektierten[49].

V.

Die militärische Zielsetzung der Aufrüstung des Heeres ist mehrfach erwähnt worden. Die Armee sollte in die Lage versetzt werden, einen »Verteidigungskrieg nach mehreren Fronten mit einiger Aussicht auf Erfolg« (1933) führen zu können. Diese Verteidigung nahm bald die Form einer offensiv zu führenden »strategischen Abwehr« an (Ende 1935). Doch welche konkreten operativen Vorstellungen bestanden über den Ablauf eines derartigen Verteidigungskrieges? Wie beurteilte man die Chancen einer »strategischen Abwehr«? Welche Rolle wurde dabei der noch immer stärksten Militärmacht des Kontinents, Frankreich, insbesondere nach der Wiederbesetzung der Rheinlande, zuerkannt? Truman Smith, der mit den deutschen Verhältnissen seit langem vertraute, ausgezeichnet informierte amerikanische Militärattaché in Berlin, faßte sein Urteil im März 1936 in einem Satz zusammen[50]: »By a single daring move on the diplomatic chess board, he [Hitler] has cut the military basis from under the whole series of French post war alliances.« Und im übrigen war er der Meinung, daß die deutsche Armee durchaus in der Lage sei, neben den Verteidigungsaufgaben im Westen auch die Ausschaltung der tschechoslowakischen militärischen Kräfte zu übernehmen. Wie beurteilte die deutsche militärische Führung die Situation?

Um den durch die Aufrüstung herbeigeführten Wandel der operativen Vorstellungen zu verdeutlichen, erscheint auch in diesem Falle der Rückgriff auf das Jahr 1933 gerechtfertigt. Nach dem Bruch Deutschlands mit dem Völkerbund und der Abrüstungskonferenz erließ Blomberg am 25. Oktober 1933 eine »Weisung für die Wehrmacht im Falle von Sanktionen«[51]. Die damals vorherrschende Lagebeurteilung geht aus dem folgenden Satz der Weisung hervor: »Die Reichsregierung ist gewillt, jedem feindlichen Vorgehen

---

[49] Müller-Hillebrand (wie Anm. 43), S. 65 ff. Schottelius/Caspar (wie Anm. 24), S. 386 ff.
[50] W. Deist, Die deutsche Aufrüstung in amerikanischer Sicht, in: Rußland—Deutschland—Amerika, Festschrift für F. T. Epstein, Wiesbaden 1978, S. 289 (abgedruckt in diesem Band S. 339—354, hier S. 349.
[51] Abgedruckt in: IMT (wie Anm. 41), Bd 34, S. 488 ff.

... ohne Rücksicht auf militärische Erfolgsaussicht örtlich bewaffneten Widerstand entgegenzusetzen.« Gegenüber Frankreich bestand die Absicht, die Roer-Rhein-Schwarzwaldlinie »möglichst lange« zu halten. Die militärische Führung war sich demnach im klaren darüber, daß die Reichswehr keine Chance hatte, mögliche militärische Sanktionen der Nachbarstaaten Deutschlands abzuwehren. Im Westen des Reiches bildete die Roer-Rhein-Schwarzwaldlinie auch für die kommenden Jahre die Hauptwiderstandszone, bis diese dann 1937/38 mit dem Bau des Westwalles in den Grenzbereich vorverlegt wurde. In den Jahren 1934 bis 1936 bemühte sich das Truppenamt beziehungsweise der Generalstab, angesichts eines bei allen Aktionen Hitlers stets befürchteten französischen militärischen Eingreifens, die Aussichten für eine erfolgreiche Verteidigung der Roer-Rhein-Schwarzwaldlinie zu verbessern. Noch aus der Weisung Blombergs vom 24. Juni 1937 geht hervor, daß man — nunmehr allerdings mit Bestimmtheit — hoffte, einen französischen Angriff an dieser Linie zum Stehen bringen zu können[52]. Die Wiederbesetzung der Rheinlande hatte die Aussichten für die Verteidigung gegenüber einem französischen Angriff zwar wesentlich verbessert, aber es bleibt doch bemerkenswert, daß die deutsche militärische Führung auch danach noch lange Zeit davon ausging, die Defensive nur unter Preisgabe eigenen Territoriums führen zu können. Nach dem Urteil Becks und wohl des gesamten höheren Offizierkorps der Wehrmacht galt die französische Armee und ihre Führung, trotz aller nicht unbemerkt gebliebenen Mängel, als eine überlegene Militärmacht, der die deutsche Wehrmacht nach Ausrüstung und Ausbildung noch für Jahre nicht gewachsen sein würde[53].

Ganz andere Perspektiven ergaben sich gegenüber den östlichen Nachbarstaaten des Reiches. Nachdem durch den deutsch-polnischen Nichtangriffsvertrag vom Januar 1934 Polen als möglicher Gegner ausgeschieden war, konzentrierte sich die operative Planung der Wehrmacht auf die Tschechoslowakei. Bekannt ist der durch den Chef des Wehrmachtamtes, General v. Reichenau, Ende März 1935 den Wehrmachtteilen übermittelte Auftrag Blombergs, operative Überlegungen für einen europäischen Mehrfrontenkrieg vorzulegen, in dessen Verlauf ein »Überraschungsangriff gegen Tschechei zur Wegnahme der russisch-tschechischen Luftbasis« möglich werden könnte[54]. Zur gleichen Zeit veranstaltete Beck die Truppenamtsreise 1935, ein operatives Planspiel, in dem praktisch dieselbe Ausgangslage gegeben war und mit dem dasselbe Ziel verfolgt wurde[55]. Beck hat dann, wie bekannt, gegen die Weisung Blombergs vom 2. Mai 1935, mit der eine operative Studie über ein »schlagartig als Überfall« auszuführendes Unternehmen gegen »einen Südoststaat« angefordert wurde, heftigen und entschiedenen Widerspruch erho-

---

[52] Ebd. S. 733 ff. Für den Fall »Rot« (s.u.) war vorgesehen: »Erste Aufgabe des Heeres wird es sein, unter Einleitung des Kampfes möglichst nahe an der Grenze das Vordringen des Feindes gegen und über den Rhein und den Schwarzwald zu verhindern und das westrheinische Gebiet nördlich der Mosel so lange als möglich zu behaupten.«

[53] Vgl. hierzu K.-J. Müller, General Ludwig Beck. Ein General zwischen Wilhelminismus und Nationalismus, in: Deutschland in der Weltpolitik des 19. und 20. Jahrhunderts, hrsg. von I. Geiss und B. J. Wendt, Düsseldorf 1973, S. 518 f.

[54] Schreiben Reichenaus vom 30. 3. 1935 an die Chefs der Wehrmachtteile, in: ADAP, C III/2, S. 1085 f.

[55] Unterlagen hierzu in BA-MA, RH 2/v. 374.

ben⁵⁶. Die verschiedenen Motive, die Beck zu diesem außergewöhnlichen Schritt veranlaßt haben, sind mehrfach erörtert worden. Im Zusammenhang mit der hier zu diskutierenden generellen Tendenz der operativen Planung des Heeres ist vor allem der Protest des Generals gegen die von Blomberg vorgenommene Herauslösung der Operation gegen die Tschechoslowakei (Unternehmen »Schulung«) aus der Gesamtsituation eines europäischen Mehrfrontenkrieges von Bedeutung. Eine solche Herauslösung widersprach der Grundüberzeugung Becks, daß jeder kriegerische Konflikt, in den Deutschland verwickelt werden könnte — insbesondere dann, wenn er von deutscher Seite provoziert wurde —, aufgrund der bestehenden europäischen Bündniskonstellation Frankreich auf den Plan rufen und sich daher zum europäischen Mehrfrontenkrieg ausweiten werde. Wenn Beck Ende Dezember 1935 von einer »angriffsweise« zu führenden »strategischen Abwehr« sprach, so wird ihm genau die von Reichenau gekennzeichnete Situation vor Augen gestanden haben, in der es galt, die im Bündnis mit Frankreich operierende tschechoslowakische Armee auszuschalten, um die Verteidigung im Westen mit »einiger Aussicht auf Erfolg« führen zu können. Es war daher gewissermaßen »logisch«, daß sich die operativen Planungsarbeiten in den folgenden Jahren immer mehr auf die Tschechoslowakei, den Fall »Grün«, konzentrierten und der Fall »Rot«, die operativen Vorbereitungen für den Fall eines Konfliktes mit Frankreich, mehr und mehr in den Hintergrund trat.

Diese aus strategisch-operativen Gründen entstehenden Tendenzen sind ab 1936 durch die politische Entwicklung noch wesentlich verstärkt worden. So würde wohl Hitler, aber nicht Beck als der verantwortliche Generalstabschef, dem Urteil des amerikanischen Militärattachés zugestimmt haben, daß die Rheinlandbesetzung »has cut the military basis« des gesamten französischen Bündnissystems. Hitlers Argumentation auf der Konferenz vom 5. November 1937 war durch die Überzeugung geprägt, daß die französische Armee bei einem Vorgehen Deutschlands gegen Österreich und die Tschechoslowakei aus verschiedenen außen- und innenpolitischen Gründen nicht eingreifen werde⁵⁷. Diese Einschätzung der politischen Lage führte dazu, daß Blomberg in seiner Weisung vom 7. Dezember 1937 ankündigte, den Fall »Rot«, sollte sich die politische Lage 1938 nicht »grundlegend zu ungunsten« Deutschlands verändern, ab Herbst 1938 überhaupt nicht mehr bearbeiten zu lassen⁵⁸. Frankreich verschwand mehr und mehr aus der aktuellen operativen Planung des Heeres. Im Jahre 1938 verstärkte sich die Tendenz zur Herauslösung des Falles »Grün« aus dem Zusammenhang eines europäischen Mehrfrontenkrieges. Dafür waren zum einen der forcierte Bau des Westwalles und zum anderen die sich jetzt auch operativ bemerkbar machenden Resultate der massiven Aufrüstung verantwortlich. Die Ergebnisse der Generalstabsreise 1938 zeigten⁵⁹, daß die deutsche Armee nun fähig schien, in relativ kurzer Zeit das tschechoslowakische Befestigungssystem zu durchstoßen und somit relativ schnell eine strategische Entscheidung herbeizuführen. In die-

---

⁵⁶ Vgl. Müller (wie Anm. 20), Dokument Nr. 29, sowie die Interpretation Müllers im 4. Kapitel seiner Studie.
⁵⁷ Abdruck der Niederschrift des Obersten Hoßbach in: ADAP, D VII, S. 167 ff. Vgl. hierzu jetzt auch Müller (wie Anm. 20), 5. Kapitel.
⁵⁸ IMT (wie Anm. 41), Bd 34, S. 745 ff.
⁵⁹ Unterlagen hierzu in BA-MA, Wi IF/5. 1502. Vgl. Müller (wie Anm. 20), 6. Kapitel.

ser Entwicklung liegt der tiefere Grund für Becks Rücktritt. Politisch wie militärisch schien das Dogma von der Unvermeidlichkeit eines europäischen Mehrfrontenkrieges von der Entwicklung überholt worden zu sein. Die Ereignisse Ende September 1938 und die Besetzung des verbliebenen tschechoslowakischen Staatsgebietes im März 1939 konnten als ein praktischer Beweis hierfür angeführt werden.

Die operative Planung gegen Polen folgte dem nunmehr etablierten Konzept der einzelnen »Fälle«. Alle Energien und Kräfte wurden auf die möglichst rasche militärische Überwindung des polnischen Gegners konzentriert. Frankreich gegenüber verharrten Hitler und die militärische Führung, auch nach der Kriegserklärung der beiden Westmächte, in einer absolut defensiven Haltung[60]. Planungen des Generalstabes für eine offensive Kriegführung gegen Frankreich existierten bis zu diesem Zeitpunkt nicht. Keine Tatsache ist vielleicht besser geeignet als diese, um die Fehleinschätzung der Westmächte durch Hitler unter Beweis zu stellen. Sie läßt aber auch die Expansionsrichtung der aggressiven Hitlerschen Politik erkennen, der die militärische Führung des Heeres mit der Aufrüstung und mit ihrer operativen Planung folgte.

---

[60] Vgl. die Weisungen Nr. 1 und Nr. 2 für die Kriegführung vom 31.8. und 3.9.1939, in: ADAP, D VII, S. 397 ff., S. 456 f.

Die deutsche Aufrüstung in amerikanischer Sicht: Berichte des
US-Militärattachés in Berlin aus den Jahren 1933—1939[1]

I.

Die Ansichten und Urteile über die deutsch-amerikanischen Beziehungen in den 30er Jahren orientieren sich zumeist an der Einschätzung der beiden führenden Persönlichkeiten — Roosevelt und Hitler — und ihres Verhältnisses zueinander. Wie sehr es allerdings an Darstellungen mangelt, die einzelne Aspekte dieser Beziehungen im Detail untersuchen und dadurch dem Gesamtbild neue Schattierungen verleihen und selbst neue Strukturen vermitteln können, ist mit dem Erscheinen des Buches von H.-J. Schröder offenkundig geworden[2]. Gegenüber der überragenden Bedeutung politischer und allgemein wirtschaftlicher Faktoren für die Entwicklung der gegenseitigen Beziehungen haben militärische Gesichtspunkte zweifellos nur eine sehr untergeordnete Rolle gespielt. Angesichts der kriegsentscheidenden Konfrontation der beiden Militärmächte im Ersten und im Zweiten Weltkrieg können jedoch auch die militärischen Kontakte in der Zwischenkriegsphase einiges Interesse beanspruchen.
Fritz T. Epstein hat in seinem Beitrag »Zwischen Compiègne und Versailles« als erster auf die besonderen Beziehungen hingewiesen, die sich seit Dezember 1918 zwischen deutschen und amerikanischen Militärs entwickelt hatten. Die politischen Erwartungen, die sich auf deutscher Seite an die frühen Kontakte knüpften, wurden zwar enttäuscht, die freundliche Atmosphäre, die durch die überraschende Offenheit und Unvoreingenommenheit der amerikanischen Offiziere entstanden war, wurde dadurch aber nicht beeinträchtigt[3]. Von dieser Erfahrung ausgehend, hat die Reichswehr spätestens seit 1923 den erfolgreichen Versuch unternommen, die militärischen Beziehungen zu den Vereinigten Staaten mit dem Ziel zu intensivieren, die durch den Versailler Vertrag geschaffene internationale Isolierung durch inoffizielle Kontakte zu unterlaufen[4]. Diese Initiativen entsprachen durchaus der Linie der offiziellen Außenpolitik unter Stresemann, für dessen europäische Politik die amerikanische Unterstützung unabdingbar war[5]. So entwickelte die Reichswehr in der zweiten Hälfte der 20er Jahre eine rege Reisediplomatie

---

[1] Herrn Prof. Dr. M. Messerschmidt (Freiburg/Brsg.) bin ich für die Überlassung von Fotokopien der von ihm in Washington eingesehenen Attaché-Berichte sehr zu Dank verbunden.
[2] H.-J. Schröder, Deutschland und die Vereinigten Staaten 1933—1939. Wirtschaft und Politik in der Entwicklung des deutsch-amerikanischen Gegensatzes, Wiesbaden 1970.
[3] F. T. Epstein, Zwischen Compiègne und Versailles. Geheime amerikanische Militärdiplomatie in der Periode des Waffenstillstandes 1918/19: Die Rolle des Obersten Arthur L. Conger, in: Vierteljahrshefte für Zeitgeschichte, 3 (1955), S. 412 ff.
[4] M. Kehrig, Die Wiedereinrichtung des deutschen militärischen Attachédienstes nach dem Ersten Weltkrieg (1919—1933), Boppard 1966, S. 85 ff.
[5] W. Link, Die amerikanische Stabilisierungspolitik in Deutschland 1921—32, Düsseldorf 1970.

quer über den Atlantik, und es spricht für die Bedeutung, die man diesen Beziehungen beimaß, daß keineswegs nur Spezialisten entsandt wurden. So besuchte im Jahre 1926 der Chef der Marineleitung, Admiral Zenker, die Vereinigten Staaten; ihm folgte im Jahre darauf der Chef der Heeresleitung, General Heye, dessen Reise zu besonders freundschaftlichen Beziehungen zu mehreren amerikanischen Generalen in wichtigen Positionen führte. Auch Blomberg, der spätere Reichskriegsminister, besuchte als Chef des Truppenamtes im Jahre 1929 die Staaten. Neben den militärpolitischen Motiven dieser intensiven Kontaktpflege stand das militärische Interesse der Reichswehr, auf diesem Wege die neuesten Entwicklungen auf dem Gebiete der Luftfahrt, des Artilleriewesens, der Panzerwaffe und auch der chemischen Kriegführung studieren zu können, um die gewonnenen Erkenntnisse für die eigene Planung für die Zeit »nach Versailles« nutzen zu können. Aufgrund der enormen Leistungen der amerikanischen Rüstungsindustrie im Ersten Weltkrieg interessierte sich die Reichswehr insbesondere auch für die amerikanischen Vorstellungen zur Organisation der Kriegswirtschaft. Nachdem es bereits im Jahre 1925 gelungen war, mit Billigung der politischen Instanzen beider Seiten drei Fliegeroffiziere als Privatpersonen zum Studium von Luftfahrteinrichtungen und Flugzeugfabriken nach den USA zu entsenden, kam es 1928 zu ersten Überlegungen für einen gegenseitigen Offizieraustausch, der dann auch tatsächlich 1929 vereinbart und bis 1934 fortgeführt wurde. Im Rahmen dieses Programms erhielt z.B. der damalige Major Warlimont, der spätere Stellvertretende Chef des Wehrmachtführungsstabes im Oberkommando der Wehrmacht, als erster ausländischer Offizier 1930 die Erlaubnis, an einem Kurs des Army Industrial College über industrielle Mobilmachung teilzunehmen[6].

Diese freundschaftlichen, für die Reichswehr außerordentlich vorteilhaften Beziehungen schufen durch die damit verbundenen zahllosen persönlichen Kontakte besonders günstige Voraussetzungen für die Berichterstattung des amerikanischen Militärattachés, der zu den bestinformierten ausländischen militärischen Beobachtern in Berlin gehörte[7]. Ein Beispiel hierfür ist der Bericht des damaligen Militärattachés Wuest kurz vor der »Machtergreifung« durch die Nationalsozialisten, in dem er Stellung nahm zu der von französischer Seite immer wieder vorgetragenen These, daß die Reichswehr in vielerlei Hinsicht massiv gegen die Bestimmungen des Versailler Vertrages verstoßen habe. Der Bericht läßt einerseits erkennen, daß der Militärattaché über die zahlreichen, mit dem Versailler Vertrag kaum zu vereinbarenden Maßnahmen der Reichswehr auf organisatorischem, personellem und wirtschaftlichem Gebiet sehr genau unterrichtet war, verdeutlicht aber andererseits auch das große Verständnis, das der amerikanische Offizier der generellen Situation der Reichswehr entgegenbrachte. »When one attempts fairly to analyse what Germany has done in carrying out both the letter and the spirit of the Treaty, the inevitable conclusion is reached that she has done everything which she is specifically authorized to do, and has risked as far as she has dared and has been able to go, taking advantage of every possibility and loop hole in her interpretation of the Treaty. In this she has

---

[6] M. Geyer, Aufrüstung oder Sicherheit. Reichswehr und die Krise der Machtpolitik 1924—1936, phil. Diss., Freiburg 1975, S. 156 ff.
[7] Ebd., S. 159.

done what every other nation might be expected to do under similar circumstances, using all of her ingenuity in circumventing the restrictions placed upon her[8].«

Wuest sah in der allgemeinen Militarisierung des politischen Lebens, wie sie sich insbesondere in dem Auftreten der paramilitärischen Verbände manifestierte, die eigentliche Gefahr. Der kriegerische und militaristische Geist habe durch den Versailler Vertrag nicht unterdrückt werden können, durch ihn sei nur erreicht worden, daß Deutschland keine *unmittelbare* Gefahr für seine Nachbarn mehr darstelle. Auch nachdem sich die Beziehungen zwischen den Vereinigten Staaten und dem Reich durch die innenpolitischen Ereignisse in Deutschland im Frühjahr und Sommer 1933 und durch den Entschluß Hitlers, Völkerbund und Abrüstungskonferenz zu verlassen, abrupt verschlechtert hatten, brachen die Kontakte des Militärattachés zur Reichswehrführung nicht ab. Die Vertrautheit mit den militärischen Gegebenheiten und mit den Ideen führender Offiziere für den künftigen, durch die Versailler Bestimmungen nicht mehr gebundenen Aufbau der Wehrmacht bildeten die Grundlage für die Berichterstattung des Attachés über die mit dem Jahre 1933 einsetzende deutsche Aufrüstung. Diese Berichterstattung beschränkte sich keineswegs nur auf die Registrierung militärischer Daten, sondern beschäftigte sich ebenso intensiv mit den militär-, außen- und innenpolitischen Aspekten des für europäische Verhältnisse einzigartigen Rüstungsbooms[9].

II.

In einem ersten Überblick über die vermutliche Stärke der bewaffneten Macht im Falle eines kriegerischen Konflikts betonte Wuest im Januar 1934, daß sie im wesentlichen abhängig sei von der vorhandenen materiellen Ausrüstung. Er nahm an, daß die insbesondere seit Juli 1933 zu beobachtende Belebung der industriellen Tätigkeit gerade auch der Rüstungsfirmen sich zunächst auf die Herstellung von Infanteriewaffen konzentriere,

---

[8] National Archives (NA), Record Group (RG) 165, Records of the War Department, General and Special Staffs, 2016—1090, Bericht vom 7.1.1933, Nr. 12602.
[9] Es liegt nicht in der Absicht dieses Beitrages, die Berichte des Attachés jeweils mit den Ergebnissen der historischen Forschung zu konfrontieren. Es sei deshalb an dieser Stelle auf die wichtigste Literatur verwiesen. Zur Aufrüstung des Heeres sind noch immer zwei ältere Werke zu konsultieren: B. Müller-Hillebrand, Das Heer 1933—1945, Bd 1: Das Heer bis zum Kriegsbeginn, Darmstadt 1954, sowie G. Meinck, Hitler und die deutsche Aufrüstung 1933—1939, Wiesbaden 1959; dazu H.-J. Rautenberg, Deutsche Rüstungspolitik vom Beginn der Genfer Abrüstungskonferenz bis zur Wiedereinführung der Allgemeinen Wehrpflicht 1932—1935, phil. Diss., Bonn 1973; Geyer (wie Anm. 6); M. Geyer, Militär, Rüstung und Außenpolitik. Aspekte militärischer Revisionspolitik in der Zwischenkriegszeit, in: Hitler, Deutschland und die Mächte, hrsg. von M. Funke, Düsseldorf 1976, S. 239 ff. Für die Marine vgl. J. Dülffer, Weimar, Hitler und die Marine. Reichspolitik und Flottenbau 1920—1939, Düsseldorf 1972. Für die Rüstungswirtschaft vgl. Wirtschaft und Rüstung am Vorabend des Zweiten Weltkrieges, hrsg. von F. Forstmeier und H.-E. Volkmann, Düsseldorf 1975. Zur inneren Entwicklung der Wehrmacht K.-J. Müller, Das Heer und Hitler. Armee und nationalsozialistisches Regime 1933—1940, Stuttgart 1969; M. Messerschmidt, Die Wehrmacht im NS-Staat. Zeit der Indoktrination, Hamburg 1970. Zur Außenpolitik K. Hildebrand, Deutsche Außenpolitik 1933—1945. Kalkül oder Dogma? 2. Aufl., Stuttgart 1973; Hitler, Deutschland und die Mächte, hrsg. von M. Funke, Düsseldorf 1976.

um eine teilweise Bewaffnung der riesigen paramilitärischen NS-Verbände zu ermöglichen. Auf dieser Grundlage bezifferte er die Stärke der im Ernstfall zu mobilisierenden Wehrmacht auf 1,6 Millionen Mann, von denen jedoch nur die 100000 Mann der Reichswehr und die aus ihr im Laufe der Jahre entlassenen Soldaten — ebenfalls 100000 Mann — unter den Einschränkungen des Versailler Vertrages als voll ausgerüstet bezeichnet werden könnten[10]. Daraus geht hervor, daß die im Jahre 1933 vorgenommene geringfügige Verstärkung der Personalstärke der Reichswehr unbeobachtet geblieben war.

Während der beiden Jahre 1934 und 1935 bemühte sich der Stab des Attachés, die Fülle der Einzelbeobachtungen über die nun mit voller Vehemenz einsetzende Verstärkung der Wehrmacht auf personellem und materiellem Gebiet zu registrieren. Mit besonderer Aufmerksamkeit wurde natürlich der Aufbau der Luftwaffe verfolgt[11]. Ein Bericht vom 10. November 1934 läßt die Schwierigkeiten erkennen, mit denen ausländische Beobachter zu kämpfen hatten, um auch nur ein annähernd zutreffendes Bild zu entwerfen[12]. Aus den vom Luftfahrtministerium gelegentlich publizierten Zahlen über zugelassene zivile Flugzeuge und über abgelegte Flugzeugführerprüfungen zog Wuest nach einem komplizierten Verfahren den Schluß, daß der Luftwaffe ca. 1200 Flugzeuge zu Übungszwecken zur Verfügung standen und daß mit ca. 1000 Frontflugzeugen gerechnet werden könne. Tatsächlich besaß die Luftwaffe Ende 1934 ca. 670 Front- und 1300 Übungsflugzeuge; Wuests Schätzung lag demnach zu hoch, näherte sich aber doch in erstaunlicher Weise der Wirklichkeit an. Wuest erwähnte außerdem noch den Bau von Flugplätzen und besonders geschützten Flugzeughallen als Anzeichen für ein erst in den Anfängen stehendes Rüstungsprogramm.

Im November 1935 versuchte der Nachfolger Wuests, Major Truman Smith, zum ersten Mal aus der Fülle der gesammelten Details ein Gesamtbild des zu diesem Zeitpunkt erreichten Umfangs der Aufrüstung zu zeichnen[13]. Der Bericht beruhte auf den wenigen offiziellen Verlautbarungen des Reichskriegsministeriums, der Kenntnis der vorgeschriebenen Stärke einzelner Einheiten und einer laufend ergänzten Standortliste. Im übrigen war die offizielle Geheimhaltung kaum zu durchdringen, und in manchen Fällen erkannte der Attaché erst Monate später, daß er dem Verwirrspiel deutscher Dienststellen zum Opfer gefallen war. Smith bezifferte in seinem Bericht die Stärke der aktiven Armee auf insgesamt 462800 Mann. Die Fehlerquote war relativ gering, die tatsächliche Stärke betrug wenig mehr als 400000 Mann. Der Attaché hatte die Auflösung bestimmter Kavallerieeinheiten nicht erkannt und die neu aufgestellten Panzerdivisionen schon in ihrer vollen Stärke in die Berechnung einbezogen. In einer neuerlichen Schätzung nach dem Stand vom 1. Juli 1936, in der diese Fehler teilweise berichtigt und die Vorbereitungen für die Herbstaufstellung berücksichtigt worden waren, kam der Attaché

---

[10] NA, RG 165, 2016—1090, Bericht vom 31.1.1934, Nr. 13277.
[11] Zum Aufbau der Luftwaffe vgl. K.-H. Völker, Die deutsche Luftwaffe 1933—1939. Aufbau, Führung und Rüstung der Luftwaffe sowie die Entwicklung der deutschen Luftkriegstheorie, Stuttgart 1967; E. L. Homze, Arming the Luftwaffe. The Reich Air Ministry and the German Aircraft Industry 1919—1939, Lincoln 1976.
[12] NA, RG 165, 2082—822, Bericht vom 10.11.1934, Nr. 13756.
[13] Ebd., 2016—1090, Bericht vom 18.11.1935, Nr. 14377.

auf eine Stärke der aktiven Armee von 470 000 Mann, die der tatsächlichen Ziffer sehr nahe gekommen sein dürfte[14].

Im Oktober 1936 überschritt das Heer die von Hitler im Frühjahr 1935 proklamierte Gesamtstärke von 36 Divisionen, es bestand nunmehr aus 36 Infanteriedivisionen, 3 Panzerdivisionen und je 1 Gebirgs- und Kavalleriebrigade mit einer Personalstärke von ca. 520 000 Mann. Ein halbes Jahr später lag ein Bericht des Attachés vor, der die Zahl und Art der Divisionsverbände richtig wiedergab und die Personalstärke auf 541 700 Mann bezifferte[15]. Der Attaché konnte auch darauf aufmerksam machen, daß bei einer größeren Anzahl von Infanteriedivisionen noch einzelne Bataillone fehlten und daß insbesondere die Ausrüstung mit Artillerie außerordentlich zu wünschen übrigließ[16]. Der Aufbau des Heeres wurde nach der Meinung des Attachés in erster Linie durch den Mangel an Offizieren in seinem Tempo begrenzt.

In den Bericht vom Februar 1937 war zum ersten Mal auch eine kurze Notiz über die Personalstärke der Luftwaffe aufgenommen worden. Dieser Wehrmachtteil wurde von einem dem Militärattaché unterstellten Offizier der US-Air-Force beobachtet. Hauptmann Koenig stellte in einem Bericht vom 25. März 1936 fest, daß die Flugzeugindustrie inzwischen eine Fertigungskapazität erreicht habe, die in der Welt ohne Beispiel sei[17]. Koenig erkannte, daß die Umstellungsphase auf neue, moderne Flugzeugtypen unmittelbar bevorstand, daß aber andererseits die Entwicklung neuer Flugmotoren noch größere Schwierigkeiten bereitete. Die Zahl der verfügbaren Einsatzflugzeuge gab er mit 1248 an. Die militärische Effizienz der bestehenden Verbände beurteilte er auf Grund der ständigen organisatorischen Fluktuation als eher mittelmäßig, erwartete aber eine rasche Verbesserung dieses Zustandes. Anderthalb Jahre später, im Oktober 1937, wurde in einem umfassenden Bericht der augenblickliche Stand der Luftwaffenentwicklung zusammengefaßt, der außerordentlich detaillierte Übersichten über die gesamte Flugzeugzellen- und Flugzeugmotorenindustrie sowie über die Luftwaffeneinheiten nach Standort und Stärke enthielt[18]. Truman Smith faßte das Ergebnis dieser Untersuchungen in dem Satz zusammen, daß Deutschland wieder eine Welt-Luftmacht geworden sei. Die Luftwaffe habe zwar das »Kindergarten«-Stadium verlassen, der Abschluß des Aufbaus sei aber erst in ca. 3 Jahren zu erwarten. Die Bewältigung wissenschaftlicher und industrieller Probleme sei in einem Maße gelungen, daß selbst die bestehende amerikanische Überlegenheit in einigen Jahren (1941/42) infrage gestellt werden könnte. Zwar lasse die Ausbildung noch immer zu wünschen übrig, und auch der Mangel an geeigneten Verbandsführern sei unübersehbar, aber diese Schwierigkeiten würden mit Sicherheit in relativ kurzer Zeit überwunden sein. Die Frage der Betriebsstoffversorgung der Luftwaffe wurde in dem Bericht allerdings nicht berührt.

Wenn auch die absolute Geheimhaltung entsprechender Daten durch die deutschen Dienststellen und die unübersichtliche Lage nach dem »Anschluß« Österreichs und der

---

[14] Ebd., Bericht vom 22.7.1936, Nr. 11802.
[15] Ebd., Bericht vom 18.2.1937, Nr. 15152.
[16] Ebd., 2016—1077, Bericht vom 9.1.1937, Nr. 15063.
[17] Ebd., 2082—822, Nr. 14603.
[18] Ebd., Bericht vom 23.10.1937, Nr. 15540.

sudetendeutschen Gebiete die Berichterstattung des Attachés in den Jahren 1938 und 1939 immer schwieriger gestaltete, so bildete doch auch noch unmittelbar vor Kriegsbeginn das Ende der 20er und Anfang der 30er Jahre erworbene Wissen über die Grundstrukturen der militärischen Organisation der Reichswehr nach wie vor den Grundstock für die erstaunlich realistische Einschätzung der militärischen Stärke insbesondere des Heeres. In einem Bericht vom 15. Juli 1939 wurde die aktive Armee verbandsmäßig nahezu exakt bestimmt[19]. Sie bestand danach aus 34(35) Infanterie-, 5(6) Panzer-, 5(4) mot Infanterie-, 3(3) Gebirgs- und 4(4) leichten Divisionen sowie 1(1) Kavalleriebrigade. Dagegen wurde die Zahl der Reserveformationen klar überschätzt. Zu Kriegsbeginn verfügte das Oberkommando des Heeres über insgesamt 103 mobilisierbare Verbände, während der amerikanische Militärattaché mit 123 Verbänden für den Ernstfall rechnete.

Dieses mit Hilfe militärischer Daten gewonnene Bild der deutschen Aufrüstung, dessen Konturen hier nur skizzenhaft wiedergegeben werden konnten, ergänzte der Attaché durch eine große Zahl politischer Berichte, in denen er sich bemühte, dem amerikanischen Kriegsministerium die Voraussetzungen und die Auswirkungen dieser militärischen Machtentfaltung zu verdeutlichen.

III.

Der spätere Assistant Secretary im State Department, G.S. Messersmith, hat als Generalkonsul in Berlin schon drei Monate nach der »Machtergreifung« der Nationalsozialisten die Überzeugung geäußert, daß die für die internationale Öffentlichkeit bestimmten Friedensbeteuerungen der nunmehr in Deutschland herrschenden Kreise in einem unauflösbaren Widerspruch zu der offenbar grenzenlosen Militarisierung aller Lebensverhältnisse ständen; selbstverständlich benötige das Regime zunächst den Frieden zur Festigung seiner Machtpositionen im Innern und gegenüber den europäischen Nachbarn, aber auf lange Sicht gesehen widerspreche das Gebot der Friedenswahrung den Zielen der nationalsozialistischen Regierung und der Geistesverfassung des deutschen Volkes[20].

Es versteht sich von selbst, daß die Militarisierung des öffentlichen Lebens auch in der Berichterstattung des Militärattachés einen breiten Raum einnahm. Wenn Wuest sich auch zunächst einer pointierten politischen Bewertung der Vorgänge im Sinne Messersmiths enthielt, so lassen seine Berichte doch erkennen, daß er, der schon vor der »Machtergreifung« auf diese friedensbedrohenden Tendenzen mit Nachdruck hingewiesen hatte, die beginnende Aufrüstung unter derselben politischen Perspektive sah wie der Berliner Generalkonsul. Seinem Bericht vom 27. September 1933 über die Organisation der SA und der SS gab er die Überschrift »Germany in Arms« und erklärte gleich zu Beginn, daß die Vorgänge nur dann richtig eingeschätzt werden könnten, wenn man sie als ein

---

[19] Ebd., 2016—1274, Nr. 16789. Die in Klammern gesetzten Zahlen geben die tatsächlich vorhandenen Verbände an.
[20] Foreign Relations of the United States. Diplomatic Papers (FRUS) 1933 I, S. 119ff. (28.4.1933); Schröder (wie Anm. 2), S. 86ff.

Unternehmen begreife, »which is designed to make use of the total population and the full resources of the country in a mighty war making effort«[21]. Hitler versuche, die kühnsten Träume der Militärs von einer auf den Krieg hin orientierten Organisation der Nation zu realisieren. »Germany is being welded physically and mentally into a single self-contained, carefully articulated military unit.«

Ein Jahr später zeichnete ein Mitarbeiter Wuests auf Grund des nationalsozialistischen Parteiprogramms ein Bild der intendierten zentralistischen Organisation der Nation in allen für die Kriegführung wichtigen Bereichen[22]. Er kam zu dem Ergebnis, daß das gegenwärtige Regime militärisch den Vorteil biete, gegebenenfalls sofort über sämtliche personellen und materiellen Ressourcen der Nation verfügen zu können. Die körperliche und ideologische Schulung der gesamten Bevölkerung steigere die militärische Verwendbarkeit erheblich, und im übrigen gewährleiste die strenge staatliche Überwachung eine schnelle und wirkungsvolle industrielle Mobilmachung, ja, selbst die Versorgung mit Lebensmitteln und Rohstoffen könne auf diese Weise sichergestellt werden. Wenn auch in dem Bericht ab und an betont wird, daß es sich um erfahrene Realität handele, so lag ihm doch eine Überschätzung der Fähigkeit des Regimes zu zentraler und effektiver Organisation zugrunde. Einige Jahre später kam derselbe Mitarbeiter auf Grund der gewonnenen Erkenntnisse zu einem differenzierteren Urteil[23]. Nach wie vor betrachtete er es als Ziel aller organisatorischen Maßnahmen des Regimes, eine totale Kriegsbereitschaft der Nation für den von Ludendorff definierten totalen Krieg zu erreichen, doch glaubte er jetzt feststellen zu können, daß Deutschland noch weit von diesem Zustand entfernt sei. Die wirtschaftlichen Schwierigkeiten gerade in bezug auf die kriegswichtigen Rohstoffe waren offenkundig geworden[24].

Es zeugt jedoch für den Realismus, mit dem die Verhältnisse im nationalsozialistischen Deutschland in der Dienststelle des Militärattachés betrachtet wurden, daß aus der Analyse der ökonomischen Situation politische Folgerungen nur mit größter Zurückhaltung gezogen wurden. In einem Bericht zur innenpolitischen Lage vom September 1936 hat Truman Smith sich ausführlich zu diesem Problem geäußert[25]. Er teilte darin durchaus die Meinung vieler Experten, daß Deutschland sehr ernsten finanziellen und wirtschaftlichen Zeiten entgegengehe, aber er machte auch darauf aufmerksam, daß der seit Jahren aus denselben Gründen prophezeite Zusammenbruch des Regimes nicht erfolgt sei. Nur unter den politischen Bedingungen einer Diktatur sei es möglich gewesen, die zurückliegenden wirtschaftlichen Schwierigkeiten zu überwinden, eine enorme Aufrüstung in Gang zu setzen und darüber hinaus noch eine wenn auch geringfügige Verbesserung des Lebensstandards zu erreichen. Dies sei nur verständlich, wenn man die deutschen wirtschaftlichen Verhältnisse nicht an amerikanischen Maßstäben messe, sondern realisiere, daß es sich um ein Kriegswirtschaftssystem handele. Stelle man dies und die politischen

---

[21] NA, RG 165, 2016—1166, Nr. 13069.
[22] Ebd., 2016—1189, Bericht vom 14.6.1934, Nr. 13501.
[23] Ebd., 2016—1176, Bericht vom 18.6.1937, Nr. 13353.
[24] Zur deutschen Ölversorgung vgl. die Berichte ebd., 2655—B-356, vom 22.10.1936 und vom 16.5.1938; sowie W. Meier-Dörnberg, Die Ölversorgung der Kriegsmarine 1935 bis 1945, Freiburg 1973.
[25] NA, RG 165, 2057—B-735, Bericht vom 5.9.1936, Nr. 14851.

Verhältnisse in Rechnung, dann sei die Annahme, das Regime werde aus wirtschaftlichen Gründen zusammenbrechen, »scarcely worthy of anyone with a primary school knowledge of the Nazi psychology«.

Truman Smith zog aus den wirtschaftlichen Bedingungen der deutschen Aufrüstung jedoch sehr weitgehende militärische Folgerungen. In einer eingehenden Untersuchung über den Stand der deutschen Reserveeinheiten[26] versuchte er im Januar 1938 unter Verwendung der Ergebnisse der kriegsgeschichtlichen Forschung über den Ersten Weltkrieg die Prinzipien einer künftigen europäischen Kriegführung des Reiches zu entwerfen. Es herrsche Übereinstimmung darüber, daß die entscheidende Ursache der Niederlage 1918 die unzureichende Versorgung des Reiches mit Nahrungsmitteln und industriellen Rohstoffen gewesen sei. Trotz aller Anstrengungen des Vierjahresplanes werde sich nichts an der Tatsache ändern, daß Deutschland gegenüber einer europäischen Koalition, die Großbritannien einschließe, in der ökonomisch schwächeren Position sein werde. Die deutsche Führung rechne aber damit, daß die größere wirtschaftliche Potenz der Koalition sich erst dann voll militärisch auswirke, wenn es wieder zu einem Material- und Stellungskrieg wie im Ersten Weltkrieg komme. Deshalb werde ein deutscher Kriegsplan darauf hinauslaufen, bereits in der Anfangsphase des Krieges die Entscheidung zu erzwingen. Als Folge der Erfahrungen des Ersten Weltkrieges und des Scheiterns des Schlieffen-Planes habe man erkannt, daß hierfür eine bessere Führung, eine noch verbesserte Ausbildung der Truppe und vor allem ein zahlenmäßig stärkeres Feldheer die Voraussetzung bilde. Der Attaché war in der Lage, die vom Oberkommando des Heeres tatsächlich eingeleitete und diesem Ziel entsprechende Organisation der Reserveeinheiten in bezug auf Führung, Waffenausstattung und Verwendungszweck auf Grund einer Fülle von Indizien in groben Umrissen aufzuzeigen. Unter dieser Perspektive schien dem Attaché schon Anfang 1938 die spätere Konzeption des »Blitzkrieges« eine militärische Notwendigkeit für die Wehrmachtführung zu sein.

So überraschend zutreffend die Berichterstattung des Attachés über die Ergebnisse der Aufrüstung, über die Organisationsstruktur insbesondere des Heeres und der Luftwaffe auch war, die Wirkungen des nationalsozialistischen Regimes auf die Wehrmacht selbst, die Machtkämpfe innerhalb und um die Wehrmacht blieben ihm jedoch weitgehend verschlossen. Zwar bemerkte schon der Vorgänger von Smith, Wuest, in seinem Bericht vom September 1933 über die »Nazi-Army«, daß die Organisation der SA sich in vollkommener Parallele zur Organisation der Reichswehr entwickele und daß es wohl ihr Ziel sei, eines Tages an die Stelle der Reichswehr zu treten[27], aber die sich seit dem Herbst 1933 steigernden Spannungen zwischen beiden Organisationen blieben unbeobachtet. Die Selbstdarstellung des Systems, die intensive Beobachtung einer auf Befehl und Gehorsam aufgebauten, hierarchisch strukturierten Organisation, der Wehrmacht, und der allgegenwärtige Eindruck einer dem Diktator bedingungslos folgenden Nation formten bei dem ausländischen Offizier die Vorstellung einer nahezu monolithischen Einheit von Führer und Gefolgschaft, in der gravierende Dissonanzen kaum denkbar waren. So

---

[26] Ebd., 2016—1274, Bericht vom 28.1.1938, Nr. 15695.
[27] Ebd., 2016—1166, Bericht vom 27.9.1933, Nr. 13069.

erkannte der Attaché nicht, daß sich die Aufrüstung der Wehrmacht als eine letztlich zügellose Expansion der Teilstreitkräfte vollzog, daß deren rüstungswirtschaftliche Planung und Durchführung in einen Kompetenzendschungel geführt hatte, der schließlich nur noch unter dem Druck ökonomischer und finanzieller Schwierigkeiten einigermaßen in Schranken gehalten werden konnte. Die äußere Fassade einer lückenlosen Organisation der Nation in sämtlichen Lebensbereichen täuschte über die zum Teil enorme Ineffektivität dieser zur Manie gewordenen Organisationsbemühungen hinweg.

Trotz dieser generellen Schwäche gelang es dem Attaché doch ab und an, mit bemerkenswertem Einfühlungsvermögen ein Bild der inneren Entwicklung der Armee zu entwerfen, das ohne häufige persönliche Kontakte mit deutschen Offizieren nicht denkbar gewesen wäre. Ein Beispiel hierfür ist der Bericht über die Blomberg-Fritsch-Krise 1938. Zwei Wochen nach der offiziellen Verlautbarung vom 4. Februar versuchte er eine vorläufige Bilanz aus den Ereignissen zu ziehen, die seiner Ansicht nach das Verhältnis des Heeres zu Partei und nationalsozialistischem Staat grundlegend verändert hatte[28]. Die Mesalliance des Reichskriegsministers habe Hitler die Möglichkeit gegeben, mit der ihm eigenen Geschicklichkeit und dem oft erprobten Fingerspitzengefühl durch einen chirurgischen Eingriff eine »Krankheit« radikal zu bekämpfen, die auf lange Sicht gesehen das nationalsozialistische Regime aufs äußerste gefährden mußte. In den Augen der Partei und Hitlers habe diese »Krankheit« darin bestanden, daß das Heer im Unterschied zu Marine und Luftwaffe dem neuen Regime gegenüber eine politisch indifferente Haltung eingenommen habe. Die Heeresführung unter Hammerstein und Fritsch habe damit eine verhältnismäßig junge, erst 1919 begründete Tradition fortgesetzt, die die Armee insgesamt in eine zunehmend schwache Position dem Regime gegenüber manövriert habe. »The Army as a whole was never Monarchistic or Liberal or, for that matter, anything else. It just wanted to be the Army, and hence was riding for the inevitable fall.« Smith gebrauchte drastische Vergleiche, um die Unhaltbarkeit der apolitischen Haltung der Heeresführung zu veranschaulichen: Eine amerikanische Armee, die sich davon unberührt zeige, ob in den Vereinigten Staaten ein republikanisches, faschistisches oder kommunistisches politisches System herrsche, sei unvorstellbar! Die führenden Offiziere des Heeres hätten jedoch geglaubt, eine solche Haltung einnehmen zu müssen, um die Eigenständigkeit der Armee gegenüber der Partei aufrechterhalten zu können. Der Schlag Hitlers habe die Schwäche der Armeeführung offenbart, sie habe sich als politisch führungslos erwiesen. Der Verstoß Blombergs gegen den Ehrenkodex des Offizierkorps habe der Schwäche noch die Hilflosigkeit hinzugefügt und Hitler zu einem überraschend leicht errungenen Erfolg verholfen. Von nun an könne von einer politisch indifferenten, eigenständigen Position des Heeres nicht mehr die Rede sein; es werde künftig ein ebenso nationalsozialistisches Heer geben, wie dies bei Marine und Luftwaffe bereits seit 1933 der Fall sei. Smith fügte noch hinzu, daß »Säuberungen« im Stalinschen Sinne nicht zu erwarten seien; Hitler werde selbst ein Interesse daran haben, daß das Heer sein Gesicht wahren könne, und werde mit »nice fat pensions« nicht geizen.

---

[28] Ebd., 2016—1077, Bericht vom 21.2.1938, Nr. 15743; zur Blomberg-Fritsch-Krise vgl. Müller (wie Anm. 9), S. 255 ff.

In historischer Perspektive sind die Überzeichnungen dieses zeitgenössischen Urteils nicht zu übersehen. Die indifferente »unpolitische« Haltung der militärischen Führung und des Offizierkorps der Reichswehr wäre nie so weit gegangen, auch einer kommunistischen Machtergreifung tatenlos zuzusehen. Überraschend ist auch, daß der Attaché die doch sehr nachdrücklichen, bei der Masse der jüngeren Offiziere erfolgreichen Bemühungen Blombergs nicht erwähnt, der Wehrmacht, insbesondere aber dem Heere ein nationalsozialistisches Gepräge zu geben. Klarer als manche Historiker hat Smith aber erkannt, daß mit der Krise auch die letzten Reste der Auswirkungen der Niederlage des Jahres 1918 und des Versailler Vertrages beseitigt worden waren. Die »negative« — eine Formulierung des Attachés — Einstellung zum herrschenden System, die sich in einer zur Schau getragenen politischen Indifferenz äußerte, war für eine Armeeführung, die gleichzeitig in einer durch das politische System ermöglichten gigantischen Aufrüstung die Organisation und Disposition aller personellen, materiellen und moralischen Ressourcen der Nation für einen künftigen Krieg zu meistern versuchte, zu einer inneren Unmöglichkeit geworden. Hitler, so die Meinung des Attachés, habe durch die Beseitigung der führenden Vertreter dieser in der Reichswehr der Republik kultivierten geistigen Haltung dem Offizierkorps die Rückkehr zur traditionellen »positiven« Einstellung zum politischen System ermöglicht und damit einem anormalen Zustand ein Ende bereitet. Geht man davon aus, daß die überwiegende Mehrheit der Bevölkerung die nationalsozialistische Führung des Reiches, trotz aller Kritik im einzelnen, bejahte und die bewaffnete Macht nichts anderes als die militärische Exekutive des Staates und keine Institution sui generis war, so wird man der Grundtendenz der Beurteilung der Blomberg-Fritsch-Krise durch den amerikanischen Militärattaché nur zustimmen können.

IV.

Truman Smith äußerte im November 1937 rückblickend die Überzeugung, daß die deutsche Aufrüstung den gewichtigsten Faktor im diplomatischen Geschehen der 30er Jahre darstelle[29]. Die Rheinlandbesetzung vom März diente ihm in mehreren Berichten als Beweis dieser These. Er hatte die politische Bedeutung dieser Aktion in seinem Bericht vom 20. März als »definite challenge to France: not to its security but to its political domination of Europe« bezeichnet[30]. Zu diesem Zeitpunkt hielt er es noch für möglich, daß Frankreich, unterstützt durch seine Verbündeten, dieser Gefahr durch einen offensiv geführten Krieg gegen Deutschland begegnen würde, doch diese Erwartung schmolz mit der Zeit und nach einer genaueren Untersuchung der militärischen Situation dahin. In seinem Bericht vom 28. März wies er erneut darauf hin[31], daß die augenblickliche Krise darüber entscheiden werde, ob Frankreich oder Deutschland in den nächsten Jahren »will ... dictate the political organisation of Central Europe«. Die Aussichten

---

[29] Ebd., 2657—B-792, Bericht vom 9.11.1937, Nr. 15573.
[30] FRUS (wie Anm. 20) 1936 I, S. 258 ff.
[31] NA, RG 165, 2016—1192, Nr. 14609.

einer französischen Offensive beurteilte er nunmehr allerdings außerordentlich skeptisch, da die Entfaltungsmöglichkeiten der französischen Angriffsarmeen bei der unsicheren Haltung Belgiens sehr beschränkt waren und er die deutsche Verteidigungsfähigkeit bereits sehr hoch einschätzte. Im übrigen war er der Meinung, daß die deutsche Armee durchaus in der Lage sei, neben den Verteidigungsaufgaben im Westen auch die Ausschaltung der tschechoslowakischen militärischen Kräfte zu übernehmen. Die politische Mächtekonstellation hatte sich seinem Urteil nach grundlegend verändert. »By a single daring move on the diplomatic chess board, he [Hitler] has cut the military basis from under the whole series of French post war alliances[32].«

Mehrere Berichte des Attachés beschäftigten sich auch mit der Minderung der Machtstellung Großbritanniens durch das Faktum der deutschen Aufrüstung und die gleichzeitige Bedrohung seiner mittelmeerischen und asiatischen Positionen. Die Unterredungen zwischen Lord Halifax und Hitler im November 1937 kommentierte er mit dem Satz: »If no agreement ist reached, it may be today estimated with fair certainty that England's Asiatic position will be destroyed without any corresponding strengthening of her European position[33].«

Anfang April 1937 versuchte Truman Smith eine Antwort auf die Frage zu finden, ob die Zeit für oder gegen Deutschland arbeite[34]. Er war sich darüber im klaren, daß die Unzahl der zu berücksichtigenden politischen, diplomatischen und wirtschaftlichen Faktoren eine auch nur einigermaßen zuverlässige Prognose nicht zuließ. Es verdient festgehalten zu werden, daß er unter diesen Faktoren auch die Entwicklung des deutsch-russischen Verhältnisses und die Möglichkeit einer Annäherung beider Regime erwähnte. In bezug auf die militärische Stärke der europäischen Großmächte und die Entwicklung der Stärkerelationen zwischen den Mächten glaubte Smith jedoch, eine zutreffende Prognose geben zu können. Durch die Verkündung von britischen und französischen Rüstungsprogrammen Ende 1936 war die öffentliche Diskussion dieser Problematik erneut in Gang gekommen, ging aber von falschen Voraussetzungen aus, wie Smith meinte. Er stellte zunächst fest, daß der deutsche Rüstungsstand im Herbst 1936 einen Vergleich mit dem Stand der britischen und französischen Rüstungen, betrachtete man sie als Einheit, nicht aushalte. Die Stärkerelation habe im Herbst 1936 bestenfalls 35:100 betragen. Andererseits verfüge Deutschland über eine Luftwaffe, deren militärische Infrastruktur einen für europäische Verhältnisse beispiellosen Ausbaustand erreicht habe und die auf einer breiten, modern ausgestatteten industriellen Basis aufbaue. Auch die Flotte komme allmählich mit ihren Neubauten voran, der Flottenvertrag mit England garantiere ein stetiges Wachstum. Die Armee verfüge über ein Potential von Wehrfähigen, dem Großbritannien und Frankreich nichts Gleichwertiges entgegensetzen könnten. Vor allem aber wachse mit jedem Monat der Festungswall im Westen und mindere damit kontinuierlich die Chancen Frankreichs, seine Verbündeten in der Kleinen Entente militärisch zu

---

[32] FRUS (wie Anm. 20) 1936 I, S. 260 (20.3.1936).
[33] Ebd., 1938 I, S. 13 ff. (1.2.1938), vgl. auch NA, RG 165, 2657—B-794, Bericht vom 8.2.1937, Nr. 15128; 2016—1090, Bericht vom 2.4.1937, Nr. 15216; 2657—B-796, Bericht vom 27.11.1937, Nr. 15599.
[34] NA, RG 165, 2016—1090, Bericht vom 2.4.1937, Nr. 15216.

unterstützen. Das deutsche Aufrüstungsprogramm müsse als gigantisch bezeichnet werden, es ziele darauf ab, »every resource of the nation and people« der »military machine« verfügbar zu machen. Angesichts dieses beispiellosen, umfassenden Aufrüstungsprozesses könnten die angekündigten britischen und französischen Rüstungsmaßnahmen nur verhindern, daß die Stärkerelation beider Mächte zu Deutschland sich nicht abrupt und in einem verheerenden Ausmaße zuungunsten der Westmächte verschlechtere. »Nothing Great Britain and France can do, short of declaring war on Germany, can prevent Germany's relative military ratio from rising to a far higher level than 35:100 by 1940 or 1941.« Smith hielt es durchaus für möglich, daß Deutschlands militärische Stärke bis zu dem genannten Zeitpunkt die der beiden Westmächte sogar übertreffen werde.

Von dieser Einschätzung der diplomatischen und politischen Konsequenzen der deutschen Aufrüstung ausgehend, versuchte der Militärattaché, auch die allgemeine politische Entwicklung in Europa verständlich zu machen und ihre künftigen Tendenzen zu erkennen, die seiner Meinung nach im wesentlichen vom Kurs der deutschen Politik bestimmt werden würden. Die britischen Versuche, auf dem Wege über wirtschaftliche oder finanzielle Angebote zu einer generellen Verständigung mit Deutschland zu kommen, hielt er von Anfang an für aussichtslos, da Hitler seinen Trumpf, die Aufrüstung, »his ace of aces«, nicht für ökonomische Vorteile einsetzen werde. »Hitler will not trade ›Rearmament‹ except for ›Territory‹[35].«

Welche territorialen Ziele aber verfolgte Hitler in amerikanischen Augen? Bereits zu einem sehr frühen Zeitpunkt hatte der Vorgänger von Truman Smith die vermutlichen Ansprüche Deutschlands umrissen. Im Dezember 1934 bezeichnete Wuest die deutsche Aufrüstung, die nach seinem Urteil in zwei Jahren abgeschlossen sein würde, und den deutschpolnischen Nichtangriffspakt vom 26. Januar 1934 als die wichtigsten Voraussetzungen für die Realisierung der Hitlerschen Pläne eines größeren Deutschlands, das die deutschsprachigen Gebiete der Tschechoslowakei, ganz Österreich, die deutsche Schweiz, das Elsaß, Luxemburg und Teile Belgiens umfassen werde[36]. Wuest bezog sich dabei ausdrücklich auf die programmatischen Passagen in »Mein Kampf« und auf Reden Hitlers vor der »Machtergreifung«. Wuest war wie der Generalkonsul Messersmith überzeugt, daß Hitler sein annexionistisches Lebensraumprogramm nur vorübergehend aufgegeben habe, solange bis die notwendigen Machtmittel zur Verfügung standen. Auch für Truman Smith gab es keinen Zweifel, daß Hitler trotz aller Friedensbeteuerungen an seinem Expansionsprogramm festhalten werde. Seine Beurteilung der politischen Absichten Hitlers war jedoch bedeutend differenzierter. Hitlers Versuche, mit Großbritannien zu einer generellen Verständigung zu gelangen — »his anglophile complex«, wie Smith einmal schrieb[37] —, die Sicherung der Westgrenze des Reiches durch die Besetzung der Rheinlande und die Absicherung im Süden durch die Annäherung an Italien bestärkten ihn in der Ansicht, daß Hitlers Ziele sich auf den Osten und Südosten Europas konzentrierten. Er bezweifelte, daß das deutsch-österreichische Abkommen vom 11. Juli 1936 einem endgültigen Ver-

---

[35] Ebd., 2657—B-794, Bericht vom 8.2.1937, Nr. 15128.
[36] Ebd., 2016—1176, Bericht vom 13.12.1934, Nr. 13813.
[37] Ebd., 2657—B-788, Bericht vom 14.7.1936, Nr. 14780.

zicht auf Österreich gleichkomme, augenblicklich zähle für Hitler nur die Verständigung mit Mussolini. Wann Hitler über die gegenwärtigen Grenzen des Reiches hinausgreifen, in welcher Reihenfolge er die erkennbaren Ziele — Memelgebiet, Danzig, Tschechoslowakei — ansteuern werde, sei ungewiß; sicher sei nur, daß die deutsche Expansion den Linien Berlin—Leningrad und Berlin—Prag—Odessa folgen werde[38]. Truman Smith hatte bereits in einem seiner ersten Berichte auf die taktischen Fähigkeiten Hitlers, auf die Flexibilität seines Handelns hingewiesen und hob wiederholt dieses Faktum hervor, das jede Prognose erschwere[39]. Daher hütete er sich auch, in den beiden Jahren unmittelbar vor Kriegsausbruch aus seinen Beobachtungen über den Fortgang der »gigantischen« Aufrüstung und der wirtschaftlichen Mobilmachung die Schlußfolgerung eines kurz bevorstehenden europäischen Krieges zu ziehen, zumal er der Überzeugung war, daß die europäische Mächtekonstellation sich immer mehr zugunsten Hitlers wandele.

V.

Die Wiederherstellung der nationalen Souveränität durch die Wiedereinführung der Allgemeinen Wehrpflicht und die Besetzung der Rheinlande, das sichtbar wachsende militärische Potential des Reiches mit seinen erkennbaren Rückwirkungen auf die europäische Mächtekonstellation hatten neben dem erfolgreichen Kampf gegen die Arbeitslosigkeit die innere Konsolidierung des Regimes wesentlich gefördert. Auch dieser innenpolitische Aspekt der Aufrüstung hat in den Berichten des Militärattachés seinen Niederschlag gefunden. Anfang September 1936 konstatierte er[40], daß es zwar noch eine ganze Anzahl von Opponentengruppen gebe, daß diese Gruppen aber »voiceless, leaderless and powerless« seien. Selbst die katholische und protestantische Kirche neigten nunmehr eher zu Kompromissen mit dem Regime als in früheren Jahren. Die kurzen Bemerkungen zur Einstellung der einzelnen Gesellschaftsschichten zum Regime sind von besonderem Interesse. Die Oberschicht, insbesondere die Industriellen und die »Intelligentsia«, wahrte zwar nach wie vor Distanz zum Nationalsozialismus, aber »outdo even Hitler in their Nationalism, and, almost to a man, they rejoice in each new success achieved by the Hitlerian foreign policy«. Dagegen bildeten die Mittelschichten wie seit eh und je das Rückgrat der Bewegung. Die überwiegende Mehrheit dieser Kreise seien fanatische Nationalsozialisten. Auch ein überraschend großer Teil der Arbeiterschaft habe für die Partei gewonnen werden können, ein größerer Teil nehme aber nach wie vor eine indifferente Haltung ein, und nur eine sehr kleine und sehr schweigsame Minderheit halte noch an den marxistischen Überzeugungen fest. Smith wies darauf hin, daß in allen Klassen und Schichten zwischen Hitler einerseits und der Partei und ihren Repräsentanten andererseits scharf unterschieden werde. Die Partei erfreue sich bei der Bevölkerung ganz allge-

---

[38] Ebd.
[39] Ebd., sowie NA, RG 165, 2657—B-786, Bericht vom 26.9.1935, Nr. 14303; 2657—B-788, Bericht vom 26.2.1938, Nr. 15758.
[40] Ebd., 2657—B-735, Bericht vom 5.9.1936, Nr. 14851.

mein keines besonderen Ansehens. Hitlers Prestige dagegen habe »few parallels in modern times«. »Pride in race, the glowing sense of patriotism, the confidence in Germany's future: these dominant traits of the 1936 German citizen are inextricably entwined with the Godhood which they have awarded the Führer.« Smith nennt es ein Paradoxon, daß das diktatorische Regime in einer sehr viel engeren und unmittelbaren Beziehung zur Bevölkerung stehe als die demokratischen Regierungen der Republik. Hitler besitze eine unheimliche Fähigkeit, die Gedanken und Wünsche des Volkes zu erkennen und sie in Worte zu fassen, lange bevor sie sich in diesem selbst artikulierten. In dem sich daraus entwickelnden »sense of community« zwischen Führer und Volk liege die eigentliche, die wahre Stärke Deutschlands.

Wenn es für diese Einschätzung der nahezu bedingungslosen Gefolgschaftstreue der deutschen Bevölkerung für Hitler noch einer Bestätigung bedurft hätte, so ergab sie sich für Smith aus der allgemeinen Reaktion auf den »Anschluß« Österreichs an das Reich. Ende März verglich er in einem Bericht den Tag von Linz mit der Kaiserproklamation 1871; der Enthusiasmus habe das ganze Volk erfaßt und Hitlers Position noch weit über die Bismarcks hinausgehoben[41]. Besonders auffallend sei der Prestigezuwachs für Hitler in den Kreisen des höheren Offizierkorps, in Kreisen, die noch wenige Wochen zuvor eine eher vorsichtig oppositionelle Haltung eingenommen hätten. Das taktische Geschick, mit dem Hitler die Armee seit den Tagen der Blomberg-Fritsch-Krise behandelt habe, sei bewundernswert. Der Empfang der deutschen Armee in Österreich habe wesentlich dazu beigetragen, daß bisher indifferente Offiziere (»hundreds if not thousands«) alle Vorbehalte gegenüber der nationalsozialistischen Bewegung und insbesondere gegenüber Hitler aufgegeben hätten. Ein »very important high-ranking officer«, der noch im Dezember 1937 in einem persönlichen Gespräch das Regime und Hitler hart kritisiert habe, sei nun völlig anderer Meinung. Smith zitiert diesen Offizier: »Whatever faults Nazism may have, after all, a leader like Hitler only appears once in a thousands year and when one has a Hitler, one must give him absolute power, if he is to develop his program effectively.« Ein anderer, ebenfalls bisher kritisch eingestellter Offizier erklärte Hitler zum größten Deutschen, der je gelebt habe. Gerade weil Smith der Meinung war, daß der »preußische« Kern der Armee am wenigsten für den Hitlerismus anfällig sei und sich dieser Kern auch nicht über Nacht wandeln werde, hielt er diesen Meinungsumschwung innerhalb der Armee für besonders bemerkenswert und aussagekräftig.

VI.

In einer abschließenden Betrachtung dieses Phänomens schien Smith selbst der Wucht der Ereignisse nachzugeben. Deutschland stehe nun am Beginn des letzten Kapitels des tausend Jahre währenden Ringens um seine nationale Einheit. Hitler habe mit der Annexion Österreichs enorme Kräfte in Europa entfesselt, vor allem »a torrent of Germanic race consciousness and pride«. Die Frage sei, ob es Hitler gelinge, diese Kräfte zu bändi-

---

[41] Ebd., 2657—B-788, Bericht vom 28.3.1938, Nr. 15833.

gen und in Grenzen zu halten, erst dann werde sich erweisen, ob das Genie Hitler auch zu den großen europäischen Staatsmännern zählen werde. Smith nahm an, daß Hitler zumindest einen Versuch in der angedeuteten Richtung unternehmen werde. Schon in früheren Berichten hatte er die Meinung vertreten, daß Deutschland sich in einer derart günstigen machtpolitischen Position befinde, daß Hitler sein unmittelbares politisches Ziel, die Vereinigung aller Deutschen in einem größeren Deutschland, auch ohne einen allgemeinen europäischen Krieg erreichen werde. So schrieb er im April 1937, daß die Devise der deutschen Politik für die kommenden Jahre nur lauten könne: »keep out of war«, da sich das militärische Stärkeverhältnis zwischen dem Reich und dem französisch-englischen Block von Jahr zu Jahr zugunsten Deutschlands verbessern werde[42]. Die Entwicklung im Frühjahr 1938 bestärkte ihn in dieser Ansicht. Daß Österreich früher oder später dem deutschen Herrschaftsbereich in dieser oder jener Weise eingegliedert werden würde, hatte für ihn seit langem festgestanden. Auch die politischen Folgen des »Anschlusses« für die kleineren Staaten Südosteuropas schätzte er realistisch ein; sie würden nunmehr gezwungen sein, ihr Verhältnis zu den Achsenmächten nach deren Bedingungen zu regeln. Und er fügte hinzu, daß der Tschechoslowakei nur die Wahl bliebe, entweder durch weitgehende Autonomieregelungen ihre Staatlichkeit im deutschen Einflußbereich zu bewahren oder aber über kurz oder lang ihre Souveränität zugunsten der einzelnen Nationalitätengruppen zu verlieren[43]. Insofern waren auch die September-Ereignisse 1938 für Smith keine Überraschung; drängender als im Frühjahr 1938 wurde allerdings die Frage, ob Hitler seine Politik auf der Grundlage des nationalen Selbstbestimmungsrechtes beibehalten werde. Smith war aus nüchternen politischen und militärischen Gründen davon überzeugt. In einem Bericht vom 5. Oktober 1938 wandte er sich mit starken Worten gegen die in der angelsächsischen Presse weit verbreitete Meinung, es sei nur eine Frage der Zeit, daß Deutschland noch weitere osteuropäische Staaten schlucken werde[44]. Hitler, so meinte Smith, brauche jetzt Frieden, verbesserte Beziehungen zu Frankreich und Großbritannien und vor allem Kolonien! Die Gründe für diese zumindest überraschende Prognose der deutschen Politik liegen in der genauen Kenntnis des deutschen Rüstungsstandes und in der Bewertung der deutsch-polnischen Beziehungen seit 1934. Smith nahm völlig zu Recht an, daß Deutschland erst zu Beginn der 40er Jahre das Maximum militärischer Machtentfaltung erreicht haben werde und damit die Voraussetzungen für die Lebensraumpolitik Hitlers in Richtung Leningrad und Odessa gegeben seien. Zum anderen hatte er die politische und militärische Bedeutung des deutsch-polnischen Freundschaftsvertrages immer ebenso hoch eingeschätzt wie die Besetzung der Rheinlande. Der Vertrag schirme das Reich gegenüber Rußland ab und verhindere gleichzeitig eine effektive russisch-französische Militärallianz. Deutschland habe den Anspruch auf den Korridor und Oberschlesien nicht aufgegeben, aber es rechne damit, diese Gebiete »by territorial trade and not by war« zurückzuerhalten[45]. Ein starkes Polen liege zumindest so lange im Interesse der

---

[42] Ebd., 2016—1090, Bericht vom 2.4.1937, Nr. 15216.
[43] Ebd., 2657—B-788, Bericht vom 19.3.1938, Nr. 15811.
[44] FRUS (wie Anm. 20) 1938 I, S. 716ff.
[45] Wie Anm. 29.

deutschen Politik, bis das Reich seine volle militärische Stärke erreicht habe. Das war weder im Herbst 1938 noch im Frühjahr 1939 der Fall, deswegen konnte Smith auch noch Ende Februar 1939 den Aussagen von hohen deutschen Heeresoffizieren Glauben schenken, die für 1939 keine ernsthaften politischen und militärischen Konflikte erwarteten[46]. Allerdings nahm Smith ganz im Sinne seiner dargelegten Ansichten die Memelfrage[47] hiervon aus, er erwartete ein deutsches Eingreifen seit Herbst 1938. Smith, der im Frühjahr 1939 seinen Berliner Posten verließ, hatte mit seiner mittelfristigen Prognose der Rationalität in Hitlers politischem Handeln — im Unterschied zu dessen, von Smith frühzeitig erkanntem, unberechenbarem taktischen Vorgehen — ein zu großes Gewicht beigemessen, er war zum Opfer der nüchternen militärischen Lagebeurteilung geworden. Aber schon in dem Bericht seines Vertreters vom 26. Mai 1939 zu den britisch-russischen Verhandlungen deutete sich die nach der Besetzung Prags fällige Revision der politischen Prognose an[48]. »If the British do not succeed, the door is open to further German aggression to the east, Polish resistance might well collapse, and the ever-present possibility of a German-Russian understanding would again be revived.«

Angesichts des allgemeinen, seit 1933 sich entwickelnden, ideologisch und wirtschaftlich begründeten politischen Gegensatzes zwischen den Vereinigten Staaten und dem nationalsozialistischen Deutschland mag die Berichterstattung des amerikanischen Militärattachés von untergeordneter Bedeutung gewesen sein. Sie dürfte aber dazu beigetragen haben, daß das amerikanische Kriegsministerium umfassender und zutreffender unterrichtet war als die deutsche militärische Führung über die amerikanische Entwicklung, da der deutsche Militärattaché v. Boetticher der Aufgabe offensichtlich nicht gewachsen war[49].

---

[46] FRUS (wie Anm. 20) 1939 I, S. 24f (26.2.1939).
[47] NA, RG 165, 2657—B-786, Bericht vom 26.9.1935, Nr. 14303; Bericht vom 28.10.1938, Nr. 16226; Bericht vom 15.12.1938, Nr. 16331.
[48] Ebd., 2657—B-804, Nr. 16688.
[49] Vgl. J. V. Compton, Hitler und die USA. Die Amerikapolitik des Dritten Reiches und die Ursprünge des Zweiten Weltkrieges, Oldenburg 1968, S. 76f., 96ff.

Überlegungen zur »widerwilligen Loyalität« der Deutschen bei Kriegsbeginn

Es hat den Anschein, als ob das oft vermißte, häufig beschworene und seit Ende der 70er Jahre langsam aufkeimende, sich öffentlich manifestierende Interesse an der Geschichte nunmehr in einer Flut offizieller Gedenktage, Ausstellungen und musealer Präsentationen in der Gefahr steht, sich zu überschlagen. Handfeste kommerzielle und politische Interessen sind im Spiel. Die Medien nutzen den expandierenden Markt, politische Gruppierungen und staatliche Institutionen jeder Art ergreifen die günstige Gelegenheit zur zwanghaft als notwendig empfundenen Selbstdarstellung. Der öffentlich anberaumte Blick zurück in die Vergangenheit droht zum Ritual, zur Mode zu werden.
Das genuine Interesse einer wachsenden Zahl von Bürgern, sich der eigenen Vergangenheit und der Geschichte von Gesellschaft und Staat zu vergewissern, kann auf diese Weise nicht befriedigt werden, ja es steht in Gefahr, durch die Stereotypen der erwähnten Rituale korrumpiert zu werden. Das gilt auch und besonders für den Zweiten Weltkrieg. Auf diesem Felde sind die Stereotype, das heißt die immer wiederkehrenden, nunmehr tief eingewurzelten Bilder, Vorstellungen und Urteile besonders zahlreich und weitverbreitet: der Marsch Hitlers von Wien über Prag nach Warschau und die Verurteilung seiner Absichten, der Pakt mit dem Teufel, der Sowjetunion, die triumphalen Siege im Norden und Westen Europas, die Leistungen der Wehrmacht usw. Die Stereotype unterscheiden sich natürlich je nach dem geistigen Anspruch und dem Ort, an dem sie vorgetragen werden, ihre Formelhaftigkeit bleibt jedoch in jedem Fall erhalten, denn die eigentliche historische Frage nach dem Warum einer Entwicklung, eines Ereignisses wird meistens nicht gestellt.
Die so oft verkündete Erkenntnis, daß derjenige, der vor der Vergangenheit die Augen verschließe, blind werde für die Gegenwart, verlangt demnach, die Zusammenhänge, die bedingenden Faktoren der Ereignisse und Entwicklungen ins Auge zu fassen, um unser Urteilsvermögen angesichts der Probleme der Gegenwart zu stärken. Nur auf diese Weise wird es möglich sein, dem Denken und Handeln vergangener Generationen gerecht zu werden. Die Beschäftigung mit der Vergangenheit muß daher immer die Vielgestaltigkeit, die Vielschichtigkeit jedes historischen Ereignisses im Auge behalten — eine Aufgabe, die auch dem Historiker nur selten vollkommen gelingt.
Die Phase des Kriegsbeginns Ende August/Anfang September 1939 ist ein solches Ereignis, dessen Vielgestaltigkeit exemplarisch deutlich machen kann, wie schwierig es ist, ein zugleich umfassendes und zutreffendes Bild dieses historischen Vorganges zu entwerfen. Schon die diplomatische Geschichte ist nicht mit wenigen Strichen zu charakterisieren, wenn man sich nicht nur auf die deutsche Perspektive beschränkt, sondern versucht, die in dem diplomatischen Verkehr sich widerspiegelnden politischen, wirtschaftlichen und militärischen Motive der direkt beteiligten Mächte — Deutschland, Italien, Polen, Großbritannien, Frankreich und die Sowjetunion — zu berücksichti-

gen[1]. Und in einem noch höheren Maße gilt dies für den Versuch, die Reaktionen der Bevölkerung der jeweiligen Staaten in ihren gesellschaftlichen Strukturen und ihren öffentlichen Meinungen zu erfassen. Daß ein solches Unterfangen für das deutsche Beispiel unter den besonderen Bedingungen des nationalsozialistischen Regimes und der Goebbelsschen Manipulation aller Medien besondere Schwierigkeiten bereitet, ist ohne weiteres einsichtig. Der Versuch einer Interpretation auf einem sehr beschränkten Sektor vermag diese Schwierigkeiten zu verdeutlichen.

In einer weithin akzeptierten, notwendigerweise sehr verallgemeinernden Formulierung ist die Stimmungslage, mit der die Deutschen ihrem »Führer« in den Krieg folgten, als die einer »widerwilligen Loyalität« bezeichnet worden[2]. Das ist eine erstaunliche Feststellung, wenn man sich einerseits die begeisterte Zustimmung der Masse der Bevölkerung zum politischen Kurs des Regimes bis 1939 vor Augen führt und andererseits sich vergegenwärtigt, daß die Deutschen auf dieser Grundlage die Belastungen eines nahezu sechsjährigen, verheerenden Krieges ohne politisch wirksames Aufbegehren ertrugen. Ein Vierteljahrhundert zuvor, beim Beginn des Ersten Weltkrieges konnte von »widerwilliger Loyalität« nicht die Rede sein. Auch wenn heute die historische Forschung dem tradierten Bild eines begeisterten Aufbruchs der Deutschen im August 1914 mit einigen gewichtigen Vorbehalten begegnet[3], so ist der Kontrast der Reaktionen auf den Kriegsbeginn 1914 und 1939 doch mit Händen zu greifen. Und lange vor der militärischen Niederlage und der Revolution im Herbst 1918 hatte sich im kaiserlichen Deutschland ein politisch wirksamer Protest geregt, der schließlich der illusionären und katastrophalen Kriegspolitik der dritten Obersten Heeresleitung unter Hindenburg und Ludendorff ein Ende bereitete[4].

Diese noch sehr lebendige Erinnerung an die Jahre des Ersten Weltkrieges war einer der entscheidenden Faktoren, die eine Begeisterung wie 1914 zu Beginn des Zweiten Weltkrieges gar nicht erst aufkommen ließ. Der tiefe Schock, den der erste industrialisierte Krieg auf europäischem Boden in allen Schichten der damaligen Gesellschaft durch das Erleben an der Front oder durch den Hunger in der Heimat ausgelöst hatte, war für die Majorität der Bevölkerung von 1939 einmal erlebte Gegenwart gewesen. Der Jahrgang 1900 war noch im Herbst 1918 einberufen worden und auch jüngere Jahrgänge

---

[1] Vgl. hierzu beispielhaft die beiden Aufsatzsammlungen G. Niedhart (Hrsg.), Kriegsbeginn 1939. Entfesselung oder Ausbruch des Zweiten Weltkrieges?, Darmstadt 1976; M. Funke (Hrsg.), Hitler, Deutschland und die Mächte. Materialien zur Außenpolitik des Dritten Reiches, Düsseldorf 1976.

[2] Vgl. H. Krausnick und H. Graml, Der Deutsche Widerstand und die Alliierten, in: Vollmacht des Gewissens, Bd 2, Frankfurt 1965, S. 475—521, hier S. 482, sowie M. Steinert, Hitlers Krieg und die Deutschen. Stimmung und Haltung der deutschen Bevölkerung im Zweiten Weltkrieg, Düsseldorf 1970, S. 91 ff.

[3] Vgl. V. Ullrich, Hamburg vor 70 Jahren — 1. August 1914, in: Hamburger Rundschau, 2.8.1984, S. 10 ff.; zu dem Vergleich insgesamt A. Hillgruber, Deutschlands Rolle in der Vorgeschichte der beiden Weltkriege, Göttingen 1967.

[4] Vgl. hierzu G. D. Feldman, E. Kolb, R. Rürup, Die Massenbewegungen der Arbeiterschaft in Deutschland am Ende des Ersten Weltkrieges (1917—1920), in: Politische Vierteljahresschrift, 13 (1972), S. 84 ff., sowie W. Deist, Der militärische Zusammenbruch des Kaiserreichs. Zur Realität der »Dolchstoßlegende«, in: U. Büttner (Hrsg.), Das Unrechtsregime, Bd 1, Hamburg 1986, S. 101—129.

waren in ihrer Schulzeit mit den katastrophalen Auswirkungen des Krieges in der Heimat konfrontiert worden[5]. Und alle diese Gruppen hatten die langandauernden und gravierenden politischen, wirtschaftlichen und sozialen Folgen des Krieges als bedrängende Realität erfahren. Sicherlich haben es die hinter der »Dolchstoßlegende« stehenden Kreise sehr schnell und erfolgreich verstanden, die Revolution und den Versailler Vertrag in der Öffentlichkeit als die politischen Ursachen für alle Übel der Weimarer Republik verantwortlich zu machen. Aber auch die Welle nationalistischer und militaristischer Propaganda in der Endphase der Republik sowie die ausgefeilte und massive Propaganda des nationalsozialistischen Regimes für eine militarisierte Volksgemeinschaft in den Vorkriegsjahren[6] haben die Erinnerung an die grau-düstere Realität des Krieges für die Masse der Bevölkerung nicht auszulöschen vermocht. Ein Reflex dieser Erfahrung spiegelt sich in der Beobachtung eines Neutralen, dem im September 1939 auffiel, »daß man in allen Kreisen der Bevölkerung viel mehr von *Ernährungsfragen* spricht als von Politik«[7]. Die Hungerjahre 1916—1918/19 waren im Bewußtsein der Mehrheit der Erwachsenen noch unverwechselbar präsent. Und es waren die Kinder des Ersten Weltkrieges, die Geburtsjahrgänge 1910/1918, die ab Herbst 1935 bis zum Beginn des Zweiten Weltkrieges als Wehrpflichtige gezogen wurden[8]. Es trennten sie nur wenige Jahre von der Generation, die eigenes Erleben mit der Kriegskatastrophe des Kaiserreiches verband.

Wenn auf diese Weise die eine Seite der in sich spannungsreichen Formel von der »widerwilligen Loyalität« interpretiert wird, so bleibt allerdings die bestimmende, die entscheidende Komponente im Verhalten der deutschen Bevölkerung bei Kriegsausbruch, die der Loyalität, noch zu erläutern. Auch hier sind die Motive für die denkbaren Spielarten der Loyalität mit Sicherheit sehr unterschiedlich. Immer wieder wird darauf hingewiesen, daß die NSDAP und ihr »Führer« in freien, nicht manipulierten Wahlen nie die absolute Mehrheit der stimmberechtigten Deutschen gewonnen haben[9]. Es ist auch mit einiger Sicherheit anzunehmen, daß bei bestimmten Gruppen der NS-Wähler die Euphorie des Frühjahr 1933 relativ schnell einer Ernüchterung wich, ja sich — aus der Erfahrung des Kirchenkampfes oder unter dem Eindruck der staatlich sanktionierten Morde anläßlich der Röhm-Affäre — in Ablehnung verwandelte. Diese Beobachtungen stehen jedoch offenbar nicht im Widerspruch zu der unbezweifelbaren Loyalität der Deutschen gegenüber dem Regime wenige Jahre später. Wie ist dieses Verhalten zu erklären?

---

[5] Vgl. K. Saul, Jugend im Schatten des Krieges. Vormilitärische Ausbildung — Kriegswirtschaftlicher Einsatz — Schulalltag in Deutschland 1914—1918, in: Militärgeschichtliche Mitteilungen, 34 (1983), S. 91—194.

[6] W. Wette, Ideologien, Propaganda und Innenpolitik als Voraussetzungen der Kriegspolitik des Dritten Reiches, in: Das Deutsche Reich und der Zweite Weltkrieg, Bd 1, Stuttgart 1979, S. 25—173, hier S. 88 ff.

[7] Deutschland-Berichte der Sozialdemokratischen Partei Deutschlands (Sopade) 1934—1940, 6. Jg. 1939, Frankfurt/M. 1980, S. 978; Steinert, Hitlers Krieg (wie Anm. 2), S. 91—103.

[8] B. R. Kroener, Die personellen Ressourcen des Dritten Reiches im Spannungsfeld zwischen Wehrmacht, Bürokratie und Kriegswirtschaft 1939—1942, in: Das Deutsche Reich und der Zweite Weltkrieg, Bd 5/1, Stuttgart 1988, S. 727.

[9] Selbst bei der Wahl vom 5. März 1933 blieb die NSDAP mit 43,9 % der abgegebenen Stimmen unter der 50-Prozent-Marke.

Der erste und wichtigste Erklärungsgrund liegt zweifellos in der Tatsache beschlossen, daß es dem nationalsozialistischen Regime in relativ kurzer Zeit gelungen war, die riesige Zahl der Arbeitslosen drastisch zu senken. Nach zwei Jahren nationalsozialistischer Herrschaft war die Zahl um über die Hälfte geschrumpft und ab 1937 konnte bereits der Bedarf an Facharbeitern nicht mehr gedeckt werden[10]. Die Folge war, daß die Löhne, trotz aller Bemühungen des Regimes um ein stabiles Preis-Lohn-Niveau, nach dem Einbruch im Gefolge der Weltwirtschaftskrise ab 1935 wieder eine langsam steigende Tendenz zeigten[11]. Das hieß mit anderen Worten, daß der wirtschaftliche Aufschwung und die spürbare Verbesserung der sozialen Lebensbedingungen in den Augen der Bevölkerung als ein Verdienst, eine Leistung des Regimes erschienen — ungeachtet aller nach wie vor bestehender Einschränkungen und neuer rigoroser Reglementierungen. Das Tor zu wirtschaftlicher Prosperität und sozialer Sicherheit schien offen zu stehen und dies hat die Bindung weiter Kreise der Bevölkerung an das Regime wesentlich verstärkt.

Hinzu kam als weiterer, wesentlicher Faktor, daß Hitler die Politik der Revision des Versailler Vertrages, die auch das proklamierte Ziel aller politischen Gruppierungen der Weimarer Republik gewesen war, mit Entschlossenheit und vor allem mit Erfolg fortzusetzen schien. Bis weit in die sozialdemokratische Arbeiterschaft hinein ist der Versailler Vertrag — auch als Ergebnis einer entsprechenden, wirkungsvollen Propaganda — als ungerecht und als eine moralische Demütigung empfunden worden. Für weite Teile der Bevölkerung, insbesondere der Mittelschicht, waren Hitlers begeistert gefeierte außenpolitische Erfolge Schritte auf dem Wege zur Wiederherstellung der als selbstverständlich angesehenen kontinentalen Großmachtstellung des Reiches. Daß diese Schritte sich ohne Anwendung militärischer Gewalt vollzogen, hat die Bindung an den »genialen Staatsmann« Hitler ganz wesentlich verstärkt. Die hohe Einschätzung seiner diplomatischen Fähigkeiten kam ganz besonders in den Wochen und Tagen vor dem 1. September 1939 in der weitverbreiteten Meinung zum Ausdruck, daß die deutliche Verschärfung der Krise wie im Jahre zuvor ein Mittel zur schließlich friedlichen, für die deutsche Seite erfolgreichen Beilegung des Konflikts darstelle[12].

So nachvollziehbar diese Meinungen, Stimmungen und Einschätzungen der Zeitgenossen vor dem Hintergrund ihrer Erfahrungen sind, so standen sie doch im Widerspruch zu den tatsächlichen Intentionen Hitlers und seiner ab 1933 konsequent verfolgten Politik, wie sie sich nach den gesicherten Ergebnissen der historischen Forschung darstellen[13].

---

[10] H.-E. Volkmann, Die NS-Wirtschaft in Vorbereitung des Krieges, in: Das Deutsche Reich und der Zweite Weltkrieg, Bd 1, Stuttgart 1979, S. 244, S. 324.

[11] Ebd., S. 297, hierzu auch M. Geyer, Rüstungsbeschleunigung und Inflation. Zur Inflationsdenkschrift des Oberkommandos der Wehrmacht vom November 1938, in: Militärgeschichtliche Mitteilungen, 30 (1981), S. 121—186.

[12] Vgl. z. B. H. J. v. Moltke, Briefe an Freya 1939—1945, hrsg. von Ruhm v. Oppen, München 1988, S. 57 ff.; J. Klepper, Unter dem Schatten deiner Flügel. Aus den Tagebüchern der Jahre 1932—1942, Stuttgart 1956, S. 788 ff.; Die Hassell-Tagebücher 1938—1944. Ulrich v. Hassell. Aufzeichnungen vom Andern Deutschland, rev. u. erw. Ausgabe hrsg. v. F. Frhr. Hiller v. Gaertringen, Berlin 1988, S. 116 ff.; Steinert, Hitlers Krieg (wie Anm. 2), S. 83 ff.

[13] W. Deist, M. Messerschmidt, H.-E. Volkmann, W. Wette, Ursachen und Voraussetzungen der deutschen Kriegspolitik (= Das Deutsche Reich und der Zweite Weltkrieg, Bd 1), Stuttgart 1979.

Die Zeitgenossen waren der Propaganda des Regimes und ihrem eigenen Wunschdenken zum Opfer gefallen. Aber ihre Loyalität beruhte auch auf festverwurzelten traditionellen Mentalitäten und Überzeugungen. Nicht nur die wiedererrungene Machtposition der Nation in Europa und der vermeintlich gesicherte wirtschaftliche Aufschwung band die Deutschen an das Regime, auch die innere Ordnung des nationalsozialistischen Staates stieß nur bei einer Minderheit auf entschiedene Ablehnung mit all den daraus sich ergebenden Konsequenzen. Die Deutschen jener Zeit waren kein Volk von Demokraten und Republikanern, unter ihnen war eine aus religiösen und politischen Motiven gespeiste latente Judenfeindlichkeit weit verbreitet. Vor allem aber waren sie seit Generationen dazu erzogen worden, die Autorität des Staates, insbesondere des nationalen Machtstaates, als axiomatischen Wert zu akzeptieren. Daran haben weder die Revolution 1918/19 noch die wenigen Jahre der Weimarer Republik grundsätzlich etwas zu ändern vermocht. Diese Traditionen erlaubten es den Deutschen, über die Diskriminierung und Verfolgung Hunderttausender hinwegzusehen, und bestimmten sie dazu, diesem Regime in Loyalität, wenn auch in widerwilliger Loyalität, in den Krieg zu folgen: ein Akt, der auch als Prüfstein des nationalen Bewußtseins betrachtet wurde. Es gibt wohl kein besseres Zeugnis für diese Gegebenheiten als die Verlautbarungen der christlichen Kirchen zu Kriegsbeginn, deren Repräsentanten ja nun nicht gerade begeisterte Anhänger des »Dritten Reiches« waren[14]. Auch das Schreiben Martin Niemöllers vom 7. September aus dem Konzentrationslager Sachsenhausen an den Großadmiral Raeder mit der freiwilligen Meldung des ehemaligen U-Boot-Kommandanten zum Kriegsdienst, läßt — einmal abgesehen von den in diesem Falle im Vordergrund stehenden Motiven — noch die in weiten Kreisen als absolut verstandene Verpflichtung des einzelnen der Nation gegenüber erkennen[15]. Die Formel von der »widerwilligen Loyalität«, mit der die Deutschen den Kriegsbeginn begleiteten, erweist sich somit als eine zutreffende Verallgemeinerung sehr unterschiedlicher Verhaltensweisen, die in einer variantenreichen Mischung und Gewichtung der genannten und weiterer Faktoren die individuelle Reaktion bestimmten.

Als im August 1914 der Krieg begann, schlug sich die überbordende Siegeszuversicht nach wenigen Wochen nieder in einer Vielzahl von extremen Kriegszielforderungen, einer Kriegszielbewegung, die wesentlichen Einfluß auf die Kriegspolitik der Reichsleitung

---

[14] Auf katholischer Seite ist es nicht zu einem gemeinsamen Hirtenwort der Bischöfe gekommen. Auf der Plenarkonferenz des deutschen Episkopats vom 22.–24. August 1939 ist jedoch eine Leitlinie für entsprechende Verlautbarungen besprochen worden. Zitat: Die katholischen Soldaten hätten ihre Pflicht »in Treue Gehorsam gegen Führer und Obrigkeit, opferwillig unter Hingabe ihrer ganzen Persönlichkeit zu erfüllen«. Akten Deutscher Bischöfe über die Lage der Kirche 1933–1945, bearb. v. L. Volk, Bd 4, Mainz 1981, S. 700. Aus dem Aufruf der Deutschen Evangelischen Kirche vom 2.9.1939: »Seit dem gestrigen Tage steht unser deutsches Volk im Kampf für das Land seiner Väter, damit deutsches Blut zu deutschem Blut heimkehren darf [...] So vereinigen wir uns auch in dieser Stunde mit unserem Volk in der Fürbitte für Führer und Reich, für die gesamte Wehrmacht und alle, die in der Heimat ihren Dienst für das Vaterland tun. Gott helfe uns, daß wir treu erfunden werden, und schenke uns einen Frieden der Gerechtigkeit!« Vgl. W. Niemöller, Die Evangelische Kirche im Dritten Reich. Handbuch des Kirchenkampfes, Bielefeld 1956, S. 391.
[15] Abgedruckt bei D. Schmidt, Martin Niemöller. Eine Biographie, Stuttgart 1983, S. 150.

gewann[16]. Auch unter dieser Perspektive bietet der Kriegsbeginn 1939 ein anderes Bild. Trotz der großen Erfolge im Krieg gegen Polen, mit dem seit 1919 eine tatsächliche Verständigung ohne drastische Korrekturen der Grenzen nicht für denkbar gehalten wurde, wurde die Stimmung in Deutschland nach allen Nachrichten, die wir besitzen, beherrscht von der Vorstellung, daß doch noch eine Verständigung mit Großbritannien und Frankreich erreicht und der Frieden wiederhergestellt werden könne[17]. Und Hitler entsprach mit seiner Reichstagsrede vom 6. Oktober 1939 diesen Wunschvorstellungen der Zeitgenossen[18]. Zwar berücksichtigte das Verhandlungsangebot Hitlers gegenüber den Westmächten in keiner Weise deren Interessenlage und hatte daher kaum Aussicht auf Erfolg, aber gegenüber der eigenen Bevölkerung konnte nun der Nachweis geführt werden, daß die Wiederherstellung des Friedens nicht an Deutschland, sondern insbesondere an Großbritannien gescheitert sei. Hitler selbst beschäftigte sich wenige Tage nach dieser Reichstagsrede intensiv mit operativen Überlegungen für die Westoffensive, die noch vor Einbruch des Winters stattfinden sollte[19].

Krieg — nicht Frieden — war die Devise Hitlers; er und sein Adlatus Goebbels haben es meisterhaft verstanden, die Masse der Bevölkerung über diesen fundamentalen Gegensatz der Überzeugungen hinwegzutäuschen. Hitler hatte andere Konsequenzen aus seiner Erfahrung des Ersten Weltkrieges gezogen[20]. Für ihn war die sozialdarwinistische Überzeugung vom unerbittlichen Lebenskampf in allen Bereichen der individuellen wie der völkisch-staatlichen Existenz zusammen mit dem Rassegedanken die axiomatische Basis seiner »Weltanschauung«. Politik war für ihn »die Durchführung des Lebenskampfes eines Volkes« und in diesem Kampf ums Dasein versank die Unterscheidung der beiden Begriffe Friedens- oder Kriegspolitik »in ein Nichts«. »Bündnisse ohne Gedanken an einen Krieg« gab es für ihn daher nicht. Das Ziel einer deutschen Politik sah er im Kampf um Lebensraum im Osten und darauf waren alle politischen Energien konzentriert. Konsequent forderte Hitler daher »die unbeschränkte innere Durch- und Ausbildung« des Volkes für den Krieg. Diesen Ansichten, die Hitler schon Mitte der 20er Jahre in »Mein Kampf« formuliert hatte, ließ er nach der sogenannten Machtergreifung entsprechende Taten folgen — so war der Aufbau einer militarisierten Volksgemeinschaft nur ein Ergebnis seiner insgesamt konsequenten Kriegsvorbereitungspolitik.

Von diesen Prämissen ausgehend, mußte der Krieg, der am 1. September 1939 begann, von allem Anfang an ein unverwechselbares Signum erhalten. Es war zu erwarten, daß die Industrialisierung des Krieges, die im Ersten Weltkrieg zur Realität geworden war,

---

[16] Das ist das beherrschende Thema des Buches von F. Fischer, Griff nach der Weltmacht, 3., verb. Aufl., Düsseldorf 1964.
[17] Steinert, Hitlers Krieg (wie Anm. 2), S. 108f.
[18] M. Domarus, Hitler. Reden 1932 bis 1945, Wiesbaden 1973, S. 1377ff.
[19] H. Umbreit, Der Kampf um die Vormachtstellung in Westeuropa, in: Das Deutsche Reich und der Zweite Weltkrieg, Bd 2, Stuttgart 1979, S. 239f.
[20] Vgl. hierzu und zum folgenden M. Messerschmidt, Außenpolitik und Kriegsvorbereitung, in: Das Deutsche Reich und der Zweite Weltkrieg, Bd 1, S. 535ff. Vgl. hierzu auch G. Schreiber, Hitler. Interpretationen 1933—1983. Ergebnisse, Methoden und Probleme der Forschung, 2. Aufl., Darmstadt 1988, S. 103ff.

zusammen mit den sich ständig erweiternden Möglichkeiten der Technik weitere »Fortschritte« machen würde — wie zum Beispiel der alliierte Luftkrieg gegen das Reich dann auch unter Beweis stellte. Doch diese Steigerung der Vernichtungspotentiale, die sich nunmehr dank des technischen Fortschritts auf sämtliche »Kraftquellen« des Gegners richten konnten, war nicht das Unverwechselbare dieses Krieges. Es bestand vielmehr in dem ideologisierten Rasse- und Vernichtungskrieg, der von deutscher Seite unter Hitlers Führung nicht erst mit dem Angriff auf die Sowjetunion praktiziert wurde, sondern bereits mit dem mörderischen Wirken der Einsatzgruppen der Sicherheitspolizei in Polen und mit der, charakteristischerweise auf den 1. September 1939 zurückdatierten, Weisung Hitlers zur Euthanasie des sogenannten lebensunwerten Lebens begonnen hatte[21]. Die noch immer weitverbreitete Vorstellung, daß beide Aktionen völlig unterschiedlichen Bereichen zuzuordnen seien und daher nichts miteinander zu tun hätten, oder gar, daß beides nicht mit der Kriegführung zusammenhänge, verkennt, daß Hitler — und nicht nur er[22] — sich nach den Erfahrungen des Ersten Weltkrieges an einem Kriegsbild orientierte, das den Waffen- und Wirtschaftskrieg sowie die psychologische Kriegführung gleichgewichtig in sich vereinigte und dem er noch den Gedanken des Rassekrieges hinzufügte. Beide Aktionen zielten auf eine Verbesserung der Lebens- und Entwicklungsbedingungen für die sogenannten gesunden arischen Rassekerne in Deutschland, aus denen die »Herrenmenschen« stammten, die den eroberten europäischen Raum als Ergebnis des Krieges beherrschen sollten. Die angestrebte physische Vernichtung der polnischen Intelligenz und die Bestimmung der übrigen polnischen Bevölkerung zu Arbeitssklaven dienten diesem Kriegsziel. Und auch die Euthanasie war eine der mörderischen Konsequenzen dieses rassistischen Kriegsziels; sie sollte durch die »Ausmerze« rassisch unerwünschter Gruppen in der eigenen Bevölkerung den Triumph des »Herrenmenschen« absichern. Und wie der Waffenkrieg seit der »Machtergreifung« mit konzentrierter Energie vorbereitet wurde, so ist auch das Instrumentarium für das rassistische Kriegsziel seit 1933 geschaffen und erprobt worden. Es soll hier nur an die Diskriminierung, Enteignung, Verfolgung und Vertreibung der deutschen Juden vor 1939 oder an die Zwangssterilisierungen erinnert werden[23], um in diesem Zusammenhang zu verdeutlichen, daß Hitlers zielgerichtete Politik tatsächlich — wie er selbst erklärte — eine Unterscheidung zwischen Friedens- und Kriegspolitik nicht zuläßt, denn seine Ziele waren nur mit den Mitteln des Krieges zu erreichen. Und nur im Kriege war die Voraussetzung seines rassistischen Zieles möglich: die physische Vernichtung, die Dezimierung und Versklavung der dem »Herrenmenschen« im Wege stehenden Bevölkerungen und Bevölkerungsgruppen.

---

[21] Zu Polen vgl. M. Broszat, Nationalsozialistische Polenpolitik 1939—1945, 2. Aufl., Frankfurt/M. 1965; H. Krausnick und H.H. Wilhelm, Die Truppe des Weltanschauungskrieges. Die Einsatzgruppen der Sicherheitspolizei und des SD 1938—1942, Stuttgart 1981; zur Euthanasie vgl. E. Klee, »Euthanasie« im NS-Staat. Die »Vernichtung lebensunwerten Lebens«, Frankfurt/M. 1983.

[22] W. Deist, Die Reichswehr und der Krieg der Zukunft, in: Militärgeschichtliche Mitteilungen, 45 (1989), S. 81 ff.

[23] Vgl. hierzu das Standardwerk von R. Hilberg, Die Vernichtung der europäischen Juden. Die Gesamtgeschichte des Holocaust, Berlin 1982, sowie G. Bock, Zwangssterilisation im Nationalsozialismus. Studien zur Rassenpolitik und Frauenpolitik, Opladen 1986.

Das war der Krieg, in den die Deutschen am 1. September 1939 eintraten, auch wenn in Deutschland selbst und auf manchen Kriegsschauplätzen der Eindruck einer gewissen kriegsmäßigen »Normalität« zeitweise vorherrschend war. Und dieser Krieg war vorbereitet worden — sicherlich nicht in erster Linie durch den widerwillig loyalen Deutschen des Kriegsbeginns! In den vergangenen Jahrzehnten ist eine Fülle von Literatur erschienen[24], deren Ergebnis sich dahin zusammenfassen läßt, daß es kaum eine Gruppe innerhalb der akademischen und wirtschaftlichen Führungsschichten gegeben hat, die dem neuen Regime ihre Dienste nicht zur Verfügung gestellt hätte, auch um teilzuhaben an dem Wiederaufstieg des Reiches zur europäischen Großmacht und an der Wiederherstellung einer inneren Ordnung, die ihren Vorstellungen mehr entsprach als die demokratischen Regeln einer parlamentarischen Republik. Nur jeweils wenige einzelne waren sich bewußt, daß mit Hitler der Weg der Gewalt, des Krieges beschritten wurde. Die Angehörigen der Führungsschichten im staatlichen Bereich, in der Wirtschaft, den Universitäten und Schulen standen dem neuen Regime und der Partei keineswegs ohne Kritik gegenüber, aber sie wirkten auf ihrem Fachgebiet mit an der Durchführung der Hitlerschen Politik und damit — aus der Rückschau betrachtet — beteiligten sie sich direkt oder indirekt an der Vorbereitung des Krieges. Die Umwandlung des rassistischen Programmes in eine alltägliche staatliche Praxis in der Vorbereitungsphase des Krieges war ohne die Zusammenarbeit von Anthropologen, Medizinern, Juristen und Verwaltungsbeamten gar nicht denkbar, und dies ist nur ein, allerdings ein besonders markantes Beispiel.

Die »widerwillige Loyalität« der Deutschen in ihrer Gesamtheit ist durch den Beginn des rassistischen Vernichtungskrieges in Polen und in den Pflegeheimen nicht erschüttert worden. Der Schleier des Geheimen umgab die Aktionen, und eine vorbeugende Propaganda hatte mit ihren Mitteln denkbare Sympathien für die der Vernichtung ausgesetzten Menschen im Keim erstickt. Im übrigen hatte selbst das reichsweite, in aller Öffentlichkeit stattfindende Pogrom vom 9./10. November 1938 zwar eine weitgehend negative Resonanz in der Bevölkerung gefunden, aber die Führungsschichten schwiegen, wie sie zu der »Nacht der langen Messer« am 30. Juni 1934 geschwiegen hatten. Der Terrorapparat der SS, das Wissen um die Konzentrationslager und allgemein die fortschreitende Auflösung der rechtsstaatlichen Ordnung ist nur eine Erklärung für diese Reaktion.

Das Regime andererseits war sich der mangelnden Kriegsbegeisterung in der Bevölkerung durchaus bewußt und reagierte darauf in bemerkenswerter Weise. So unterblieb die vorbereitete, als unabdingbares Erfordernis bezeichnete wirtschaftliche Mobilmachung[25]. Für diese Unterlassung lassen sich eine ganze Reihe von mehr oder weniger stichhaltigen Gründen angeben, jedoch ist deutlich erkennbar, daß vor allem die Sorge vor den

---

[24] Als kleine Auswahl sei verwiesen auf K. Scholder, Die Kirchen und das Dritte Reich, Bd 1: Vorgeschichte und Zeit der Illusionen 1918—1934, Frankfurt/M. 1977; G. Baader und U. Schultz, Medizin und Nationalsozialismus. Tabuisierte Vergangenheit — Ungebrochene Tradition?, Berlin 1980; A.D. Beyerchen, Wissenschaftler unter Hitler. Physiker im Dritten Reich, Köln 1980; I. Müller, Furchtbare Juristen. Die unbewältigte Vergangenheit unserer Justiz, München 1987.

[25] R.-D. Müller, Die Mobilmachung der deutschen Wirtschaft für Hitlers Kriegführung, in: Das Deutsche Reich und der Zweite Weltkrieg, Bd 5/1, Stuttgart 1988, S. 364ff.

unabsehbaren Konsequenzen einer langanhaltenden Überbeanspruchung der arbeitenden Menschen maßgebend gewesen ist. Die ersten Anzeichen einer gewissen sozialpolitischen Unruhe waren bereits im letzten Vorkriegsjahr in manchen Führungsetagen mit Besorgnis registriert worden[26]. Die Ideologie des wehrhaften, sich selbst aufopfernden Volkes stieß sich an den realen, kaum zu überwindenden Gegebenheiten — und paßte sich diesen Gegebenheiten an. Noch wichtiger war jedoch, daß das Regime sich entschlossen zeigte, auf einem anderen Gebiet die Folgerungen aus den Lehren des Weltkrieges zu ziehen: auf dem der Ernährung[27]. Nichts hatte die rasch in politische Forderungen übergehende Empörung der Bevölkerung damals so sehr geschürt, wie die offensichtliche Unfähigkeit der Behörden aller Ebenen, eine gerechte und kontinuierliche Verteilung der knappen Waren zu organisieren und zu garantieren. Nicht der Mangel an sich, sondern in erster Linie die eklatanten Ungerechtigkeiten waren für den politisch gefährlichen Unmut verantwortlich gewesen. Im Gegensatz hierzu hat das nationalsozialistische Regime noch vor dem Beginn des Krieges eine rigorose, aber gleichmäßige und insofern gerechte Rationierung der wichtigsten Lebensmittel durchgeführt und nie einen Zweifel aufkommen lassen, daß die Belieferung der Bevölkerung in dem vorgegebenen Rahmen auch möglich sei. Und tatsächlich gelang es der nationalsozialistischen Führung, die Ernährung der Deutschen bis in die Schlußphase des Krieges hinein in einem Maße sicherzustellen, das eine Erschütterung des Systems durch das Aufbegehren unterernährter Massen wie im Frühjahr 1917 — nach dem berüchtigten »Steckrübenwinter« — ausschloß. Die Erklärung für diese positive Bilanz liegt auf der Hand: Die Deutschen lebten auf Kosten ihrer Nachbarn, der Menschen in den besetzten Gebieten in Ost und West. Die Prognose einer entsprechenden Planung gegenüber der Sowjetunion, daß hierbei »zweifellos zig Millionen Menschen verhungern [werden], wenn von uns das für uns Notwendige aus dem Lande herausgeholt wird«, zeigt[28], mit welcher diabolischen Konsequenz die Abstützung der Existenzgrundlage des Systems, der Loyalität der Deutschen, betrieben wurde.

Ein Ereignis im Verlauf des Krieges hat dann die im Ganzen doch eher gedämpfte Stimmungslage für einen längeren Zeitraum durchbrochen. Der in seiner Schnelligkeit völlig überraschende, in seinem Ausmaß überwältigende Sieg über Frankreich und seine Verbündeten erschien als der endgültige Triumph über die negativen Erfahrungen des Ersten Weltkrieges, als die Widerlegung der These von der Chancenlosigkeit Deutschlands in einem europäischen Krieg. Die Euphorie, die dieses Ereignis auslöste und in ein nahezu grenzenloses Überlegenheitsgefühl überging, hatte insbesondere auf der militärischen Füh-

---

[26] T. W. Mason, Innere Krise und Angriffskrieg 1938/1939, in: F. Forstmeier und H.-E. Volkmann (Hrsg.), Wirtschaft und Rüstung am Vorabend des Zweiten Weltkrieges, Düsseldorf 1975, S. 158—189.

[27] L. Burchardt, Die Auswirkungen der Kriegswirtschaft auf die deutsche Zivilbevölkerung im Ersten und im Zweiten Weltkrieg, in: Militärgeschichtliche Mitteilungen, 15 (1974), S. 65—97; R.-D. Müller, Die Mobilmachung (wie Anm. 25), S. 400—404, S. 587.

[28] R.-D. Müller, Von der Wirtschaftsallianz zum kolonialen Ausbeutungskrieg, in: Das Deutsche Reich und der Zweite Weltkrieg, Bd 4, Stuttgart 1983, S. 147; vgl. auch H. Umbreit, Auf dem Wege zur Kontinentalherrschaft, in: Das Deutsche Reich und der Zweite Weltkrieg, Bd 5/1, Stuttgart 1988, S. 322, 327.

rungsebene weitreichende Folgen[29]. Zu keinem Zeitpunkt während der gesamten Dauer des Krieges konnte sich das Regime der uneingeschränkten Loyalität der Bevölkerung so sicher sein wie unmittelbar nach dem Sieg über Frankreich; die Widerwilligkeit der ersten Kriegsmonate hatte sich verflüchtigt. Spätestens mit dem Angriff auf die Sowjetunion am 22. Juni und der Kriegserklärung gegenüber den USA im Dezember 1941 war allerdings die Euphorie wieder verflogen[30] und machte im Verlaufe weniger Monate einer entschiedenen, auf der tiefverwurzelten antikommunistischen Tradition beruhenden Loyalität Platz, deren Objekt nicht so sehr das Regime als vielmehr dessen Führung im Kampf gegen die »bolschewistische Gefahr« war. In einer komplikationslos vollzogenen Wendung wurde die Tatsache des Angriffskriegs in die Vorstellung umfunktioniert, einen Verteidigungskrieg zu führen, und diese durch den fehlgeschlagenen Angriff verfestigte Überzeugung wurde zur nahezu unerschütterlichen Grundlage der Kampf- und Leidensbereitschaft bis zum bitteren Ende des Krieges. Sicherlich lagen die Verhältnisse im Westen und Süden des Reiches anders, aber entscheidend bleibt, daß der widerwillig loyale Deutsche des Kriegsbeginns durch die Entscheidungen seines »Führers« zum befehlsgemäß loyalen Exekutor des nationalsozialistischen Rasse- und Vernichtungskrieges wurde. Dieser Wandel stellte sich dar als ein Netz aus jahrelanger Indoktrination, eigener Überzeugung und dem Bewußtsein, dem militärischen Prinzip von Befehl und Gehorsam überall ausgeliefert zu sein[31]. Auch nach 1945 hat sich diese Generation in ihrer Rückschau aus diesem Netz nicht zu lösen vermocht.

Besonders schmerzhaft und deutlich ist diese unauflösliche Verstrickung für den Kreis der Offiziere in der militärischen Führung geworden. Dieses Beispiel zeigt besonders eindringlich die Bedeutung der sogenannten »Eliten« für das nationalsozialistische Regime insgesamt, vor allem aber bei der Vorbereitung und der Durchführung von Hitlers Krieg. Aufgrund einer festgefügten Tradition galt für die militärische Führung auch nach dem Ersten Weltkrieg, daß allein die bewaffnete Macht für die Landesverteidigung verantwortlich war. Daß als Konsequenz aus diesem Krieg zwischen Industrienationen der »Waffenkrieg« sich nur noch als Teilaspekt des Gesamtgeschehens darstellte, wurde in diesem Kreis nicht grundsätzlich bestritten, man blieb aber entschlossen, durch die Ausdehnung der militärischen Organisationsgewalt auf die kriegswichtigen Bereiche im Leben der Nation die eigene Führungsposition im Kriege aufrechtzuerhalten[32]. Ein Unsicherheitsfaktor in diesem Konzept betraf allerdings die innere Organisation und die Motivation der Nation für den Kriegsfall. Hier lehrte die Erfahrung, daß mit militärischer Organisation relativ wenig auszurichten war. Wenn nun der nationalsozialistische Reichskanzler sich — im Gegensatz zu den politischen Repräsentanten der Republik — demonstrativ entschlossen zeigte, diese politische Aufgabe mit aller Energie und Tatkraft zu übernehmen und gleich-

---

[29] J. Förster, Hitlers Entscheidung für den Krieg gegen die Sowjetunion, in: Das Deutsche Reich und der Zweite Weltkrieg, Bd 4, S. 3 ff.; Steinert, Hitlers Krieg (wie Anm. 2), S. 136 f.
[30] Ebd., S. 206 ff.
[31] Vgl. hierzu u. a. M. Messerschmidt und F. Wüllner, Die Wehrmachtjustiz im Dienste des Nationalsozialismus, Baden-Baden 1987.
[32] Vgl. hierzu Anm. 22 sowie K.-J. Müller, Armee, Politik und Gesellschaft in Deutschland 1933—1945, Paderborn 1979, S. 7—50.

zeitig als außenpolitisches Ziel die Wiederherstellung der kontinentalen Machtposition Deutschlands verkündete, so ergab sich daraus bereits ganz selbstverständlich die vielzitierte »Teilidentität der Ziele«, die die militärische Führung an das Regime band[33]. Ausdruck dieser gemeinsamen Basis war die in ihrer konkreten Zielsetzung und Ausgestaltung unter der Verantwortung der militärischen Führung durchgeführte beispiellose Aufrüstung der bewaffneten Macht[34]. Die Wehrmacht und ihre Führung wurden damit unverzichtbarer Bestandteil der Kriegsvorbereitungspolitik des nationalsozialistischen Regimes und ihres »Führers«. Aus dieser Bindung ergab sich andererseits auch die Unterstützung aller Schritte des Regimes auf dem Wege zur militarisierten Volksgemeinschaft, und die Wehrmachtführung zögerte nicht, das rassistische Kernstück dieser Neugestaltung der inneren Ordnung der Nation zu übernehmen. Der Minister v. Blomberg ordnete am 28. Februar 1934 die Entfernung der sogenannten »Nicht-Arier« aus den Streitkräften an[35]. Und wie stark die bindende Kraft der gemeinsamen Zielsetzung war, zeigte sich auch in der Hinnahme der Morde an den Generalen v. Schleicher und v. Bredow in Zusammenhang mit der Röhm-Affäre[36]. Die Integrität des selbstbewußten Offizierkorps, vor allem seiner Repräsentanten in den höheren und höchsten Führungsfunktionen, die alle ihre Prägung noch durch die ausgefeilte Ehrauffassung des Offiziers der Kaiserzeit erfahren hatten, war damit bereits lange vor der Blomberg-Fritsch-Krise erschüttert, in deren Verlauf Hitler sich zum Oberbefehlshaber der Wehrmacht machte[37]. Mit dieser Entscheidung wurde letztlich nur die seit 1933 bestehende Realität nochmals unterstrichen und dokumentiert, daß die Wehrmacht ein Instrument der politischen Führung geworden war und von einer Eigenständigkeit, wie sie so unterschiedliche Persönlichkeiten wie Ludendorff und Beck noch vertreten und gefordert hatten[38], nicht mehr die Rede sein konnte.

Unter Führung Hitlers begann die Wehrmacht den Krieg, der von diesem von Anfang an als ein Rasse- und Vernichtungskrieg gedacht war. Im Herbst und Winter 1939/40 wurde die Heeresführung auf drastische Weise mit den Konsequenzen dieser Kriegführung konfrontiert. Die Generale Blaskowitz und Ulex protestierten nachdrücklich und beharrlich gegen die verbrecherischen Aktionen von SS und Polizei in Polen[39]. Die Berichte, die auch nicht direkt beteiligten Generalen zur Kenntnis kamen, lösten helle Empörung aus, aber weder der Oberbefehlshaber des Heeres, noch sein Generalstabschef

---

[33] M. Messerschmidt, Die Wehrmacht im NS-Staat. Zeit der Indoktrination, Hamburg 1969, S. 1 u. ö., sowie W. Deist, Die Aufrüstung der Wehrmacht, in: Das Deutsche Reich und der Zweite Weltkrieg, Bd 1, S. 403 f.

[34] Ebd., S. 400—496.

[35] K.-J. Müller, Das Heer und Hitler. Armee und nationalsozialistisches Regime 1933—1940, 2. Aufl., Stuttgart 1988, S. 78 ff.

[36] Ebd., S. 105 ff., sowie K. J. Müller, Reichswehr und »Röhm-Affäre«. Aus den Akten des Wehrkreiskommandos [Bayer.] VII, in: Militärgeschichtliche Mitteilungen, 3 (1968), S. 107—144.

[37] K.-J. Müller, Das Heer und Hitler (wie Anm. 35), S. 255 ff.

[38] Ders., General Ludwig Beck. Studien und Dokumente zur politisch-militärischen Vorstellungswelt und Tätigkeit des Generalstabschefs des deutschen Heeres 1933—1939, Boppard 1980, S. 79 ff.; E. Ludendorff, Der totale Krieg, München 1935.

[39] K.-J. Müller, Das Heer und Hitler (wie Anm. 35), S. 427 ff.

oder die Generale selbst sahen sich in der Lage oder fühlten sich verpflichtet zu handeln. Nichts dokumentiert deutlicher als dieses Ergebnis, daß die bewaffnete Macht und ihre Führung sich mit ihrer instrumentalen Funktion abgefunden hatte. Nur ein Jahr später war von einer vergleichbaren Empörung nichts mehr zu spüren, als die von der Wehrmacht- und Heeresführung selbst ausgearbeiteten und gebilligten verbrecherischen Befehle in Vorbereitung des Angriffs auf die Sowjetunion herausgegeben wurden[40]. Die Versuche einzelner Kommandeure und Befehlshaber, sich dieser ideologischen Radikalisierung des Krieges entgegenzustellen, ändern nichts an der Tatsache, daß die Wehrmacht als Ganzes und ihre Führung auf den verschiedenen Ebenen ihre Aufgaben und Funktionen in dem von ihrem Oberbefehlshaber gewollten Rasse- und Vernichtungskrieg wahrnahmen. Die Wehrmacht blieb — neben der SS — bis zur Kapitulation am 8. Mai 1945 das, was sie seit 1933 gewesen war: der Garant des Regimes und damit auch seiner inneren Ordnung[41]. Jede andere Vorstellung, meist gegründet auf einzelne Handlungen einzelner Offiziere, verkennt die Funktion der Wehrmacht in Vorbereitung und Durchführung von Hitlers Krieg, der ein deutscher Angriffskrieg war, und verlangt ausgerechnet von einem Offizierkorps, das es nicht mehr im ursprünglichen Sinne gab, und seinen höchsten Repräsentanten eine moralische Integrität und vor allem eine politische Urteilsfähigkeit, die keine andere Berufsgruppe im Rückblick auf die zwölf Jahre von 1933—1945 für sich in Anspruch nimmt. Die kurze Geschichte des militärischen Widerstands, das Handeln und die Tat einzelner aufgrund individueller Entscheidung, beschreibt genau den entgegengesetzten Weg, den die Wehrmacht und ihre Führung unter dem militärischen Gebot von Befehl und Gehorsam bis zum bitteren Ende ging.

So befand sich der widerwillig loyale Deutsche seit dem 1./3. September 1939 in einem Krieg, den er nicht gewollt hatte, und in den auch die militärische Führung unter den gegebenen Bedingungen nur mit gedämpften Erwartungen eintrat. Aber die ganz überwiegende Mehrheit der Deutschen, für die die Figur des widerwillig loyalen Volksgenossen als Synonym gebraucht wird, und die militärische Führung hatten je auf ihre Weise zur Entfesselung des Krieges, des Rasse- und Vernichtungskrieges Hitlers beigetragen. Während die militärische Führung in höchst effektiver Weise die militärischen Voraussetzungen für die Kriegspolitik des »Führers« geschaffen hatte, nahm sich der Beitrag des widerwillig loyalen Deutschen zur Entfesselung des Krieges zunächst sehr bescheiden aus. Er war im konkreten Fall ohne Stimme, fest eingebunden in die militarisierte Volksgemeinschaft. Aber die überwiegende Mehrheit der Deutschen hatte Hitler zu dem gemacht, was er spätestens nach dem »Anschluß« Österreichs war: der charismatische Führer der Deutschen, dessen beherrschendem Willen, vielfach gebrochen, doch durchdringend wirksam, sich kaum einer vollständig entziehen konnte[42]. Insbesondere gilt dies für die heranwachsende, begeisterungsfähige Jugend, die das erste, wichtigste und

---

[40] J. Förster, Das Unternehmen Barbarossa als Eroberungs- und Vernichtungskrieg, in: Das Deutsche Reich und der Zweite Weltkrieg, Bd 4, Stuttgart 1983, S. 413—440.

[41] Vgl. hierzu M. Messerschmidt, Das Verhältnis von Wehrmacht und NS-Staat und die Frage der Traditionsbildung, in: Ders., Militärgeschichtliche Aspekte der Entwicklung des deutschen Nationalstaates, Düsseldorf 1988, S. 233—255.

[42] I. Kershaw, Der Hitler-Mythos. Volksmeinung und Propaganda im Dritten Reich, Stuttgart 1980.

dankbarste Objekt der nationalsozialistischen Propaganda war, die als erste der Praxis der militarisierten Volksgemeinschaft unterworfen wurde und auf deren idealistische Grundstimmung das Regime bauen konnte[43].

Das ambivalente Verhältnis zwischen dem charismatischen Führer und seiner Gefolgschaft hat in Hitlers Rasse- und Vernichtungskrieg seinen Höhepunkt erreicht. Die Vernichtungsmaschinerien sind von Deutschen entwickelt und betrieben worden und sie waren allgegenwärtig. Wie immer auch die aktive Teilnahme von Wehrmacht, SS, Verwaltung, Organisationen jeder Art und ihrer Verantwortlichen auf jeder Ebene im Vollzug dieses Rasse- und Vernichtungskrieges auf den Kriegsschauplätzen und in der Heimat im einzelnen definiert werden mag, sicher ist, daß die Gesamtheit der Deutschen die unausweichlichen Folgen dieses Krieges zu tragen hatte und auch weiter zu tragen haben wird.

Mit »widerwilliger Loyalität« waren die Deutschen in den Krieg gezogen. Denjenigen, die nach Jahren der Strapazen, des Grauens und des Todes zurückkehrten in ein zerstörtes, zerrissenes und besetztes Land, stellte sich die selten ausgesprochene, aber dennoch unerbittlich präsente Sinnfrage, die über das Persönliche hinauswies. Die klassische Antwort, wie sie für die toten Spartaner von Thermopylae formuliert worden war, daß sie gekämpft und den Tod erlitten hätten, »wie das Gesetz es befahl«, war schon nach dem Ersten Weltkrieg nicht mehr konsensfähig. Der hunderttausendfache Tod in den Materialschlachten um Verdun und an der Somme ließ sich auch nicht mehr mit der Formel »Für König und Vaterland« rechtfertigen, wie es in den Todesanzeigen die Übung war. Und doch — diese Formel wurde auch im Zweiten Weltkrieg mit nur einer, allerdings charakteristischen Abweichung benutzt; nun lautete sie: »Für Führer und Vaterland«[44]. Der charismatische Führer hatte sich an die Stelle der altehrwürdigen Institution des Monarchen gesetzt. Folgt man allerdings der nazistischen Rechtslehre, so war der Wille dieses charismatischen Führers gar gleichzusetzen mit dem Gesetz[45], für das die Spartaner sich geopfert hatten und das als eine der wichtigsten Grundlagen jeglicher Ordnung des menschlichen Zusammenlebens überhaupt gilt. Nichts vermag die Korrumpierung, den Mißbrauch und die Aufhebung fundamentaler Werte besser zu dokumentieren als diese Gleichsetzung und nichts vermag das Verstummen der Deutschen angesichts der Sinnfrage nach 1945 verständlicher zu machen.

---

[43] Die Geburtsjahrgänge dieser Jugend (1910—1926) verloren zwischen 19 und 39 Prozent des männlichen Anteils, vgl. B. R. Kroener, Die personellen Ressourcen (wie Anm. 8), S. 986.

[44] Vgl. hierzu die Bemerkungen von V. Klemperer, LTI. Notizbuch eines Philologen, 4. Aufl., Köln 1987, S. 130f.

[45] E. R. Huber, Der Führer als Gesetzgeber, in: Zeitschrift der Akademie für Deutsches Recht (1939), S. 275—278.

Der deutsche Angriff auf die Sowjetunion

Das Thema bezeichnet ein Ereignis, das die deutsche Öffentlichkeit seit über 30 Jahren immer wieder beschäftigt, mit der Folge, daß eine nicht mehr überschaubare Masse von Veröffentlichungen vorliegt[1]. Beschränkt man das Thema auf seinen militärgeschichtlichen Kern, so wird der heutige Forschungsstand nach wie vor repräsentiert durch das Standardwerk von Andreas Hillgruber, Hitlers Strategie. Politik und Kriegführung 1940—41, sowie durch die entsprechenden Bände der von der Akademie der Wissenschaften in Berlin und dem Militärgeschichtlichen Forschungsamt in Freiburg i. Br. herausgegebenen Serienwerke zur Geschichte des Zweiten Weltkrieges[2]. Die Zahl der ergänzenden militärgeschichtlichen Einzeluntersuchungen nimmt zwar nach wie vor ständig zu, sie betreffen jedoch vornehmlich die in Teilen noch unerforschte zweite Hälfte des Krieges gegen die Sowjetunion. Auf ein Defizit der Forschung sei an dieser Stelle nachdrücklich hingewiesen. Wie der Soldat an der Front in der Masse und unter der Führung des Regimes diesen Krieg erfuhr und welche Wirkungen davon ausgingen, bleibt eine Fragestellung, mit der sich die Forschung erst punktuell auseinandergesetzt hat[3]. Ange-

---

[1] Vgl. G. Schreiber, Zur Perzeption des Unternehmens »Barbarossa« in der deutschen Presse, in: G. R. Ueberschär und W. Wette (Hrsg.), »Unternehmen Barbarossa«. Der deutsche Überfall auf die Sowjetunion 1941. Berichte, Analysen, Dokumente, Paderborn 1984, S. 27—42; ders., Der Zweite Weltkrieg in der internationalen Forschung. Konzeptionen, Thesen und Kontroversen, in: W. Michalka (Hrsg.), Der Zweite Weltkrieg. Analysen — Grundzüge — Forschungsbilanz, 2. Aufl., München, Zürich 1990, S. 3—24; B. Wegner, Kriegsgeschichte — Politikgeschichte — Gesellschaftsgeschichte. Der Zweite Weltkrieg in der westdeutschen Historiographie der siebziger und achtziger Jahre, in: J. Rohwer und K. Müller (Hrsg.), Neue Forschungen zum Zweiten Weltkrieg. Literaturberichte und Bibliographien aus 67 Ländern, Koblenz 1990, S. 102—129; G. Hass, Der Zweite Weltkrieg in der Geschichtsschreibung der DDR, in: ebd., S. 87—101.

[2] A. Hillgruber, Hitlers Strategie. Politik und Kriegführung 1940—41, 2. Aufl., München 1982; Deutschland im Zweiten Weltkrieg. Von einem Autorenkollektiv unter Leitung von Wolfgang und Gerhart Hass. Akademie der Wissenschaften der DDR, Zentralinstitut für Geschichte in Zusammenarbeit mit dem Militärgeschichtlichen Institut der DDR, Bd 1—6, Berlin 1974—1985; Das Deutsche Reich und der Zweite Weltkrieg, hrsg. vom Militärgeschichtlichen Forschungsamt, Bd 1—6, Stuttgart 1979—1990; zu den beiden letztgenannten Werken vgl. die Rezension von B.-J. Wendt in den Militärgeschichtlichen Mitteilungen, 45 (1989), S. 163—176.

[3] O. Buchbender und R. Sterz (Hrsg.), Das andere Gesicht des Krieges. Deutsche Feldpostbriefe 1939—1945, München 1982; Kain, wo ist Dein Bruder? Was der Mensch im Zweiten Weltkrieg erleiden mußte, dokumentiert in Tagebüchern und Briefen. In Zusammenarbeit mit dem Volksbund Deutscher Kriegsgräberfürsorge hrsg. von H. Dollinger, München 1983. Vgl. neuerdings O. Bartov, The Eastern Front, 1941—45. German Troops and the Barbarisation of Warfare, Houndsmill, Basingstoke 1985; ders. Von unten betrachtet: Überleben, Zusammenhalt und Brutalität an der Ostfront, in: B. Wegner (Hrsg.), Zwei Wege nach Moskau. Vom Hitler-Stalin-Pakt zum »Unternehmen Barbarossa« 1939/41, München 1991, S. 326—344. H. J. Schröder, Erfahrungen deutscher Mannschaftssoldaten während der ersten Phase des Rußlandkrieges, in: B. Wegner, Zwei Wege, S. 309—325.

sichts der ca. 20 Millionen Wehrmachtangehöriger⁴, die prägende Jahre ihres Lebens in den Streitkräften verbrachten und als Kriegsgeneration den Aufbau der Bundesrepublik bestimmten, bedarf die Forderung nach systematischen Untersuchungen wohl keiner besonderen Rechtfertigung.

Nicht die Darstellung der einzelnen Phasen der militärischen Operation »Barbarossa«, sondern die Analyse einiger wesentlicher Aspekte aus der Vorbereitungsphase des Angriffsunternehmens ist der Gegenstand dieses Beitrages. Der Forschungsstand hat sich in den letzten Jahren gerade auf diesem Gebiet nicht unwesentlich verbessert, so daß nicht nur aufschlußreiche Einblicke in den militärischen Planungsprozeß möglich, sondern auch interessante Aspekte der Struktur des nationalsozialistischen Regimes und seiner Führung deutlich werden. Außerdem tritt bei der Analyse der Planungsphase das ereignisgeschichtliche Detail zurück und die Breite des militärgeschichtlichen Ansatzes läßt sich besser zur Darstellung bringen. Die welthistorische Dimension des deutsch-sowjetischen Krieges ist offenkundig, damit aber gewinnt auch die Planungsphase ein besonderes Gewicht. Ein Ergebnis dieser Planung war es, daß am 22. Juni 1941 das deutsche Ostheer auf einer Frontlänge von 2130 km mit 3 050 000 Mann, 600 000 Kraftfahrzeugen und 3350 gepanzerten Fahrzeugen zum Angriff antrat. Das militärische Aufgebot für den Feldzug gegen die Westmächte ein Jahr zuvor war kaum weniger umfangreich gewesen und hatte sich zudem nur auf eine Frontlänge von 950 km verteilt. Andererseits verzeichnete das Ostheer in den Monaten Juli und August fast ebenso viele Tote wie das Heer während des gesamten ersten Kriegsjahres⁵.

Am 31. Juli 1940 traf Hitler auf dem Obersalzberg in Gegenwart der führenden Offiziere der Oberkommandos der Wehrmacht und des Heeres — nach den Notizen des Chefs des Generalstabes des Heeres, General Franz Halder — folgende Entscheidung: »*Im Zuge dieser Auseinandersetzung* [mit den angelsächsischen Seemächten] *muß Rußland erledigt werden. Frühjahr 1941.*«⁶ Diese Entscheidung war keineswegs endgültig, die Vorbereitungen für die Operation »Seelöwe« gegen die britischen Inseln liefen auf Hochtouren, aber sie war eine tatsächlich strategische Entscheidung mit weitreichenden unmittelbaren Folgen. Andreas Hillgruber hat mit Blick auf den Zweiten Weltkrieg eine Definition des Begriffes Strategie formuliert, aus der sich auch ablesen läßt, welche Bereiche von einer derartigen strategischen Entscheidung betroffen sein können. Hillgruber versteht unter Strategie »die Integration von Innen- und Außenpolitik, von militärischer und psychologischer Kriegsplanung und Kriegführung, von Wehrwirtschaft und -rüstung durch die

---

⁴ Vgl. hierzu die Angaben bei B. R. Kroener, Die personellen Ressourcen des Dritten Reiches im Spannungsfeld zwischen Wehrmacht, Bürokratie und Kriegswirtschaft, in: Das Deutsche Reich und der Zweite Weltkrieg, Bd 5/1, Stuttgart 1988, S. 985.

⁵ Ebd., S. 871. In den Monaten Juli/August 1941 zählte man 75 478 Tote, im ersten Kriegsjahr 76 938, vgl. ebd., S. 829 und 885. Zu den Verluststatistiken insgesamt R. Overmans, Die Toten des Zweiten Weltkrieges in Deutschland. Bilanz der Forschung unter besonderer Berücksichtigung der Wehrmacht- und Vertreibungsverluste, in: W. Michalka (Hrsg.), Der Zweite Weltkrieg (wie Anm. 1), S. 858—873.

⁶ Generaloberst Halder, Kriegstagebuch. Tägliche Aufzeichnungen des Chefs des Generalstabes des Heeres 1939—1942, hrsg. vom Arbeitskreis für Wehrforschung Stuttgart, bearb. von Hans-Adolf Jacobsen in Verbindung mit Alfred Philippi, Bd 2, Stuttgart 1963, S. 49 (31.7.1940).

Führungsspitze eines Staates zur Verwirklichung einer ideologisch-machtpolitischen Gesamtkonzeption.[7]« Im folgenden soll versucht werden, die der strategischen Entscheidung entsprechende Planung auf einigen der von Hillgruber genannten Gebieten zu charakterisieren. Nach einem Blick auf den ideologischen und machtpolitischen Hintergrund der Entscheidung vom 31. Juli wird dann etwas ausführlicher auf die Grundlinien der operativen, logistischen und rüstungswirtschaftlichen Planungen sowie auf die Befehlsgebung zur ideologisierten Kriegführung eingegangen, um dann ein Resümee der militärischen Vorbereitungen für den Angriff auf die Sowjetunion zu versuchen.

Es herrscht Übereinstimmung in der deutschen Forschung darüber, daß die Entscheidung vom 31. Juli 1940 eine Entscheidung Hitlers war. Nach den ebenso überraschend eindeutigen wie schnellen Siegen in Nord- und Westeuropa war die Position und die Autorität des »Führers und Reichskanzlers« vollends unantastbar geworden. Die Übereinstimmung zwischen Regime und Bevölkerung war nie so eindeutig gegeben wie in diesen Frühsommermonaten des Jahres 1940[8]. Und auch die militärische Führung, auf die es hier besonders ankommt und die in den Monaten vor dem Angriff im Westen fachlich argumentierend opponiert hatte, erkannte nunmehr — nach dem Sieg über den »Erbfeind« und großen Gegner im Ersten Weltkrieg — die Autorität Hitlers als Oberster Befehlshaber der Wehrmacht uneingeschränkt an. Dieser psychologische Hintergrund ist von kaum zu überschätzender Bedeutung für den generellen Zuschnitt der Gesamtplanung des Unternehmens und für die damit verbundenen Erwartungen.

Über die Motive, die Hitler in der zweiten Hälfte Juli 1940 bewogen, die Wendung gegen die Sowjetunion zu vollziehen, herrscht heute weitgehend Übereinstimmung dahingehend, daß mehrere Aspekte zu berücksichtigen sind[9]. Da ist zunächst die machtpolitische Konstellation, auf die Hitler reagierte. In der Euphorie des Sieges über Frankreich schien es für ihn wie für die gesamte deutsche Führung nur eine Frage der Zeit zu sein, bis auch mit Großbritannien eine befriedigende Verhandlungslösung »auf der Basis der

---

[7] A. Hillgruber, Der Faktor Amerika in Hitlers Strategie 1938–1941, in: W. Michalka (Hrsg.), Nationalsozialistische Außenpolitik, Darmstadt 1978, S. 493–525, hier S. 493. Vgl. hierzu auch M. Geyer, German Strategy in the Age of Machine Warfare, 1914–1945, in: P. Paret (Hrsg.), Makers of Modern Strategy from Macchiavelli to the Nuclear Age, Princeton 1986, S. 527–597; J. Förster, The Dynamics of Volksgemeinschaft: The Effectiveness of the German Military Establishment in the Second World War, in: A. R. Millett and W. Murray, Military Effectiveness, Bd 3, Boston 1988, S. 180–220, hier insbesondere S. 191–199.

[8] Vgl. J. Förster, Hitlers Entscheidung für den Krieg gegen die Sowjetunion, in: Das Deutsche Reich und der Zweite Weltkrieg, Bd 4, Stuttgart 1983, S. 3: sowie ders., Hitlers Wendung nach Osten. Die deutsche Kriegspolitik 1940–1941, in: B. Wegner, Zwei Wege (wie Anm. 3), S. 113–132.

[9] Neben dem Werk von A. Hillgruber, Hitlers Strategie (wie Anm. 2) vgl. vor allem Förster, Hitlers Entscheidung (wie Anm. 8), S. 3–37, sowie 1079–1088; ders., Der historische Ort des Unternehmens ›Barbarossa‹, in: W. Michalka (Hrsg.), Der Zweite Weltkrieg (wie Anm. 1), S. 626–640; ders., Hitlers Wendung nach Osten (wie Anm. 8). P. Krüger, Das Jahr 1941 in der deutschen Kriegs- und Außenpolitik, in: K. Bose (Hrsg.), Das Jahr 1941 in der europäischen Politik, München, Wien 1972, S. 7–38; vgl. auch G. R. Ueberschär, Hitlers Entscheidung zum »Lebensraum«-Krieg im Osten. Programmatisches Ziel oder militärstrategisches Kalkül, in: G. R. Ueberschär und W. Wette, »Unternehmen Barbarossa« (wie Anm. 1), S. 83–110; sowie R. Zitelmann, Zur Begründung des »Lebensraum«-Motiv in Hitlers Weltanschauung, in: W. Michalka (Hrsg.), Der Zweite Weltkrieg (wie Anm. 1), S. 551–567.

Teilung der Welt«[10] gefunden werden würde. Als sich in der zweiten Juli-Dekade zeigte, daß Großbritannien nicht daran dachte, klein beizugeben, stand Hitler unter Handlungszwang. Britannien setzte seine Hoffnungen mit guter Aussicht auf Erfolg auf die Unterstützung durch die Vereinigten Staaten. Da Hitler die Chancen des in Vorbereitung befindlichen Landungsunternehmens gegen die Insel, die Operation »Seelöwe«, skeptisch beurteilte, zudem dadurch die langfristig sehr viel größere Gefahr Amerika nicht ausgeschaltet werden konnte, richtete sich der Blick auf die Sowjetunion, die zum Festlandsdegen Großbritanniens werden konnte. Sie stand der deutschen Beherrschung des Kontinents noch im Wege, die Abhängigkeit von den sowjetischen Rohstofflieferungen machte dies unmißverständlich deutlich[11]. Die von Hitler durchaus auch ins Kalkül gezogene spätere Auseinandersetzung mit den angelsächsischen Seemächten um die Welt(vor)machtstellung hatte die Beherrschung des europäischen Kontinents und seiner Ressourcen zur Voraussetzung. Diese strategische Begründung, die sich aus der Situation ergab, wurde ergänzt, ja überwölbt durch die seit den 20er Jahren feststehenden doktrinären außenpolitischen Programmvorstellungen Hitlers, deren eindeutiges Ziel die Eroberung von »Lebensraum« im Osten Europas war. Die aggressive Lebensraumpolitik war ihrerseits untrennbar verbunden mit rassepolitischen Axiomen und Grundsätzen, die in der Vorstellung gipfelten, daß sich im Bolschewismus die extremste Form der Herrschaft des »Weltjudentums« zeige. Es ist immer wieder versucht worden, beide Begründungen gegeneinander abzuwägen und eine Reihenfolge festzulegen. Ein zusätzlicher Erkenntnisgewinn ist von solchem Bemühen nicht zu erwarten, denn gerade der Planungsprozeß für das Unternehmen »Barbarossa« zeigte in seinem Verlauf, daß Hitlers politische und strategische Entscheidungen auf einer Symbiose von ideologischen Überzeugungen und machtpolitischen Überlegungen beruhten. Das eine ist von dem anderen nicht zu trennen.

Auf dem Gebiet der Außenpolitik, einem der in der Hillgruberschen Definition genannten Bereiche, hatte die Entscheidung vom 31. Juli unmittelbare Konsequenzen. Die deutsche Politik zeigte nach einer Phase der betonten Zurückhaltung nunmehr großes Interesse an der Selbständigkeit und den Ressourcen Finnlands und Rumäniens, die nach dem Geheimen Zusatzprotokoll zum deutsch-sowjetischen Nichtangriffsvertrag der Einflußsphäre der Sowjetunion zugesprochen worden waren. Beide Staaten wurden im Laufe eines Jahres de facto zu den wichtigsten Verbündeten im Kampf gegen die Sowjetunion[12]. Interessanterweise wurden zur selben Zeit — August 1940 — Versuche der italienischen

---

[10] G. R. Ueberschär, Hitlers Entscheidung (wie Anm. 9), S. 93.
[11] Vgl. hierzu R. D. Müller, Von der Wirtschaftsallianz zum kolonialen Ausbeutungskrieg, in: Das Deutsche Reich und der Zweite Weltkrieg, Bd 4, Stuttgart 1983, S. 104 ff., 161 ff.; sowie M. Zeidler, Deutschsowjetische Wirtschaftsbeziehungen im Zeichen des Hitler-Stalin-Paktes, in: B. Wegner (Hrsg.), Zwei Wege (wie Anm. 3), S. 93—110.
[12] J. Förster, Die Gewinnung von Verbündeten in Südosteuropa, in: Das Deutsche Reich und der Zweite Weltkrieg, Bd 4, Stuttgart 1983, S. 327—347; G. R. Ueberschär, Die Einbeziehung Skandinaviens in die Planung »Barbarossa«, in: Ebd., S. 365—403; S. Mylleyniemi, Die Folgen des Hitler-Stalin-Paktes für die Baltischen Republiken und Finnland, in: B. Wegner, Zwei Wege (wie Anm. 3), S. 75—92, sowie M. Menger, Deutschland und der finnische »Sonderkrieg« gegen die Sowjetunion, in: Ebd., S. 547—563.

Regierung, mit der Sowjetunion engere vertragliche Beziehungen aufzunehmen und die beiderseitigen Interessen auf dem Balkan abzuklären, durch eine Intervention Ribbentrops gestoppt[13]. Dagegen scheiterte der Versuch Hitlers im Oktober 1940, Spanien, Vichy-Frankreich und den Achsenpartner für die Interessen des Reiches zur Sicherung der Südflanke gegenüber den angelsächsischen Seemächten einzuspannen. Statt dessen sah sich Hitler auch im Gefolge des albanischen Abenteuers Italiens veranlaßt, auf dem Balkan militärisch einzugreifen. Somit gelang die weiträumig angelegte außenpolitische Absicherung des Angriffs auf die Sowjetunion nicht in der intendierten Weise[14].

In die militärische, insbesondere operative Planung des Unternehmens hat Hitler nur gelegentlich, aber in sehr charakteristischer Weise eingegriffen. General Franz Halder, der Generalstabschef des Heeres, beanspruchte energisch die Kompetenz auf diesem Gebiet und war schon seit Ende Juni 1940 bemüht, eine »Schlagkraft im Osten« zu formieren, die zur offensiven Grenzsicherung gegenüber der Sowjetunion in der Lage sein sollte. Anfang Juli ging er einen Schritt weiter und gab den Auftrag zu operativen Studien für eine begrenzte Kriegführung gegen die Sowjetunion mit dem Ziel, ihr »die Anerkennung der beherrschenden Rolle Deutschlands in Europa abzunötigen«[15]. Das militärische Ziel implizierte die Besetzung der baltischen Staaten, Weißrußlands und von Teilen der Ukraine. Die Motive für die bemerkenswerte, eigenständige Handlungsweise Halders liegen einerseits in seinem Verständnis der Aufgaben eines Generalstabschefs in der Nachfolge von Moltke und Schlieffen sowie andererseits in dem Bemühen, eine Situation wie beim Westfeldzug zu vermeiden, als der Plan eines Außenseiters, Manstein, gegen die Intentionen des Generalstabes von der politischen Führung aufgegriffen wurde. Die Planung zeigt aber auch, daß der Gedanke einer künftigen Auseinandersetzung mit der Sowjetunion sich nicht auf den Kreis um Hitler beschränkte.

Wesentliche vorbereitende Arbeiten waren daher schon geleistet worden, als Hitler am 31. Juli bei der Besprechung auf dem Obersalzberg seinen Entschluß verkündete, die Sowjetunion im Mai 1941 anzugreifen und zu »erledigen«. Die Erweiterung der Zielsetzung durch Hitler, nämlich die »Vernichtung der Lebenskraft Rußlands«, die Zerschlagung des Staates »in einem Zuge«[16], hat an der routinierten Bewältigung der operativen Planung durch die beteiligten Militärs nichts geändert. Dem lag zugrunde, daß die mit der Materie befaßten Generalstabsoffiziere in der Euphorie des Sieges über Frankreich und bei dem allen gemeinsamen Urteil über die geringen militärischen Fähigkeiten der sowjetischen Führung keine Zweifel an der Erreichbarkeit des Ziel artikulierten.

---

[13] G. Petracci, Pinocchio, die Katze und der Fuchs. Italien zwischen Deutschland und der Sowjetunion (1939—1941), in: B. Wegner, Zwei Wege (wie Anm. 3), S. 519—546, hier S. 540f.

[14] Vgl. G. Schreiber, Die politische und militärische Entwicklung im Mittelmeerraum 1939/40, in: Das Deutsche Reich und der Zweite Weltkrieg, Bd 3, Stuttgart 1984, S. 162ff., S. 528ff.; ders., Der Mittelmeerraum in Hitlers Strategie 1940, »Programm« und militärische Planung, in: Militärgeschichtliche Mitteilungen, 28 (1980), S. 69—99.

[15] Halder, Kriegstagebuch (wie Anm. 6), S. 6 (3.7.1940); vgl. auch E. Klink, Die militärische Konzeption des Krieges gegen die Sowjetunion, in: Das Deutsche Reich und der Zweite Weltkrieg, Bd 4, S. 204ff.

[16] Halder, Kriegstagebuch (wie Anm. 6), S. 45ff. (31.7.1940), hier S. 49.

Andreas Hillgruber hat das Rußlandbild dieser Offiziere in der Vorbereitungsphase des Angriffs charakterisiert[17] und festgestellt, daß bei ihnen das Bild vom »tönernen Koloß« eindeutig dominierte und für sie »das russische Problem nur noch zu einer Frage des richtigen Operationsansatzes« geworden war. Eine Äußerung des Oberstleutnants i. G. Kinzel, dem Chef der Abteilung Fremde Heere Ost, aus dem Oktober 1940 läßt die Oberflächlichkeit und Überheblichkeit der Urteilsbildung erkennen: »Ihre Vorschriften und ihr Größenwahn verlangen den Angriff, ihre Angst vor dem deutschen Heer lähmt jedoch ihre Entschlußkraft«[18]. Daran konnten weder die frühen Hinweise der Militärgeographischen Abteilung des Generalstabes auf die Entwicklung des sibirischen Industriegebietes und den »Hauptgegner« Raum und Klima, noch die Warnungen des Botschaftsrats v. Walther vor dem täuschenden Bild des »tönernen Kolosses« etwas ändern. Generalmajor Marcks, der seinen »Operationsentwurf Ost« in wenigen Tagen fertiggestellt hatte, war der Meinung, daß nach der Eroberung von Leningrad, Moskau und Charkow innerhalb von maximal 11 Wochen nach Beginn der Offensive die Eroberung weiterer Gebiete bis zu einer Linie Archangelsk—Gorkij—Rostov a. Don in der Art eines »Eisenbahnvormarsches« vor sich gehen könne[19]. Anfang des Jahres 1941, als die Oberbefehlshaber der Heeresgruppen und Armeen sowie ihre Generalstabschefs in die konkrete Planung mit einbezogen wurden, sind auch andere, skeptische Äußerungen gefallen, doch sie konnten an dem durch Halder und seine Generalstabsoffiziere in Übereinstimmung mit Hitler vorgegebenen Kurs und seinen Begleiterscheinungen nichts mehr ändern.

Unter dem beherrschenden Einfluß Halders schälte sich als operatives Ziel eindeutig ein Vorstoß auf und die Inbesitznahme von Moskau heraus. Halder war der Überzeugung, daß mit der Eroberung dieses staatlichen, wirtschaftlichen und verkehrsmäßigen Zentrums die Sowjetunion zerfallen und die Widerstandskraft der Roten Armee erlöschen werde. Der Angriff sollte aus Ostpreußen und Polen heraus in einem mächtigen Stoß bis zur Dnjepr-Dvina-Linie vorgetragen werden. Die Planung ging von der sicheren Überzeugung aus, daß es gelingen werde, die Masse der Roten Armee in dieser ersten Phase der Operation zu stellen und zu vernichten. Dann sollte der Angriff über die »Smolensker Landbrücke« in Richtung Moskau weitergeführt werden[20]. Andere Vorstellungen, die diesen Hauptstoß auf Moskau aus südwestlicher Richtung vorsahen, wurden verworfen. Seit dem 3. September 1940 war Generalleutnant Friedrich Paulus für die Fortführung und Ausgestaltung der operativen Planung verantwortlich. Das Ergebnis wurde in einem »Planspiel« in den ersten Dezembertagen getestet. Dabei stellte sich heraus, daß das von Halder vorgegebene Ziel in der zur Verfügung stehenden Zeit nur dann zu erreichen war, »wenn die beiden Heeresgruppen Süd und Nord ihre Hauptaufgabe

---

[17] A. Hillgruber, Das Rußland-Bild der führenden deutschen Militärs vor Beginn des Angriffs auf die Sowjetunion, in: Rußland — Deutschland — Amerika. Festschrift für Fritz T. Epstein zum 80. Geburtstag, Wiesbaden 1978, S. 296—310, hier S. 309; wiederabgedruckt in B. Wegner, Zwei Wege (wie Anm. 3), S. 167—184.

[18] Vgl. E. Klink, Die militärische Konzeption (wie Anm. 15), S. 228; für das folgende ebd., S. 201 f., S. 220.

[19] Ebd., S. 219 ff.; sowie I. Lachnit und F. Klein (Hrsg), Der »Operationsentwurf Ost« des Generalmajors Marcks vom 5. April 1940, in: Wehrforschung, 1 (1972), S. 114—123.

[20] Vgl. E. Klink, Die militärische Konzeption (wie Anm. 15), S. 219—223.

darin sahen, den Flankenschutz der rasch vorstoßenden Heeresgruppe Mitte zu übernehmen«[21]. Halder trug am 5. Dezember den Operationsplan Hitler vor. Ob und ggf. wie er das Ergebnis des Planspiels berücksichtigte, bleibt unklar. Hitler jedenfalls erklärte sich zunächst mit den Operationsabsichten einverstanden, entwickelte dann jedoch ein Szenario, das in wesentlichen Punkten von dem Plan Halders abwich. So sollten starke Teile der Heeresgruppe Mitte nach Norden einschwenken, um die im Baltikum stehenden sowjetischen Kräfte zusammen mit der Heeresgruppe Nord einzukesseln. Die Heeresgruppe Süd sollte mit ihrer Nordgruppe nach Süden einschwenken, um den Gegner in der Ukraine zu umfassen und zu vernichten. Mit anderen Worten: Moskau wurde zum nachrangigen Ziel, die Linie Archangelsk—Rostov a. Don wurde gar nicht erwähnt. Hitler ging es in erster Linie um die Sicherung der Ostsee und der agrarischen sowie industriewirtschaftlichen Ressourcen der Ukraine. Es ist typisch für das Verhältnis zwischen militärischer Führung und Hitler, daß Halder keinen Versuch unternahm, um eine Klärung dieser doch zum Teil direkt gegensätzlichen Vorstellungen herbeizuführen. Die Ansichten Hitlers fanden ihren klaren Niederschlag in der Weisung Nr. 21 vom 18. Dezember, wobei Halder über den Chef des Wehrmachtführungsstabes, General Jodl, noch versuchte, auf einzelne Formulierungen Einfluß zu nehmen[22]. Der Gedanke, Hitler gewissermaßen durch die Hintertür durch interpretationsfähige Formulierungen in einer Weisung an ein ihm nicht genehmes Konzept binden zu können, trägt groteskbeamtenhafte Züge. Da Halder trotz der Weisung an den Grundsätzen seiner operativen Planung festhielt, war der spätere Konflikt um den Kräfteansatz für die zweite Feldzugsphase vorprogrammiert. So war selbst auf dem sehr speziellen Feld der operativen Planung ein zwischen den verantwortlichen Institutionen einvernehmlich abgestimmtes Konzept nicht zustande gekommen, ganz zu schweigen von der gebotenen Koordination mit den anderen Bereichen einer modernen Kriegführung.

Einer dieser Bereiche ist die Logistik, d.h. die Versorgung der Truppe mit allem was für den Kampf und die Erhaltung der Kampfkraft notwendig ist, gewissermaßen die Voraussetzung für die Durchführbarkeit der operativen Zielsetzung. Auf diesem Felde lag die Planung in den Händen des Generalquartiermeisters im Generalstab des Heeres, des Generalmajors Wagner. Sie sah für die ausschlaggebende Heeresgruppe Mitte vor, daß für den ersten Operationsabschnitt bis zum Erreichen der Dnjepr-Dvina-Linie die Versorgung fast ausschließlich im Kraftwagentransport erfolgen sollte. Halder unterstrich die Bedeutung dieses Instruments für die Kriegführung mit dem Vermerk für einen Vortrag bei Hitler: »*Kraftwagen* muß alles leisten«. Dieser Grundsatz ist nicht in die Praxis umgesetzt worden, denn bei mehr als der Hälfte der gegen die Sowjetunion aufgebotenen Divisionen konnten die Nachschubkolonnen nicht motorisiert werden, sondern mußten mit Panjewagen und -pferden ausgestattet werden. Von dem vorhandenen motorisierten Transportraum wurde jeder Heeresgruppe 20 000 t sogenannter Großtransportraum zugewiesen, dessen Aufgabe es vor allem war, die zügig vordringenden motorisierten Ver-

---

[21] Ebd., S. 234 f.; für das folgende ebd., S. 235—237.
[22] Ebd., S. 238 f.; zur Weisung vom 18.12.1940 vgl. G.R. Ueberschär und W. Wette, »Unternehmen Barbarossa« (wie Anm. 1), S. 298—300.

bände zu versorgen, insbesondere mit Treibstoff und Munition. Trotz mancher Schwierigkeiten und unvorhergesehener Entwicklungen sind dann auch während dieser ersten Operationsphase gravierende Versorgungsengpässe nicht aufgetreten. Allerdings war die Kapazität des »Großtransportraums« Mitte Juli bei der Heeresgruppe Mitte bereits um 30%, bei der Heeresgruppe Süd gar um 50% gesunken[23].

Für die folgende Phase der Offensive war die Einrichtung einer Versorgungsbasis im Raum Minsk—Borisov vorgesehen, aus der heraus die Verbände der Heeresgruppe während des weiteren Vormarsches in der selben Weise mit Hilfe des Großtransportraums versorgt werden sollten. Voraussetzung hierfür war die rechtzeitige und ausreichende Auffüllung dieser Basis mit den entsprechenden Gütern. In Anbetracht des begrenzten motorisierten Transportraumes war dies nur mit Hilfe der Eisenbahn möglich. In der Realität erwies sich diese Aufgabe für die Bahn als undurchführbar[24]. Die Gründe hierfür sind mannigfaltig. Die Reichsbahn hatte sich von ihrem Niedergang im Ersten Weltkrieg und durch den Versailler Vertrag noch nicht erholt, die Forcierung der Motorisierung in den 30er Jahren hatte notwendige Investitionen verhindert. Sie verfügte im Herbst 1939 über weniger Lokomotiven und rollendes Material als im Jahre 1914. Im Rahmen ihres Einsatzes für die Versorgung des Ostheeres unterstand sie nicht dem Generalquartiermeister, sondern dem Chef des Wehrmachttransportwesens im Oberkommando der Wehrmacht. Die sich daraus ergebenden Reibungen haben die Durchführung der Aufgabe nicht erleichtert. Darüber hinaus wurde die Erwartung des Oberkommandos des Heeres auf eine erhebliche Beute an sowjetischem Eisenbahnmaterial nicht erfüllt. Den Sowjets war es gelungen, die Masse der Lokomotiven und Waggons rechtzeitig zurückzuführen, so daß wesentliche Teile des dünnen und zum Teil zerstörten Streckennetzes umgenagelt werden mußten. Diese Umstände führten dazu, daß die neue Versorgungsbasis nicht — wie von Halder und Wagner geplant — bis Ende Juli aufgefüllt werden konnte, die hierfür notwendigen 37 000 t täglich überforderten Schiene und Straße[25]. Die Krise verschärfte sich in den folgenden Monaten kontinuierlich: im August benötigte die Heeresgruppe Mitte allein 24 Züge täglich nur um den laufenden Bedarf zu decken, tatsächlich wurden ihr nur zwischen 12 und 18 Züge täglich zugeführt. Im Oktober konnte die neue Versorgungsbasis nur mit 195 statt der 724 notwendigen Züge beschickt werden. Und schließlich hielten die deutschen Lokomotiven dem scharfen Frost nicht stand, Anfang Dezember erreichten die Ausfälle 70% des gesamten Bestandes. Die Befürchtung des Oberbefehlshabers der Heeresgruppe Mitte, des Generalfeldmarschall v. Bock, Mitte November, daß

---

[23] Vgl. E. Klink, Die militärische Konzeption (wie Anm. 15), S. 248—253; sowie R. D. Müller, Das Scheitern der wirtschaftlichen »Blitzkriegsstrategie«, in: Das Deutsche Reich und der Zweite Weltkrieg, Bd 4, Stuttgart 1983, S. 959 ff., insbes. S. 963 und 968.

[24] H. Rohde, Das deutsche Wehrmachttransportwesen im Zweiten Weltkrieg. Entstehung — Organisation — Aufgaben, Stuttgart 1971; ders., Das Eisenbahnverkehrswesen in der deutschen Kriegswirtschaft 1939—1945, in: F. Forstmeier und H.-E. Volkmann (Hrsg.), Kriegswirtschaft und Rüstung 1939—1945, Düsseldorf 1977, S. 134—163; E. Kreidler, Die Eisenbahnen im Machtbereich der Achsenmächte während des Zweiten Weltkrieges, Göttingen 1975; K. Schüler, Der Ostfeldzug als Transport- und Versorgungsproblem, in: B. Wegner, Zwei Wege (wie Anm. 3), S. 203—220.

[25] Zu diesen und den folgenden Zahlen vgl. R.D. Müller, Das Scheitern (wie Anm. 23), S. 970 und 973; sowie K. Schüler, Der Ostfeldzug (wie Anm. 24), S. 211, Anm. 7.

— wie er sich ausdrückte — »Judenzüge« den Transportfluß noch zusätzlich hemmen würden[26], wirft in der sich anbahnenden militärischen Katastrophe ein Schlaglicht auf den ideologisierten Vernichtungskrieg hinter der Front.

An den logistischen Problemen eines Feldzuges mit dem Ziel Moskau hatte sich seit Napoleons Zeiten grundsätzlich nichts geändert. Treibstoff und Munition hatten zwar Lebensmittel für die Soldaten und Futter für die Pferde in der Priorität abgelöst, aber die klimatischen Bedingungen, der Verschleiß der Transportmittel in dem verkehrsmäßig nicht erschlossenen Raum und die begrenzte Reichweite der Pendeltransporte waren 1812 wie 1941 einzukalkulierende Größen[27]. In beiden Fällen gelang es nicht, die vorgeschobenen Versorgungsbasen: Wilna 1812, Minsk 1941 — rechtzeitig und ausreichend mit Nachschubgütern aufzufüllen, damit aber war die entscheidende Voraussetzung für die Fortsetzung der Offensive nicht mehr gegeben. Napoleons wie Halders Feldzugsplan war auf der sicheren Erwartung aufgebaut, die gegnerischen Streitkräfte grenznah, d.h. in Reichweite der vorbereiteten und aufgefüllten Versorgungsbasis, feldzugsentscheidend schlagen zu können. Napoleon scheint zeitweise erwogen zu haben, wegen der logistischen Probleme mit der Armee im Raum Smolensk zu überwintern, dieser Gedanke hat die deutsche militärische Führung in dem Zeitraum, in dem die logistischen Voraussetzungen noch erreichbar schienen (August/September), nicht beschäftigt. Für Halder, im Bereich der militärischen Planung zweifellos die beherrschende Gestalt, stand die Durchsetzung seiner operativen Idee, d.h. die seiner Ansicht nach feldzugsentscheidende Ausschaltung des Zentrums Moskau, gegenüber allen Störfaktoren ganz im Vordergrund der Überlegungen. Der Operateur Halder nahm zwar die Meldungen seines Generalquartiermeisters und der Abteilung Fremde Heere Ost, deren Fakten die Erreichbarkeit seines Zieles zunehmend in Frage stellten, zur Kenntnis, sie vermochten jedoch nicht die starre Fixierung auf das selbstgesetzte Operationsziel zu erschüttern. Im November schließlich, bei der denkwürdigen Konferenz in Orsa, traf Halder doch noch auf Widerstand der Frontbefehlshaber und ihrer Berater. Das Ergebnis zeigte jedoch, daß die militärische Verantwortung gegenüber der Truppe schwächer ausgebildet war als der Gehorsam gegenüber den Weisungen des Oberbefehlshabers der Heeresgruppe, Generalfeldmarschall v. Bock, und gegenüber der Autorität des Chefs des Generalstabes. Wenn Halder angesichts der katastrophalen Versorgungssituation knapp 2 Wochen vor der »Wende vor Moskau« die Oberquartiermeister der Ostarmeen aufforderte, »im Dienst des operativen Gedankens .... in Versorgungsfragen das äußerste Risiko« einzugehen[28], dann wird deutlich, daß die Logistik, eine der wesentlichen Grundlagen der industrialisierten und technisierten Kriegführung, dem Mythos der operativen Führungskunst zum Opfer gebracht wurde.

Die strategische Entscheidung vom 31. Juli 1940 hatte nicht nur eine operative und logistische, sondern auch eine rüstungswirtschaftliche Planung zur Folge. Wie nach dem

---

[26] R. D. Müller, Das Scheitern (wie Anm. 23), S. 984.

[27] Vgl. hierzu G. Perjés, Die Frage der Verpflegung im Feldzuge Napoleons gegen Rußland, in: Militärgeschichtliche Mitteilungen, 4 (1968), S. 35—64.

[28] Zu der Konferenz von Orsa vgl. E. Klink, Die Operationsführung, in: Das Deutsche Reich und der Zweite Weltkrieg, Bd 4, Stuttgart 1983, S. 588—592; das Halder-Zitat bei R. D. Müller, Das Scheitern (wie Anm. 23), S. 985—986.

bisherigen Befund nicht anders zu erwarten, ist auch dieser Teil der Vorbereitungen für den Angriff auf die Sowjetunion gekennzeichnet durch die Hybris, die nicht nur die militärische Führung nach dem unerwartet schnellen und vollständigen Sieg über Frankreich erfaßt hatte und durch die ihr entsprechende, im Ergebnis katastrophale Unterschätzung der militärischen Standhaftigkeit der Roten Armee. So mißlang die Anpassung der Kriegsmittel an das Kriegsziel und in diesem Prozeß des Mißlingens zeigten sich Phänomene, die über den Bereich des Militärs hinausweisend Strukturmerkmale des nationalsozialistischen Regimes widerspiegeln.

Über die Entwicklung der deutschen Kriegswirtschaft bis zur »Wende vor Moskau« ist in den letzten Jahren kontrovers diskutiert worden mit bemerkenswerten Ergebnissen[29]. Im Gegensatz zu früheren Auffassungen, die vor allem im angelsächsischen Bereich vertreten wurden, ergibt sich nun aufgrund der Forschungen von R. D. Müller und B. R. Kroener das Bild einer »friedensmäßigen Kriegswirtschaft« (R. D. Müller). Maßgebend hierfür war die aus vielen Quellen gespeiste Unsicherheit des Regimes über die Belastbarkeit der Bevölkerung, weswegen die verkündete wirtschaftliche Mobilmachung auch nicht vollzogen wurde. Im engeren Bereich der Rüstungswirtschaft waren die gegenseitig konkurrierenden Waffenämter der Wehrmachtteile einerseits bestrebt, die Prinzipien einer militärischen Kommandowirtschaft (R. D. Müller) gegenüber den Interessen der Privatindustrie durchzusetzen, und andererseits sich dem Anspruch des Oberkommandos der Wehrmacht zu widersetzen, die Gesamtrüstung der Wehrmacht in eigener Verantwortung zu steuern. Der in den Friedensjahren gewonnene Rüstungsvorsprung konnte dennoch im ersten Kriegsjahr aufrechterhalten werden[30]. Der Entschluß, die Sowjetunion anzugreifen und sich ihrer Rohstoffressourcen zu bemächtigen, wurde demnach zu einem Zeitpunkt gefaßt, in dem die Rüstungsindustrie — trotz aller Schwierigkeiten — noch keineswegs ihre Leistungsgrenze erreicht hatte. Und bevor Hitler am 31. Juli seinen Entschluß verkündete, erörterte er am 28. Juli mit dem Chef der Heeresrüstung und Befehlshaber des Ersatzheeres, dem Generalobersten Fritz Fromm, die personellen und materiellen Voraussetzungen für diesen Feldzug[31]. Dabei wurde festgelegt, daß das Heer auf 180 Divisionen auszubauen, sowie die entsprechenden Mengen an Waffen, Gerät und Munition bis zum 1. Mai 1941 bereitzuhalten seien. Diese Festlegung bedeutete zunächst einmal eine Änderung des zwei Wochen zuvor ergangenen »Führerbefehls« zur »Umsteuerung der Rüstung«, der den Nachdruck auf die Luftwaffen- und Marinerüstung gelegt hatte. Das neue Rüstungsprogramm B, »Steigerung der Rüstung«, wurde am 28. September 1940 durch »Führer-Erlaß« in Kraft gesetzt[32]. Die Verhandlungen um dieses Rüstungs-

---

[29] Vgl. hierzu neuerdings B. R. Kroener, Der »erfrorene Blitzkrieg«. Strategische Planungen gegen die Sowjetunion und die Ursachen ihres Scheiterns, in: B. Wegner, Zwei Wege (wie Anm. 3), S. 133—148, und die dort angegebenen Studien von A. Milward und R. Overy. Über die deutsche Kriegswirtschaft bis Ende 1941 informieren umfassend die Beiträge von R. D. Müller und B. R. Kroener in dem Bd 5/1 (1988) des Werkes »Das Deutsche Reich und der Zweite Weltkrieg«.

[30] Vgl. R. D. Müller, Die Mobilisierung der deutschen Wirtschaft für Hitlers Kriegführung, in: Das Deutsche Reich und der Zweite Weltkrieg, Bd 5/1, Stuttgart 1988, S. 526.

[31] B. R. Kroener, Der »erfrorene Blitzkrieg« (wie Anm. 29). S. 138.

[32] Vgl. R. D. Müller, Die Mobilisierung (wie Anm. 30), S. 502—522; ders., Von der Wirtschaftsallianz

programm verdeutlichen die allgemeine Unterschätzung des sowjetischen Gegners in geradezu exemplarischer Weise. Der Chef des Oberkommandos der Wehrmacht, Generalfeldmarschall Keitel, machte den Anfang: Mitte August erklärte er, daß eine Kapazitätsausweitung bei der Rüstungsindustrie zur Erfüllung der Forderungen aus dem 180-Divisionen-Heeresausbau nicht in Frage komme[33]. Die Folge war, daß der Chef der Heeresrüstung nicht mehr von einem »optimalen Ausrüstungssoll des Feldheeres 1941« ausging, das Heeres-Waffenamt vielmehr prüfen ließ, welche »Produktionsleistungen bis zum 31. März 1941« zu erwarten waren. Es blieb dann zu entscheiden, wie »der Fehlbestand durch Entnahme aus der Beute bzw. durch eine verminderte Ausstattung« ausgeglichen werden konnte[34]. Zusammen mit dem bemerkenswerten Programm der sog. Rüstungsurlauber — 300 000 Soldaten sollten für eine begrenzte Zeit in der Rüstungsindustrie arbeiten — sind dies für B. R. Kroener klare Hinweise darauf, daß auch rüstungswirtschaftlich tatsächlich ein Blitzkrieg vorbereitet wurde. Nach der Vorgabe der Operateure wurde eine begrenzt Dauer der Operationen zugrunde gelegt und dementsprechend zu einem vorbestimmten Termin eine begrenzte Menge von Waffen, Gerät und Munition bereitgehalten. Der Nachweis, daß auf dem personellen Sektor ebenfalls mit der angenommenen Operationsdauer gerechnet, d. h. minimale Vorsorge für den personellen Ersatz getroffen wurde, ergänzt das Bild[35]. Doch nicht die These vom geplanten Blitzkrieg gegen die Sowjetunion ist hier weiter zu verfolgen, sondern die geradezu unglaubliche Sorglosigkeit, mit der Planung und Durchführung der entsprechenden Rüstungsvorhaben betrieben wurden. Einmal ganz abgesehen von der Frage, ob der Heeresausbau auf 180 Divisionen nach den damaligen Erkenntnissen und Kriterien als adäquat bezeichnet werden kann, ist die von Anfang an einkalkulierte verminderte Ausstattung der Verbände nur erklärbar mit der alle Überlegungen durchdringenden Überschätzung der eigenen Möglichkeiten gegenüber der Sowjetunion. Selbst als im November und Dezember deutlich wurde, daß die mit dem Rüstungsprogramm B festgelegten Rüstungszahlen nicht erreicht werden würden, kam den Operateuren im Generalstab offenbar nicht der Gedanke, daß ihre operative Idee durch mangelnde Rüstung in Gefahr geraten könnte[36]. Im Kampf der Wehrmachtteile um ihre Anteile an der Rüstungsproduktion spielte die Argumentation mit dem bevorstehenden Krieg gegen die Sowjetunion jedenfalls eine untergeordnete Rolle. Hitler selbst billigte am 20. Dezember eine Vorlage, wonach dem Ostheer zum vorbestimmten Termin zwar ein Munitionsvorrat für 12 Monate, jedoch nur eine für 3 Monate berechnete Waffen- und Geräteausstattung zur Verfügung stehen werde. Sobald diese Planziele erreicht seien, so entschied er darüber hinaus, sollten die entsprechenden industriellen Kapazitäten auf die Ausrüstung der Luftwaffe und der Marine für ihren Kampf gegen England konzentriert wer-

---

(wie Anm. 11), S. 168—189; B. R. Kroener, Der »erfrorene Blitzkrieg« (wie Anm. 29), S. 139, vgl. auch H. Schustereit, Vabanque, Hitlers Angriff auf die Sowjetunion 1941 als Versuch, durch den Sieg im Osten den Westen zu bezwingen, Herford, Bonn 1988.

[33] Vgl. B. R. Kroener, Der »erfrorene Blitzkrieg« (wie Anm. 29), S. 138 f.
[34] R. D. Müller, Von der Wirtschaftsallianz (wie Anm. 11), S. 170.
[35] B. R. Kroener, Die personellen Ressourcen (wie Anm. 4), S. 790—797.
[36] R. D. Müller, Von der Wirtschaftsallianz (wie Anm. 11), S. 175—179.

den[37]. Damit begann der Kampf der Wehrmachtteile um ihren Anteil an der Rüstungsproduktion erneut und noch verbissener. Das grotesk zu nennende Ergebnis war, daß alle drei Wehrmachtteile bis in den Sommer 1941 hinein kolossale Rüstungsprogramme ausarbeiteten, die nichts mit der Realität zu tun hatten, mit deren Hilfe sie aber hofften, Hitlers Interesse zu wecken, um auf diese Weise der Konkurrenz der anderen Wehrmachtteile Prozentanteile abjagen zu können[38]. Das tatsächlich zu Buche schlagende Ergebnis dieser bürokratisierten und chaotischen Rüstungswirtschaft war allerdings, daß das Ostheer am 22. Juni in seiner Ausrüstung einem »Flickenteppich« (Müller) glich, daß z. B. nur 26 der 152 Divisionen mit deutschen Kraftfahrzeugen, alle anderen mit Beutefahrzeugen unterschiedlicher Herkunft ausgestattet waren, wodurch sich die logistischen Probleme verschärften[39]. Es ist mehr als ein Zufall, daß die deutsche politische und militärische Führung trotz der Erfahrung des Ersten Weltkrieges, der die erstrangige Bedeutung der wirtschaftlichen Ressourcen und ihrer effektiven Organisation für den »Waffenkrieg« in das Bewußtsein gehoben hatte, sich mit der Stagnation der Rüstungsproduktion mehr oder weniger abfand, zugleich aber mit allem Nachdruck die Vorbereitungen für eine ideologisch bestimmte Kriegführung forcierte.

Hitler hatte — wie erwähnt — am 31. Juli 1940 seine Absicht, die Sowjetunion zu zerschlagen, machtpolitisch aus der strategischen Lage des Reiches gegenüber den angelsächsischen Seemächten heraus begründet. Noch am 9. Januar 1941 bei einer Erörterung der Kriegslage behielt er diese Argumentation bei und erklärte, daß die Beherrschung des russischen Raumes es dem Reich erlauben würde, »in Zukunft auch den Kampf gegen Kontinente zu führen«[40]. Die ideologische Komponente »seines« Krieges gegen die Sowjetunion kam Ende Februar zum ersten Mal zum Ausdruck, als General Thomas nach einem Gespräch mit Göring als Hitlers Weisung notierte, daß es darauf ankomme, »zunächst schnell die bolschewistischen Führer zu erledigen«[41].

Am 3. März erteilte Hitler Jodl Weisungen zur Neufassung der »Richtlinien auf Sondergebieten zur Weisung Nr. 21« und erklärte dabei, daß der »kommende Feldzug« auch eine »Auseinandersetzung zweier Weltanschauungen« sein werde und daß die »jüdisch-bolschewistische Intelligenz ... beseitigt werden« müsse[42]. Die offene Wendung hin zum ideologisierten Vernichtungskrieg gegen den »jüdischen Bolschewismus« erreichte während der Planungsphase einen Höhepunkt mit der Rede vor den Oberbefehlshabern und deren Chefs der Generalstäbe am 30. März. Generaloberst Halder vermerkte darüber in seinem Tagebuch: »*Kampf zweier Weltanschauungen gegeneinander:* Vernichtendes Urteil über Bolschewismus, ist gleich asoziales Verbrechertum ... Der Kommunist ist vorher kein Kamerad und nachher kein Kamerad. Es handelt sich um einen Vernichtungskampf ... *Kampf*

---

[37] Ebd., S. 177f.; B.R. Kroener, Der »erfrorene Blitzkrieg« (wie Anm. 29), S. 140f.
[38] Ebd., S. 143f.; R.D. Müller, Von der Wirtschaftsallianz (wie Anm. 11), S. 180—183.
[39] Ebd., S. 185—189.
[40] Percy E. Schramm (Hrsg.), Kriegstagebuch des Oberkommandos der Wehrmacht, Bd 1, zusammengestellt und erläutert von Hans-Adolf Jacobsen, Herrsching 1982, S. 253—259, hier S. 258.
[41] J. Förster, Das Unternehmen »Barbarossa« als Eroberungs- und Vernichtungskrieg, in: Das Deutsche Reich und der Zweite Weltkrieg, Bd 4, Stuttgart 1983, S. 414.
[42] Ebd.

gegen Rußland: Vernichtung der bolschewistischen Kommissare und der kommunistischen Intelligenz«[43]. Die Folgen dieser Direktiven sind bekannt, der Krieg erhielt eine neue Qualität, die Wehrmacht wurde Instrument des Rassen- und Vernichtungskrieges. Bemerkenswert und erklärungsbedürftig ist in diesem Zusammenhang die Tatsache, daß die militärische Führung aufgrund weniger Äußerungen Hitlers innerhalb von 3 Monaten in umfassender Weise und ohne tatsächlichen Widerspruch die Elemente des Rassen- und Vernichtungskrieges in ihr System der Kriegführung integrierte. Die Verhandlungen zwischen dem Generalquartiermeister, Generalmajor Wagner, und dem Chef der Sicherheitspolizei und des SD, SS-Gruppenführer Heydrich, über die »Regelung des Einsatzes der Sicherheitspolizei und des SD im Verbande des Heeres« verliefen — trotz der Erfahrungen während des Polenfeldzuges — ohne erkennbare Reibungen und führten schnell zu Ergebnissen, die bereits im Balkanfeldzug Anwendung fanden und für Barbarossa in einem Befehl des Oberkommandos des Heeres vom 28. April bekanntgegeben wurden. Konsequenz dieser »Regelung« war das Wüten und Morden der vier Einsatzgruppen, denen in den ersten 5 Monaten des Feldzuges gegen die Sowjetunion ungefähr eine halbe Million Menschen zum Opfer fielen[44]. Zwar agierten die Einsatzgruppen in »eigener Verantwortung«, aber sie waren auf mehrfache Weise zur Zusammenarbeit mit dem Heer, der kämpfenden Truppe, verpflichtet und auf sie angewiesen. Proteste gegen Massenerschießungen und andere Schandtaten hat es, wie in Polen auch gegeben. Aber sie fanden keine Resonanz mehr in der höheren militärischen Führung.

Der »Erlaß über die Ausübung der Kriegsgerichtsbarkeit im Gebiet ›Barbarossa‹ und über besondere Maßnahmen der Truppe« vom 13. Mai wurde im Auftrage Hitlers von Keitel herausgegeben[45]. Die verantwortlichen Offiziere waren sich der Konsequenzen vollkommen bewußt, wenn über angenommene oder tatsächliche »Straftaten feindlicher Zivilpersonen« nicht mehr ein Gericht, sondern ein Offizier entschied, dem im übrigen nur die Alternative erschießen oder laufen lassen blieb. Ebenso gravierend war die Aufhebung des Verfolgungszwanges bei »Straftaten von Angehörigen der Wehrmacht und des Gefolges gegen Landeseinwohner«. Die Akzeptanz der verbrecherischen Befehle in ihrer Wirkung auf den Gegner zeigte sich u.a. auch daran, daß die aus der Aufhebung des Verfolgungszwanges sich für die Disziplin der eigenen Truppe ergebenden Gefahren von der militärischen Führung allein als ein Problem empfunden wurde. Dagegen wurden

---

[43] Halder, Kriegstagebuch (wie Anm. 6), S. 336 (30.3.1941). Vgl. H. Krausnick, H.-H. Wilhelm, Die Truppe des Weltanschauungskrieges. Die Einsatzgruppen der Sicherheitspolizei und des SD 1938—1942, Stuttgart 1981; sowie J. Förster, Die Sicherung des »Lebensraumes«, in: Das Deutsche Reich und der Zweite Weltkrieg, Bd 4, Stuttgart 1983, S. 1030—1078.

[44] Für den Text des Befehls des Oberbefehlshabers des Heeres über die Regelung des Einsatzes der Sicherheitspolizei und des SD im Verbande des Heeres vom 28.4.1941 vgl. G.R. Ueberschär und W. Wette (Hrsg.), »Unternehmen Barbarossa« (wie Anm. 1), S. 303 f.; vgl. auch J. Förster, Das Unternehmen »Barbarossa« (wie Anm. 41), S. 421—426; P. Longerich, Die Ermordung der sowjetischen Juden im Kontext nationalsozialistischer Vernichtungspolitik, in: B. Wegner, Zwei Wege (wie Anm. 3), S. 251—274.

[45] Für den Text des Erlasses vgl. G.R. Ueberschär und W. Wette (Hrsg.), »Unternehmen Barbarossa« (wie Anm. 1), S. 305—307; vgl. auch J. Förster, Das Unternehmen »Barbarossa« (wie Anm. 41), S. 426—435.

jedem Bataillonskommandeur »kollektive Gewaltmaßnahmen« gegen ganze Ortschaften durchaus nahe gelegt[46].

Auch die auf einem Entwurf des Oberkommandos des Heeres beruhenden »Richtlinien für die Behandlung politischer Kommissare« des Oberkommandos der Wehrmacht vom 6. Juni, der sogenannte Kommissarbefehl, fügen sich in das Bild einer gewissermaßen selbstverständlichen Übernahme nationalsozialistischer, ideologiegesättigter Feindbilder durch die Wehrmacht. Mit dem Erlaß der Befehle war es auch keineswegs getan. Das Oberkommando des Heeres in der Person des verantwortlichen Generalleutnants Müller hat sich durchaus bemüht, die Ic-Offiziere und Heeresrichter der Heeresgruppen und Armeen in ihre neuen Aufgaben umfassend einzuweisen[47]. Die verbrecherischen Befehle wurden auf diese Weise zu einem integralen Bestandteil der Kriegführung gegen die Sowjetunion, bevor das Kampfgeschehen selbst die Radikalisierung noch zusätzlich vorantrieb.

Sucht man nach einer historisch befriedigenden Erklärung für dieses Verhalten, so geht der Blick unweigerlich zurück in die Endphase des Ersten Weltkrieges. Die Offiziere, die im Jahre 1941 zur militärischen Führung des Reiches zählten, hatten das Geschehen der Jahre 1917/18 meist als Subalternoffiziere erlebt und waren durch die Auflösungserscheinungen innerhalb der Armee, den militärischen Zusammenbruch und die Revolution geprägt worden. Die Außerkraftsetzung des Prinzips von Befehl und Gehorsam, die Erfahrung einer Armee, der ihre Soldaten in Scharen davonliefen, mußte das Selbstverständnis jedes Offiziers zutiefst berühren und die Frage nach den Ursachen aufwerfen[48]. In Übereinstimmung mit den Schichten der Gesellschaft, aus denen sie sich rekrutierten, waren auch die Offiziere der Überzeugung, daß der militärische Zusammenbruch und die Revolution in erster Linie das Werk linksradikaler politischer Gruppierungen waren. Selbst wenn man bereit war, über die Haltung der Mehrheitssozialdemokratie differenzierter zu urteilen, so war das Verdikt gegenüber den Unabhängigen Sozialdemokraten und den Kommunisten eindeutig und ohne jede Differenzierung[49]. An diesem »Feindbild« hatte sich seit 1918 nichts geändert, es ist im Gegenteil anzunehmen,

---

[46] Vgl. den Befehl des Oberbefehlshabers des Heeres vom 24.5.1941, abgedr. bei G.R. Ueberschär und W. Wette, »Unternehmen Barbarossa« (wie Anm. 1), S. 307f. Zu den »kollektiven Gewaltmaßnahmen« vgl. J. Förster, Das »Unternehmen Barbarossa« (wie Anm. 41), S. 429 und 431.

[47] Text der »Richtlinien« abgedr. bei G.R. Ueberschär und W. Wette, »Unternehmen Barbarossa« (wie Anm. 1), S. 313f.; J. Förster, Das Unternehmen »Barbarossa« (wie Anm. 41), S. 435—440.

[48] Vgl. hierzu u.a. J. Breit, Das Staats- und Gesellschaftsbild deutscher Generale beider Weltkriege im Spiegel ihrer Memoiren, Boppard 1973; K. Demeter, Das deutsche Offizierkorps in Gesellschaft und Staat 1650—1949, 4. Aufl., Frankfurt/M. 1965, S. 193ff.; M. Messerschmidt, Werden und Prägung des preußischen Offizierkorps. Ein Überblick, in: Offiziere im Bild von Dokumenten aus drei Jahrhunderten, Stuttgart 1964, S. 84—97; E.-H. Schmidt, Heimatheer und Revolution. Die militärischen Gewalten im Heimatgebiet zwischen Oktoberreform und Novemberrevolution, Stuttgart 1987, insbes. S. 361 ff.; H. Hürten, Das Offizierkorps des Reichsheeres, in: H.H. Hofmann (Hrsg.), Das deutsche Offizierkorps 1860—1945, Boppard 1980, S. 231—245; F.L. Carsten, Reichswehr und Politik 1918—1933, 3. Aufl., Köln, Berlin 1966.

[49] An den politischen Urteilen des hochgeachteten späteren Oberbefehlshabers des Heeres, Freiherr v. Fritsch, wird dies exemplarisch deutlich, vgl. F.L. Carsten, Reichswehr und Politik (wie Anm. 48), S. 73f., S. 221, S. 223 sowie N. Reynolds, Der Fritsch-Brief vom 11. Dezember 1938, in: Vierteljahreshefte für Zeitgeschichte, 28 (1980), S. 358—371.

daß es sich unter dem Eindruck der Nachrichten aus dem Spanischen Bürgerkrieg und über die »Säuberungen« in der Sowjetunion noch verstärkt hat. So bildet ein ausgeprägter, aggressiver Antikommunismus den Hintergrund für das Verhalten der militärischen Führung im Frühjahr 1941. Hinzu trat ein zwar weniger aggressiver, aber umso tiefer sitzender Antisemitismus und Antislawismus, den die führenden Offiziere mit der Mehrheit der Deutschen teilten. Der Umschlag dieser Überzeugungen in Anleitungen zu brutalen Mord- und Vernichtungsaktionen ist ein Zeichen für die willige Unterordnung unter den Willen des »Führers«, der den Sieg über den »Erbfeind« mit herbeigeführt hatte, aber auch für die immer stärkere Durchdringung mit dem vom Regime propagierten sozialdarwinistischen Gedankengut nach der Devise »alles oder nichts«. In den Sätzen des Generalobersten Hoepner, Oberbefehlshaber der Panzergruppe 4, in einer Aufmarsch- und Kampfanweisung vom 2. Mai, also vor dem Erlaß über die Ausübung der Kriegsgerichtsbarkeit und vor der Bekanntgabe des sogenannten Kommissarbefehls, spiegeln sich diese einzelnen Elemente in konzentrierter Weise[50]: »Der Krieg gegen Rußland ist ein wesentlicher Abschnitt im Daseinskampf des deutschen Volkes. Es ist der alte Kampf der Germanen gegen das Slawentum, die Verteidigung europäischer Kultur gegen moskowitisch-asiatische Überschwemmung, die Abwehr des jüdischen Bolschewismus ... Jede Kampfhandlung muß in Anlage und Durchführung von dem eisernen Willen zur erbarmungslosen, völligen Vernichtung des Feindes geleitet sein. Insbesondere gibt es keine Schonung für die Träger des heutigen russisch-bolschewistischen Systems«.

Das skizzierte Bild einiger Aspekte der deutschen Planungen für den Angriff auf die Sowjetunion entspricht nicht der noch immer gängigen Vorstellung einer traditionellen Vorbildern und der strengen Sachlichkeit verpflichteten, effektiven militärischen Führung. Es könnte die Frage gestellt werden, ob hier nicht in unangemessener Weise aus dem Wissen um das Ende heraus geurteilt werde? Die Kritik könnte darauf hinweisen, daß mit keinem Wort die enormen Erfolge der Wehrmacht in den Sommermonaten 1941 erwähnt wurden, daß die britischen und amerikanischen Militärs das Urteil Halders durchaus teilten und den Zusammenbruch der Sowjetunion in wenigen Monaten erwarteten. Gegenüber solchen und anderen denkbaren Einwänden erscheint es angebracht, einen Blick auf die Situation im Sommer 1938 zu werfen. Damals wehrte sich der Chef des Generalstabes, Generaloberst Ludwig Beck, aus militärischen und politischen Gründen mit allem Nachdruck gegen die Absicht der politischen Führung, einen Angriffskrieg gegen die Tschechoslowakei zu führen[51]. Beck scheiterte, immerhin konnte er davon ausgehen, daß sein Nachfolger, General Halder, die in den Denkschriften niedergelegten Argumente und Überzeugungen teilte, ja entschlossen schien, zur verschwörerischen Tat

---

[50] J. Förster, Das Unternehmen »Barbarossa« (wie Anm. 41), S. 446, dort auch die Äußerungen des Generalobersten v. Küchler vom 25.4.1941. Zu den Befehlen des Generalfeldmarschall v. Reichenau (10.10.1941), des Generalobersten Hoth (17.11.1941) und des Generals v. Manstein (20.11.1941) vgl. J. Förster, Die Sicherung (wie Anm. 43), S. 1049—1054.

[51] Vgl. hierzu K.-J. Müller, General Ludwig Beck. Studien und Dokumente zur politisch-militärischen Vorstellungswelt und Tätigkeit des Generalstabschefs des deutschen Heeres 1933—1938, Boppard 1980, S. 272—311.

zu schreiten⁵². Becks Überzeugung war es, daß ein kriegerischer Konflikt mit der Tschechoslowakei sich zu einem europäischen, ja weltweiten Krieg ausweiten werde, dem das Reich und seine Wehrmacht nicht gewachsen seien. In diesem Zusammenhang formulierte er in dem Entwurf seiner Denkschrift vom 15. Juli 1938: »Volk und Heer ... machen aber die militärische Führung dafür verantwortlich, daß nichts militärisch unternommen wird, was nicht ein ausreichendes Maß an Aussicht auf Erfolg hat«⁵³. Nur 2 Jahre später, im Sommer 1940, tauchte diese Frage der Verantwortbarkeit überhaupt nicht mehr auf. Indirekt kommt dies in dem Zweifel zum Ausdruck, den Brauchitsch und Halder im vertrauten Gespräch am 30. Juli 1940 und noch am 28. Januar 1941 an der strategischen Begründung, an dem Sinn des Unternehmens »Barbarossa« artikulierten⁵⁴. Der Zweifel blieb ohne Konsequenzen, weil nach dem Sieg über Frankreich zunächst alles machbar erschien und weil damit zugleich die Instrumentalisierung der Wehrmacht, insbesondere des Heeres, durch Hitler so weit fortgeschritten war, daß sich für die militärische Führung die Frage der Gesamtverantwortung gar nicht mehr stellte. Die Analyse einiger Aspekte der Planungsphase hat darüber hinaus gezeigt, daß auch für den engeren militärischen Bereich, in der operativen, logistischen und rüstungswirtschaftlichen Planung die von Beck geforderte Verantwortbarkeit gegenüber Volk und Heer immer mehr in den Hintergrund gedrängt und durch die von Hitler übernommene ideologische Zielsetzung zumindest zeitweise ersetzt wurde. So hat sich der Transformationsprozeß innerhalb der Wehrmacht hin zur nationalsozialistischen Volksarmee⁵⁵ in der kurzen Zeitspanne von 1938 bis 1941 enorm beschleunigt, wie dies in der Planungsphase des Unternehmens »Barbarossa« zum Ausdruck kommt.

---

⁵² K.-J. Müller, Das Heer und Hitler. Armee und nationalsozialistisches Regime 1933—1940, 2. Aufl., Stuttgart 1988, S. 346 ff.
⁵³ K.-J. Müller, General Ludwig Beck (wie Anm. 51), S. 537—542, hier S. 539.
⁵⁴ J. Förster, Hitlers Entscheidung (wie Anm. 8), S. 14 und 34; ein Hauptmann im Generalstab der 4. Armee notierte unter dem 31.12.1940 »Der Gedanke, daß wir im Kriege gegen England stehend Rußland angreifen, will zunächst kaum glaubhaft erscheinen, zumal wenn man bedenkt, daß Rußland heute unser Hauptlieferant ist. Wer soll uns also beliefern, wenn wir im Kriege mit Rußland stehen?«. H. Meier-Welcker, Aufzeichnungen eines Generalstabsoffiziers 1939—1942, Freiburg 1982, S. 103.
⁵⁵ J. Förster, Vom Führerheer der Republik zur nationalsozialistischen Volksarmee. Zum Strukturwandel der Wehrmacht 1935—1945, in: Deutschland in Europa. Kontinuität und Bruch. Gedenkschrift für Andreas Hillgruber. Hrsg. von J. Dülffer, Frankfurt, Berlin 1990, S. 311—328, sowie B. R. Kroener, Strukturelle Veränderungen in der militärischen Gesellschaft des Dritten Reiches, in: M. Prinz u. R. Zitelmann, Nationalsozialismus und Modernisierung, Darmstadt 1991, S. 267—296.

Auf dem Wege zur ideologisierten Kriegführung:
Deutschland 1918—1945

In Preußen und im deutschen Kaiserreich war die Strategie, das heißt der Gebrauch der bewaffneten Macht als Instrument zur Erhaltung oder zur Veränderung des Status quo gegenüber den Nachbarstaaten und zur Stabilisierung der Machtverhältnisse im Inneren, eine Domäne des Militärs. Weder die zivile Exekutive noch die Parlamente haben — von der einzigen Ausnahme Bismarck einmal abgesehen — auf strategische Planungen und Entscheidungen Einfluß genommen[1]. Selbst die historische Interpretation strategischer Entscheidungen und Ideen der Vergangenheit blieb das Privileg schriftstellernder Offiziere, das mit Vehemenz gegenüber einem akademischen Historiker wie Hans Delbrück verteidigt wurde[2]. So wird die Entwicklung strategischer Konzeptionen im Kaiserreich beherrscht von den Ansichten und Planungen Helmuth v. Moltkes, Alfred v. Schlieffens, von Tirpitz und Erich Ludendorff. Diese im Gegensatz zu der Entwicklung in Frankreich, Großbritannien und den USA stehende Dominanz der militärischen Führung in Fragen der nationalen Strategie ist durch die Industrialisierung des Krieges und die Niederlage des Jahres 1918 grundsätzlich in Frage gestellt worden. Als Ergebnis eines langwierigen, keineswegs geradlinig verlaufenden Prozesses hat sich daraufhin auch in Deutschland eine Dominanz der politischen Führung herausgebildet. Dieser Wandel führte von der Katastrophe des Ersten Weltkrieges zum Untergang des deutschen Nationalstaates im Zweiten Weltkrieg[3]. Weder die militärische noch die politische Führung des Reiches, weder Ludendorff und Blomberg noch Bethmann Hollweg und Hitler, sind dem rationalen Kalkül strategischer Überlegungen gefolgt, sie haben es im Gegenteil verworfen und folgten anderen, eigenen Prinzipien — mit unermeßlichen Folgen nicht nur für die Menschen deutscher Nationalität, denen zu dienen sie vorgaben.

---

[1] Vgl. den Beitrag von Holger H. Herwig, Strategic Uncertainties of a Nation State: Prussia-Germany 1871—1918, in dem von Williamson Murray und MacGregor Knox vorbereiteten Band: The Making of Modern Strategy, für den auch dieser Beitrag vorbereitet wurde.

[2] Arden Buchholz, Hans Delbrück and the German Military Establishment: War Images in Conflict, Iowa City 1985, S. 19—51; Gordon A. Craig, Delbrück: The Military Historian, in: Makers of Modern Strategy from Machiavelli to the Nuclear Age, ed. by Peter Paret, Princeton 1986, S. 326—353; Andreas Hillgruber, Hans Delbrück, in: Deutsche Historiker, hrsg. von Hans-Ulrich Wehler, Bd 4, Göttingen 1972, S. 40—52.

[3] Vgl. hierzu insbesondere den gedankenreichen Beitrag von Michael Geyer, German Strategy in the Age of Machine Warfare, 1914—1945, in: Makers of Modern Strategy (wie Anm. 2), S. 527—597. Geyers und der hier gebotene Beitrag unterscheiden sich nach der Ebene der Interpretation sowie der Gewichtung der für wesentlich erachteten Faktoren, für den Leser entsteht auf diese Weise ein sich ergänzendes Bild. Dennis E. Showalter, German Grand Strategy: A contradiction in Terms?, in: Militärgeschichtliche Mitteilungen (MGM), 48 (1990), S. 65—102, gibt einen hervorragenden Überblick über strategische Vorstellungen im Preußen des 18. und 19. Jahrhunderts, die Auswirkungen der Industrialisierung und Ideologisierung der Kriegführung im 20. Jahrhundert finden kaum

I.

Als Ludendorff am 26. Oktober 1918 von seinem Obersten Kriegsherrn den Abschied erhielt, trat ein Offizier an seine Stelle, der seine organisatorischen Fähigkeiten weit über den engeren militärischen Bereich hinaus schon unter Beweis gestellt hatte und der kein Preuße, sondern ein Württemberger war. Wilhelm Groener war sich von Anfang an im klaren darüber, daß ihm gewissermaßen die Funktion eines Konkursverwalters übertragen worden war, mit der militärische Lorbeeren nicht zu gewinnen waren[4]. Der Verlauf der Waffenstillstandsverhandlungen ließ bei seinem Amtsantritt keinen Zweifel mehr, daß eine schwere politische und militärische Niederlage des Reiches das Ergebnis sein würde. Die von Bismarck geschaffene »halbhegemoniale« Stellung Deutschlands in Europa war verloren. Und im Inneren des Reiches stand die »Umwälzung alles Bestehenden«, die Bethmann Hollweg im Juli 1914 als Ergebnis des Krieges ahnungsvoll vorhergesagt hatte[5], vor der Tür. Ludendorffs grandiose Fehlkalkulation, mit taktischen und operativen Schachzügen eine strategische Wende des Krieges erzwingen und damit die überkommenen Herrschaftsstrukturen erhalten zu wollen, war mit einem »verdeckten Militärstreik« von Teilen der im Westen kämpfenden Armee beantwortet worden[6]. Das Prinzip von Befehl und Gehorsam war erschüttert, und das Offizierkorps, der Kern der Armee, hatte seine Homogenität verloren.

In einer derartigen Situation waren nicht weit ausgreifende Pläne, sondern praktisches Handeln gefragt. Und Groeners Handeln lag eine bewußte, den gegebenen Realitäten Rechnung tragende Beurteilung der eigenen Lage zugrunde. Das ist allein deswegen schon bemerkenswert, weil Groeners Vorgänger — Ludendorff, Falkenhayn, Moltke, Schlieffen — entweder die gegebenen Realitäten nicht in ausreichendem Maße perzipierten oder aber trotz der Einsicht in die gegebene Situation nicht die Kraft zu entsprechendem Handeln

---

Berücksichtigung, vgl. auch seinen Aufsatz Total War for Limited Objectives: An Interpretation of German Grand Strategy, in: Grand Strategies in War and Peace, ed. by Paul Kennedy, New Haven and London 1991, S. 105—123. Hierzu auch unter jeweils anderer Akzentsetzung Manfred Messerschmidt, German Military Effectiveness between 1919 and 1939, in: Military Effectiveness, ed. by Allan R. Millett and Williamson Murray, vol. 2, The Interwar Period, Boston 1988, S. 223—237; Jürgen Förster, The Dynamics of Volksgemeinschaft: The Effectiveness of the German Military Establishment in the Second World War, ebd., vol. 3, The Second World War, Boston 1988, S. 191—199.

[4] Zu Groener vgl. Wilhelm Groener, Lebenserinnerungen, hrsg. von Friedrich Frhr. Hiller v. Gaertringen, Göttingen 1957, sowie den Abdruck seiner Tagebucheintragungen und Aufzeichnungen aus Kiev vom 26.2.1918 bis 25.10.1918, in: Von Brest-Litovsk zur deutschen Novemberrevolution. Aus den Tagebüchern, Briefen und Aufzeichnungen von Alfons Paquet, Wilhelm Groener und Albert Hopman, März bis November 1918, hrsg. von Winfried Baumgart, Göttingen 1971. Vgl. auch Friedrich Frhr. Hiller von Gaertringen, Artikel Groener, in: Neue Deutsche Biographie, Bd 7, Berlin 1966, S. 111—114.

[5] Kurt Riezler, Tagebücher, Aufsätze, Dokumente, hrsg. von Karl Dietrich Erdmann, Göttingen 1972, S. 183 (7.7.1914).

[6] Wilhelm Deist, Der militärische Zusammenbruch des Kaiserreichs. Zur Realität der »Dolchstoßlegende«, in: Das Unrechtsregime. Hrsg. von Ursula Büttner, Bd 1, Hamburg 1986, S. 101—129 (abgedruckt in diesem Band S. 211—233); vgl. auch Herwig (wie Anm. 1).

gefunden hatten⁷. Freilich stand Groener unter dem Druck der außergewöhnlichen Situation, die Entscheidungen einfach erzwang. Neben dieser Realitätsbezogenheit sind es die Ziele, die Groener bei aller Anpassung an die Umstände verfolgte, die sein Handeln auszeichneten und die es erlauben, von einer Strategie in Niederlage und Revolution zu sprechen. Zum einen ist es die Erhaltung der bewaffneten Macht als Instrument der Stabilisierung der inneren Ordnung, zum anderen die Bewahrung der Einheit des Reiches.

In der Phase der Auflösung der politischen und militärischen Ordnung wurde der Kaiser, Wilhelm II. als Oberster Kriegsherr, zu einem als gravierend empfundenen Problem. Groener hat es in einer zugleich dramatischen und nüchternen Weise gelöst. Damit öffnete sich der Weg zu einer Verständigung mit den Repräsentanten der neuen, noch völlig ungesicherten Ordnung im Innern⁸. Groener war vielleicht der einzige Offizier auf der Ebene der höchsten militärischen Führung, der die vertrauensmäßigen Voraussetzungen für eine Verständigung mit den Führern der Mehrheitssozialdemokratie besaß. Er hatte bereits zu Beginn seiner Tätigkeit als Chef des Kriegsamtes im November 1916 zum Ausdruck gebracht, daß gegen den Arbeiter der Krieg nicht zu gewinnen sein werde⁹, und er hatte trotz aller Konflikte an dieser Erkenntnis als Konsequenz aus der veränderten Natur des Krieges, des nunmehr industrialisierten Krieges, festgehalten¹⁰. Diese Verständigung, so schwankend ihre Tragfähigkeit sich auch zeitweise erwies und so umstritten sie in der historischen Interpretation auch nach wie vor ist, bildete den ersten und entscheidenden Schritt zur Aufrechterhaltung der innerpolitischen Funktion der bewaffneten Macht. Auch wenn Groener im Laufe der revolutionären Monate immer wieder zu Kompromissen gezwungen wurde, der Auflösungsprozeß der alten Armee immer schneller voranschritt und sein Einfluß auf die sich bildende Reichswehr sehr begrenzt war, so hat er doch mit seiner Politik die Kontinuität zwischen der alten und der neuen militärischen Führungsschicht und ihrer Funktion im innerstaatlichen Bereich ermöglicht¹¹.

---

⁷ Zu Falkenhayn vgl. vor allem Karl-Heinz Janßen, Der Kanzler und der General. Die Führungskrise um Bethmann Hollweg und Falkenhayn (1914—1916), Göttingen 1967, sowie neuerdings Ekkehart P. Guth, Der Gegensatz zwischen dem Oberbefehlshaber Ost und dem Chef des Generalstabes des Feldheeres 1914/15. Die Rolle des Majors v. Haeften im Spannungsfeld zwischen Hindenburg, Ludendorff und Falkenhayn, in: MGM, 35 (1984), S. 75—111. Hingewiesen sei auch auf die umfassende und eindringliche Darstellung von Holger Afflerbach, Falkenhayn. Politisches Denken und Handeln im Kaiserreich, Phil. Diss. Düsseldorf 1990.

⁸ Gerhard W. Rakenius, Wilhelm Groener als Erster Generalquartiermeister. Die Politik der Obersten Heeresleitung 1918/19, Boppard 1977, S. 1—85; zu Wilhelm II. vgl. Kaiser Wilhelm II. New Interpretations, ed. by John C. G. Röhl and Nicolaus Sombart, Cambridge 1982; sowie John C. G. Röhl, Kaiser, Hof und Staat. Wilhelm II. und die deutsche Politik, München 1987.

⁹ Vgl. den Bericht über die vertrauliche Sitzung des Bundesrates vom 9. 11. 1916, in: Militär und Innenpolitik im Weltkrieg 1914—1918, bearb. von Wilhelm Deist, Düsseldorf 1970 (= Quellen zur Geschichte des Parlamentarismus und der politischen Parteien, 2. Reihe: Militär und Politik, Bd 1/I), Nr. 198, S. 513.

¹⁰ Vgl. Gerald D. Feldman, Armee, Industrie und Arbeiterschaft in Deutschland 1914 bis 1918, Berlin, Bonn 1985, S. 297—326. Generaloberst v. Einem, der ehemalige preußische Kriegsminister, schrieb am 28. 10. 1918, Groener sei »mit einem Tropfen sozialistischen Oels« gesalbt, »sehr klug, aber die Ballonmütze im Koffer«. Vgl. Militär und Innenpolitik im Weltkrieg 1914—1918 (wie Anm. 9), Bd 1/II, S. 1346.

¹¹ Vgl. hierzu noch immer Rainer Wohlfeil, Reichswehr und Republik (1918—1933), München 1979 (= Handbuch zur deutschen Militärgeschichte 1648—1939, Bd 3/VI), S. 42—91, S. 117—119; sowie

Groeners Haltung in der Kaiserfrage am 9. November 1918 in Spa läßt einen weiteren Faktor seiner politischen Überzeugungen erkennen, an dem er bis zu seiner Verabschiedung im Herbst 1919 wirkungsvoll festgehalten hat. Er lehnte nicht nur kategorisch den Gedanken ab, Wilhelm II. solle an der Spitze seiner Armee die revolutionären Entwicklungen im Reiche und vor allem in Berlin bekämpfen, sondern er wandte sich auch ebenso entschieden gegen Versuche, an Wilhelm II. als König von Preußen festzuhalten und damit die Einheit des Reiches zu gefährden. Der Reichsgedanke hatte bei dem Württemberger Groener absoluten Vorrang. Groener hatte wesentlichen Anteil daran, daß separatistische Kräfte unter dem Eindruck der militärischen Niederlage und der inneren Unruhen in keinem Teil des Reiches die Oberhand gewannen. Er verhinderte auch, daß der Gedanke eines selbständigen deutschen Staates im Osten des Reiches verknüpft wurde mit der Ablehnung des Vertrages von Versailles. Von diesem Oststaat aus sollte der Kampf gegen die Alliierten mit dem Ziel einer wesentlichen Verbesserung der Friedensbedingungen fortgeführt werden. Diese Ideen, die insbesondere in dem noch verbliebenen höheren Offizierkorps mit Nachdruck vertreten wurden, bekämpfte Groener vor allem damit, daß er ihre Befürworter zwang, die gegebene Realität im eigenen Land und bei den Gegnern zur Kenntnis zu nehmen. Und er konfrontierte die Verfechter dieser Ideen mit den absehbaren Konsequenzen des vorgeschlagenen eigenen Handelns. Es wurde sehr schnell deutlich, daß der selbständige Oststaat keine vernünftige strategische Alternative zu der Linie Groeners darstellte. Groener mag sich durch die Beziehungen zu dem amerikanischen Obersten Conger zeitweise über die zu erwartenden Friedensbedingungen und über deren Veränderbarkeit manchen Illusionen hingegeben haben, als jedoch im Juni 1919 die bedingungslose Unterzeichnung des Vertrages von Versailles zur Debatte stand, war Groeners Stellungnahme für den Reichspräsidenten und die Reichsregierung von verantwortlicher Nüchternheit gekennzeichnet. Jeder militärische Widerstand gegen die Alliierten sei aussichtslos[12]. Hindenburgs Zusatz, daß er »als Soldat den ehrenvollen Untergang einem schmählichen Frieden« vorziehe[13], beleuchtet die Vorstellungswelt einer Militärkaste, die den Lebensbedingungen der Nation wenig Aufmerksamkeit schenkte. Diese Militärkaste hat Groener den Bruch mit ihrer traditionellen Ehrauffassung nie verziehen.

Die strategische Leistung Groeners vom Oktober 1918 bis in den Juni 1919 hinein besteht darin, daß er in der Zeit der militärischen Niederlage, des Aufstandes gegen das Prinzip von Befehl und Gehorsam und des gewaltsamen politischen Umsturzes jeder Form des militärischen Abenteurertums mit Erfolg widerstanden hat. Er legte das nüchterne, rea-

---

Francis L. Carsten, Reichswehr und Politik 1918—1933, 3. Aufl., Köln 1966, S. 13—56. Vgl. in diesem Zusammenhang auch Ulrich Kluge, Soldatenräte und Revolution. Studien zur Militärpolitik in Deutschland 1918/19, Göttingen 1975, und Wolfram Wette, Gustav Noske. Eine politische Biographie, Düsseldorf 1987.

[12] Vgl. Rakenius, Groener (wie Anm. 8), S. 165—234; zu Groeners Denkschriften vgl. Zwischen Revolution und Kapp-Putsch. Militär und Innenpolitik 1918—1920, bearb. von Heinz Hürten, Düsseldorf 1977 (= Quellen zur Geschichte des Parlamentarismus und der politischen Parteien, 2. Reihe: Militär und Politik, Bd 2), Nr. 15, 20, 32, 35, 53, 75.

[13] Rakenius, Groener (wie Anm. 8), S. 218, S. 224.

litätsbezogene militärische Kalkül seinen Entscheidungen zugrunde und hat auf diese Weise die politische Position der Führung der bewaffneten Macht gestärkt und die Einheit des Reiches bewahrt. Die strategische Zielsetzung Groeners war die eines Militärs. Die Entschlossenheit, die traditionelle Führungsposition der bewaffneten Macht zu erhalten, stand quer zu den Zielen der revolutionären Kräfte der Zeit, die Bewahrung der Einheit des Reiches war in beiden Gruppen gemeinsames Anliegen. In der Rückschau mag man Groeners Erfolg mit Blick auf das letztere begrüßen und hinsichtlich des ersteren bedauern, in der historischen Interpretation gehört beides zusammen.

II.

Die strategischen Konsequenzen der Bestimmungen des Versailler Vertrages stellten die politische und militärische Führung des Deutschen Reiches vor völlig neue, in ihrer kumulativen Wirkung zunächst unlösbare Probleme. Da waren zunächst die territorialen Verluste in Ost und West und die dadurch bedingten Einbußen an wirtschaftlichen Ressourcen. Hinzu kamen aber vor allem die drastischen Beschränkungen der staatlichen Souveränität zugunsten der Kriegsgegner, die sich mit einem allgemeinen Erschöpfungszustand nach einem viereinhalbjährigen Krieg verbanden, der eine stetig sich steigernde Ausschöpfung der materiellen, personellen und psychischen Ressourcen erzwungen und auf allen Gebieten ungeheure Opfer gefordert hatte. Die Alliierten erzwangen die deutsche Unterschrift unter den Vertrag zu einem Zeitpunkt, in dem die Konsolidierung der revolutionär umgestalteten deutschen Staatlichkeit noch keineswegs vollzogen war. Der Vertrag von Versailles hat auf diese Weise wesentlich zur politischen Diskreditierung des republikanischen deutschen Staates beigetragen. Mit der Forderung nach einer gleichzeitigen Bewältigung dreier komplexer Problemfelder, nämlich der ökonomischen Konsequenzen des Krieges, der unkalkulierbaren politischen und ökonomischen Auswirkungen des Vertrages von Versailles und des Auf- und Ausbaus der Republik, waren die Führungskräfte in Politik, Wirtschaft und Verwaltung vor Aufgaben gestellt, die — wenn überhaupt — nur langfristig zu lösen waren. Sämtliche Regierungen der Republik verfolgten das Ziel der Revision des Vertrages, zunächst gänzlich ohne Aussicht auf Erfolg[14]. Diese Gesamtsituation ließ eine militärisch akzentuierte Außenpolitik, die Entwicklung einer auch die Streitkräfte umfassenden Strategie gar nicht zu.

Die Streitkräfte, die Reichswehr[15], waren daher tatsächlich in den ersten Jahren der Republik nichts anderes als ein für die politische Führung der Republik notwendiges

---

[14] Für überblicksartige Darstellungen vgl. Karl Erich Born, Deutschland vom Ende der Monarchie bis zur Teilung, in: Handbuch der europäischen Geschichte, hrsg. von Theodor Schieder, Bd 7/1, Stuttgart 1979, S. 523–549; Karl Dietrich Erdmann, Die Zeit der Weltkriege, in: Bruno Gebhardt, Handbuch der deutschen Geschichte, Bd 4 in zwei Teilbänden, Stuttgart 1973; Hagen Schulze, Weimar. Deutschland 1917–1933, Berlin 1982, sowie Wohlfeil, Reichswehr und Republik (wie Anm. 11).

[15] Für einen kritischen Literaturüberblick zur Geschichte der Reichswehr vgl. nach wie vor Michael Geyer, Die Wehrmacht der Deutschen Republik ist die Reichswehr. Bemerkungen zur neueren Literatur, in: MGM, 14 (1973), S. 152–199.

und zugleich unsicheres Instrument bei zahlreichen inneren Auseinandersetzungen. Einmal ganz abgesehen von den gewissermaßen »normalen« Problemen der Demobilisierung eines Kriegsheeres von zuletzt ca. 7 Millionen Mann[16] und der Konsolidierung einer auf Friedensstärke zurückgeführten Wehrmacht, verhinderten zunächst vor allem die militärischen Bestimmungen des Versailler Vertrages[17] eine wie auch immer geartete aktive Teilnahme der Streitkräfte an strategischen Projektionen. Die Reduktion der Armee auf 100000 Mann, die Abschaffung der Allgemeinen Wehrpflicht, die bisher als die unverzichtbare Grundlage der Machtstellung Preußens und Deutschlands in Europa gegolten hatte, das Verbot aller Mobilmachungsvorbereitungen, bestimmter moderner Waffensysteme sowie die zahlenmäßig genau festgelegte Ausstattung vor allem mit schweren Waffen reduzierten das Reichsheer als militärischen Machtfaktor auf ein Minimum. Dasselbe galt für die in ihrer inneren Struktur stark erschütterte und in ihrer selbständigen Existenz zeitweise gefährdete Reichsmarine, deren festgelegter Schiffsbestand ihre Funktion mehr oder weniger auf den Küstenschutz beschränkte. Hinzu kam, daß die Einhaltung der Bestimmungen des Vertrages durch ein umfassendes interalliiertes Kontrollsystem überwacht wurde[18].

Ein Ergebnis dieser rigorosen Beschränkung der militärischen Souveränität war es, daß die Reichswehr 1923 dem Einmarsch der Franzosen in das Ruhrgebiet tatenlos zusehen mußte. Ein Vergleich mit der Friedensstärke (1925) der Nachbararmeen (Frankreich: 750000 Mann; Polen: 300000 Mann; Tschechoslowakei: 150000 Mann)[19] zeigt, wie chancenlos die Reichswehr selbst gegenüber nur einer der Nachbararmeen war, zumal die Verteidigungsfähigkeit noch durch die 50 km breite entmilitarisierte Zone östlich des Rheins[20] sowie das Verbot der Neuanlage bzw. der Veränderung von Festungsanlagen in den übrigen Grenzzonen[21] entscheidend reduziert wurde. Ein Jahrzehnt nach Beginn des Ersten Weltkrieges schien es den Alliierten, insbesondere Frankreich, tatsächlich gelungen zu sein, die militärische Bedrohung ihrer Interessen durch das Deutsche Reich auf längere Sicht auszuschalten. Dieser Feststellung würden die französischen Zeitgenossen auf das entschiedenste widersprochen haben, sie würden im Gegenteil nachdrücklich auf das demographische Übergewicht und auf das deutsche wirtschaftliche Kriegspotential hingewiesen haben; sie erschwerten sich und den Deutschen damit weitgehend die Anbahnung eines politischen Verständigungsprozesses.

---

[16] Vgl. Wolfram Wette, Die militärische Demobilmachung in Deutschland ab 1918/19 unter besonderer Berücksichtigung der revolutionären Ostseestadt Kiel, in: Geschichte und Gesellschaft, 12 (1986), H. 1, S. 63—80.

[17] Es handelt sich um den Teil V des Vertrages, die Artikel 159 bis 212, vgl. die vom Auswärtigen Amt herausgegebene Ausgabe, Der Vertrag von Versailles, 2. Aufl. 1924.

[18] Vgl. hierzu Michael Salewski, Entwaffnung und Militärkontrolle in Deutschland 1919—1927, München 1966, sowie Jürgen Heideking, Vom Versailler Vertrag zur Genfer Abrüstungskonferenz. Das Scheitern der alliierten Militärkontrollpolitik gegenüber Deutschland nach dem Ersten Weltkrieg, in: MGM, 28 (1980), S. 48—68.

[19] Vgl. v. Löbells Jahresberichte über das Heer- und Kriegswesen, hrsg. von v. Oertzen, 43 (1926), S. 61, 95, 141.

[20] Art. 42 bis 44 und 180 des Versailler Vertrages (wie Anm. 17).

[21] Art. 196 des Versailler Vertrages (wie Anm. 17).

III.

Bei der Beurteilung der militärpolitischen Lage des Reiches zu Beginn der 20er Jahre spielten allerdings die militärischen Bestimmungen des Versailler Vertrages nicht allein die ausschlaggebende Rolle. Der Erste Weltkrieg hatte für jedermann unter Beweis gestellt, daß Kriege nicht mehr allein durch militärische Gewaltanwendung gekennzeichnet und entschieden wurden. Der Konflikt war zum Beispiel des ersten industrialisierten Krieges auf europäischem Boden geworden, in dem die Mobilisierbarkeit und die Mobilisierung der materiellen und psychischen Ressourcen der gesamten Nation wichtiger geworden waren als die operativen Entscheidungen des Armeeführers. Diese veränderte Natur des Krieges fand ihren Niederschlag auch in dem Bild des Krieges der Zukunft, das die Militärschriftsteller in Verarbeitung dieser Erfahrungen zeichneten[22] und das in seinen verschiedenen Variationen grundlegend für die künftigen strategischen Überlegungen wurde.

Die deutschen Militärpublizisten der Zwischenkriegszeit behandelten, wenn sie sich mit dem Bild des künftigen Krieges beschäftigten, das Thema vornehmlich unter drei Aspekten. Zum einen beanspruchten natürlich die waffentechnischen Innovationen besondere Aufmerksamkeit[23]. Gerade weil die Gaswaffe, die Weiterentwicklung des Panzers und die militärische Luftfahrt durch den Vertrag von Versailles den deutschen Militärs entzogen worden waren, gewann die theoretische Beschäftigung mit ihnen besondere Bedeutung. Sie wurden als willkommene Instrumente zur Überwindung des traumatisch nachwirkenden Material- und Stellungskrieges betrachtet, ihr Einsatz versprach die Rückkehr zum Bewegungskrieg, zur Entscheidungsschlacht. Doch die Erfahrung mit allen bisherigen waffentechnischen Innovationen warnte vor der Überschätzung einer einzigen Komponente der Kriegführung. Allein der Flugwaffe wurde allgemein eine Revolutionierung der Kriegführung zugetraut, auch wenn man den Einzelheiten der Douhetschen Vorstellungen mit Skepsis gegenüberstand[24]. Im Zusammenhang mit dem Bild eines künftigen Krieges ist es übrigens sehr bemerkenswert, daß dem U-Boot als einem der wichtigen neuen Waffensysteme des Ersten Weltkrieges kaum Aufmerksamkeit geschenkt wurde.

Wichtiger noch als der Einfluß der waffentechnischen Entwicklung auf die künftige Kriegführung war einzelnen Militärschriftstellern, die Bedeutung weiter Bereiche des nationalen Lebens für das Kriegsgeschehen darzulegen. Was sich für den Grafen Schlieffen bereits angedeutet hatte, war durch den Ersten Weltkrieg zur Realität geworden: Der Waffenkrieg war nur noch *eine* Komponente des gesamten Kriegsgeschehens. Die wirtschaftlichen Ressourcen einer kriegführenden Nation und die Fähigkeit, sie zu mobilisieren, waren zu einem kriegsentscheidenden Faktor geworden, dessen politische und militäri-

---

[22] Vgl. hierzu u. a. Michael Geyer, Die Landesverteidigung. Wehrstruktur am Ende der Weimarer Republik, Freiburg 1972 (ungedruckte Zulassungsarbeit), S. 7–29; sowie Wilhelm Deist, Die Reichswehr und der Krieg der Zukunft, in: MGM, 45 (1989), S. 81–92.

[23] Vgl. hierzu insbesondere Kriegstechnik der Gegenwart, hrsg. von Max Schwarte, Berlin 1927, und ders., Der Krieg der Zukunft, Leipzig 1931.

[24] Vgl. hierzu Hans Ritter, Der Luftkrieg, Berlin, Leipzig 1926; ders., Der Luftkrieg der Zukunft, in: Militär-Wochenblatt, 116 (1931/32), Sp. 569–573, sowie Olaf Groehler, Probleme der Luftkriegstheorie zwischen dem Ersten und dem Zweiten Weltkrieg, in: Zeitschrift für Militärgeschichte, 9 (1970), S. 406–419.

sche Konsequenzen kaum überschaubar waren[25]. In einer Denkschrift zur »Bedeutung der modernen Wirtschaft für die Strategie« aus der Mitte der 20er Jahre hielt Wilhelm Groener die Frage immerhin für bedenkenswert, ob nicht »die moderne Wirtschaft durch ihre Probleme einen unwiderstehlichen Zwang zum Frieden« ausübe[26]. Und der Generalleutnant a. D. Max Schwarte zog 1930 nüchtern die Konsequenz aus der Industrialisierung des Krieges, wenn er feststellt, daß die »Erzeugung der Waffen durch den Arbeiter« auf einer Stufe stehe mit »der Handhabung der Waffen« durch den Soldaten[27]. An diesen beiden Beispielen mag deutlich werden, daß der grundsätzliche Wandel der Voraussetzungen für die Entwicklung einer Strategie durch den Ersten Weltkrieg zumindest theoretisch erkannt und dargelegt worden ist.

Auf einem weiteren Gebiet ist dieser Wandel der Voraussetzung noch schärfer akzentuiert und ausgedehnt diskutiert worden, ja, schließlich zu einer allgemein gültigen, selbstverständlichen Überzeugung geworden. Die Beschäftigung mit der in ihrer Wirkung wohl weit überschätzten alliierten Propaganda gegenüber Deutschland[28] führte dazu, daß neben dem Waffen- und dem Wirtschaftskrieg auch die psychologische Kriegführung als Notwendigkeit empfunden wurde. Der Adressat dieser Propaganda war aber nicht, wie bei dem großen Vorbild, der Gegner, sondern die eigene Nation, die Bevölkerung in der Heimat und die Truppe an der Front. Die intensive Beschäftigung mit diesem Thema in der Militärpublizistik war eine Folge des Traumas der Revolution, in der die Führung aller Ebenen in Armee und Marine sich vor die Tatsache gestellt sah, daß sie im wesentlichen nur noch über ein Offizierkorps ohne Truppe gebot. Dieser Schock saß sehr tief, denn schärfer noch als bei der nicht allseitig anerkannten Abhängigkeit von den wirtschaftlichen Gegebenheiten war auf diesem Gebiete unzweideutig demonstriert worden, daß die Ausübung des militärischen Berufs, die Kriegführung, von außermilitärischen, politischen Faktoren bestimmt wurde. Im Bewußtsein des Militärs lag auf diesem Gebiet der eigentliche Bruch mit der Vergangenheit, mit der preußisch-deutschen Militärtradition. Die Versuche einzelner Militärschriftsteller, Lösungen für dieses Problem zu finden, reichten von dem merkwürdigen Vorschlag des der wilhelminischen Tradition verhafteten Friedrich von Bernhardi, die kämpfende Armee zwecks Aufrechterhaltung der Moral »in gewissem Sinne innerlich von der Heimat« zu trennen[29], bis zu der in die Zukunft weisenden Schrift von Kurt Hesse mit dem programmatischen Titel: Der Feldherr Psychologos. Hesse erhoffte sich die Lösung aller Probleme durch die unumschränkte Herrschaft eines charismatischen Führers, eines »Herrschers der Seelen«, der die Einheit der Nation, die Konzentration ihrer Willenskräfte auf ein Ziel zu verbürgen

---

[25] Vgl. hierzu Adolf Caspary, Wirtschafts-Strategie und Kriegführung, Berlin 1932.
[26] Dorothea Fensch/Olaf Groehler, Imperialistische Ökonomie und militärische Strategie. Eine Denkschrift Wilhelm Groeners, in: Zeitschrift für Geschichtswissenschaft, 19 (1971), S. 1167–1177, hier S. 1175.
[27] Schwarte, Krieg der Zukunft (wie Anm. 23), S. 34 f.
[28] Vgl. u. a. Hans Thimme, Weltkrieg ohne Waffen. Die Propaganda der Westmächte gegen Deutschland, ihre Wirkung und ihre Abwehr, Stuttgart 1932.
[29] Friedrich von Bernhardi, Vom Kriege der Zukunft. Nach den Erfahrungen des Weltkrieges, Berlin 1920, S. 155.

in der Lage war³⁰. Im allgemeinen jedoch lief die Argumentation in dieser publizistischen Diskussion auf eine mehr oder weniger vollständige Militarisierung der Gesellschaft schon im Frieden im Interesse der Kriegführung hinaus. Der unumgänglich erscheinende Zwang, den Krieg auf wirtschaftlich-technischem Gebiet bereits im Frieden vorzubereiten, verband sich auf diese Weise nahtlos mit der Wunschvorstellung einer Militarisierung der Nation, mit dem Ziel, die umfassende und jederzeitige Verfügbarkeit der materiellen und personellen Ressourcen sicherzustellen.
Einen Höhe- und zugleich Endpunkt erreichte die publizistische Erörterung der Voraussetzungen und der Merkmale des Krieges der Zukunft mit der 1935 erschienenen Schrift Erich Ludendorffs »Der totale Krieg«. Das Buch stellt ein Resümee der jahrelangen, intensiven Beschäftigung des Autors mit der Geschichte des Weltkrieges und den daraus zu ziehenden Konsequenzen dar. Es ist bemerkenswert, und nur darauf soll an dieser Stelle eingegangen werden, daß auch Ludendorff dem Problem der Motivation der Streitkräfte und der Bevölkerung für den Krieg ganz besondere Aufmerksamkeit schenkte³¹. Die »seelische Geschlossenheit des Volkes« ist für ihn zu einem kriegsentscheidenden Faktor geworden, daher hat auch konsequenterweise alles zu geschehen, um diese Geschlossenheit zu erreichen und zu erhalten. Ludendorff verkündet mit Nachdruck, daß die Einheit der Nation auf der ethnischen, rassischen Geschlossenheit des Volkes beruhe und daß sie gestützt werden könne und müsse durch eine »arteigene« Religion. Auch wenn der General der Meinung war, daß es unbedingt erforderlich sei, das Volk über Sinn und Zweck eines Krieges eingehend aufzuklären, und zwar derart, daß jedem einzelnen dieser Sinn verstehbar, einsichtig werde, so ließ er doch keinen Zweifel daran, daß sich die Geschlossenheit des Volkes nicht nur durch Propaganda, Aufklärung und Schulung erreichen lasse. Gegenüber den »Unzufriedenen«, die der Einheit der Nation gefährlich werden könnten, seien vorbeugende Maßnahmen — etwa im Sinne einer Schutzhaft — zu ergreifen. Und Ludendorff benannte auch die inneren Gegner der von ihm geforderten militarisierten rassischen Volksgemeinschaft: Das Judentum, die Katholische Kirche und die Sozialisten³². Mit der Vorstellung vom »Feldherrn«, der mit der Machtfülle eines Diktators und mit Unterstützung des »Wehrstabes« die dergestalt gefestigte Volksgemeinschaft umfassend auf den Krieg vorbereitet und sie im totalen Krieg bis zur Vernichtung des Gegners führt, war Ludendorffs Schrift der letzte Versuch, die Strategie und die Komponenten der Kriegführung noch einmal der alleinigen Verfügungsgewalt des Militärs, der militärischen Führung zu unterwerfen³³.

---

³⁰ Kurt Hesse, Der Feldherr Psychologos. Ein Suchen nach dem Führer der deutschen Zukunft, Berlin 1922, insbesondere S. 206f. Vgl. hierzu auch George Soldan, Der Mensch und die Schlacht der Zukunft, Oldenburg 1925.

³¹ Erich Ludendorff, Der totale Krieg, München 1935, S. 11—28.

³² Dieses »Feindbild« findet sich wenige Jahre später auch bei dem verabschiedeten Oberbefehlshaber des Heeres, vgl. Nicholas Reynolds, Der Fritsch-Brief vom 11. Dezember 1938, in: Vierteljahrshefte für Zeitgeschichte, 28 (1980), S. 358—371.

³³ Vgl. hierzu Hans-Ulrich Wehler, »Absoluter« und »totaler« Krieg. Von Clausewitz zu Ludendorff, in: Geschichte und Militärgeschichte. Wege der Forschung. Hrsg. von Ursula v. Gersdorff, Frankfurt/M. 1974, S. 273—311.

Abgesehen von diesem Machtanspruch jedoch vermittelte auch Ludendorff, wie die Autoren vor ihm, freilich in einer zum Extrem gesteigerten Form, das Bild eines industrialisierten Krieges, der ausnahmslos alle Ressourcen der Nation beanspruchen wird, der einer umfassenden, planvollen Vorbereitung im Frieden bedarf und damit der Militarisierung der Gesellschaft Vorschub leistet. Vor dem Hintergrund dieses Kriegsbildes gewinnt der Begriff der Strategie einen entsprechend umfassenden Inhalt und läßt sich als — um einer Formulierung Andreas Hillgrubers zu folgen — »die Integration von Innen- und Außenpolitik, von militärischer und psychologischer Kriegsplanung und Kriegführung, von Wehrwirtschaft und Rüstung durch die Führungsspitze eines Staates zur Verwirklichung einer ideologisch-machtpolitischen Gesamtkonzeption« definieren[34]. In dieser Definition kommt der tiefgreifende Wandel, die Ausweitung der Bestimmungsfaktoren klar zum Ausdruck, dem der Begriff der Strategie seit der Zeit der Kabinettskriege des 19. Jahrhunderts unterworfen war. Die veränderte Natur des Krieges mußte nun auch in Deutschland zu einer Veränderung der Gewichte zwischen politischer und militärischer Führung im Kriegsfalle führen. Ludendorffs Konzept bezeichnete das eine Extrem, das entgegengesetzte, in der Person von Hitler, stand vor der Tür, wobei das Ziel beider das gleiche war.

IV.

Für die Jahre der Weimarer Republik bestimmten die politischen und militärischen Konsequenzen des Krieges und der Niederlage die Projektionen für eine ungewisse Zukunft. Von einer Strategie in dem erörterten Sinne kann für das erste Jahrzehnt der Republik tatsächlich nicht die Rede sein. Die Probleme der Konsolidierung der Verhältnisse auf nahezu allen Gebieten der staatlichen Tätigkeit standen vollkommen im Vordergrund. Die Revision des Versailler Vertrages war das allen politischen Kräften der Republik gemeinsame allgemeine Ziel[35]. Es bestimmte zwar alle außenpolitischen Initiativen und die kontinuierliche Tätigkeit der Diplomatie, aber zu einer planvollen und koordinierten Strategie konnte es unter den gegebenen Bedingungen nicht kommen, unter anderem auch, weil die Reichswehr nicht in der Lage war, die Aufgabe der Landesverteidigung auch nur in einem bescheidenen Maße wahrzunehmen.
Trotzdem ist in der militärischen Führung — zunächst sporadisch, ab Mitte der 20er Jahre kontinuierlich — über den möglichen Kriegsfall und die notwendigen Vorausset-

---

[34] Andreas Hillgruber, Der Faktor Amerika in Hitlers Strategie 1938—1941, in: Nationalsozialistische Außenpolitik, hrsg. von Wolfgang Michalka, Darmstadt 1978 (= Wege der Forschung, Bd 297), S. 493—525, hier S. 493.
[35] Vgl. hierzu Peter Krüger, Die Außenpolitik der Republik von Weimar, Darmstadt 1985; Michael Salewski, Das Weimarer Revisionssyndrom, in: Aus Politik und Zeitgeschichte. Beilage zu Wochenzeitung »Das Parlament« B 2/1980; Gaines Post, jun., The Civil-Military Fabric of Weimar Foreign Policy, Princeton N.J., 1973; Michael Geyer, The Dynamics of Military Revisionism in the Interwar Years. Military Politics between Rearmament and Diplomacy, in: The German Military in the Age of Total War, ed. by Wilhelm Deist, Leamington Spa 1985, S. 100—151.

zungen, Bedingungen und auch Konsequenzen nachgedacht sowie entsprechende Planungen und Maßnahmen durchgeführt worden. Ein Überblick über die frühen, tastenden Versuche, eine Strategie zur Überwindung der gegebenen Situation zu entwickeln, vermag die Bedeutung der ersten umfassenden strategischen Konzeption unter Wilhelm Groener als Reichswehrminister (Januar 1928—April 1932) zu erhellen.

In den turbulenten Dezembertagen des Jahres 1918 kam es während einer Offizierversammlung im Generalstabsgebäude in Berlin zu einer interessanten Aussprache über die Perspektiven der künftigen Entwicklung Deutschlands, in der die beiden für die gesamte Reichswehrzeit wesentlichen Grundvorstellungen zum Ausdruck kamen[36]. Der damalige Major Kurt v. Schleicher plädierte nachdrücklich für ein Dreistufenprogramm, das über die innere und staatliche Konsolidierung zur »Gesundung der Wirtschaft« und erst dann zu einer »Wiedererrichtung der äußeren Macht« führen sollte. Schleicher bewegte sich damit ganz auf der Linie des Ersten Generalquartiermeisters, des Generalleutnants Groener, der in seinen Denkschriften des Jahres 1919 immer wieder den Vorrang der inneren Politik betonte[37]. Das Programm implizierte, daß die bewaffnete Macht ihre eigentliche Funktion erst in der dritten Stufe, »nach langen, mühevollen Jahren«, wieder wahrzunehmen in der Lage sein würde. Schleicher fand seinen Widerpart in dem damaligen Generalmajor Hans v. Seeckt, der die innere und staatliche Konsolidierung als eine »Selbstverständlichkeit« bezeichnete. Seeckt war allerdings der Überzeugung, daß dann das Ziel verfolgt werden müsse, das Reich mit Hilfe der Wehrmacht wieder »bündnisfähig« zu machen. Erst durch eine außenpolitisch gefestigte Stellung sei die Grundlage für den Wiederaufbau und den Aufschwung der Wirtschaft gelegt. In dieser Auffassung Seeckts zeigt sich sein Verhaftetsein in den Kategorien der wilhelminischen Außenpolitik, die sich unter anderem gerade mit der Tirpitzschen Formel von der »Bündnisfähigkeit« in die Sackgasse des Juli 1914 manövriert hatte[38]. Die bewaffnete Macht erhielt in der von Seeckt gedachten Entwicklung von vornherein ein sehr viel größeres, entscheidendes Gewicht. Beiden programmatischen Überlegungen liegen unterschiedliche Situationsanalysen zugrunde, die wiederum charakteristisch sind für zwei Offiziergenerationen, die in den folgenden Jahren die Entwicklung der Reichswehr bestimmten sollten.

Mit seiner Ernennung zum Chef des Truppenamtes, der Nachfolgeorganisation des Generalstabes, im November 1919 und zum Chef der Heeresleitung im Juni 1920 erhielt Seeckt zuerst die Chance, der Realisierung seiner Zukunftsperspektiven die Wege zu ebnen. In seinem Handeln bis zu seiner Verabschiedung im Oktober 1926 läßt sich die Zielrichtung seiner Konzeption aus dem Dezember 1918 sowohl auf dem innen- wie auf dem außenpolitischen Gebiet durchaus erkennen. Zwar erwies sich die »Wiederherstellung der Regierungsgewalt« und der inneren Ordnung als ein langwieriger Prozeß, in dem sich aber die Reichswehr — ganz im Sinne Seeckts — schließlich als der entscheidende

---

[36] Vgl. den »Bericht des Hauptmanns v. Rabenau über Besprechungen von Generalstabsoffizieren über die politische Lage«, abgedruckt in: Zwischen Revolution und Kapp-Putsch (wie Anm. 12), Nr. 11, S. 30—31.
[37] Ebd., Nr. 32, Nr. 35, Nr. 53, Nr. 75, S. 113—115, S. 121—125, S. 158—161, S. 193—197.
[38] Vgl. den Beitrag von Holger H. Herwig, Strategic Uncertainties (wie Anm. 1).

Machtfaktor erwies[39]. Auf außenpolitischem Gebiet sind die seit 1920 bestehenden losen militärischen Kontakte zur Sowjetunion von ihm — unbeachtet aller ideologischen Gegensätze — gefördert worden[40]. Er glaubte, in der Sowjetunion den Bündnispartner gewinnen zu können, mit dessen Hilfe das Reich wieder seine machtpolitische Rolle in Europa werde spielen können. In diesem Sinne entwickelte sich auch eine auf den jeweiligen Reichskanzler und das Auswärtige Amt beschränkte Zusammenarbeit mit der politischen Führung der Republik. Einmal abgesehen von der Frage, inwieweit die Entwicklung des deutsch-sowjetischen Verhältnisses mit den Verträgen von Rapallo (1922) und Berlin (1926) den ursprünglichen, machtpolitischen Erwartungen Seeckts entsprochen hat, wird man konstatieren müssen, daß die militärische Zusammenarbeit während der Ära Seeckt nicht die erwarteten Ergebnisse zeitigte. Diese Zusammenarbeit war zunächst eine rüstungswirtschaftliche, das heißt, deutsche Firmen beteiligten sich mit staatlicher Unterstützung am Aufbau der sowjetischen Rüstungsindustrie. Seeckt als Chef der Heeresleitung verband damit die Absicht, die durch den Versailler Vertrag sowohl quantitativ als auch qualitativ beschränkte Rüstungsproduktion durch ihre Verlagerung ins Ausland den Bedürfnissen der Reichswehr entsprechend zu verbessern. So sollten z. B. Flugzeuge und Artilleriegranaten für die Reichswehr produziert werden. Mit dieser Absicht ist Seeckt gescheitert. Wichtiger wurden dagegen die ab Mitte der 20er Jahre zu verfolgenden erfolgreichen Bemühungen, mit der Roten Armee Vereinbarungen über die Erprobung moderner Waffen (Flugzeuge, Panzer, Giftgas) und über entsprechende Ausbildungsmöglichkeiten abzuschließen[41]. Die auf diese Weise gewonnenen Erkenntnisse sind der Reichswehr und späteren Wehrmacht sehr zugute gekommen. Seeckt hat demnach sein strategisches Konzept — wenn man es so nennen will — in seinen politischen Zielsetzungen nur sehr unvollkommen umsetzen können. Allerdings hat er es vermocht, die umfassend angelegte bedrohte Eigenständigkeit der bewaffneten Macht wieder zu einer gewichtigen und in den ersten Jahren der Republik nachdrücklich bestätigten politischen Tatsache zu machen. Und dieses Streben nach einer quasi-autonomen Rolle des Militärs — ein unverfälschtes Erbe der preußischen Armee der Kaiserzeit — zeichnete auch seine militärischen Vorstellungen über die Führung eines künftigen Krieges aus[42]. In ihm sollte ein zahlenmäßig begrenztes, jedoch hochbewegliches und mit allen modernen Kampf-

---

[39] Vgl. in diesem Zusammenhang neben den Standardwerken von Wohlfeil und Carsten (vgl. Anm. 11) sowie der Studie von Hagen Schulze, Freikorps und Republik, 1918–1920, Boppard 1969, und dem Sammelband Militär und Militarismus in der Weimarer Republik, hrsg. von Klaus-Jürgen Müller und Eckart Opitz, Düsseldorf 1978, den interessanten Beitrag von Heinz Hürten, Reichswehr und Ausnahmezustand. Ein Beitrag zur Verfassungsproblematik der Weimarer Republik in ihrem ersten Jahrfünft, Opladen 1977.

[40] Vgl. hierzu Carsten, Reichswehr (wie Anm. 11), S. 141–157, und insbesondere nunmehr Rolf-Dieter Müller, Das Tor zur Weltmacht. Die Bedeutung der Sowjetunion für die deutsche Wirtschafts- und Rüstungspolitik zwischen den Weltkriegen, Boppard 1984.

[41] Vgl. hierzu Michael Geyer, Aufrüstung oder Sicherheit. Die Reichswehr in der Krise der Machtpolitik 1924–1936, Wiesbaden 1980, S. 148–160.

[42] Vgl. die umfassende Darstellung in dem Beitrag von Heinz-Ludger Borgert, Grundzüge der Landkriegführung von Schlieffen bis Guderian, in: Handbuch zur deutschen Militärgeschichte 1648–1939, Bd 5/IX, München 1979, S. 529–555.

mitteln ausgestattetes Operationsheer die ausschlaggebende, über Sieg oder Niederlage entscheidende Rolle übernehmen. Demgegenüber waren die zu mobilisierenden Massen des Volksheeres nur von zweitrangiger Bedeutung. Diese Vorstellung erlaubte eine »Renaissance der klassischen [operativen] Kriegskunst«[43], die für andere Theoretiker bereits in den Materialschlachten des Weltkrieges untergegangen war. Ein solches Konzept bot darüber hinaus den Vorteil, zwei Kardinalproblemen moderner Kriegführung zumindest zeitweise aus dem Wege zu gehen. Für die entscheidende erste Phase des Krieges spielte in der Seecktschen Konzeption die Motivation der Bevölkerung für den Krieg keine erstrangige Rolle, da das Operationsheer ein jederzeit verfügbares Machtinstrument darstellte. Auch die Umstellung der Industrie auf die Bedingungen einer rigorosen Kriegswirtschaft war bei dieser Form der Kriegführung kein drängendes Problem. Obwohl Seeckt den modernen Kampfmitteln aufgeschlossen gegenüberstand und insbesondere den Luftstreitkräften in der Eröffnungsphase eines Krieges eine ausschlaggebende Rolle zubilligte, blieb er doch in seinem Beharren auf der alleinigen Kompetenz des Militärs für die Kriegführung und in seiner Ablehnung jeder Relativierung des »Waffenkrieges« der traditionellen Doktrin stark verhaftet. Der Versuch, im Sinne seiner Erklärung vom Dezember 1918 die politischen und militärischen Voraussetzungen einer Strategie zu schaffen, die sich die Revision des Versailler Vertrages zum Ziele setzte, muß als gescheitert angesehen werden. Die Industrialisierung des Krieges, die Seeckt weder auf dem politischen noch auf dem militärischen Felde berücksichtigte, ließ sich nicht mehr rückgängig machen.

Das Denken und Handeln der Offiziere des Truppenamtes wurde in den Krisenjahren der Republik nicht von Theorien, sondern von der Realität der gegebenen militärischen Situation bestimmt. Und diese Realität war gekennzeichnet durch die Unfähigkeit der Reichswehr zur Landesverteidigung. Die Offiziere mußten aus wohlerwogenen Gründen dem Einmarsch der Franzosen in das Ruhrgebiet im Januar 1923 tatenlos zusehen[44]. Dieser Widerspruch zwischen dem Anspruch der Reichswehr, die alleinige Verantwortung für die Landesverteidigung zu tragen, und der Wirklichkeit war auch der Ausgangspunkt der Überlegungen des Oberstleutnants Joachim v. Stülpnagel, die er in einem Vortrag vor Offizieren des Reichswehrministeriums im Februar 1924 zusammengefaßt hat. Seine »Gedanken über den Krieg der Zukunft« werden hier berücksichtigt, weil in ihnen ein bemerkenswerter Realismus in der Beurteilung der militärischen Situation zum Ausdruck kam und Faktoren berücksichtigt wurden, die weit über den »Waffenkrieg« Seecktscher Prägung hinausgingen[45]. Die »Gedanken über den Krieg der Zukunft« waren innerhalb der Reichswehr ein erster, folgenreicher Reflex auf die veränderte Natur des Krieges.

Im Mittelpunkt des Vortrages stand die konkrete Frage, wie ein Krieg zwischen Deutschland und seinen westlichen und östlichen Nachbarn, Frankreich und Polen, zu führen sei. Stülpnagel beschrieb zunächst die außenpolitische Situation, die bei der offenkun-

---

[43] Hans Meier-Welcker, Seeckt, Frankfurt/M. 1967, S. 636.
[44] Geyer, Aufrüstung (wie Anm. 41), S. 23—27, S. 76—82.
[45] Für das Manuskript des Vortrages »Gedanken über den Krieg der Zukunft« vgl. Bundesarchiv-Militärarchiv (BA-MA), N 5/10. Ein Auszug ist veröffentlicht in: Das Krisenjahr 1923. Militär und Innenpolitik 1922—1924. Bearb. von Heinz Hürten, Düsseldorf 1980 (= Quellen zur Geschichte des Parlamentarismus und der politischen Parteien. 2. Reihe: Militär und Politik, Bd 4), Nr. 184, S. 266—272.

digen und drastischen Unterlegenheit der deutschen Streitkräfte gegeben sein mußte, um das Unternehmen auch seiner Meinung nach nicht von vornherein zum Scheitern zu verurteilen. Außenpolitische Voraussetzung war demnach die wohlwollende Neutralität Großbritanniens und die aktive Unterstützung durch die Sowjetunion. Noch wichtiger waren Stülpnagel aber die innenpolitischen Voraussetzungen seines Kriegsführungskonzeptes. Er sprach nun auch im Reichswehrministerium aus, was in der Militärpublizistik als Erfahrungstatsache aus dem Weltkrieg bereits festgestellt worden war, daß nämlich der künftige Krieg »den Einsatz der ganzen Volkskraft« fordern werde. Und Stülpnagel zog noch eine weitergehende Konsequenz: Alle Vorbereitungen des Staates und der bewaffneten Macht für den Krieg könnten nur dann ihr Ziel erreichen, wenn sie sich im »Einklang mit dem nationalen Willen der Mehrheit des Volkes« befinden würden. Stülpnagel zog aus dem Trauma des Jahres 1918 die einzig denkbare Konsequenz. Er war bereit, alles zu tun, um diese Mehrheit zu gewährleisten. Er hielt deshalb eine »volle Wandlung« der inneren Verhältnisse für notwendig und empfahl unter anderem die »Ausschaltung der krankhaften parlamentarischen Zustände«, die »Erzeugung von Haß gegen den äußeren Feind« und eine entsprechende Einwirkung auf Schule und Universität sowie vor allem die Einführung der allgemeinen Arbeitspflicht und den entschiedenen Kampf gegen »Internationale und Pazifismus, gegen alles Undeutsche«[46]. Im Interesse des von ihm propagierten »Befreiungskrieges« war Stülpnagel bereit, die Republik in ein im höchsten Maße nationalistisches und militaristisches Regime zu verwandeln.

Angesichts der chancenlosen Unterlegenheit der Reichswehr entwickelte Stülpnagel das Konzept eines Volkskrieges in den tiefen Grenzräumen des Reiches. Auf jede nur denkbare Weise sollte der Vormarsch der Franzosen und Polen — auch in den vom Gegner bereits besetzten Gebieten — behindert, gestört und aufgehalten werden. Ziel dieses defensiven, mit hoher Beweglichkeit geführten Kampfverfahrens sollte es sein, die Angriffsverbände derart zu schwächen und zu verunsichern, daß es den inzwischen verstärkten und vermehrten Divisionen des Reichsheeres möglich sein würde, die gegnerischen Verbände entscheidend zu schlagen[47]. Eine Konsequenz dieser Form der Kriegführung mußte es sein, daß der Volkskrieg in Vorbereitung und Durchführung einer straffen militärischen Organisation bedurfte. Ohne die Mitwirkung zahlloser Institutionen der zivilen Exekutive waren die vielfältigen Vorbereitungsmaßnahmen überhaupt nicht durchzuführen. Ein weiteres Charakteristikum der Stülpnagelschen Vorstellung war die von ihm propagierte Radikalisierung der Kriegführung. Er unterstellte zunächst den Franzosen einen »seit Jahren ausgedachten sadistischen Plan«, die Zivilbevölkerung durch Brutalitäten jeder Art einzuschüchtern, um daraus für das eigene Verhalten die Folgerung zu ziehen, daß »ein auf das Äußerste zu steigernder nationaler Haß ... vor keinem Mittel der Sabotage, des Mordes und der Verseuchung zurückschrecken« dürfe[48]. Insgesamt war sich Stülpnagel darüber im klaren, daß für absehbare Zeit die Aufnahme des Krieges nur

---

[46] Ebd., S. 270f.
[47] BA-MA, N 5/10 (wie Anm. 45), S. 18—22.
[48] Ebd., S. 12 und S. 39.

einer »heroischen Geste« gleichkomme⁴⁹, anderseits war er aber der Meinung, daß für die Vorbereitung eher fünf als zehn Jahre erforderlich seien. Auch dann werde die Lage »verzweifelt« sein, doch gelte es die Mittel zu finden, »die aus der Verzweiflung geboren ... von so elementarer Stärke sind, daß sie uns den Sieg oder den gemeinsamen Untergang mit dem Feinde zu verbürgen scheinen«⁵⁰.

Der Gegensatz zu der bei Seeckt konstatierten »Renaissance der klassischen [operativen] Kriegskunst« ist eklatant. Stülpnagels Vorstellungen wurden bestimmt von einem ausgeprägten militärischen Realismus, der nicht nur bei der Beurteilung der eigenen Lage, sondern auch in den von ihm dargelegten außen- und innenpolitischen Voraussetzungen für den »Befreiungskrieg« zum Ausdruck kam. Dieser Realismus führte ihn auch zur Relativierung, wenn nicht zur Aufgabe der noch von Seeckt beanspruchten Autonomie des Militärs in allen Fragen der Kriegführung. Ohne die intensive Kooperation mit den zivilen Funktionsträgern der Nation war der »Befreiungskrieg« überhaupt nicht zu führen, und Stülpnagel ist einer derjenigen Offiziere gewesen, die dieser Kooperation in den folgenden Jahren zum Durchbruch verholfen haben. In diesem Zusammenhang ist auch darauf hinzuweisen, daß Stülpnagel in seinem Vortrag betont und relativ ausführlich die Funktion der Luftstreitkräfte und der Marine einbezog⁵¹. Der ausgeprägte Realismus Stülpnagels hat aber charakteristischerweise da seine Grenze, wo es um die Zielbestimmung des unausweichlich zu führenden Krieges geht. Es geht nicht um die Erreichung begrenzter politischer und militärischer Ziele, es geht um Alles oder Nichts, um Sieg oder Niederlage, in jedem Falle um eine »heroische Geste«. Das Kriegführungskonzept erreicht nicht das Niveau eines strategischen Kalküls, es bleibt trotz aller realistischen Komponenten der verzweifelte Versuch, einen Ausweg aus einer als unerträglich empfundenen Situation zu finden. Die besondere Verbindung von realistischer Einschätzung der Gegebenheiten und irrationaler Zielbestimmung ist für die Entwicklung der Wehrmacht von besonderer Bedeutung geworden.

Eine durchaus vergleichbare Verbindung von Realismus und Irrationalität umgab die Vorstellungen des Vizeadmirals a. D. Wolfgang Wegener, die er 1929 unter dem Titel »Die Seestrategie des Weltkrieges« veröffentlichte⁵². Sein Realismus bestand — wie bei Stülpnagel — in der nüchternen Beurteilung der gegebenen maritimen Situation Deutschlands und in den militärisch begründeten Vorschlägen für eine Verbesserung dieser Lage. Seine Darlegungen bezogen sich auf die Situation der deutschen Hochseeflotte im Ersten Weltkrieg. Die Schrift erhielt nicht nur durch Wegeners in die Zukunft weisenden Vorschläge Aktualität, sondern wohl in erster Linie durch seine vernichtende Kritik an der Tirpitzschen Theorie von der Entscheidungsschlacht in der Nordsee. Die kaiserliche Flotte, das Schaustück des deutschen Imperialismus, bezeichnete er als Küstenverteidigungsflotte — es gab keinen Ausdruck, der tiefer hätte treffen können. Ihm, der sich

---

⁴⁹ Ebd., S. 39.
⁵⁰ Ebd., S. 14.
⁵¹ Ebd., S. 16—18, S. 36—38.
⁵² 1941 erschien die Schrift in 2. Auflage. Zu Wegener vgl. jetzt Wolfgang Wegener, The Naval Strategy of the World War. Transl. and with an introduction and notes by Holger H. Herwig, Annapolis, Maryland 1989.

schon seit 1915 mit diesen Fragen und Problemen beschäftigt hatte, kam es darauf an, den Nachweis zu führen, daß mit einer noch so mächtigen Flotte alleine der Kampf um die Seeherrschaft an den Schnittpunkten der Seehandelsstraßen nicht erfolgreich geführt werden könne. Seemacht konstituierte sich für ihn aus zwei Faktoren: Der Flotte *und* der geographischen Position.

Die Kritik an den Axiomen der kaiserlichen Marine traf die Marineführung unter Raeder an einem empfindlichen Punkt; aus ihr konnte sich eine Diskussion um die Funktion der Flotte im Rahmen der Landesverteidigung ergeben, die nur zu einem für die Marine negativen Ergebnis führen konnte[53]. Ihre Beschränkung auf die Ostsee und die Ostseezugänge und die dort zu lösenden Aufgaben widersprach dem Selbstverständnis der Marine. Jede Form einer ins Auge gefaßten Kriegführung in Nordsee oder Atlantik stellte aber die Marine erneut vor das Problem Großbritannien mit seiner Royal Navy, an dem sie im Weltkrieg militärisch eindeutig gescheitert war. Hinzu kam, daß zu Beginn der 30er Jahre ein Antagonismus mit Großbritannien allen politischen und militärischen Interessen des Reichs zuwiderlief. Raeder reagierte auf die Veröffentlichung der Wegenerschen Schrift daher mit einer ganzen Anzahl von Maßnahmen, die eine öffentliche Auseinandersetzung nach Möglichkeit verhindern sollten[54]. Das war in den Augen Raeders um so dringlicher, weil die positiven Vorschläge des Autors noch weit brisanter waren. Wegener hatte mit seiner These, daß Seemacht sich auf Flotte und geographischer Position aufbaue, darauf hingewiesen, daß Deutschland keinen sicheren Zugang zum Atlantik, der Haupthandelsstraße der Welt, besitze. Daraus folgerte er, daß jede künftige deutsche Seekriegführung, die diesen Namen verdiene, als erste Aufgabe den Kampf um die geographische Position zum Atlantik aufnehmen müsse. In diesem Zusammenhang forderte er Positionen an der französischen Atlantikküste (Brest), an der dänischen und an der norwegischen Küste, ja, er bezeichnete die Shetlands und die Färöer-Inseln, selbst Island als erstrebenswerte Stützpunkte für die deutsche Flotte, um die entscheidenden Seehandelswege tatsächlich kontrollieren zu können[55].

So realistisch die Beurteilung der Lage der kaiserlichen Flotte im Ersten Weltkrieg und so überzeugend die nüchterne militärische Begründung der weit ausgreifenden Stützpunktforderungen auch waren, die militärischen und politischen Implikationen dieses Programms blieben im dunkeln. Von einer entsprechend rational begründeten strategischen Zielsetzung konnte nicht die Rede sein.

Wegeners Schrift erschien zu einem Zeitpunkt, in dem sich im Reichswehrministerium eine Richtung durchgesetzt hatte, die zum ersten Mal in der Geschichte des deutschen Nationalstaates tatsächlich die Entwicklung eines umfassenden strategischen Programms in Gang brachte. Diese Richtung ist mit den Namen Groener und Schleicher verbun-

---

[53] Zur politischen und militärischen Entwicklung der Marine vgl. Jost Dülffer, Weimar, Hitler und die Marine. Reichspolitik und Flottenbau 1920–1939, Düsseldorf 1972, Werner Rahn, Reichsmarine und Landesverteidigung 1919–1928. Konzeption und Führung der Marine in der Weimarer Republik, München 1976, sowie Gerhard Schreiber, Revisionismus und Weltmachtstreben. Marineführung und deutsch-italienische Beziehungen 1919/1944, Stuttgart 1978.
[54] Vgl. Dülffer, Weimar (wie Anm. 53), S. 187f., sowie Wegener (wie Anm. 52), S. XXXVII–XXXIX.
[55] Vgl. Wegener (wie Anm. 52), S. 186–198.

den. Beide Offiziere waren aus der Erfahrung des Ersten Weltkrieges zu der Erkenntnis gekommen, daß die bewaffnete Macht nur noch als *eine* Komponente der Kriegführung gelten konnte, daß ohne eine solide innenpolitische Basis und ohne intensive Berücksichtigung der vielfältigen wirtschaftlichen Probleme ein nunmehr unausweichlich industrialisierter Krieg nicht mehr zu führen war[56]. Diese Konsequenzen waren auch von einigen Militärschriftstellern gezogen und durch ihre Schriften in einem gewissen Maße popularisiert worden. Schließlich hatte man sich auch im Reichswehrministerium seit dem Frühjahr 1924 intensiver mit den Problemen der Landesverteidigung beschäftigt und war zu Einsichten gelangt, aus denen Groener und Schleicher nun die strategischen Konsequenzen zogen.

Die Ergebnisse der realistischen Beurteilung der eigenen Lage und die Entschlossenheit, bessere Voraussetzungen für eine auch nur einigermaßen hinreichende Landesverteidigung zu schaffen, hatte eine Gruppe von Offizieren um Stülpnagel, die sogenannte »Fronde«, dazu veranlaßt, für eine gezielte engere Zusammenarbeit mit den zivilen Institutionen der Republik zu plädieren. Mit der Entlassung Seeckts und der Berufung des Generalleutnant Wilhelm Heye zum neuen Chef der Heeresleitung im Oktober 1926 war für diese neue Linie der Militärpolitik eine wesentliche Barriere aus dem Weg geräumt. Die nun einsetzenden Initiativen der Reichswehr konzentrierten sich im wesentlichen auf drei Schwerpunkte. Zum einen wurde die Zusammenarbeit mit dem Auswärtigen Amt vor allem im Blick auf die Vertretung der deutschen Interessen auf der Vorbereitenden Abrüstungskonferenz und dem von ihr zu erarbeitenden Entwurf einer Abrüstungskonvention intensiviert[57]. Zum anderen galt es, die innenpolitische Basis einer Zusammenarbeit in Landesverteidigungsfragen zu verbreitern und zu festigen, insbesondere in allen Fragen der Organisation des Grenz- und Landesschutzes. In diesem Bereich kam es in erster Linie auf die Haltung der sozialdemokratischen Regierung Preußens an[58]. Schließlich galt es, die materielle Verteidigungsfähigkeit zu verbessern.

Auf dem Rüstungssektor entfaltete das Ministerium die folgenreichste Tätigkeit. Zunächst wurde die Regierung über den Umfang der geheimen Waffenbestände und der illegalen Rüstungsmaßnahmen unterrichtet[59] und die Kontakte zu der außerordentlich zurückhaltenden Industrie intensiviert, für die die Abberufung der Interalliierten Militär-Kontroll-Kommission Ende Januar 1927 von besonderer Bedeutung war[60]. Entscheidend war allerdings, daß das Ministerium gleichzeitig daranging, in systematischer Weise ein, wenn auch bescheidenes, mittelfristiges Rüstungsprogramm für das Heer aufzustellen und daß es dem ab Januar 1928 amtierenden Reichwehrminister Groener mit Hilfe des sogenannten

---

[56] Dieser Wandel der Reichswehrpolitik von Seeckt zu Groener ist eines der beiden Themen der grundlegenden Studie von Geyer, Aufrüstung (wie Anm. 41), S. 19–236.
[57] Ebd., S. 119–188. Vgl. auch die Denkschrift »Die Abrüstungsfrage nach realpolitischen Gesichtspunkten betrachtet«, die J. v. Stülpnagel am 6.3.1926 dem Auswärtigen Amt (Leg Rat v. Bülow) übersandte, abgedruckt in: Akten zur deutschen auswärtigen Politik, Serie B: 1925–1933, Bd I/1, Göttingen 1966, Nr. 144, S. 341–350.
[58] Vgl. Carsten, Reichswehr (wie Anm. 11), S. 287–296, S. 337–339.
[59] Ebd., S. 282–290.
[60] Ernst Hansen, Reichswehr und Industrie, Boppard 1978.

Staatssekretärausschusses gelang, die Finanzierung der Rüstungsausgaben durch die Regierung zu erreichen[61]. Mit ihrer Entscheidung vom Oktober 1928 über die erste Rate des auf eine Laufzeit von vier Jahren ausgelegten 1. Rüstungsprogramms wurde eine grundsätzliche Neuorientierung der Militärpolitik zumindest in einer ersten Stufe vollzogen. Allerdings muß darauf hingewiesen werden, daß diese Politik auf Entscheidungen der Verantwortlichen in Truppenamt und Heeresleitung sowie der Spitze des Reichswehrministeriums beruhte, daß Opposition gegen diesen Kurs sich im Ministerium selbst, vor allem aber in der Truppe regte und sich mit der Zeit auch ausdehnte[62]. Die politische Linie des Ministers und seines Ministeramtes widersprach in entscheidenden Punkten der preußisch-deutschen Tradition und der Praxis der Reichswehr unter Seeckt. Die Führung der Reichswehr akzeptierte grundsätzlich, wenn auch in einem eingeschränkten Maße, das Weisungs- und Kontrollrecht der politischen Führung, und sie akzeptierte dies von einer republikanischen Regierung mit einem Sozialdemokraten an der Spitze. Die Einschränkung der Autonomie des Militärs und die Republiknähe seiner Führung war einem Offizierkorps, das über Jahre hinweg in seiner Traditionsgebundenheit immer wieder bestärkt worden war, nur schwer verständlich zu machen[63].

In diesen Zusammenhang, gewissermaßen als krönender Abschluß der Neuorientierung, gehört nun auch der Entwurf einer strategischen Konzeption, die Reichswehrminister Groener als Weisung »Die Aufgaben der Wehrmacht« Mitte April 1930 den Chefs der Heeres- und Marineleitung übersandte[64]. Nachdem in den vorangegangenen Jahren zumindest erste, erfolgversprechende Schritte getan worden waren, um die Voraussetzungen der Landesverteidigung zu verbessern, sollten nun ihre Formen und Möglichkeiten in bindender Weise festgelegt werden. Groener stellte der Weisung zwei Sätze voran, die an sich Selbstverständlichkeiten betrafen, mit dem überkommenen Selbstverständnis der Reichswehr aber nicht ohne weiteres zu vereinbaren waren. »Grundlage für Aufbau und Einsatz der bewaffneten Macht bilden die Aufgaben, die ihr von der verantwortlichen politischen Leitung gestellt werden.« Man mag mit Recht bezweifeln, ob dieser Grundsatz unmittelbar verändernde Wirkung gehabt hat, doch bereits die klare Standortbestimmung für die Reichswehr durch den verantwortlichen Minister war ein Novum. Einschneidender noch war die Feststellung Groeners, daß Vorbedingung für den militärischen Einsatz der Reichswehr »*bestimmte* Erfolgsaussichten« seien. Groener erteilte damit

---

[61] Geyer, Aufrüstung (wie Anm. 41), S. 198—201, sowie ders., Das Zweite Rüstungsprogramm (1930—1934), in: MGM, 17 (1975), S. 125—172.

[62] Beispiele für diese wachsende Kritik finden sich bei Carsten, Reichswehr (wie Anm. 11), S. 326—336, Geyer, Aufrüstung (wie Anm. 41), S. 141—148; vgl. im übrigen die Studie von Edward W. Bennett, German Rearmament and the West, Princeton, N.J. 1979.

[63] Zum Offizierkorps der Reichswehr vgl. die Beiträge von Michael Salewski (Reichs- und Kriegsmarine) und Heinz Hürten (Reichsheer) in: Das deutsche Offizierkorps 1860—1960, hrsg. von Hanns Hubert Hofmann, Boppard 1980, S. 211—245, und die bei Hürten angegebene Literatur, sowie Keith W. Bird, Weimar, the German Naval Officer Corps, and the Rise of National Socialism, Amsterdam 1977.

[64] BA-MA, M 16/34072. Ein handschriftlicher Entwurf findet sich im Nachlaß v. Bredow, BA-MA, N 97/9. Vgl. auch Post, The Civil-Military Fabric (wie Anm. 35), S. 231—237; Geyer, Aufrüstung (wie Anm. 41), S. 213—218.

allen Vorstellungen innerhalb der Armee und der Marine, die im Normalfall von einem Konflikt mit Frankreich *und* Polen ausgingen, eine Abfuhr[65] und folgte seiner Überzeugung, die er schon im Herbst 1928 zum Ausdruck gebracht hatte, daß nämlich der »Gedanke an einen großen Krieg« von vornherein ausscheide[66].

Unter dieser Prämisse hielt er den Einsatz der Reichswehr nur dann für gerechtfertigt, wenn eine Notwehrsituation vorliege oder eine »günstige politische Situation« ausgenutzt werden könne. Beide Fälle wurden noch weiter differenziert. So sollte die Reichswehr bei »Notwehr« nur dann eingreifen, wenn bei »illegalen Grenzübergriffen (Banden)« nicht zu erwarten war, daß die legale bewaffnete Macht des betreffenden Staates den Banden zu Hilfe komme. Bei einem regulären feindlichen Angriff sollte die Reichswehr nur dann Widerstand leisten, wenn der Gegner »anderweitig stark gebunden« sei, ein fait accompli verhindert werden könne oder »das Eingreifen anderer Mächte bzw. internationaler Instanzen« bevorstehe. Ähnlich rigoros beschränkt wurde die Verwendung der Reichswehr im Falle einer »günstigen politischen Situation«. Der Einsatz aus »freier eigener Entscheidung«, die letzte der von Groener beschriebenen insgesamt fünf Möglichkeiten, setze eine »günstige internationale Konstellation« voraus, die »das Risiko eines solchen Entschlusses« gestatte, und auch dieser Entschluß stand unter der Voraussetzung *»bestimmter* Erfolgsaussichten«. In Vorarbeiten zu dieser Weisung waren die beiden Notwehrsituationen mit den Decknamen »Korfanty« und »Pilsudski« umschrieben worden. Daraus geht hervor, daß für Groener die Landesverteidigung gegenüber dem östlichen Nachbarn im Vordergrund stand, Frankreich als Gegner dahinter zurücktrat[67].

Groener beließ es jedoch nicht bei dieser generellen Beschreibung der unter politischen Gesichtspunkten definierten Verwendungsmöglichkeiten der Reichswehr. Er zog daraus auch die militärischen Konsequenzen, indem er die Anforderungen an die Einsatzbereitschaft und die materielle Ausstattung für die einzelnen Fälle militärischen Eingreifens näher umschrieb. Auffallend ist dabei, daß in der Weisung mehrfach auf die Bedeutung des Nachschubs und der Lieferfähigkeit der Industrie hingewiesen wurde.

Charakteristisch für die gegebene Situation, aber auch für den Realismus der Offiziere um Groener ist, daß auch auf den Fall eingegangen wurde, daß »die verantwortliche Reichsregierung sich gegebenenfalls zu einem *Verzicht*« des Einsatzes der Reichswehr entschließen müsse. Auch für einen solchen Fall sah die Weisung die Planung vorbereitender Maßnahmen, etwa bezüglich des Nachrichtenwesens, der Räumung und der Vornahme von *Zerstörungen* vor.

Gemessen an den Vorstellungen Stülpnagels, aber auch Wegeners wird sofort deutlich, daß Groener die gewaltsame Auseinandersetzung zwischen Staaten als ein Instrument der Politik, und zwar betont im Rahmen des internationalen Systems, betrachtete. Für die Idee eines Volksbefreiungskrieges im Sinne der ursprünglichen Vorstellungen Stülpnagels war in seinem Denken kein Platz, ebensowenig wie für die Vorstellung eines tota-

---

[65] Vgl. hierzu den Konflikt zwischen dem Chef des Truppenamtes, Blomberg, und dem Minister und seinem Chef des Ministeramtes (Groener/Schleicher) im Frühjahr 1929, Geyer, Aufrüstung (wie Anm. 41), S. 191—195, 207—213.
[66] Denkschrift vom Oktober 1928, BA-MA, N 46/147.
[67] Geyer, Aufrüstung (wie Anm. 41), S. 214—217.

len Krieges mit seinen sogenannten Sachzwängen bereits in Friedenszeiten. Indem die Weisung deutlich den Schwerpunkt der Landesverteidigung an die östlichen Landesgrenzen verschob, entsprach sie der allgemeinen Revisionspolitik, wie sie sich seit dem Eintritt des Reichs in den Völkerbund und dem Vertrag von Locarno unter Gustav Stresemann entwickelt hatte. Die Landesverteidigung sollte nun auch im Bereich der militärischen Planung den Direktiven der politischen Führung unterworfen werden. Nicht weniger wichtig ist, daß die Weisung auch das zwar immer wieder beklagte, aber dennoch verbissen aufrechterhaltene Neben- und Gegeneinander der beiden Teilstreitkräfte aufzubrechen versuchte. Heer und Marine erhielten ihre Aufträge im Rahmen der gemeinsam wahrzunehmenden Aufgaben der Landesverteidigung[68]. Groener wird sich im klaren gewesen sein darüber, daß seine Weisung allein traditionelle Verhaltensweisen nicht zu verändern vermochte, dennoch war auch auf diesem Gebiet ein erster Schritt zu einer integrierten Rüstungs- und Einsatzplanung getan.

In der Geschichte des deutschen Nationalstaates ist diese kurze Zeitspanne vom Herbst 1926 bis zum Herbst 1930 eine der sehr seltenen Episoden, in der man von der Entwicklung einer Strategie unter Einschluß der bewaffneten Macht sprechen kann. Über alle ideologischen, politischen, wirtschaftlichen und gesellschaftlichen Trennungslinien jener Zeit hinweg bestand das strategische Ziel in der Revision des Versailler Vertrages, in der Wiedergewinnung der nationalen Souveränität. Der heftige und erbitterte innenpolitische Streit drehte sich um die Methoden der allgemeinen Revisionspolitik. Nach dem Abgang Seeckts begann die Reichswehr sich der von der Reichsregierung vertretenen Revisionspolitik in ihren Zielen und Methoden einzuordnen, in erster Linie als Konsequenz der Einsicht, daß die militärische Aufgabe ohne die Kooperation mit dem existierenden Staat nicht zu bewältigen war, zum geringsten Teil wohl aus politischer Überzeugung. Auf diese Weise entwickelte die Reichswehrführung ein bescheidenes, jedoch integriertes Rüstungsprogramm und darauf aufbauend eine Einsatzplanung, die sehr flexibel den möglichen Erfordernissen der Revisionspolitik der Regierung entsprach. Groeners Weisung »Die Aufgaben der Wehrmacht« bildete den Höhepunkt dieser Entwicklung.

Doch dieser vielversprechende Ansatz einer revisionistischen Strategie blieb eine Episode, gerade und vor allem im Bereich des Militärs. Die Repräsentanten dieser Militärpolitik innerhalb der Reichswehrführung gerieten zunehmend unter Druck, weil die internationalen und nationalen Rahmenbedingungen sich zusehends verschlechterten[69] und die erwarteten Ergebnisse ihrer Politik sich überhaupt nicht oder nicht in dem erhofften Maße einstellten.

Außenpolitisch war der Versuch, über die Vorbereitende Abrüstungskonferenz zu einer Lockerung, zu einer Revision der militärischen Bestimmungen des Versailler Vertrages zu kommen, mit der Abstimmung über den Konventionsentwurf am 9. Dezember 1930 vorerst gescheitert, denn der Entwurf sanktionierte ausdrücklich bestehende vertragliche Regelungen über Rüstungsbegrenzungen — damit eben auch den Versailler

---

[68] Ebd., S. 219—224.
[69] Ebd., S. 141—148; vgl. auch ders., The Dynamics of Military Revisionism (wie Anm. 35), S. 100—151.

Vertrag. Die Anbahnung einer Verständigung mit Frankreich, für die Groeners Verlagerung der militärischen Aufmerksamkeit an die Ostgrenze des Reiches gewisse Voraussetzungen bot, schien nach wie vor unerreichbar zu sein. Den Rüstungsprogrammen, die auf einen wenn auch bescheidenen Ausbau der Reichswehr abzielten, fehlte mit der Schlußabstimmung in der Vorbereitenden Abrüstungskonferenz die internationale Absicherung mit all den politischen und militärischen Nachteilen, die sich daraus ergeben konnten[70].

Auf dem Felde der Innenpolitik gelang es nicht, mit der preußischen Regierung zu einer Verständigung über die Organisation des Grenz- und Landesschutzes zu kommen, und gleichzeitig verstärkte sich der Druck, das personelle Potential der nationalen Wehrverbände für die Reichswehr zu nutzen[71]. In diesem Zusammenhang spielten die Reichstagswahlen vom 14. September 1930 mit den enormen Stimmengewinnen der Nationalsozialisten eine entscheidende Rolle. Angesichts der zunehmenden Polarisierung des innenpolitischen Geschehens war die an die Präsidialkabinette gebundene politische Linie der Reichswehrführung dem Offizierkorps immer schwerer verständlich zu machen.

Schließlich brachten die Weltwirtschaftskrise und ihre Auswirkungen auf die staatlichen Finanzen auch den Vollzug der Rüstungsprogramme von Heer und Marine in Gefahr. Es gelang Groener und Schleicher jedoch, dieses Kernstück ihrer Politik im Interesse der Verbesserung der Landesverteidigung vor größerem Schaden zu bewahren[72].

Nach Groeners Sturz Mitte Mai 1932 versuchte Schleicher zunächst als Reichswehrminister und dann als Reichskanzler, die internationalen und nationalen Rahmenbedingungen für die von ihm mitentworfene und mitgetragene Militärpolitik Groeners gewissermaßen im Alleingang wieder herzustellen. Außenpolitisch gelang es zwar, durch die Genfer 5-Mächte-Erklärung vom 11. Dezember 1932 die internationale Anerkennung der grundsätzlichen Gleichberechtigung des Reiches in Rüstungsfragen und damit eine bedeutende Teilrevision der militärischen Bestimmungen des Versailler Vertrages zu erreichen, aber von einer internationalen Absicherung des personellen und materiellen Ausbaus der Reichswehr war man nach wie vor weit entfernt. Vergeblich blieben vor allem Schleichers vielfältige Versuche, für seine Politik eine ausreichend breite innenpolitische Unterstützung zu finden[73]. Es erwies sich einmal mehr, daß die bewaffnete Macht, insbesondere die Reichswehr, eine zu schmale Basis für die Formulierung und Durchführung einer nationalen Politik war. Der Ansatz einer Strategie mit dem Ziel der Wiederherstellung der nationalen Souveränität, und zwar im Rahmen des kollektiven Sicherheitssystems, war mit dem Rücktritt des Kabinetts Schleicher Ende Januar 1933 endgültig gescheitert.

---

[70] Geyer, Aufrüstung (wie Anm. 41), S. 243–255.
[71] Carsten, Reichswehr (wie Anm. 11), S. 392–400.
[72] Geyer, Rüstungsprogramm (wie Anm. 61), S. 132–134, S. 152–156.
[73] Ders., Aufrüstung (wie Anm. 41), S. 271–297; Carsten, Reichswehr (wie Anm. 11), S. 418–443; Axel Schildt, Militärdiktatur mit Massenbasis? Die Querfrontkonzeption der Reichswehrführung um General von Schleicher am Ende der Weimarer Republik, Frankfurt/M. 1981.

VI.

Betrachtet man die auf die »Machtergreifung« der Nationalsozialisten folgenden Jahre unter strategischer Perspektive und legt dabei die Maßstäbe der Hillgruberschen Definition zugrunde, so besteht kein Zweifel, daß die »Führungsspitze« des Reiches mit der Person Adolf Hitlers gleichzusetzen ist. Daran ändert auch die Reichspräsidentschaft Hindenburgs bis Mitte 1934 oder die Existenz gegenseitig konkurrierender Machtzentren nichts, da diese durchgängig bis 1945 dem Charisma des »Führers« unterworfen blieben[74]. Hitler als Repräsentant der Nationalsozialistischen Partei und Bewegung bestimmte die Richtlinien der Politik und damit auch die Strategie. Die Spitzen der Reichswehr und der Wehrmacht haben diesen Machtanspruch der politischen Führung nie grundsätzlich in Frage gestellt. Wenn in der historischen Forschung für die Anfangsphase des nationalsozialistischen Regimes häufig von einer »Entente«, ja, von einem »Bündnis der Eliten« mit der neuen Führung des Reiches die Rede ist[75], so widerspricht der dieser These zugrundeliegende Befund nicht dem konstatierten unbestrittenen politischen Führungsanspruch Hitlers als Reichskanzler und »Führer« seiner Bewegung. Denn gerade im Bereich des Militärs ergab sich aus der »Teilidentität der Ziele« mit dem nationalsozialistischen Regime eine vielschichtige Übereinstimmung in wesentlichen Fragen der Außen- und Innenpolitik. Die Konflikte mit dem Regime und seinen Organisationen jedoch ergaben sich im wesentlichen aus dem mit aller Hartnäckigkeit verteidigten Anspruch einer umfassend verstandenen Organisationsgewalt der militärischen Führung für alle Bereiche[76], die mit der Landesverteidigung in einem unmittelbaren Zusammenhang standen.

Die »Machtergreifung« bestätigte demnach den Primat der Politik in Fragen der Strategie, wie er sich im Kontrast zur wilhelminischen Tradition seit der Mitte der 20er Jahre herauszubilden begonnen hatte. Allerdings hatten sich für die militärische Führung die Bedingungen für dieses Verhältnis gegenüber den Zeiten des Reichswehrministers Groener wesentlich verbessert. Die allgemeine Zielsetzung der Außenpolitik, die Wiederherstellung der Souveränität und der Großmachtstellung Deutschlands in Europa blieb dieselbe wie unter den Regierungen der Republik, die Forderungen wurden jedoch nunmehr mit sehr viel größerem Nachdruck und publikumswirksam vertreten. Entscheidend aber war der Wechsel in den Methoden, insbesondere der Militärpolitik. Schon die Berufung des im aktiven Dienste stehenden Generals v. Blomberg zum Reichswehrminister

---

[74] Zur umstrittenen Struktur des nationalsozialistischen Regimes vgl. den Sammelband The »Führer State«: Myth and Reality. Studies on the Structure and Politics of the Third Reich, hrsg. von Gerhard Hirschfeld und Lothar Kettenacker mit einer Einleitung von Wolfgang J. Mommsen, Stuttgart 1981, sowie Hans-Ulrich Thamer, Verführung und Gewalt. Deutschland 1933–1945, Berlin 1986, S. 338–383, sowie Ian Kershaw, The Nazi dictatorship. Problems and perspectives of interpretation, London 1985.

[75] Vgl. Klaus-Jürgen Müller, Armee, Politik und Gesellschaft in Deutschland 1933–1945, Paderborn 1979, insbesondere S. 30–33; Fritz Fischer, Bündnis der Eliten. Zur Kontinuität der Machtstrukturen in Deutschland 1871–1945, Düsseldorf 1979.

[76] Vgl. hierzu das Werk von Manfred Messerschmidt, Die Wehrmacht im NS-Staat. Zeit der Indoktrination, Hamburg 1969, sowie Müller, Armee (wie Anm. 75), S. 33–38.

und dessen Vereidigung vor der des Hitlerschen Kabinetts am 30. Januar 1933 schien ein positives Zeichen für die künftige Rolle der Reichswehr zu sein. Blomberg, der zuvor in offizieller Mission an der Genfer Abrüstungskonferenz teilgenommen hatte, war dann auch die treibende Kraft, die den Methodenwechsel auf einem wichtigen Felde der Politik, der Abrüstungspolitik, herbeiführte[77]. Mit dem durch Blomberg vorbereiteten Entschluß Hitlers Anfang Oktober 1933, aus dem Völkerbund auszutreten und die Abrüstungskonferenz zu verlassen, entfiel ein wesentliches Element der strategischen Konzeption Groeners, der — gegen den Widerspruch aus den eigenen Reihen — Landesverteidigung unter den gegebenen Umständen nur mit Unterstützung internationaler Institutionen und Mächtegruppierungen für möglich und erfolgversprechend gehalten hatte. Hitlers Entschluß war ein erster Schritt auf dem in den folgenden Jahren mit Konsequenz verfolgten Wege, sich aus dem kollektiven Sicherheitssystem der Nachkriegszeit zu lösen und über den Bruch des Versailler Vertrages die uneingeschränkte militärische Souveränität zu gewinnen. Auf diesem Gebiete entsprach die praktische Politik Hitlers den Hoffnungen, Wünschen und Forderungen der Militärs. Die mit dieser Politik verbundenen Gefahren wurden von der militärischen Führung keineswegs verkannt, aber um des vermeintlich gleichen Zieles — der Wiederherstellung der einstigen Machtposition des Reiches — willen in Kauf genommen, ja, die selbst induzierten Gefahren und Risiken dienten als Begründung für die sich ständig steigernde Beschleunigung des Aufrüstungsprozesses[78].

Auf der immer wieder und zu Recht erwähnten Ansprache Hitlers vor der Reichswehrgeneralität[79] am 3. Februar 1933 hat der Reichskanzler mit deutlichen und scharfen Worten bekundet, wie er die innenpolitischen Voraussetzungen einer künftigen Strategie zu schaffen gedachte, und befreite damit die militärische Führung von einem Problem, das sie — wie sie längst erkannt hatte — in eigener Regie nicht mehr zu lösen vermochte. Zuvor, in der ersten Kabinettssitzung am 30. Januar, hatte Blomberg auf die bisher von der Reichswehr ausgeübte, zwar ungeliebte, aber einer langen preußischen Tradition entsprechende innenpolitische Ordnungsfunktion der Streitkräfte verzichtet[80]. Nunmehr bezeichnete Hitler die Reichswehr als die »wichtigste Einrichtung des Staates« und kündigte eine

---

[77] Wilhelm Deist, Die Aufrüstung der Wehrmacht, in: Wilhelm Deist, Manfred Messerschmidt, Hans-Erich Volkmann, Wolfram Wette, Ursachen und Voraussetzungen der deutschen Kriegspolitik, Stuttgart 1979 (= Das Deutsche Reich und der Zweite Weltkrieg, Bd 1), S. 396—398, sowie Manfred Messerschmidt, Außenpolitik und Kriegsvorbereitung, ebd., S. 571—576.

[78] Vgl. Geyer, Aufrüstung (wie Anm. 41), S. 325—363, Müller, Armee (wie Anm. 75), S. 73—91; Klaus-Jürgen Müller, General Ludwig Beck. Studien und Dokumente zur politisch-militärischen Vorstellungswelt und Tätigkeit des Generalstabschefs des deutschen Heeres 1933—1938, Boppard 1980, S. 142—225.

[79] Thilo Vogelsang, Neue Dokumente zur Geschichte der Reichswehr 1930—1933, in: Vierteljahrshefte für Zeitgeschichte, 2 (1954), S. 397—436, hier S. 434—436.

[80] Carsten, Reichswehr (wie Anm. 11), S. 447f.; Wolfgang Sauer, Die Mobilmachung der Gewalt, in: Bracher/Sauer/Schulz, Die nationalsozialistische Machtergreifung. Studien zur Errichtung des totalitären Herrschaftssystems in Deutschland 1933/34, Frankfurt 1974, S. 41 ff.; Günter Wollstein, Vom Weimarer Revisionismus zu Hitler. Das Deutsche Reich und die Großmächte in der Anfangsphase der nationalsozialistischen Herrschaft in Deutschland, Bonn 1973, S. 23—25.

»Umkehrung« der bestehenden innenpolitischen Zustände im Sinne »straffste[r] autoritäre[r] Staatsführung« an, als Voraussetzung der »Wiedergewinnung der pol[itischen] Macht«, die er als das alleinige Ziel seiner Politik bezeichnete. Diese »Umkehrung« sollte vor allem einer allgemeinen »Wiederwehrhaftmachung« des Volkes dienen und die »Stärkung des Wehrwillens mit allen Mitteln« vorantreiben. Wie bekannt, hat Hitlers Regime unter tätiger Mithilfe der Wehrmacht die »Wiederwehrhaftmachung« zu einer Militarisierung der Nation in einer bis dahin unbekannten Intensität fortentwickelt. Obwohl sich auf diesem Felde Kompetenzkonflikte zwischen der militärischen Führung und Repräsentanten der Bewegung in Staat und Partei ergaben, ist die Notwendigkeit der von Hitler verkündeten innenpolitischen Linie von der Wehrmacht nie in Zweifel gezogen worden[81]. Das hatte dann eben auch zur Konsequenz, daß aus dem Offizierkorps und von seinem höchsten Repräsentanten keine Kritik an dem System der Konzentrationslager, in denen sich bereits im Juli 1933 über 26000 Personen befanden, geübt wurde, ja, daß der Mord an den Generalen v. Schleicher und v. Bredow im Jahre 1934 im Grunde ohne Resonanz blieb[82]. In der Sicht der damals führenden Militärs hätte eine grundsätzliche Kritik an den Methoden, Formen und Inhalten der »Wiederwehrhaftmachung« nach den verarbeiteten Erfahrungen des Ersten Weltkrieges die Voraussetzungen der eigenen Berufsausübung in Frage gestellt und einer künftigen Strategie den Boden entzogen.

Während auf dem Gebiet der Außen- und Innenpolitik Hitler die entscheidenden Weichenstellungen für eine künftige Strategie vollzog, überließ er die personelle und materielle Aufrüstung der Wehrmacht, die zentrale Voraussetzung einer künftigen Machtpolitik, zunächst den Militärs. Dieser Schritt hatte gravierende strategische Konsequenzen. Das Zeitgenossen und Historiker gleichermaßen beeindruckende Ergebnis, daß sich z. B. aus der Reichswehr mit ihren 115000 Mann innerhalb von 6½ Jahren eine moderne Wehrmacht mit einer Friedensstärke von 1,1 Millionen und einer Kriegsstärke von 4,5 Millionen Mann[83] entwickelte, hat lange Zeit die den rasanten Aufrüstungsprozeß begleitenden Defizite verdeckt.

Wenige Wochen nach der Amtsübernahme Blombergs charakterisierte der Chef des Truppenamtes, General Adam, im Frühjahr 1933 die militärische Lage des Reiches im Falle kriegerischer Auseinandersetzungen als hoffnungslos[84]. Ein polnischer Vorstoß auf Berlin könne zwar abgewehrt werden, aber die Widerstandsfähigkeit sei bei dem Mangel an Munition zeitlich begrenzt. Dies war der Ausgangspunkt des im wesentlichen von den Militärs gesteuerten und ausgestalteten Aufrüstungsprozesses. Für das Heer führte der Weg über das Dezemberprogramm 1933 hin zu dem Aufrüstungsprogramm vom August 1936, das bis zum Kriegsbeginn 1939 die Grundlage für alle entsprechenden Maß-

---

[81] Vgl. hierzu insgesamt neben dem Werk von Messerschmidt (wie Anm. 76) Klaus-Jürgen Müller, Das Heer und Hitler. Armee und nationalsozialistisches Regime 1933—1940, 2. Aufl., Stuttgart 1988.
[82] Vgl. Hans Buchheim, Martin Broszat, Hans-Adolf Jacobsen, Helmut Krausnick, Anatomie des SS-Staates, 2 Bde, Olten und Freiburg 1965, Bd 2, (31.7.1933). Zur Reaktion auf die Röhm-Affaire vgl. Müller, Heer (wie Anm. 81), S. 125—133.
[83] Bernhard R. Kroener, Rolf-Dieter Müller, Hans Umbreit, Organisation und Mobilisierung des deutschen Machtbereichs, Stuttgart 1988 (= Das Deutsche Reich und der Zweite Weltkrieg, Bd 5/1), S. 731.
[84] Deist, Aufrüstung (wie Anm. 77), S. 400—403.

nahmen blieb[85]. Das Dezemberprogramm 1933 sah die Verdreifachung des Reichsheeres, also ein 21-Divisionen-Friedensheer im Laufe von vier Jahren, bis Ende März 1938, vor. Abgesehen von allen außenpolitischen Voraussetzungen und innenpolitischen Zielsetzungen wurde die militärische Perspektive des Programms eindeutig formuliert: Mit dem aus dem 21-Divisionen-Heer zu mobilisierenden Kriegsheer sollte das Reich in die Lage versetzt werden, »einen Verteidigungskrieg nach mehreren Fronten mit einiger Aussicht auf Erfolg« führen zu können[86]. Damit war die Linie Groeners, der jeden Einsatz der Reichswehr an »*bestimmte* Erfolgsaussichten« gebunden wissen wollte, zugunsten einer deutlich risikobereiten Militärpolitik verlassen worden. Blomberg, der sich als Chef des Truppenamtes 1929 gegenüber Groeners vorsichtigem Kurs nicht hatte durchsetzen können[87], bestimmte nun die Richtlinien der Militärpolitik, und er konnte sich dabei auf die uneingeschränkte Unterstützung des nunmehrigen Chefs des Truppenamtes, des Generalleutnants Ludwig Beck, verlassen. Die in diesem Programm zum Ausdruck kommende Entschlossenheit, die Landesverteidigung alleine auf die eigene militärische Stärke zu gründen, die nur über eine außenpolitisch nicht abgesicherte Aufrüstung zu gewinnen war, beschwor für das Reich Gefahren herauf, die in der größeren Risikobereitschaft der militärischen Planung ihren Niederschlag fand.

Diese Hitler und seinen Generalen sehr bewußten Gefahren führten zu immer neuen Überlegungen, Entwürfen und Planungen innerhalb der militärischen Führung mit der Folge einer stetig sich steigernden Beschleunigung des Aufrüstungsprozesses. Die Wiedereinführung der Allgemeinen Wehrpflicht 1935 und die Besetzung der Rheinlande im März 1936 sind die besonders ins Auge fallenden Ereignisse in dieser Entwicklung. Die Beurteilung der Aufrüstung als strategischer Faktor ist jedoch deutlicher aus den militärischen Planungsüberlegungen ablesbar, die den politischen Aktionen vorausgingen und sie begleiteten. So haben zum Beispiel die 1935/36 im Generalstab des Heeres geführten Erörterungen über die »Erhöhung der Angriffskraft des Heeres« in der Folge zu einer völligen Umstrukturierung des Heeres geführt, die das bis 1939 gültige Rüstungsprogramm vom August 1936 bestimmten[88]. Hinter der Formel von der »Erhöhung der Angriffskraft des Heeres« verbarg sich die Frage, in welchem Umfang und in welcher Form der Panzer in die Struktur der Armee einzubauen sei. Beck, der Chef des Generalstabes, erwies sich in einer grundsätzlichen Denkschrift vom 30. Dezember 1935 durchaus als ein Befürworter der operativ zu verwendenden Panzerdivision, erklärte allerdings, daß das im Dezember 1933 formulierte Ziel, einen europäischen Mehrfrontenkrieg mit einiger Aussicht auf Erfolg führen zu können, bestehen bleibe. Aber das neue Waffensystem erlaubte es ihm, nun den Begriff der »Strategischen Abwehr« zu gebrauchen, die — wie er meinte — »nur dann erfolgreich sein« werde, »wenn sie auch angriffsweise geführt werden« könne. Die »Strategische Abwehr« in diesem Kontext eröffnete

---

[85] Ebd., S. 408—410, 431—449.
[86] Die Denkschrift des Truppenamtes vom 14.12.1933 ist abgedruckt bei Hans-Jürgen Rautenberg, Drei Dokumente zur Planung eines 300000 Mann-Friedensheeres aus dem Dezember 1933, in: MGM, 22 (1977), S. 115—117.
[87] Vgl. Anm. 65.
[88] Deist, Aufrüstung (wie Anm. 77), S. 426—431.

neue Möglichkeiten, die ein Anknüpfen an die Denktraditionen von Moltke und Schlieffen erlaubten[89].

Das Rüstungsprogramm vom August 1936 sah bis zum Oktober 1939 die Aufstellung von insgesamt 36 Infanterie-Divisionen, wovon allein 4 voll motorisiert sein sollten, 3 Panzer-, 3 Leichten, 1 Gebirgs-Division und 1 Kavallerie-Brigade vor. Die Stärke des geplanten Friedensheeres belief sich auf 830000 Mann, das Kriegsheer sollte eine Stärke von 4620000 Mann erreichen. Diese gegenüber der ursprünglichen Stärke der Reichswehr und auch gegenüber dem Dezemberprogramm des Jahres 1933 enorme und kurzfristig zu realisierende Steigerung der militärischen Macht des Reiches mußte im Ergebnis von den Nachbarn als Bedrohung empfunden werden. Neben diesen außenpolitischen Implikationen barg das Programm wirtschaftspolitische Probleme in sich, die von den planenden Offizieren im Sommer 1936 durchaus erkannt wurden. Der Chef des Allgemeinen Heeresamtes, Generalmajor Fromm, verdeutlichte dem Oberbefehlshaber des Heeres, Generaloberst v. Fritsch, die Anforderungen des Programms an die bereits mit ernsten Schwierigkeiten konfrontierte Rohstoff- und Devisenwirtschaft und die finanziellen Auswirkungen auf den Reichsetat. Fromm gab zu erkennen, daß das Programm seiner Ansicht nach aus volkswirtschaftlichen und militärischen Gründen nur dann verantwortet werden könne, wenn die »feste Absicht« bestehe, die Wehrmacht zu einem »bestimmten, schon festgelegten Zeitpunkt, einzusetzen«. Fritsch setzte sich über diese Anfragen grundsätzlicher Natur hinweg und genehmigte das Programm im Dezember 1936[90]. Wie berechtigt die Überlegungen Fromms waren, zeigte sich mit den im Jahre 1937 einsetzenden Rohstoffkontingentierungen, die dazu führten, daß die Ausrüstung des Kriegsheeres im Frühjahr 1939 weit hinter den Planzahlen zurückgeblieben war. Die Motive für die Annexion Österreichs und der Tschechoslowakei waren nicht zuletzt wirtschaftlicher, und das heißt konkret rüstungswirtschaftlicher Natur[91]. Der Zugewinn aus diesen Annexionen an Devisen, Rohstoffen und Kriegsmaterial hat zu einer wesentlichen Verbesserung der Ausstattung der Wehrmacht bei Kriegsbeginn beigetragen. Eine paradoxe Verkehrung der Ziele: Seit 1933 war die kriegsbereite Armee für einen europäischen Mehrfrontenkrieg Ziel der Aufrüstung, nunmehr schuf der kriegsmäßige Einsatz der Armee die Voraussetzungen für eine zügige Fortsetzung der Aufrüstung.

Mit der Nichtberücksichtigung wirtschaftlicher Gesichtspunkte bei der Planung der Aufrüstung des Heeres und mit den seit 1936 spürbaren wirtschaftlichen Schwierigkeiten und Engpässen beim Vollzug der Aufrüstung sind nur die besonders gravierenden Defizite beim Aufbau der Armee benannt[92]. Neben der Armee aber standen die Luftwaffe und die Marine, die je auf ihre Weise den Gesamtprozeß der Aufrüstung der Wehrmacht wesentlich mitbestimmten. Der Aufbau der Luftwaffe[93] wurde in seiner Anfangsphase

---

[89] Die Denkschrift vom 30.12.1935 ist abgedruckt bei Müller, Beck (wie Anm. 78), S. 469—477.
[90] Deist, Aufrüstung (wie Anm. 77), S. 434—438.
[91] Hans-Erich Volkmann, Die NS-Wirtschaft in Vorbereitung des Krieges, in: Ursachen und Voraussetzungen der deutschen Kriegspolitik (wie Anm. 77), S. 323—335.
[92] Vgl. ebd., S. 353—368; Deist, Aufrüstung (wie Anm. 77), S. 444—449; zu den Problemen, die sich aus der Aufrüstung für das Offizierkorps ergaben, vgl. ebd., S. 420—424, 433—434.
[93] Zum Aufbau der Luftwaffe vgl. ebd., S. 473—496; Edward L. Homze, Arming the Luftwaffe. The

bis 1936 beherrscht von einer überaus wirkungsvollen Konstellation kompetenter und einflußreicher Persönlichkeiten. Der Reichsluftfahrtminister Göring, der sich in diesen ersten Jahren nur selten mit der Rüstungsmaterie beschäftigte, konnte sich auf eine Reihe fähiger und engagierter Offiziere und vor allem auf seinen Staatssekretär Milch stützen, die seinen unentbehrlichen politischen Einfluß und ihre erprobten Beziehungen zur Luftfahrtindustrie für einen ebenso rasanten wie im wesentlichen komplikationslosen Aufbau der Luftwaffe nutzten. Milch und seine Offiziere erreichten es, daß die Luftfahrtindustrie, die in der Weltwirtschaftskrise ganz besonders gelitten hatte, noch im Jahre 1933 einen steilen Aufstieg nahm und auf diese Weise überhaupt erst eine Grundlage für den Auf- und Ausbau der Luftwaffe gelegt werden konnte. Mit der Kapazitätserweiterung wurde mit Erfolg auch auf eine neue Rationalisierung der Fertigung gedrungen. Milch nahm dafür bewußt in Kauf, daß die produzierten Modelle nicht mehr dem erreichten Stand der Technik entsprachen. Dennoch erfüllten die Staffeln und Geschwader der jungen Teilstreitkraft, die Enttarnung der Luftwaffe erfolgte schrittweise erst ab Ende Februar 1935, die ihnen übertragene politische Aufgabe. Der getarnte, aber kaum zu verheimlichende Aufbau einer Luftstreitmacht löste bei den Nachbarn, insbesondere in Großbritannien, Unruhe aus, die von deutscher Seite durch entsprechende Erklärungen noch verstärkt wurde. So erklärte der britische Premierminister Baldwin Ende Juli 1934 im Unterhaus, daß die Verteidigung Englands nicht mehr an dem Kreidefelsen von Dover, sondern an den Ufern des Rheins stattfinde. Damit hatte die kleine Luftwaffe ihre politische Funktion erfüllt, in dem sie als militärisches Abschreckungsinstrument fungierte, unter dessen Schirm die Aufrüstung der Armee sich vollziehen konnte[94]. In einer zweiten Phase von 1936 bis 1939 geriet der Aufbau der Luftwaffe in eine Reihe von Schwierigkeiten. Abgesehen von den allgemeinen rüstungswirtschaftlichen Engpässen und dem starken Eingreifen Görings, vor allem bei Personalentscheidungen, waren es in erster Linie Probleme der technischen Entwicklung und der industriellen Steuerung, die der Luftwaffenführung immer mehr aus der Hand glitten. Zunächst nahm der Prozeß der Umrüstung auf neue Modelle, zum Beispiel auf die Bombertypen He 111, Do 17 und Ju 86, sehr viel längere Zeit in Anspruch, als ursprünglich geplant, sie konnte erst mit dem Jahre 1937 als abgeschlossen angesehen werden. Zu diesem Zeitpunkt aber plante man bereits im Luftfahrtministerium eine zweite Phase der Umrüstung, die bereits 1939 eingeleitet und 1940 abgeschlossen werden sollte. Bei den Bombern sollte an die Stelle der He 111 und der Do 17 der seit 1936 entwickelte und ab Sommer 1937 in der Erprobungsphase befindliche Schnellbomber Ju 88 treten. Die Überlegungen zur zweiten Phase der Umrüstung vollzogen sich zu einer Zeit, in der sich abzeichnete, daß die Macht,

---

Reich Air Ministry and the German aircraft industry, 1919—1939, Lincoln 1976; David Irving, The Rise and Fall of the Luftwaffe. The Life of Luftwaffe Marshal Erhard Milch, London 1973; Richard James Overy, The German Pre-war Aircraft Production Plans: November 1936—April 1939, in: English Historical Review, 90 (1975), S. 778—797; Williamson Murray, Strategy for Defeat. The Luftwaffe 1933—1945, Washington 1983; Horst Boog, Die deutsche Luftwaffenführung 1935—1945. Führungsprobleme, Spitzengliederung, Generalstabsausbildung, Stuttgart 1981.

[94] Vgl. Deist, Aufrüstung (wie Anm. 77), S. 477, 484; Messerschmidt, Außenpolitik (wie Anm. 77), S. 589—591.

gegenüber der die junge Luftwaffe ihre größten Wirkungen erzielte, als möglicher Gegner in dem künftigen Kriege ins Kalkül zu ziehen sein würde: Großbritannien. Die Luftwaffe und auch die Marine hatten sich bisher in ihrem konkreten Rüstungsvorhaben nicht an diesem Fall orientiert. So wurde die Ju 88 zum Opfer dieser militärpolitischen Wendung und der dadurch ausgelösten Entscheidungen der Luftwaffenführung. Durch immer neue, von den Militärs erhobene Spezifikationen sollte der Bomber für die Luftkriegführung gegen Großbritannien tauglich gemacht werden mit der Folge, daß der gesamte Umrüstungsprozeß in Verzug geriet, der Bomber trotz aller Bemühungen nicht zur geplanten Zeit zur Verfügung stand und der Luftkrieg gegen Großbritannien im wesentlichen mit den alten Modellen He 111 und Do 17 geführt werden mußte. Die rasante Aufrüstung der Luftwaffe war an die von der Technik[95], etwa in der Flugmotorenentwicklung, und von der Komplexität des Entwicklungs-, Erprobungs- und Produktionsprozesses gezogenen Grenzen gestoßen. Und diese Grenzen sollten während der gesamten Dauer des Krieges nur unwesentlich verändert werden, trotz aller technischen Fortschritte in einzelnen Sektoren der Luftrüstung.

Auch die Flottenrüstung ist von der Tatsache, daß Großbritannien ab 1937 in das Blickfeld der militärischen Planer trat, entscheidend mitbestimmt worden[96]. Seit dem Scheitern des Tirpitz-Planes, seiner politischen und seiner militärischen Komponenten, war eine erneute Konfrontation mit Großbritannien ein Tabu für die Reichs- und spätere Kriegsmarine gewesen. Dies hatte auch der Vizeadmiral a.D. Wolfgang Wegener erfahren müssen. Sein Beispiel zeigt aber auch, daß dieses Tabu immer wieder verletzt wurde; die Träume von einer weltumspannenden Seemacht Deutschland waren in der Marine noch keineswegs ausgeträumt.

Als sich auch für die Marine mit der Regierung Hitler die finanziellen Schleusen für den Flottenbau öffneten, war die »Parität« mit Frankreich das erste Rüstungsziel. Für Admiral Erich Raeder, den Chef der Marineleitung und späteren Oberbefehlshaber der Kriegsmarine, kam es zunächst darauf an, den neuen Regierungschef, der ein scharfer Kritiker der wilhelminischen Flottenpolitik war, für die Marine und ihre Interessen zu gewinnen. Es ist ihm im persönlichen Kontakt zu Hitler und mit den Mitteln der Marine in einem erstaunlichen Maße gelungen. Auch unter diesem Aspekt empfahl sich die Forderung nach »Parität« mit der Kontinentalmacht Frankreich. Wie sehr aber andererseits nach wie vor die Seemacht Großbritannien für die deutsche Marine maßgebend blieb, zeigte sich, als die Referenten in der Marineführung die »Parität« mit Frankreich als Relation zur Stärke der britischen Flotte bestimmten. Im Schiffbauprogramm vom Frühsommer 1934 verwandelte sich die Paritätsforderung in das Ziel, 50 % der Stärke der britischen Flotte zu erreichen[97]. Und diese Flotte sollte im Ernstfall dazu dienen,

---

[95] Vgl. hierzu auch Horst Boog, Luftwaffe und Technik 1935—1945, in: Truppenpraxis, 31 (1987), S. 65—73.
[96] Zur Flottenrüstung vgl. Deist, Aufrüstung (wie Anm. 77), S. 449—473; Dülffer, Weimar (wie Anm. 54), S. 370—512; Michael Salewski, Die deutsche Seekriegsleitung 1935—1945, Bd 1: 1935—1941, Frankfurt/M. 1979; Ders., Marineleitung und politische Führung 1931—1935, in: MGM, 10 (1971), S. 113—158; Carl-Axel Gemzell, Organization, Conflict and Innovation: A Study of German Naval Strategic Planning, 1888—1940, Lund 1973.
[97] Vgl. Deist, Aufrüstung (wie Anm. 77), S. 453—455.

die französische Flotte nicht nur an einem Eindringen in die Ostsee zu hindern, sondern sie war auch dazu gedacht, die französischen Seeverbindungen im Atlantik und womöglich auch im Mittelmeer nachhaltig zu stören, in Seegebieten demnach, die für Großbritannien von existentieller Bedeutung waren. Raeder hat die Konsequenzen dieser Schiffbauplanung in einer Aufzeichnung für die Unterredung mit Hitler am 27. Juni 1934 in einer Zeile zusammengefaßt: »Entwicklung Fl[otte] später ev[entuell] gegen E[ngland]«[98]. Auch das deutsch-britische Flottenabkommen vom 18. Juli 1935, das für die deutsche Marine eine weitere Ausweitung der Flottenrüstung beinhaltete, war nach der Interpretation der deutschen Marineführung nur eine »vorläufige« Regelung des gegenseitigen Stärkeverhältnisses zur See. Die informelle, sehr vorsichtige und verdeckte Ausrichtung der Flottenrüstung gegen Großbritannien hatte allerdings nicht zur Folge, daß man sich im Kreis der Offiziere der Seekriegsleitung mit den Problemen eines derartigen Konfliktfalles beschäftigte. Diese fortdauernde Unbestimmtheit der militärpolitischen Zielsetzung hat dazu beigetragen, der Flottenrüstung ein eigentümlich schillerndes Gepräge zu geben. Hierzu kam der Umstand, daß jede Flottenrüstung naturgemäß ein langfristiger Vorgang ist, wodurch sich für die deutsche Marineführung bei der rasanten politischen und militärischen Entwicklung im »Dritten Reich« besondere Probleme ergaben. Darüber hinaus waren die deutschen Werften nach ihren Kapazitäten, aufgrund der allgemeinen wirtschaftlichen Schwierigkeiten ab 1936 und ihrer nach dem Weltkrieg eingeschränkten Erfahrung im Kriegsschiffbau nicht in der Lage, die Schiffbauprojekte in dem von der Marineführung vorgesehenen zeitlichen Rahmen zu realisieren. Es war daher nicht verwunderlich, daß der Schiffsbestand zu Kriegsbeginn die an die Flottenrüstung geknüpften Hoffnungen nicht erfüllen konnte. Den Kulminationspunkt erreichte die Rüstungsplanung zur See mit dem Rüstungsprogramm des sogenannten Z-Plans vom Januar 1939, das unter dem Eindruck der seit 1937 erkennbaren Wendung gegen England entwickelt und unter stärksten Pressionen Hitlers festgelegt worden war[99]. In ihm kamen die seit Tirpitz' Zeiten in der Marine immer präsenten Träumereien von einer weltumspannenden deutschen Seemacht zum Ausdruck, die naturgemäß nur gegen Großbritannien zu gewinnen war und die daher in erster Linie ausreichendes Schiffsmaterial für die Atlantikkriegführung zur Voraussetzung hatte. Ähnlich der Luftwaffe hatte diese Neuorientierung des Rüstungsziels keine nachhaltigen Auswirkungen auf die bei Kriegsbeginn dem Reich zur Verfügung stehenden Machtmittel; die Ju 88 war in diesem Sinne kein Einzelfall.

Der Überblick hat verdeutlicht, daß die Aufrüstung generell ab 1936/37 mit wirtschaftlichen Schwierigkeiten zu kämpfen hatte. Ein nicht unwesentlicher Grund für diese Schwierigkeiten lag in der Tatsache begründet, daß die drei Teilstreitkräfte Heer, Marine und Luftwaffe nach ihren jeweils eigenen Methoden, Prioritäten und Zielsetzungen ihre Rüstungsprogramme planten und durchführten und die von Groener intendierte umfassende, Heer und Marine integrierende Rüstungsplanung aufgegeben worden war. Die Einheit der Wehrmacht war auf diesem Gebiet ein Phantom geworden. Auch innerhalb der

---

[98] Salewski, Marineleitung (wie Anm. 96), S. 156—157.
[99] Deist, Aufrüstung (wie Anm. 77), S. 465—473.

einzelnen Wehrmachtteile kam es nicht immer zu einer Abstimmung des jeweiligen Rüstungsprogramms mit den Kapazitäten und Fertigungsmöglichkeiten der vorgesehenen Produzenten. Zusammen mit den unter diesen Bedingungen sich notwendigerweise ergebenden finanziellen Belastungen, dem ständigen Kampf um Devisen und Rohstoffe stellt sich der Aufrüstungsprozeß somit dar als ein zunächst kaum gehemmter, in den Dimensionen und im Tempo bisher beispielloser Auf- und Ausbau der Wehrmacht*teile*[100]. Wirtschaftliche Schwierigkeiten erzwangen zwar ab 1936/37 über den Weg der Rohstoffkontingentierung wenigstens eine bürokratische Steuerung der Rüstungsprogramme, die aber gleichzeitig das Konkurrenzverhältnis der Wehrmachtteile noch verschärften[101]. Aus diesem von Anfang an bestehenden Konkurrenzverhältnis entwickelte sich schließlich eine Rüstungsdynamik, der sich auch Hitler in seinen politischen Entscheidungen nicht mehr entziehen konnte.

Die zunächst unglaubliche Feststellung, daß diesem für europäische Verhältnisse gigantischen Aufrüstungsprozeß kein durchdachtes, abgestimmtes strategisches Konzept zugrunde lag, wird verständlicher, wenn man einige zusätzliche Hinweise zur Kenntnis nimmt. Zunächst gilt für alle drei Wehrmachtteile, daß sie die Aufrüstung nach 1933 — trotz des bereits angelaufenen 2. Rüstungsprogramms — aus einem stark empfundenen Gefühl der Wehrlosigkeit heraus begannen[102]. Diesen Zustand galt es zunächst schnell zu überwinden — keine für strategische Programme besonders geeignete Situation. Hinzu kam, daß der an sich mit allen Vollmachten ausgestattete Reichsverteidigungsminister und Oberbefehlshaber der Wehrmacht, v. Blomberg, sich nur in einem bescheidenen Maße gegenüber den Oberbefehlshabern von Heer, Marine und Luftwaffe durchsetzen konnte. Dies galt insbesondere für den Rüstungssektor, auf dem sich die besonderen Beziehungen Görings[103], aber auch Raeders[104] zu Hitler zum Nachteil einer Wehrmacht-Gesamtrüstung auswirkten. Die Entwicklung der Dienststelle »Wehrwirtschafts- und Waffenwesen« im Reichskriegsministerium ist für die dezentrale, unkoordinierte Durchführung der Aufrüstung ein aussagekräftiges Beispiel[105]. Wenn von Blomberg somit keine bindenden Direktiven zur Durchführung einer mit den Wehrmachtteilen abgestimmten, auf ein strategisches Konzept gestützten Aufrüstung zu erwarten waren, so konnten derartige Weisungen nur noch von Hitler selbst kommen. Es läßt sich nachweisen, daß einzelne Rüstungsprogramme Hitler zur Genehmigung vorgelegt wurden[106], es finden sich aber bis in den Sommer 1936 hinein keine Anzeichen dafür, daß der »Führer und Reichskanzler« sich konkret mit den Problemen der Wehrmacht-Gesamtrüstung beschäftigt

---

[100] Ebd., S. 497—500.
[101] Michael Geyer, Rüstungsbeschleunigung und Inflation. Zur Inflationsdenkschrift des Oberkommandos der Wehrmacht vom November 1938, in: MGM, 30 (1981), S. 121—186.
[102] Hierzu die Denkschrift des Chefs des Truppenamtes, General Adam, vom Frühjahr 1933, vgl. Deist, Aufrüstung (wie Anm. 77), S. 400—402.
[103] Hierzu insbesondere Irving, Rise and Fall (wie Anm. 93).
[104] Salewski, Marineleitung (wie Anm. 96), passim.
[105] Georg Thomas, Geschichte der deutschen Wehr- und Rüstungswirtschaft (1918—1943/45), hrsg. von Wolfgang Birkenfeld, Boppard 1966, S. 62—79.
[106] Einige Beispiele bei Deist, Aufrüstung (wie Anm. 77), S. 455—458, S. 482—483.

hätte. Auch die Direktiven der Jahre 1936 und 1938/39 waren eher ideologisch begründete, appellartig formulierte und teilstreitkraftbezogene Maximalforderungen[107] als das Ergebnis von Beratungen in einem langwierigen Entscheidungsprozeß. Die deutsche Aufrüstung von 1933 bis 1939 ist demnach, um es noch einmal zu formulieren, nicht das Meisterwerk strategisch orientierter Organisatoren, sondern ein von den Wehrmachtteilen je eigenständig in Gang gesetzter, in seinem Verlauf nur bürokratisch gehemmter, in der Zielsetzung zügelloser und im Verfahren oft chaotischer Vorgang, dessen politische, wirtschaftliche und soziale Implikationen die Militärs kaum berührten und dessen militärische Konsequenzen für die Wehrmacht insgesamt sie kaum mehr übersahen.

Auch auf einem anderen Gebiet zeigte sich, wie schwach der umfassende Begriff der Gesamt-Wehrmacht entwickelt war. Der Reichskriegsminister und Oberbefehlshaber der Wehrmacht hat unter dem Datum des 24. Juni 1937 eine »Weisung für die einheitliche Kriegsvorbereitung der Wehrmacht« erlassen[108], die durchaus in der Tradition der Groenerschen Weisung vom 16. April 1930 steht und an der sich die gewandelten Verhältnisse noch einmal beispielhaft demonstrieren lassen. Nicht mehr die »Notwehr« in allen von Groener dargelegten Formen stand im Mittelpunkt der Überlegungen, sondern das Problem eines europäischen Mehrfrontenkrieges, der von deutscher Seite nicht nur defensiv geführt werden sollte. In der Weisung Blombergs erschienen Frankreich und die Tschechoslowakei als die Hauptgegner, und für den Fall, daß Großbritannien, Polen und Litauen sich der gegnerischen Koalition anschließen würden, sah der Oberbefehlshaber der Wehrmacht die militärische Lage als »bis zur Aussichtslosigkeit verschlechtert« an. Er setzte aber darauf, daß die »politische Führung« alles unternehmen werde, um »vor allem England und Polen neutral zu erhalten«. Bei der durch die Hoßbach-Niederschrift[109] bekanntgewordenen Konferenz Hitlers mit den Oberbefehlshabern der Wehrmacht und der Wehrmachtteile sowie dem Außenminister am 5. November 1937 sah sich Blomberg in dieser Erwartung getäuscht. Der Generalstabschef des Heeres, Beck, der schriftlich vor den militärpolitischen Konsequenzen von Hitlers Zielsetzungen gewarnt hatte, wurde im März 1938 als erster mit der Entschlossenheit Hitlers konfrontiert, Zeitpunkt und Modus des militärischen Handelns nach eigenem Urteil festzulegen, und scheiterte im Sommer 1938 bei seinem Versuch, diese Konstellation grundsätzlich oder auch nur im Detail zu ändern[110]. Aufgrund dieser Beispiele ist es weiter nicht erstaunlich, daß es — trotz aller Versuche des Chefs des Oberkommandos der Wehrmacht, Keitel — nach der Blombergschen Weisung vom Juli 1937 bis zum Kriegsbeginn zu keiner entsprechenden Weisung »für die *einheitliche* Kriegsvorbereitung« der Wehrmacht mehr gekommen ist[111]. Hitler glaubte auf eine Fixierung der strategischen Orientierung der Wehrmacht

---

[107] Es sei hier nur auf das Oktober-Programm 1938 der Luftwaffe hingewiesen, ebd., S. 492.
[108] IMT, Bd 34, S. 734. Vgl. hierzu die umfassende Interpretation von Müller, Beck (wie Anm. 78), S. 239-247, sowie Deist, Aufrüstung (wie Anm. 77), S. 520-522.
[109] Vgl. die jüngste Untersuchung von Jonathan Wright and Paul Stafford, Hitler, Britain and the Hoßbach Memorandum, in: MGM, 42 (1987), S. 77-123; Messerschmidt, Außenpolitik (wie Anm. 77), S. 623-626.
[110] Vgl. hierzu Müller, Beck (wie Anm. 78), S. 254-311.
[111] Deist, Aufrüstung (wie Anm. 77), S. 523-529.

und ihrer militärischen Konsequenzen für die Teilstreitkräfte verzichten zu können. Schon für die Weisung Blombergs war es charakteristisch, daß er die »Kriegsvorbereitung der Wehrmacht« — ganz im Einklang mit den Seecktschen und im Gegensatz zu den Groenerschen Vorstellungen — ausschließlich operativ verstand, das heißt, daß in seiner Weisung jeder Hinweis auf die rüstungsmäßigen Forderungen für den ins Auge gefaßten europäischen Mehrfrontenkrieg, auf die kriegswirtschaftlichen Probleme der Umstellung der Industrie im Mobilmachungsfall u. a. m. fehlte. In ihr kam »ein rein instrumental-technisches Denken« zum Ausdruck, »das jederzeit für jeden Zweck manipulierbar«[112] erschien.
So war die Wehrmacht und ihre Führung in der entscheidenden Zeitspanne von 1933 bis 1939 weit von der Ludendorffschen Vorstellung des »Feldherrn« und seines »Wehrstabes« entfernt, der die Gesamtheit der kriegsvorbereitenden Maßnahmen dirigierte und überwachte. Das vollständige Aufgehen im organisatorischen Vollzug der beispiellosen Aufrüstung, die traditionell zu nennende Unfähigkeit, die Grenzen der Teilstreitkraft gedanklich zu überwinden, und schließlich die beruhigende Gewißheit, daß die politische Führung alle Probleme der Kriegführung außerhalb des »rein Militärischen« fest im Griff habe, führten dazu, daß in der Wehrmacht das »rein instrumental-technische Denken« dominierte und in der Konzentration auf das Gebiet der operativen Kriegführung zum Ausdruck kam. Strategische Impulse gingen von der Wehrmacht und ihrer Führung nicht aus.

VII.

Wenige Tage nach seiner Ernennung zum Reichskanzler ließ Adolf Hitler in der bekannten Ansprache vor den Reichswehrbefehlshabern[113] bereits einige Elemente seiner politischen Zielsetzung und der darauf bezogenen strategischen Konzeption erkennen. Die »Wiedergewinnung der pol[itischen] Macht« als Zielsetzung hatte für den »Führer« der nationalsozialistischen Bewegung in der Phase der Machteroberung zweifellos auch parteipolitische Aspekte, vor der Reichswehrführung zielte diese Formulierung aber eindeutig auf die Wiederherstellung der Machtposition des Reiches in Europa. Daß sein politisches Ziel weit über dieses allgemein revisionistische Programm hinausging, verkündete Hitler gegen Ende der Ansprache in einer unmißverständlichen Wendung. Nach der Wiederherstellung der europäischen Machtposition ergebe sich die Alternative: »Vielleicht Erkämpfung neuer Export-Mögl[ichkeiten], vielleicht — und wohl besser — Eroberung neuen Lebensraums im Osten und dessen rücksichtslose Germanisierung«. Damit verließ Hitler die den Offizieren der Reichswehr bisher vertrauten Zielprojektionen. Bemerkenswert an den Ausführungen Hitlers war darüber hinaus die klare Zuordnung der Mittel zum Zweck. Von den bereits erwähnten innenpolitischen Maßnahmen über den Kampf gegen Versailles auf dem Gebiet der Außenpolitik bis hin zu den — gewiß sehr schlagwortartigen — Vorstellungen über die Bekämpfung der wirtschaftlichen Misere

---

[112] Müller, Heer (wie Anm. 81), S. 237.
[113] Vgl. Anm. 79.

und den Programmpunkten für den Aufbau der Wehrmacht diente alles der Wiederherstellung der europäischen Machtposition und dem Gebrauch dieser Macht in dem angedeuteten Sinne. Der Ansatz zu einer strategischen Konzeption ist unverkennbar.
Als ein Ergebnis der intensiven Beschäftigung der Historiker mit Adolf Hitler und dem Dritten Reich kann gelten, daß Hitlers Denken und Handeln als »Führer und Reichskanzler« geprägt worden ist von seiner »Weltanschauung«, die sich in der zweiten Hälfte der 20er Jahre programmatisch verfestigte[114] und in der Begriffe wie Lebenskampf, Rasse, Krieg eine zentrale Rolle spielten. So heterogen die einzelnen Elemente seines Weltbildes, wie es sich aus den Reden und Schriften der 20er Jahre, insbesondere aus »Mein Kampf« ergibt, auch immer scheinen mögen, so gehört seine sozialdarwinistische Überzeugung vom Lebenskampf in allen Bereichen der individuellen wie der völkisch-staatlichen Existenz zur axiomatischen Basis dieser »Weltanschauung«. Hitler folgte mit dieser Überzeugung einem breiten Strom des zeitgenössischen Denkens seit dem Ende des 19. Jahrhunderts, das durch die Erfahrung des Ersten Weltkrieges seine unumstößliche Bestätigung erfahren zu haben schien[115]. Die Auswirkungen dieser sozialdarwinistischen Weltsicht auf Hitlers praktisches Handeln in allen Bereichen der Politik ist gar nicht zu überschätzen. Zur Basis seiner »Weltanschauung« gehörte weiter die fixe Vorstellung von der besonderen Qualität und Überlegenheit einer sogenannten nordischen, arischen Rasse, die sich in einem Kampf auf Leben und Tod mit dem Judentum befinde, dessen Ziel die »Versklavung produktiv tätiger Völker« sei. Das »erbittertste Ringen« in dieser Hinsicht spiele sich augenblicklich in Deutschland ab, und es sei die Aufgabe der nationalsozialistischen Bewegung, die »Erkenntnisse und wissenschaftlichen Einsichten der Rassenlehre sowie der durch sie geklärten (!) Weltgeschichte in die praktisch angewandte Politik zu überführen«[116]. Auch auf diesem Felde formulierte Hitler Gedanken in allerdings extremer Zuspitzung, die in anderer Form und anderer Zielrichtung die Zeitgenossen beschäftigten. Unter der Prämisse dieser rassistisch geprägten, sozialdarwinistischen »Weltanschauung« war Politik für ihn »in Wahrheit die Durchführung des Lebenskampfes eines Volkes«[117]. Er warnte zwar vor dem Krieg als Dauerzustand, da er den »Rassewert« gefährde, war aber andererseits der Meinung, daß der »friedliche Kampf der Wirtschaft« der »grausamste Krieg« sei. Die Politik habe die »Waffe ihres Kampfes stets so [zu] wählen, daß dem Leben im höchsten Sinne gedient« werde. Daraus ergab sich für ihn, daß die Unterscheidung der beiden Begriffe Friedens- oder

---

[114] Vgl. vor allem Eberhard Jäckel, Hitlers Weltanschauung, erw. und überarb. Neuausg., Stuttgart 1981.
[115] Vgl. Hans-Günter Zmarzlik, Der Sozialdarwinismus in Deutschland als geschichtliches Problem, in: Vierteljahrshefte für Zeitgeschichte, 11 (1963), S. 246–273; vgl. auch das letzte Kapitel von Arno J. Mayers Buch, The Persistence of the Old Regime, New York 1981.
[116] Hitlers Zweites Buch. Ein Dokument aus dem Jahre 1928. Eingeleitet und kommentiert von Gerhard L. Weinberg. Mit einem Geleitwort von Hans Rothfels, Stuttgart 1961 (= Quellen und Darstellungen zur Zeitgeschichte, 7), S. 127, 220–223; vgl. hierzu auch Hamid Moghareh-Obed, Rassenhygiene/Eugenik. Ideologisches Prädispositiv und Handlungsmotivation zum Genozid, in: Der Zweite Weltkrieg. Grundzüge, Analysen, Forschungsbilanz, hrsg. von Wolfgang Michalka, München 1989, S. 798–813.
[117] Hitlers Zweites Buch (wie Anm. 116), S. 46–52.

Kriegspolitik »in ein Nichts« versank oder daß es »Bündnisse ohne Gedanken an einen Krieg«[118] nicht gebe. Von dieser grundsätzlichen Position aus formulierte er die nächsten Aufgaben einer deutschen Politik, er sah sie im Kampf um Lebensraum im Osten. Eine solche kriegerische Politik sei allein in der Lage, die Gefahren einer grundsätzlich »wirtschaftsfriedlichen Politik« mit ihren verheerenden Auswirkungen auf den »Rassewert« des deutschen Volkes auszuschalten und die Fehler der vergangenen deutschen Politik wieder auszugleichen. Auf diesen Kampf um Lebensraum waren alle politischen Energien zu konzentrieren, daraus ergab sich die enge Verzahnung von Innen- und Außenpolitik, vor allem aber die Vorbereitung des Volkes auf diesen Krieg. Hitler forderte »die unbeschränkte innere Durch- und Ausbildung eines Volkes« für den Krieg, erst dann erscheine »seine Zukunft fast gesetzmäßig gesichert«[119].

Vor diesem — nur skizzierten — ideologischen Hintergrund und den Ergebnissen der historischen Forschung über die »Friedensjahre« des Dritten Reiches kann es keinem Zweifel unterliegen, daß der Reichskanzler Adolf Hitler von allem Anfang an eine Kriegsvorbereitungspolitik betrieb. Die seiner Zielsetzung in diesen Jahren entsprechende Strategie war umfassend und, trotz mancher taktischer Manöver, zielgerichtet und konsequent. Betrachtet man unter diesem Aspekt die innenpolitischen Maßnahmen des Regimes[120], so erfüllten die fast vollständige, organisierte Militarisierung der Nation mit Hilfe der Partei und ihren Organisationen sowie die rigorose Verfolgung und Ausschaltung aller Gruppen und Personen, die nach den Kategorien des Regimes die Einheit der Nation auch nur gefährden konnten, die von Stülpnagel und Ludendorff beschriebenen innenpolitischen Voraussetzungen für die Kriegführung. Neben propagandistischer Indoktrination, »Gleichschaltung« und der Auflösung der rechtsstaatlichen Ordnung gehören in diesem Zusammenhang auch die rassistischen Maßnahmen, wie die bereits 1933 einsetzenden Zwangssterilisierungen und die Diskriminierung, Enteignung, Verfolgung und Vertreibung der deutschen Juden vor 1939. Das nationalsozialistische Regime schuf sich damit das Instrumentarium für das rassistische Kriegsziel. Wenn die Bevölkerung aufgrund der Erfahrung des Ersten Weltkrieges dennoch dem Regime im September 1939 nur »widerwillig loyal« in den Krieg folgte[121], so war das eine Warnung, die vom Regime durchaus ernstgenommen wurde und Konsequenzen auf kriegswirtschaftlichem Gebiet nach sich zog. Erst der tiefbeeindruckende Sieg über Frankreich stellte die mit allen propagandistischen Mitteln geförderte »innere Geschlossenheit« der Nation in einem für das Regime befriedigenden Maße wieder her.

---

[118] Ebd., S. 155.
[119] Ebd., S. 69; vgl. Rainer Zitelmann, Zur Begründung des »Lebensraum«-Motivs in Hitlers Weltanschauung, in: Der Zweite Weltkrieg (wie Anm. 116), S. 551—567.
[120] Vgl. hierzu Martin Broszat, Der Staat Hitlers. Grundlegung und Entwicklung seiner inneren Verfassung, München, New York 1981 (= dtv-Weltgeschichte des 20. Jahrhunderts, Bd 9); sowie Thamer, Verführung (wie Anm. 74), S. 338—446.
[121] Wolfram Wette, Ideologien, Propaganda und Innenpolitik als Voraussetzungen der Kriegspolitik des Dritten Reiches, in: Ursachen und Voraussetzungen der deutschen Kriegspolitik (wie Anm. 77), S. 132—142; Wilhelm Deist, Überlegungen zur »widerwilligen Loyalität« der Deutschen bei Kriegsbeginn, in: Der Zweite Weltkrieg (wie Anm. 116), S. 224—239.

Wenn man danach fragt, warum Hitler der Steuerung der Aufrüstung im Sinne einer seinen Zielen adäquaten Struktur der Gesamtwehrmacht so wenig Aufmerksamkeit geschenkt hat, so wird man daran erinnern müssen, daß er schon in seinem »Zweiten Buch« der materiellen Rüstung einen geringeren Stellenwert als der Kriegsvorbereitung des Volkes eingeräumt hatte[122]. Die vollständige Absorption der Reichswehr durch die von seiner Regierung ermöglichte Aufrüstung mag dem nationalsozialistischen Reichskanzler auch unter taktisch-politischen Gesichtspunkten nicht ungelegen gewesen sein, und im übrigen gab es keinen Grund, an dem Willen der militärischen Führung zu einer möglichst schnellen und umfassenden Aufrüstung zu zweifeln. Hitler beschränkte sich daher in den ersten Jahren darauf, generell auf eine Beschleunigung des Tempos zu dringen, und auch ab 1937/38, als die Aufrüstungsdynamik sich voll entfaltete, blieb er bei dieser Methode. Zu einer die gesamte bewaffnete Macht des Reiches umfassenden Rüstungsplanung ist es daher nie gekommen.

Das ist um so bemerkenswerter, als spätestens ab 1936 ökonomische Engpässe die weitere Beschleunigung der Aufrüstung hemmten und einschneidende wirtschaftspolitische Maßnahmen notwendig machten. Für Hitler und die Nationalsozialisten waren diese wirtschaftlichen Schwierigkeiten um so mehr von Belang, als die Überwindung der katastrophalen Folgen der Weltwirtschaftskrise die Voraussetzung für die Konsolidierung des Regimes gewesen war. Mit Hilfe öffentlicher Mittel war es gelungen, die Konjunktur so zu beleben, daß die Arbeitslosenzahlen im Laufe von zwei Jahren um mehr als die Hälfte reduziert werden konnten[123]. Da aber der wirtschaftliche Aufschwung von Anfang an eng mit der Aufrüstung verknüpft war, barg er Risiken in sich, die auf Dauer durch die Wirtschaftspolitik des Reichsbankpräsidenten Schacht nicht aufgefangen werden konnten und die sich bereits 1935 in einer gefährlichen Erschöpfung der Devisenvorräte zeigten[124]. Damit wurden unter anderem auch die Importe rüstungswirtschaftlich wichtiger Rohstoffe in Frage gestellt. Die auch auf diesem Felde letztlich entscheidende Reaktion Hitlers erscheint durchaus typisch. Sie zielte mit dem Vierjahresplan vom September 1936 auf eine Mobilmachung der deutschen Wirtschaft[125]. Mit der Forderung nach Ausbeutung aller Rohstoffvorkommen des Reichs und des Auf- und Ausbaus von Ersatzstoffindustrien wurden Grundprinzipien wirtschaftlichen Handelns, z. B. solche der Rentabilität, außer Kraft gesetzt. Und Hitler erklärte in seiner Denkschrift zum Vierjahresplan vom August 1936 ganz eindeutig, daß er das Ziel auch des volkswirtschaftlichen Handelns in der Vorbereitung des Krieges sah. Am Schluß der Denkschrift formulierte er kategorisch: »I. Die Deutsche Armee muß in 4 Jahren einsatzfähig sein. II. Die Deutsche Wirtschaft muß in 4 Jahren kriegsfähig sein[126].« Daß die gesamtwirtschaftliche Situation durch ein derartiges Programm nicht grundlegend verbessert werden konnte, war zu erwarten. Die einschneidenden Rohstoffkontingentierungen des Jahres 1937 sind hierfür der

---

[122] Hitlers Zweites Buch (wie Anm. 116), S. 69.
[123] Volkmann, NS-Wirtschaft (wie Anm. 91), S. 244.
[124] Ebd., S. 262.
[125] Ebd., S. 278—284.
[126] Ebd., S. 282—284; Wilhelm Treue, Hitlers Denkschrift zum Vierjahresplan 1936, in: Vierteljahrshefte für Zeitgeschichte, 3 (1955), S. 194—210.

beste Nachweis[127]. Schließlich blieb nur noch der Weg der Expansion. Rüstungswirtschaftliche Überlegungen haben den politischen Entschluß für das offensive Vorgehen gegenüber Österreich und der Tschechoslowakei nicht unerheblich beeinflußt[128]. Und die wirtschaftliche Beute verbesserte zeitweise auch die Bilanz. Die dennoch nach wie vor prekäre wirtschaftliche Lage, mit der das Reich in den Krieg eintrat, war ganz wesentlich ein Produkt der beispiellosen Aufrüstung, die Hitler neben der inneren Mobilmachung als die wichtigste Voraussetzung seiner Kriegsvorbereitungspolitik betrachtete. Und die Wehrmacht war nun tatsächlich, trotz der erwähnten Strukturdefizite, zu Kriegsbeginn die modernste bewaffnete Macht in Europa. Über die Engpässe und bedrohlichen Schwierigkeiten der Wirtschaft glaubte Hitler hinwegsehen zu können, denn eine langfristig wirksame Verbesserung war in seiner Sicht nur als Ergebnis des Krieges, des Kampfes um Lebensraum im Osten zu erwarten. Insofern, unter den Voraussetzungen von Hitlers Ideologie, war seine Strategie auf dem Felde der Innen-, Wirtschafts- und Militärpolitik durchaus konsequent und auch erfolgreich.

Wie aber verhielt sich diese von der Ideologie bestimmte Kriegsvorbereitungspolitik auf dem Felde der Außenpolitik, auf dem gemeinhin das kühle Kalkül der Interessen dominiert? Hitler selbst hat vor den Reichswehrbefehlshabern im Februar 1933 betont, daß die Phase des Aufbaus der Wehrmacht die »gefährlichste Zeit« sei, die Außenpolitik hatte daher vor allem eine Abschirmungsfunktion zu übernehmen[129]. Hitler und dem Auswärtigen Amt gelang es, eine internationale Isolierung Deutschlands durch eine Reihe bilateraler Verträge zu vermeiden und im Ausland ganz allgemein den Eindruck zu erwecken, daß auch das nationalsozialistische Regime der revisionistischen Linie folge, allerdings die Forderungen mit sehr viel größerem Nachdruck erhebe und sie auch durchzusetzen gewillt sei. Diese Politik bestand ihre Bewährungsprobe bei der Wiedereinführung der Wehrpflicht im März 1935 und bei der Remilitarisierung des Rheinlandes ein Jahr später. Damit war der Bruch mit dem in Versailles und Locarno geschaffenen kollektiven Sicherheitssystem in Europa endgültig vollzogen. Die Sicherheit des Reiches beruhte nun wieder wie zu Beginn des Jahrhunderts allein auf seiner militärischen Stärke.

Für die entscheidende Phase seines politischen Programms, des Kampfes um »Lebensraum im Osten«, ging Hitler von der Vorstellung aus, daß Großbritannien diese kontinentale Hegemonialpolitik — die im übrigen die Ausschaltung Frankreichs implizierte — dulden werde, wenn die überseeischen Interessen Londons nicht beeinträchtigt würden[130]. Auf diese Weise hoffte er die »Rückenfreiheit« für die gewaltsame Expansion nach Osten zu gewinnen. In der Besprechung vom 5. November 1937 hatte er zwar England als einen »Haßgegner« bezeichnet, aber er hatte auch zu erkennen gegeben, daß er keinen Widerstand Großbritanniens gegen eine Ausdehnung der deutschen Herrschaft auf die Tschechoslowakei erwarte[131]. Die britische und französische Reaktion auf den

---

[127] Deist, Aufrüstung (wie Anm. 77), S. 442—447.
[128] Volkmann, NS-Wirtschaft (wie Anm. 91), S. 323—335.
[129] Messerschmidt, Außenpolitik (wie Anm. 77), S. 571—579.
[130] Ebd., S. 584—593.
[131] Ebd., S. 623—626.

»Anschluß« Österreichs bestätigte Hitler in dieser seiner Einschätzung, zumal sich durch diesen Coup die strategische Position des Reichs gegenüber der Tschechoslowakei entscheidend verbessert hatte. Er war zum Krieg entschlossen, und das Münchener Abkommen über die Abtretung tschechoslowakischer Gebiete an Deutschland entsprach durchaus nicht seinen Wunschvorstellungen, aber es bestätigte Hitler erneut in seiner Einschätzung der britischen Politik[132]. Hitler hielt bis weit in den Krieg hinein an der Vorstellung der Möglichkeit einer deutsch-britischen Verständigung über eine deutsche kontinentale Hegemonie fest. Eine zum Dogma erhobene Wunschvorstellung verwehrte sich der Realität, dem rationalen Kalkül.

Wie sehr er sich über die Grundlinien der britischen Politik täuschte, die den »Anschluß« Österreichs hingenommen und die Zerstückelung der Tschechoslowakei sanktioniert hatte, zeigte sich in der Reaktion Londons auf die deutsche Besetzung von Prag Mitte März 1939. Vor dem Unterhaus erklärte Chamberlain am 31. März, daß Großbritannien Polen zu Hilfe kommen werde, wenn seine Unabhängigkeit bedroht werde. Damit war der Versuch Hitlers, Polen seiner Strategie dienstbar zu machen, gescheitert[133]. Er blieb jedoch in den folgenden Monaten entschlossen, die »polnische Frage« zu lösen, nunmehr wurden die entsprechenden militärischen Maßnahmen intensiviert. Der Zeitdruck, unter den sich Hitler seit 1937/38 aus rüstungspolitischen Gründen gesetzt sah und selbst setzte, verschärfte sich, und die politischen Bedingungen für das Unternehmen verschlechterten sich zusehends. Vor allem gewann nun neben Großbritannien diejenige Macht an Einfluß, gegen die sich die programmorientierte Politik Hitlers in erster Linie richtete: Die Sowjetunion. Da die Expansion das unverrückbare Ziel Hitlers blieb und der britische Widerstand dagegen sich weiter verhärtete, sah der deutsche Diktator sich zum Abschluß des deutsch-sowjetischen Nichtangriffpaktes samt seinem Zusatzprotokoll gezwungen, der den Krieg gegen Polen ermöglichte, die Abhängigkeit von der Sowjetunion begründete, die Westmächte aber nicht von ihrer Kriegserklärung am 3. September 1939 zurückhalten konnte[134]. Hitlers Strategie hatte mit dieser Reaktion der Westmächte eine erste schwere Niederlage erlitten. Der Krieg zur Gewinnung von »Lebensraum im Osten«, Kernpunkt seiner machtpolitischen Zielsetzung, begann unter einer programmwidrigen außenpolitischen Konstellation, deren Korrektur nunmehr nur noch über die Entfaltung des militärischen und industriellen Potentials des Reiches zu erreichen war. Nicht das rationale Kalkül, sondern die Orientierung an den Axiomen seiner Ideologie hatte Hitlers Strategie der Kriegsvorbereitung bestimmt, ihr Ergebnis entsprach weder den ideologischen Wunschvorstellungen noch den an rationalen Kriterien orientierten militärischen und wirtschaftlichen Forderungen.

---

[132] Ebd., S. 650—658.
[133] Ebd., S. 677—681.
[134] Ebd., S. 691—701, vgl. jetzt auch Gottfried Niedhart, Sitzkrieg versus Blitzkrieg. Das attentistische Konfliktverhalten Großbritanniens in der Krise der internationalen Systems am Vorabend und bei Beginn des Zweiten Weltkrieges, in: Der Zweite Weltkrieg (wie Anm. 116), S. 49—56.

VIII.

Überblickt man die auf deutscher Seite während des Zweiten Weltkrieges getroffenen, nach der Definition Hillgrubers strategischen Entscheidungen, so konzentrieren sie sich auf die Anfangsphase des Krieges, den europäischen Krieg. Die strategische Wende wurde im Dezember 1941 mit dem Scheitern des deutschen Angriffs auf Moskau und der Kriegserklärung gegenüber den USA erreicht[135]. Daß die in dieser Wende beschlossene Niederlage Deutschlands erst nach über 3½ Jahren eines überaus verlustreichen Kampfes eintrat, hat einerseits mit der Kriegführung der Gegner des Reiches, aber auch mit der sich steigernden Entschlossenheit des Regimes zu tun, die »innere Geschlossenheit« der Nation an der Front und in der Heimat zu erhalten.

Die in den Jahren bis 1939 erprobten vielfältigen Formen der propagandistischen Beeinflussung wurden mit Intensität weiterverfolgt, die militarisierte Volksgemeinschaft bildete dabei den zentralen Bezugspunkt. Entscheidende Bedeutung für die innere Stabilität maß das Regime — nach den noch sehr lebendigen Erfahrungen des Ersten Weltkrieges — der Sicherstellung einer gleichmäßigen und ausreichenden Ernährung der Bevölkerung bei, mit katastrophalen einkalkulierten Auswirkungen für die Versorgung der Bevölkerung der besetzten Gebiete[136], die darüber hinaus noch für die Versorgung der Wehrmacht herangezogen wurden. Auch auf sozialem Gebiet blieb das Regime bemüht, die Schraube der Anforderungen nicht zu stark anzudrehen. Andererseits öffnete erst der Krieg den Weg, die Volksgemeinschaft nach den ideologischen Vorstellungen der Machthabenden zu formen. Noch rigoroser als in den Jahren 1933—1935 sollte alles »Undeutsche« — um mit Joachim v. Stülpnagel zu formulieren — aus dieser Gemeinschaft einer militarisierten Nation entfernt werden. Das betraf in erster Linie die Deutschen jüdischen Glaubens oder jüdischer Herkunft, deren Isolierung und Entrechtung nach dem Versiegen aller Auswanderungsmöglichkeiten in die Deportation aus dem Reichsgebiet und letztlich in die physische Vernichtung in den Ghettos und den Todeslagern des Ostens führte[137].

---

[135] Jürgen Förster, Das Unternehmen »Barbarossa« — eine historische Ortsbestimmung, in: Horst Boog, Jürgen Förster, Joachim Hoffmann, Ernst Klink, Rolf-Dieter Müller, Gerd R. Ueberschär, Der Angriff auf die Sowjetunion (= Das Deutsche Reich und der Zweite Weltkrieg, Bd 4), Stuttgart 1983, S. 1079—1088; Enrico Syring, Hitlers Kriegserklärung an Amerika vom 11. Dezember 1941, in: Der Zweite Weltkrieg (wie Anm. 116), S. 683—696. Bernhard R. Kroener, Der »erfrorene Blitzkrieg«. Strategische Planungen der deutschen Führung gegen die Sowjetunion und die Ursachen ihres Scheiterns, ebd., S. 133—148; Bernd Wegner, Hitlers Strategie zwischen Pearl Harbor und Stalingrad, in: Horst Boog, Werner Rahn, Reinhard Stumpf, Bernd Wegner, Der globale Krieg. Die Ausweitung zum Weltkrieg und der Wechsel der Initiative 1941—1943, Stuttgart 1990 (= Das Deutsche Reich und der Zweite Weltkrieg, Bd 6), S. 97—127.

[136] Hans Umbreit, Auf dem Weg zur Kontinentalherrschaft, in: Organisation und Mobilisierung des deutschen Machtbereich (wie Anm. 83), S. 321—327; Rolf-Dieter Müller, Die Konsequenzen der »Volksgemeinschaft«; Ernährung, Ausbeutung und Vernichtung, in: Der Zweite Weltkrieg (wie Anm. 116), S. 240—248.

[137] Vgl. Paul Hilberg, Die Vernichtung der europäischen Juden. Die Gesamtgeschichte des Holocaust, Berlin 1982; Der Mord an den Juden im Zweiten Weltkrieg. Entschlußbildung und Verwirklichung, hrsg. von Eberhard Jäckel und Jürgen Rohwer, Stuttgart 1985; Arno J. Mayer, Why Did The Heavens Not Darken? The Final Solution In History, New York 1988.

Und es betraf die Deutschen, deren Leben von den Herrschenden und ihren medizinischen Helfershelfern als »lebensunwert« bezeichnet wurde und die der Euthanasie zum Opfer fielen[138]. Nach dem Angriff auf die Sowjetunion und der damit einhergehenden Radikalisierung der Kriegführung steigerte sich die ständige Überwachung zu terroristischem Druck gegen jede Art von Abweichung von der propagandistisch vorgegebenen Linie. Das Instrument der Sonder-, Militär- und schließlich der Standgerichte erreichte nun den höchsten Grad seiner Wirksamkeit im Sinne einer pervertierten Rechtsprechung[139]. Zehntausende von Deutschen waren ihre Opfer. Das Trauma des November 1918 bewirkte, daß die »innere Geschlossenheit« der Volksgemeinschaft in der Heimat und an der Front, trotz des alliierten Bombenkrieges und der militärisch ausweglosen Lage, bis zum definitiven Ende des Krieges keine Auflösungserscheinungen zeigte.

Auf dem Felde der Kriegswirtschaft zeigten sich in den Jahren bis zur strategischen Wende die Symptome und Auswirkungen des polykratischen Führerstaates in extremer Form. Es gelang nicht, die am kriegswirtschaftlichen Prozeß beteiligten Gruppen, Institutionen und Sonderinteressen zu einer produktiven, vereinbarten Form der Zusammenarbeit zusammenzuschließen. Das Ergebnis war eine nicht vollzogene wirtschaftliche Mobilmachung, eine »friedensmäßige Kriegswirtschaft«, eine »Übergangswirtschaft«, die erst mit der Berufung Speers zum Rüstungsminister im Februar 1942 ihr Ende fand. Wesentlichen Anteil an dieser negativen Bilanz hatte die Wehrmacht, die ihre machtvolle Position als wichtigster Auftraggeber für die Kriegswirtschaft nicht wahrnehmen konnte, weil ein abgestimmtes Wehrmachtrüstungsprogramm nach wie vor nicht zustande kam und weil die Militärs nicht von ihrer Vorstellung einer »Kommandowirtschaft« abzubringen waren. Auch der im März 1940 von Hitler eingesetzte Rüstungsminister Dr. Todt, der eine an der privatwirtschaftlichen Struktur der Wirtschaft orientierte Organisationsform zur Leistungssteigerung der rüstungswirtschaftlichen Produktion durchzusetzen versuchte, scheiterte zunächst an den gegenläufigen Interessen der wuchernden Wirtschaftsbürokratie der Exekutive und auch an der allgemeinen Euphorie nach dem Sieg über Frankreich, der außerordentliche und einschneidende Anstrengungen auf dem Rüstungssektor nicht mehr zwingend erforderlich erscheinen ließ. Es kann also gar keine Rede davon sein, daß es der deutschen Führung gelungen sei, die kriegswirtschaftliche Produktion derart optimal zu steuern, daß sie den Anforderungen einer definierten Strategie vollkommen entsprochen habe, ganz abgesehen davon, daß eine derartige Strategie nicht existierte. Nicht zuletzt diese Unfähigkeit, die Mobilisierung der materiellen Ressourcen der Nation für den Krieg einvernehmlich zu bewältigen, hat dazu geführt, daß der »Krieg der Fabriken« — nach den Erfahrungen des Ersten Weltkrieges eine entscheidende strategische Komponente des industrialisierten Krieges — für Deutschland gegenüber den angelsächsischen Mächten bereits im Sommer 1941 verloren war, daran konnten auch die erstaunlichen Erfolge Speers in der Endphase des Krieges nichts mehr än-

---

[138] Ernst Klee, »Euthanasie« im NS-Staat. Die »Vernichtung lebensunwerten Lebens«, Frankfurt 1985; ders. (Hrsg.), Dokumente zur »Euthanasie«, Frankfurt 1985.

[139] Manfred Messerschmidt, Fritz Wüllner, Die Wehrmachtjustiz im Dienste des Nationalsozialismus, Baden-Baden 1987.

dern[140]. Diese kriegswirtschaftlichen Erfolge waren aber nicht allein das Ergebnis einer zweckentsprechenderen Organisationsstruktur, sondern auch ein Aspekt der allgemeinen Radikalisierung der Kriegführung, die nach der Niederlage vor Moskau im Jahre 1942 auch auf das »Heimatkriegsgebiet« übergriff und mit der »Sportpalast-Rede« von Goebbels am 18. Februar 1943, »Wollt ihr den Totalen Krieg«, einen ersten Höhepunkt erreichte. Die Radikalisierung wirkte sich auf einen Faktor der Produktion ganz besonders aus: Das Regime organisierte nun im verstärkten Maße und mit der ihm eigenen Brutalität den Einsatz der Arbeitskräfte für die Kriegswirtschaft. Während im September 1941 insgesamt 2,1 Mio. ausländischer Arbeitskräfte der Wirtschaft zur Verfügung standen, waren es im August 1944 bereits 7,5 Mio. auf dem Gebiet des »Großdeutschen Reiches«, abgesehen von der Masse an Kriegsgefangenen. Für alle Arbeitskräfte, einschließlich der deutschen, war – trotz der krassen Unterschiede im formalen Status – der Zwang zur Arbeitsleistung der gemeinsame Nenner. Dieser Zwang reichte von der Dienstverpflichtung und Arbeitspflicht bis zur physischen Vernichtung der Menschen durch Arbeit in dem System der Konzentrationslager[141]. Die Rassenideologie des Systems und seiner Funktionäre fand auch auf diesem Felde ihren widerwärtigen und verbrecherischen Ausdruck in einer Hierarchie der Arbeitssklaven, an deren unterem Ende die europäischen Juden und die Menschen aus der Sowjetunion standen. Die absehbare Erschöpfung und Lähmung aller wirtschaftlichen Ressourcen ist durch den alliierten Bombenkrieg erst in der Schlußphase des Krieges noch wesentlich beschleunigt worden.

Im »Waffenkrieg« hatte der Sieg der Wehrmacht über Polen an der strategischen Situation des Reiches nur insoweit etwas geändert, als nunmehr der Bündnispartner und zugleich ideologische Erzfeind Sowjetunion auf breiter Front zum unmittelbaren Nachbarn geworden war. Mit den spektakulären Erfolgen der Wehrmacht im Norden und im Westen Europas im Frühsommer 1940 verbesserte sich die strategische Lage des Reiches allerdings entscheidend. Großbritannien war in dieser Phase der alleinige Gegner des Reiches. Die Marine kann als der eigentliche Urheber der risikoreichen Operation »Weserübung« gegen Dänemark und Norwegen angesehen werden[142], ihr Oberbefehlshaber Raeder war sich der strategischen Bedeutung der nordeuropäischen Flanke für den Seekrieg gegen England bewußt. Gegenüber Frankreich gelang dem Heer mit dem Feldzugsplan des Generalleutnants v. Manstein, der sich nur mit Unterstützung Hitlers gegenüber dem an den Erfahrungen des Ersten Weltkrieges orientierten Vorstellungen der Heeresführung durchsetzen ließ, ein Triumph der operativen Kriegführung[143]. So gebot

---

[140] Vgl. das Resümee der Autoren des Bandes 5/1 von Das Deutsche Reich und der Zweite Weltkrieg (wie Anm. 83), S. 1003–1016; Rolf-Dieter Müller, Die Mobilisierung der Wirtschaft für den Krieg – eine Aufgabe der Armee? Wehrmacht und Wirtschaft 1933–1942, in: Der Zweite Weltkrieg (wie Anm. 116), S. 349–362.

[141] Vgl. Ulrich Herbert, Fremdarbeiter. Politik und Praxis des ›Ausländer-Einsatzes‹ in der Kriegswirtschaft des Dritten Reiches, Berlin 1985; die Beiträge von Christian Streit, Gerhard Schreiber, Rolf-Dieter Müller und Falk Pingel in: Der Zweite Weltkrieg (wie Anm. 116), S. 747–797.

[142] Vgl. Klaus A. Maier, Horst Rohde, Bernd Stegemann, Hans Umbreit, Die Errichtung der Hegemonie auf dem europäischen Kontinent, Stuttgart 1979 (= Das Deutsche Reich und der Zweite Weltkrieg, Bd 2), S. 189–202 (Klaus A. Maier).

[143] Hans Umbreit, Der Kampf um die Vormachtstellung in Westeuropa, ebd., S. 244–259, S. 284–307.

Deutschland im Juni 1940 über die Positionen, die Wolfgang Wegener für einen aussichtsreichen Kampf gegen die Seemacht Großbritannien gefordert hatte; die Küste Norwegens und die Atlantikküste Frankreichs befanden sich in deutschem Besitz.

Die im Frühsommer 1940 gewonnene strategische Position bot die Chance, durch die Ausschaltung des alleine noch im Felde stehenden Gegners Großbritannien die Rückenfreiheit für den in Hitlers Konzeption alles entscheidenden Kampf um »Lebensraum im Osten« zu gewinnen. Die Chance konnte nicht genutzt werden, weil das militärische Potential hierfür nicht vorhanden war. Die Marine verfügte nach der Operation »Weserübung« über einen derart minimalen Bestand an Kriegsschiffen und eine so geringe Zahl an U-Booten[144], die für die Atlantikkriegführung geeignet waren, daß ein entschiedener Versuch der Abschnürung Großbritanniens von See her schon aus diesen Gründen unmöglich erschien. Entscheidend aber wurde, daß die Luftoffensive scheiterte, deren Erfolg die unabdingbare Voraussetzung einer dann immer noch überaus risikoreichen Landungsoperation hätte bilden sollen[145]. Die Luftwaffe zeigte sich nicht in der Lage, das britische Luftverteidigungssystem zu überwinden und eine wirksame Luftüberlegenheit zu gewinnen. Die Verschiebung der Operation »Seelöwe« durch Hitler am 14. September 1940 kam einer strategischen Niederlage gleich.

Hitler war wenige Monate zuvor, in der Phase des sich abzeichnenden Sieges über Frankreich, noch von der euphorischen Vorstellung ausgegangen, mit Großbritannien »auf der Basis der Teilung der Welt« verhandeln zu können[146]. Das dieser Erwartung konträre Ergebnis verdeutlicht die Diskrepanz, die sich zwischen der Hybris, die nach dem Waffenstillstand mit Frankreich die deutsche Führung ergriffen hatte, und den gegebenen strategischen Möglichkeiten aufgetan hatte. Diese Sommer- und Herbstmonate 1940 sind gekennzeichnet durch die Erörterung und Überprüfung mehrerer strategischer Optionen, die sich vornehmlich gegen Großbritannien richteten[147]. Nachdem Hitlers anfängliche Hoffnung, mit London zu einer Verständigung kommen zu können, enttäuscht worden war, zeigte sich, daß auch der Versuch eines direkten Zugriffs auf die Insel nicht zum Ziele führte. So blieb nur der Weg einer weiträumigen Absicherung der kontinentalen Machtstellung gegenüber den Seemächten Großbritannien und den USA oder der Versuch einer indirekten Strategie gegen London über die Bedrohung des Empire und seiner Verbindungslinien. Beide Strategien waren ohne die Verständigung und die Mitwirkung Spaniens, Vichy-Frankreichs mit seinen Nord- und Westafrikanischen Gebieten, des Bündnispartners Italien und Japans nicht möglich. Die diplomatischen Verhandlungen, die Unterredungen Hitlers mit Laval, Pétain, Franco und Mussolini, blieben jedoch ohne greifbares Ergebnis. Im Gegenteil, der italienische Staatschef überraschte

---

[144] Bernd Stegemann, Die erste Phase der Seekriegführung bis zum Frühjahr 1940, ebd., S. 182f., S. 224.
[145] Klaus A. Maier, Die Luftschlacht um England, ebd., S. 375—408, sowie ders., Die Luftschlacht über England, in: Der Zweite Weltkrieg (wie Anm. 116), S. 513—522.
[146] Gerhard Schreiber, Die politische und militärische Entwicklung im Mittelmeerraum 1939/40, in: Gerhard Schreiber, Bernd Stegemann, Detlef Vogel, Der Mittelmeerraum und Südosteuropa. Von der »non belligeranza« Italiens bis zum Kriegseintritt der Vereinigten Staaten, Stuttgart 1984 (= Das Deutsche Reich und der Zweite Weltkrieg, Bd 3), S. 166.
[147] Ebd., S. 162—222.

den »Führer« mit der Mitteilung des unmittelbar bevorstehenden italienischen Angriffs auf Griechenland, der einer indirekten Strategie gegen Großbritannien, wie sie den deutschen Planern vor Augen gestanden hatte, in keiner Weise entsprach. Durch die Unbeugsamkeit Großbritanniens und die betonte Zurückhaltung Spaniens, Vichys und auch Italiens seinen Plänen gegenüber sah sich Hitler mit einer strategischen Lage konfrontiert, die angesichts der erkennbaren Parteinahme Washingtons für London auf längere Sicht bedrohlich werden konnte.

Für die deutsche Führung war jedoch die Strategie gegen Großbritannien nie ohne Alternative. Im Generalstab des Heeres sind bereits Ende Juni/Anfang Juli 1940 die ersten Überlegungen über Angriffsoperationen gegen die Sowjetunion angestellt worden[148]. Und als Hitler am 21. Juli angesichts der intransigenten britischen Haltung den Oberbefehlshaber des Heeres beauftragte, sich des »russischen Problems« anzunehmen, konnte ihm dieser bereits Details des geplanten militärischen Vorgehens vortragen. Bei einer Konferenz Hitlers mit den Spitzen der Oberkommandos der Wehrmacht, des Heeres und der Marine am 31. Juli 1940 auf dem Obersalzberg erfolgte dann die Wendung nach Osten, zwar nicht in einer endgültigen, aber doch bereits sehr verbindlichen Form. Hitlers ideologisch begründetes Expansionsziel, der Kampf um »Lebensraum im Osten« und gegen den »Jüdischen Bolschewismus«, rückte damit wieder in den Vordergrund und verband sich mit der strategischen Notwendigkeit, gegenüber den angelsächsischen Seemächten eine militärisch wie vor allem wirtschaftlich gesicherte kontinentale Weltmachtstellung aufzubauen. Die Entscheidung vom 31. Juli ist daher zu Recht als eine Symbiose von Dogma und Kalkül bezeichnet worden[149], die ihr ein besonderes Gewicht verlieh. Jedenfalls wurde mit ihr die umfassende militärische Vorbereitung des Angriffs auf die Sowjetunion für das »Frühjahr 1941« in Gang gesetzt, und Hitler traf die ersten Maßnahmen zur Sicherung der nordöstlichen und südöstlichen Flanken dieses Unternehmens[150].

Die militärische und rüstungswirtschaftliche Vorbereitung dieses entscheidenden Feldzuges ist mit einem hohen Maß an Unterschätzung der sowjetischen Ressourcen und Fähigkeiten und einem ebenso hohen Maß an Überschätzung der eigenen Möglichkeiten betrieben worden[151]. Der Feldzug gegen die Sowjetunion ist tatsächlich als ein »Blitzkrieg« — der einzige im übrigen — mit begrenztem Zeit- und Kräfteansatz geplant worden. Und Hitler hat dafür gesorgt, daß dieser Krieg als ein Rasse- und Vernichtungskrieg geführt wurde[152]. Die verantwortlichen Militärs haben dieser Ideologisierung und

---

[148] Ernst Klink, Die militärische Konzeption des Krieges gegen die Sowjetunion, in: Der Angriff auf die Sowjetunion (wie Anm. 135), S. 202—216.

[149] Jürgen Förster, Hitlers Entscheidung für den Krieg gegen die Sowjetunion, in: Der Angriff auf die Sowjetunion (wie Anm. 135), S. 16. Vgl. hierzu auch das Standardwerk von Andreas Hillgruber, Hitlers Strategie. Politik und Kriegführung 1940/41, 2. Aufl., München 1982.

[150] Förster, Hitlers Entscheidung (wie Anm. 149), S. 13—18.

[151] Bernhard R. Kroener, Blitzkrieg oder totaler Krieg?, in: Organisation und Mobilisierung des deutschen Machtbereiches (wie Anm. 83), S. 990—1001, sowie Rolf-Dieter Müller, Von der Wirtschaftsallianz zum kolonialen Ausbeutungskrieg, in: Der Angriff auf die Sowjetunion (wie Anm. 135), S. 113—189.

[152] Helmut Krausnick und Hans-Heinrich Wilhelm, Die Truppe des Weltanschauungskrieges. Die Einsatzgruppen der Sicherheitspolizei und des SD 1938—1942, Stuttgart 1982; Christian Streit, Keine Kameraden. Die Wehrmacht und die sowjetischen Kriegsgefangenen 1941—1945, Stuttgart 1978;

Radikalisierung kaum widersprochen, ja, sie ist von ihnen mitgestaltet und mitgetragen worden. Diese Kriegführung diente dem rassepolitischen Ziel, der Beherrschung des Raumes durch den »Arischen Herrenmenschen«, und die Opfer waren keineswegs nur die kämpfenden oder gefangenen Rotarmisten, sondern vor allem die Zivilbevölkerung und unter ihr die Juden in erster Linie.

Die mit wuchtigen Schlägen vorgetragene Offensive der Wehrmacht schien die optimistische Lagebeurteilung durch die deutsche Führung zu bestätigen. Der Chef des Generalstabes, Generaloberst Halder, war bereits am 3. Juli der Meinung, daß der Hauptauftrag im wesentlichen erfüllt sei[153]. Doch die Lage veränderte sich rasch, und es wuchs das Bewußtsein, daß der Krieg mit der Sowjetunion mit dem Feldzug des Jahres 1941 nicht beendet sein würde. Der Beginn der sowjetischen Winteroffensive am 5. Dezember in Verbindung mit der deutschen Kriegserklärung an die USA vom 11. Dezember 1941 wurde dann zur entscheidenden strategischen Wende des Krieges. Deutschland befand sich nun endgültig in der Zange zwischen der Sowjetunion und der USA, die über die Ressourcen der Welt geboten. Die strategische Initiative in allen Bereichen ging nunmehr an die Gegner Deutschlands über, die nach über drei Jahren den deutschen Selbstbehauptungswillen brechen konnten. Auch wenn die deutsche Führung im Jahre 1942 noch einmal den Versuch unternahm, den Verlust der strategischen Initiative durch operative Erfolge zu kompensieren und kriegswirtschaftlich wesentliche Ziele zu erreichen, so sah sie sich doch generell auf die Verteidigung des eroberten Herrschaftsgebietes zurückgeworfen. Keine der Offensiven zu Lande oder zu Wasser besaß die Chance, erneut eine strategische Wende des Krieges herbeizuführen[154]. Da Hitler es konstant ablehnte, eine politische Lösung des Konflikts in Erwägung zu ziehen, und an dem Grundsatz »Alles oder Nichts« festhielt, kam es in den Jahren 1942—1945 auch nicht zur Entwicklung einer erfolgversprechenden Strategie der Verteidigung. Unter dieser Führung verblieb der Wehrmacht nur der aussichtslose Kampf um verlorene Positionen, der Krieg wurde so zum Selbstzweck.

Bei der ideologischen Fixierung Hitlers auf den Krieg und auf das Ziel dieses Krieges hatte bereits die Entwicklung seit November 1937 gezeigt, daß der Zeitfaktor für ihn aus persönlichen Gründen und aus Gründen des schwindenden Rüstungsvorsprunges eine immer größere Bedeutung gewann. Dieser Umstand verengte den Rahmen des rationalen strategischen Kalküls, das im übrigen durch Wunschvorstellungen, wie im Falle

---

Jürgen Förster, Das Unternehmen »Barbarossa« als Eroberungs- und Vernichtungskrieg, in: Der Angriff auf die Sowjetunion (wie Anm. 135), S. 413—447, sowie ebd., S. 1030—1078; ders., The German Army and the Ideological War against the Soviet Union, in: The Politics of Genocide. Jews and Soviet Prisoners of War in Nazi Germany, ed. by Gerhard Hirschfeld, London 1986, S. 15—29; Mayer, Why Did the Heavens Not Darken? (wie Anm. 137), Kap. 7 und 8.

[153] Ernst Klink, Die Operationsführung, in: Der Angriff auf die Sowjetunion (wie Anm. 135), S. 486—487.

[154] Bernd Wegner, Hitlers zweiter Feldzug gegen die Sowjetunion. Strategische Grundlagen und historische Bedeutung, in: Der Zweite Weltkrieg (wie Anm. 116), S. 652—666; Werner Rahn, Der Atlantik in der strategischen Perspektive Hitlers und Roosevelts 1941, ebd., S. 667—682; vgl. auch Der globale Krieg (wie Anm. 135). Zu den operativen und taktischen Aspekten der Kriegführung vgl. Förster, The Dynamics (wie Anm. 3), S. 199—212.

der von ihm angenommenen politischen Haltung Großbritanniens oder wie bei der ideologisch vorgeformten Unterschätzung der Sowjetunion, noch weiter beeinträchtigt wurde. Wenn man unter diesen Bedingungen sowie den Wirkungen des polykratischen Führerstaates noch von einer Strategie, die dem Begriffe nach ein gewisses Maß an Rationalität fordert, sprechen kann, so wurde sie zumindest durch drei Faktoren der Hitlerschen Kriegspolitik in ihrem rationalen Gehalt noch weiter reduziert.

Es wird zumeist übersehen, daß Deutschland auch einen Koalitionskrieg führte. Hitlers Bindung an Mussolini ist bekannt. Sie hatte aber keinerlei Bedeutung für eine adäquate Organisation dieser Koalition für die Kriegführung[155]. Eine einvernehmliche strategische Einordnung des mittelmeerischen und nordafrikanischen Kriegsschauplatzes der Koalition ist nie erfolgt, für das Reich blieb er ein Nebenkriegsschauplatz. Hitler und die deutsche Führung haben sich in gleicher Weise auch den übrigen Verbündeten gegenüber verhalten. Die negativen Rückwirkungen in der Schlußphase des Krieges können nicht übersehen werden. Es ist offenkundig, daß diese Unfähigkeit zu einem dem beiderseitigen Interesse entsprechenden Umgang mit den Verbündeten mit dem politischen Programm Hitlers aufs Engste zusammenhing.

Der rassistische Kern der nationalsozialistischen Ideologie, die sich daraus ergebende, durchaus verbreitete Vorstellung vom deutschen Herrenmenschentum sowie dessen Kehrseite, die »Ausmerzung«, die Vernichtung ganzer Bevölkerungsteile und sogenannter minderwertiger »Rassen« haben insofern strategische Bedeutung gewonnen, weil die Bevölkerungen in den besetzten Gebieten durch diese Radikalisierung der Politik und eine dementsprechend immer rigorosere materielle und personelle Ausbeutung eher zum Widerstand als zur Kollaboration veranlaßt wurden[156]. Dieses generelle Verhalten gegenüber den besetzten Gebieten hat negative politische, wirtschaftliche und militärische Folgen für die deutsche Kriegführung gehabt.

Der dritte Faktor schließlich führt zurück zu der sozialdarwinistischen Grundüberzeugung Hitlers, daß der »Kampf in allen seinen Formen« auch die Entwicklung der Völker bestimme. Für den »Führer« hatte dieser Grundsatz zur Folge, daß er auch nach der strategischen Wende des Krieges, für die er durchaus ein Gespür hatte, entschlossen blieb, seinen Krieg bis zum barbarischen Ende weiterzuführen. Es ist bekannt, daß er alle Friedensfühler kategorisch von sich wies[157] und ganz im Sinne des »Rechts des Stärkeren« auch das eigene Volk diesem »Gesetz« unterwarf[158]. Strategie war für diese Geisteshaltung der Begriff einer vergangenen Welt.

---

[155] Vgl. die Schlußbetrachtung von Gerhard Schreiber und Detlef Vogel, in: Der Mittelmeerraum und Südosteuropa (wie Anm. 146), S. 683—694.

[156] Umbreit, Kontinentalherrschaft (wie Anm. 136), S. 265—345; Christopher R. Browning, Wehrmacht Reprisal Policy and the Mass Murder of Jews in Serbia, in: MGM, 31 (1983), S. 31—47.

[157] Bernd Martin, Friedensinitiativen und Machtpolitik im Zweiten Weltkrieg 1939—1942, Düsseldorf 1974; Ingeborg Fleischhauer, Die Chance des Sonderfriedens. Deutsch-Sowjetische Geheimgespräche 1941—1945, Berlin 1986.

[158] Hitler am 21.1.1942: »Da bin ich auch hier eiskalt: Wenn das deutsche Volk nicht bereit ist, für seine Selbsterhaltung sich einzusetzen, ganz gut: Dann soll es verschwinden.« Adolf Hitler. Monologe im Führerhauptquartier 1941—1944. Die Aufzeichnungen Heinrich Heims, hrsg. von Werner

In der Entwicklung des strategischen Denkens und Handelns in Deutschland von Ludendorff zu Hitler hatte sich ein radikaler Wandel von der Dominanz militärischer zur absoluten Herrschaft politisch-ideologischer Kategorien vollzogen. Clausewitz hatte einst formuliert[159]:

»Der erste, der großartigste, der entschiedenste Akt des Urteils nun, welchen der Staatsmann und Feldherr ausübt, ist der, daß er den Krieg, welchen er unternimmt, in dieser Beziehung richtig erkenne, ihn nicht für etwas nehme und zu etwas machen wolle, was er der Natur der Verhältnisse nach nicht sein kann. Dies ist also die erste, umfassendste aller strategischen Fragen.«

Hitler ist sich über die Natur des von ihm vorbereiteten Krieges durchaus im klaren gewesen, die militärische Führung hat sich diese Frage, mit Ausnahme Becks nach seiner Verabschiedung, gar nicht mehr gestellt, sie verharrte bei der Analyse und Handhabung der Kategorien des »Waffenkrieges«, mit denen der industrialisierte Krieg nicht mehr zu erfassen war. Die Konsequenz war, daß sie mit operativer Virtuosität und taktischer Meisterschaft die Apokalypse des deutschen Nationalstaates mitgestaltete.

Jochmann, Hamburg 1980, S. 239; vgl. auch den Führerbefehl »Verbrannte Erde« vom 19.3.1945, in: Kriegstagebuch des Oberkommandos der Wehrmacht (Wehrmachtführungsstab), Bd IV: 1. Januar 1944—22. Mai 1945, eingel. und erl. von Percy Ernst Schramm, Frankfurt a.M. 1961, S. 1580 f.

[159] Carl von Clausewitz, Vom Kriege, 16. Aufl., Vollständige Ausgabe im Urtext mit historisch-kritischer Würdigung von Dr. Werner Hahlweg, Bonn 1952, S. 110.

Nachweis der Druckorte

Kaiser Wilhelm II. als Oberster Kriegsherr.
In: Der Ort Kaiser Wilhelms II. in der deutschen Geschichte. Hrsg. von John C. G. Röhl unter Mitarb. von Elisabeth Müller-Luckner, München: Oldenbourg 1991 (= Schriften des Historischen Kollegs. Kolloquien, 17), S. 25—42

Die Armee in Staat und Gesellschaft 1890—1914.
In: Das kaiserliche Deutschland. Politik und Gesellschaft 1870—1918. Hrsg. von Michael Stürmer, Düsseldorf: Droste 1970, S. 312—339

Zur Geschichte des preußischen Offizierkorps 1888—1918.
In: Das deutsche Offizierkorps 1860—1960. Büdinger Vorträge 1977. In Verbindung mit dem Militärgeschichtlichen Forschungsamt hrsg. von Hanns Hubert Hofmann, Boppard: Boldt 1980 (= Deutsche Führungsschichten der Neuzeit, Bd 11), S. 39—57

Reichsmarineamt und Flottenverein 1903—1906.
In: Marine und Marinepolitik im kaiserlichen Deutschland 1871—1914. Hrsg. vom Militärgeschichtlichen Forschungsamt durch Herbert Schottelius und Wilhelm Deist, Düsseldorf: Droste 1972, S. 116—145

Armee und Arbeiterschaft 1905—1918.
In: Francia. Forschungen zur westeuropäischen Geschichte, Bd 2 (1974), München: Artemis 1975, S. 458—481; überarb. und erg. Fassung in: Militärgeschichte. Probleme, Thesen, Wege. Im Auftr. des Militärgeschichtlichen Forschungsamtes ausgew. und zsgest. von Manfred Messerschmidt [u. a.], Stuttgart: DVA 1982 (= Beiträge zur Militär- und Kriegsgeschichte, Bd 25), S. 171—189

Die unter der Überschrift »Voraussetzungen politischen Handelns des Militärs im Ersten Weltkrieg« zusammengefaßten Beiträge:

Bemerkungen zum Verhältnis des Offizierkorps und der militärischen Führung zur Innenpolitik vor Ausbruch des Krieges;
Der Kriegszustand nach Art. 68 der Reichsverfassung. Ausführungsbestimmungen der militärischen Führung;
Aufgaben und Kompetenzen der Militärbefehlshaber;
Zur innenpolitischen Tätigkeit der Obersten Heeresleitung

bilden die Einleitung zu:
Militär und Innenpolitik im Weltkrieg 1914—1918. Bearb. von Wilhelm Deist, Düsseldorf: Droste 1970 (= Quellen zur Geschichte des Parlamentarismus und der politischen Parteien. Zweite Reihe: Militär und Politik, Bd 1), S. XV—LXVI

Zensur und Propaganda in Deutschland während des Ersten Weltkrieges.
Deutschsprachiger Erstabdruck. Erschien unter dem Titel: Censorship and Propaganda in Germany during the First World War in: Les Sociétés européennes et la guerre de 1914—1918. Actes du colloque organisé à Nanterre et à Amiens du 8 au 11 décembre 1988. Ed.: Jean-Jacques Becker et Stéphane Audoin-Rouzeau, Paris 1990, S. 199—210

Die Unruhen in der Marine 1917/18.
In: Marinerundschau, 68 (1971), S. 325—343

Die Politik der Seekriegsleitung und die Rebellion der Flotte Ende Oktober 1918.
In: Vierteljahrshefte für Zeitgeschichte, 14 (1966), S. 341—368

Der militärische Zusammenbruch des Kaiserreichs. Zur Realität der »Dolchstoßlegende«.
In: Das Unrechtsregime. Internationale Forschung über den Nationalsozialismus. Hrsg. von Ursula Büttner. Bd 1: Ideologie, Herrschaftssystem, Wirkung in Europa, Hamburg: Christians 1986 (= Hamburger Beiträge zur Sozial- und Zeitgeschichte, Bd 21), S. 101—129

Die militärischen Bestimmungen der Pariser Vorortverträge.
In: Ideologie und Machtpolitik 1919. Plan und Werk der Pariser Friedenskonferenzen 1919. Für die Ranke-Gesellschaft hrsg. von Hellmuth Rößler, Göttingen, Berlin, Frankfurt, Zürich: Musterschmidt 1966, S. 187—204

Internationale und nationale Aspekte der Abrüstungsfrage 1924—1932.
In: Locarno und die Weltpolitik 1924—1932. Für die Ranke-Gesellschaft hrsg. von Hellmuth Rößler, Göttingen, Zürich, Frankfurt: Musterschmidt 1969, S. 64—93

Brüning, Herriot und die Abrüstungsgespräche von Bessinge 1932.
In: Vierteljahrshefte für Zeitgeschichte, 5 (1957), S. 265—272

Schleicher und die deutsche Abrüstungspolitik im Juni/Juli 1932.
In: Vierteljahrshefte für Zeitgeschichte, 7 (1959), S. 163—176

Zum Problem der deutschen Aufrüstung 1933—1936.
In: Francia. Forschungen zur westeuropäischen Geschichte, Bd 5 (1977), München: Artemis 1978, S. 539—565

Heeresrüstung und Aggression 1936—1939.
In: Deutschland und Frankreich 1936—1939. Hrsg. von Klaus Hildebrand und Karl Ferdinand Werner, München: Artemis 1981 (= Beihefte der Francia, Bd 10), S. 129—152

Die deutsche Aufrüstung in amerikanischer Sicht: Berichte des US-Militärattachés in Berlin aus den Jahren 1933—1939.
In: Rußland, Deutschland, Amerika. Festschrift für Fritz T. Epstein zum 80. Geburtstag. Hrsg. von Alexander Fischer [u.a.], Wiesbaden: Steiner 1978 (= Frankfurter historische Abhandlungen, Bd 17), S. 279—295

Überlegungen zur »widerwilligen Loyalität« der Deutschen bei Kriegsbeginn.
In: Der Zweite Weltkrieg. Analysen, Grundzüge, Forschungsbilanz. Im Auftr. des Militärgeschichtlichen Forschungsamtes hrsg. von Wolfgang Michalka, München, Zürich: Piper 1989 (= Serie Piper, Bd 811), S. 224—239

Die Aufsätze:
Der deutsche Angriff auf die Sowjetunion
und
Auf dem Wege zur ideologisierten Kriegführung: Deutschland 1918—1945
sind erstmalig in diesem Bande abgedruckt.

www.ingramcontent.com/pod-product-compliance
Lightning Source LLC
Chambersburg PA
CBHW060417300426
44111CB00018B/2878